U0536071

金融监管

理论与实践

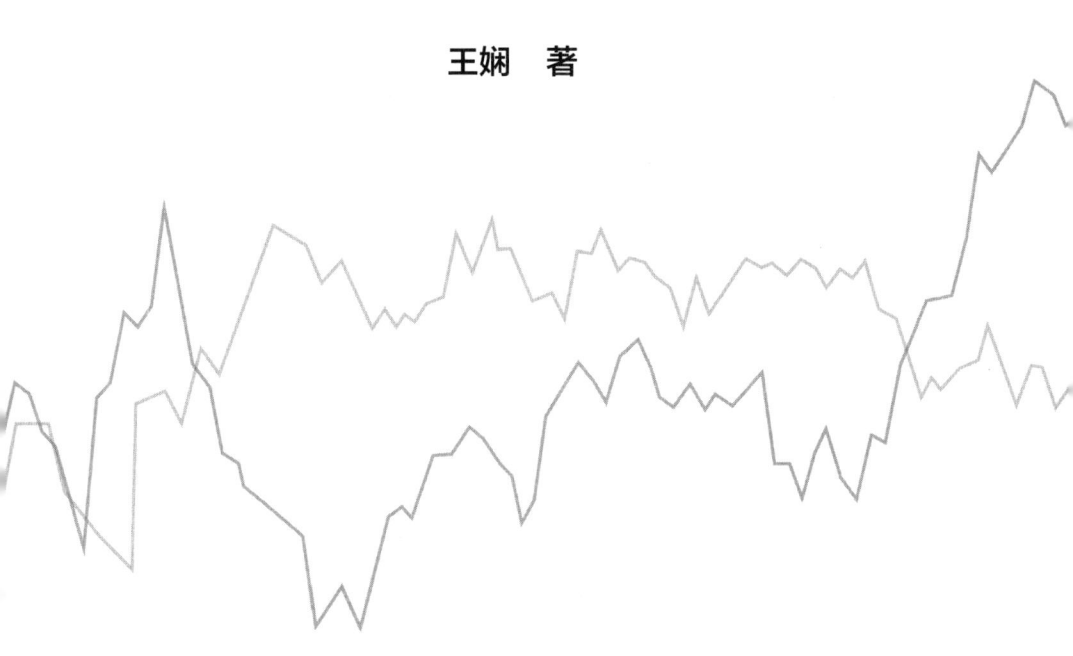

王娴 著

图书在版编目（CIP）数据

金融监管：理论与实践 / 王娴著. -- 北京：中信出版社, 2025.7. -- ISBN 978-7-5217-7706-2

Ⅰ．F830.2

中国国家版本馆 CIP 数据核字第 2025PR9121 号

金融监管：理论与实践

著者： 王　娴

出版发行：中信出版集团股份有限公司

（北京市朝阳区东三环北路 27 号嘉铭中心　邮编　100020）

承印者： 北京通州皇家印刷厂

开本：787mm×1092mm 1/16　　印张：38.25　　字数：512 千字

版次：2025 年 7 月第 1 版　　印次：2025 年 7 月第 1 次印刷

书号：ISBN 978-7-5217-7706-2

定价：128.00 元

版权所有·侵权必究

如有印刷、装订问题，本公司负责调换。

服务热线：400-600-8099

投稿邮箱：author@citicpub.com

谨以此书献给我的父亲母亲！

序

豪尔·斯科特（Hal Scott）

2021年，我远程与王娴老师向清华大学的研究生共同教授"金融监管"课程。据我所知，这是美国法学院教授和中国金融学者在中国共同教授的第一门课程。

我是哈佛大学法学院（HLS）的野村国际金融体系荣誉教授，从1975年到2018年一直在那里任教。现在，我是哈佛大学肯尼迪政府学院公共政策兼职教授，教授"资本市场监管"课程。

金融监管是一门跨学科的学问。一位中国金融学者和一位美国法律学者，我和王娴共同设计了《金融监管：理论与实践》一书的大纲，该书与我们在清华大学的课程结构相同，内容涵盖了监管经济学和金融监管，以及金融机构和市场的监管，如银行、证券、保险、金融市场。这本书讨论了国际金融行业监管原则，涵盖了银行、保险和资本市场，并着重讲述了中美两国的监管实践。

我与中国有着长期的合作关系，对中国金融市场的改革和发展有着全面而深入的了解。1981年，我第一次访问中国，当时中国刚刚向世界开放不久，我受邀为国家外汇管理局（SAFE）讲授"国际商业交易"课程。我曾多次访问中国，并与中国的学者、政府官员和从业者合作。2003年，我创立的国际金融体系项目（PIFS）与中国发展研究基金会（CDRF）合作举办了首届中美金融研讨会。自创办以来，这一年度盛会已举办了20多届。从2019年到2022年，我和王娴组织了中美金融监管研讨会，为两国金融监管机构提供了一个平台，讨论共同关心的问题的平台。

市场监管的目的在于缓解市场失灵，例如垄断和不公平竞争，污染等负外部性，以及消费者保护。金融业受到更严格的监管，因为系统性风险的存在，金融机构挤兑可能会严重损害金融体系和整体经济。2008年的全球金融危机就是一个缩影。这场危机促使世界各国更加重视金融监管，国际金融组织和各国监管机构日益致力于加强金融监管合作与协调。

尽管中美两国金融监管体系因不同的法律传统和制度背景，存在一定的差异，但两国都面临着共同的监管挑战。本书对比较两国金融监管体系，理解两国金融机构监管体系演变，改革并完善金融监管体系和制度，都大有裨益。这些研究结果也将为国际社会推动金融监管改革，加强合作与协调提供参考。

这本在我们合作授课基础上写就的著作构建了中美两国以及国际监管原则和实践的框架。我相信它不仅能让读者了解金融监管实践，更重要的是，通过研究监管理论，提高对现实问题的理解和判断。本书也可以为提高金融监管的效率和效力提供宝贵参考。

前言

金融体系通过为企业、居民和政府提供存贷款、投融资、支付结算等全方位金融服务，在资源配置、动员储蓄和促进投资中发挥着重要作用，是经济和社会健康稳定发展的重要基础。同时，金融系统提供的期限转换、流动性转换、风险管理等职能，又使其必然存在内生的脆弱性。银行挤兑等个体事件具有很强的传染性，不仅可能使风险在金融领域内部蔓延，还可能通过信贷收缩、资产价格下跌等渠道波及实体经济。金融监管以维护金融机构的稳健，保证金融系统的稳定，以及保护金融消费者为目标，是政府促进经济社会健康可持续发展的重要职能之一。

金融监管涉及经济学、政治学和法学等多个学科，是一门跨学科的学问。

经济学理论不仅是金融理论与实务的根基，也是金融监管最重要的理论基础。经济学关于市场失灵的理论，是研究金融系统脆弱性和风险特征的理论基石。信息问题、代理问题、有限理性、外部性等导致市场失灵的因素，既是金融市场和金融机构形成的基础，也是认识金融市场失灵以及金融监管必要性的理论依据。例如，有效市场假说、金融不稳定假说、金融加速器理论等都是认识金融市场失灵和金融系统性风险的重要理论。信息理论是剖析监管失灵以及金融监管失灵特殊性的基础，它帮助我们分析道德风险、逆向选择等引发的监管失灵；

代理理论则可以说明监管者的监管俘获、监管竞争等问题。经济学理论还能为最佳监管体制的设计提供分析框架。委托代理理论有助于理解监管机构（委托人）与金融机构（代理人）之间的关系，并指导激励相容的监管机制的设计，进而降低监管失灵的可能性。对监管成本和收益的比较分析，有助于确定恰当的金融干预程度，兼顾金融稳定和消费者保护等目标，同时将其对经济效率的负面影响降到最低。

政治学是金融监管理论的另一个重要理论基础。政治学有助于解释政治关系和政治影响力对金融监管及其效力和效率的影响。它有助于加深对监管俘获、监管竞争以及利益集团如何影响监管的理解。利益集团的游说和政治周期不仅干扰监管决策和问责，更严重的是，还可能会延误逆周期调节，加剧系统性风险的累积。监管俘获等还会加剧分配效应，具有广泛的政治、经济影响。这就需要建立透明、高效、可问责的监管体制。政治学理论还为分析监管体制碎片化及其对市场分割的影响提供框架，从更广泛的政治和经济视角认识金融危机的原因和后果。这些理论有助于提升我们对现实问题的洞察能力，将研究和分析的视野拓展到政府监管所涵盖的公平竞争、环境保护等诸多领域。这对提高政府监管的效率具有重要意义。

法学为金融监管理论提供了重要的理论基础和制度参照。金融产品，在本质上看是法律合同，它界定了相关当事人之间的权利与义务。一国的民法以及金融专门法为金融产品从发行到履行提供了基本的法律框架，也"塑造"着金融产品和金融市场中参与者之间的关系，并深刻影响着金融市场绩效和经济绩效。有效的法律框架能够降低交易成本，提高市场透明度，进而降低风险。正因如此，要保证监管的有效性与灵活性，就必须对法律原则有深入的理解。

金融市场的产品和技术创新日新月异，法律理论为理解和监管这种动态性提供了有力工具。法律理论不仅强调监管策略要关注事前规则制定，还需关注金融市场的动态性和不稳定性。一方面，法律要确保金融产品合同的可执行性；另一方面，法律和监管制度也应保持灵活性。法律需要规定特殊情形下合同变更与解除的规则。特别是在金融市场面临崩溃的特殊时期，若严格执行既定的法律承诺，可能会加剧市场的崩溃。因此，监管的法律框架需要平衡合同的可执行性和金融系统的稳定性，而这种动态关系反过来又会影响金融监管制度的制定和权利分配。

本书是经济学与法学学者合作的产物。本人于2017年哈佛大学访学期间，开始了与著名法学家、全球知名的金融监管专家豪尔·斯科特教授的合作。2021年，本人与斯科特教授在清华大学联合教授了"金融监管"课程，并合作完成了本书的篇章设计和主要内容的写作。虽然因时间问题斯科特教授未全过程参与本书的写作，但是，他深邃的法学思想和对金融监管的深入理论研究都融入了全书的写作中，各章节都体现了法学思想对金融监管理论和实践的分析与阐释。尽管斯科特教授谦逊地表示只能为本书作序而不能署名，但本人不仅要对斯科特教授在清华大学的授课以及对本书的贡献致以最诚挚的感谢，更希望斯科特教授的金融监管思想可以对我们深入认识金融监管理论，完善金融监管产生积极的影响。

经济学、政治学和法学理论为分析金融监管提供了理论基础。然而，金融监管的建立和改革并非完全基于这些理论，更多是适应金融市场和金融机构的发展而动态演变的。1929年股市崩溃后的大萧条以及2008年全球金融危机等重大历史事件，对金融监管产生了深远影响。例如，美国在罗斯福新政期间建立了联邦对证券市场的监管体制以及联邦存款保险公司，这大大增强了联邦政府在金融监管中的事权。2008年全球金融危机后，国际社会在金融监管合作方面取得显著进展，对各个领域的监管制度进行了系统的审视和修订。其中：《巴塞尔协议Ⅲ》出台，提出了提高银行资本和流动性的新监管要求；金融稳定理事会（FSB）等国际机构成立，旨在强化监管辖区之间的协调并确保监督的一致性，从而防止监管漏洞，降低发生系统性危机的风险。

金融监管与金融市场间存在复杂的动态互促关系，二者共同塑造金融生态系统，深刻影响金融体系的稳定性、运行效率与创新活力。一方面，金融市场的演进是推动监管变革的核心驱动力之一。随着经济发展、技术迭代与全球金融一体化进程加速，金融创新层出不穷，要求监管体系不断适应市场变化。以金融科技为例，数字支付、区块链等技术虽大幅提升交易效率，但也滋生出网络安全威胁、数据隐私泄露、算法操纵等新型风险，促使监管机构及时出台针对性制度，防范系统性风险，维护市场秩序与投资者权益。另一方面，金融监管对金融市场的结构调整与稳健发展发挥着关键引导作用。科学有效的监管体系通过提升市场透明度，打击违法违规行为，强化责任约束机制，能够显著增强投资者信心，营造公平竞争的市场环境。值得注意的是，监管机构需在创新激励与风险防控间寻求动态平衡：过度监管抑制市场活力，催生监管套利；而监管缺位或制度漏洞，则可能引发金融机构过度冒险，加剧顺周期性。唯有实现监管与市场的良性互动，才能筑牢金融稳定基石，推动实体经济高质量发展；反之，若监管体系受利益集团干扰，部门间存在权力博弈，则极易导致监管失灵，危及经济社会稳定。

市场失灵与监管失灵的双重挑战，并非金融领域独有，在市场竞争、环境保护、消费者权益保护等多领域监管实践中均普遍存在。例如，信息不对称是消费者权益保护的核心难题，而监管部门的寻租、监管俘获、监管竞争等代理问题，则严重削弱政府公信力与监管效能。对此，需通过强化社会监督、构建透明高效的问责机制，同时优化跨部门协同治理体系。此外，监管部门还需动态平衡监管强度与创新效率，既要避免因监管僵化抑制市场活力，又要及时填补制度空白，防范监管失灵和系统性风险。

本书旨在为金融专业硕博研究生提供系统的金融监管理论与实践

参考：其一，助力深化理论认知与实务能力，强化风险防控与合规意识。金融监管要求是金融决策的重要约束，学生对金融监管原理和原则的深入理解，有利于加深对金融市场运行、产品设计及定价机制的认识。学生对监管逻辑与制度设计的理论认识的提高，有助于培育遵纪守法的职业素养，切实维护金融机构稳健性与消费者权益。其二，推动多学科知识融合，拓宽职业发展路径。作为经济学、政治学、法学交叉学科，本书有助于学生构建跨学科思维框架，为未来进入政府监管部门、金融机构或企业奠定理论基础。其三，拓展国际视野，把握全球监管趋势。书中系统梳理国际监管准则、典型监管模式及制度差异，为有志于国际化金融机构或国际监管组织的从业者提供前沿知识储备。

对于金融监管机构及其他政府部门工作人员，本书从跨学科视角剖析金融监管理论，有助于深化对市场与政府关系、市场失灵与监管失灵的理解，提升监管实践中抵御监管俘获和防范监管失灵的能力。

金融监管涉及多个学科领域，兼具理论深度与实践复杂性，且随着经济技术和法律制度的演变而持续调整。受限于本人学识水平与研究视野，本书难免存在内容疏漏与论述不足。恳请学界同侪、监管实务专家及广大读者不吝赐教，提出宝贵意见，助力本书进一步完善。

王娴

2025 年 6 月 2 日于清华园

目 录

序   I
前言   III

第一章 市场失灵与监管   001
第一节 市场失灵与监管   001
第二节 监管措施   023

第二章 金融市场失灵与金融监管   039
第一节 金融系统及其功能   039
第二节 金融市场失灵   052
第三节 金融监管的目标与机制   073

第三章 金融监管失灵   081
第一节 监管失灵   081
第二节 金融监管失灵   097

第四章 最后贷款人与金融监管   119
第一节 银行的最后贷款人及其职能演进   119

第二节　市场的最后贷款人　　　　　　　　　　　　126
第三节　最后贷款人与金融监管　　　　　　　　　　144

第五章　宏观审慎监管　　　　　　　　　　　　　156
第一节　系统性风险的定义与监测　　　　　　　　　156
第二节　宏观审慎监管的政策工具及其实施　　　　　174
第三节　宏观审慎监管与其他政策的关系与协调机制　190

第六章　金融监管体制　　　　　　　　　　　　　198
第一节　金融监管的目标与体制　　　　　　　　　　198
第二节　金融监管体制的类型　　　　　　　　　　　218

第七章　银行监管（一）　　　　　　　　　　　　232
第一节　银行的准入监管　　　　　　　　　　　　　232
第二节　资本监管的演变　　　　　　　　　　　　　239
第三节　第一支柱　　　　　　　　　　　　　　　　247
第四节　流动性监管　　　　　　　　　　　　　　　262
第五节　与宏观审慎监管的结合和系统重要性银行的监管　267

第八章　银行监管（二）　　　　　　　　　　　　275
第一节　银行的代理问题　　　　　　　　　　　　　275
第二节　第二支柱　　　　　　　　　　　　　　　　282
第三节　第三支柱　　　　　　　　　　　　　　　　292
第四节　银行的公司治理　　　　　　　　　　　　　298
第五节　问题银行的恢复与处置　　　　　　　　　　305
第六节　存款保险制度　　　　　　　　　　　　　　313

第九章　保险监管　　318
第一节　保险合同及市场行为监管　　318
第二节　保险公司监管制度的演变　　332
第三节　偿付能力监管　　343

第十章　证券市场监管　　360
第一节　信息与证券市场监管　　360
第二节　证券的定义与证券公开发行的监管　　366
第三节　信息披露制度　　379
第四节　证券交易所的监管　　382
第五节　证券执法　　398

第十一章　集合投资计划的监管　　408
第一节　集合投资计划及其治理　　408
第二节　公募集合投资计划的监管　　423
第三节　开放式集合投资计划的流动性管理　　428
第四节　对集合投资计划管理人和托管人的监管　　436

第十二章　货币及金融基础设施的监管　　444
第一节　货币与支付体系　　444
第二节　金融基础设施的监管　　455
第三节　加密资产与中央银行数字货币　　475

第十三章　英国金融监管体制及其演变　　486
第一节　自律监管为主的体制形成　　486
第二节　监管体制向正式监管过渡　　491
第三节　2012年的金融监管体制改革　　499

第十四章　美国金融监管体制及其演变　505

第一节　银行监管体制的形成与演进　505

第二节　证券市场和期货市场的监管　510

第三节　保险市场监管　515

第四节　2008 年金融危机之后的金融监管体制改革　516

第五节　对 2020 年新冠疫情触发的金融市场动荡的应对　524

第十五章　中国金融监管体制及其演变　531

第一节　计划经济时期的大一统银行体系　531

第二节　中央银行体制和一体化金融监管体制的建立　535

第三节　金融监管机构的分立和"机构监管"体制的建立　538

第四节　金融监管体制的进一步改革与完善　547

参考文献　565

常见金融监管机构名称对照表　589

后记　594

第一章　市场失灵与监管

监管理论植根于经济学领域的公共利益理论。在理想化的完全充分竞争市场环境中，追求利润最大化的市场主体，会在"看不见的手"，也就是市场机制的自发引导下，达成资源的最优配置。然而，由于现实中存在信息不对称、交易成本以及外部性等一系列复杂问题，市场失灵现象广泛存在。政府通过干预企业、居民等微观经济主体的决策与行为进行监管，旨在纠正市场失灵，促进社会福利提升。行业自律组织（SRO）通过制定行业的准入标准和行为规范对机构和从业人员进行自律监管。

第一节　市场失灵与监管

根据福利经济学第一定理，当市场处于完全竞争状态，不存在外部性、交易成本，信息完全对称，且不存在规模经济时，市场所形成的价格能够引导资源进行合理配置，达成帕累托最优状态。这便是亚当·斯密论述的"看不见的手"在发挥作用，即资源配置可借助市场自主完成，个人基于自愿做出的决策能够契合社会利益最大化的需求，在此情形下，无须政府进行干预。福利经济学第二定理则进一步表明，只要对初始禀赋的分配加以改变，便能够借助市场机制实现更为优化的帕累托配置。也就是说，政府在此过程中需要承担的职责是调整个人之间初始禀赋的分配状况，如此一来，所有的服务与产品都可通过市场交易达成具备帕累托效率的配置。然而，完全充分竞争的市场仅仅是一种理想化的状态。在现实世界中，由于不完全竞争、信息不对称、交易费用的存在以及外部性等诸多因素的影响，依靠市场实现的资源配置未必能够达到最优水平，这种情况被称为市场失灵。市场失灵意味着特定商品或服务的价格、价值与其边际成本之间出现了偏差。从公共利益的视角出发，个体在"看不见的手"的引导下单纯追求自身利益的最大化，并不必然能够实现社会福利的最大化。所以，这就需要通过政府监管等手段，对市场失灵现象加以纠正，提升资源配置效率，从而实现帕累托改进。

1.1 垄断

新古典经济学认为，竞争市场与垄断市场之间存在显著差异，其核心差别在于垄断者具备影响产品价格的能力。在完全竞争的市场环境里，任意一家企业所面临的需求都呈现出完全弹性的特征，企业只能作为价格的接受者，被动地对既定的市场价格做出反应。然而，一旦市场处于非完全竞争状态，尤其是当垄断者成为市场上唯一的卖家或买家时，情况便发生了转变。此时，垄断企业不再是价格接受者，而是拥有了决定或影响价格走向的"势力"。为了实现自身利益的最大化，垄断者会依据边际收益曲线与边际成本曲线的交会点来确定产出水平。在这个交会点上，产品的定价不仅高于边际成本，而且高于充分竞争市场中的价格。

企业可通过以下几种途径构建起能够影响价格的市场势力（Market Power）。

经济壁垒。经济壁垒是基于经济因素而形成的市场进入阻碍，它包括多种情况。（1）关键资源掌控：对最终产品生产起着决定性作用的资源被企业拥有和控制。以南非的戴比尔斯公司为例，它凭借垄断的钻石资源，在钻石市场拥有强大的话语权。（2）知识产权优势：拥有专利和版权等知识产权，能让所有者在特定商品的生产与销售上独占鳌头或实施有效控制。比如，制药企业依靠专利保护新药生产，阻止其他企业随意仿制。（3）规模经济特性：当某种产品或服务仅由一家公司供应时，社会总平均成本可降至最低，这便是规模经济。像城市自来水供应，由单一企业统一运营，能有效降低铺设管道、设备维护等成本，实现资源高效利用。（4）网络效应：通常指的是正网络外部性，即产品或服务的价值会随着用户数量的增多而上升。一般而言，网络效应需用户数量达到一定规模，即超过临界点后才会凸显。一旦突破该临界点，产品或服务的价值便会超越其价格。像社交网络、电商平台，不仅具备规模经济优势，网络效应也极为突出。集中的金融交易平台，如第十二章将探讨的支付系统等金融基础设施，同样兼具规模经济和网络外部性的特点。

法律、制度壁垒。法律壁垒的产生主要缘于政府行政管制措施中的准入监管，这部分内容将在第七章详细讨论。市场准入制度赋予部分企业或个人特许经营权，使其凭借特殊法律地位形成垄断局面。这种垄断一旦确立，单纯依靠市场自身力量很难打破，除非政府对制度进行调整，取消相关管制或放宽市场准入条件。正因如此，利益集团往往会游说或试图俘获立法者、监管机构，设法建立或维持市场进入壁垒，以此维护自身既得利益，而这一行为会影响市场资源的合理分配。

不正当竞争。不正当竞争的手段可能被部分市场主体采用，它们以非法、不正当的手段谋取垄断地位，或者滥用已有的市场地位，侵害其他市场主体的合法权益，破坏公平公正的市场秩序，对投资和消费都产生负面影响，阻碍经济的健康发展。在具有网络效应的行业中，用户数量达到临界点对企业发展至关重要。于是，一些企业可能会采取不正当竞争手段，如以低于成本的价格吸引用户从而迫使竞争对手退出市场的方式谋求市场垄断地位。在其成为市场唯一的供应者后，再大幅提高价格，获取高额利润。这种不正当竞争的手段多样且隐蔽，还可能通过多个企业的共谋来实现。

与其他行业类似，金融行业的竞争能够推动金融机构改进服务质量、提升运营效率。在竞争过程中实现优胜劣汰，有利于提升整个金融行业的质量和稳健性，对经济社会的发展产生积极作用。然而，金融业具备独特的属性。例如第二章将探讨的银行内生脆弱性，一家金融机构的倒闭，可能借助信心传染等效应，危及整个金融系统的稳定性。频繁出现的金融机构倒闭事件，乃至金融危机，会给经济社会带来极为严重的负面影响。对金融机构实施准入监管，便是保障金融机构稳健运营的关键机制。

但准入监管制度也是形成垄断的法律壁垒。持牌金融机构会游说政府维持现有的准入制度，以此维护自身的市场地位，持续获取垄断利润，从而抑制了金融行业的竞争活力。除了准入监管，限制竞争的措施还有价格限制。例如，美国曾对银行存款利率进行管制的"Q条款"（Regulation Q）。该条款于1933年依据《格拉斯-斯蒂格尔法案》制定，它禁止银行向活期账户存款支付利息，并对其他类型账户设定了利率上限，旨在遏制银行通过争夺客户存款进行的投机行为，当时这种竞争手段被视作引发银行高风险的因素。在20世纪70年代金融自由化浪潮下，利率管制得以放松，Q条款才被取消。随之而来的是金融业竞争加剧，部分金融机构为提升盈利水平，选择过度承担风险。这正是20世纪80年代美国储蓄贷款协会危机爆发的重要诱因之一。2007年美国次贷危机爆发，原因如出一辙，均来自一些金融机构过度追求短期利润、过度加杠杆，严重的期限错配和流动性错配使得整个金融体系积累了巨大风险。

1.2 外部性与公共品

外部性也称外部效应或溢出效应，是指一个经济主体，如生产者或消费者在某项活动的主要目的之外派生出来的对他人和社会造成的影响。这是不同行为主体之间的一种非市场联系或影响，这种影响往往并非受到影响主体之间自愿协商（或者一致同意）而产生。外部性又分为正外部性和负外部性，分别对应给他人或社会带来的利益和损失。公共品是与外部性相关的一个概念。

1.2.1 外部性

外部性最早源于英国经济学家马歇尔（Alfred Marshall）在《经济学原理》一书中提出的"内部经济"和"外部经济"两个概念。庇古（Arthur Pigou）的代表作《福利经济学》在马歇尔"外部经济"概念的基础上提出了"外部不经济"的概念。外部不经济是指某些个人或企业的经济行为影响了其他个人或企业，却没有为之承担应有的成本费用或没有获得应有的报酬的现象。例如，企业排污破坏了周围环境，产生了"外部社会成本"，但这种"外部社会成本"并未计算到企业的生产成本中。庇古把这些活动带给社会的有利影响称为"边际社会收益"，把不利影响称为"边际社会成本"。

在没有外部性时，个体利益等同于社会利益，存在外部性时则不然。存在正（负）外部性时，企业的总收益（损失）并非全由自身占有（承担），还存在外部收益（损失）。企业当私人边际成本低于社会边际成本，且仅考虑自身成本收益做生产决策时，会忽略生产活动带来的额外社会成本，进而过度生产。企业以利润最大化为目标，按私人边际成本和边际收益确定产量。私人边际成本低意味着多生产一单位产品，企业自身成本增加少、收益高，只要边际收益大于私人边际成本，就会增产。而社会边际成本涵盖私人边际成本与生产活动的外部成本，像环境污染、资源消耗等。企业决策时通常不考虑外部成本，因其无须直接承担，这使企业生产决策偏离社会最优水平，造成产品过度供给，引发更多负外部性行为，比如污染加剧。

外部性的存在，是导致市场失灵的重要因素之一，它使得单纯依靠市场机制难以实现资源的有效配置与社会福利的最大化。基于此，政府往往会实施一系列干预手段，旨在推动企业将外部成本内部化，促使私人边际成本与社会边际成本趋于一致，以此减少过度生产与污染排放，达成资源的合理配置及环境的有效保护。

庇古税（Pigovian Tax）便是政府针对污染企业征收的一种税，它依据企业污染排放导致的社会边际成本来确定税率。一旦对污染企业开征庇古税，企业的生产成本便会随之增加。税收的增加致使企业成本攀升，在市场价格保持不变的情况下，企业的利润空间被大幅压缩。如此一来，企业在进行生产决策时，便不能仅仅考虑私人边际成本，还需将因征税新增的成本纳入考虑范围，企业会依据边际成本等于边际收益的原则，相应减少产量。

企业研发活动的正外部性显著。研发催生新知识、技术和创新成果，这些成果难以被企业独占，会通过人员流动、学术交流等方式传播，提升社会生产效率与技术水平，带动上下游产业发展，创造经济增长动力和就业机会，最终改善消费者福利，推动社会福利提升。但企业研发成果若被"无成本"复制模仿，创新者无法获取全部收益，就会削弱创新积极性，使研发投入低于最优水平，这是市场失灵的表现。为激发企业研发动力，政府可采取多种措施：一是给予补贴与研发支持，财政直接提供资金，引导金融机构信贷支持，鼓励风投、私募等参与研发项目；二是实施税收优惠，如降低企业所得税税率、研发费用加计扣除、固定资产加速折旧等，减轻企业税收负担和研发成本；三是完善知识产权相关法规并加强执法力度，打击侵权行为，保障创新者收益。

金融业对经济社会发展存在显著的正外部性,在发展中国家和欠发达地区更为突出。世界银行提出,普惠金融旨在为人们日常生活提供便利,助力家庭和企业规划长期目标、应对突发状况。普惠金融以负责任、可持续、大众可负担的方式提供各类金融产品和服务,它让居民更便捷地使用储蓄、信贷、保险等金融服务,提前储备教育、医疗、养老资金,筹集创业、投资资金,管理风险,增强抗风险能力。鉴于普惠金融的正外部性,政府可通过多种方式鼓励其发展:一是完善法律,制定普惠金融促进法,明确各方权利义务,提供法律保障;二是政策扶持,对开展普惠金融业务的机构实施税收减免、财政补贴,如为服务小微企业和农民的金融机构提供税收优惠、贷款贴息,从而降低其业务成本,提高其积极性;三是支持基础设施建设,构建广泛的支付清算网络,推广移动支付等新型支付方式,突破时空限制,提升金融服务的便捷性与可获得性;四是加大科技投入,借助大数据、人工智能等技术,优化金融服务流程,提高效率和质量,扩大覆盖范围,让偏远地区和弱势群体享受优质服务;五是差异化监管,根据普惠金融特点制定差异化监管政策,平衡创新与风险,保障市场健康有序发展;六是引导产品开发,推动金融机构根据不同群体需求,开发小额信贷、农业保险等多样化产品,满足各阶层的金融需求。

1.2.2 公共品

公共品是与外部性相关联的一个概念。它是指某一产品或服务的效用会不可分割地影响全体的利益,而其提供者不能有效地排除对一部分群体的影响。古典经济学的鼻祖亚当·斯密积极主张和倡导自由市场经济,但同样承认政府的职能,即提供公共品。他在《国富论》中指出,政府的守夜人职责是保护本国社会的安全,使之不受其他独立社会的暴行与侵略,保护人民,不使社会中任何人受其他人的欺负或压迫,即设立一个严正的司法行政机构,建立并维持某些公共机关和公共工程。金融监管也属于公共品，它保护金融消费者，维护金融稳定，不会因消费者增多而增加成本，也无法排斥特定群体享受金融市场良好秩序带来的好处。

萨缪尔森（Paul Samuelson）在《公共支出的纯粹理论》和《公共支出理论的图式探讨》中，提出公共品具有非竞争性和非排他性两大特征。非竞争性体现在新增消费者不会增加供给者的成本，边际拥挤成本也为零，如国防、外交等不受新增消费者影响，网络服务新增用户也不增加运营商成本。非排他性是指某个消费者无法独占公共品，排除他人消费要么不可能，要么成本极高，比如无法阻止区域内的人享受环境保护带来的清新空气。

因为消费者普遍想"搭便车"，享受福利却不愿付费，还可能隐瞒真实的需求偏好，支付成本低于边际价值；而公共品提供者因收费难或收费不足，缺乏有效激励，公共品数量和质量难达最优。由于公共品的供给不足等问题，难以依靠市场力量实现有效供给，马斯格雷夫（Richard Musgrave）与萨缪尔森等认为公共品需由政府提供，尤其是像国防这类的纯公共品，市场机制在收费等方面存在诸多难题，无法实现帕累托最优的供给。

金融监管作为一种特殊的公共品，通过构建金融市场与金融机构的法律法规体系，以及金融监管部门的行政执法活动，发挥着维护金融系统稳定，保障金融机构稳健运营，维持金融市场公平公开秩序和保护金融消费者权益的重要作用。金融监管具备非竞争性和非排他性两大显著特征。其收益由整个金融市场乃至全社会共同分享，一家金融机构或个人享受金融监管营造的稳定金融环境，并不会减少其他机构或个人对这一稳定环境的享受程度，而且新增受益者也不会导致监管成本上升。一旦实施金融监管，所有处于监管范围内的主体，无论是否直接参与监管的决策与执行过程，都能从中获益。

1.3 信息问题

信息问题，也被称为信息不对称，指的是在交易或者互动过程中，交易双方中的一方比另一方掌握着更多或质量更优的信息。这种信息分布的不均衡，往往会在经济和社会交往中引发各类问题，导致效率低下。

1.3.1 关于信息问题的理论探讨

早在 20 世纪 30 年代，西方学术界围绕经济协调机制的激烈论战中就涉及信息问题的讨论。在新古典经济学的理论范式下，市场被视为一个动态过程。在持续的竞争态势里，市场参与者依据价格信息的引导与协调，做出决策并进行资源配置。在这场论战中，波兰经济学家奥斯卡·兰格（Oskar Ryszard Lange）提出，"中央计划部门"能够借助计算机模拟市场运行，通过多次反复迭代来"发现"均衡价格，也就是以中央计划的方式去模拟市场机制，以此确定价格，进而指导生产活动和资源配置。论战的另一方，以奥地利学派的米塞斯（Ludwig von Mises）、哈耶克（Friedrich August von Hayek）为代表，从信息和激励的视角指出了计划配置资源的缺陷。他们认为，人类并非全知全能，每个人掌握的信息必然局限于局部，计算能力和判断能力也同样有限。市场在资源配置中扮演着关键角色，市场中形成的价格能够精准且持续地诠释和传递信息。追求自身利益最大化的市场参与者，无须掌握所有信息，而是仅需知晓局部信息以及一定范围内的价格，便足以做出合理决策。市场参与者会依据自身实际情况，捕捉盈利契机并开展套利活动，价格变化所带来的盈利机会还能激发企业家的创新精神与冒险意识。从信息维度出发，哈耶克解答了计划经济与市场经济究竟哪种资源配置机制更具效率的问题。他指出，这主要取决于哪种制度能够更充分地利用现有的知识，而这又进一步取决于谁能够对分散于社会各个个体之间的信息和知识，即社会知识（social knowledge）进行高效处理和传输。哈耶克认为，在个人理性有限以及不确定性普遍存在的条件下，市场机制能够综合运用"社会知识"。从信息的角度来看，市场在资源配置方面具有更高的效率。反观中央计划者试图通过"计算"价格来引导个体决策，这不仅要面临高昂的信息成本与严重的信息不对称问题，还会遭遇执行过程中的激励难题。

赫维茨（Leonid Hurwicz）在既有理论基础上深入推导，提出了赫维茨效率定理。根据该定理，瓦尔拉斯均衡在所有激励机制中，实现社会理性所需信息处理费用最少，对个人理性要求最低。该定理强调信息与市场竞争机制在信息转换效率方面的关键作用，有效机制应激励经济主体如实披露私人信息。在竞争市场中，消费者和生产者为自身利益会如实透露真实偏好、成本等信息。在市场均衡状态下，个人为实现效用最大化会披露私人信息，这些信息有利于自身与他人决策，促进个人理性，且以最少信息传递提升经济效率。设计激励相容机制，能让个人在追求效用最大化的同时推动社会达成最优。

1937年，科斯（Ronald Coase）发表著名文章《企业的性质》，在探究企业边界时，开创性地引入了信息问题与交易费用的概念，这也引发了20世纪经济学领域的一场革命。科斯认为，在经济活动中，行为主体需要搜寻、获取并处理有关价格、供应商和需求者的信息，而这一过程必然产生成本（即市场交易成本）。过高的市场交易成本，会导致通过市场交易开展各项活动的效率低下，因此使一系列市场交易被企业内部协调机制取代。在企业内部，由企业家负责指挥资源的运用，这种组织生产活动的方式成本相对较低。企业对市场配置资源的替代，其目的就在于节约交易费用。从这个角度看，企业的本质在于它是对市场配置资源的一种替代形式。

在科斯发表这篇论文之前，主流经济学基本上忽略了交易成本。《企业的性质》将信息问题和交易成本引入经济学分析领域，改变了人们理解与分析经济现象的方式，推动了组织经济学和制度经济学等新兴经济学研究领域的发展，这些领域主要研究不同的组织形式和制度对经济效率的影响。这篇论文促使经济学家更深入地思考企业存在的原因，企业边界的确定方式，以及内部治理结构对企业绩效的影响。它同样影响了政策制定和监管经济学理论的发展，让政策制定者更加深刻地认识到制度环境对经济效率的作用，并为他们的决策提供了理论依据。在后续讨论金融监管理论时，将对此展开详细探讨。

1.3.2 信息不对称与代理问题

进入20世纪70年代，由科斯开启的信息经济学研究，取得了非常丰硕的成果。由于信息不对称，衍生出了两类代理问题，即道德风险和逆向选择。

1963年，美国数理经济学家肯尼斯·阿罗（Kenneth Arrow）首次将道德风险的概念引入经济学领域。他指出，道德风险是在交易过程中，一方因无须完全承担自身行为所产生的全部后果，在交易完成后，便可能过度冒险行事，或做出损害另一方利益的举动。正是因为存在信息不对称，代理人便更有冒险的动机。比如在第九章将会探讨的保险合同中的投保人，在购买保险之后，就有可能采取冒险行为。

逆向选择同样是因信息不对称在交易中产生的一种现象。它具体是指在交易之前，掌握更多信息的一方能够凭借这种信息优势，做出对掌握信息较少一方不利的决策。阿克洛夫（Akerlof，1970）在研究二手车市场的信息不对称问题时，创新性地提出了逆向选择理论。在二手车交易里，卖方掌握的车辆真实信息比买方多。买家因信息劣势，哪怕面对优质二手车，也只愿按市场均价出价，不会接受高价。这就导致优质二手车卖家难以实现车辆价值，只好退出市场。优质车越来越少，市场上就只剩低质量车辆。买家买不到心仪的好车，也纷纷离开，最终二手车市场交易停滞、陷入失灵，阿克洛夫把这种现象称为

"柠檬市场"。

信息不透明、秩序混乱的资本市场，与二手车"柠檬市场"类似。投资者难以判断投资标的的真实价值，因信息不确定而谨慎观望、减少交易，导致市场流动性下降，资产估值降低。股票发行人融资难度加大、成本上升，高质量发行人选择离场。长此以往，资本市场被低质量上市公司充斥，难以健康发展。

斯蒂格利茨和韦斯（Stiglitz and Weiss，1981）在《不完全信息市场中的信贷配给理论》中指出了银行信贷信息不对称问题：借款人比银行更了解自身信用、还款能力及投资项目详情，银行难以精准评估借款人风险，无法有效区分高、低风险借款人。银行还面临道德风险，借款人获贷后，可能用于高风险投资，因其明白投资失败损失不全由自己承担，从而增加贷款违约的可能性。如果银行提高利率，低风险借款人因成本高退出，高风险借款人更愿借贷，导致贷款市场高风险者占比上升，整体风险加剧，造成逆向选择问题。银行可以采取以下应对措施：一是以信贷配给（Credit Rationing）影响借款人的行为。首先，当可获取的信贷额度有限时，借款人在获得贷款后，便不太可能从事风险过高的活动，促使借款人的行为动机与银行回收贷款的利益趋向一致，减少了道德风险问题；其次，信贷配给可充当一种筛选工具，由银行预先设定特定标准，仅向符合这些标准的借款人提供信贷。这一举措能够激励借款人主动披露自身真实的风险水平。二是强化监督与控制。银行应当更紧密地跟踪贷款的使用流向，以确保贷款不会被滥用在可能引发违约的高风险业务上。

赫尔穆特·贝斯特尔（Bester，1987）在《抵押品在信息不完全的信贷市场中的作用》中指出，银行可要求借款人提供抵押品以降低信用风险。在信息不完全的信贷市场，借款人风险状况不一，高风险者因违约损失大不愿提供抵押品，低风险者更愿提供，据此，贷款人可区分两类借款人。抵押品还能协调借贷双方的激励机制，借款人提供后有更强动力按时还贷，减少道德风险。后续章节将探讨信息问题对金融风险和监管失灵的影响。

信息不对称会引发代理问题。一方面，委托人和代理人的愿望或目标是不一致的，往往存在冲突。由于信息不对称，委托人若要观察代理人的行为，并对其进行监督和激励，从而确保代理人以实现委托人的目标收益最大化为准则来选择行为，往往难度较大，甚至需要付出高昂的成本。另一方面，委托人和代理人对风险的偏好存在差异。这种差异导致委托人和代理人在决策和行动选择上各不相同。

由于信息不对称，交易中占有信息优势的一方具备获取信息租金的能力。信息租金不仅是交易双方建立交易关系的重要纽带，还使得交易关系演变成了委托代理关系。在交易过程中，拥有信息优势的一方成为代理人，不具备信息优势的一方则成为委托人，整个交易过程实际上就是一场信息博弈。

最早关注代理问题的是伯利和米恩斯，他们在1932年的著作《现代公司与私有财产》中提出了现代公司"所有权和控制权分离"的特征。由于企业的所有者和管理者的利益并不完全一致，在信息不对称的情况下，所有者无法充分获得管理者决策和运营的信息，无法实现对管理者绩效的全面客观评估，不可避免地面临代理问题。20世纪70年代之后，信息问题被大量地引入了对企业的研究，产生了一大批代理理论的成果。阿尔钦和德姆塞茨（Alchian and Demsetz, 1972）在探究团队生产所面临的监督难题时，提出借助产权分配来化解监督的激励问题，具体而言，就是让剩余分配权所有者充当监督者。杰森和梅克林（Jensen and Meckling, 1976）提出了企业中的代理问题，具体是指公司所有者（股东）与管理者之间出现的利益冲突。在信息不对称的情形下，管理者极有可能追求自身目标，诸如实现个人利益最大化，而非股东利益的最大化。基于此，他们进一步提出了代理成本的概念。代理成本涵盖三个层面：一是监督成本，即股东为监督经理人的行为所产生的费用；二是约束成本（Bonding Cost），即管理者为向股东保证自身行为符合股东利益而付出的成本；三是剩余损失，即由于管理者的决策与股东财富最大化的决策相悖，进而导致公司价值的减少。他们还指出公司的所有权结构会对代理问题产生影响，具体来说，公司内部人（管理者）和外部人（其他股东）持有的股权比例，以及债务和股权融资的组合方式，均会影响代理问题的程度。通常而言，内部人持股比例越高，管理者的利益与股东的利益就越有可能趋于一致，从而降低代理成本。此外，过多的债务同样会在股东和债务人之间引发代理问题。

代理理论从合同各方当事人的视角对公司及其行为做出了解释。该理论把企业视作企业相关主体之间一系列契约的连接点。在现代企业中，企业由领取薪水的职业管理人负责管理，企业股东出资购买股票从而成为股东，依法享有以下权利：参加股东大会并对重大事项进行表决的投票权，公司的董事或管理人侵害公司权利时对相关主体提起诉讼的权利，公司清算时的剩余财产分配权。股东在享有权利的同时，也需承担公司的经营风险。公司聘请职业经理人负责公司的日常经营决策，并与管理人签订合同，明确管理人的职责和报酬。然而，享有公司剩余分配权的股东与获取固定薪酬和业绩报酬的管理人之间，利益并非完全一致。公司治理旨在提高生产力和管理效率，增进股东利益（Fama and Jensen，1983）。在信息不对称的背景下，倘若管理人利用自由裁量权谋取自身利益，就很可能损害股东利益，因此有必要构建监督和制衡机制。这也正是建立公司治理的目的所在：一方面，借助激励相容机制，激励代理人积极理性地选择能够增加委托人利益的行为，促使代理人和委托人的利益趋向一致，避免管理人因利益追求和风险偏好的差异，对公司和所有者的利益造成不良影响；另一方面，通过监督机制，防止代理人滥用权力，通过考核和提名机制对未有效履行职责的代理人进行惩戒。

市场约束也是缓解企业代理问题的一种有效机制。资本市场中的股票价格能够较为客观地反映管理人的绩效表现。若公司业绩不佳，股价就会下跌，公司甚至可能被收购，收购方往往会解雇原有的管理人，并对公司进行重组，这便形成了对管理人的市场约束。这种市场约束能够激励管理人改进管理方式，提高运营效率，以实现股东利益的最大化。因此，市场约束的有效性依赖于产品市场和资本市场的有效性，充分竞争的产品市场以及透明高效的资本市场，是缓解代理问题的有效机制。对资本市场的监管，比如强制信息披露等监管制度，是促进市场约束发挥效力的重要制度。

20世纪80年代，经济学家还从不完全合同理论的全新视角，深入探究企业的权利配置以及监督与激励问题。所谓完全合同，即在签约时，便能详尽确定未来各种可能情形下合同当事人的权利、义务以及处置措施的合同。然而，现实中存在不确定性、信息不对称等复杂因素，这使得合同往往难以达到完全状态，大量合同存在瑕疵、条款缺失或内容不够清晰等问题。合同之所以是不完全的，还有其他的原因。首先，签订完全合同所需的交易成本极高，当事人若要对未来所有可能出现的状态进行精准预测，并就每种情形下的处理方式达成一致后才签订合同，这在实际操作中几乎不具备可行性。其次，即便合同各方能够对未来所有可能状态做出预测，并且就所有可能状态下的处置方式达成一致意见，但要将这些意外状况以双方都毫无异议的表述写入合同，同样困难重重。最后，就算成功达成这样的合同，当合同履行出现争议，需要法院对各种复杂情形进行核实并做出判决时，也很难保证判决既能做到公平公正，又具备高效性。所以，当事人通常签署的是不完全合同，待合同履行过程中遭遇问题时，再重新进行协商或谈判。

格罗斯曼和哈特（Grossman and Hart）在1986年发表的《所有权的成本与收益：纵向与横向一体化理论》一文中探讨了企业控制权问

题，在不完全合同下，资产所有者拥有合同未明确时资产使用的决定权，公司所有人掌握剩余控制权，能处置资产、委托经营。所有权配置影响谈判、利益分配、激励与行为。没有绝对最优和完全有效的所有权结构，但企业并购时权利合理配置仍然重要，纵向与横向一体化可优化控制权分配，平衡成本收益。

1.3.3　缓解信息问题的市场与非市场机制

信息问题是导致市场失灵的重要因素，然而，市场也会发展出解决信息不对称和防范道德风险、逆向选择的机制。迈克尔·斯宾塞（Spence，1973）在论文《就业市场信号传递》中指出，虽然信息不对称会导致市场失灵，但它也可以通过某些市场机制（如信号传递）得到缓解。就业市场中，求职者比雇主更了解自身能力与职业道德，信息不对称易引发逆向选择，导致雇到资质差的人员，还会催生道德风险，使雇员可能推卸责任，扰乱市场秩序，降低效率。斯宾塞指出，就业市场以教育为信号缓解信息不对称，即便教育不直接提升生产能力，学位或资格证书也能向雇主传递求职者的理想特质，求职者借此将自己与他人区分，减少信息不对称，雇主也能依此做出更明智的招聘决策，提升就业市场的整体效率。

"柠檬市场"的问题同样可以借助市场机制来加以解决。以二手车市场为例，二手车经营者可通过向买家提供车辆保险的方式，为二手车的质量提供保障，进而增强买方的购买信心，有效避免"柠檬市场"的出现。商业机构也能够运用市场化手段来防范道德风险和逆向选择。比如，在保险合同中规定，未发生风险事故的投保人在续保时可享受费率优惠；医疗险设置多档免赔额，低风险的投保人便可以选择免赔额较低的保险产品；银行也可通过信贷配给要求对抵押品以及借款人进行监督等机制，以降低信用风险（Stiglitz and Weiss，1981）。

信息理论也为传统上由政府直接供给的一些公共品提供了市场化

的解决机制。例如监狱,也可以由非政府机构提供。哈特等人(Hart et al., 1997)在《政府的适当范围:理论分析及其在监狱管理中的应用》中构建了一个模型,旨在分析政府在何种情况下应选择直接提供公共品,又在何种情况下应采用外包形式提供。他们的研究发现,相较于政府雇员,私人承包商在提升服务质量与降低成本方面更具动力。然而,私人承包商降低成本的动机有时过于强烈,因为他们往往会忽视这一行为对那些合同中难以约定质量的方面产生不利影响。在信息问题严峻时,合同一方为降低成本而对质量造成重大影响,且这种行为无法通过合同手段予以消除时,就不应选择外包;反之,当成本降低对质量的影响能够通过合同和适当的监督加以控制时,便可以考虑外部供应,比如社区的垃圾收集与处理工作。

尽管市场在一定程度上能够自行调节部分问题,但信息不对称所引发的市场失灵,并非仅靠市场自身力量就能完全缓解,这就需要政府对市场进行干预或监管。举例来说,信息不对称可能引发严重的"柠檬市场"现象。像充斥着欺诈、操纵和内幕交易(Insider Trading)的资本市场,就可能因投资者和发行人失去信心而沦为"柠檬市场"。在保险市场中,部分投保人在购买保险后,由于知晓遭受损失会获得赔偿,便可能会冒更大的风险,这无疑增加了保险人承担的风险。针对这种情况,政府可以对保险公司实施监管,要求其明确保险条款和理赔条件,以此防范道德风险。政府监管还可以建立强制信息披露制度、准入制度等。例如,在医生和律师等行业,政府会在评估专业资格后颁发执照,以此确保服务质量,减少服务提供者与消费者之间的信息不对称。

金融机构和金融市场的重要功能在于缓解信息不对称,比如前文讨论过的资本市场对企业的约束机制,这将在第二章中详细讨论。同时,信息不对称也是引入金融监管的重要原因。金融消费者面临的信息不对称问题更加严重,这是因为金融合同的复杂性、长期性和其

"质量"依赖于金融机构等发行人的履约能力。相对于金融机构，金融消费者认知能力较弱且缺乏合同谈判能力，这就需要通过对金融合同和金融机构行为的监管来保护金融消费者的利益。证券市场监管的重点在于解决信息不对称问题。强制信息披露要求发行人在首次公开发行股票时，必须在监管机构注册，并持续履行信息披露义务，这是维护证券市场秩序和保护投资者利益的关键所在。

1.4 有限理性

古典经济学以理性经济人为基本假设，然而，在很多时候，人还受到情境的影响，理性难以发挥作用，古典经济学家也没有全然忽视心理、感情等因素对行为人决策所产生的影响。亚当·斯密在其著作《道德情操论》中明确指出，人的行为抉择并非仅仅着眼于自身利益，还会将公平与正义纳入考量范畴。杰里米·边沁（Jeremy Bentham）提出了边际效用理论，并且深入剖析了效用的心理基础，为经济学研究开辟了新的视角。有限理性（Bounded Rationality）由西蒙（Herbert Simon，1957）提出，他对新古典经济学中理性经济人假设持有异议，主张以认知能力有限的行为人假设取代完全理性经济人的假设，理由如下：其一，人类所处的世界复杂且充满不确定性，并且随着交易活动的增多，不确定性会不断增大，信息也愈发不完全；其二，人类对所处环境的计算和认知能力存在局限，难以做到无所不知。威廉姆森（Oliver Williamson，1973）也曾指出，"有限理性的行为人在制定和解决复杂问题以及处理信息方面的经验较为匮乏"。

有限理性在人们行为选择的相互影响与互动过程中体现得淋漓尽致。即便个体在做决策时是完全理性的，但当他们彼此之间产生交互影响与作用时，也极有可能引发集体无理性的状况。"囚徒困境"便是一个极具代表性的例子，在该博弈场景下形成的纳什均衡，并非最优策略。这种现象在金融市场中也十分普遍。例如，2022年诺贝尔经济学奖部分授予了戴蒙德（Douglas Diamond）和迪布维格（Philip Dybvig），他们在《银行挤兑、存款保险和流动性》一文中提出Diamond-Dybvig模型（简称D-D模型）。该模型表明，银行存款的契约性质和存款人的先发制人行为倾向，使银行存在多个均衡，其中之一就是银行挤兑，而政府建立的存款保险制度则是防范银行挤兑的重要机制。

2013年，诺贝尔经济学奖部分授予了美国经济学家尤金·法马（Eugene Fama）和罗伯特·席勒（Robert Shiller）。他们都对股票市场的价格波动进行了研究，结论却不同。20世纪60年代，尤金·法马提出了有效市场假说（The Efficient Market Hypothesis，简写为EMH）。根据这个假说，金融市场是有效的，资产价格充分反映了所有可用信息。市场有效性主要涵盖三种类型。**弱有效**（Weak-form Efficiency）：在这类市场中，当前资产价格已充分囊括了过往所有的价格和交易量信息。所以，那些企图依据历史价格走势来预测未来价格的技术分析手段，难以获取持续的高额回报。**半强有效**（Semi-strong-form Efficiency）：该市场里的资产价格，不仅反映历史数据，还体现出所有公开信息，诸如财务报表、新闻公告以及经济指数等。由此可见，通过剖析公司财务状况与盈利前景，来识别定价不合理资产的投资策略，同样无法持续带来高收益。**强有效**（Strong-form Efficiency）：这是有效市场假说最为严苛的一种形式。在强有效市场中，资产价格反映了所有信息，无论是公开的还是非公开的。在这样的市场环境下，即便运用内幕信息，投资者也无法持续获得高于市场平均水平的回报。有效市场假说表明，投资者想要通过挑选被低估价值的股票，或者把握市场时机来持续超越市场表现，几乎是不可能实现的。

20世纪80年代，罗伯特·席勒对有效市场假说发起了挑战。席勒研究发现，资产价格并非总是由对未来回报的理性预期决定。股票价格的波动幅度，远远超出了理性预期应有的范围。2000年，席勒在《非理性繁荣》一书中对股市泡沫发出了预警。果不其然，该书出版之时，美国股市泡沫破裂。2000年3月初，纳斯达克指数从3月24日的5 078点骤降至4月17日的3 227点，跌幅超过30%。道琼斯股价指数也未能幸免，在短短几周内，从历史最高点11 700点下跌了近20%。

2009年，阿克洛夫与席勒合著《动物精神》，对人类行为进行了深度剖析。凯恩斯曾用"动物精神"一词形容引发大萧条的悲观沮丧情绪，以及经济复苏时不断变化的心理状态。《动物精神》将心理和社会因素纳入经济学研究，打破传统理性的经济动机假设，把信心、公平观念等心理因素融入经济学分析，阐释经济现象。书中指出"动物精神"广泛影响当代经济，左右全球金融事件走向。基于行为经济学，作者提出政府干预经济的必要性，因为人类经济行为受非理性因素干扰，易造成经济不稳定。"动物精神"是市场失灵的关键因素之一，如经济衰退时会使总需求下降。政府可通过财政和货币政策刺激经济，稳定市场信心，还应通过政策公告和监管措施引导公众预期，避免市场情绪极端波动，维持经济稳定增长。

1979年，丹尼尔·卡尼曼（Daniel Kahneman）和阿莫斯·特沃斯基（Amos Tversky）在《前景理论：风险下的决策分析》中开创性地将心理学引入决策研究，他们构建的模型在经济学、法学以及政治学等众多领域被广泛应用。行为经济学家把心理学的研究成果融入传统经济学分析后发现，现实中的人类行为与经济学所假设的理性行为存在系统性偏差。行为经济学主要聚焦于行为人的有限理性，它融合心理学、神经科学以及微观经济学的理论，构建起一系列概念、方法和多个行为模型。在此基础上，学者们还提出"助推"（Nudge）等"引导"公众选择的政府干预机制。

卡尼曼和特沃斯基（Kahneman and Tversky, 1979）通过实验创建前景理论，指出了人类的一些非理性决策行为，主要包括：（1）参照点依赖。人们决策依据结果与参照点的相对差异，参照点可为现状或期望目标,不同语义描述会影响参照点,进而影响决策。(2)损失厌恶。人们对损失的厌恶远超对等额收益的喜爱,损失权重大于收益,这影响风险偏好,在金融市场易导致投资者过度反应。(3)敏感度递减。收益和损失增加带来的效用变化,会随金额增加而减少,面对收益时人们倾向规避风险,从而影响风险态度。(4)概率加权函数。人们决策时会主观扭曲概率,过度重视小概率事件,低估中高概率事件,导致决策偏离客观预期。

1980年,理查德·塞勒(Richard Thaler)将前景理论应用于经济和金融研究领域后,创新性地提出了一些新概念。其中,禀赋效应(endowment effect)格外引人关注。禀赋效应是指人们对已拥有的物品赋予的价值超过他们原本对该物品的评估。即当一个人一旦拥有某项物品,他对该物品价值的评价要比未拥有之前增加。因厌恶损失,放弃物品时人们会高估其价值。在成本认知上,付现成本被视为损失、权重高,机会成本被当作放弃的收益、权重低,这解释了付现成本与机会成本的差异。禀赋效应的经济含义是,即便无交易成本且收入效应估值可忽略,初始产权分配仍会影响最终资源配置。但这与著名的科斯定理(Coase,1960)不同,科斯定理指出,如果没有交易成本和收入效应,最终的资源配置与初始的产权分配无关。

塞勒在行为金融学领域开展了具有开创性意义的研究,有力地阐释了为何行为人会做出有别于理性经济人假设的非理性决策,进而犯下系统性错误。这种非理性决策行为,对金融产品的价格走势、收益状况均会产生影响,最终导致市场运行效率低下。塞勒(1985,1999)提出心理账户理论并对投资决策的影响进行了研究。人们对金钱价值的判断取决于其所属的心理账户。购买金融资产时以买入价设心理账户,影响交易决策,投资者倾向卖浮盈股票而非浮亏股票。决策时采用的贴现率也有差异,对不同到期日收益赋予不同贴现率,即将到来收益的贴现率大于远期收益,收益的贴现率大于损失的贴现率,小金额的贴现率大于大金额的贴现率。李勉群、施莱弗和塞勒（Lee, Shleifer and Thaler, 1991）在《投资者情绪与封闭式基金之谜》中深入探讨了投资者情绪产生的影响。部分封闭式基金持有人是噪声交易者，其未来回报预期易受不可预测因素影响。市场情绪乐观时，基金交易价格攀升，出现相对于净资产价值的溢价；悲观时，价格下跌，引发折价。因此，持有封闭式基金有基金资产价值的波动和噪声交易者情绪波动两种风险，就影响了套利交易者的进入，这导致折价长期存在，所以封闭式基金市场价格通常低于投资组合资产净值。

行为经济学深化了人们对监管与市场关系的认识。法律和监管制度需系统透明，与时俱进，契合市场规律和交易习惯，本质上是市场内生的。若将其视为完全外在强制改变行为的工具，则容易过度监管，增加成本，引发套利，导致监管失效。所以，决策者要全面掌握信息，根据实施效果灵活调整策略，追求监管最优。从监管内生性看，立法和修改监管制度时，市场主体的积极参与十分关键，这是监管协调市场行为的社会根基，能增强市场主体对监管的信任与尊重，提升监管与社会、市场的契合度。

行为经济学的研究成果应用于金融市场监管中，提出的建议包括：一是监管制度通过调整激励结构，强化行为人的自我约束。例如，设置有针对性的信息披露、合同签署的冷静期、违约条款等，以保护信息上处于劣势的投资者。二是信息披露适度。人们在决策时并不会也无法考虑所有的信息，只会基于基本信息，信息过载会使投资者难以筛选出重要信息。如果强制信息披露的要求导致信息过于庞杂和琐碎，会适得其反，这就需要信息披露、风险提示或警告根据金融产品的特性，做到适当、适度。三是监管法律法规要简明扼要、清晰明了。这样才能提高金融消费者学习和运用信息的积极性，取得更好的效果。相反，复杂、晦涩的监管制度，则会导致消费者的忽视或排斥。四是金融消费者的保护机制。从信息监管的角度看，降低信息处理的障碍，鼓励投资者基于充分信息理性决策，对提高市场效率和保护投资者利益更为有利，而让投资者从实际决策的经验中学习，实施的效果可能也是更好的。如果对消费者过度保护，消费者不承担任何风险，例如，"刚性兑付"或者金融机构"大而不能倒"，则会加剧过度自信偏差，降低他们从启发式进化中吸取教训和学习的激励。对于非理性问题更加严重的中小投资者，则需要通过"助推"缓解他们的认知偏差和行为选择的非理性问题。

第二节　监管措施

监管措施是行政部门为达成监管目标，对微观主体行为实施的干预手段。本节将着重介绍政府部门普遍采用的监管措施，在后续章节里，会针对各类金融机构和金融活动的监管措施展开详细探讨。

2.1　命令与控制

命令与控制主要以法律、行政法规、部门规章等形式，明确行政相对人受监管业务活动的标准与行为规范。它广义上涵盖国家法律、部门规章和自律规则，能规范行为，影响行为人激励机制或偏好，助力实现社会目标。它以国家强制力为保障，违规会被处分或追究刑事责任，执行的监管部门须获法律授权，且有法定范围内制定规则的权力。

2.1.1　参数监管

参数监管是从价格、数量、质量等参数的角度，对行政相对人提出的监管要求。在实际应用中，较为常见的参数监管类型主要有以下几种：

价格限制。这是针对自然垄断企业的管制举措。由于自然垄断企业在市场中占据特殊地位，缺乏有效竞争，可能会凭借垄断优势肆意抬高产品和服务价格。为了避免这种情况，政府会为相关产品和服务设定价格上限或下限。设定价格上限是为了防止出现垄断性高价，保护消费者权益。在金融行业，价格限制同样是极为重要的监管措施。例如利率管制，像美国的 Q 条款就明确禁止对活期存款支付利息。保险行业中，对保险合同的费率监管也属于价格限制的范畴。

数量限制。这一监管措施通常与价格限制紧密相连。当对某些产品或服务设定了价格限制后，如果价格被规定得过低，供给方从成本和收益的角度考虑，就不太愿意提供市场实际所需数量的产品或服务，进而导致供给不足的现象出现。为了应对这一问题，就需要规定相关企业的产品产量。数量限制在防治污染领域有着广泛的应用。比如，为了保护环境，监管部门会对企业的废气、废水排放量施加严格的数量限制。

质量参数。对于自然垄断企业而言，实施价格限制的主要目的是确保这类企业获取平均利润，避免其获取暴利。然而，在最高价格限制的条件下，企业可能会出于降低成本、追求更高利润的考量，采取降低产品或服务质量的手段。所以，必须引入质量参数监管，明确规定产品或服务应达到的质量标准，防止企业因价格限制而降低质量标准，保障消费者能够享受到符合质量要求的产品和服务。乔治·施蒂格勒与克莱尔·弗里德兰（Stigler and Friedland，1962）在《监管者能监管什么？电力监管案例》一文中，使用回归估计法研究了监管对电价的影响，以分析监管是否能够有效控制电力行业的垄断企业。他们发现，受监管州与不受监管州之间的价格差异在统计学意义上微乎其微（不足5%）。这篇论文，对学界及社会关于政府监管的认识产生了深远影响。它表明政府监管并非如传统认识那般，必然增进社会福利，这对当时盛行的"监管者能有效纠正市场失灵"的观点是一种修正。

这篇论文同样影响了决策者对监管的理解。他们开始重新审视政府监管的作用与有效性，减少不必要的监管干预，以促进市场竞争，提升经济效率。在一定程度上，它为美国卡特政府时期运输、天然气及银行等行业的放松管制提供了学术基础。

2.1.2 市场准入

市场准入是一项关键的监管手段。政府在需要被监管的领域设定准入条件，并向从业者发放特许牌照，旨在确保从业者达到特定执业标准，同时对行业扩张加以把控，或对特定行业予以保护。政府借助建立企业或商品的准入制度，来维护消费者权益，例如药品生产企业的准入流程以及药品注册程序等。企业准入标准因行业特性而异，一般涵盖资本、营业场所、技术、人员、内控机制等方面的要求。通过市场准入，政府能够调控行业发展的速度与规模。比如，对于新兴产业，初期政府鼓励企业进入，以推动创新与竞争。但随着行业发展，可能会收紧准入条件，避免过度竞争。在新兴经济体中，针对缺乏国际竞争力的国内新兴产业，政府可限制外国企业进入，为国内产业营造受保护的发展环境。

市场主体能够自由进入市场，这是公平竞争的关键要素。在自由市场经济环境下，完成工商登记的企业即可开展商业活动，绝大多数行业无须特殊准入管理。然而，无论是普通商品还是金融产品，消费者都面临信息不对称难题，难以精准判断商品质量，伪劣商品与不达标的服务会损害消费者权益。因此，对特定行业实施准入监管，成为政府保护消费者的举措之一。以银行业为例，其准入条件中，资本、人员及内控机制最为关键。针对特定经营活动或特殊行业，除企业准入监管外，还需对行业或企业的高级管理人员与从业人员进行资格监管。

2.1.3 行为监管

行为监管，是政府借助各类手段，对市场主体经济行为加以引导与约束，以此达成特定经济和社会目标的监管方式。监管机构与行业协会针对特定业务行为或活动制定行为规范，要求企业及从业人员严格遵守，对那些不遵守甚至违反规范的当事人给予相应处罚。行为监管主要涉及两大关键领域。

第一，反垄断。公平竞争是市场经济的基石，各国制定反垄断和反不正当竞争法规，禁止滥用市场支配地位等垄断行为，如欧盟对谷歌的处罚；严禁虚假宣传等不正当竞争行为，市场监管部门负责调查惩处，权利人可诉讼维权，行业协会也制定规则维护公平。政府通过立法、监管、公众参与等举措，保障消费者和劳动者权益：在环保、食品安全等领域立法明确权责，加强食品药品监管，惩处制假售假；保障劳动者权益方面，制定法规，加强执法，劳动监察部门检查纠正违法行为，建立仲裁和诉讼机制，为劳动者提供救济与赔偿。

第二，金融监管。2008年全球金融危机犹如一场经济海啸，给世界各国的经济带来了沉重打击，危机也使金融消费者权益保护问题受到了前所未有的高度关注。这场危机中，金融机构在发放住房抵押贷款过程中的不当行为被彻底暴露。许多金融机构为了追求短期利益，盲目扩张业务，在未对借款人的真实偿还能力进行严格审查的情况下就向大量不具备偿债能力的借款人发放贷款。这种短视行为使得大量质量堪忧的贷款流入市场，进而催生出了大量的"有毒资产"。这些"有毒资产"最终引发了金融市场的剧烈动荡，导致众多金融机构陷入困境，甚至破产倒闭，广大普通民众也因此遭受了巨大的经济损失，如房产被收回、储蓄大幅缩水等。

危机之后，世界各国监管机构深刻认识到传统金融监管模式的不足。在加强对金融机构审慎性监管，如在强化资本充足率、流动性等方面要求的同时，也将目光聚焦于行为监管。监管机构开始更加严格地审视金融交易的方式，尤其是零售业务的营销方式。过去，部分金融机构在零售业务营销过程中，存在夸大收益、隐匿风险等问题，误导金融消费者做出不恰当的投资决策。而且，这些业务活动不仅对单个客户的资产安全产生影响，还会通过金融市场的传导机制，对更广泛的金融市场稳定性造成冲击。

2008年，欧盟委员会针对金融危机起源进行了深入研究。研究报告明确指出，风险评估和风险管理的失误并非孤立存在，公司治理的制衡机制失效使得这些失误进一步加剧。在许多金融机构中，内部权力分配失衡，缺乏有效的监督与制约，导致管理层为追求高额利润而忽视风险。同时，金融机构内部不合理的薪酬和激励机制也在无形中助长了过度冒险的行为。员工为了获取高额奖金和业绩提成，往往不惜采取激进的业务策略，而忽视了潜在的风险。基于这些问题，报告郑重建议监管机构应将注意力高度集中到金融机构的风险评估和管理上，从源头上防范金融风险的发生。

作为金融监管改革的典型代表，英国在这方面做出了积极探索。在金融监管体制改革进程中，英国成立了全新的、独立的监管机构——金融行为监管局（Financial Conduct Authority，简写为FCA）。该机构的成立标志着英国金融监管模式的重大转变。金融行为监管局的监管范围极为广泛，不局限于对金融机构和从业人员日常业务行为的监管，还深入公司治理层面，关注金融机构内部的决策机制，权力分配是否合理；对激励机制进行审视，确保其能够引导员工做出合理的业务决策，而不是一味追求高风险高回报；同时，对金融机构的组织系统进行评估，判断其架构是否科学合理，能否有效防范风险；甚至对金融机构之间的竞争行为也进行监管，防止不正当竞争扰乱金融市场秩序。通过这种全方位、深层次的监管，金融行为监管局致力于营造一个更加公平、透明、稳定的金融市场环境，切实保护金融消费者的合法权益。后续章节在讨论金融机构的稳健性监管的同时，也会对银行、保险公司的行为监管进行探讨，而证券市场监管和集合投资计划监管的重点是行为监管和信息披露监管。

2.1.4　信息监管与信息披露

在现代经济与社会体系中，信息的充分性与准确性对公众利益的维护起着关键作用。信息监管，便是政府针对信息不完全可能损害公众利益这一问题所采取的一系列举措。其核心在于通过构建信息公开或披露制度，全方位保障公众利益。信息监管作为传统直接命令与控制方式的替代选择，是一种以市场为导向的新型政策工具。监管机构借助信息公开和披露手段，促使市场主体的行为发生积极转变，进而实现公共政策目标，被视作一种更为温和、柔性的政策手段。

信息监管涉及多方面的制度安排。首先，通过制定一系列详尽的法律法规，明确界定信息传播过程中各方的权利与义务，清晰划定信息活动的合理范围与界限。例如，针对网络安全、隐私保护以及知识产权等重要领域专门立法，以此规范信息在传播与使用过程中的行为。其次，政府会对信息内容展开严格审查与监督，确保信息具备合法性与真实性。以广告监管为例，政府严格监督广告行为，防止企业在广告中夸大产品功效，误导消费者；对烟草等"限制性"或"不应受欢迎"产品或服务的广告，实施严格限制甚至直接禁止。

信息披露制度是重要的信息监管机制，它推动企业主动提供信息，从而显著降低消费者收集信息所需付出的时间、精力与经济成本。信息监管能否切实发挥效用，很大程度上依赖于企业自主披露信息或履行信息披露义务的内在动力。与此同时，社会和媒体的广泛参与及有效监督，也是确保信息监管制度行之有效的重要基石。这就要求信息披露的内容与方式必须充分契合公众需求，以便激发利益相关者关注披露信息，并积极投身于对企业运作的监督之中。举例来说，当信息能够以简洁、明了且统一的形式呈现时，信息监管往往能取得更好的效果；信息若能在接近决策时间点时披露，其发挥的作用也会更为显著。基于此，在信息监管工作中，政府可构建全面的信息监管框架，内容涵盖建立强制披露要求，为企业提供信息披露的激励措施，以及推荐或提出自愿性准则。此外，政府还可制定信息披露标准，积极推动并主导信息发布和数据结构的技术标准制定工作。信息监管工作同样需要充分发挥第三方机构或自律组织的独特作用，特别是在制定行业信息披露标准和技术规范方面。政府通过对行业协会的有效指导与监督，切实保障第三方信息披露的质量和数据的可信度。

近年来的诸多研究成果表明，信息监管能够通过经济、心理、社会等多方面的机制，深刻影响个人、家庭、公司乃至政府的行为模式。信息披露能够借助消费者、投资者、媒体以及其他社会行为者的反馈，通过声誉效应和合规性效应形成强大的外部压力，促使企业主动改变自身行为。监管机构对企业提出直接的信息披露义务，以及对产品质量和使用说明的明确要求，也会推动企业优化内部管理，完善信息编制和发布流程。大力推进信息监管，能够将公共利益目标巧妙地融入企业、市场和社会结构的动态变化过程之中。例如，企业为履行信息披露义务，就需要充分考虑评级机构、投资者和消费者的实际需求，并据此调整财务管理、内部审计和外部审计等相关制度。强制信息披露制度还有助于提升社会公众和媒体监督企业的积极性与主动性。比如，企业披露其清洁能源、绿色产品的使用和采购等信息，能够在全社会范围内增强环境保护意识，通过全社会的共同参与和监督，有力推动新能源和环保技术的研发与广泛应用。

信息监管存在的不足表现在：一是监管成本高，企业编制发布信息会增加实施成本，如引入外部审计；二是消费者信息处理能力不一，部分存在"搭便车"心理，影响监管成效；三是形式主义，企业披露信息重格式内容合规，而不关注文件冗长晦涩等问题，增加了信息处理成本，降低了公众监督积极性。此外，有学者认为，基于"买者自负"理念的信息监管，某种程度上等同于放弃对消费者的实质性保护。鉴于这些问题，世界各国都在积极改进信息监管制度。以环境保护领域为例，要求企业披露具体的事实信息，以此为利益相关者提供更充分的决策依据，助力其做出更优决策。监管机构也有的放矢地提出了一系列旨在增加透明度和降低信息不对称问题的措施，比如搭建企业信息发布的公共平台，整理并维护官方数据库（包括在线清单），以此提高信息发布的质量并降低成本。

市场约束对于金融监管的意义重大，它既是保护金融消费者的重要机制，也是金融机构监管的三大支柱之一。在第七章和第八章中，我们将探讨巴塞尔银行监管委员会（简称巴塞尔委员会）构建的银行监管的"三支柱"。第三支柱（市场约束）与第一支柱的资本充足率、第二支柱的监督检查相互补充，共同构成银行监管的制度体系。信息披露，促进市场透明公开，为市场清晰了解银行的资本状况以及抵御风险的能力，评估银行资本充足率提供了关键信息。银行需要按照监管规则的要求，定期披露经营状况、资本充足率、公司治理等相关信息，包括核心一级资本充足率、一级资本充足率和总资本充足率。及时准确的信息披露，有利于市场参与者监督银行的经营管理，完善公司治理和风险控制，从而使银行的股价和债券等的定价及时反映银行的经营状况和风险状况，形成银行维持充足资本、有效管理风险的外部压力。此外，信息披露为监管机构提供了及时的数据和信息，有助于更好地评估银行的风险状况、资本充足率以及风险管理流程，是第二支柱监督检查得以有效实施的重要基础。这些外部的压力，能促使银行按照第二支柱的要求，完善内部资本充足率评估程序（Internal Capital Adequacy Assessment Process，简写为 ICAAP），推动银行提升 ICAAP 的质量和全面性，确保银行拥有充足资本。

信息披露不仅是第一支柱——资本充足率监管的重要补充，在第二支柱中，金融机构还需建立能够保证信息披露真实准确的治理结构、内控机制以及内部审计和外部审计等机制，通过多方协同合作，保障信息披露的质量。目前，国际监管机构和各国监管机构已将三支柱的监管框架应用于保险公司、证券公司的监管。在第十章证券市场监管中，还将重点探讨强制信息披露制度，该制度是维护证券市场公平、公正、公开的重要基石。

数字经济时代，数据成为提升生产效率的核心要素，助力企业决策、服务客户、促进业务增长。但数据竞争加剧了数据滥用，数据安全与隐私保护成为信息监管难题。一方面，数据处理速度快、规模大，系统互联互通，算法决策迅速，监管机构难以跟上数据使用节奏、追踪数据流向和确保合规；同时，网络威胁复杂，内部管理困难，数字技术更新快，监管框架滞后，执行隐私标准受阻。另一方面，数据跨境流动频繁，各国隐私法规不同，法规定义模糊，监管机构判定违规难，且需在创新与数据安全、隐私保护间艰难平衡，而新技术影响尚不确定，监管决策常缺乏充分信息。

2.2 其他监管措施

除了命令与控制强制要求被监管对象遵守规定外，政府还在探索新的监管措施。引入市场化机制便是其中极为重要的一种，"助推"是一种新兴且颇具成效的监管方式。

2.2.1 利用市场化机制的监管措施

科斯定理为市场机制解决外部性问题提供了理论基础。科斯（1960）在《社会成本问题》中提出，在交易成本为零的理想条件下，无论初始产权如何分配，市场机制都能够实现令人满意的资源配置结果。也就是说，只要产权界定清晰，且不存在交易成本，市场主体无须政府或其他外部力量干预，通过自主协商谈判，就能达成有效率的解决方案。例如，若一家工厂污染了附近河流，下游受影响的居民可与工厂进行协商，促使工厂将污染水平降低至可接受范围。工厂也会对污染的成本与收益进行权衡，以赔偿居民损失的方式来解决问题。更进一步，若初始权利配置为工厂有权排污，居民则可以向工厂付费，"换取"工厂降低污染水平。在科斯定理的情境中，市场机制能够解决外部性问题，但这是以交易成本低为前提的。这些交易成本涵盖了收集信息、开展谈判以及执行协议等方面的成本。当交易成本较低时，各方能够轻松沟通交流，就如何处理外部性问题达成协议，从而将外部性内部化。

自20世纪80年代以来，一些国家的政府机构开始采用排污权交易制度来应对外部性问题。以美国1990年《清洁空气法修正案》中的酸雨控制计划为例[①]，它的核心特色在于建立了二氧化硫排放上限和交易制度。该计划相较于直接禁止排污或限制排污量，通过激励兼容的制度设计和市场竞争，可以有效激励企业研发环保技术，推动企业使用清洁能源或转向可再生能源。

在环境保护领域，相比传统直接控制排放机制，市场化机制优势明显。在此机制下，减排成本低的污染者能多减排并出售剩余排放权，以较低社会总成本实现减排目标。排放权交易机制让排污者减排更灵活，可自主选择投资新技术、改进工艺或购买排放权，还能激励排污者采用高效污染控制技术，推动可持续生产，缓解监管失灵问题，避免政府直接干预导致的激励扭曲和监管套利（Regulatory Arbitrage）。

---

① 该计划目标明确，旨在将二氧化硫排放量在1980年的基础上每年减少1 000万吨，氮氧化物排放量减少200万吨。整个计划分两个阶段推进：第一阶段从1995年启动，重点针对规模最大、污染最为严重的发电厂；第二阶段自2000年开启，要求进一步覆盖更多发电厂，同时收紧排放限制。政府首先为二氧化硫排放总量设定上限，并将排放配额分配给各个发电厂，每个配额允许发电厂每年排放一吨二氧化硫。排放量低于配额的发电厂，可将剩余配额出售给那些需要更多配额的发电厂。

此外，基于科斯定理的机制还用于可交易水权、噪声污染协商等领域，为解决外部性问题提供新思路。

排放权机制也存在缺陷与局限：一是初始权利分配不均，不合理分配会使企业减排积极性受挫，造成不公；二是有市场操纵风险，大型企业或投机者操纵市场，干扰价格形成与市场秩序，影响减排；三是监测执法成本高，需完善相关体系，否则企业易违规排放；四是小污染者参与受限，交易成本和行政负担高，削弱其积极性；五是事前效果评估难，受多种因素影响，评估不准可能延误问题解决。

绿色金融是借助市场化机制实现环境保护与经济增长双赢的政策措施，备受国际社会重视。政府通过税收优惠、财政补贴等政策，激励金融机构开展相关业务，引导社会资本流入环保和绿色产业，例如，对绿色债券利息收入实施税收减免。同时，绿色金融通过绿色发展基金、信用增级等手段，分担并降低环保产业和绿色技术产业的不成熟、回报期长等风险，还能通过定价机制引导资源配置，比如全国碳排放权交易市场。此外，参与绿色金融可改善金融机构和企业的声誉与形象，助力产业发展。世界银行下属的国际金融公司等国际金融机构向发展中国家清洁能源项目提供低息贷款，不少国际组织和国家设立绿色基金，如中国发起的"一带一路"绿色发展国际联盟，支持沿线国家的可持续发展项目。

2.2.2 助推

助推是美国经济学家塞勒基于行为经济学的研究成果提出来的，英文原意是指用胳膊肘或身体的其他部位轻推他人，以做出提醒或示意。和命令与控制不同，助推并不直接限制人们的选择自由，而只是改变选择结构，在不显著改变行为人的激励、不禁止行为人选择的情况下，使行为人的选择发生改变，以达到公共利益目标的干预形式。

助推之所以有效，是因为它设计的选择结构考虑到人类的心理，而不是去"对抗"人类的心理。如行为经济学的研究成果所显示的，人在决策时往往会根据启发式或心理捷径做出，而不完全是基于理性的分析。助推在保留个人选择自由的同时，可以在设计选择结构时使某些选项更具吸引力或更容易被注意，从而推动人们做出更好的决策或采取更积极的行为。

助推适用于多种场景和情形，既适用于公共政策，也适用于企业的营销和组织行为等。例如，自助餐厅将健康食品放在与视线平齐的地方，或者使它们更具视觉吸引力，促进人们选择更健康的膳食。塞勒研究发现，企业员工储蓄率偏低的原因有：由于有限理性，在养老金计划从固定收益转向固定缴费时，不知如何计算合适的储蓄率；人们想多储蓄，但因缺乏自控力和意志力，无法减少当前消费以支持未来消费；有些人虽有意愿提高储蓄率，但一直未付诸行动；认知偏差，以为当前可支配收入减少带来的效用减少量大于未来收入增加带来的效用增加量，将选择当前缴费视为一种损失。塞勒提出了为明天储蓄计划（Save More Tomorrow，简称 SMarT）。它改变了员工的选择结构：一是自动加入（automatic enrollment），即雇主自动为员工注册养老金计划，员工选择才退出"选项"。这利用了人们的现状偏见，减少了决策成本和拖延，提高了参与率。二是自动升级（automatic escalation），员工同意未来逐步提高储蓄率，通常每年提高 1 个百分点。这有助于员工逐渐增加储蓄，而不会感到太大的经济压力。三是为员工提供简单、易懂的投资选择，如目标日期基金，减少了员工的决策难度。这项计划实施的效果明显，第一个计划实施中，78%的员工加入了 SMarT 计划，且有 80%的员工在第四次加薪后仍留在计划中。参加 SMarT 计划的员工储蓄率从 3.5%提升到 13.6%。

2.3 自律监管

自律监管，是指行业自律组织通过制定行业的准入标准和行为规范，对行业的机构和从业人员进行规制的监督机制。

自律组织（SRO）是指有权监管各自行业和成员的实体。早在中世纪，一些行业的行会就具有了自律组织雏形。例如，行会负责监管特定手工艺或行业的实践和标准。这样的自律组织，其监管权力可通过行业的共同协议获得。行业的协议赋予其制定成员行为规则的权利。自律组织可以确定会员资格的标准以及会员必须履行的义务。行业协议通常授权自律组织制定争议解决程序，以解决会员之间或会员与客户之间的冲突。

随着现代社会的发展和行业的日益复杂，政府也开始建立行业自律组织或授权行业协会履行自律监管职能。这些政府认可的自律机构通常是为了实现特定的监管需求而设立的，并在政府制定的法律法规框架内运作，更增强了自律组织的监管效力。自律组织可以制定并执行管理其成员行为的规则和标准。例如，会计师协会可以制定其成员必须遵守的会计实务和道德行为标准，也可以向行业内个人或企业颁发执照或证书。又如，医师协会可在医生满足特定的教育和考试要求后向其颁发执照，它也有权监督会员的活动，以确保遵守既定规则。这可能涉及审计、检查或调查。如果发现违规行为，自律组织可以采取适当的执法行动，对违反规则或标准的成员进行纪律处分。例如，证券交易所作为自律组织，有权对违反交易规则的会员经纪公司进行纪律处分。它通常还组织教育和培训，帮助会员保持和提高专业技能和知识，提高行业标准。

自律组织和自律监管的优势概括起来有三点。一是专业性和灵活性。自律组织可以依靠机构成员的知识、经验和专业技能，使自律规则更具有行业代表性，而不是复制或者细化行政监管措施。政府在制定和实施法定监督制度时，面临的重要挑战就是法律法规的滞后性和执法上缺乏灵活性。因此，自律监管成为行政监管的有效补充，它可以对市场变化做出快速反应。二是有效性。自律组织的建立出于维护整个行业公平竞争、市场有序和机构财务稳健的内在要求，市场参与者会积极参与制定和执行行业最佳实践、标准和准则，强化自身的合规水平，维护行业形象。因此，政府应当鼓励行业的这种努力和内在激励，将自律监管纳入整个监管框架之中，通过与行业的合作，提高监管的适应性和执法的灵活性。三是成本相对较低。自律监管由行业自发组织和筹集费用，作为行政监管的补充可以减少政府监管的行政支出。自律规则由行业内最熟悉行业习惯和操作的专家制定，成员遵守的自觉性更高，成员之间的纠纷和争议通过自律组织的协调机制解决的效率也更高。

自律监管，作为行业利益与政府监督的一种特殊的结合，对复杂、持续变化的金融业有着特殊意义。正如国际证监会组织（International Organization of Securities Commissions，简写为 IOSCO）关于证券监管目标和原则所说的，"自律组织可以成为监管机构实现证券监管目标的重要组成部分"。自律组织可能提出高于政府法规的职业道德标准。英国的自律监管有着悠久的历史。例如，伦敦证券交易所（London Stock Exchange，简写为 LSE）长期以来一直作为自律组织，负责监管其平台上的交易活动。它制定了公司上市要求的相关规则，确保只有符合特定财务和公司治理标准的公司才能上市。这有助于维护交易所的完整性和声誉，保护投资者。这与英国的历史和文化传统有着密切的关系。英国历史上就重视自治和私人部门自主权，金融业自律监管的传统可以追溯到伦敦证券交易所的早期发展，当时伦敦证券交易所完全自主，不受政府干预。这一历史遗产培养了金融业强烈的自律和自我管理意识，使自律组织得到广泛认可和尊重。英国虽然没有统一的证券市场监管法规，但《公司法》和《反欺诈条例》等法律为自律组织的运营和监管提供了法律依据和保障，明确了自律组织的权利和义务，确保了自律组织的监管效力。英国金融业发育早，行业自律的传统坚实，加之金融产品种类繁多和市场参与者众多，自律组织凭借对市场运作的深刻理解和专业知识，能够制定出更具针对性和细节性的监管规则和标准，以适应市场的复杂性和多样性，这是政府监管机构难以做到的。2013年设立的金融行为监管局虽然是一个法定监管机构，但也与自律组织合作，以使其能够迅速适应市场变化和新做法，填补由政府主导的监管体系可能出现的漏洞。伦敦作为全球金融中心，其自律组织的监管标准和实践也对国际金融市场有着重大影响，在全球范围内得到广泛认可和遵循。这也提高了英国自律组织在英国金融业中的重要性和影响力。

当然，自律监管也存在不足。一是潜在的利益冲突。自律组织的经费大都来自行业成员，就可能受到其利益的影响，并导致利益冲突。如果市场准入由自律组织确定标准和实施，它们就可能通过制定过高的准入标准限制行业的竞争，以自律监管之名行"反竞争之实"，自律监管就可能演变为保护行业既得利益者的机制。再例如，金融行业的自律组织可能会迫于压力放宽资本充足率要求，以使其成员机构受益，从而可能危及整个金融体系的稳定。迫于行业的压力，自律组织不愿实施重大的监管变革。而且，自律组织内部达成共识的过程可能缓慢而烦琐，导致无法及时适应新的市场发展、新出现的风险或不断变化的消费者需求。二是执法权力有限。与政府监管机构相比，自律组织通常拥有更有限的执法权力，可能会增加确保合规和追究严重违规者责任方面的难度。例如，自律组织可能只能发出警告或处以相对较少的罚款，以致不足以阻止重大不当行为。三是监管标准不一致。不同自律组织制定的法规和标准可能不统一。每个自律组织可能都有自己的解释和方法，以致整个行业监管要求不一致。这会给市场参与者带来困惑，并使一些人更容易通过选择在一个规则更宽松的自律组织的管辖下运营来规避监管。典型的例子就是英国《1997年金融服务法案》的改革，整合了之前几个自律组织和其他监管机构的职能，精简并加强了整体监管架构。

因此，政府部门也需要对自律组织进行规制。政府可以建立明确的规则和监督机制，以减少行业利益对自律组织的影响，确保监管决策符合公众利益，而不是出于行业的利益和巩固行业的利益。政府也可以赋予自律组织更严厉的制裁和执法工具，或直接干预严重违规案件，以确保自律组织的执法效率，保护投资者和公众的利益。政府可以通过统一的监管要求和准则，促进不同自律组织之间的协调一致，减少监管套利，为市场参与者创造更公平的竞争环境。政府也可以敦促自律组织及时适应新的市场发展和新兴风险，推行自律监管改革，鼓励监管方法的创新，以确保监管框架保持有效性和响应性。政府还可以建立协调和信息共享机制，这既包括自律组织与成员之间的协调和沟通机制，还包括自律组织之间以及政府与监管机构之间的协调机制，使协调和信息共享成为响应市场变化和解决跨行业、跨市场问题的机制。监管机构与自律组织之间良好的监管合作，还有利于减少监管空白和防止监管套利，保证监管的有效性，维护公平的市场环境。

第二章　金融市场失灵与金融监管

金融机构和金融市场组成金融系统，其基本功能是缓解金融交易摩擦和降低风险。金融系统也因信息问题、代理问题而必然存在金融市场失灵，金融监管的目的就在于通过对金融系统的干预纠正市场失灵。本章将从金融交易摩擦的角度，阐述金融系统的功能，提供这些功能所蕴含的内生脆弱性，以及顺周期性（pro-cyclicality）等问题。

第一节　金融系统及其功能

金融系统是由金融机构、金融市场等要素构成的复杂体系，在资金融通和将储蓄转化为投资、支付清算、风险分散与管理、价格发现、提供信息等方面具有独特的功能，对于促进资源优化配置和经济发展起着关键作用。

1.1　金融中介机构与金融市场

金融系统为金融交易提供交易场所和设施，银行、保险公司、证券公司、资产管理机构等金融中介机构，为企业、投资者、储户等提供金融交易的相关中介服务和风险管理工具。

1.1.1 金融机构

金融机构，根据其提供的职能，大致可以分为以下几类。

银行与储蓄类金融机构。银行是吸收存款和发放贷款的金融机构，它以自有资金吸收贷款等风险带来的损失。在现代经济中，银行是根据监管立法设立的。除银行之外，信用社、财务公司等金融机构也可以吸收存款和发放贷款，这些储蓄类金融机构也与银行一起包含在同一监管框架内。银行是最古老且客户群体最广泛的金融机构，它提供的存贷款和支付等服务，促进了储蓄向投资的转化和资源配置效率的提高，是国民经济中最具影响的商业组织。银行的期限转换职能也使其具有内生的脆弱性，这是银行监管的重要出发点。银行监管以资本充足率监管为核心，第七章和第八章将进行全面的讨论。虽然绝大多数的金融机构都提供期限转换服务，在本书中除对保险公司的偿付能力监管进行介绍外，不再讨论其他金融机构的资本充足率监管。

保险公司及保险中介机构。保险公司是以商业化的机制承担风险转移的机构，投保人以支付保费的形式将保险合同约定的风险或给付责任转移给保险公司。当保险合同约定的风险发生并造成损失时，保险公司需要履行赔偿或给付义务。根据业务类型，保险公司可分为寿险公司、非寿险公司和再保险公司。保险公司可以自己销售保单，也可以通过如保险经纪人和保险代理人等保险中介机构销售保单。第九章将重点讨论保险合同的监管和保险公司的偿付能力监管。

资产管理机构。资产管理机构是为共同基金、理财产品等契约性储蓄机构，以及为养老金、年金和私人银行客户等提供资产管理服务的金融机构。除了专业的资产管理机构，商业银行、投资银行（证券公司）、保险公司等机构也提供资产管理服务。目前，养老基金和契约性储蓄机构，即集合投资计划等已经成为全球金融市场最重要的机构投资者。资产管理机构为这类投资实体提供资产管理服务，按约定收取管理费，或按业绩收取业绩报酬。第十一章将重点讨论向公众发行的共同基金等集合投资计划及其管理机构等运作机构的监管。

支付结算等金融基础设施。这些金融基础设施，为交易提供支付、清算等服务，它们不仅有助于降低交易成本，还可以降低交易和结算的风险。金融基础设施持续、不间断地提供服务，也是金融市场和金融系统稳定的重要基础。在第十二章中，将讨论金融基础设施的监管。

1.1.2 金融市场

金融市场是市场主体交易金融产品、货币、衍生品等的市场。如图 2.1 所示，图的左方是资金盈余方，是最终的储蓄者；右方是资金短缺方或者资金的融入方。在金融市场上，资金融入方通过发行金融工具，如债券和股票，融入资金。这就是图 2.1 下部分所示的直接融资市场。一级市场是发行人发行金融工具的市场，金融工具在投资者之间的转让市场就是二级市场。投资银行、证券公司是直接融资的重要中介服务机构，它们为发行人提供发行和在监管机构注册公开发行

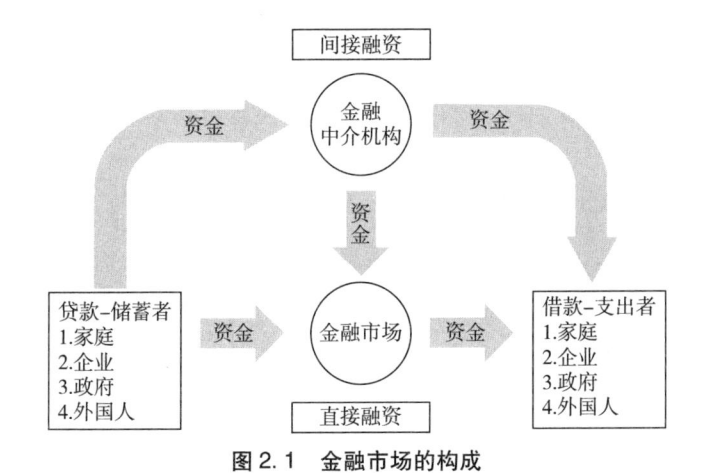

图 2.1 金融市场的构成

资料来源：弗雷德里克·S. 米什金（2016），《货币金融学》（第十一版），北京：中国人民大学出版社，第 22 页。

等相关服务，也为投资者的交易提供中介服务。它们也可以以自有资金从事证券交易，或为证券交易提供流动性。

证券交易所是为证券交易提供场地和设施的组织。它们往往也作为自律监管组织，对进场交易的证券经纪商、交易者以及发行人实施自律监管，维护交易市场秩序。在证券交易所内进行的交易被称为场内交易；在证券交易所外进行的交易被称为场外交易。非公开发行的证券，大多是场外交易。

金融市场按参与人的性质划分，可以分为只有金融机构和其他法人参加的批发性市场，以及有个人等零售客户参加的公众市场。传统上，金融监管的重点是公众市场，第十章将重点讨论证券公开发行的监管。批发性市场，传统上不受金融监管机构监管，由于银行等金融机构对批发性融资的依赖加重了期限错配和流动性错配，这是系统性风险累积的重要原因。2008年的金融危机暴露出批发性市场的问题。危机过后，对批发性市场的监管改革也在推进中。

1.2 金融系统的功能

福利经济学第一定理的假设主要是：完全竞争市场，不存在外部性，理性经济人追求自身利益最大化可以实现资源的最优配置。在这样的市场中，具有不同时间偏好、风险偏好和资产管理能力的个体，可以进行无摩擦的交易。如果不存在信息问题、不确定性和交易摩擦，金融合同可以在任何时点都无交易成本地达成和履行，信贷也无需抵押品。即使存在个体风险或特殊风险（idiosyncratic risk）[1]，这类风险也可以通过多元化予以分散和降低。由于信息是充分的，就没有道德

---

[1] 个体风险或特殊风险，是指特定公司、行业或投资所特有的风险，与整体市场走势无关。它也被称为非系统性风险，可通过分散投资来降低。Fama, Eugene F. and Kenneth R. French (2004). The Capital Asset Pricing Model: Theory and Evidence. *Journal of Economic Perspectives*, 18 (3), 25-46.

风险和逆向选择，也不会出现"柠檬市场"问题。在这样的市场，金融交易无须金融中介的参与，也无须其提供相关的职能。根据 MM 定理（Modigliani-Miller Theorem），在完美资本市场的假设下，在没有税收的情况下，企业的价值与资本结构无关。在此假设下，金融机构会保持合理的融资结构并稳健地经营。在金融市场是充分竞争和价格发现机制有效的情况下，金融机构的股票和债券的价格可以真实反映发行人的风险，从而有效地约束金融机构保持合理的融资结构和充足的资本。

然而，现实世界总是存在不确定性、信息问题和交易成本，因此需要金融机构和金融市场组成的金融系统发挥其功能，可以概括为六个方面：一是清算和支付结算。二是聚集和分配资源，即将社会上分散的资金聚集起来，提供给需要资金的企业和项目，实现资源的优化配置。比如银行吸收存款并发放贷款，以及股票市场为企业筹集资金等。三是跨时空转移资源，帮助经济主体将资源在不同的时间和空间进行转移。例如，人们可以通过储蓄将当前的收入转移到未来使用，也可以通过投资将本地的资金投向其他地区的项目。四是管理风险，金融系统提供了多种风险管理工具和手段，如保险可以帮助人们应对意外损失的风险，金融衍生品可以用于对冲市场价格波动的风险等。五是提供价格信息，金融市场通过资产价格的波动反映各种信息，如股票价格的变化可以反映企业的经营状况和市场对其未来的预期，这些价格信息为资源配置提供了重要的参考依据。六是解决激励问题，通过设计合理的金融合约和机制，如股权激励、绩效挂钩的薪酬体系等，来协调不同经济主体之间的利益关系，解决激励不相容的问题，促进经济活动的有效开展（Merton，1990）。

本章从金融监管的视角，主要讨论金融系统期限转换和流动性转换，缓解金融交易摩擦，以及管理风险这三大功能，因为正是这些功能的提供，使金融系统存在脆弱性等市场失灵问题，进而使引入金融监管成为必要之举。

1.2.1 期限转换和流动性转换

金融机构作为法人，不受自然人生命周期的限制，金融中介可以通过将短期、储蓄资金存款汇集起来，实现期限转换和流动性转换。这是实现金融市场聚集和分配资源，实现跨时空转移资源的基础。

最早的银行为客户提供货币的存储和汇兑服务，客户存储的资金有一部分沉淀下来可以供长期使用，银行以吸收存款和发放贷款为主的业务模式逐渐形成。银行的期限转换功能和流动性转换功能，体现在它的资产负债表的两端。其负债端是存款及其他短期债务工具，资产端是流动性相对较差的贷款和其他资产。由于存款人的流动性需求具有不确定性，银行在负债业务与资产业务中与双边的客户建立了流动性关系，成为流动性转换的中介。银行做出的保证存款人流动性需求的"承诺"，降低了融资交易的"摩擦"。同时，银行所具有的持续从金融市场筹集资金的能力，使银行的借款人免受存款人流动性需求的影响。银行在资产负债表两端"创造流动性"，既可以为存款人提供流动性担保，又为借款人提供长期资金。金融机构通过吸收存款等方式创建的可供其进行长期、大额运用的资金池，向企业和家庭提供贷款，以满足融资者的需求（Diamond，1984）。

期限转换和流动性转换作为金融系统的基本功能，为储蓄客户提供了"流动性保险"。客户的活期存款可以随时提取，这就增加了储蓄意愿，有效地动员了储蓄，从而将短期资金转化为长期资金，为企业的长期投资项目提供资金支持。它可以把分散的短期闲置资金集中起来，投向更有价值和潜力的长期项目，提高资金的使用效率；它可以满足市场的多样化需求，协调不同投资者和融资者对期限和流动性的不同需求，使金融市场上的资金供求能够更好地匹配，提高市场的整体效率；它通过持有和管理流动性资产，在市场出现资金紧张时提供流动性支持，平抑市场波动，增强金融市场的稳定性和流动性；它将众多投资者的资金汇集起来进行期限和流动性转换，使单个投资者面临的风险分散到众多资产中，降低了单一资产风险对投资者的影响。它还为投资者提供了在需要资金时能够及时变现的渠道，减少了投资者因资产缺乏流动性而面临的风险，增强了投资者的信心。这一职能使金融成为经济增长的关键决定因素（King and Levine, 1993; Rajan and Zingales, 1998; Beck et al., 2000; Aghion et al., 2010）。

除银行之外，其他金融机构同样具有期限转换和流动性转换的职能。例如，第四章讨论的银行间市场，在银行间市场发行短期融资工具以用于长期投资，企业和金融机构都在这里筹集短期资金。银行间市场重要的投资者，货币市场基金、债券基金等机构投资者，也以赎回机制为其持有人提供流动性转换服务。因此，银行间市场作为"影子银行"，在传统银行之外，提供期限转换和流动性转换的金融服务。

戴蒙德和迪布维格（Diamond and Dybvig, 1983）指出，储蓄者在"流动性高、收益低"与"流动性差、收益高"的投资中做出选择，一部分投资者有流动性的需求，在退出尚未到期投资时需要金融机构介入，这就是金融市场产生的原因。金融机构提供期限转换和流动性转换，也是以其承担相应的流动性风险和信用风险为基础的，这也是金融机构和金融系统产生内生风险（endogenous risk）的原因。如果对流动性风险和信用风险管理不当，会危及金融机构的稳健和金融系统的稳定，这正是金融监管的必要性之所在。

1.2.2　缓解信息问题和降低交易摩擦

金融机构扮演了信息中介的角色。1977年，勒兰德和帕勒在《信息不对称、金融结构和金融中介》中提出，银行等金融中介是为了缓解信息不对称而产生的（Leland and Pyle, 1977）。银行和其他金融机构在金融交易中提供了信息生产和服务功能，通过事前的贷款审查、事中的贷款监督、贷款违约后的保全等，在识别信息与监控中创造价值（Holmstrom and Tirole，1997）。斯蒂格利茨和韦斯（Stiglitz and Weiss，1981）对信贷市场中的信息不对称导致的信贷市场失灵进行了研究，他们指出，与阿克洛夫的"柠檬市场"有相似之处，如果银行将贷款利率确定在市场出清的利率水平上，那么低风险的高质量借款人会选择退出市场，低质量的借款人充斥，借贷市场就会出现"柠檬市场"。银行的做法是，将贷款利率定在低于出清利率的水平上，而由银行对借款人的质量进行甄别，将信贷发放为风险较低的借款人，即信贷配给是银行降低风险的机制之一。戴蒙德（Diamond，1984）指出，银行之所以能够作为借款人与贷款人之间信息问题的解决机制，是因为银行在信贷业务中积累了关于借款人的信息，这些信息是银行独有的信息，这为银行积累信息和建立信贷专业能力提供了激励。这同时也使银行贷款成为关系型融资。戴蒙德和拉詹（Diamond and Rajan，1999）从信息不对称的角度阐述了银行的职能。由于合同的不完全性[①]，贷款合同是一个有限承诺合同，银行贷款面临借款人不能履行合同的风险。为了控制违约风险，银行就会要求在贷款合同中赋予"监督和控制"借款人的权利，以及在出现特殊情形时重新谈判的权利。银行不仅在发放贷款时要对借款人内部信息进行甄别和判断，还要在贷款后监督借款人，甚至可以对借款人的日常经营决策进行干预，这同样使银行拥有了特殊的信息。银行通过关系贷款为客户提供了有价值的金融服务，可以缓解信贷合同的信息问题和执行成本。关系型融资就成为缓解信息不对称和降低合同执行风险的重要机制。

[①] Hart, O. and Moore, J. (1994). A Theory of Debt Based on the Inalienability of Human Capital. *The Quarterly Journal of Economics*, 109 (4), 841-879.
Hart, O. (1995). *Firms, Contracts, and Financial Structure*. New York: Oxford University Press.

银行与借款人的关系型融资也使银行的信贷业务具有了排他性。银行凭借这种排他性可以从企业贷款中获得"租金",从而激励银行在信息和客户关系上进行投资。戴蒙德(Diamond,1989)和拉詹(Rajan,1992)指出,关系型融资也使借款人对原有的银行具有业务"黏性"。当银行倒闭或金融危机期间,这种黏性也会成为金融风险向实体经济传染的途径之一,这将在第五章讨论。

储蓄转化为投资是一个成本较高的过程。它涉及将个人分散的储蓄集中在一起的成本,要克服储蓄者对金融机构可能的滥用行为以及因倒闭的担忧导致的信心不足,严重时会形成"柠檬市场"。在储蓄动员过程中,资金盈余方、资金短缺方以及金融中介机构之间建立了复杂的多边合同关系。间接融资是储蓄者将资金"托付"给银行等金融机构,由金融机构将积累起来的资金进行长期运用。直接融资市场中,股份公司是由众多股东出资组建的具有有限责任的法人。如果缺乏有效的监管,市场上欺诈、操纵与内幕交易等活动充斥,不仅会影响价格发现机制和资源配置的效率,更会影响投资者信心,也可能出现"柠檬市场"。早期的股票市场,主要是通过投资银行的尽职调查(Due Diligence)和承销业务等中介服务,以市场化的机制缓解交易摩擦。

股票交易市场提供的价格发现和激励功能也是一种缓解信息问题和降低交易摩擦的重要机制。长期来看,二级市场提高了具有较高投资回报公司的股权投资的流动性,有利于将储蓄转化为对高新技术企业的投资。证券交易商对上市公司业绩的跟踪研究,能向市场和投资者提供投资资讯与建议,改善市场价格发现机制,使二级市场价格更及时全面地反映上市公司基本面。

市场价格影响投资者投资决策,形成对证券发行人的市场约束,不仅可以激发证券发行人切实提高经营业绩,还促使其及时准确地披露信息。公司股东主动监督公司运作,积极参与公司治理,是改善公司治理和经营绩效的重要机制。尤其是机构投资者，凭借专业优势和规模经济优势参与公司治理，在信息挖掘、监督制衡管理层方面发挥着积极作用。这些内部和外部约束的增强，将促使企业提高效率，推动创新和经济社会的可持续发展。此外，证券交易所作为自律监管组织建立的公司信息披露和交易信息发布机制，有效地增强了市场透明度，维护了市场秩序，促进了资本市场的发育与发展。

由此可见，金融系统的各个组成部分，各种类型的金融机构和市场，以不同的方式处理和缓解信息问题，降低金融交易摩擦。它们在长期实践中形成的由众多主体参与的多边金融交易，有效降低了集体协议的摩擦。股票市场提供的价格信号，激励发行人充分及时准确地披露信息；银行在信贷业务中积累专有信息以缓解信息不对称问题；集合投资计划等产品，提供了分散投资和专业化的资产管理，使小投资者也可以在存在信息问题和交易费用的情况下参与复杂和高风险的投资；衍生品市场的交易，为市场提供了额外的流动性和价格发现功能，以及风险管理工具。

金融交易费用的降低，促进了分工与创新，不仅有利于金融交易本身，还可以惠及整个经济和社会。格林伍德和史密斯（Greenwood and Smith, 1997）指出，分工越细，交易的需求越大，金融机构、金融市场和金融基础设施就越有规模经济优势，越能降低交易成本，进而扩大实体经济的交易规模和范围，促进经济发展；这反过来又进一步推动金融系统的规模扩大，形成经济增长与金融发展的良性循环。

金融系统虽能缓解交易摩擦和信息不对称问题，但也可能导致过度交易、加剧市场波动，金融机构过度冒险会带来系统性风险。这些风险若不控制，会影响金融市场稳定，甚至引发危机。建立金融监管有助于规范市场行为，要求信息披露以减少信息不对称，限制过度交易等，降低系统性风险，保护投资者利益，维护金融体系稳健运行。

1.2.3 风险管理

世界充满着不确定性，所有的交易活动都充满着风险。金融机构的经营活动本身就是一个转移、分散和管理风险的过程。金融机构将众多投资者的资金汇集在一起投资，可以实现规模经济，并通过规模经济降低合同的管理和执行成本，使投资者通过分散降低投资风险。金融机构还通过开发和销售金融产品获得资金，投资于期限更长、风险更高的其他资产，在持有风险资产的收益与出售金融工具融资的成本之间保有差额利润。当然，金融机构也需要维持充足的资本并建立准备金，以吸收经营风险，维护自身稳健。

经济增长过程中也产生内生风险。金融机构可以通过分散化投资降低风险，而对高收益、高风险的项目进行投资（Acemoglu and Zilibotti, 1997）。正如希克斯所说，工业革命也需要金融革命（Hicks, 1969）。金融系统通过银行、集合投资计划等分散风险，降低了企业、行业、区域等个体性风险，从而为中小企业，尤其是创新型中小企业的高风险投资提供融资，促进资本积累和经济增长。

艾伦和盖尔（Allen and Gale, 1997）指出，金融中介机构的存续时间长，在经济繁荣时期的投资可能回报相对较低，而在经济低迷时期的投资回报可能相对较高，这样风险就实现代际之间的平滑和分担。金融机构的流动性转换和期限转换可以将短期的资金转换为长期的投资，金融机构就承担着流动性风险，这也促进了储蓄向投资的转换。

金融机构创新金融工具、发展衍生品，既是自身风险管理的需要，也可以更好地为客户提供风险管理工具。第一章讨论过的道德风险和逆向选择，是引发市场失灵的重要原因，也是金融交易中面临和需要解决的问题。银行为实体经济提供信贷，贷款企业的经营不善、倒闭风险，都将由其债权人或者股东承担。银行通过对借款人的监督，防范借款人的道德风险及贷款违约风险。在风险管理中，保险公司发挥着重要作用，作为一种商业性的风险分担、转移和管理机制，保险为社会提供了风险管理的产品和服务。如二手车的保险为二手车市场解决"柠檬市场"问题提供了市场化的解决机制。保险公司通过"免赔额"的合同条款设计，防范道德风险，降低风险损失。

金融机构和市场提供的风险管理职能，使其在经营中承担着巨大风险。不仅金融机构，乃至整个金融系统都存在风险，如果风险积累过度、缓释工具准备不足，就会出现金融机构倒闭，金融系统发生系统性风险等危机，这种市场失灵或金融脆弱性是金融机构或金融系统自身难以避免和防范的，金融机构的资本充足率监管是机构监管最核心的制度，它重点关注的就是金融脆弱性问题。

1.3　金融与经济发展

金融系统提供的六大功能，使其成为影响经济发展的重要因素。关于金融对经济增长的作用的论述，可以追溯到熊彼特。他在《经济发展理论》一书中指出了金融中介机构在促进经济发展中的作用。企业家需要资金来推出新产品，采用新的生产方法，开拓新市场等。金融中介机构会甄别有潜力的创业项目，并为其提供必要的资金，使创新理念转化为实际的经济活动，这是经济发展的核心驱动力。金融机构从社会中收集闲置资金，并将其引导到生产性和创新性的投资项目中。它们将储蓄转化为投资，将分散的资金汇集起来，并引导到最需要的地方，从而促进资本的形成和积累，并为经济增长提供必要的金融投入。金融中介机构通过向不同行业和企业提供资金支持，促进专业化分工的发展。它们帮助企业扩大生产规模，提高生产效率，实现规模经济。这种专业化分工提高了经济的整体生产力，促进了经济发展。金融中介机构对一国的人均收入水平和经济增长具有积极影响，是经济增长的重要催化剂。

20世纪60年代以来，金融与经济发展的关系受到越来越多的关注。戈德史密斯（Goldsmith，1969）对金融与经济发展的关系做了开创性研究，他研究了35个国家1860—1953年的数据发现，金融发展与经济发展具有正相关性。这一时期，发展中国家的金融与经济发展的关系问题也受到学者的关注。美国经济学家麦金农（McKinnon，1973）和肖（Shaw，1973）分别出版了《经济发展中的货币与资本》和《经济发展中的金融深化》，提出金融抑制理论（financial repression）和金融深化理论。他们认为金融制度对于经济发展并不是中性因素，它既能起到促进作用，也能起到阻滞作用，关键取决于政府的政策和制度选择。金融抑制理论指出，很多发展中国家存在着金融抑制现象，由于误选金融政策与金融制度，例如政府对金融活动的强制干预，人为压低利率和汇率或信贷管制，导致资金严重求大于供，相应产生金融机构以"配给"方式授信和资金投机等问题。而能够获得信贷的大都是有特权的企业和机构，例如与官方金融机构有特殊关系的私营企业，大量的企业只得向传统的非组织市场、高利贷者和典当行求贷。此外，对外汇市场进行管制，使能以官方汇率获得外汇的机构和企业获得特殊利益，也导致外汇供不应求，助长了黑市交易活动。金融深化理论提出，应放松政府部门对金融系统的管制，尤其是对利率的管制，使利率充分反映资金供求状况。高利率也鼓励储蓄，促进储蓄向投资转化。金融深化能够扩大金融中介作用，降低国家对外债和外援的依赖，汇率由市场决定会使黑市活动消失。金融管制放松后，民间金融机构也能合理发展，金融系统和经济发展之间会出现良性循环的局面。

  当然，金融市场和金融机构对于经济发展的作用及其重要性并非无可争议的。卢卡斯（Lucas，1988）认为，金融部门的运作只是对经济发展做出反应，适应实体部门不断变化的需求，金融部门的作用被经济学家"过度强调"。贝克等人（Beck，Degryse and Kneer，2014）认为，虽然金融对经济增长起着积极影响，但在金融发展水平较高时，其正面效果是逐渐减弱的。

我们在后面的章节中可以看到，金融机构和金融市场在促进经济和社会发展的同时，也有一些负面效应。金融机构和金融市场有时会将资本导向生产力较低或投机性较强的活动。例如，在房地产和股市泡沫中对这类资产的过度投资，会导致资源从制造业或研发等更具生产力的部门转移。这还会导致过度金融化的问题，即当金融部门相对于实体经济而言规模过大时，经济活动的重心就会从生产商品和服务转向金融投机，大量人才和大量资本被吸引到与金融相关的岗位和活动中，作为长期经济和社会发展基础的制造业和农业等实体经济部门则被忽视。此外，金融部门的增长并不总是能够给整个经济带来相应的收益。金融部门产生的利润可能集中在少数人手中，金融市场的表现与普通民众的福祉之间可能存在脱节。

第二节　金融市场失灵

金融系统承担着期限转换、风险管理等重要功能，缓解了金融市场中的信息不对称、交易摩擦和不确定性等问题，降低了交易成本，提高了金融市场的效率。然而，在现实世界中，情况并非如福利经济学第一定理和MM定理所假设的那般理想化，金融市场中的信息不对称、交易摩擦与不确定性无法通过金融系统彻底消除，再加上金融系统各项功能本身的特征，导致市场失灵现象广泛存在，使得引入金融监管就成为必要。在各类金融市场失灵中，脆弱性居于核心，它是金融系统的阿喀琉斯之踵，使得金融危机难以避免。回顾1929年的大萧条以及2008年的全球金融危机，金融机构与金融市场深陷困境，这种困境还蔓延至实体经济，进而引发了失业等一系列社会问题，给社会经济带来了沉重的打击。金融市场失灵是引入金融监管，纠正市场失灵和防范金融风险的重要原因。

2.1 银行的脆弱性

金融系统内生的脆弱性在银行业中体现得最为典型,因此本小节主要讨论银行的脆弱性。

2.1.1 银行的基本功能与脆弱性

银行的基本功能是期限转换与流动性转换,这是由银行资产负债表两端存在的流动性差异来实现的:资产端主要是流动性相对欠佳的贷款以及其他各类投资,而负债端多为具备高流动性的活期存款等。银行提供的流动性转换功能是其面临内生脆弱性的根源之一。值得注意的是,其他金融机构与金融市场同样面临类似的难题,如第四章讨论的银行间市场,以及第十一章涉及的货币市场基金。

戴蒙德和迪布维格的 D-D 模型阐释了银行的脆弱性(Diamond and Dybvig, 1983)。在该模型中,银行存在有效均衡和低效均衡两种纯策略均衡,或者说银行的正常经营状态和遭遇挤兑的状态。

D-D 模型构建了一个两周期的金融交易情境。在该模型中,储户把资金存入银行。其中,一部分储户在周期 1 产生消费需求,另一部分则在周期 2 才有消费需求,我们分别将其定义为 A 型储户和 B 型储户。在初始阶段,存款人并不知道自己属于哪种类型。为此,银行应对这种情况的策略是,保留一定数量的流动性资产,以满足 A 型储户随时可能的提款需求,同时将其余资金投入到长期的高利润项目中,待贷款到期后获取高额收益。从整体来看,这是一个最优解决方案,银行能够赚取利润,存款人收获存款回报,被投资企业也获得了发展所需资金,各方都能从中获得相应报酬。在这种情况下,达到了纳什均衡状态,并且这一稳态的实现不需要事先了解储户类型,也无需政府进行干预。

然而,一旦出现部分 B 型储户在周期 1 突然产生大量提款需求的情况，银行便会面临严峻的流动性压力。为了应对这种压力，银行不得不抛售流动性较差的资产。但由于这类资产变现能力欠佳，抛售贷款很可能导致银行遭受损失。银行遵循"先到先得"（first-come, first-served）的服务原则，只要银行仍在运营，储户就能够支取存款，直至银行无力支付、进入破产清算。当这种情况发生时，尚未取款的剩余储户将作为债权人参与银行的破产清算。若银行资产不足以偿还债务，这些剩余储户就会遭受损失。一旦未取款的 B 型储户预期到银行在大量提款冲击下即将陷入困境，他们就会改变行为，在观察到其他储户大额提款时，也选择在周期 1 提前提款，挤兑现象由此"触发"。此时，挤兑也成为一种纳什均衡。图 2.2 展示了在储户预期和决策驱动下形成的多重均衡：若双方均在明天取款，则达到有效均衡，此时双方收益最大化，均为 3/2；若双方均因恐慌在今天提前取款，则达到挤兑均衡，此时双方收益受损，均为 3/4。

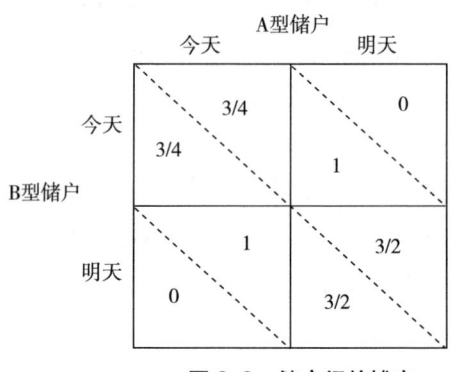

	A型储户 今天	A型储户 明天
B型储户 今天	3/4 ＼ 3/4	0 ＼ 1
B型储户 明天	1 ＼ 0	3/2 ＼ 3/2

图 2.2　储户间的博弈

D-D 模型清晰地阐释了银行经营过程中存在的多重均衡现象。银行之所以具有内生脆弱性，主要缘于以下几个关键因素。

其一，流动性转换问题。银行存款具备极高的流动性，存款人能够随时进行提取操作，且其取款需求呈现出随机性与不可预测性。储户的提款行为，既可能与银行的经营业绩、资产质量相关，也可能与之无直接关联。然而，银行资产端的构成主要是流动性欠佳的贷款。一旦银行因流动性紧张而不得不抛售贷款，那么贷款的出售价格往往会低于其持有至到期时的价值。在挤兑发生时，银行的估值会显著低于其正常持续经营状态下的估值。倘若储户预见到这种变化趋势，提前取款便会成为他们的占优策略。

其二，信息不对称。前文提及，银行贷款具有关系型融资属性，这使得市场难以全面掌握银行贷款及其资产质量的准确信息。因此，当市场参与者购入银行的贷款或其他资产时，通常会给出较低的价格，如此一来，银行在抛售资产时就极易遭受损失。

其三，存款人具有"先发制人"的倾向。这正是D-D模型中的博弈均衡体现，在"先到先得"的提款规则下，储户为了保全自身资产，会纷纷抢先取款。甚至那些原本没有流动性需求的存款人，也会加入挤兑的行列。这样的行为模式，会导致即使是经营状况稳健、资本充足的银行，也难以逃脱陷入困境的命运。以2023年3月爆发的硅谷银行危机为例，大量存款流失迫使银行出售资产，而在美联储持续加息的大背景下，硅谷银行持有的大量低息债券的价差损失愈发显著，最终引发了银行挤兑。存款人的这种先发制人策略，使得银行倒闭的预期得以"自我实现"。

戴蒙德和拉詹（Diamond and Rajan，1999）进一步指出，D-D模型尽管是基于传统银行业务建立的，但对于从事期限转换和流动性转换业务的金融机构都是适用的。在第十一章要讲到货币市场基金挤兑，这类基金同样具有流动性转换功能，其持有人同样有"先发制人"的行为倾向，使货币市场基金面临流动性风险和挤兑风险。

面对挤兑危机时，银行理论上可采用市场化手段，比如提高存款利率来吸引储户，以缓解资金压力。然而，由于市场中存在严重的信息不对称，银行一旦提高存款利率，反而可能被市场解读为违约风险上升的信号。这种负面解读不仅无法缓解挤兑，还极有可能进一步加剧储户的恐慌情绪，导致更多人选择提前支取存款。

银行即便通过提高存款利率在短期内筹集到足够资金，暂时化解了危机，从长远角度来看，这一举措也会带来一系列负面影响。提高存款利率直接导致银行运营成本大幅上升，为了维持盈利，银行不得不相应提高贷款利率。但这又会使银行陷入两难困境：一方面，优质贷款客户可能因利率过高而转向其他金融机构，造成优质客户流失；另一方面，为了维持业务量，银行可能不得不降低贷款审核标准，从而导致贷款质量下降。长此以往，银行贷款违约率会逐渐上升，收益率则不断降低，盈利空间从两端受到严重挤压。由此可见，挤兑无疑是导致银行陷入经营困境的重要因素之一。

当然，挤兑在带来负面影响的同时，也具有一定的积极意义，它是一种市场化约束机制，能够促使银行维持充足的资本和良好的流动性。当银行出现流动性错配、资本充足率低下等问题时，挤兑就如同市场给予的严厉惩罚。这种由挤兑威胁形成的市场约束力量，能够有效迫使银行加强自身管理，不仅要确保资本充足，还要维持良好的流动性状况，同时完善贷款质量管理体系，强化风险控制措施。

但与其他市场一样，有效的市场约束机制建立在信息透明以及市场主体对市场信号能够做出灵敏反应的基础之上。但由于银行特有的关系型融资模式等因素，信息不对称问题较为严重，这使得市场很难准确判断挤兑的根源究竟是客户临时流动性需求增加，还是银行自身经营出现了问题。这种不确定性导致挤兑的发生具有不可预期性和随机性。更为严重的是，挤兑一旦发生，极有可能产生连锁反应，从一家银行蔓延至其他银行，进一步加剧挤兑的负外部性，对整个金融系统的稳定造成严重威胁。

基于以上种种原因，引入监管机制和建立存款保险制度成为必然选择。然而，这两项措施在实施过程中也面临新的问题。监管的介入和存款保险制度的建立，虽然在一定程度上能够保障金融系统的稳定，但也会因道德风险的存在而弱化市场约束，最终可能引发监管失灵的现象。

2.1.2　集体协议摩擦

银行有众多的存款人，本身也是一种多边的金融交易安排，从而可以降低交易摩擦，实现资金的汇集与配置。在多边协议中，就必然面临集体协议摩擦的问题。D-D模型描述了这样的协议摩擦。银行挤兑的发生，是因为存款人的先发制人的行为倾向，从而导致了囚徒困境的次优博弈均衡。银行挤兑和囚徒困境均体现了在缺乏有效的协商机制的背景下，个体理性选择导致非最优结果的博弈逻辑。在囚徒困境中，如果两名囚徒可以沟通和协商，就可以实现更优的均衡。同样，如果银行的存款人和其他债权人有集体协议机制，它们可以以低成本迅速达成"不挤兑"的决定，从而化解对银行的挤兑冲击，避免后续的连锁反应。

科斯在《社会成本问题》中指出，如果交易成本为零，且对产权界定是清晰的，各方可以通过协商就外部性问题达成有效率的解决方案。诚然，有效的集体协议机制是可以改善社会总福利的，但是，现实世界中的交易成本不可能为零。在主体众多、权利界定不清晰的情况下，集体协议往往会因协商成本过高难以达成。这里的成本还包括时间成本，例如，当银行面临挤兑时需要迅速地达成协议。D-D模型讨论的是银行的问题，而集体协议摩擦的问题在金融市场中更加突出。在第四章要讨论的1907年华尔街危机中，缺乏集体协议机制使危机难以及时处置并迅速蔓延，在金融家摩根的斡旋之下，华尔街的金融机构才达成了自救的措施，并在政府的协助下避免了危机的蔓延。这场危机也促使各界对建立"最后贷款人"——联邦储备制度达成了共识。

集体性行为选择会使市场预期"自我实现"，这在市场溃散阶段尤为突出。经济繁荣和高速成长时期，助长了集体性的乐观情绪，集体认知会使金融系统向不平衡的方向发展，并导致系统性风险的累积和爆发，这是引发 2008 年金融危机的重要原因，它导致了金融系统的顺周期性。银行等金融机构对房地产抵押贷款标准的降低和抵押贷款证券化刺激了房地产需求，进一步推动了投资增长和房价上涨。这时，银行间市场既为资产支持证券的大规模发行提供了基础，也为货币市场基金等提供了"优质的投资标的"。从某种意义上看，这体现了金融系统缓解集体协议摩擦的作用，契约性储蓄机构等的中介作用使达成"多边合作协议"的交易费用降低了，大量资金可以汇集起来转化为投资。但是，这些复杂且不透明的多边交易结构，加剧了信息问题和由此引发的道德风险及逆向选择，激发了各类市场主体广泛地参与到次级贷款发放和银行间市场的信用中介活动中，规模庞大的影子银行导致了系统性风险的积累，最后酿成了全球金融危机。

当房价开始下降，房地产抵押贷款的违约率上升，银行处置抵押品又加速了价格下跌。一时间，房地产价格下跌与金融机构的资产质量相互影响，资产支持证券的信用评级下降又触发新一轮的价格下降。在这个时候，市场自身的力量无法协调私人成本和社会成本之间的差异，当市场参与者集体性地选择退出市场时，挤兑就不可避免了。在市场溃散阶段，市场参与者的集体性行为选择，引发了资产抛售，使市场溃散的预期"自我实现"，流动性枯竭就是必然的（Shleifer and Vishny，2010）。私人成本与社会成本不一致，负外部性的成本难以内在化，因此需要引入"中央协调者"缓解集体协议摩擦。第四章讨论的"最后贷款人"制度，其目的就在于缓解集体协议摩擦，在市场陷入困境时，由最后贷款人为市场提供流动性。

2.2 金融的顺周期性

金融的顺周期性是指金融周期与经济周期之间趋势一致并相互增

强的现象，也称正反馈（positive feedback）机制。正如 2008 年全球金融危机，破产威胁和流动性枯竭加剧了金融机构的防御型反应，信贷收缩严重，实体经济融资受阻，金融危机很快就冲击了经济和全社会。这些反馈机制在经济衰退或金融系统面临压力时，破坏性尤其明显。最早提出金融与经济的这种相互关系的是费雪（Fisher），他在 1929 年大萧条之后提出了债务-通缩理论。20 世纪 80 年代以来，明斯基（Hyman Minsky）、伯南克（Ben Bernanke）、吉纳科普洛斯（John Geanakoplos）等经济学家丰富了金融与经济周期关系的理论和金融顺周期问题的理论。

2.2.1 债务-通缩理论

1929 年的股市大崩溃和金融危机引发了严重的经济危机，经济学家欧文·费雪（Fisher，1933）深入研究了经济危机背后的深层原因，以及国家债务负担对价格水平产生的复杂影响。在著作《大萧条的债务-通货紧缩理论》中，费雪提出了债务-通缩理论。他指出，在通缩环境下，价格水平急剧下降，名义收入也随之大幅缩水，使实际的债务负担加重，债务人破产增加，清算的资产规模也在持续扩大。这一系列连锁反应，使得资产价格进一步暴跌。银行同样不能幸免，信贷违约率上升、资产估值大幅下降，最终导致银行破产数量激增。银行破产后，贷款规模大幅下降，实体经济备受打击。恶性循环就此形成：银行收缩信贷，企业资金链断裂，经营状况迅速恶化；企业经营不善，又导致货币流通速度大幅降低；货币流通不畅，投资者纷纷抛售资产；资产抛售潮引发价格水平进一步下降。费雪将这个难以打破的循环形象地称为"债务-通缩螺旋"（Debt-Deflation Spiral）。

在市场被悲观情绪完全笼罩的艰难时期，消费者和投资者信心尽失，货币流通速度更是雪上加霜，进一步放缓。此时，如果没有来自外部的强力刺激，经济活动将会持续陷入低迷。为了推动经济复苏，费雪建议将物价水平重新拉回到通货紧缩之前的水平，以此打破债务通缩的恶性循环，让经济重回正轨。

汤森等人（Townsend，1979；Gale and Hellwig，1985）从信息问题和代理问题的角度对资产价格与经济波动的关系进行了研究，分析了抵押品价格下跌对信贷和实体经济的影响。银行等面临信贷"昂贵的证实成本"，要求借款人以资产作为抵押融资。这就使融资必然受到抵押品价格波动的影响。这些研究证明了金融与经济的关系，金融为实体经济提供的融资促进了实体经济的发展，而当危机来临导致信贷紧缩，则会对实体经济造成冲击，金融与经济的相互作用，使经济复苏的步伐放缓。

2.2.2 金融不稳定论

海曼·明斯基（Hyman Minsky，1982）的研究拓展了费雪的债务-通缩理论。他分析了利率上升和资产价格下降的关系，进一步阐释了价格与融资的关系，以及资产价格下降引发的问题（主要表现是通货紧缩导致实际利率上升）。短期利率上升使近期的现金流出增加，影响了债务人的现金流；而长期利率上升则使债务规模上升和股票价格下降，以及债务人的资产净值下降，抵押品缩水，进而导致资产价格下降。

明斯基进而提出了金融不稳定假说（Financial Instability Hypothesis），认为以商业银行为代表的信用创造机构和借款人自身的特征，使金融系统具有天然的内在不稳定性。明斯基将经济的发展过程分为三个阶段：第一阶段是"对冲融资"（Hedge Finance）阶段，在这个阶段，经济增长、企业利润水平较高，足以偿还贷款本息。第二阶段是"投机融资"（Speculative Finance），随着更多的企业加入，市场竞争加剧，企业利润率下降，企业的收益仍足以支付贷款利息，但已无法偿还本金；第三阶段是"庞氏融资"（Ponzi Finance），企业的营业收入已不能支付本金和利息，企业举债的目的是支付到期应付利息。随着"投机融资"和"庞氏融资"的比例越来越高，企业和债权人面临的风险都越来越高，金融系统的风险也在累积，变得越来越不稳定，明斯基时刻（Minsky Moment）就即将到来。明斯基时刻是指金融系统从稳定走向不稳定的时刻，这时，过度负债的借款人开始出售资产，致使资产价格下跌、信心丧失，金融机构也变得越来越缺乏流动性，银行挤兑的可能性增加。在投机融资持续到一定阶段后，明斯基时刻最终会到来。投机融资阶段持续时间越长，危机可能也越严重。

明斯基指出了金融不稳定的内生性，一方面是由短期利率和长期利率之间的关系决定，另一方面是源于企业的融资行为。在"对冲融资"阶段，短期利率低于长期利率，会诱发企业通过短期债务为长期投资融资。在这个阶段，企业的盈利状况良好且存在长短期利率差，就会刺激投资，推高资产价格，这进一步鼓励了贷款和投资，市场投机也随之增加。而随着投资、投机的增加以及市场竞争的加剧，企业经营利润会下降，融资需求的增加会推动利率上涨，两方面的因素会挤压企业利润和还款能力。当进入"庞氏融资"阶段，企业面临的竞争压力越来越大，甚至需要出售资产才能维持现金流，经济就会进入资产价格下降、增长放缓的阶段。

金融不稳定论把金融危机主要归因于经济的周期性波动。明斯基指出，银行具有脆弱性，银行危机和经济周期具有内生性，银行和经济运行的周期变化是"市场自我调节"的结果。从金融不稳定假说出发，金融监管的必要性在于，逆周期调节可以防止对冲融资阶段转变到投机融资阶段或持续到庞氏融资阶段。当然，若如明斯基所言，不稳定性是内生性问题，那么，政府的干预是否可以消除危机也存在疑问。

2.2.3 金融加速器理论

伯南克（Bernanke，1983）在《大萧条蔓延中金融危机的非货币效应》中研究了20世纪30年代金融危机对总产出的影响。他们的研究侧重于金融部门与产出的非货币方面，主要是与信贷相关的方面，并考虑了债务人以及银行系统的问题，解释了大萧条持续时间长和影响深的原因。伯南克赞同弗里德曼和施瓦茨在《美国货币史（1867—1960）》中对美联储在大萧条期间没有增加货币供应而提出的批评。他指出，1930—1933年的金融危机降低了信贷分配过程的效率，并导致了信贷成本的上升和可用性降低，从而抑制了总需求。伯南克（1995）也把研究对象从美国扩展到更广的地区，他发现，货币紧缩是大萧条的重要原因，货币再通胀是经济复苏的主要因素。他还指出，危机会导致财富再分配，这种变化会诱发系统性的金融困境，并对总需求产生影响，而名义工资的不完全调整也是导致货币非中性的一个因素。

伯南克之前，莫迪利安尼和米勒提出著名的MM定理。根据MM定理，如果金融市场是完美的，企业的价值独立于其融资结构。伯南克和格特勒（Bernanke and Gertler，1989）的《代理成本、抵押品与经济波动》对MM定理提出了质疑。他们认为，现实中金融市场是不完美的，因而外部融资的成本会高于内部融资。在这种情况下，企业的投资就会受到企业资产负债状况的影响。当企业受到冲击时，其现金流和净值会受到影响，从而放大冲击的影响。企业融资能力的进一步收紧，又会反过来继续压低企业的现金流和净值。因此，金融市场对实体经济冲击的放大效应就出现了。在伯南克和格特勒看来，金融市场越不完美，代理成本越高，这种放大效应就越明显。

伯南克和格特勒（Bernanke and Gertler，1989）指出，不仅借款人的净资产值会因其现金流的变化而变化，现金流也会随着他们持有的实物资产和金融资产估值的变化而变化。因此，资产价格与融资规模之间有较强的相互作用，进而导致金融市场与实体经济之间相互增强的效应，构成了一个反馈环。在此基础上，伯南克、格特勒和吉尔克里斯特（Bernanke，Gertler and Gilchrist，1996）提出了金融加速器（financial accelerator）理论。根据这一理论，在经济繁荣时期，大多数企业和消费者都有不同程度的扩张冲动。这一时期资产价格上升，抵押融资规模也相应扩大，进一步促进了经济繁荣和资产价格的上涨。当经济扩张周期结束，就会进入资产价格下跌、信贷萎缩和经济萧条的循环。

影响银行信贷周期的一个重要因素是银行贷款的评估机制。贷款违约率、逾期贷款和坏账核销等指标，在经济扩张期间都非常低，而在经济衰退期间则呈指数上升（Laeven and Majnoni，2003），这就影响了银行的信贷能力。在繁荣时期，银行贷款标准放宽；在经济低迷时期，贷款标准收紧（Lown，Morgan and Rohatgi，2000；Lown and Morgan，2006）。艾伦·格林斯潘在担任美联储主席时曾说，最糟糕的贷款往往是在经济周期到达顶部时发放的，而在经济周期的底部，无论借款人的信誉和还款能力如何，银行都不愿提供贷款，这就使经济衰退与信贷紧缩相一致。

经济周期与金融的一致性还在于作为抵押品的资产，价格大幅波动影响了融资规模。伯南克等人（1996）发现，借款人的净资产在经济动态变化的内生演变中具有核心作用。清泷和穆尔（Kiyotaki and Moore，1997）从土地作为贷款抵押品的视角进行了分析。他们发现，在经济受到冲击后，因为抵押品价值下降，信贷收缩会使经济受到影响。

金融加速器理论为政府干预经济提供了理论基础。在传统的凯恩斯主义框架中，中央银行主要通过货币政策影响利率，进而对总需求产生影响。如果考虑到金融加速器效应，基准利率的降低可以提升企业的估值，有助于降低企业融资成本和促进企业投资。而在危机之后，政府对危机的救助可以防范经济长时间地陷入衰退，促进经济复苏。这也成为2008年全球金融危机和2020年新冠疫情冲击后，很多国家的政府迅速通过扩张性货币政策刺激经济的指导思想。

2.2.4　杠杆周期论

杠杆周期论是美国经济学家约翰·吉纳科普洛斯（John Geanakoplos，2008，2023）提出的，解释了经济危机和繁荣的动态过程。该理论指出，当信贷条款（尤其是抵押品要求）相对宽松时，会出现经济繁荣（即繁荣阶段）；而当这些条款突然变得紧缩时，经济则会经历衰退（即萧条阶段）。在经济繁荣时期，投资者和企业倾向于增加杠杆以扩大投资和生产规模，从而推动经济增长。然而，随着杠杆比率的持续上升，经济风险逐渐累积。当经济形势逆转时，投资者和企业将降低杠杆以降低风险，即去杠杆化。去杠杆化过程可能导致资产价格下跌、信贷紧缩和经济衰退。杠杆周期可以导致金融危机，表现为资产价格的剧烈波动和融资条件的紧缩。在这种情况下，市场参与者对风险的看法会发生变化，导致"焦虑经济"的出现，这种经济状态表现为对抵押品的追逐、流动性危机和资本发行的限制。衰退时期，资产价格下跌导致更多的投资者面临亏损和偿债压力，引发更多的资产出售和去杠杆行为，形成恶性循环。从杠杆周期论出发，政府和央行可以通过监测和调控杠杆率来稳定经济增长，防止经济过热或陷入衰退。例如，在经济繁荣时期，政府可以采取紧缩性的货币政策和财政政策，如提高利率和减少政府支出，以抑制信贷增长和杠杆比率上升。在经济衰退时期，政府可以采取扩张性的货币政策和财政政策，如降低利率和增加政府支出，以刺激信贷增长和经济复苏。

2.3　金融机构的代理问题

金融机构及其管理层和业务人员都有自身的利益，其利益与金融机构的股东、利益相关者的利益存在不一致。在信息不对称的情况下，他们对自身利益的追求，不仅会影响金融机构的稳健，还可能导致系统性风险的累积。第八章将详细讨论银行和其他金融机构的代理问题。

2.3.1 利益冲突

利益冲突是代理问题的根源。任何组织中的个体与组织之间、个体与个体之间都存在利益不一致。由于银行和其他金融机构的信息不对称和顺周期性等问题较为特殊，利益冲突引发的问题可能更大。

一是股东和债权人之间的利益冲突。根据 MM 定理，在没有税收和交易费用的情况下，企业的融资结构不影响企业的价值，即债务和股权是"等价"的。对银行来说并非如此，因存款人受到存款保险的保护，他们对银行存款等债权的收益要求一般不会考虑风险补偿，这意味着银行以存款甚至其他债权融资的成本更低，银行业的杠杆比率就较高。最近几十年，银行间市场的短期债务融资成为银行等金融机构的重要资金来源（Calomiris and Kahn，1991；Diamond and Rajan，2001）。2008 年金融危机之前，美国很多大型金融机构的负债率超过了 90%，而同一时期，非金融公司平均只有 40%。银行股东为追求收益最大化，也鼓励银行加杠杆，资本充足率不足使存款人和其他债权人面临更大风险。虽然这会影响债权人的利益，但由于银行存款受到金融安全网的保护，存款人以及持有其他债权的机构投资者等对银行监督和约束的意愿都较弱，市场约束不足是需要引入政府监管的原因之一。

二是股东和银行之间的利益冲突。第一章谈到了所有权与控制权分离的现代公司所面临的代理问题。银行和其他金融机构也同样面临代理问题，但又有所不同。银行和其他金融机构取得经营利润，是与风险承担相关的。总体而言，风险承担水平越高，近期的收益越高，更有利于推高当前股价。当股东可以干预银行的风险承担决策时，就可能促使银行以更高的风险承担取得高收益。拉埃文和莱文（Laeven and Levine，2009）对银行管理者与所有者在风险问题方面冲突的研究发现，银行的风险承担与银行公司治理结构中股东的相对权利呈正相关。当银行的股东可以影响银行的经营决策时，其承担高风险的意愿更强，相比不持有股权的管理层和债权人，股东有更强的风险承担意愿，银行的大股东更有能力和动机促使管理层增加风险承担。因此，即使是同样的监管措施，也会因银行的股权结构和公司治理结构不同而对银行的风险承担产生不同的影响。20世纪90年代以后，机构投资者的兴起和由他们推动的公司治理运动是促进公司治理结构完善的重要力量。但是，随着机构投资者成为银行等金融机构的重要股东，他们对自身管理的基金的业绩追求，也可能凭借其在银行公司决策中的影响力，促使银行提高风险承担。

与其他的市场主体一样，银行股东或管理人在做出商业决策时，一般不会考虑过高风险承担导致银行破产的负外部性。管理人的过度冒险和短期主义行为可能更受股东欢迎，银行等金融机构的企业文化就会变得更加冒险和以追求业绩快速增长为目标，这也是2008年危机之前金融机构较为普遍存在的问题。

2.3.2 金融机构的信息问题

金融机构的业务具有高度的复杂性，它的资产和负债以及表外的资产和负债都缺乏透明度，即使是银行业内部人员也不一定可以全面掌握和评估各项业务的风险以及业务之间的相互影响。学者们研究发现，相比非金融企业的信用评级，评级机构对银行信用评级的分歧要大得多，这是因为信用评级机构对银行等金融机构评级受到的信息问题困扰更大。银行等金融机构的股东、董事、债权人的监督和约束也都受到信息问题的困扰，更不用说普通债权人和存款人。

20世纪90年代以来，为缓解代理问题，强化对管理层的激励，很多西方企业都引入了业绩报酬的激励机制，金融机构也不例外。但是，由于金融机构的信息不对称问题较为严重，金融机构管理层和员工的业绩薪酬激励机制更容易引发扭曲激励和严重的治理问题。例如，著名的"巴林银行"倒闭事件。巴林银行驻新加坡的巴林期货公司总经理、首席交易员里森在日经 225 指数期货上的投机行为导致了近 10 亿美元的损失。这与巴林银行的薪酬激励和内部管理问题有关，以业绩为基础的薪酬制度助长了个人的冒险行为。企业的管理层还可能通过操纵短期业绩获得高额的薪酬回报，实体企业中也有类似行为，比如美国安然事件。与大多数非金融行业的企业相比，银行等金融机构可以较为便利地改变资产负债表的资产和风险构成。银行还可以向不能偿还贷款的借款人发放新的贷款以掩盖不良贷款和不良率，蒙蔽市场和股东（Rajan，1994；Myers and Rajan，1998）。拉詹的研究还发现，在竞争环境中，以业绩为基础的薪酬制度是导致过度信贷供给和风险承担的重要因素，金融机构的管理层可能在临近其股票出售期、期权行权期，通过过度风险承担提升短期业绩，推高股价（Rajan，1994）。

此外，银行还可以通过金融创新、监管套利等来规避监管要求。第四章将讨论影子银行，影子银行的发展是银行资本监管套利的产物（Acharya and Schnabl，2009）。资产证券化与影子银行，加重了信息不对称问题，也是引发监管空白和监管失灵的重要因素。它也是 2008 年金融危机发生的重要原因之一。

信息不对称和金融机构复杂的利益冲突，使金融机构的代理问题难以缓解。经济合作发展组织（Organization for Economic Co-operation and Development，简称经合组织或 OECD）发布的《二十国集团/经合组织公司治理原则》（G20/OECD Principles of Corporate Governance，简称《公司治理原则》）要求公司董事会发挥关键作用，通过董事会的监督与制衡缓解代理问题。2008 年金融危机之后，各国都在完善金融机构的公司治理和强化董事会的职责，但是，在透明度较差、缺乏有效激励的情况下，金融机构的公司治理以及董事会的作用能否如国际社会所希望的那样缓解代理问题，还有待观察。

2.3.3　网格锁定

网格锁定是指竞争诱使市场主体采取与竞争对手相同的经营方式，从而导致一致性的行为选择，并"锁定"在这种行为选择中。这是市场主体出于自身利益考虑而做出的理性选择，但可能导致集体非理性。网格锁定在金融业中较为普遍，金融机构采取相同的竞争策略或者业务模式会导致共同的风险敞口，因此增强了金融机构之间和金融市场之间的相互关联性，导致系统性风险累积。在危机爆发后，又会引发集体性的抛售等行为，导致危机的蔓延和市场的进一步恶化。

为在竞争中胜出，一些金融机构会采取过度加杠杆、过度期限错配、过度风险承担等风险较高的经营策略，这类"坏机构"可以在短时间内降低融资成本、提高利润、扩大市场占有率。因为信息问题，过度风险承担的问题并不容易被市场发现，无法反映在金融机构的股票和债券的价格中。而且，"坏机构"因过度风险承担提升短期业绩，其股价升高、融资成本降低，会更具竞争优势。这就可能诱使其他金融机构也选择"坏行为"。而那些严格风险控制、遵守监管规则的"好机构"的短期业绩可能会相对不突出，客户也会因信息问题错误地选择"坏机构"，而使"好机构"在竞争中处于不利位置。当"好机构"观察到"坏机构"的行为和短期暴利时，也会选择"坏行为"。当所有的机构都做出同样的选择，那么，博弈的均衡就是所有机构都选择"坏行为"，"好机构"和"好行为"无法"生存"，市场就锁定在坏的状态下，形成网格锁定。

这种网格锁定，也是因为信息问题所致。由于金融机构的数据获取受限，沟通渠道受限，金融机构往往依赖其他机构的行动和决策作为信息来源。当一些机构采取某些行动时，其他机构可能会效仿，认为这些行动蕴含着有价值的信息。这种跟随他人的行为选择做出决策的行为，也被称为"羊群行为"。例如，如果银行的高管没有选择跟随其他银行的策略，而事后表明因没有跟随致使银行业绩不佳时，高管就只能自己承担决策失误的责任。而如果他们选择了跟随策略，即使事后证明这种策略是错误的，而因为其他银行都是这样选择的，他们就可以推脱责任。金融机构出于规避风险的目的，可能会选择采用与同行相同的策略来减少潜在损失。从众似乎是相对安全的选择，因为如果许多机构都做出相同的决策，那么做出错误选择的个体风险可能会降低。还因为金融机构受监管要求、市场条件或内部资源的制约，它们可能会发现，其他机构正在追求的可行选择与它们所追求的类似。这导致行为趋同，因为它们都在努力充分利用有限的选择。

网格锁定导致的集体性选择会加剧金融的顺周期性。在经济扩张期，大多数金融机构自发地采取以下经营模式：一是扩张资产负债表。经济上升阶段，信贷需要增加，同时，资产价格上涨使抵押品增值，为扩大放贷提供了基础，金融机构会集体性地选择扩张资产负债表。二是加杠杆。同样的资本，杠杆高的金融机构可以取得更高的资本收益率，在竞争中胜出。三是期限错配。伴随扩表和信贷需求增加，市场利率也在上升，金融机构通过批发性市场融入短期的低成本资金，投资于期限长、风险高的产品，从而提升业绩。正如明斯基的金融不稳定假说所指出的，金融机构在经济繁荣时期的扩表、加杠杆和期限错配加剧，埋下了金融不稳定的隐患。一旦繁荣结束，特别是危机发生时，银行资产负债表的两端都会受到影响，一方面存款流出或者负债成本提高，另一方面资产贬值，进而影响银行的资本充足率和信贷能力，导致信贷萎缩、货币乘数降低，实体经济融资难也会加剧危机。

2008年的全球金融危机凸显了网格锁定问题的严重性。危机之前，很多的美国银行都选择将经营模式从"发放贷款并持有"转变为"发起贷款并出售"的模式，道德风险使银行不关心借款人的还款能力，导致"有毒资产"大量产生。这些抵押贷款又被打包出售给特殊目的载体（Special Purpose Vehicle，简写为SPV），以资产支持证券的形式销售出去。很多的金融机构又通过从银行间市场融入短期资金投资到资产支持证券，导致严重的期限错配和流动性错配。在网格锁定的作用下，整个金融系统都加入加杠杆、期限错配的"游戏"中，酿成了系统性风险。

与网格锁定相联系的一个概念是"公地的悲剧"（Tragedy of the Commons）。在产权无法清晰界定的"公地"，人们有动力做出有利于自身利益而损害公共利益的选择，个体的理性行为就可能导致集体非理性。"公地的悲剧"还可能是，那些有利于实现公众利益的行为，难以通过个体自主的行为选择得以实现。特别是因信息不透明，行为人在难以对当前行为的结果做出预期时，就可能根据其他主体的行为选择自己的行为。金融系统稳定或金融安全类似于"公地"，行为人当没有意识到其个体选择对金融系统稳定的影响时，或者即使意识到了影响，但出于自身利益的考虑，最终也选择了对公共利益有害的行为。

网格锁定还会导致"（数量）太多而不能倒"的问题。它与"大而不能倒"不同，这里指小型金融机构，虽然小型金融机构不具有系统性影响，但是，当众多的小型金融机构都选择了一致性的经营策略或经营模式，一旦其中的一些机构出现了问题，市场会因信息不对称而集体性地挤兑同类型小机构。即使是不具有系统性影响的小型金融机构，当它们同时遭遇挤兑时，也会产生系统性影响。2023年3月，硅谷银行危机爆发之后，多家中小银行受到冲击，美联储不得不创建"银行定期融资计划"（Bank Term Funding Program，简写为BTFP），向符合条件的存款机构提供支持。

2.3.4　金融危机的巨大负外部性

第一节讨论了金融系统的期限转换、降低交易摩擦、管理风险等功能，这些功能使金融系统对经济和社会发展具有正外部性。然而，金融系统的脆弱性、顺周期性、代理问题等市场失灵，则会对经济社会产生负面影响，尤其是系统性风险和金融危机，其负外部性极大。巴菲特曾说，2008年的全球金融危机犹如"大规模杀伤性武器"一样对全球产生了极大的影响。斯蒂格利茨也批评说，金融部门没有为我们的社会提供好的服务，而现在给全球经济造成的损失却是巨大的，将纳税人数万亿美元的资金置于危险境地，即使是一个富裕的社会也不能承受这种浪费（Stiglitz, 2009）。不仅如此，这场危机以及救助和处置危机所采取的政策措施，至今仍在对全球经济和社会产生影响。当金融机构特别是银行倒闭的社会成本超过私人成本时，对金融机构以及金融系统的系统性风险进行监管就是必要的，这是第五章将讨论的问题。

D-D模型指出，银行不仅面临挤兑威胁，一家银行遭遇挤兑还可能引发连锁反应。因为银行的主要资产是贷款，贷款的信息不对称问题严重、流动性差。银行遭遇挤兑被迫抛售资产，就容易遭受损失，即使是有偿付能力的银行也可能因挤兑陷入破产。一家银行遭遇挤兑，其他银行的存款人也可能因信心受到冲击等因素发起挤兑，连锁反应不仅会影响银行和金融系统本身，还会外溢影响到银行的贷款客户等企业的经营，从而对实体经济造成冲击。金融机构之间、金融市场之间有着密切的联系，一个金融机构或多个机构遭遇挤兑，可能对其他市场参与者产生不利影响，如同"多米诺骨牌效应"。这就是金融业与实体经济不同的地方。例如，一家汽车公司倒闭，既不会对其客户的资产价值产生较大影响，也不会对同行的其他汽车厂家产生负面影响，反而有可能是正面影响，因为减少了一个竞争对手，其他同行可以从中受益。

银行在现代经济中占有举足轻重的地位，它为企业提供贷款，并且还有可能是很多企业唯一的融资渠道，更重要的是，银行的支付服务是经济运行的基础设施（Bernanke, 1983）。第十二章将讨论支付系统等金融基础设施，就像血液循环系统，一旦这个系统崩溃或不能持续提供服务，交易活动可能被迫中断，会给经济社会造成极大的破坏。

金融危机的负外部性在1929年金融危机引发的大萧条中有突出的体现。20世纪20年代美国经济高速增长，与美国的货币供应和信贷增长有密切关系，1921—1928年的货币供给增长了61.8%，约280亿美元；银行存款增长了51.1%，贷款增长了224.3%，催生了股市和房地产泡沫。投机狂潮席卷了房地产市场，价格空前上涨。股市大幅上涨吸引了大批投机者，大量银行贷款提供给了股票保证金交易。道琼斯工业指数在短短五年内上涨了500%，股票市盈率上涨到历史最高位。1929年10月24日股市大崩溃，指数从1929年的峰值下跌了近90%。金融危机引发了经济危机，整个美国经济陷入混乱，企业经营和居民生活受到严重冲击，失业率从1929年年初的3.2%飙升到1933年的25%以上。危机还蔓延波及整个美洲和欧洲各地，引发了全球性的金融危机和经济危机。危机之后，时任美国总统胡佛在1930—1932年间采取增加联邦政府支出、组建"重建金融公司"（Reconstruction Finance Corporation，简写为RFC）等措施扩大公共工程建设，还采取了限制工资和价格等措施，限制外国移民以缓解失业加剧。罗斯福就任总统后推行新政，为稳定金融系统和增强公众信心，推行了一系列金融监管体制建设与改革，这也是金融监管史上新制度建立最多的时期；同时还大幅增加了联邦政府税收，1933—1940年间增加了两倍，以扩大公共基础设施投资和增加政府支出规模。但美国经济复苏乏力，失业率到1938年仍在18%以上。到1941年底太平洋战争爆发时，美国的实际人均国内生产总值依然低于1929年的水平。

2008年金融危机也给美国经济社会带来了极大的负外部性。尽管美联储和财政部实施了大规模救助计划，但到2009年10月，美国的失业率飙升至10%，全美房价平均下跌40%，借款人丧失还债能力导致800万套房屋停止还贷，家庭财富蒸发19.2万亿美元。股市也遭遇大跌，2008年，标准普尔500股票指数下跌了38.5%，在2008—2009

年损失了 7.4 万亿美元，平均每户损失 66 200 美元。为了救助金融系统和实体经济，经美国国会批准，实施了总额达 7 000 亿美元的问题资产救助计划（Troubled Asset Relief Program，简写为 TARP），财政部通过购买资产和股权向破产的银行和其他企业注入资金。美联储对贝尔斯登（Bear Stearns）和美国国际集团（AIG）等大型金融机构实施了救助。

2008 年金融危机后，美国政府的救助和流动性注入，虽然使经济快速复苏，股票等资产价格上涨，但是，失业率一直没有出现根本好转。2011 年，美联储就有逐步退出量化宽松的计划，但是经济复苏的基础不够稳健，真正实施推迟到了 2018 年、2019 年。2020 年新冠疫情突如其来，新一轮的刺激计划在 2020 年 3 月迅速启动，基准利率降到了零，美联储的资产负债表迅速扩大近 8 万亿美元。2021 年底，40 年以来美国最严重的通货膨胀接踵而至。

金融系统和金融市场是缓解市场失灵、改善资源配置的手段，但它并不是目的本身。金融市场发展的历史表明，如果发生金融危机，金融系统无法提供职能时，就会给社会经济造成灾难性的后果。金融危机尽管有严重的负外部性，但是个人和机构在决策时都不会也无法将这种外部性"自动"内在化，政府的干预就是必要的。

第三节　金融监管的目标与机制

如果不存在市场失灵，金融市场可以达到资源的最优配置，而不需要监管的有形之手干预（Allen and Gale，2004）。但是，内生脆弱性、顺周期性、代理问题等导致金融市场失灵，就需要建立金融监管，维护金融机构的稳健和金融系统的稳定。

3.1　金融监管的目标

从本章第二节可以看出，金融市场失灵会影响金融系统功能的发挥，导致次优的结果。不仅如此，金融系统性风险和金融危机爆发，其负外部性和对经济社会的破坏性极大，金融监管的目标在于，应对金融市场失灵及其所导致的金融消费者的福利损失和金融系统的不稳定性（Llewellyn，1999）。具体而言，有以下四个目标。

3.1.1 维护金融机构的稳健

一是保护金融消费者的利益。金融产品本质上是金融机构与客户之间、金融产品的发行人与持有人之间的金融合同，只有金融产品的发行人切实履行合同义务，金融消费者的权益才能得到保证。金融机构稳健性监管和行为监管旨在保证金融合同的切实履行。

这是因为金融产品具有区别于普通商品的特殊性：第一，金融产品的"质量"依赖于金融机构等金融产品发行人的经营状况。普通商品对消费者的效用与企业的持续经营能力相关性不大。例如，汽车制造商倒闭对汽车消费者的效用影响较小。而金融产品的价值却取决于金融产品发行人的经营状况，如果银行倒闭，存款人有可能血本无归，这也是银行挤兑的原因。建立存款保险制度，既是在保护存款人的利益，也是为了防范银行挤兑。第二，合同的长期性。很多金融产品都是长期性合同，例如寿险合同，要在保单持有人达到约定年龄后保险公司才履行给付义务。因信息问题和金融机构经营中存在的不确定性和风险，消费者在购买金融产品时很难甄别金融机构的"质量"，更不能确保长达几十年的合同到期后仍然可以履行。而且如果消费者在购买后发现了"质量"问题，退出成本可能很高。例如，如果存款人发现银行存在倒闭风险而提取存款，引发银行挤兑，这可能"加速"银行倒闭，存款的"价值"也会下降。金融消费者持有长期性的储蓄类金融工具，是作为养老医疗教育等的储备，如果居民的储蓄大规模损失，有可能引发社会问题。金融机构审慎性监管的目的就在于降低金融机构倒闭的风险，保护金融消费者的利益和整个经济社会的稳定。

二是为实体经济正常运行提供金融服务。银行贷款是实体经济最主要的融资渠道，银行贷款的"关系型融资"需要在与客户的长期业务中积累信息，企业向没有业务关系的银行贷款较为困难。如果银行倒闭，则企业持续融资会受到影响。而如果银行的支付等服务不能持续提供，整个经济的运行都会受到冲击。

三是防范金融机构倒闭的连锁反应。在竞争性市场中，企业破产是常态，竞争的优胜劣汰，既促进了效率提高，还增加了企业对价格的灵敏反应，是市场有效资源配置的重要基础。但是，银行等金融机构的倒闭不同。金融机构之间不仅存在资产负债表的联系，还往往有共同的风险敞口，某一家金融机构的倒闭可能通过信心传染等使风险在整个金融系统传染蔓延。金融资产抛售引发的资产价格降低和波动率上升，还会引发流动性螺旋和融资螺旋的双螺旋效应，使银行间市场和金融系统难以持续提供融资功能。如 D-D 模型所阐释的，即使是经营稳健的银行也可能因为挤兑倒闭，传染效应会波及其他银行，这就需要建立存款保险制度、最后贷款人制度以及相应的监管机制。

3.1.2　维护金融系统和经济稳定

长期以来，通过微观审慎监管维护金融机构的个体稳健，被视为金融系统稳定的重要基础。2008 年的金融危机使各界认识到，个体金融机构的稳健并不一定能保证金融系统的稳定。系统性风险的发生和造成的损失，不仅难以预测，也无法提前通过商业或市场机制规避或转移。系统性风险的影响广泛，金融机构乃至实体经济都会受到波及。金融监管通过时间维度和跨行业维度对系统性风险进行识别和监测，运用宏观审慎工具加以缓释和化解，在危机发生后及时处置以阻断风险传播，并通过货币和财政政策应对危机后的信贷紧缩及其对实体经济的冲击，维护金融系统和经济乃至社会的健康稳定发展。2020 年 3 月，新冠疫情对全球金融市场和经济造成剧烈冲击，货币市场和股票市场大幅波动，世界各国充分汲取 2008 年金融危机的教训，迅速推出了金融和财政救助计划，一方面为货币市场和金融机构提供流动性救助，另一方面为实体经济提供融资支持和为居民提供生活补助。

3.1.3 保护金融消费者

保护金融消费者是金融监管的一个重要目标。金融机构是为金融消费者提供财产管理、保管等服务的。一般公众缺乏金融知识，难以识别金融机构和产品的风险，在收集处理信息和监督金融机构及发行人方面，还容易"搭便车"。信息问题和监督激励不足，都会使消费者面临金融机构的代理问题。与其他领域的消费者保护需要政府介入一样，金融监管通过从业许可、行为监管等措施，保护金融消费者权益。

与其他行业一样，金融机构的破产与退出是市场竞争的结果，也是市场可以有效约束金融机构的基础。但是，由于信息问题和存款人及债权人等市场主体的搭便车心理，特别是存款保险制度和金融机构的"大而不能倒"，市场约束不足难以有效约束金融机构的决策。即便如此，如果由每个消费者花费时间、精力和资源监督金融机构，那将是极其高昂的监督成本。监管机构作为金融消费者的"代理人"监督金融机构，可以理解为金融消费者与监管机构之间属于隐性的委托代理关系，消费者委托具有专业技能和规模优势的监管机构对代理人进行监督和规制。对问题金融机构早发现、早处置，对尚未资不抵债但已经不具有持续经营能力的金融机构及时处置，可以防范问题金融机构的逆向选择所导致的情况迅速恶化和社会成本上升。国家通过立法授予金融监管机构行政权力，金融监管机构可以设置准入标准，对金融机构发出禁令，并通过行政权力获得数据和信息，从而提高监管的效力和效率。

3.1.4 维护金融市场的公平公正

维护市场公平公正，既是保护消费者利益、维护市场信心的需要，也是发挥市场价格发现功能和提高市场效率的重要基础。如果金融市场的信息不对称问题严重，欺诈、操纵和内幕交易盛行，即使投资者相信金融市场上交易的产品是高质量的，相信金融机构是稳健和诚信的，他们也会选择不进入或者从市场中退出。如果风险规避型消费者完全退出了市场，阿克洛夫所说的"柠檬市场"这样的极端情况就可能发生。一些发展中国家的金融市场长期存在金融抑制问题，与其市场的规制缺乏、市场秩序混乱有密切关系。市场准入、微观审慎监管，尤其是行为监管，在维护金融市场的公平、公正、公开和效率方面具有重要作用。其中，证券市场监管通过建立强制信息披露制度，增强市场透明度；通过行为监管打击欺诈、操纵和内幕交易，维护市场公平、公正、公开，这将是第十章的重点。

金融市场的公平竞争是市场效率和秩序的重要基础，反不正当竞争和垄断是政府干预经济的重要方面，也是金融监管希望实现的目标之一。但是，对于公平竞争秩序的维护，各国还存在不同的认识和做法，并非所有国家都把维护市场公平竞争纳入金融监管的目标，有些认为这是反垄断当局的职责。

3.2 金融监管的机制

针对金融市场失灵，金融监管通过一定的机制和措施予以纠正，这是本书的重点。后续各章将从不同的角度详细解释，分别讨论银行、保险公司等金融机构的微观审慎监管以及对证券市场等的监管。第四章从对银行和银行间市场的流动性救助出发，讨论最后贷款人制度的建立及其演变，第五章讨论宏观审慎监管，第六章讨论金融监管体制。这里只概括性介绍金融监管的主要机制。

3.2.1 微观审慎监管

微观审慎监管的目标是维护金融机构的稳健经营，这是金融监管最基本也是最早设定的监管目标。巴塞尔银行监管委员会（BCBS）发布的《有效银行监管核心原则》、国际保险监督官协会（IAIS）发布的《保险监管核心原则》和国际证监会组织（IOSCO）发布的《证券监管目标与原则》分别提出了对银行、保险公司、证券公司的微观审慎监管原则。

微观审慎监管措施主要包括准入监管和持续的审慎性监管。金融业在绝大多数国家都是特许行业，只有取得牌照，机构才能开展相应的业务。准入监管，一般从资本、人员、公司治理和内控机制、技术系统与设施等方面设定标准，以保证"合适"（Fit and Proper）的机构可以进入市场。持续监管是"准入监管"的延续，以保证金融机构持续满足"合适"、稳健的要求。持续监管以资本充足率监管为核心，通过资本充足率标准，对金融机构的监督检查及对问题机构的恢复与处置，强化信息披露与市场约束等三支柱监管，保证金融机构的稳健性。

3.2.2 宏观审慎监管

早在19世纪，金融机构倒闭的传染效应就引起了各方重视，这是"最后贷款人"制度建立的缘起。它为银行提供的流动性救助，既是对个体的流动性救助，更重要的在于防范连锁反应，这是对金融系统稳定最早的关注与介入。

1929年大萧条之后，美国的银行倒闭潮以及引发的经济危机，促成了存款保险制度的诞生，其他维护金融系统稳定和防范风险外溢性的制度措施也在逐步建立与完善。在2008年全球金融危机之前，人们普遍认为微观审慎监管足以确保整个系统的稳定性，系统性风险只是金融机构之间的传染效应所引发的问题。而金融危机及其影响表明，金融部门受到严重破坏，不仅会对实体经济造成大的负外部性，而且经济从金融危机后的衰退中复苏，也比从"普通"商业周期衰退中复苏更加缓慢和曲折。2008年全球金融危机之后，国际社会达成了共识，建立宏观审慎监管机制，防范系统性风险成为金融监管不可或缺的组成部分。

第五章将讨论宏观审慎监管，它通过建立系统性风险识别、监测指标体系和宏观审慎政策工具箱，根据系统性风险的累积情况，实施宏观审慎政策工具，防范和化解系统性风险。

3.2.3 信息披露

信息披露与市场约束是审慎性监管的第三支柱，旨在缓解信息不对称和道德风险，强化市场约束，与第一支柱和第二支柱具有同等重要性。只有建立信息披露和强化市场约束，金融机构的审慎性才有基本的保证。美国国会通过的《1933年证券法》中确定的注册制，即以强制信息披露为核心，至今全球股票公开发行普遍采用这一制度。它以发行人履行信息披露义务为核心规范注册程序，监管机构并非对信息披露文件真实性负责，而是通过对发行人是否存在欺诈进行执法，促使发行人和相关责任人切实履行信息披露义务。

3.2.4 行为监管

与微观审慎监管关注金融机构个体的稳健不同，行为监管的目标是保护金融消费者利益，促进市场公平公正公开。针对金融机构与零售客户之间的信息和能力差异，要求金融机构或金融产品的发行人提供详细和易于理解的信息。金融机构和销售机构要在了解客户风险偏好、财务状况等情况的前提下，销售适当产品，提供投资建议和咨询服务。

行为监管包括制定金融市场机构和从业人员的行为规范，监督金融机构的商业行为以及市场参与者的交易行为。就金融机构而言，三方面业务受到特别关注：一是销售业务，侧重于金融产业与服务的销售行为规制，防止销售中的欺诈和误导行为；二是资产管理中的利益冲突和代理问题，督促资产管理人切实履行信义义务，对客户资产管理应当忠诚、审慎、尽职、勤勉。三是客户资产保管，通过托管和账户隔离机制等，保证客户资产的独立性。这将在第十一章的集合投资计划的监管中详细讨论。

行为监管还包括对公开交易的市场参与者，无论是个人投资者，还是金融机构或其他机构的交易行为监管。所有的市场参与者都要遵守公平交易原则，严禁价格操纵、欺诈和内幕交易。监管机构还关注金融机构的竞争行为，防止不正当竞争等，例如，公司之间的串谋以维持或锁定销售佣金等服务价格，利用垄断地位或交易的复杂性在消费者不知情的情况下收取费用。

第三章　金融监管失灵

政府监管的目的在于矫正市场失灵，然而，由于信息不对称、委托代理等问题的存在，监管失灵的情况也难以避免。在金融监管领域，还面临监管套利、监管宽容等特殊难题。金融监管失灵，可能引发的负外部性也较为严重。

第一节　监管失灵

19世纪末，垄断等引发的市场失灵引起广泛的重视，政府监管在各个领域逐渐建立。1962年，以施蒂格勒和弗里德兰（Stigler and Friedland，1962）对电价管制的绩效研究为发端，政府监管失灵问题逐渐进入大众视野并受到广泛关注，这一现象促使人们重新审视新古典经济学的监管理论。在现实世界中，监管政策从制定到实施，并非尽善尽美，代理问题、信息不对称以及有限理性等同样存在于政府监管领域，进而导致政策实际成效与预期目标之间的偏差，这种现象被称为"政府失灵"。本书讨论金融监管，在金融机构领域出现的政府失灵问题非常突出，后面讨论时，对于金融监管的失灵都统称为"监管失灵"。另外，利益集团的干扰、寻租（Rent-seeking）行为与监管俘获（Regulatory Capture）、监管竞争，都是导致监管失灵的重要因素。

1.1 代理问题

亚当·斯密于《国富论》里将政府形象地比作"守夜人",这一比喻的潜在含义是,政府如同尽责的守夜人一般,以实现公共利益作为终极目标。在庇古的"社会福利函数"理论框架中,同样假设政府是公共利益的天然代表,能够自觉依据公共利益的需求,对产生的外部性实施干预。然而,现实并非如理论假设这般理想化。前文探讨过的代理问题,在政府履行职责的过程中同样难以避免。监管机构及其工作人员和企业管理层并无二致,他们也有自身的利益诉求,并非像庇古描述的那样,是纯粹追求社会利益最大化的组织或个体。在信息不对称的客观条件下,加之监督问责机制不够健全有效,代理问题便会滋生。监管机构一旦出现代理问题,就会引发监管失灵,其后果可能十分严重,甚至会对公共利益造成损害。

1.1.1 行政部门及行政人员的自利动机

布坎南(Buchanan,1954)在《社会选择、民主政治与自由市场》一文中,将经济人假设引入政治领域。政治活动中的个人同样会受到自身利益的驱使,作为追求自身利益最大化的经济人,在政治决策时会权衡成本与收益,可能偏离公共利益目标。政府官员可能出于追求个人利益最大化的目的,如晋升、扩大权力和增加预算等,在公共品提供决策中偏离公共利益。与此同时,政府在公共品提供领域往往处于垄断地位,既缺乏竞争压力,公共品提供的成本又由纳税人承担,成本与收益的分离容易导致决策时忽视公共利益,轻视成本效益分析,出现过度提供或低质量提供公共品的情况。行政部门也可能会为了追求职权的扩张,而"供给"一些并无实际效果的公共品。此外,利益集团可能通过游说等手段影响政府决策,使公共品的提供偏向特定集团的利益。在后续章节中,还将深入探讨寻租等行为对政府行为的影响以及可能引发的监管失灵问题。

1.1.2 监管俘获和寻租

监管俘获是指本应代表公众利益的监管机构受到其所监管的行业或利益集团的影响或控制，在监管决策和监管实施中服务于被监管实体的利益，而不是更广泛的公众利益。这可能导致有利于特定利益集团的政策和法规，最终保护了行业垄断，增加了社会成本，以及带来其他社会负面影响。

施蒂格勒（Stigler，1971）在《经济监管的理论》一文中指出，一旦监管被行业俘获，那么监管制度的设计与实际运作，就会主要围绕被监管行业的利益展开，沦为服务特定行业的工具。现实中，受到监管的行业，不仅有动力，而且可以通过各种手段和渠道去游说立法者或监管机构建立对自己有利的监管环境或监管制度。威廉·乔丹（Jordan，1972）也发现，对于自然竞争或非垄断行业的监管，并没有实现公共利益的改善，反而增加了成本，降低了效率。他进一步指出，监管并不能抑制垄断，还可能创造出本来不会存在的卡特尔，最终使监管服务于被监管企业的利益。相应地，在这种情况下，立法和监管机构被称为"被俘获机构"（Captured Agencies），它们可能被物质利益俘获，例如贿赂、旋转门、政治献金等，以及被非物质利益俘获，即利益集团通过游说使监管者从被监管者的角度去思考和决策。

寻租是监管俘获的途径之一。寻租是指个人或组织为了获取经济利益，通过游说、贿赂等非生产性手段争取政府的特殊优惠或垄断地位。在监管环境中，企业或利益集团为了自身利益最大化，有强烈的动机通过寻租行为来影响监管政策的制定和执行，从而为监管俘获创造了动机。

寻租由戈登·塔洛克（Tullock，1967）提出，他把谋求权力以获得超额收入的行为称作"寻租活动"，也称"寻租"。"租"，亦称作

"经济租",在经济学中的原意是指当经济处于总体均衡状态时,某一要素所有者获取的收入超出该要素机会成本的那部分剩余。这部分"租",可能源于企业长期的投资积累。例如,企业凭借长期苦心经营所树立起来的良好商誉,或是投入大量人力、物力进行研发从而创造出的专利技术,又或是具有特殊性能的产品与服务等,都有可能带来"租"。这种通过创新和提升效率而获取的"经济租",对社会财富创造以及整体经济效率的提高具有积极的促进作用,理应得到充分的保护。第一章探讨了法律壁垒有可能引发的垄断现象。以行政手段或法律形式设定的准入监管,常常成为保护特定行业利益的关键手段。那些受到法律壁垒庇护的行业,能够长期获取"租"。这意味着,借助价格限制、准入许可、进口配额等行政手段,能够创造出"租金",使这些行业获取超额利润。经济学家克鲁格(Krueger,1974)指出,试图通过对政府活动施加影响,进而谋取经济租金的行为,即为寻租活动。

1.1.3 监管的激励不足甚至激励扭曲

企业的代理问题,可以通过建立与业绩挂钩的薪酬制度激励管理层加以缓解。但是,监管机构的人员是领取固定薪酬的政府雇员,监管机构的绩效不仅难以衡量和量化,也难以将监管业绩与监管人员的薪酬挂钩。如果将监管人员的报酬与绩效挂钩还容易引发激励扭曲,例如,他们可能出于高额罚没收入而过度执法。企业可以通过股东的监督,防范企业管理层的代理问题。而监管机构的"委托人"是全体纳税人,他们是难以评估和监督监管机构的,并难以接受为政府人员支付"业绩报酬"的制度,这会增加公共支出。全球的监管机构几乎都面临激励不足所导致的代理问题。因为缺乏适当的激励措施,政府官员可能缺乏努力工作和做出高效决策的动力。他们可能会拖延时间,导致重要项目和政策的进展缓慢。例如,在审批基础设施项目的过程中，如果官员没有加快审批进程的动力，可能会导致重大延误和增加成本。由于缺乏激励措施，官员们缺乏提高公共服务质量的积极性。他们可能不愿意倾听公众意见，也不愿意满足公民的各种需求。例如，在公共卫生领域，可能不会努力提高医疗服务质量或改善医疗设施的可及性，导致公众的医疗体验不佳。激励不足还会抑制政府官员的创新思维和主动性，他们不愿意探索新的方法和方案来解决复杂的社会和经济问题。例如，在处理环境问题时，如果没有适当的激励措施，官员们可能迟迟不采用创新的绿色技术和政策。缺乏激励还会促使一些官员参与腐败、受贿或挪用公款等寻租行为，利用手中的权力人为制造进入壁垒或设置监管，破坏资源分配的公平性。

1.1.4 金融监管中的代理问题

金融监管的代理问题相比其他领域更加突出，甚至可能使监管由"扶持之手"变成"掠夺之手"，只有对监管机构进行监督和问责才能改善社会福利（Shleifer and Vishny, 1998），其主要原因如下：

一是金融监管机构的自由裁量权较大。自由裁量权是行政和司法部门执法中需要拥有的权力。为了保证执法效力和防止权力滥用，需要尽可能地限制监管机构的权限，尤其是自由裁量权（Stiglitz, 2010）。但是，金融市场的不确定性很高，金融创新日新月异，监管机构要根据市场状况相机抉择。例如，银行监管的第二支柱，在监督检查之后，监管机构要在同行比较的基础上对银行的资本充足率等做出判断，并提出补充资本、限制分红等监管决定。

二是"旋转门"问题突出。世界各国都存在金融监管人员与业界的薪酬差距显著的现象，而金融机构又是受到较高程度监管的行业，金融监管人才是金融机构适应监管、金融创新和监管套利的重要"要素"。金融机构从监管机构"挖走"经验丰富的监管人才，有利于它们更好地履行合规义务，也便于监管套利以及在创新过程中与监管机构沟通。在行使自由裁量权时，如果是出于为自身谋取之后进入被监管机构任职的"旋转门"利益的目的，监管人员就可能在行政执法时放松执法标准，甚至与被监管机构沆瀣一气。

金融监管的特殊性，使监管俘获也具有特殊性：一是全过程，金融监管贯穿了金融机构从设立准入、日常监管到风险处置与关闭的全过程；二是高频率，金融机构与监管机构的接触非常频繁，金融机构有向监管机构定期和临时报告的制度，监管机构还要进行定期、不定期的现场检查；三是近距离，日常监管与现场检查中，监管机构要与金融机构的高管和主要人员直接沟通和交流，这是监管"第二支柱"所要求的。这些密切联系使得对金融机构及其人员的物质俘获和非物质俘获都更加便利和隐蔽。例如，在位金融机构为保护竞争地位，会"鼓励"监管机构推行严格的准入制度。它们的说辞可以是：放宽准入限制会影响金融机构的质量，不利于消费者利益保护，竞争加剧容易导致行业利润下降，影响稳健性等。这就是典型的"非物质俘获"，监管机构如接受被监管机构的建议，监管的立法和监管实施就是在维护在位金融机构的利益。

金融监管俘获可以采取更加微妙和隐蔽的方式。大型金融机构通常是全球重大文化体育活动最重要的赞助商，是媒体广告最重要的客户，它们通过对媒体和公众潜移默化的影响，影响立法与监管机构的决策。20世纪70年代之后兴起的金融自由化，在某种程度上就是金融行业对媒体和公众施加影响的结果。一时间，自由化、放松监管、混业经营等成为风尚和潮流。在美国，金融管制放松始于1975年废除股票交易固定佣金制，接着是1980年废除对储蓄账户利率限制的Q条款。1994年《里格尔-尼尔州际银行和分行效率法案》（Riegle-Neal Interstate Banking and Branching Efficiency Act）和1999年《格雷姆-里奇-比利雷法案》（Gramm-Leach-Bliley Act）出台后，银行和金融机构并购和金融业混业经营的浪潮兴起。在管制大幅放松和金融创新加快的这一时期，金融部门的规模和利润大幅增长。1980—2005 年，金融部门的利润增长了 800%，而非金融部门的利润仅增长了 250%，金融部门占 GDP 的比重从 3.5% 增长到了近 6%，金融部门在游说和捐款方面的支出也大幅增加（Johnson and Kwak，2010；Acemoglu，2011）。

1.2 信息问题

第一章讨论过，有限理性和信息问题会导致市场失灵，这同样是引发监管失灵的重要因素。无论是市场主体、立法者还是监管机构，都面临一个复杂而充满不确定性的世界，不仅无法获得完整的信息，而且认知和判断、计算能力也是有限的。监管机构即使认识到什么对社会是有益的，也会因为信息掌握不完全，而无法采取必然正确的行动。正如哈耶克所说，每个人都有一些只有他们自己或少数人知道的"分散知识"，政府不可能掌握这些知识，政策就难以完全成功。例如，建立庇古税，就需要掌握实现帕累托最优税率的所有信息，需要知道引发外部性的因素以及税收对行为人的影响。有时，被监管者是非常"狡猾"的，他们会通过各种手段逃避管制。亚当·斯密在《国富论》中指出，政府鼓励出口和限制进口以"增进国民财富"的措施，其结果往往事与愿违，高关税会鼓励走私，出口退税又会诱发为获得政府退税或补贴的欺诈活动，这些活动对市场行为的扭曲，甚至比走私的危害更大。

这种监管失灵，其深层次的原因在于被监管者会出于人的自利动机，而采取规避监管的行为，但监管者很难在事前知悉。以庇古税为例，即使税务部门可以计算出完美的税率，实施过程中，税收对行为人的激励扭曲以及税收规避等，也会影响执行效果。人们并不会轻易受"命令与控制"限制或引导，后文将会说明，金融监管带来的监管成本会诱发被监管者的监管套利行为。监管套利是监管立法和规则制定时面临的一个棘手问题，在立法时，很难预测监管措施实施后对市场主体的影响和市场主体的监管套利行为。

监管措施的最终实施结果，不仅受到被监管者行为选择的影响，而且不同监管措施的结果本身还有可能相互冲突，引发负面效应。第六章将讨论监管措施的主要影响和次要影响。一个监管机构的政策工具主要针对其职责目标，而这些政策工具的影响不仅限于该监管机构的职责范围，还会产生一定的次要影响，有的政策还可能对其他监管机构的政策目标造成负面影响。例如，行为监管当局对金融机构违规销售的金融产品作出禁止继续销售的处罚，就会影响到这些机构的流动性，严重时还可能引发流动性风险，甚至倒闭风险。如果这种违规销售行为是行业普遍问题，那么，一家机构被处罚和倒闭就可能引发连锁反应。如果监管机构不掌握这些信息，或者监管机构之间缺乏信息共享和沟通机制，就可能引发监管失灵。监管机构面临的复杂环境，使这种相互影响变得更加复杂，监管机构的决策将面临更大的不确定性。

在监管等公共品供给决策中，由于无法精准把握公众对各类公共品的需求程度以及偏好排序，可能导致资源过度投入某些并非最急需或需求并不高的公共品项目中；也可能因无法准确判断应提供的公共品数量，进而造成资源闲置与浪费。信息不完全还使得政府在决策时难以全面评估各种方案的利弊得失，导致政府在决策过程中犹豫不决，错失最佳实施时机。

技术和市场需求的快速变化也使信息问题对决策的困扰加大。在快速变化的大环境下，信息的时效性大打折扣，而决策过程复杂冗长会使问题更加严重。这就要求决策者不断更新信息收集渠道，投入更多的资源用于信息处理，进而增加了决策所需的时间和精力成本。复杂的决策流程涉及多个环节和部门，各部门需要根据技术和市场需求的变化频繁调整方案。然而，在复杂的流程束缚下，这种调整可能会遭遇各种阻碍，如部门间的利益冲突、原有决策程序的限制等会进一步延缓决策进程。技术和市场需求的变化还使原本可行的方案因技术突破或市场需求的转变而不再适用，决策者需要不断重新评估方案的可行性、风险和收益。这使得在众多方案中做出选择变得愈发困难，延长了决策时间。技术和市场需求的不确定性还显著增加了决策的风险。决策者可能因担忧决策失误而更加谨慎，反复论证和权衡各种因素，导致决策速度放缓。同时，为了应对风险，可能需要增设决策环节和程序，这进一步降低了决策效率。

信息问题也是与代理问题相关的一个问题。它使得对监管机构和监管人员的监督和问责面临挑战，加剧了代理问题。企业的代理问题的重要原因之一是因为信息问题使得对管理层的监督和考核、激励变得较为困难而与企业相比，对监管机构的监督面临的信息差距较大。被监管者还可能通过以资助研究、非物质俘获和向监管机构提供有利于自身利益的信息引导监管者的决策，使监管机构制定有利于行业利益的监管制度。监管人员出于"旋转门"动机，"甘愿"接受信息操纵，为谋取"旋转门"后的职业生涯铺路。

1.3 监管竞争

监管竞争，指的是不同监管机构或者辖区在制定监管标准与政策过程中彼此竞争的现象，这种现象常见于商业监管、金融监管以及环境监管等诸多领域。当同一行业或领域内存在多个监管主体时，各监管机构为吸引经济活动、投资或业务，极有可能降低监管要求，进而引发监管竞争。监管竞争，也是与监管机构的代理问题密切相关的问题，导致监管竞争的因素主要有以下几个方面：

一是官员的激励扭曲。从政客的角度来看，为了赢得选民的支持，他们或许会推行一些法规，直接为当地产业或利益集团输送利益。比如，放宽工厂的环境法规，在短期内刺激当地经济活动，增加就业岗位。这种做法容易引发监管竞争，迫使其他地区纷纷效仿，最终导致逐底竞争（Race to the Bottom）的不良局面。而且，政客可能会受到某些行业竞选捐款的影响，进而出台有利于这些行业的法规，破坏公平的竞争环境。举例来说，若从金融行业获取了大量捐款，就可能推动金融监管的放宽，这同样会引发逐底竞争。此外，官员为了彰显自身推动本地区经济增长与发展的能力，提升权力和声望，也会积极参与监管竞争。比如，以更为宽松的环境监管政策来吸引大型项目或投资。还有部分政客，希望通过引入新颖但可能存在风险的监管变革，吸引关注、获得认可，却忽视了这些措施可能带来的长期负面影响。

二是预算争夺。在有限的预算资源面前，监管机构为了争取更多资金，往往会试图证明自身监管活动能带来切实的利益。例如，经济发展机构为吸引投资，会主张放宽商业法规，以此证明增加预算的合理性。一旦其他机构发现这种方式能成功获取资金，也会纷纷效仿，从而引发监管竞争。同样，环境保护机构可能会提出更为严格的污染控制法规，宣称这能带来更清洁和更健康的环境，以此争取更多资金。其他机构见状，也会推出所谓的"增值"监管措施，参与有限预算资源的争夺，进而引发监管竞争。在数字技术备受关注的当下，负责技术监管的机构可能会出台新规则，以增加本部门预算，其他监管机构也会在各自领域出台法规，形成竞争态势。在这样的竞争环境下，政府机构更倾向于进行政策试验，尝试新方法、新举措，以获取竞争优势或应对新挑战，这在一定程度上也推动了政策制定的创新。

三是吸引税源和被监管者。政府依靠当地居民的税收来为公共品提供资金支持。为了争夺税源，政府之间的竞争如同市场竞争给经营者带来压力一样，会促使政府提高公共品供给效率。以地方政府竞争为例，某个城市的政府为居民提供优质的"俱乐部"型公共品，凭借良好的公共品供给吸引居民迁入，从而增加税收来源。不过，居民持续迁入会造成"拥挤"，降低公共品价值。当拥挤程度达到一定水平，居民就会停止迁移，此时城市达到最优规模。政府之间的竞争建立在居民自由迁徙的基础上，居民的迁徙决策对城市政府公共品供给形成有效的激励与约束。政府会主动根据环境和需求变化，改进公共品供给，避免居民"迁出"。这种约束机制还有助于防范监管俘获。被利益集团俘获的政府会损害其他群体利益，这些群体"迁出"的"威胁"能约束政府行为。政府之间的竞争，还能为居民和市场提供多元化的制度选择。居民可以在多个城市提供的公共品中进行挑选，这既能鼓励城市提供多元化公共品，又能改善公共品供给的制度环境。

政府的这种良性竞争，以其受到"迁出威胁"是"可信威胁"为前提，即居民可以低成本地自由迁徙。这需要满足多方面的条件，包括：迁徙不受限制而且不影响就业；有竞争性的城市可供选择；不存在信息问题，居民知晓城市公共品供给状况、税收水平及公共支出等信息，并可进行比较；不存在外部性。如果以上条件都满足，城市之间的竞争就类似于充分竞争市场中企业的竞争，它可以促进公共品供给效率的提高，增进纳税人的福利。但是，由于迁徙成本、信息问题和外部性的存在，"迁出"的约束并不一定是可信的威胁，约束不力就会影响竞争的效果。例如，那些税收贡献大的群体，不仅更容易迁徙，而且其迁徙带来的威胁更大，因此监管者更倾向于给予他们"优厚"的监管待遇，这会导致下面将要讨论的财富分配的恶化。具有优势禀赋的群体通过"用脚投票"来决定"迁出"，例如富裕群体迁居到公共服务好的社区居住，税收也随之转移出去，贫困群体为主的社区则会恶性循环。公共品提供的差距，不仅会加剧两极分化还会导致这种分化的代际转移。

政府的竞争如果促进了监管目标的实现和更高标准的公共品提供，这就是冲顶竞争（Race to the Top），它是指政府积极参与竞争并努力提高绩效以实现特定目标或获得某些优势的现象。例如，美国2009年由教育部部长阿恩·邓肯宣布了"冲顶竞争"计划，该计划旨在激励和奖励州和地方的学区在K-12教育方面的创新和改革。该计划为在制定严格标准、改进数据系统、提高教师素质和支持学校改进等方面表现突出的州提供财政激励，以鼓励各州在教育改革方面采取积极行动。该计划的实施，促进了一些州的教育改革。①

如果监管竞争是因为前面讲到的激励扭曲，则可能导致逐底竞争。例如，在甲和乙两个地区，甲区的环境保护标准更高，企业就会迁入乙区。不仅乙区的污染会影响到甲区，而且甲区希望通过良好环境吸引居民的政策落空，也加入提供低环境保护标准的竞争中，这种逐底竞争的结局就是整个地区的环境污染问题更加严重。

四是监管机构和监管体系的碎片化和重叠化。监管碎片化（Regulatory Fragmentation）是指特定领域或整个经济体的监管职能和权力分散在多个不同的监管机构中，不同的监管机构可能有不同的目标、优先事项和监管方法，这可能会导致效率低下、监管漏洞和潜在冲突。世界各国都不同程度地存在监管碎片化的问题。这是因为，各国的监管体制都是在市场发展中不断演变形成的，有的监管机构甚至是因为某一特定事件而建立，例如，应对一场大的危机或引起社会反响剧烈的丑闻，随着时间的推移就形成了监管碎片化的问题。在联邦制下，权力在各级政府之间分配，会导致监管机构的分散。例如，加拿大的联邦政府和省政府在监管各个部门方面都发挥作用。后面有一章将详细讨论美国的监管体制，美国的联邦和州监管机构就是因为这样的原

---

① 美国在2009年推行了"冲顶竞争"的教育改革。全国各州都从该计划中获得了资金推行州公共教育系统的改革。联邦政府投入43.5亿美元资助该计划，它要求各州政府提交教育改革计划，以竞争性的方式获得这笔资助，用于实施各州的改革计划。该计划资助标准为四个关键改革领域，包括：建立更严格的学校评估标准和改进评估；通过更加重视和增加资源来扭转失败学校的局面；支持教师和员工提高工作效率；建立跟踪学生和教师进步的更好方法。从该计划的实施效果看，一些获得"冲顶竞争"计划资助的地区，其教育改革取得了积极的进展。例如，伊利诺伊州将特许学校的数量上限从60所提高到了120所，马萨诸塞州通过了干预低效学校的立法，一些州还修改了与教师评估相关的法律。该计划促使48个州采用了K-12共同标准，改善了教育系统，提高了整体教育质量和学生成绩。

因，导致了一个复杂的重叠管辖权网络。不同的政治实体也有意维护或扩大其监管权力，导致新监管机构的成立或现有监管机构的扩张，并经常导致监管体系分散。例如，地方政府可能制定自己的法规，以解决当地问题或获得政治影响力。行业的复杂性和创新也使新的监管需求应运而生，并导致专门监管机构的出现，每个机构都专注于行业的特定方面。技术发展日新月异，使得现实超出现有监管框架，从而催生新的监管机构或促使现有监管机构进行改革。例如，互联网和数字技术的兴起导致数据隐私和网络安全等领域需要制定新的法规，从而加剧了监管领域的碎片化。

当不同监管机构之间存在管辖范围重叠或相互竞争时，易出现逐底竞争以及其他监管失灵问题。在碎片化的监管体制中，尤其是各监管机构之间缺乏有效的详细沟通和监管协调机制时，这种问题更容易发生。例如，对于银行的审慎监管和行为监管分别由不同的监管机构负责时，行为监管当局如果只是关注行为监管，而对一家金融机构做出了停止销售一款金融产品，不仅会导致这家机构的流动性问题，并可能因行业普遍依赖类似的产品获得流动性，就可能触发行业性的挤兑。监管机构只关注自身监管目标的实现，而忽视了其监管措施对其他监管目标的影响以及整个金融体系的影响。另外，监管竞争还可能是为了证明自身监管措施的优越性或者"执法严格公正"，或者出于扩大监管地盘、吸引更多的被监管者或纳税人。

监管机构还可能因政治观念不同或受不同利益集团影响，加入监管竞争。以美国医疗行业为例，州级机构可能更受当地医疗保健提供商影响，主张提高医疗服务报销比例；而联邦机构着眼于整体成本控制，可能推行更具成本效益的制度。这种分歧可能引发监管竞争，各机构都试图实施自己的政策，医疗服务提供者可能会利用更有利的监管环境，倒逼监管机构以竞争性的方式调整政策。当监管俘获发生在碎片化系统中，监管的整体效率会被削弱，监管机构不再遵循统一有力的监管方法，而是可能被行业利益、局部利益引向不同的方向，结果是监管机构竞相向行业倾斜，监管标准降低。

1.4　分配效应与利益集团

监管以及其他的公共政策还可能产生分配效应，即政策带来的利益和成本在不同个人、群体或社会部门之间的分配。加之一些利益集团会游说和俘获行政官员，监管可能向特定利益集团倾斜，不仅加重代理问题，还会使社会的公平公正受到侵害，影响公众对政府的信任，加剧监管失灵。

利益集团也称压力集团，是指拥有共同目标并试图影响公共政策的个人或组织所结成的集团。利益集团的存在旨在促进集团成员的利益。对于那些通过纯粹的个体行动无法获得的利益，理性经济人就有结成利益集团的动机，这是经济人假设下追求利益最大化命题的延伸。利益集团会运用各种手段影响选民的偏好以及政治家的决策，进而对公共决策施加影响。部分利益集团可能因掌握更丰富的信息而借此左右决策走向，而另一部分集团的声音却可能被忽视，这不仅不利于全面且深入地了解各方诉求，还极大地增加了利益协调的难度。

在监管等公共品决策过程中，不同利益集团或群体由于各自所处的社会经济地位、行业领域以及地域等因素存在差异，对公共品的需求和期望也大相径庭。奥尔森（Olson，1965）在《集体行动的逻辑》一书中指出，集团或组织的基本功能是向其成员提供集体物品，然而集体物品所具有的非排他性会导致"搭便车"问题，"搭便车"问题的程度受到利益集团的规模和成员偏好一致性等因素的影响。与组织松散的集团相比，组织严密的团体在影响政策决策方面更具优势。一个行业内的企业具有相同的偏好和利益诉求，更容易团结起来以实现自身利益，更有可能采取集体行动影响公共决策。而集团的规模对其行动能力有着重要影响。成员数量少的集团，成员之间更容易沟通和监督，所以更容易克服"搭便车"问题，实现集体行动。一个行业如果只有少数几家大型企业，它们就容易形成利益集团，在游说方面的优势更加显著。它们可能通过游说立法部门建立市场准入机制来建立或保护垄断，以获得"经济租"。监管俘获和"寻租"往往需要付出高昂的成本，这些利益集团在俘获立法和监管机构方面更具成本优势。消费者人数众多，他们虽然有共同的利益，但是难以组织起来，即使有相关的组织，也因"搭便车"现象严重，难以对决策产生影响。在争取监管政策保护方面，企业更有可能成功。强势集团能够通过游说、政治献金等方式，促使决策朝着有利于自身利益的方向发展，而弱势群体的合理诉求却难以得到充分关注，最终致使利益协调失衡。

在这些决策中，为了照顾大多数公众的利益，可以采用多数投票机制来决策。但是，通过多数原则实现从个人选择到集体选择的转换过程中，存在着障碍或非传递性，即存在"孔多塞悖论"。[①] 多数票投票机制极有可能产生投票循环的结果，即无法确定一个稳定的获胜方案，陷入循环困境，进而陷入决策僵局。由于无法确定稳定的获胜方案，最终的决策结果很可能受到投票顺序、投票规则等因素的左右，而不一定能够真实反映民意或达成最优的政策选择，这极大地降低了决策的科学性与合理性。此外，投票循环还可能为政治操纵提供可乘之机，一些利益集团或个人可能会通过操控投票议程、变更投票规则等手段来影响决策结果，以谋取自身利益。

利益集团的游说活动，其影响不仅限于腐败本身，还可能会产生很严重的分配效应。比如，僵尸企业可以通过游说和监管俘获获得补贴或救助而长期不能出清，这会导致资源分配不当和效率低下。腐败

---

① 假设有三个方案 A、B、C，以及三位投票者甲、乙、丙，他们的偏好顺序分别为：甲（A>B>C）、乙（B>C>A）、丙（C>A>B）。在两两投票比较中，A 与 B 比较时 A 获胜，B 与 C 比较时 B 获胜，C 与 A 比较时 C 获胜，这种情况下就出现了投票循环，没有一个方案能够在多数票规则下稳定地胜出。

还会扭曲企业家精神。当腐败变得普遍时，企业家会将资源投入获得许可证或执照等非商业活动，而非用在创新和提高效率上，经济学家把这种活动称为直接非生产性逐利活动（Directly Unproductive Profit-seeking Activities，简写为 DUP）（Bhagwati，1982）。游说的结果可能是，监管机构的决策并非出于公共利益，而只是出于对决策者有强大影响力的少数人或者集团的利益。腐败还会导致监管机构和监管人员的激励扭曲，它们不仅通过寻租、受贿获得自身利益，还可能为了寻租和腐败设置不必要的市场准入限制，设计复杂的行政程序，滥用自由裁量权，导致行政效率的降低和财政资源的浪费。利益集团的这些活动，会抑制财富创造，减少政府收入，拉大贫富差距，甚至导致国家的衰落。

第四章将讨论中央银行的职能。货币政策是中央银行最重要的职能，它也可能产生分配效应。国际货币基金组织在《货币政策的分配效应》一文中指出，货币政策具有分配效应的原因如下：其一，利率渠道。家庭和企业收入结构有别，不同收入水平家庭负债水平不同。低收入家庭多依赖劳动收入且常为净借款者，利率降低时，企业投资增加，为其带来更多就业机会，同时减少债务偿还成本，增加可支配收入；而依靠利息收入的退休人士和高收入债权人家庭收入会减少。其二，资产价格渠道。货币政策影响住房和股票价格。宽松政策使房价、股价上升，有房者和股票持有者财富增加，潜在购房者和低收入且少涉足股市的家庭难以受益。其三，劳动力市场渠道。扩张性政策虽刺激经济增长、增加劳动力需求，但对不同技能工人影响不同。企业常先雇佣高技能工人或投资资本密集型技术，低技能工人易面临失业或工资停滞。因此，中央银行应就货币政策分配效应加强与公众的沟通，管理好预期。其他公共部门也应与央行政策适当协调，用好财政政策和结构性改革以应对经济与分配问题。

第二节 金融监管失灵

金融监管与其他领域的监管一样，存在代理问题、信息问题等问题，这些会导致监管失灵。但是，金融监管面临的挑战更大，其中信息不对称问题尤为突出。金融创新、监管套利加剧了信息不对称，还会导致监管空白等问题。金融监管中的监管竞争、监管宽容会使问题更加复杂，也增加了对监管机构的监督和问责难度。

2.1 严重的信息问题

信息问题既是导致市场失灵的重要原因，也是导致监管失灵的关键因素。在金融监管领域，信息不对称引发的监管失灵情况更为特殊。

前文提到，金融体系的重要功能是提供信息问题的解决机制，对金融机构来说，在经营中掌握的信息以及开发的信息分析和处理技术是其核心竞争力。例如，银行在与借款人长期的信贷关系中掌握的借款人信息，甄别借款人还款能力的技术等。骆驼评级体系（CAMELS Rating System）是国际上通行的商业银行经营状况评估标准，该体系包含六方面的要素，即资本充足率（Capital Adequacy）、资产质量（Asset Quality）、管理质量（Management Quality）、盈利水平（Earnings）、流动性（Liquidity）、对市场风险的敏感度（Sensitivity to Market Risk）。对于其掌握的核心信息，金融机构非但不会向外透露，还有"隐瞒信息"的"激励"（Edlin and Stiglitz，1995）。这就使监管机构和市场都难以准确完整地掌握金融机构的资产质量、内部风险管理能力、风险控制机制的有效性等信息。

风险管理既是金融监管机构的核心竞争力，也是监管中信息不对称问题较为突出的方面。金融机构的风险控制机制及其采用的风险对冲工具各不相同。金融监管机构可以通过完善的风险管理降低特定资产组合的风险，以更低的资本满足资本监管要求。而一家金融机构，无论其风险管理如何完备，总会有一些自持的残余风险。这些信息，即使是内部的风险管理部门和审计部门都难以完全掌握，如果银行管理层或业务人员因激励扭曲而过度承担风险可以提升短期绩效，也可能助长信息造假和操纵，他们可能蓄意隐瞒信息或提供虚假信息。例如，巴林银行事件中的里森就隐瞒了在日经指数期货中的头寸信息。银行还可能通过隐瞒信息，甚至自造虚假信息逃避监管。例如，2018年，中国银监会对浦发银行的处罚。浦发银行成都分行为掩盖不良贷款，通过编造虚假用途、分拆授信、越权审批等手法，向1 493个空壳企业授信775亿元，以换取相关企业出资承担浦发银行成都分行的不良贷款。

D-D模型说明了信息问题，不仅会引发银行挤兑，还可能产生连锁反应，存款人因信息不对称可能会听信谣言，会对稳健经营的银行发起挤兑。为此，戴蒙德和迪布维格（Diamond and Dybvig，1983）建议建立存款保险制度。为了防范银行挤兑导致的连锁反应，中央银行需要对银行提供流动性救助。第三章将讨论救助银行流动性的白芝浩原则（Bagehot's Dictum），即最后贷款人只能提供流动性救助，而不能为资不抵债的银行提供救助。但在银行遭遇挤兑的危急时刻，受到信息问题的困扰，最后贷款人很难判断该银行面临的是流动性危机还是倒闭危机。2008年9月15日，美联储和美国财政部在决策是否救助雷曼公司时也是一样，面对严重的信息不对称。雷曼兄弟隐瞒或未充分披露其复杂金融产品和高风险交易活动的细节，高估了其部分资产的价值，监管机构无法准确了解这些业务的真实财务状况和风险水平。

金融机构还可能通过监管套利、金融创新规避监管。对于那些不合理的监管制度，则在实施中可能演化为形式主义和"走过场"，以"形式"上的满足和"填表格"来应付。金融创新和监管套利还可能引发监管空白，带来新的信息问题。

本章第一节讨论的由信息问题引发的监管失灵也突出地体现在金融监管中。监管机构难以对监管政策的实施效果做出事先的准确预判。例如对金融危机的救助，除了道德风险的问题，其长期性影响更是难以预知。后续章节将讨论 2008 年金融危机之后发达国家采取的救助措施。尽管注入了大规模的流动性，经济企稳复苏，"无就业"的增长也使美联储迟迟不能退出量化宽松。而长期量化宽松的影响直到 2020 年 3 月新冠疫情冲击后实施的更大一轮流动性注入中，才叠加引发了严重的通货膨胀。美国的消费价格指数（CPI）从 2020 年的 1.4% 飙升到 2021 年的 7%，结束了长达 40 年的低通胀时期。

信息问题引发金融监管失灵，还在于金融监管规则的刚性与市场的不确定性、风险的复杂性和随机性之间的矛盾。以"沃尔克规则"（Volcker Rule）为例[①]，美国 2010 年通过的《多德-弗兰克法案》中引入了这一规则，它禁止商业银行使用自营账户进行证券、衍生品和商品期货的短期自营交易，以及这些衍生工具的期权交易。商业银行一直是银行间市场最重要的参与者，对商业银行参与衍生品交易的限制，不仅影响了商业银行的自营交易，也影响了商业银行的经纪业务和流动性提供服务，致使银行间市场流动性受到很大影响。那些流动性不佳的产品的波动性剧烈飙升，也使部分实体经济企业的融资受到影响。在此之后，美联储以及金融机构从多个角度批评了"沃尔克规则"。国际货币基金组织也指出，这个防止投机性的法规是难以执行的，且无意中降低了债券市场的流动性。直到 2019 年 8 月，美国货币

[①] "沃尔克规则"是美联储前主席保罗·沃尔克（Paul Volcker）提出并以他名字命名的一项美国联邦金融监管法规，该规则旨在通过防止商业银行进行某些类型的投机性投资来保护银行客户，这些投机性投资导致了 2007—2008 年的金融危机。

监理署（OCC）才投票通过了对"沃尔克规则"的修订，允许商业银行参与相关的交易。

第十一章将讨论货币市场基金挤兑。货币市场基金按面值赎回的机制，使投资者产生了货币市场基金是"无风险"和"高流动性"金融产品的"幻觉"，他们把货币市场基金当作了"现金等价物"（Cash Equivalent），这是货币市场基金规模迅速扩张并成为银行间市场最重要的机构投资者的重要原因之一。在2008年9月的危机中，货币市场基金遭遇挤兑，引发了银行间市场的抛售潮和价格的剧烈下跌，并导致了连锁反应。美联储和财政部对货币市场基金挤兑采取了救助措施，2010年和2014年，美国监管机构对货币市场基金进行了改革，除政府型货币市场基金（Public Money Market Fund）和零售优质型货币市场基金（Retail Prime Money Market Fund）之外，信息敏感程度更高的机构投资者优质货币市场基金（Institutional Prime Money Market Fund）以及机构免税型货币市场基金（Institutional Tax-Exempt Money Market Mutual Fund）都实行浮动估值。但是，改革并没有取得实质性的效果。在2020年3月受新冠疫情冲击的金融市场波动中，货币市场基金再次遭遇大规模挤兑，中央银行不得不迅速启动救助计划。2023年，美国证券交易委员会（SEC）对2010年推出的货币市场基金监管改革措施进行修正，取消了货币市场基金在触发门槛时可以停止赎回的规定，而允许货币市场基金在每周流动性资产低于一定门槛时收取流动性费用，以降低市场承压时基金挤兑的风险。

公共政策的决策程序往往较为复杂，规则的制定和修订需要履行漫长、复杂的立法或行政程序，这在金融监管中的表现非常突出。当监管立法通过时，已经是"时过境迁"，不仅落后于市场实践，还可能成为市场发展的障碍。更棘手的是，过时的甚至引发失灵的监管规则往往得不到及时清理和修改，监管机构和机制一旦建立，更是难以撤销。监管机构的叠床架屋与监管规则的繁文缛节让金融机构无所适从。

信息问题引发的金融监管失灵还来自人力资源的差距。其主要原因是金融监管人员的薪酬大大低于金融从业人员，这是全球普遍存在的问题。它不仅使金融监管机构难以吸引优秀人才，而且优秀的监管人才也会通过"旋转门"加入金融机构。这不仅会进一步加剧人力资源的差距，而且这些金融监管人才还会以其专业技能帮助金融机构更加容易地进行监管套利和监管俘获。

2.2 监管套利与金融创新

监管套利并不仅仅是在金融领域，例如在所谓的避税天堂注册公司就是典型的监管套利。"套利"是利用同一产品在两个市场的价格差获取无风险收益的投资策略。金融监管会增加金融机构的直接或间接负担，给金融机构运作带来成本，就类似于向金融机构征收了"监管税"（Donahoo and Shaffer，1991）。追求利润最大化的金融机构，就有动机避免或使监管税收最小化，或者选择净监管负担最低的方式开展业务活动。沃尔霍夫（Walhof，2007）将"监管套利"定义为："金融机构以降低监管成本（或净监管负担）为目的，从事金融服务的经营行为。"金融机构还可能通过所谓的金融创新，利用监管漏洞或监管空白进行监管套利，突破现有监管制度限制，或者在现有的监管边界之外开发新的产品或新的业务模式，以取得竞争优势，获取超额收益。

以存款准备金制度为例。存款准备金制度要求银行将存款的一定比例存入中央银行，而不能将吸收的所有存款都用于发放贷款，这就类似于对银行存款征收了存款税（Tax on Deposits）。存款税=（贷款利率-存款利率）×存款准备金率。存款准备金率越高、贷款利率越高，银行规避的动机就越强。20世纪70年代，美国通货膨胀高企、利率上升。受Q条款限制①，银行不能为活期存款支付利息。货币市场基金应运而生，货币市场基金将募集资金投资于存单等高收益金融工具，既可以向投资者提供市场化的收益率，开放式的申购赎回制度又使其具有很高的流动性，它就成为银行存款的"替代"。货币市场基金的兴起，使银行存款流失严重，令银行面临双重"挤压"：一方面，货币市场基金使银行失去了大量的活期存款这样的低成本资金来源；另一方面，货币市场基金为银行间市场提供了充足的资金供给，又使银行的大型企业客户可以通过银行间市场融资。银行在整个金融体系中的竞争优势受到损害，金融脱媒严重。一些银行就以资产证券化应对，经营模式从传统的"发放贷款并持有到期"转向"发起贷款并出售"。资产证券化的兴起，既是对金融脱媒的应对，又是对银行资本监管的规避。金德尔伯格研究了金融创新和泡沫之间的关系，他指出，信贷过度创造往往是因为金融创新开发出了传统货币的"替代品"（Kindleberger, 1978; Kindleberger and Aliber, 2005）。

这就引发了第四章将讨论的影子银行问题。影子银行是20世纪70年代金融创新和监管套利的产物。到21世纪，在美国和其他成熟市场的银行间市场，已经成为金融机构和企业发行短期债务工具筹集长期资金的场所。对于银行间市场监管，长期以来信奉的原则是金融机构

---

① Q条款的内容是：银行对于活期存款不得公开支付利息，对储蓄存款和定期存款的利率设定最高限度，即禁止联邦储备委员会的会员银行对它所吸收的活期存款（30天以下）支付利息，并对上述银行所吸收的储蓄存款和定期存款规定了利率上限。面对货币市场基金的竞争，Q条款约束和分业经营的限制，银行处于竞争劣势，存款类机构出现经营困难，银行信贷供给能力下降，全社会信贷供给量减少。1980年3月，通过了《存款机构放松管制的货币控制法》，逐步取消了对定期存款利率的最高限，即取消Q条款。1982年的《加恩-圣杰曼存款机构法》，明确了废除和修正Q条款的步骤。1983年10月，"存款机构放松管制委员会"取消了31天以上的定期存款以及最小余额为2 500美元以上的极短期存款利率上限，1986年1月，取消了所有存款形式对最小余额的要求，同时取消了支付性存款的利率限制。1986年4月，取消了存折储蓄账户的利率上限。

之间的市场以自律监管为主,行政监管很少介入。监管部门既不掌握市场动态,也不了解金融机构在银行间市场的全部业务活动和风险敞口。2007年之前,银行间市场交易的重要金融工具是资产支持证券。银行在资产证券化过程中扮演了多重角色,既是抵押贷款支持证券的发起人,又为资产支持证券提供增信,还持有抵押贷款证券化的"剩余风险",以及为资产支持证券提供流动性。这使得对银行的监管面临极大的信息问题,也使金融机构之间的相互联系变得更加复杂。信息不对称使系统性风险以影子银行为枢纽累积,难以被及时发现和处置,最后酿成了席卷全球的金融海啸。2008年金融危机爆发前,即使当局已经建立了系统性风险的监测体系,也很难准确掌握影子银行的信息及其所隐含的系统性风险。银行挤兑、金融机构倒闭的连锁反应以及系统性影响,还取决于存款人和市场参与者的集体性行为选择,以及金融体系的总体风险的累积状况。在决策是否救助雷曼公司时,监管机构也不掌握雷曼公司与其他金融机构间的风险敞口和相互的投融资往来情况,也难以预估其倒闭后通过银行间市场的传染路径与波及面。

20世纪70年代,布雷顿森林体系解体,金融全球化与自由化兴起,利率、汇率波动加大,金融衍生品发展方兴未艾,金融机构业务和金融产品的复杂程度增加,竞争也在加剧。当时,虽然世界主要国家都建立了对银行的资本监管制度,但是并未对资本的内涵和外延作出明确规定,监管资本要求没有考虑资产风险和金融机构的风险管理状况等因素,静态的监管要求不能根据风险状况进行动态调整,银行还可以通过会计处理来调整账面资本。各国在资本监管方面的标准不统一等问题,使金融机构可以像选择"避税天堂"一样,将注册地选择在监管标准较为宽松的监管辖区,以规避监管,实施监管套利。金融机构还会游说本国监管机构降低监管标准,这也成为监管当局逐底竞争的催化剂。

20世纪70年代以来,全球经济一体化的趋势不断加强,金融领域的创新活动日渐活跃，跨国银行开始扮演越来越重要的角色。然而，当时的银行监管主要由各国国内的监管机构负责，缺乏国际间的协调与合作，无法有效应对金融全球化带来的挑战。1974年，德国赫斯塔特银行和美国富兰克林国民银行的倒闭引发了国际金融市场的动荡，这使得银行监管的国际合作从理论认识上升到了实践层面。为避免银行危机的连锁反应，统一国际银行监管的建议被提上了议事日程。各国监管机构意识到，在金融全球化的背景下，需要加强国际间的监管合作，共同制定统一的监管标准和原则，以提高国际银行体系的稳定性和安全性。在这种背景下，由国际清算银行（BIS）发起，建立了常设国际监管机构——巴塞尔银行监管委员会。[①] 1988年，巴塞尔委员会通过了《关于统一国际银行资本衡量和资本标准的协议》，即《巴塞尔协议Ⅰ》，它不仅将银行资本监管统一到资本充足率监管上，还对资本和风险资产等进行了定义，明确了资本充足率的计算方法。

  金融监管套利的特殊性，还因为它常常以金融创新的面目登场。金融创新可以促进市场效率提高，不仅不会受到遏制，还会得到各界的普遍认同和追捧。纵观金融市场发展的历史，很多的金融创新都以规避监管和监管套利为目的，一些金融创新不仅带来了新的金融风险，还打破了金融监管机构之间的监管边界，导致了监管空白和监管漏洞。由于信息不对称等问题，监管机构和市场难以区分金融创新与监管套利。除此之外，金融创新还使金融业务和产品更加复杂，金融机构的运作更加不透明，这也增加了监管的负担和难度。

[①] 巴塞尔银行监管委员会，又称巴塞尔委员会，是十国集团中央银行行长在国际货币和银行市场发生严重动荡之后成立的。该委员会总部设在巴塞尔的国际清算银行，旨在通过提高全球银行监管的质量来加强金融稳定，并作为其成员国之间就银行监管事宜开展定期合作的论坛。自成立以来，巴塞尔委员会的成员已从10国集团扩大到来自28个司法管辖区的45个机构。1975年首次发布《巴塞尔协议》，并制定了一系列银行监管国际标准，具有里程碑意义的是《巴塞尔协议Ⅰ》、《巴塞尔协议Ⅱ》以及《巴塞尔协议Ⅲ》。

弗莱舍（Fleischer，2010）指出了监管套利的另一个原因，即对交易的监管认定与其经济实质之间的差异。由于法律和监管规则制度难以对交易的经济实质做出完全准确的界定，交易的经济实质与监管认定之间的差异就为监管套利提供了空间。金融机构可能不惜增加交易费用，采取复杂法律结构，以绕开监管规则设置的"禁区"。一些企业为了在美国上市，采用的可变利益实体（Variable Interest Entities，简写为 VIE）就可以被视为一种监管套利。一方面，公司采用 VIE 结构来规避其国内监管要求，特别是在有外资限制的行业，以便其可以从海外融资，开展在现有国内监管框架下可能无法直接进行的其他活动。这使他们能够利用各国监管环境之间的差异来实现其商业和财务目标。另一方面，VIE 结构也有助于公司满足美国交易所的上市要求和监管标准，使其能够利用美国相对灵活的监管和上市机制，展示更有利的财务和运营状况，从而吸引国际投资者。VIE 结构的公司，利用各个地区的公司法律制度，建立复杂的法律结构，从表面上看是违背降低交易费用的原则的，但它却可以从绕开监管限制中获取竞争优势。监管套利还可能引发分配效应，因为能够进行监管套利的往往是大型机构，小企业会因无法实施监管套利而处于竞争劣势。设计这样的复杂法律结构，离不开律师的协助，他们也被称为"交易费用工程师"，成为分享租金的群体（Gilson，1984）。

中国的新股公开发行长期实行核准制。核准制下，公开发行股票的条件高，审批程序复杂且时间长，加之监管部门对发行节奏的人为控制，导致了 IPO"堰塞湖"的长期存在。"借壳上市"就成为那些达不到发行条件的公司或者希望尽快上市的公司的监管套利渠道。它们借壳的对象，即面临退市风险的 ST 公司也可以从中实现监管套利。[①]

[①] ST 公司是指因财务状况或其他异常情况被证券交易所实施特别处理的上市公司，其股票简称前会冠以"ST"或"*ST"标识以提示风险。

一旦 ST 公司被借壳，它们就可以破茧重生、股价飙升。"借壳上市"为 ST 公司创造了一种租金，ST 公司因存在"壳价值"，而使其股价高于公允价值，估值严重偏离其基本面，影响了资本市场的定价效率，还导致了 ST 公司不容易触发按照每股价格和总市值设定的退市标准而退市。市场机制不能淘汰这类公司成为中国资本市场的顽疾，其影响是多方面的：一是干扰市场的价格发现机制，扭曲市场激励机制；二是借壳上市充斥着严重的欺诈、操纵和内幕交易；三是影响市场秩序和投资者利益的保护。

2.3 道德风险和逆向选择

道德风险和逆向选择是引发市场失灵的重要因素。金融监管的重要制度，即最后贷款人和存款保险制度等，也会引发道德风险和逆向选择，是引发金融监管失灵的重要因素。

2.3.1 金融机构的道德风险

对于最后贷款人和存款保险制度等金融安全网可能引发的道德风险问题，白芝浩（Walter Bagehot）早在 19 世纪末期就提出来了。白芝浩原则提出，不能对银行进行无条件的救助，只能救助流动性风险，不能救助破产性危机。因为如果无条件救助，银行就可能疏于流动性风险管理，导致严重的流动性错配和期限错配。但是，严重的信息不对称使最后贷款人难以判断银行挤兑是因为流动性危机还是破产危机。而且，如果最后贷款人存在不救助破产银行的可能性，存款人挤兑的动机就不可能消除，这种制度的有效性就会削弱。1929 年，美国股市崩溃之后，在 1930—1931 年出现了银行挤兑潮，美联储没有大规模救助银行，接踵而至的是 1932—1933 年更大规模的银行倒闭潮。在此背景下，美国国会通过了建立存款保险的立法，由联邦存款保险公司为受保险的银行类机构的存款人提供存款保险。戴蒙德和迪布维格（Diamond and Dybvig，1983）虽然阐明了存款保险的必要性，但也指出，对银行的救助会导致激励扭曲，银行会通过期限错配、加杠杆来提高绩效。

早在20世纪70年代就有学者指出了存款保险制度可能带来的问题。布莱克等人（Black et al.，1978）指出，存款保险制度不仅影响银行之间的竞争，还会诱发银行通过承担高风险获取高收益。有研究认为，存款保险制度使银行通过缴纳保费为其负债"购买保险"，从而使银行的债权人的风险与银行的风险相互"独立"，这就助长了银行的过度风险承担（Kareken and Wallace，1978；Dothan and Williams，1980）。2023年3月，硅谷银行遭遇挤兑，美国当局对硅谷银行等中小银行危机的处置中，突破了存款保险25万美元的上限，为存款人提供了全额支付，这也引发对存款保险制度的新一轮检讨。

金融控股集团（Financial Holding Company）或者金融与实业混业的集团，因其集团内部的复杂性和相互投融资等业务关系，容易引发逆向选择和道德风险问题。金融控股集团既控制受到金融安全网保护的金融机构（Protected Financial Institutions，简写为PFIs），也控制不受金融安全网保护的金融机构（Non-Protected Financial Institutions，简写为Non-PFIs），还控制着非金融机构（Non-Financial Institutions，简写为Non-FIs）（如图3.1所示）。由于受到保护的金融机构可以以较低成本融资，它们会为集团内Non-PFIs和Non-FIs提供融资便利。这样一来，金融控股集团内部受到保护的金融机构与不受保护的机构之间存在复杂的融资、投资和交易关系，监管机构很难获得全面的监管信息。

当集团中受保护的金融机构面临被处置的情况时，集团公司可能会将受保护机构的资产转移至其他子公司，把净债务留给接管机构，最终转嫁给纳税人。若存在后文将要讲到的监管宽容问题，在宽容期内，集团公司还可能利用这些关联交易，将受存款保险保护的金融机构的资产转移至集团内其他机构，从而掏空这些机构。例如，2019年被处置的包商银行，2018年便无法发布年报披露信息，但直至2019年

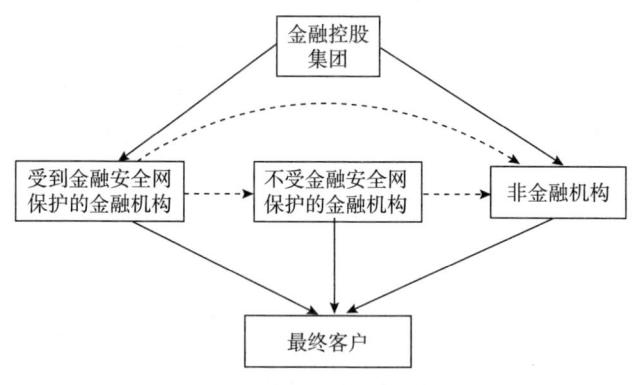

图 3.1　金融控股集团的结构

5月才被处置。包商银行被"明天系"控制,"明天系"作为大股东在宽限期通过关联贷款进一步掏空包商银行,最终形成高达1 500亿元的坏账,占总资产的30%以上。存款保险机构在处置包商银行时,付出了高昂代价。

2.3.2　银行存款人及其他债权人的道德风险和逆向选择

银行存款人受到存款保险的保护,就不会根据银行的偿付能力和经营状况选择银行,这就导致对银行的市场约束不足。在面临流动性问题甚至破产风险时,银行的资金需求非常迫切,它们可能会提高存款利率或发行高收益债务工具来筹集资金。这样的话,高利率就可以成为银行高风险市场信号并转化为有效的市场约束。然而,受保护的存款人并不关心银行的倒闭。其他债权人预期到金融安全网的救助,也会选择购买高风险银行发行的高利率产品。包商银行就是典型的案例。如前所述,2018年,包商银行已经不能按时发布2017年年报,高风险的信号已经向市场发布。但是,包商银行发行的债务工具因利率高,还是成了银行间市场上广受欢迎的产品。到2019年5月处置时,因包商银行的交易对手方过于广泛,处置机构不得不对5 000万元以下的同业负债也实行了全额兑付。

银行存款人及其他债权人降低对金融机构经营状况和风险的监督与约束，不仅会引发市场失灵，也会引发监管失灵。多德（Dowd，1996）、本斯顿和考夫曼（Benston and Kaufman，1988）指出，伴随政府监管的介入，金融机构的客户、股东以及金融市场参与者，更加依赖政府的监督，对金融机构的监督与制衡都在弱化。股东不仅会放松对管理层的监督，还可能"激励"管理层的过度风险承担和短期主义行为。古德哈特等人（Goodhart et al.，1998）指出，金融安全网引发的逆向选择和道德风险，其造成的结果可能比不受监管更糟糕，监管本身可能就是导致金融危机的原因之一，它类似于临床治疗中的医疗诱发症。

2023年3月，美国监管机构向硅谷银行和其他银行提供了救助，引发了人们对存款保险制度道德风险的讨论。这种"无上限"的存款保险制度一旦开了先例，就会鼓励储户冒险行为，因为储户不会因银行倒闭而遭受损失，这极大地降低了储户防范银行倒闭风险的激励。储户可能不再关注银行的风险，选择将资金存入利率更高或条款更优惠的银行，而不管这些银行的财务状况和风险管理如何。由于存款人受到存款保险的保护，即使银行冒险，他们也不太可能提取存款，因此银行可能会有动力从事高风险、高收益的借贷和投资活动（Goldstein and Zeng，2023）。

2.4 监管宽容

监管宽容（Regulatory Forbearance），是指监管机构选择放松监管要求的执行力度，对不完全合规或面临困难的金融机构采取宽容态度。这是因为监管机构在金融机构和问题金融机构的处置中有较大的自由裁量权。他们可能在发现银行和金融机构存在重大问题或资本完全耗尽的情况下，仍然允许其继续运营而不立即处置。监管宽容的"行政不作为",也可以体现为监管机构在一段时间内不对问题银行采取惩戒措施。

翁吉纳等人(Ongena et al.,2016)的研究发现,在金融危机期间,监管部门对问题银行采取了较高监管宽容度。与20世纪80年代的储贷危机相比,2008年金融危机期间的银行倒闭数量要少得多,监管部门对问题银行采取了宽容态度。银行业重组力度不够,则是金融危机复苏期拉长的一个原因。而危机期间如果对问题银行进行大规模重组,就可能对生产率的提高产生积极的长期影响。他们还发现,在危机后监管宽容程度较低的地区,对问题银行的处置,加速了僵尸贷款和僵尸企业的出清,这使更多的新的企业进入,也使优质的借款人和新企业较为容易地获得融资和发展的机会,从而促进了就业、工资、专利和产出的增长。相反,允许问题银行继续生存,尽管在危机期间破坏性较小,但不利于长期的生产率增长。

从翁吉纳等人的研究可以看出,监管宽容的动因,有可能是监管机构权衡立即采取监管措施的负面影响或成本,也可能是给予问题机构一定的时间采取措施自救,这可能是出于减少用纳税人的钱拯救问题银行的考虑。美联储前主席格林斯潘信奉的是所谓的"格林斯潘教义"(Greenspan Doctrine),即中央银行不能主动刺破资产泡沫,而应当降低泡沫破裂后可能产生的负面影响。翁吉纳等人也指出,对监管部门而言,需要在短期效应和长期效应之间进行权衡。危机期间首要任务是控制银行违约的系统性影响,然而,并非所有银行都具有系统重要性。从系统性风险角度考虑,如果某些金融机构的处置可能触发系统性风险,监管机构也不大愿意立即关闭或接管问题银行(Allen and Gale,2000)。2008年贝尔斯登公司面临危机时,美联储决定提供300亿美元的贷款给摩根大通公司以收购贝尔斯登。

在存在"太多而不能倒"问题时,监管机构可能会直接介入或将问题机构国有化,以防止产生系统性影响。"太多而不能倒"的监管宽容问题，在发展中国家较为常见（Brown and Dinc，2011）。在银行业较为脆弱的时期，监管机构更是不可能关闭问题银行。当然，监管宽容在发达国家依然存在，例如20世纪90年代日本的银行危机（Hoshi and Kashyap，2001；Amyx，2004），20世纪80年代的美国储贷危机（Kane，1989；Barth，1991；White，1991；Kroszner and Strahan，1996），2008年的金融危机也是如此。而且，危机越严重，监管机构处理银行时可以使用的工具也越少（Barth，Caprio and Levine，2006），也就越有可能拖延问题银行的处置。

监管宽容也可能是出于金融对实体经济影响重大的考虑。在2008年金融危机之后，一些国家对银行的不良贷款采取了宽容政策，降低了不良贷款的认定标准或减少拨备提取，以使"银行资本充足"，可以继续为实体经济提供融资。银行也不需要催收贷款和处置不良贷款及其抵押品，以防止对资产价格和实体经济产生负面影响。例如，2008年之后，印度储备银行实施了一系列的"资产质量"宽容措施，对银行的贷款分类实行了宽松标准，放宽了不良贷款标准并不再要求额外的拨备，使银行可以满足资本充足率的要求，避免了银行的关闭和连锁反应，还实施了延长贷款偿还期限、减低利率、贷款转股权等措施，为实体经济提供支持。

监管宽容虽然是出于公共利益的考虑和综合权衡的结果，但同样可能引发监管失灵。这是因为监管宽容是监管机构合理的"有法不依，执法不严"。如果金融机构预期到监管机构的监管宽容，就可能助长金融机构过度的风险承担。"没长牙齿"的监管，很难促使金融机构将监管要求内化为强化自身风险管理和审慎经营的动力。监管宽容也为银行承担更大的信贷风险给予"正当理由"，会导致行业性的资产质量恶化。监管宽容还可能拖延问题的处理，使风险的积累更加严重，甚至演化为系统性风险，延长危机的影响（Taylor，2009）。由于信息问题，监管机构很难对银行的经营活动进行有效监督。在宽限期内，如果具有信息优势的银行股东和管理层知道银行破产已经是不可避免的，他们会通过关联交易进一步掏空银行，向股东和管理层输送利益，这种"隧道效应"在宽限期内会加剧银行资产质量恶化和资不抵债的情况。例如，在包商银行不良率增高、资本充足率下降、不能披露财务信息的情况下，监管机构并没有及时采取措施，直到2019年5月处置时，包商银行已经是严重资不抵债，而大股东的占款高达1 560亿元，全部成了不良贷款（周学东，2020）。印度学者也发现，印度在2008年危机后采取的监管宽容政策，不仅使银行资产质量恶化，而且还降低了资源配置的效率，很多贷款流向了僵尸企业，很多企业还将贷款用于发放职工薪酬，而不是经营活动（Chari et al.，2019）。

监管宽容虽然有必要性和合理性，但是，信息不对称和代理问题使监管宽容与监管俘获很难区分，这就可能助长监管俘获和滥用监管宽容。例如，包商银行在长时间资不抵债后才受到处置，事后才发现与银行监管机构的腐败有关。银行的倒闭和腐败问题的揭露，监管机构的声誉会受到损害，监管机构和人员会被问责、受到处罚，因此监管机构就可能与被监管机构"合谋"掩盖问题，实施监管宽容，拖延问题暴露。

2.5 监管竞争与监管碎片化

第一章讨论过监管竞争对监管效率的影响，以及逐底竞争导致的监管标准降低和失灵。监管竞争对提高监管效率的作用依赖于被监管者"迁徙自由"形成的"威胁"。金融监管可以说是对金融机构的一种"征税"。与逃避税收一样，金融机构也存在逃避"金融监管税"的动机。与实体企业相比，金融机构的"固定资产"较少，迁徙成本较低。它们"用脚投票"，迁徙到监管成本更低的监管辖区，对监管机构更容易构成"可信威胁"。如果允许监管辖区之间在金融监管上展开竞争，出于本地区利益和当前利益的考虑，监管机构就可能降低监管标准以吸引"被监管者"。

金融机构将公司注册在便于监管套利的地区，是它们"合理避税"的手段，这会加剧监管竞争，甚至是逐底竞争。例如，美国的特拉华州效应（Delaware Effect）。特拉华州的税收、公司法等方面的优势，使其成为公司，尤其是上市公司最具吸引力的注册地。美国证券交易委员会（SEC）前主席卡里（William Cary, 1974）曾批评说，特拉华州的这种特殊地位，是它通过自由的或"扶持性"的公司法律法规，以便利公司管理层谋求自身利益而牺牲股东利益为代价获得的。为此他提出，建立联邦监管是必要的，这样才能够确保对股东利益的保护。

监管竞争的问题还会因金融监管体制中存在的碎片化而变得更加严重，即当国家之间或国内的区域之间，同一类型的金融机构、金融产品和金融活动的监管制度不同时，就会出现监管碎片化问题。这个问题既存在于一国或一个监管辖区内部，更存在于全球范围内的金融监管中。美国政府问责局（GAO）就指出了美国金融监管的结构复杂。美国的金融机构监管职责分散在联邦和州的多个机构，一家金融机构受多个监管机构的监管。监管的碎片化导致监管效率低下，监管机构对同一属性的金融机构的监管方式和标准不一致，对消费者的保护水平也存在差异。在《多德-弗兰克法案》中，虽然对金融监管体系进行了改革，但总体上没有改变其碎片化的总体结构（GAO, 2016）。

此外，全球各个监管辖区的监管制度存在较大差异，在金融市场全球化的情况下，它导致的监管碎片化也会引发国际监管竞争和监管套利。该问题在全球金融危机后受到国际金融组织的高度重视。2019年，在二十国集团（G20）的建议下，金融稳定理事会发布了金融市场碎片化问题的研究报告。报告指出，全球金融市场的碎片化有不同的表现。既有同一种金融产品在不同辖区的监管标准不同，从而导致同一产品在不同的市场中存在较大价格差异；也有因资本管制，限制了跨境资本流动，影响了套利机制的作用，使这种价差长期存在。当金融机构的母国和东道国的监管要求不一致时，情况尤其严重。这就会使市场参与者不愿意或无法开展某些跨境活动。这些差异，可能是因为各辖区金融发展的程度不同，在经济或金融周期中所处的阶段不同，以及国内市场结构、习俗和政策重点导致的。在有些情况下，这些监管制度或制度差异，是为了防止境外市场的压力或风险的跨境传播，以增强国内金融体系的韧性。但是，在某些情况下，这种监管差异也可能对全球金融体系的韧性产生不利影响。金融机构和市场的分割会增加跨境分散和控制金融风险的成本，尤其是那些在全球范围内管理资本和流动性的市场参与者的成本。在压力时期，监管制度会阻碍跨国金融机构将资本和流动性提供给需要支持的实体。

金融监管碎片化还会导致监管重叠，并影响金融监管的效率和有效性。金融机构的经营活动在多个监管机构的辖区之内，或者同一属性的业务活动因监管碎片化受到多个监管机构监管，就会导致监管重叠。随着金融创新，一些复杂的金融产品涉及多个监管机构的监管范围也会导致监管重叠。例如，结构性产品可能涉及银行、证券和保险多个行业监管机构。美国的万能险（Universal Life Insurance）就面临这一问题，它同时受到美国证券交易委员会和州保险监管机构的监管。监管重叠意味着金融机构必须遵守多套规则，这既耗时又耗资，还分散了生产活动的资源，降低了金融系统的整体效率。例如出售万能险的保险公司，会面临来自不同监管机构的复杂且有时相互矛盾的要求，从而增加合规成本和行政负担。

监管体制的分割、碎片化、重叠情况，会限制金融机构和市场向最终用户提供金融服务的广度，增加金融服务的成本，降低全球金融市场的效率。例如，同一金融产品在多个交易场所交易，投资者不得不在多个市场中比较选择。在交易技术发展和交易速度极大提高的情况下，投资者之间以及交易服务商之间的竞争在很大程度上变成了设备和技术的竞争，这使中小投资者更处于劣势。而且，一些市场交易只允许特定的投资者进入或者本国投资者进入，进入壁垒将导致市场的公平性受到侵蚀，这也会增加跨境投资及交易的成本和风险，还会对金融市场稳定产生不利影响。

有效的国际监管合作是促进跨境金融活动和金融市场一体化的重要前提。G20领导人提出了由金融稳定理事会和标准制定机构（Standard-Setting Bodies，简写为SSBs）制定和推行协调监管的方案，以对国际性金融活动的监管法规和监管实践存在的差异进行协调，同时也防范金融机构的跨境监管套利活动。例如，增强金融体系韧性的措施之一，是在压力时期，金融机构可以跨监管辖区配置资本和流动性，以使其有充足的资源应对其他地区受到的冲击。这也是金融市场参与者恢复对系统重要性金融机构的信心，恢复跨境金融活动的重要基础。金融稳定理事会正在推动全球系统重要性银行（G-SIBs）完善内部资源配置的机制，促使这些银行根据自身业务需要并在东道国的金融监管体制下，实现灵活的跨境资源配置。

2.6 市场竞争、市场集中及大而不能倒

市场公平竞争能激发金融机构的活力和创新，促进资源优化配置，也是金融市场健康运行的基石。金融市场监管机构也有促进金融市场公平竞争的职责。然而，对金融机构的准入监管以及其他部分的监管措施，可能引发行业垄断、竞争不充分和市场过度集中等问题。

金融业是严格实施准入监管的行业。市场准入通常会筛选合格的机构进入市场，这有助于筛掉因实力或专业知识不足而可能带来风险的机构，降低金融机构因基础薄弱或专业知识不足而倒闭的可能性，从而维护整个金融体系的稳定性。准入制度还可以控制新进入者的数量，为行业保持适当的规模和竞争环境，既避免金融部门过度扩张，也避免金融机构因竞争而过度承担风险。但是，准入制度有可能成为

限制竞争的法律壁垒，严格的准入要求可能会阻碍潜在竞争者进入市场。这既会降低市场参与者的多样性，限制新进入者可能带来的创新和效率提升，也会抑制竞争在提高市场效率方面发挥积极作用。

金融业具有十分显著的规模经济和网络效应。在全球以及各个国家的金融市场竞争中，大型金融机构凭借这些特性，往往占据着优势地位。从积极的一面来看，该优势使得这些大型金融机构在运营上更加稳健，具备更强的风险抵御能力。然而，金融机构并非规模越大就越不会倒闭。实际上，金融机构的规模越大、业务网络越广泛，它与其他金融机构以及实体经济之间的联系也就越紧密。一旦这样的大型金融机构出现倒闭危机，其产生的影响将极为广泛，可能引发连锁反应，对整个金融体系和实体经济造成巨大冲击。2008年全球金融危机便是一个深刻的教训。2008年9月15日，美国雷曼兄弟公司的轰然倒闭引发了多米诺骨牌效应，触发了席卷全球的金融海啸。

在金融领域，大型金融机构一旦陷入危机，对其实施救助的决策则是一个艰难的抉择。在2008年3月，美国第五大投资银行贝尔斯登就已出现流动性短缺危机，为了避免其倒闭引发的连锁反应，美联储批准摩根大通收购贝尔斯登，并为此次收购提供了特别融资援助（FCIC，2011）。时隔6个月，当是否救助雷曼兄弟公司的难题摆在决策者面前时，美联储等机构在某种程度上是出于对道德风险的担忧，做出了不予救助的决定。这场危机过后，金融机构"大而不能倒"的问题，迅速成为全球金融监管层面重点关注的核心议题。全球的金融监管机构都在强化对系统重要性金融机构的监管，而这又进一步强化了这类机构"大而不能倒"的"形象"，其在市场竞争中的优势更加凸显。

处置问题金融机构时采用的合并金融机构的做法，也会使金融机构集中的问题凸显。回溯次贷危机期间，就有诸多此类案例。2008年3月，摩根大通收购贝尔斯登。9月，全球金融危机爆发之后，美国监管机构推动了多个并购以化解危机。美国银行收购投资银行美林，富国银行将瓦乔维亚银行纳入麾下，PNC 金融服务集团收购国民城市银行。2023 年，美国一些中小银行陷入困境，硅谷银行（Silicon Valley Bank）、签名银行（Signature Bank）、第一共和银行（First Republic Bank）分别被第一公民银行（First Citizens Bank & Trust Company）、旗星银行（Flagstar Bank）、摩根大通银行（J. P. Morgan Chase Bank）收购。更值得一提的是，2023 年还出现了首例全球系统重要性银行的收购事件。当时，瑞士信贷深陷危机，在瑞士政府提供 2 600 亿美元流动性支持的强力推动下，瑞银集团成功收购瑞士信贷，避免了可能引发的系统性金融风险，也再次凸显了金融机构危机处置中合并策略的重要性和复杂性。

2.7 金融抑制

金融抑制理论通过发展中国家的问题，说明了金融监管准入制度和其他监管措施对这些国家金融和经济社会发展的影响。1973 年，美国斯坦福大学的爱德华·肖（Edward Shaw）和罗纳德·麦金农（Ronald Mckinnon）分别在《经济发展中的金融深化》和《经济发展中的货币与资本》中深刻分析了发展中国家的金融抑制问题。除了严格的准入制度，这些国家的政府硬性规定存款和贷款利率上限，导致利率无法反映资金供求和短缺特性。在高通胀下，实质利率常为负，储蓄者不愿存钱，借款者需求旺盛，造成资金供不应求，引发金融机构配给授信和资金投机，特权企业和机构易获信贷，民营企业只能向非正规市场求贷。它们还通过官方汇率高估本币、低估外币，只有特权机构和阶层能以低汇率获得外汇，外汇供不应求助长黑市交易，本币高估损害出口，进口商利用特权赚取超额利润，实行"进口替代"政策还会导致重工业过重、农业和轻工业过轻的产业结构失衡。麦金农为此提出了金融深化的建议，包括放松利率管制、取消信贷配给、放松准入和建立健全的金融市场体系等措施。

过度的监管会影响市场的活力和效率,这在发达国家同样存在。经济学家的实证研究发现,放松金融管制,无论对发展中国家,还是对发达国家都具有积极影响。贾亚拉特纳和斯特森(Jayaratne and Strathan,1996)通过对美国放宽银行设立分行限制的研究发现,美国州内银行设立分行的制度改革后,银行系统发生变化,进而显著提升了收入和产出的实际人均增长率,这说明银行体系的制度性变革,能对宏观经济层面的人均收入与产出增长产生积极影响。银行贷款质量的提高,比贷款数量的增加发挥着更为关键的作用。金和莱文(King and Levine,1993)对1960—1989年80个国家的数据深入剖析后发现,各类衡量金融发展水平的指标,与实际人均GDP增长、物质资本积累率以及效率提升紧密相关,该研究为熊彼特提出的"金融体系能够促进经济增长"提供了有力的跨国实证依据。莱文和罗斯(Levine and Ross,1997)的研究还发现,如果金融市场和金融机构不能适应实体经济的需要,则会阻碍一个国家的经济发展。

第四章 最后贷款人与金融监管

中央银行在金融监管中扮演着重要角色。它从最初作为商业银行的最后贷款人，逐渐发展演变为现代中央银行。2008年全球金融危机之后，中央银行的金融监管职责进一步增强，尤其是在维护金融系统稳定、防范系统性风险方面。

第一节 银行的最后贷款人及其职能演进

现代中央银行制度的建立，始于英格兰银行承担银行的最后贷款人角色，它建立的流动性救助机制成为现代中央银行的重要机制。1913年，美联储成立时，它被赋予了监督成员银行的职能。20世纪20年代，美联储通过公开市场操作影响货币供给，逐渐发展为调节宏观经济的重要机构。目前，中央银行已经是各国最重要的政府机构之一，负有维持币值稳定的核心责任，中央银行通过调节货币供给影响经济活动，熨平宏观经济波动。

1.1 英格兰银行成为银行的最后贷款人与白芝浩原则

英格兰银行成立于1694年，其主要目的是为英国政府筹集资金，用于与低地国家和法国的战争。

1847年，英国爆发的经济危机促使英格兰银行向现代中央银行转变，成为银行的最后贷款人。

1866 年的伦敦金融城危机进一步强化了英格兰银行的最后贷款人职责。这是一场影响深远的国际金融危机，它由 1866 年 5 月 10 日伦敦主要的贴现银行欧沃伦格尼银行（Overend, Gurney & Co.）的倒闭所引发。贴现公司在当时的金融系统中扮演着至关重要的角色，欧沃伦格尼银行是货币市场的重要参与者，并作为流动性提供者为票据提供贴现。由于欧沃伦格尼银行在经营中的严重流动性错配和过度风险承担，导致了大额的损失和严重的流动性问题，当这家公司财务不佳的传言和担忧开始在市场上流传，其债权人大量收回存款和其他债权。1866 年 5 月，欧沃伦格尼银行的倒闭使与之有业务往来的金融机构也遭遇流动性危机和资本损失，连锁反应和恐慌情绪迅速蔓延至整个金融系统，导致信贷紧缩。许多依赖银行信贷的企业面临困境，实体经济也受到影响。英格兰银行最初面临两难境地：一方面，担心救助破产机构可能带来的道德风险及长期负面影响；另一方面，市场恐慌和系统性崩溃又使英格兰银行自身也面临挤压。迫不得已，它向市场提供了紧急流动性，向有偿债能力但流动性不足的机构提供贷款，这才防止了危机的进一步蔓延和金融系统的彻底崩溃。这场危机促使人们重新评估英格兰银行作为最后贷款人的角色，以及建立更有效的监管和危机管理机制的必要性。现在看来，这场危机是政府介入市场失灵应对的突出案例，既说明了 D-D 模型所描述的银行挤兑，也印证了 2008 年雷曼兄弟公司倒闭后的连锁反应以及银行间市场发生挤兑的情况。

英格兰银行在处置 1866 年危机中的作用，使最后贷款人制度成为共识。最后贷款人制度的建立，也影响了银行和其他金融实体的流动性管理和贷款管理。一方面，当金融机构预期英格兰银行会在危机期间出手干预时，它们可能更容易采取激进的经营策略并加剧流动性错配。另一方面，银行也根据英格兰银行可以接受的抵押品的类型以及条件，在国债、贷款等流动性不同的资产中进行配置。

为此，英格兰银行也需要权衡流动性提供与防范银行道德风险的问题，并建立了以下基本制度。

一是抵押品要求。英格兰银行对寻求紧急资金的银行有严格的抵押品要求。银行必须提供优质资产，如政府债券或其他流动性证券。例如，在金融危机中，向英格兰银行申请贷款的银行需要抵押足够数量的国债（英国政府债券）。这确保了英格兰银行的贷款是有担保的，同时也迫使银行维持可靠的资产组合。这是促进银行更谨慎地持有资产的一种方式；通过制定具体的抵押标准，英格兰银行影响了银行的投资决策。银行知悉，在危机中，只有具有一定质量的资产才能获得紧急流动性。因此，银行更倾向投资于可作为抵押品的资产，这反过来又影响了资产负债表的总体构成和风险状况。

二是惩罚性利率。作为最后贷款人，英格兰银行在提供紧急贷款时收取相对较高的惩罚性利率，这是白芝浩原则的建议。高利率旨在阻止银行在正常时期过度依赖英格兰银行的支持，并确保只有因危机而真正有需要的银行才会寻求此类资金。如果银行在正常运营期间能够以较低利率从银行同业拆借市场借款，那么它就不太可能向英格兰银行求助。但在危机期间，如果银行同业拆借市场冻结或借款成本变得过高，银行可能别无选择，只能以惩罚性利率向英格兰银行借款。这种利率结构鼓励银行更谨慎地管理流动性，并维持自己的缓冲资金，以避免紧急借款的高成本。

三是道德劝告（Moral Suasion）和附加条件。英格兰银行还采用了道德劝告的方式。它与银行沟通，强调稳健的银行业务实践以及过度依赖紧急贷款的风险，例如召集银行高管开会，强调加强资本实力和改善风险管理的重要性。银行获得紧急资金还会被附加贷款附带条件，可能需要采取措施改善财务状况，例如减少不良贷款、提高资本充足率或改变贷款政策。此举旨在确保英格兰银行的支持不会用于支撑根本不健康的银行业务，并鼓励银行进行改革，从长远来看变得更加稳定。

四是监控和信息收集。作为最后贷款人，英格兰银行密切监控银行的财务健康状况。它收集有关银行资产负债表、流动性状况和贷款活动的信息。这使其能够更准确地评估银行的偿付能力和流动性需求。通过定期报告要求和现场检查，英格兰银行对银行面临的风险有了更深入的了解。这种信息收集过程也是一种监管手段，因为银行知道它们正在被监控，因此更有可能保持适当的会计和风险报告标准，以避免负面后果或限制其获得紧急资金。

英格兰银行对最后贷款人的以上制度设计，早在 1802 年桑顿（Henry Thornton）就做过理论探讨。白芝浩（1873）拓展了桑顿的研究，他认为最后贷款人制度的作用在于：保持货币存量，支持金融系统而不是个体金融机构，实现与长期目标相一致的货币的稳定；在危机来临前预先宣布其政策，以消除不确定性。白芝浩还提出了关于最后贷款人的著名的白芝浩原则：第一，只为银行提供流动性救助，而不救助有倒闭风险的银行；第二，银行需要提供符合条件的抵押品；第三，贴现利率高于市场利率。尽管当时对于银行救助会引发道德风险的问题还没有被正式提出来，但白芝浩原则已经关注到这个问题。从现在来看，这三项原则一方面防范金融安全网带来的道德风险问题，另一方面强化市场约束，促使银行自身增强防范经营中面临的不确定性和流动性风险的职责，维持合理的杠杆率和资本充足率，以及持有充足的合格抵押品等流动性资产。银行从最后贷款人获得流动性，不仅要提供合格的抵押品，利率还要高于市场利率，这将促使银行首先通过市场渠道获得流动性，"最后"才使用英格兰银行的贴现窗口。

然而，实际操作中，这些设想都过于理想化了，白芝浩原则经常被突破。在银行遭遇挤兑并可能引发系统性风险的危急时刻，即使抵押品不满足条件或者问题银行濒临倒闭,也要救助。而如果收取"惩罚性"的高利率,会影响商业银行从贴现窗口获得流动性的激励以及规模和成本,高利率也会加重本已面临困境的银行的负担。危机时期,最后贷款人通常会采取"适度"或者低于市场利率的贴现率水平,以缓解危机时期的资产抛售以及对市场价格和流动性的冲击。这也反映出监管失灵的一面,当执行白芝浩原则时,存在例外或者监管宽容,就可能引发金融机构的监管套利和道德风险。

1.2 美联储:从最后贷款人到货币政策职能的确立

1913 年,美国在联邦政府层面建立了承担最后贷款人职责的机构——联邦储备系统,即美联储。目前,美联储的职责包括:通过货币政策促进充分就业、价格稳定和适当的长期利率,促进金融系统的稳定和降低系统性风险,促进金融机构的安全稳健运行以及监测金融机构对金融系统稳定性的影响,促进支付和结算系统的安全和高效运行,促进金融消费者保护和社区发展。

美国建立美联储作为现代中央银行制度,经历了一个漫长的过程。1791 年美国建国时,就建立了美国第一银行(First Bank of the United States,简写为 BUS)。与英格兰银行一样,BUS 既有商业银行职能,也有为商业银行提供临时流动性支持的公共职能。1811 年,BUS 因牌照到期未能获得续期而解散。1816 年成立的美国第二银行,牌照在 1836 年到期,也未能获得续期。之后一直到 20 世纪初,美国都没有为商业银行提供流动性救助的联邦机构,是当时西方大国中唯一没有中央银行的国家。

1907 年美国华尔街的金融恐慌,是 20 世纪第一次世界性金融危机,也促成了美联储的建立。这场危机起因于奥古斯都·海因茨(F. Augustus Heinze)及其同伙对联合铜业公司(United Copper Company)的股票操纵。他们购买了大量该公司的股票,意图抬高价格,然后获利抛售。他们的计划适得其反。市场并没有如他们所愿，联合铜业公司的股价反而暴跌。这导致海因茨和他的团队蒙受重大损失，尤其是参与了股票操纵的尼克博克信托公司（Knickerbocker Trust Company），因股价操作失败导致的巨额损失触发了存款人的挤兑，尼克博克信托公司面临破产。这又引发了华尔街的恐慌和连锁反应，触发了金融危机并波及全美。在这场危机的处置中，银行家摩根发挥了关键作用。他认识到为市场提供流动性的重要性，并立即召集、协调金融机构自救，向市场提供流动性，从而帮助一些金融机构得以维持运转和避免倒闭，以及可能引发的进一步的连锁反应。摩根在危机期间的努力和斡旋，凸显了建立协调机制和流动性救助机制的重要性，各界也认识到了集体协议摩擦的问题，即仅仅依靠某些个人或机构这样的民间力量，很难维持金融系统的稳定。这场金融危机也凸显了美国金融系统和金融监管体系的问题，使决策者和商界意识到，国家需要建立中央银行，以及稳定可靠的银行监管体系。

1913年《联邦储备法案》获得国会通过，美联储成立。该法确定的美联储的政策目标是稳定货币和促进就业。该法还赋予其货币发行权和监管金融机构的职能。美联储的所有成员银行，不仅是国民银行，还有接受其流动性救助的州银行，都要向地区联储缴纳存款准备金并接受监管。根据《联邦储备法案》第十一条，美联储对金融机构的监管权力包括：对银行及金融控股公司等金融机构进行监管；审查成员银行的财务报告，对这些机构做出处罚；在处置银行时，可以指定银行的托管人或接管人等。第十四章将详细讨论美国监管体制的建立及演变，其中包括美国的"双头"银行监管体制，即国民银行既接受货币监理署的监管，也接受美联储的监管。

美联储成立之初，其最重要的职能是"贴现窗口"，为成员银行持有的符合条件的短期商业票据等提供再贴现。①贴现窗口为银行提供了流动性支持，贴现利率则可以影响信贷供给。彼时，其"设计者"尚未设想出现代意义上的货币政策，尽管贴现率是影响货币供给的重要政策工具。在一些特殊时期，如1987年的股票市场"黑色星期一"，2001年"9·11"恐怖袭击，这一政策有效地维护了金融系统的稳定。目前，贴现窗口仍是部分国家中央银行的重要货币政策工具，它们通过票据再贴现、票据再抵押等方式为商业银行或其他金融机构充当最后贷款人，使中央银行成为"银行的银行"。

尽管《联邦储备法案》允许美联储在公开市场上交易政府证券，但在1922年之前，它并未真正实施过公开市场操作。1922年，美国经济出现了第一次世界大战后的第一次放缓，美联储才非正式地开展公开市场操作，这也使美联储进一步认识到公开市场操作可以影响市场利率和信贷条件。1933年和1935年美国国会通过两部银行法案，据此正式成立了联邦公开市场委员会（Federal Open Market Committee，简写为FOMC）。从此，FOMC成为美联储最重要的决策机构，通过公开市场操作调节货币供给，实现更为广泛的经济社会目标。

第二次世界大战中，美国联邦政府发行了大量国债，战后还需要不断地借新还旧。国债规模的扩大，不仅为美联储的公开市场操作提供了更大规模的"操作标的"，也使公开市场操作发展成为最重要的货币政策工具。通常情况下，公开市场操作的对象是无信用风险或者

---

① 贴现有三种主要的类型：一是一级信贷（Primary Credit），也被称为常备贷款便利（Standing Lending Facility），财务稳健的银行可以通过一级信贷便利借入短期（例如隔夜）的资金。它的利率，即美联储的贴现率，通常高于联邦基金利率100个基点，其目的是促使银行通过联邦基金市场满足流动性需要。当市场流动性紧张时，联邦基金利率就会升高，一级信贷便利就为联邦基金利率"设定了上限"。二是二级信贷（Secondary Credit），它是为陷入财务困境或面临流动性严重问题的银行提供的流动性支持，其利率高于贴现率50个基点，带有一定的惩罚性。三是季节性信贷（Seasonal Credit），满足一些银行的季节性流动性需要。

低信用风险的政府债券，它所形成的无风险利率是其他金融产品的定价基准。政府债券因其良好的流动性，是银行等金融机构持有的最主要的流动性资产。

《联邦储备法案》要求美联储的成员银行在联储缴存准备金，成员银行在联储开立账户，存储的资金既包括法定准备金，也包括超额准备金，超额准备金主要用以满足流动性需要。但是，持有准备金是有机会成本的，即贷款利率与准备金利率之间的利差。公开市场操作通过影响利率水平，进而影响银行的超额准备金持有水平和信贷供给，成为中央银行的主要货币政策工具。公开市场操作的优点在于：一是中央银行可以主动操作，而贴现窗口还取决于银行的意愿和抵押物等；二是公开市场操作具有灵活性，可以通过控制交易的规模来对货币供给进行"微调"；三是可以立即执行，不存在管理时滞。

商业银行在中央银行开立准备金账户，自然就可以通过准备金账户办理清算和结算，中央银行作为"银行的银行"的职责于是扩展到建立银行间的清算结算体系，因为在美国还有商业机构设立的清算结算机构，美联储也就被赋予了清算结算等金融基础设施的监管职责。2008年金融危机后，金融基础设施以其"关系过密而不能倒"（Too Connected to Fail）成为受到监管机构高度重视的一类金融机构，很多国家也将金融基础设施的监管职责赋予了中央银行，这将在第十二章详细讨论。

第二节　市场的最后贷款人

银行间市场是由商业银行等金融机构交易金融工具形成的市场。传统上，这是一个金融机构之间协商达成交易的市场，它没有固定的交易场所，也不受行政部门监管。最近几十年，银行间市场在很多国家已经发展成为政府、大型企业和银行等金融机构的重要融资场所，它的正常运行成为一国金融系统稳定和实体经济平稳运行的重要保障。2008 年的金融危机中，货币市场基金挤兑等引发的银行间市场流动性枯竭和功能丧失，不仅使金融系统受到重创，也影响了实体经济。为恢复银行间市场的功能和持续运行，中央银行等对银行间市场提供了大规模的"救助"，中央银行的最后贷款人角色也发生了较大变化。

2.1 银行间市场及其发展

银行间市场是银行等金融机构之间交易金融工具的市场，它通常发行和交易的是期限在一年之内的债券等固定收益金融产品，也被称为货币市场。① 20 世纪 70 年代以前，银行间市场最重要的参与主体是商业银行和投资银行等金融机构。其中，隔夜回购市场更是金融机构管理流动性的重要市场，它所形成的利率，如伦敦同业拆借利率（London Interbank Offered Rate，简写为 LIBOR），长期作为全球利率的定价基准。

20 世纪 70 年代，金融自由化和全球化浪潮兴起，货币市场基金等机构投资者迅猛发展，不仅使银行间市场发生了巨大的变化，也使金融系统的结构发生了巨大变化。这种变化率先在美国开始，欧盟市场也呈现类似的态势。到 21 世纪初，在一些成熟市场国家，银行业的资产在金融资产总额中的比重已经不到 25%。② 传统上以"银行为基础"

---

① 银行间市场是与货币市场相同的专有名词，一些国家习惯用"货币市场"的，在本书中也采用货币市场。例如，美国美联储对货币市场流动性救助的机制，都冠之以"货币市场"。

② Edwards, F. R. and Mishkin, F. S. (1995). The Decline of Traditional Banking: Implications for Financial Stability and Regulatory Policy. *Federal Reserve Board of New York Economic Policy Review*, 1 (2). https://www.newyorkfed.org/research/epr/95v01n2/9507edwa.html.
Financial Stability Board (2015). Global Shadow Banking Monitoring Report 2015. https://www.fsb.org/wp-content/uploads/global-shadow-banking-monitoring-report-2015.pdf.

的信用中介（Bank-based Credit Intermediation）演变成"以市场为基础的信用中介"（Market-based Credit Intermediation，通常被称为银行间市场），这对金融监管和中央银行的职能均产生了重大影响。

"以市场为基础的信用中介"的兴起，一个重要的因素是共同基金等集合投资计划以及养老金、保险机构等非银行金融中介（统称机构投资者）的兴起（第十一章将详细讨论）。机构投资者将个人投资者分散的资金集中起来进行组合投资和运用，实现投资的规模化和专业化，它为个人提供了长期的储蓄工具，也有力地推动了储蓄转化为投资。第二章讨论监管套利时谈到的货币市场基金，是在20世纪70年代高通胀时期突破利率上限管制的套利工具。货币市场基金以其良好的流动性和高于银行存款的收益率，广受市场青睐，因此，大量资金得以汇集并投资到银行间市场和股票市场，充足的资金供给有力地推动了货币市场和资本市场的发展。

规模迅速扩大的机构投资者并没有被监管机构纳入正式监管，一个重要原因是，监管机构和业界都认为：其一，机构投资者为持有人提供了申购赎回的便利和流动性安排，相比银行因存款可随时提取而具有的内生脆弱性，其流动性风险更低；其二，机构投资者可以在更大范围内分散和降低风险。"以市场为基础的信用中介"对"以银行为基础的信用中介"的"替代"，有利于降低整个金融系统的风险。

但是，这种估计过于乐观了。机构投资者，特别是货币市场基金等可以随时赎回的集合投资计划，也同样存在内生脆弱性。投资者的挤兑依然会对市场造成极大的冲击，货币市场基金因挤兑抛售资产也会对市场造成极大的冲击。这种挤兑与银行挤兑一样，也具有传染性。2008年9月和2020年3月，美国发生了两次大规模的货币市场基金挤兑，还成为系统性风险蔓延的重要枢纽，这将在第十一章详细讨论。

2.2 资产证券化和影子银行

银行间市场最初是以政府债券、公司债券为主的证券发行和交易场所，在金融产品不断创新的浪潮中，以银行信贷资产证券化为开端，银行间市场上的资产支持证券等结构化产品的规模越来越大。金融机构为资产证券化提供多方面的服务，也建立起复杂的业务、信用联系，风险也越来越难得到有效的识别和防范。

2.2.1 资产证券化

资产证券化是指将众多基础资产汇集为资产池，并以这些资产及其收益作为基础，发行固定收益证券。这种证券被称为资产支持证券（Asset-backed Securities，简写为 ABS）。如果基础资产由抵押贷款组成，则被称为抵押贷款支持证券（Mortgage-backed Securities，简写为 MBS）。1970 年，第一只 ABS 是由美国国家抵押贷款协会（National Mortgage Association）、联邦国民抵押贷款协会（Federal National Mortgage Association）和联邦住房贷款抵押贷款协会（Federal Home Loan Mortgage Association）等美国政府支持机构（Government-sponsored Entities），以住宅抵押贷款作为基础资产发行的。后来，资产证券化的基础资产类型不断扩展，包括商业地产抵押贷款、学生贷款、飞机等的租赁融资、信用卡应收账款等，还发展到收费权等以现金流权为基础资产的证券化。

资产证券化是一个过程（如图 4.1 所示）。首先，银行等最初贷款人将其发放的多笔贷款，也称基础资产，打包出售给 SPV（特殊目的载体），SPV 再以基础资产以及收益作为基础，发行资产支持证券。与股票和债券不同，资产支持证券的发行主体 SPV，并不从事经营活动，而只是一个持有基础资产和发行 ABS 的特殊法律实体。通过这种特殊的法律结构，可以实现最初贷款人与 SPV 的"破产隔离"，即最初贷款人的固有资产独立于 SPV。例如，银行将贷款"真实"出售给了 SPV，SPV 发行的资产支持证券如果违约，银行不承担连带偿付责任。而资产支持证券的投资者，享有基础资产产生的现金流，也就不能对最初贷款人主张权利。如果基础资产不能产生足够的现金流偿还本息，导致资产支持证券违约时，投资者将要承担相应的损失，而不能追索最初贷款人。

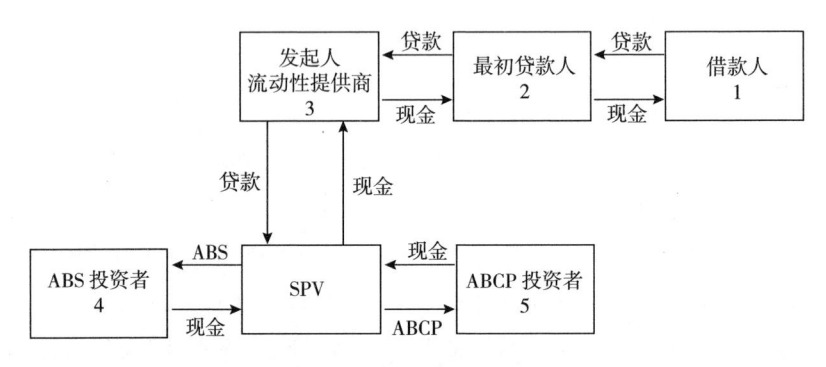

图 4.1　资产证券化过程

注：ABCP 即资产支持商业票据。

在资产证券化过程中，商业银行扮演了多重角色。它们是最初贷款人，是资产证券化的发起人，在贷款已经出让给 SPV 之后，仍然可以担任基础资产的管理人，负责贷款本息的收取。20 世纪 80 年代中期以后，很多大型的商业银行和投资银行在资产证券化中的业务活动进一步发展，它们还作为资产支持证券的承销商、流动性提供商。这些金融机构自身及其管理的集合投资计划、私人银行产品，还成为资产支持证券的重要投资者，即图 4.1 中的 2、3、4、5 角色，而且这些角色还可能由同一家商业银行承担，或者由银行控股公司（金融控股公司）及其控制的子公司承担。这就在金融机构内部以及与其他市场参与者之间，形成了复杂的业务关系和法律关系。

资产证券化过程中，可以基于同一基础资产发行两个或以上层级

（tranche）的证券，各层级证券对应不同的收益权并承担不同的信用风险，形成优先层/次级层结构（senior/subordinated structure），即在受偿顺序上的从属结构。从分层看，最低一个级别的证券最先承担基础资产及其收益的损失，处于"第一损失责任"，第一笔基础资产违约损失将被分配给信用等级最低的证券，而后续的违约损失再逐级地由信用级别更高一级的证券吸收。当然，各级别的证券的收益率也依次降低。这样，每个低级别的证券，实际上是在为较高一级的证券提供增信。相应地，优先级证券最后承担损失，因而最安全，但收益率也最低。这种因层级不同而产生的收益和风险分配方式类似于瀑布的各个部分，所以被称为瀑布效应（Water-fall Principle）。还有一类投资者，它们持有基础资产的"剩余风险"，即基础资产不发生违约，则剩余的财产归该类投资者，这类投资的风险最高，而收益率也是最高的。有一些追求高收益的银行，就会在出售基础资产时，不是完全出售对基础资产的权益，而是保留了剩余风险。银行持有的剩余风险往往被这些银行作为监管资本套利的工具，不体现在资产负债表中，只有在基础资产违约时才"入表"。

分层机制可以从有信用风险的银行信贷资产池中生成大量无信用风险的资产支持证券。这些资产正好是风险偏好低的投资者的投资标的，银行间市场完美匹配了高风险借款人的信贷需求和追求低风险高收益的投资需求，这样就可以向最广泛的投资者销售，既有个人投资者，也包括货币市场基金、政府、各类企业和金融机构，以市场为基础的信用中介就逐渐替代了银行信用中介。

2.2.2 资产证券化的风险

资产证券化过程，涉及多个金融机构或者金融机构内部不同业务条线，它不仅有金融业务中必然面临的信用风险、流动性风险等风险，而且因为其复杂的法律结构以及参与主体权利义务的重新约定，其所引发的风险就更加复杂和易于传染。

从理论上看，资产证券化的金融创新带来了正外部性。银行通过资产证券化出售了信贷资产，降低了资本消耗，可以增加其他领域的信贷供给。机构投资者，特别是养老金、保险资金等长期资金也有了适当的投资品种。机构投资者从最终储蓄者那里筹集的资金，可以进行长期投资，并将投资风险分散到更加广泛的群体，相比银行信用中介，系统性风险更低了。银行等金融机构也通过资产证券化增加了中介服务的类型，实现了收入多元化，降低了对信贷利差的依赖。它通过期限转换和流动性转换以及风险管理工具的创新，减少了金融交易摩擦，促进了储蓄转化为长期投资，改善了资源配置效率。然而，资产证券化并没有如各界所期望的那样理想。基础资产的固有风险也必然使资产支持证券承担对应的风险。当资产证券化成为银行的资本监管套利工具时，不仅会增加银行和其他金融机构的风险，还会因其自身的复杂性以及金融机构之间的业务关联性，导致风险在整个金融系统中传染，使系统性风险的累积难以有效监测和防范。

一是信用风险。"发放贷款并持有到期"是银行传统的经营模式。银行有控制贷款风险的内在激励，它通过强化借款人还款能力的审查，监督贷款的使用和回收以及在贷款违约后积极采取保全措施等控制信用风险。银行还要建立损失准备和保持充足资本吸收信用风险的损失。

如果银行发放贷款的目的是通过证券化出售，而不是持有到期，银行不再承担抵押贷款的违约风险，就可能放松信贷标准。而银行降低信贷标准，有利于扩大贷款发放规模，提高市场占有率和增加短期收益率。资产证券化拉长了从最终借款人到投资者之间的代理链条，复杂的法律结构使投资者无法监督最终借款人，而银行催收和保全资产的激励也在弱化。资产证券化会降低银行在控制信用风险方面的激励，这不仅导致2008年金融危机中最重要的"有毒资产"——次级住房抵押贷款的大量发放，而且在抵押贷款违约时，也疏于贷款的回收与保全。

二是金融机构的道德风险和激励扭曲。金融安全网使银行存在道德风险的问题,如果银行及其管理层受到不当激励,追求短期业绩,会加剧风险的过度承担,承担资产证券化的剩余风险。2006年,美国房价开始下跌,抵押贷款的违约率上升,那些承担资产证券化剩余风险的银行,其资产负债表一夜之间就严重恶化。第八章第一节将讨论银行的公司治理。对银行而言,公司治理的目的之一是防止激励扭曲导致的过度风险承担。

银行等金融机构及其管理的资产,是资产支持证券的重要投资者。它们的投资决策在很大程度上依赖评级机构的评级,即使是大型的商业银行、投资银行和机构投资者也是如此。而由于信息问题和复杂的法律结构,评级的准确性就受到影响,再加上由发行人为评级付费的机制,利益冲突会影响评级的中立性和可靠性。评级机构系统性地低估了风险,尤其是对"分层"结构产品的评级。这些投资者还以信用违约掉期(Credit Default Swap,简写为CDS)等信用衍生品对冲风险,更没有动力对信用风险进行评估和监督。投资者对资产支持证券风险的漠视和过度风险承担的激励扭曲,使资产支持证券的定价出现了系统性偏差,价格难以反映真实的风险状况。

三是流动性风险。银行间市场作为基于市场的信用中介,因其提供的期限转换功能,也同样面临着流动性风险。随着银行间市场不断发展且规模持续扩大,越来越多的金融机构和企业选择通过银行间市场进行融资,银行间市场逐渐发展成为规模庞大的影子银行体系,承载了期限转换功能,这些机构和企业通常发行短期工具获取资金,却将其用于长期投资目的,因此,与银行为基础的融资一样,也面临着流动性风险。以资产支持商业票据(Asset-backed Commercial Paper,简写为ABCP)为例,它以信用卡、汽车贷款、学生贷款等应收款权益作为基础资产,期限较短,一般在90—270天之间。由于短期债务成本相对较低，ABCP 成为金融机构和企业的重要融资来源。截至 2007 年初，美国的商业票据规模接近 2 万亿美元。这种以 ABCP 短期融资支撑长期投资的模式会引发流动性错配和期限错配问题。

不仅如此，商业银行也越来越多地依赖银行间市场的批发性融资而非传统的存款业务获取资金，这导致了它们自身抵御风险的能力下降，脆弱性增加，进而导致整个金融系统蕴含着较高的流动性风险。在第二章讨论网格锁定效应时曾提到，当发行短期工具融资并用于长期目的的行为在整个行业内普遍存在，且成为一种群体性的行为选择时，系统性风险便会逐渐累积。而当银行间市场成为众多金融机构和企业的主要融资场所，它就具备了系统重要性，其稳定运行对整个金融体系至关重要。另外，由于 ABCP 期限很短，频繁到期的 ABCP 需要不断地借新还旧或展期，这就对银行间市场持续、稳定的运作提出了极高要求，不容许出现功能中断。

货币市场基金是银行间市场重要的资金供给方，它也面临流动性问题，第十一章将讨论货币市场基金采用摊余成本法估值和按面值赎回的机制，也使其持有人同样存在"先发制人"的行为倾向，容易引发挤兑。货币市场基金在遭遇挤兑时，也会将流动性风险传递、传染到整个银行间市场。2008 年 9 月，雷曼倒闭和其所发行的商业票据违约，导致一只货币市场基金（Reserve Primary Fund，简写为 RPF）的单位资产净值跌破 1 美元面值，引发了 RPF 的巨额赎回。RPF 不得不抛售资产以应对流动性危机，引发了银行间市场的资产价格大幅下跌，价格螺旋与融资螺旋相互交织，触发了更大规模的货币市场基金挤兑。恶性循环导致银行间市场的流动性枯竭，风险迅速波及整个金融市场和全球金融系统。

银行间市场的短期融资工具还包括回购，回购是以证券为抵押的融资。金融机构如果以回购为长期投资融资，"短借长用"，流动性错配的问题也会很严重。从 1996 年到 2007 年，美国的隔夜和定期回购融资总额从约1.7万亿美元增长到6.5万亿美元，投资银行的总资产中，隔夜回购融资的占比大约翻了一番。回购不仅规模庞大，而且交易活跃。当金融机构将流动性错配发挥到极致，以隔夜回购融资进行长期投资时，就意味着像雷曼这样的金融机构，每天都要对到期的债务进行续期或者借新还旧。金融机构的回购规模、流动性覆盖率、期限错配程度、资本充足率等信息，只有公司极少数的高管才能全面掌握，市场面临严重的信息不对称。如同银行挤兑一样，当机构投资者对某一家金融机构发起挤兑时，市场的连锁反应会极为迅速，这就是2008年雷曼倒闭前一周内发生的情况。当市场上开始怀疑雷曼的偿付能力，不同意续期或购买其新发行的债务工具，雷曼就面临流动性危机。而当流动性问题发展到一定程度，就是破产危机了。

雷曼倒闭后，其发行的债务工具价值大幅下跌，这直接导致了持有雷曼发行债务工具的货币市场基金的资产净值受损，进而跌破面值。于是，那些信息敏感且交易迅速的机构投资者就先发制人地发起了对货币市场基金的挤兑。连锁反应使危机以更快的速度波及整个金融系统，引发了银行间市场的挤兑。前文提及，大型的商业银行、投资银行是银行间市场重要的流动性提供商或做市商，这些机构做市需流动性支持，在银行间市场平稳运行时，通过银行间市场获取流动性。当银行间市场发生挤兑，这些流动性提供商要么需要抛售资产获得流动性，要么需要为到期的债务续期或发行新的工具融资，它们就从流动性提供者变成了流动性"吸收者"。即使自身流动性充足的金融机构，在市场恐慌时期也不愿意提供流动性，这就使整个市场雪上加霜了。

四是金融系统复杂的相互关联带来的传染风险。银行间市场从最早的银行等金融机构之间交易的市场，在21世纪初发展成为金融机构、企业和政府的重要融资场所。银行间市场的投资者除了传统的金融机构，还有货币市场基金、养老金等机构投资者，这些机构投资者的最终权益持有人又是一般公众，银行间市场成为连接最终融资者和投资者的市场。这个市场的持续平稳运行，不仅关系到金融系统的平稳运行，也关系到整个经济社会的健康平稳发展。

与传统银行贷款的一对一协商交易不同，银行间市场的参与者之间是复杂的法律关系。前文的讨论指出，在资产证券化过程中，银行是最初贷款人、资产证券化的发起人和基础资产的管理人，还可能是 ABS（资产支持证券）的承销商、经纪商和流动性提供商，还有可能为 ABS 提供增信或承担剩余风险。其他金融机构也可能承担多重角色，并分别由不同的业务条线或子公司承担。一些金融机构还把客户或交易对手方的抵押资产进行再利用和再抵押，或者把自有资产、客户的资金和抵押资产混合在一起作为抵押品融资，以实现对资产和流动性的灵活高效管理。这不仅导致了严重的信息不对称问题和监管盲区，在危机被触发之后，风险传染的路径也非常复杂，难以及时有效地阻断。即使一家银行与这种影子银行没有直接的交易或联系，但由于整个金融业有共同的风险敞口，一类资产价格的下跌会对持有该类资产的机构的资产负债表产生影响，风险也容易通过信心等渠道传染，严重时还会对实体经济和社会产生影响。这就是 2008 年 9 月中旬之后发生的情况，在银行间市场受到冲击之后，几乎所有的市场主体之间的信用链都受到了冲击，因此引发了抵押品挤兑和连锁反应。

CDS（信用违约互换）使相关机构之间的关系更加复杂。CDS 的买方向卖方定期支付一定费用（类似保险费），当特定违约事件（如债务违约、破产等）发生时，买方有权从卖方获得补偿。而 CDS 的卖方，则要在违约事件发生时，按约定向买方支付相应款项。2008 年之前，美国最大的保险公司——美国国际集团（AIG）的伦敦子公司出售了大量的抵押贷款支持证券 CDS。当抵押贷款违约率上升致使以其为基础资产的资产支持证券违约时，AIG 就要承担对应的信用风险或履行赔偿责任。

CDS 及 AIG 等参与机构可以说是 2008 年金融危机的主要推手之

一，究其原因，是类金融产品和金融机构的介入加剧了金融系统复杂的相互关联。以 AIG 等为代表的金融机构，业务运营极为复杂，与其他机构存在广泛而紧密的相互联系。除参与 CDS 交易外，还涉及多种其他业务关系。它们利用资产证券化开展的金融创新，在提升市场效率的同时，极大地加剧了金融体系的复杂程度，使各主体间的联系愈发紧密且繁杂。

这种高度复杂性致使准确评估和有效控制风险变得极为困难。一旦危机爆发，风险便会借助这些复杂的联系以惊人的速度蔓延。此外，这种复杂性以及金融机构复杂的风险管理操作，还进一步加剧了信息不对称的程度，使得相关问题和风险无法得到有效监测与防范。直至危机爆发，风险的真实规模和严重程度才得以完全显现。这既说明了资产证券化给金融体系带来的脆弱性，也充分凸显出金融机构的风险管理机制和金融监管的制度框架在保障金融体系稳定方面存在严重不足。金融危机过后，强化场外衍生品监管也成为金融监管改革的重要方面。

2.2.3 资产证券化对银行间市场的影响

证券化过程中，银行间市场演变为融资中介，它便具有了影子银行的特征。金融稳定委员会提出了最广义的影子银行的定义，即"常规银行系统之外的涉及信用中介的实体和活动（全部或部分）"。它既涵盖银行之外的信用中介实体与业务活动，也包括所有"以市场为基础"的信用中介机构与业务活动，例如货币市场基金、债券基金等非法律实体的特殊目的载体。影子银行概念的提出，也反映出传统"机构监管"体制存在的问题——容易出现监管空白。若大规模融资活动发生在不受监管的领域，或者非银行金融机构广泛开展信用中介业务，就需要建立功能监管体制，并完善宏观审慎监管机制，将时间维度和跨部门维度的监管相结合，以适应金融系统向以市场为基础的结构性转变。

影子银行的风险及其危害程度，与影子银行的规模、脆弱性以及它与整个经济社会的关联紧密程度相关。在某些情况下，即便影子银行规模不大，倘若其脆弱性极高，与其他金融部门或实体经济存在广泛而紧密的联系，也可能产生较大的系统性影响，风险极易从一个部门向另一个部门传染。

在缺乏监管和"金融安全网"保护的银行间市场，一旦触发市场挤兑，就如同尚未建立最后贷款人制度时期的银行挤兑一样，其传染效应和外溢性很难及时有效地得到化解与阻断。在2008年9月金融危机期间，即便是AAA评级的资产支持证券也失去了市场信任，私人部门的流动性提供机制瞬间失效。那些在正常情况下充当流动性提供者的金融机构，在流动性匮乏的市场环境中，不但无法为市场提供流动性，反而变成了流动性吸收者。另一方面，危机期间的市场，价格波动更为剧烈，透明度更低，市场参与者会"集体性"地选择保持流动性，纷纷逃向优质资产，发行证券、回购等常规融资手段随即失效。在2008年危机中，市场上的回购利率和抵押品折扣率急剧飙升，其中，信用等级低的证券的折扣率攀升尤为显著，约为优质资产的五倍。那些为基础资产承担剩余风险的银行，其原本在"表外"的或有债务被迫回到"表内"，致使资本充足率无法达到监管要求，就需要及时补充资本。市场上融资螺旋与价格螺旋相互交织，最终导致银行间市场骤停，金融海啸迅速蔓延至整个金融系统和实体经济。

在危机之后，银行间市场、影子银行的监管受到广泛关注。《巴塞尔协议Ⅲ》引入了流动性覆盖率（LCR）、净稳定资金比例（NSFR）两个流动性监管指标，以抑制银行对批发性融资的依赖，尤其是对短期批发资金的依赖。金融稳定理事会加强了对全球系统重要性银行（G-SIBs）的监管，要求G-SIBs制定详细的"恢复与处置计划"（Recovery and Resolution Plan，简写为RRP），确保这些金融巨头在面临财务困境时能够有序地清算和重组，避免系统性金融风险。对于影子银行，则要求进行全面监测和评估，识别潜在风险；限制影子银行的杠杆水平，降低其过度扩张和风险积累的能力。加强对影子银行与传统银行间关联的监管，防止风险在两者之间快速传递。G20推动金融稳定理事会牵头各标准制定机构总结危机教训，识别金融体系脆弱性，制定金融部门改革政策，包括明确全球系统重要性金融机构（G-SI-FIs）名单，引入总损失吸收能力（TLAC）等要求，解决"大而不能倒"的问题；促进场外衍生品市场改革，要求场外衍生品交易通过中央清算所进行清算，提高交易透明度和风险可控性；完善金融市场基础设施，加强对支付、清算和结算系统的监管，提高金融市场运行效率和稳定性。

2.3 中央银行成为市场的最后贷款人

在银行间市场和影子银行成为重要的信用中介之后，市场失灵引发的信贷紧缩和流动性紧张，与传统的"以银行为基础"的金融系统大相径庭。如果中央银行不提供流动性救助，危机就会迅速蔓延至整个金融市场和实体经济。2008年9月全球金融危机爆发后，美联储等西方主要央行立即推出了一系列救助银行间市场的措施，变成了整个市场的最后贷款人和最后做市商（Lender of Last Dealer，简写为LLD）。这里主要讨论美联储的救助措施。

2.3.1 向银行等金融机构提供短期流动性

这与中央银行传统角色的最后贷款人最为接近。2008年次贷危机和金融危机爆发后，美联储设立了若干关键机制，向银行间市场注入流动性：（1）定期证券借贷机制（Term Securities Lending Facility，简写为TSLF），通过拍卖向一级交易商提供政府债券等优质抵押品，以换取流动性较差的资产，旨在提高金融机构的流动性。该工具期限一般为28天，以维持金融机构的正常运作，稳定市场价格及信心。（2）建立一级交易商信贷便利机制（Primary Dealer Credit Facility，简写为 PD-CF），允许一级交易商从美联储贴现窗口获得短期贷款，提供隔夜和最长 90 天的定期融资，以改善交易商的流动性及其进行市场交易的能力，从而增强了银行间市场的稳定性。（3）商业票据融资便利机制（Commercial Paper Funding Facility，简写为 CPFF），旨在为商业票据发行人提供流动性支持。美联储购买评级最高的商业票据，为发行人提供直接流动性支持，以保证债务续期和维持正常业务运营，从而稳定商业票据市场和更广泛的金融市场。（4）推出定期资产支持证券贷款机制（Term Asset-Backed Securities Loan Facility，简写为 TABSLF），美联储向符合条件的借款人提供无追索权贷款，用于购买由汽车贷款、学生贷款和信用卡应收账款等各种消费和小企业贷款支持的新发行的 ABS。在定期资产支持证券贷款机制创建后，消费信贷资产支持证券和商业地产抵押贷款支持证券等的利差大幅收窄，市场活动逐渐恢复，促进了公司和居民的信贷供应，支持了实体经济。

美联储还与全球主要央行建立了货币互换额度。通过这些互换，外国央行可以获得美元，以满足其国内金融机构的美元资金需求，防止国际金融市场出现美元短缺，并降低金融危机跨境传播的风险。另外，美联储还通过贴现窗口向银行提供融资，促进融资成本降低，联邦基金利率也从 2007 年 9 月的 5.24% 大幅降低至 2008 年 12 月的接近于零。

2.3.2　直接向主要借款人和投资者提供流动性

在危急时刻，贴现窗口的作用是有限的。这是因为：一方面白芝浩原则的惩罚性高利率增加了银行的融资成本，难以实质性地缓解银行的问题；另一方面，贴现窗口会使银行面临污名化问题，从贴现窗口融资的借款人，可能会向市场发出经营困难的信号，甚至会成为引发挤兑的诱因。在通过贴现窗口救助银行的效果不明显的情况下，美联储又创建了一系列的紧急流动性机制：（1）资产支持商业票据货币市场基金流动性便利（Asset-Backed Commercial Paper Money Market Mutual Fund Liquidity Facility），2008年的金融危机中，由于投资者恐慌，货币市场共同基金面临巨大的赎回压力。这导致资产支持商业票据（ABCP）市场冻结，许多金融机构陷入流动性短缺。美联储向银行和其他金融机构提供贷款，使其能够从货币市场共同基金购买优质资产支持商业票据。这种流动性注入有助于稳定货币市场共同基金并解冻资产支持商业票据市场。（2）货币市场投资者融资便利（Money Market Investor Funding Facility）。美联储和私人部门投资者共同出资，建立了特殊目的载体，从投资者手中购买符合条件的货币市场工具，此举旨在提高货币市场的流动性和运作效率，为货币市场投资者提供支持，确保短期信贷的持续流动。

美联储的这些救助机制，不仅将中央银行公开市场操作的标的扩大到更广范围的证券，也为包括机构投资者在内的更广泛的主体提供了流动性。这些措施有效地缓解了货币市场的挤兑，重启了银行间市场的市场功能。

2.3.3　大规模资产购买（量化宽松）

前两类措施尽管缓解了银行间市场的紧张局面，联邦基金利率也已经降到了接近于零，但随之而来的是"流动性陷阱"，人们更倾向于持有现金或流动性很强的资产。虽然市场流动性得到了缓解，但是实体经济的融资仍然困难，经济迟迟不能复苏。美联储决定实施"大规模资产购买"（Large-scale Asset Purchases，简写为LSAP）计划，增加银行在美联储的准备金，即量化宽松（Quantitative Easing）。从2009年到2010年，美联储的资产负债表增加超过2万亿美元资产。量化宽松也促进了公司债券的发行，带动了信贷扩张，降低了长期利率。2008年以后，30年期固定抵押贷款利率降至4%以下。

中央银行的贴现以及这些新的流动性救助机制和大规模的资产购买，使中央银行成为银行间市场的"最后贷款人"和金融资产的最后买家，以及银行间市场的最后做市商。中央银行的交易对手也不再只是商业银行和投资银行，而是扩大到了广泛的银行间市场参与者。中央银行购买金融工具的种类，也从主要是政府债券，扩大到了企业和金融机构等发行的融资工具，例如公司债券和资产支持证券，一些中央银行还通过购买 ETF 间接投资股票，支持实体经济融资。

中央银行对银行间市场的流动性救助，从金融系统稳定的角度看是必要的。D-D 模型指出了银行挤兑的原因和银行的多重均衡。银行间市场挤兑也类似于 D-D 模型所描述的银行挤兑，市场挤兑预期也是自我实现的。危机来临时，信息问题、避险动机，以及因价格下降和波动率上升导致的融资困难，使正常时期的市场参与者之间的交易和融资受阻，依靠市场自身的力量，难以打破恶性循环。当银行间市场成为金融机构和企业的重要融资渠道时，陷入危机的银行间市场很容易将风险外溢影响到实体经济。不仅如此，银行间市场受到冲击时，支付、风险定价和资源配置等金融市场的基本功能也都会受到干扰，无法持续提供服务。在此情况下，中央银行的救助是重塑市场信心和重新启动市场所必需的。

2020 年 3 月，在新冠疫情触发的金融市场剧烈波动之际，各国央行再度对银行间市场展开了大规模救助行动。此次金融市场的剧烈动荡以及流动性危机，主要源于实体企业和居民遭受疫情的严重冲击。倘若实体经济因疫情影响持续恶化，最终必然会波及金融机构的偿付能力，而常规性政策工具在这种情况下将难以招架。美联储、欧洲中央银行（ECB）等纷纷将救助范围拓展至实体企业，直接购入实体经济企业发行的金融产品。

美联储采取了一系列举措，建立了各种机制向市场注入货币。美联储在 2020 年 3 月 3 日和 3 月 15 日的会议上将联邦基金利率目标下调了1.5个百分点，将利率降至0%~0.25%的区间。2020年3月15日，美联储宣布将在未来几个月内购买至少5 000亿美元的国债和2 000亿美元的政府担保的抵押贷款支持证券。3月23日，美联储宣布将购买证券的规模设为"支持市场平稳运行和货币政策有效传导至更广泛金融环境所需的金额"，并宣布购买行动没有期限。

美联储创造了以下的流动性工具为金融市场注入流动性：（1）主交易商信贷工具（Primary Dealer Credit Facility），允许24家主交易商以证券作为抵押，向其提供最长90天的低息贷款。（2）货币市场共同基金流动性便利贷款（Money Market Mutual Fund Liquidity Facility），向符合条件的金融机构提供贷款。这些机构以从货币市场基金购买的优质资产作为抵押，包括无担保和有担保的商业票据、机构证券和国债，将浮动利率市政票据（Variable-rate Demand Note）纳入了货币市场基金流动性工具和商业票据融资工具的购买标的，为货币市场基金和银行间市场提供流动性。（3）商业票据融资贷款（Commercial Paper Funding Facility），美联储直接向美国商业票据发行人购买短期公司债券，为其提供流动性支持。

美联储还为实体经济提供贷款等支持：（1）一级市场企业信贷便利工具（Primary Market Corporate Credit Facility），用于发行新债券和贷款，以支持大型企业；（2）二级市场企业信贷工具（Secondary Market Corporate Credit Facility），直接购买企业债，将疫情后被降级的垃圾债也纳入了购买范围；（3）定期资产抵押证券贷款工具（Term Asset-Backed Securities Loan Facility），促进发行资产支持证券，以支持助学贷款、汽车贷款、信用卡贷款等。

美联储为应对新冠疫情大规模购买国债和抵押贷款支持证券的结果是美联储资产负债表扩大，从2019年底的约4.16万亿美元迅速增加到了8.6万亿美元。大规模货币和财政刺激措施，导致消费者、企业和投资者的通货膨胀预期增加，再加之疫情对全球供应链的冲击，多因素叠加导致了之后的物价快速上升。

第三节　最后贷款人与金融监管

中央银行从最初银行的最后贷款人逐步演变为宏观经济的重要调节机构和市场的最后贷款人，它在金融监管中的作用和地位也随之变化。在2008年全球金融危机之后的金融监管体制改革中，很多国家的中央银行还被赋予了宏观审慎监管职能，在促进金融机构稳健、金融系统稳定等方面都发挥了重要作用。

3.1　银行的最后贷款人与微观审慎监管

前面三章讨论了道德风险以及道德风险可能引发的市场失灵和监管失灵，最后贷款人同样面临道德风险。虽然道德风险的概念在中央银行制度建立之初还没有被提出来，但早在19世纪初，亨利·桑顿（Henry Thornton）就已经意识到可能出现的道德风险问题，并提出对接受流动性救助的银行进行监管的建议，白芝浩重点关注的也是银行的道德风险。2008年9月，雷曼公司濒临破产，美国财政部和美联储就是否救助雷曼进行了紧急协商，防范"大而不能倒"引发的道德风险，是其决策不予救助的重要原因之一，但任由雷曼倒闭也触发了全球金融危机。

作为最后贷款人，中央银行通过贴现窗口向商业银行提供流动性救助，二者形成借贷关系，类似于商业银行与自身客户的借贷模式。为确保借款按时偿还，中央银行必须对借款人实施监督。因此，对接受救助的银行等金融机构进行监管，本身就包含在最后贷款人的职能范畴内。由中央银行履行金融机构监管职能，不仅有助于实现监管的协同效应，还能优化监管资源的配置，这也是第六章金融监管体制将要探讨的内容。

中央银行的货币政策对金融稳定有着关键影响，在维护金融机构稳健运行方面发挥着不可替代的作用。最后贷款人提供的金融安全网，会对银行的资本决策、公司治理以及激励机制产生作用，这些因素显著影响着货币政策传导的有效性。依据白芝浩原则，中央银行通常只提供流动性救助，不救助倒闭机构。然而，部分负责金融机构处置的中央银行，承担着救助濒临倒闭银行的职责。即便中央银行不具备处置职能，微观审慎监管当局或处置机构在处理问题金融机构时，也需要与中央银行进行沟通和协调。

以美国为例，尽管1863年《国民银行法案》明确国民银行应在财政部所属货币监理署注册并接受监管，但1913年美国国会通过的《联邦储备法案》仍赋予美联储对国民银行的监管职能。该法案规定所有国民银行必须成为本地区联储银行成员，符合标准的州银行也可加入。美联储成员银行须按规定在联储银行保有最低要求的准备金。同时，美联储还建立了一系列银行监管制度，对银行资本与业务活动实施监管。

当时，美国的州银行可自由选择是否成为联储成员。因存款准备金不付息，且联储银行监管标准高于州监管当局，这种监管制度不统一和监管重叠的问题就引发了监管套利，州一级的银行不太愿意加入。为防止银行和其他存款类机构的套利，1980年颁布的《存款机构放松管制和货币控制法》规定，所有存款机构都要执行相同的准备金监管要求，但该法并非要求所有存款机构必须成为美联储成员，仍然没有完全解决监管套利的问题。

20世纪50年代中期以前，美国限制银行跨州经营，一些银行控股公司应运而生，以规避银行设立分支行的诸多限制。1956年，国会通过《银行控股公司法案》，又赋予美联储对银行业更大的监督权。根据该法案，持有两家（或以上）银行25%（或以上）股份的公司为银行控股公司（BHC），由美联储负责监管。1999年，国会通过《格雷姆-里奇-比利雷法案》（GLBA），又称《现代金融法案》，废除1933年的《格拉斯-斯蒂格尔法案》，允许金融控股公司控制商业银行、投资银行、保险等金融牌照，实现混业经营，银行控股公司则可申请变更为金融控股公司。美联储又被赋予了监管金融控股公司的职责。2008年之后的金融监管体制调整中，美联储被赋予了宏观审慎监管职责，以及金融稳定监管委员会（Financial Stability Oversight Council，简写为FSOC）认定的非银行的系统性重要金融机构的监管职责，美联储的监管权限被扩大到更广泛的金融机构和活动。

  货币政策对金融机构的稳健性以及微观审慎监管也有重要影响。中央银行通过调整利率来影响金融机构的资金成本。当利率上升时，贷款利息收入可能会增加，但存款和其他负债的成本也会增加。这可能会压缩金融机构的净息差，影响其盈利能力。利率变化会影响金融机构的风险偏好。较低的利率可能会促使金融机构通过承担更多风险来寻求更高的回报，例如向风险较高的借款人发放贷款，或增加对高收益但高风险资产的投资。相反，较高的利率可能会使金融机构更加规避风险，并收紧贷款标准。通过控制货币供应量，中央银行可以影响金融机构的流动性状况。货币供给增加通常会为市场提供更多的资金，使金融机构更容易获得短期融资并满足流动性需求。这有助于防止流动性短缺，从而避免出现财务困境。充足的流动性与金融机构的偿付能力密切相关。如果金融机构能够轻松地从市场上获得资金，它们就不太可能面临无法履行债务义务的情况，从而提高其偿付能力和整体稳定性。中央银行还可以通过政策指导，引导金融机构向特定部门或行业分配信贷。这会影响金融机构的业务重点和投资组合结构。例如，如果中央银行鼓励向实体经济放贷，金融机构可能会增加在这些部门的业务，从而对其长期业务发展产生积极影响。这种对信贷分配的引导，也有助于金融机构管理风险。通过避免信贷过度集中在某些高风险领域或行业，金融机构可以降低行业衰退对其资产质量和整体稳定性的潜在影响。

　　2008年全球金融危机之后,除了美国,一些国家或监管辖区的中央银行也加强了对金融机构监管的职能。英格兰银行被赋予宏观审慎监管职能,以及对结算系统和支付系统等金融市场基础设施的监管职能。原来金融服务局的金融机构审慎监管职责划归英格兰银行,同时成立审慎监管局作为其附属机构。至此,英格兰银行成为集货币政策、宏观审慎监管和微观审慎监管于一体的监管机构。2009年,欧盟推出《欧盟金融监管体系改革》方案,从建立有效监管体系、加强银行监管、实施审慎监管、加强银行市场基础设施建设等方面赋予欧洲中央银行相关的监管职权。欧盟通过欧盟理事会第1024/2013号条例,建立了单一监管机制(Single Supervisory Mechanism,简写为SSM)该机制于2014年11月生效,这是欧盟迈向更一体化和有效银行监管的重要一步。

　　欧盟的银行监管中,单一监管机制与欧洲银行管理局(EBA)是互补关系。SSM负责直接监管欧元区和其他欧盟参与国的重要银行,是银行联盟监管结构的重要组成部分,侧重于银行的日常和现场监管。例如,欧洲中央银行作为SSM的核心机构,会全面评估银行财务状况,开展资产负债表审查和对重要机构进行压力测试。而欧洲银行管理局主要负责制定适用于整个欧盟银行业的监管标准和指导方针,提供总体监管框架和技术标准,这些标准供SSM在监管活动中使用。欧洲银行管理局制定的《单一规则手册》,被SSM在监管银行时采用。比如,欧洲银行管理局规定的资本充足率要求,包括监管资本的定义和风险加权资产的计算,构成了SSM评估银行资本状况的基础。在危机管理与处置方面,SSM更多参与银行问题的预防和早期发现,欧洲银行管理局对整体危机管理框架有规定,它制定的《银行恢复与处置指令》明确了银行恢复与处置标准,补充了SSM维护银行体系稳定的工作。必要时,SSM会利用欧洲银行管理局制定的处置框架,规划和执行问题银行的处置。

这些国家和监管辖区的金融监管体制改革，改变了2008年危机前将货币稳定和金融稳定视为可分离政策目标，分别由央行和审慎当局负责的格局。第六章将详细讨论金融监管体制以及中央银行与其他监管当局的分工协作机制。

3.2 中央银行的宏观审慎职能

在2008年金融危机前，一种普遍认知是，确保金融机构稳健便能实现金融系统稳定。然而，这场危机表明，金融机构稳健并不必然保障金融系统稳定。当系统性风险爆发，拥有货币发行权的中央银行可及时借助流动性救助等手段阻断危机蔓延。因此，危机后，诸多国家在金融监管体制改革和宏观审慎监管机制构建中，赋予中央银行宏观审慎监管职能。中央银行货币政策对维护金融系统稳定有多方面的影响。

第一，货币币值稳定。货币政策的目标在于维持本国货币的购买力，控制通货膨胀。稳定的价格使企业和居民能够做出更加理性和长期的经济决策，从而有助于金融体系的稳定。稳定的价格可以确保债券和存款等金融资产的实际价值不受通货膨胀的侵蚀。稳定的通胀预期有助于企业和个人做出更理性的经济决策，如企业制订合理生产和投资计划，个人做出恰当消费和储蓄决策，从而有利于实体经济和金融体系的稳定运行。相反，如果通货膨胀率高、币值高度不稳定，将增加市场不确定性，既影响金融市场的正常运行，也影响微观主体的决策，严重时则可能引发金融危机。稳定的货币币值为金融系统稳定提供了坚实的基础，保障了金融交易的公平与有序。

第二，影响利率水平。在经济过热的时期，央行为稳定经济，会提高利率。这增加了借贷成本，使企业和个人对借贷和投资更加谨慎，有助于避免信贷扩张过度和投资过度，从而降低资产价格泡沫和金融体系不稳定的风险。中央银行还可以通过公开市场操作和其他手段影响收益率曲线的形状。稳定合理的收益率曲线有利于债券市场的正常运作，并为各种金融资产的定价和风险管理提供基础。央行通过控制货币供应量来确保金融体系流动性充足。在危机时期，增加货币供应量可以缓解金融机构流动性不足的问题，防止流动性危机引发系统性金融危机，维护金融市场的正常运转。通过对利率水平的有效调节，维持金融市场的资金供求平衡，进而保障金融系统的稳定运行。

第三，影响汇率水平。在开放的经济体中，货币供给也会影响汇率。中央银行可以通过调整货币供应量来影响外汇市场的供求关系，从而稳定汇率。这有利于一国的国际贸易和跨境投资，降低金融机构和企业的汇率风险，促进国际金融体系的稳定。稳定的汇率有助于维持国内金融市场与国际金融市场的良好互动，避免因汇率大幅波动冲击国内金融系统稳定。

第四，影响投资方向。央行可以通过政策引导、监管措施等影响金融体系信贷投放，鼓励金融机构加大对重点行业和薄弱环节的支持力度，促进实体经济健康发展。这有助于防止信贷过度集中于某些行业或领域，降低特定行业信贷紧缩的风险，提高金融体系的整体稳定性。合理引导投资方向，优化金融资源配置，增强金融系统对实体经济的支撑作用，保障金融系统稳定运行。

世界重要中央银行都肩负这样的职能：在英国，英格兰银行货币政策的关键目标是维持物价稳定。目前，英国的通胀目标是2%。在关注通胀控制的同时，英格兰银行也关注经济可持续增长。在美国，美联储的主要政策目标包括：最大程度地促进就业；控制通货膨胀，通常将年通胀率控制在2%左右；确保长期利率保持在适度水平。在欧盟，欧洲中央银行的主要政策目标为：保持物价稳定，将欧元区的通货膨胀率控制在接近但低于2%的中期水平；监测、评估和应对欧元区整体金融体系的风险。

中华人民共和国《中国人民银行法》规定，中国人民银行的主要政策目标是保持货币币值的稳定，并以此促进经济增长。具体包括以下几个方面：维持货币稳定，通过运用货币政策工具，调节货币供应量和利率水平，控制通货膨胀，保持人民币币值的稳定；促进经济增长，在保持货币币值稳定的基础上，为经济增长创造适宜的货币金融环境，合理调节货币信贷总量，引导金融机构优化信贷结构，支持实体经济发展，推动经济实现可持续的增长；维护金融稳定，监测和评估金融体系的稳定性，防范和化解系统性金融风险，确保整个金融体系安全稳健运行，为经济社会的稳定发展提供坚实的金融保障。

3.3 最后贷款人面临的新挑战

在金融领域的发展进程中，受金融创新与市场深化等因素推动，金融系统结构逐步从传统的"以银行为基础"演变为如今"以市场为基础"的模式，中央银行的角色也随之发生重大转变。中央银行不是仅仅局限于作为银行的最后贷款人，而是演变为市场的最后贷款人，很多的中央银行还承担宏观审慎监管职能。在这一转变过程中，中央银行也面临前所未有的新挑战。

3.3.1 "大而不能倒"和道德风险

白芝浩原则在很大程度上是针对银行的道德风险问题的。当中央银行演变为市场的流动性救助者，将金融安全网扩展到更广泛的市场参与者时，道德风险问题会愈加凸显。例如，金融机构可能会因预期中央银行在危机时提供救助，而过度承担风险，进行高风险投资或过度借贷。最后贷款人和存款保险制度等金融安全网可能引发银行的道德风险，在金融安全网边界扩大之后，也成为最后贷款人面临的重大监管挑战。

白芝浩原则主张"只救助流动性而不救助破产",然而在信息不对称的情况下,该原则很有可能难以得到坚持和贯彻。银行间市场的运转,依赖金融机构之间协商达成交易,并依靠市场约束保证合同履行,金融机构则通过内部一整套交易对手方风险控制机制来防范风险。这一套机制有效运行的前提是存在有效的市场约束(我们将在第八章讨论银行的市场约束),若对银行的破产进行救助,就会弱化市场约束,进而引发道德风险。若救助范围扩大、救助标准放松,市场失灵可能会更加严重。当中央银行对破产者进行救助时,即便这种救助并非明示的,也不属于法定职责,市场参与者相互之间的约束依然会弱化,从而引发道德风险。这不仅会助长风险的累积,还会增加救助的难度。

　　白芝浩原则还提出了合格抵押品的要求。一方面,这可以强化对银行的约束,促使银行保有足够的高质量抵押品,维持充足的流动性;另一方面,银行能否提供合格抵押品,也是判断其稳健性的重要参考。濒临破产的银行,往往抵押品不足、资产质量差且偿付能力不足。在危急情况下,如果中央银行被迫接受不合格的抵押品或者不要求抵押品,就相当于救助了濒临破产的银行。这不仅容易引发道德风险,而且会使中央银行遭受处置抵押品的损失,造成公共资金的损失。

　　最后,中央银行的监督成本给被监管机构带来了监管负担。如果中央银行将救助对象扩大到更广大的群体,势必要求中央银行的监督对象和范围扩大,这必然要耗费中央银行的监管资源。而如果所有的被救助对象都要接受类似于银行的监管,那么,这些机构和实体也要和银行一样,为金融安全网"买单",承担准备金的"监管税"、存款保险费、最后贷款人的"罚款性高利率"以及其他显性和隐性的监管成本。这样一来,恶性循环就可能出现。受到监管和保护的机构的道德风险就会凸显,市场约束会进一步削弱,它们还可能通过监管套利、规避监管，带来新的监管挑战。

例如，各国中央银行在 2008 年和 2020 年的救助行动，实际上都大大偏离了白芝浩的最初设想。中央银行从商业银行的最后贷款人，变成了市场的最后贷款人，还直接向实体经济企业提供流动性或融资。此外，加入救助计划的还有财政部门等机构。财政部门主要通过提供担保、购买问题资产等方式，重塑市场信心，防止或降低风险在金融体系与实体经济之间的传染。例如，2008 年 10 月，美国国会通过的问题资产救助计划（Troubled Asset Relief Program），授权财政部购买金融机构以及实体企业的问题资产。美国联邦存款保险公司创设了暂时流动性担保计划（Temporary Liquidity Guarantee Program），为商业银行发行的一些高级无担保债务证券提供支付保证。2012 年，英国财政部和英格兰银行也设立了信贷融资计划（Funding for Lending），鼓励银行为实体经济融资。

当然，防范道德风险也有多种机制。例如，中央银行可以有酌情决定权，保持建设性的模糊性，即不明确界定救助的具体标准和触发条件，让市场参与者难以准确预期何时会得到救助，以此减少道德风险。中央银行可以决定何时以及在何种条件下提供救助或者不予救助；可以根据机构面临的是流动性风险还是破产风险采取不同处置方案；在干预措施上，可以采取措施阻断传染，而不是直接救助。但是，前面讨论过，自由裁量权也有它的问题，中央银行的决策面临的信息不对称问题更加严重。

3.3.2 信息问题

监管中因信息不对称引发的监管失灵，是中央银行成为银行间市场的最后贷款人以及应对系统性风险面临的重大挑战。

第一，银行间市场的参与者数量大且种类多。银行间市场由众多不同类型的金融机构构成，涵盖银行、非银行金融机构及各类市场参与者。相较于相对单一的银行体系，收集并了解这些机构的财务状况、风险状况及流动性需求难度显著增加。中央银行需收集和分析来自不同类型机构的海量信息，这无疑加大了信息处理的复杂性与难度。

在银行间市场，市场参与者之间存在信息不对称现象。一些机构对自身财务状况和市场趋势的了解程度可能优于其他机构。当向中央银行寻求流动性支持时，这些机构可能会有意低估风险或夸大流动性需求。这使得中央银行难以准确判断各机构的真实情况，进而可能导致流动性资源分配不当，加剧道德风险问题。

第二，市场的复杂性。银行间市场交易的金融工具包含回购协议、固定收益类产品以及衍生品。每种工具都具有独有的特征、条款与风险回报特性。对于中央银行而言，要精准理解这些不同工具的风险与流动性影响，需要大量详细信息。

银行间市场的交易常涉及复杂的交易结构与策略。例如，部分交易可能是一系列相互关联交易的组成部分，或涉及多个参与方与多层合同。中央银行要厘清这些结构，以评估每个参与者的真实流动性需求与风险，极为困难。市场参与者不仅具备信息优势，还可能操纵或虚报信息。

银行间市场活跃度高，利率变动、经济政策调整以及全球经济形势波动等因素，致使市场环境瞬息万变。这些变化会迅速影响金融工具的价值与流动性，以及市场参与者的财务状况。中央银行难以跟上这些快速变化，决策时可能无法获取最新信息。相反，市场参与者对直接影响其交易头寸的即时市场变化更为敏感，这使得央行与市场参与者之间出现显著的信息差距。

在复杂的市场交易中，评估交易对手风险成为一大难题。市场参与者通过各类交易相互关联，意味着一个参与者的违约可能对其他参与者产生连锁反应。中央银行需要了解各机构的交易对手关系与风险，以准确评估市场的整体稳定性。

第三，市场的动态性。金融市场瞬息万变，市场参与主体的流动性需求会出现突然且难以预测的变化。例如，突发冲击，重大企业违约或利率大幅变动，可能导致流动性需求急剧上升，因为银行会变得更加谨慎，不愿相互借贷。中央银行需迅速评估并应对这些不断变化的需求，但可能难以及时准确地评估流动性短缺的程度与持续时间。这可能引发流动性供应不足或过剩，而这两种情况都会对银行间市场的稳定性产生负面影响。

市场情绪对银行间市场动态影响重大。在乐观时期，银行可能更倾向于承担风险，开展更多借贷活动。然而，市场情绪可能因负面新闻或谣言等因素突然转变，导致银行迅速转向风险规避态度。这会致使银行间借贷市场冻结，即便银行拥有足够流动性，也不愿向同行放贷。中央银行在提供流动性时，必须应对市场情绪的不确定性，因为其不仅要解决当前的流动性短缺问题，还需努力恢复市场信心，以保障银行间市场的正常运行。

除了市场内部自身的动态变化，银行间市场还受到诸多外部因素的显著影响。银行间市场参与者之间通过借贷及其他金融交易形成了广泛且复杂的联系。市场某一环节的状况变化会通过这些联系迅速蔓延至其他环节。例如，银行间市场特定环节（如隔夜拆借市场）的流动性问题可能扩散到其他环节，如长期借贷市场或外汇市场。中央银行需要了解并监测这些复杂联系，以便有效提供流动性支持。然而，这些关系的复杂性使得预测在某一领域注入流动性对整个市场的影响颇具难度，且有可能在金融系统其他部分引发意想不到的后果。

银行间市场本质上是一个"国际市场"，受全球经济环境变化、监管政策及技术进步等外部因素影响。例如，全球经济增长放缓可能导致信贷需求下降，收紧银行间市场的流动性。同时，新的监管要求可能迫使银行持有更多资本和流动性，这也会影响银行间市场的动态。技术变革，如新支付系统的出现或金融科技的发展，可能打破传统市场模式，给中央银行提供流动性带来新挑战。中央银行必须持续适应这些外部因素及其对银行间市场的影响，同时履行其作为最后贷款人的职责。

第五章　宏观审慎监管

2008年全球金融危机是系统性风险的总爆发。金融市场作为现代经济的关键枢纽，一旦发生系统性风险，遭受极大冲击的不仅是金融机构与金融系统，其产生的负外部性还会对实体经济和社会造成重大影响。国际金融组织以及各监管辖区对系统性金融风险予以高度重视，推动全球和各监管辖区建立宏观审慎监管体系，不断强化对系统性风险的监测与防范。

第一节　系统性风险的定义与监测

准确完整地定义系统性风险，是建立有效的系统性风险识别、监测体系的基础，进而为防范与化解系统性风险提供决策参考。

1.1　系统性风险的定义

金融系统性风险是指金融系统遭受系统性冲击并严重受损，致使金融系统无法持续发挥其功能，且会对实体经济造成重大负面影响的金融风险事件。国际货币基金组织、金融稳定理事会以及国际清算银行对"系统性风险"的定义为："一种破坏金融服务的风险，该风险由全部或部分金融系统的损害引发，并有可能对实体经济产生负面冲击。"系统性风险既可能源自金融系统内部，也可能源于整个经济体内部，触发因素或许来自金融系统之外。

系统性风险不同于银行、保险及金融系统中其他机构或行业的个别风险、局部风险。若金融机构倒闭或金融市场发生剧烈波动，但未对实体经济造成冲击或损害，就不属于系统性风险。例如，1987年10月美国股票市场崩盘引发全球市场波动，以及2000年互联网泡沫破灭，均未对实体经济产生较大负面影响；又如英国巴林银行倒闭，只是单独的风险事件，未引发直接风险传染。

系统性风险的定义体现出三个主要特征：广泛性、传染性和复杂性。

1.1.1 广泛性

系统性风险的定义通常包含"大"这一含义，即指"大规模"的冲击或宏观冲击，几乎同时对一国大部分乃至全球经济金融活动产生不利影响。

系统性风险的广泛性还体现在金融市场或金融系统失灵时产生的严重负外部性，这在第二章已讨论过。系统性风险作为广泛的负面冲击，诱发因素多样：可能是宏观经济遭受冲击，或者流行病、自然灾害等不可抗力，也可能是大型金融机构倒闭，导致金融系统内生脆弱性大规模爆发。无论冲击原因或触发因素是什么，一旦系统性风险全面爆发，作为给实体经济提供融资支持的关键部门，银行和其他金融机构的资产质量会恶化，流动性危机、信用危机和信心危机便会接踵而至，形成导致金融危机与经济危机相互影响的恶性循环。

受系统性风险冲击后的经济，需很长时间才能走出危机。1929年金融危机爆发后，大萧条笼罩全球数年。其间，大批银行和非银行金融机构倒闭，连锁反应引发经济危机，导致严重失业，人们信心受挫，悲观情绪弥漫，总需求长期萎靡，经济复苏困难，各种社会矛盾激化，成为二战爆发的重要诱因。可以说，这场危机的影响持久而深远。

2008年全球金融危机同样带来沉重打击。危机爆发后，金融机构为求自保，纷纷收缩资产负债表，开启去杠杆进程，引发银行间市场挤兑，加速金融体系流动性丧失，侵蚀金融机构资本，进而减少信贷供给，引发信贷紧缩，实体经济融资受阻，经济增长显著放缓，失业率急剧攀升。与此同时，如费雪的债务-通缩理论指出的，在价格和名义收入下降时，在经济繁荣阶段积累了大量债务的居民部门与企业部门，实际债务负担不减反增，破产风险升高。在破产清算过程中，资产被大规模抛售，导致资产价格进一步下跌，这会使用于信贷的抵押品供给不足，从而制约信贷供给增长。如金融加速器理论表明的，这种金融顺周期性，会使经济在危机过后陷入长期萧条。

金融体系为实体经济融资并提供风险转移职能，当金融系统的风险承担积累到一定程度，却未建立充足的损失吸收能力，就可能引发系统性风险。金融体系自身及其与实体经济的相互关系，使金融系统具有内生的顺周期性，在受到冲击时，产生的影响是非对称的。危机的爆发具有突发性，蔓延迅速，而危机之后的债务通缩以及资产负债表收缩等，使经济从危机中复苏的过程通常漫长而曲折，这也是系统性风险影响面广的另一方面的表现。

1.1.2　传染性

传染性源于金融机构、金融市场以及金融产品之间存在的"相互关联性"或"相互依存性"，这种关联性基于金融机构之间直接或间接的联系。

当实体经济中的实业企业受到冲击时，其表现类似"阻尼波"，会逐步稳定下来，最终达到一个新的平衡状态。但金融系统情况不同，由于金融机构之间存在广泛联系，单个金融机构的倒闭或某个市场的崩溃，会通过机构之间、市场之间错综复杂的相互关联，迅速在整个金融体系中蔓延扩散。并且在这个传染过程中，还伴随着正反馈效应，危机的影响不断被放大，而非衰减。第四章讨论过，金融结构从"以银行为基础"转变为"以市场为基础"，使得系统性风险的传染性展现出不同特征。

19 世纪末，就有学者开始研究金融系统中的风险传染问题。进入 21 世纪，危机中过度投机、恐慌和传染的案例比比皆是，这通常被归结为个体之间相互联系过于紧密导致的集体非理性爆发。在现代金融市场中，金融资产在金融体系的有形和无形交易场所中的交易摩擦很小，这同时也增加了风险传染性（Stiglitz，2010；Thompson，2011）。这种传染性在金融系统受到冲击后会通过跨市场的联系显著增加，使更多的金融机构受到冲击。[1]

首先是"以银行为基础"的金融体系中的风险传染。银行与其他银行及各类金融机构之间存在直接联系，这种联系直观体现在资产负债表的相互风险敞口上，即一家银行的资产对应着另一家银行的负债。这种紧密的资产负债关联，使风险能迅速在金融机构之间传染。

银行承担的信息中介职能，同样是金融风险传染并冲击实体经济企业融资的关键因素。第二章讨论过，银行等金融机构的核心职能之一是缓解金融交易过程中的信息不对称。在银行与企业的长期信贷关系中，银行积累了大量企业的信息，并建立起关系型融资。这些信息由银行独自掌握，不会向第三方提供。假设 A 银行倒闭，原本在 A 银行借款的企业若想转至与之并无信贷关系的 B 银行申请贷款，B 银行极有可能因为信息问题，无法全面评估企业的信用状况和偿债能力，从而拒绝该企业的贷款申请。如此一来，一家银行的倒闭事件，会使企业因信贷关系中断而面临融资困难。信贷紧缩将对实体经济产生负

---

[1] Forbes, K. J. (2012). The "Big C": Identifying Contagion. NBER Working Papers, No. 18465, National Bureau of Economic Research. https://www.nber.org/papers/w18465.
Forbes, K. J. and Rigobon, R. (2002). No Contagion, Only Interdependence: Measuring Stock Market Comovements. *The Journal of Finance*, 57 (5), 2223-2261.

面影响，风险就从金融领域逐步蔓延至实体经济领域。信息不透明，也会影响银行资产质量的评估和估值，影响对银行资产流动性的判断，以及在遭遇挤兑情况下及时通过市场渠道获得流动性。

艾伦等人（Allen et al.，2000）研究了银行系统中不同地区或部门之间因债务人和借贷关系的重叠而引发的传染性问题。在银行体系里，各地区银行的业务联系紧密。当某一地区爆发银行危机，其他地区持有该困境地区债权的银行会不可避免地遭受损失。一旦这种溢出效应足够强烈，便会在相邻地区引发连锁反应，可能形成大规模的危机扩散态势。这种危机传导机制，类似于一家银行遭遇挤兑时引发另一家银行挤兑的传染效应。当一个地区遭受冲击，触发另一地区也遭受冲击时，后者发生危机的预期便会"自我实现"。在信息传播迅速、市场关联紧密的当下，这种因重叠债权导致的风险传导，严重威胁着银行系统的稳定。

其次是以"市场为基础"的金融体系中的传染效应。第四章讨论了银行间市场的风险，当资产支持证券成为银行间市场重要的金融工具时，传统银行体系的脆弱性发生变化，风险的传染性及途径也出现了新的情况。

第一，金融机构的共同风险敞口。第四章讨论银行间市场时，探讨了商业银行、投资银行以及保险公司之间的联系，它们不仅存在资产负债表的联系，还通过增信、担保和信用衍生品等形成表外联系。2008年全球金融危机，正是在"以市场为基础"的金融体系形成和金融全球化空前发展的背景下爆发的。雷曼公司倒闭引发了风险的相互传染，风险在金融中介机构之间和各个市场之间快速传播。

商业银行等金融机构在"交易账簿"持有的资产按市值计价原则（Mark-to-market）计量。如果某一类资产市场价格发生剧烈变化，就会导致大量持有该资产的金融机构的资本充足率或净资产发生变化。这些机构被迫抛售资产或补充资本，都可能引发新一轮的市场流动性紧张和价格下降的恶性循环。金融机构之间的交易，通常以国债等作为融资抵押品，衍生品交易中也采用现金或相关金融资产作为保证金。金融机构针对抵押品和保证金建立了"盯市"和强行平仓制度，以防范信用风险和价差风险。这种风险管理制度会使资产价格的波动因金融机构共同的风险敞口形成传染效应，且其影响和传染路径更为复杂。例如，2020年3月新冠疫情暴发，首先受到影响的是实体经济，由此引发了第一轮资产价格下跌。金融机构持有的资产按市价计价，触发资本监管要求，各因素相互作用和影响，引发了新一轮资产抛售潮和"损失"蔓延，进而形成恶性循环。如此，以价格为媒介，通过金融机构持有的共同资产价格的波动实现传染。从这个角度看，旨在增加金融机构稳健性的按市值计价会计原则，却放大了金融市场的连锁反应。

第二，心理传染与非理性行为。传染性还来自人的非理性行为，人们在兴奋或悲观情绪的影响下容易轻信和盲从，这源于人类活动的社会性以及世界的不确定性和动态性。这就将问题引向了更具结构性的层面，也说明了金融市场基本结构所具有的内生风险因素。从传染性的角度，也可以进一步认识到人的有限理性是引发市场失灵的重要因素之一。

D-D模型阐释了银行挤兑的传染性。2008年9月的银行间市场中，也存在类似的挤兑和传染。当时市场上流传着雷曼公司面临流动性和偿付能力危机的消息，机构投资者不再为雷曼的到期债务续期，发起了挤兑，触发了雷曼的倒闭。D-D模型指出的银行挤兑及传染性，还在于信息不透明，不明情况的人们会跟风挤兑并打破原来的均衡状况，向挤兑的新均衡转移。银行间市场的危机一旦触发，市场参与者会迅速根据预期调整策略，并引发传染效应。与银行的存款人不同，银行间市场参与者都是信息高度敏感的机构投资者，其调整速度远超银行的储户。例如，在2008年危机中，机构投资者对基金净值跌破面值后的反应速度远超过普通投资者，货币市场基金因面临巨大赎回规模,在市场上抛售资产,不仅引发价格大幅下跌和流动性迅速枯竭,还影响了市场信心。此时,情绪传染成为资产负债关系之外的传染通道,使传染既迅速又复杂。

心理问题等引发的传染性使系统性风险具有内生性。内生风险不同于外生风险(exogenous risk),即便纯粹的外生性事件也可能触发这种内生风险,引发复杂且快速的多米诺骨牌效应。因此,系统性风险也可定义为一个事件在一系列机构和市场构成的系统中引发一连串连续损失的可能性。

1.1.3 复杂性

前面一章在讨论中央银行成为银行间市场的最后贷款人所面临的挑战时,分析了中央银行面临的复杂局面。这种复杂性,也是系统性风险的广泛性与传染性相关联的。

自20世纪70年代以来,金融自由化和全球化浪潮兴起,金融创新日新月异。金融机构的行业限制、地域限制逐步被打破,混业经营的金融集团在全球范围内自由竞争。在2008年金融危机前的十年间,金融全球化和创新发展达到新高峰,形成了庞大的银行间市场和影子银行体系。资产证券化的"金融炼金术"拉长了信用链条,链条上相关主体的关系变得更为复杂,不再是简单的债权债务关系,且无法在金融机构的资产负债表中体现,导致了多重的监管盲区。它侵蚀了资本充足率监管的有效性,导致银行损失吸收能力不足、稳健性下降。

复杂性还体现在金融市场之间的相互联系和相互影响上。现货市场和衍生品市场的风险敞口相互影响,可能使个别金融机构与整个市场联系过于紧密。如果这些风险敞口受到隐性担保,系统重要性机构控制风险的激励就会扭曲,风险敞口就会过度增长。当"关系过密而不能倒"的情况发生时,市场的约束就会失灵,扭曲会进一步加剧。量化基金和对冲基金等基金,其交易结构复杂且交易速度极快,它们同时在多个现货与衍生品市场的交易，就引发了新的传染性与复杂性。例如，2007 年 7—8 月的市场动荡期间，7 月，美国次级抵押贷款市场的动荡致使贝尔斯登管理的两只对冲基金倒闭；8 月的第二个星期，华尔街一些最著名的对冲基金遭受前所未有的损失，高盛公司管理的全球股票机会基金（Global Equity Opportunities Fund）损失超过 30%，詹姆斯·西蒙斯（James Simons）的文艺复兴技术公司（Renaissance Technologies）管理的 RIEF 基金当月损失约 8.7%，AQR 资本管理公司（AQR Capital Management）管理的基金也遭受重大损失。与 7 月崩盘的两家贝尔斯登基金不同，8 月陷入困境的对冲基金交易的并非信贷工具，而是股票，其中采取多空市场中性股票策略的量化对冲基金遭受的损失最为严重，而其他市场的基金基本未受影响。危机中，这些量化基金的投资行为与"平仓假说"（Unwind Hypothesis）一致，即危机由一个或多个大型股票投资组合的平仓引发，平仓行为随即对价格产生影响，导致采用类似股票策略的基金蒙受损失（Khandani and Lo，2007，2011）。这是金融传染的另一个类型，即"一种证券受到的冲击，会在其他基本无关的证券中传播"（Pasquariello，2007）。在该事件中，风险在量化基金之间迅速蔓延的原因，并非有毒信贷市场的外部冲击，而是这些基金的策略和投资组合具有高度相似性，对冲基金就容易受到自己制造的系统性风险的影响。信贷市场受到的冲击只是风险触发的导火索，正如丹尼尔松等人（Danielsson et al.，2013）所言：虽然波动的种子是外生的，但其最终影响的规模主要源于金融系统内生的放大机制。

在危机发生前，一种普遍的认知是，通过资产组合多样化能够降低异质性风险，这使得整个金融系统的风险被忽视与严重低估。证券化进程和影子银行带来的风险及其复杂性，致使市场在危机触发后的演变和发展有着极高的不确定性，信息极度不透明。雷曼公司倒闭引发的冲击波和传导渠道复杂程度空前，危机传播速度更快、范围更广。各国金融机构、市场和实体部门之间紧密相连，扩大了潜在的冲击传导渠道。在复杂且难以预测的情形下，这些非线性影响、不稳定的相关结构和行为关系，让系统性风险更难衡量与防范。危急时刻，情况不明导致信心崩塌。金融机构的自保自救行为，进一步加剧了市场的紧张态势。

2006年美国房价下跌和次级抵押贷款违约率上升，成为2008年危机最初的迹象。2007年年中，住房抵押贷款支持证券的价格开始下跌。2008年3月贝尔斯登出现危机，美联储批准摩根大通收购贝尔斯登，并为收购提供特别融资。当时，市场认为次贷危机最糟糕的时刻或许已经过去。然而，9月15日雷曼公司破产，成为引发金融海啸的导火索，这才证实世界正面临系统性风险。此时，市场波动性和不确定性加剧，金融机构共同的风险敞口和相互联系让所有金融机构都面临众多信用风险和其他风险。在这种情况下，金融机构的理性选择是维持自身流动性，而非向市场提供流动性，导致银行间市场的流动性瞬间干涸。金融体系中错综复杂的关系以及相互间的风险敞口，加之全球金融市场的复杂联系和大型金融机构业务的全球化经营，使得原有的监管理念和原则无法涵盖与应对金融机构的稳健性和金融系统的稳定性问题。

2008年金融危机以来，学者们针对金融风险的传染性和复杂性展开跨学科研究。例如，2011年，《自然》杂志发表了英格兰银行金融稳定执行董事安德鲁·霍尔丹（Andrew G. Haldane）和牛津大学动物学教授罗伯特·梅（Robert M. May）的文章，他们提出，2008年全球金融危机期间金融部门的系统性失灵，可用流行病学的传染病传播网络来描述和解释。这就需要建立一个"现实的市场图景"来说明金融体系中的相互联系、依赖性和相互的动态影响，并结合金融经济学领域之外的理论和模型。流行病学、金融学、社会学甚至传染病所指的"传染"，仿佛是可以互换的名词（May and Arinaminpathy, 2010; Arinaminpathy et al., 2012）。这些研究对于认识全球金融体系的动态复杂性,尤其是失灵和崩溃,具有参考价值,也说明了系统性风险的传染性和复杂性,以及识别、监测和防范系统性风险的挑战。霍尔丹和梅对复杂金融生态的强调,与哈耶克将市场视为具有内在自发秩序的复杂系统有相似之处。库珀(Cooper,2011)也说,从哈耶克的理论出发,市场现象的自然复杂性,使得任何中央权威都无法预测,更不用说控制该系统中各个要素的精确演变。

1.2 系统性风险的识别与监测

2008年金融危机以及系统性风险的广泛性、传染性和复杂性,让全球金融监管当局都认识到防范和化解系统性风险的重要性。防范系统性风险、维护金融系统的稳健运行,建立在对系统性风险准确、及时的识别与监测基础之上,即综合运用系统性风险的监测指标以及监管判断,识别金融体系中系统性风险的来源和表现,评估系统性风险的整体态势、发生可能性与潜在危害程度。

1.2.1 系统性风险识别与监测的维度

2008年金融危机后,国际金融组织、各国监管当局以及学术界以这场危机为背景,在系统性风险的识别与监测方面开展了大量工作,提出系统性风险的监测指标,并对相关指标的有效性进行检验,以期有效识别与监测系统性风险。系统性风险随时间不断演化和积累,而其广泛性、复杂性和传染性源于金融机构、金融市场和金融产品之间的相互联系。识别与监测系统性风险,需从时间和结构两个维度展开。

第一是时间维度。系统性风险随时间推移而积累,成因是多方面的。金融体系的功能是为实体经济提供融资和风险管理服务,金融体系的风险及其累积与宏观经济状况紧密相关。在经济繁荣时期,实体经济部门融资需求旺盛,预期乐观,金融机构顺应市场需求扩大信贷供给是合理且正常的。然而,繁荣时期往往容易出现过度信贷供给,可能催生资产泡沫，这使得系统性风险具有内生性。宏观经济本身具有周期性，还受到气候变化、自然灾害等不确定性因素和不可抗力的影响。当金融体系的风险积累到一定程度，一家金融机构的倒闭或者宏观经济受到微小冲击，都有可能触发金融体系的危机。

这就需要从时间维度，通过监测、跟踪信贷及其变化情况，以及金融部门和实体经济部门的风险与加杠杆情况，来分析系统性风险的累积状况和金融部门的脆弱性。通过评估金融机构的资本充足率、杠杆率及盈利能力，开展压力测试，以评估衡量金融体系吸收风险的能力。

第二是结构维度。金融系统内的相互关联性是系统性风险的重要来源。它通常由某一机构或市场的不稳定引发，并通过金融机构、金融市场和金融基础设施之间的相互关联，跨越机构、部门、市场和国界传播。金融机构的规模、集中度、可替代性及相互关联性，共同影响系统性风险的规模与累积程度，决定危机触发后的蔓延路径和影响范围。这就需要从结构维度对系统性风险进行监测和评估。

1.2.2　评估系统性风险的工具

（1）宏观-金融类指标

由于金融与实体经济相互关联、相互影响，且金融具有顺周期性，信贷增长、杠杆率升高和资产价格泡沫等宏观-金融类指标能较好地反映金融系统的失衡状况。宏观-金融指标包含如下几项。

信贷及相关指标。信贷增长是系统性风险累积的重要表现，因此信贷增长与经济长期趋势的偏离度，是监测系统性风险累积的重要指标。当然，并非所有信贷增长都意味着系统性风险。若信贷扩张由强劲的经济基本面驱动，金融体系是为适应生产率提升和实体经济健康发展的融资需求，那么金融发展与经济增长会形成良性的相互促进关系，不会积累系统性风险。反之，若信贷高速增长源于投机性因素或激励扭曲，比如因资产等抵押品价格上涨、银行信贷标准放宽或过度风险承担，信贷供给过度就会导致系统性风险累积，削弱银行的稳健性。这就要求我们将信贷供给与实体经济指标联系起来观察分析，避免误判信贷扩张可能导致的系统性风险的累积。为此，需考察信贷总量与 GDP 等的相关性，为系统性风险提供早期预警信号。银行贷款标准降低，会使居民部门和企业部门负债率升高，实体经济部门偿债能力下降，进而增加金融系统的脆弱性。所以，要关注、分析债务收入比等借款人杠杆率指标。

资产价格及杠杆率等指标。资产是贷款的重要抵押品。资产价格上升时，抵押品价值增长会推动信贷扩张，资产价格与信贷形成正反馈，促使杠杆率持续升高。信贷膨胀往往会催生房地产和股票等资产泡沫，增加金融危机发生的可能性。杠杆率越高，危机爆发的破坏性越大。

外汇流动和汇率波动。在经济金融全球化、一体化时代，资本跨境流动更自由，信贷周期与外国资本流动的相互作用增强。开放型经济体的经常账户赤字和汇率波动，是影响宏观经济稳定的重要因素。银行和金融部门对外负债急剧增加，往往会引发主权债务危机，与系统性危机的发生紧密相关。

(2) 金融机构的资本充足率和财务状况

金融机构的稳健性是影响金融系统稳定的关键因素，它既是微观审慎监管的核心部分，也是系统性风险监测和评估不可或缺的内容。

从金融机构稳健性角度监测与评估系统性风险，主要关注五个方面的指标：一是资本充足率，涵盖资本/资产比率、普通股/资产比率、一级资本/风险加权资产比率、一级和二级资本之和/风险加权资产比率等；二是杠杆率，包含贷款/普通股比率、贷款/资产比率、短期贷款/总贷款占比等；三是流动性指标，如存贷比、流动性覆盖率等；四是收入和利润指标，例如资产收益率和资本收益率等；五是股票市场表现，像市盈率、市净率等。利用这些指标构建金融稳健性指标（Financial Soundness Indicators），重点关注金融机构资产负债表的整体稳健性，有助于识别风险积累的源头。

对金融机构进行多维度监测评估时，可将财务指标纳入金融机构健康指标体系。例如，以 CAMELS 类财务比率为基础构建的银行健康评估工具（Bank Health Assessment Tool）[1]，既能评估单个银行的稳健性，也可用于监测银行整体的稳健性。基于基本面的模型，如宏观压力测试或网络模型，能够凭借宏观和个别金融机构的数据评估宏观金融状况。这些模型有助于构建更贴近现实的场景，提供基于实际相互联系和风险敞口的脆弱性计量框架。

(3) 市场数据

市场数据是市场交易活动中内生的数据，具有高频性和易获取性。基于金融机构资产负债表数据构建的财务稳健性指标，其优点是数据具有广泛性，且涵盖多个风险层面。系统性风险可能会更具前瞻性地在资产价格中得以反映。例如，银行等金融机构的股价，是银行经营状况和资产质量的综合体现，还能反映银行的融资成本和即时融资能力。此外，价格还是约束银行、防范道德风险等代理问题的重要因素。对于大型的、跨国经营的金融机构而言，股票价格在反映其风险方面具有特殊作用。这些数据和信息，可作为传统资产负债表和财务数据的重要补充，为监管者提供早期预警信号。运用市场数据的模型有条件风险模型、默顿模型、网络模型、动态随机一般均衡模型等。

条件风险模型（CVaR）。它由阿德里亚和布伦纳梅尔提出（Adrian and Brunnermeier, 2008），是一种监测系统性风险的方法，衡量的是特定机构陷入困境时整个金融系统的风险价值（VaR），其核心思想是捕捉单个机构陷入困境时对整个系统产生的溢出效应。该模型有助于

---

[1] Ong, L. L., Jeasakul, P. and Kwoh, S. (2013). HEAT! A Bank Health Assessment Tool. International Monetary Fund Working Paper, No. 2013/177. https：//www.imf.org/en/Publications/WP/Issues/2016/12/31/HEAT-A-Bank-Health-Assessment-Tool-40872.

监管机构和政策制定者识别具有系统重要性的金融机构，并了解金融系统内潜在的传染效应。

默顿模型（Merton Model）。它由罗伯特·默顿（Robert C. Merton）提出，是评估企业信用风险和监控金融系统性风险的重要工具。在该模型中，公司的股权被视为公司资产的看涨期权。股权价值取决于公司资产价值、资产价值波动性、无风险利率、债务到期时间和债务面值。通过利用股票价格和波动率的市场数据以及公司债务结构的信息，可以估算公司违约的概率。如果金融体系中许多公司违约的概率很高，则可能表明存在潜在的系统性风险。

网络模型（Network Model）。它最初由查尔斯·巴赫曼提出。1969年，数据系统语言会议（CODASYL）将其发展为标准规范并发布，1971年又发布了第二版。网络模型使用市场数据来表示和分析金融机构之间的相互联系和关系，如银行间借贷量、信用违约互换交易和金融资产持有量，以绘制出复杂的网络结构。这些模型可以识别潜在的传染渠道和系统性风险热点。例如，通过分析一个机构的冲击如何通过网络中的相互联系扩散，有助于评估金融系统的整体稳定性。如果一个特定的机构在网络中高度关联且处于中心位置，那么它的困境可能会产生广泛的影响。与孤立分析单个机构相比，网络模型提供了更全面的视角。它们有助于理解金融系统内部的复杂动态，帮助监管机构和决策者制定有效措施，防范系统性风险。

动态随机一般均衡模型（Dynamic Stochastic General Equilibrium，简写为 DSGE）。[1] 动态随机一般均衡模型是一种宏观经济模型，它利

---

[1] DSGE 模型最初由 Brock 和 Mirman 在 1972 年的论文《最优经济增长与不确定性：贴现案例》（Optimal Economic Growth and Uncertainty: The Discounted Case）中提出。他们首次将随机冲击的概念纳入新古典最优增长模型。后来，Kydland 和 Prescott 的论文（Time to Build and Aggregate Fluctuations）进一步发展和应用了这一概念，并将其应用于实际商业周期理论的研究，这篇论文通常被视为 DSGE 模型发展的一个重要里程碑。

用市场数据来监控金融系统风险。该模型通常包含一系列市场数据，包括利率、资产价格、产出、通货膨胀和就业等。这些变量通过一组方程相互关联，这些方程描述了经济主体的行为和不同市场的均衡条件。模型的随机性是指模型考虑了随机冲击，例如技术、消费者偏好或货币政策的变化。这些冲击用于模拟经济和金融体系对突发事件的反应，有助于评估系统性风险的潜在影响。该模型通过模拟不同情景并分析变量的动态响应，可以帮助识别金融不稳定和系统性风险的潜在来源。政策制定者据此可以设计适当的监管和货币政策，以维持金融稳定。

全球的监管机构和学界投入了大量资源开发各种模型，用于分析和监测金融系统性风险。这些模型包括简单的基于比率的衡量方法，以及 CVaR 模型、Merton 模型、网络模型和 DSGE 模型等复杂的多变量模型。每个模型都试图捕捉系统性风险的不同方面，例如金融机构之间的相互联系、个别实体违约的概率以及宏观经济因素对金融体系的影响。但是，金融危机是相对罕见的事件，危机期间的情况可能非常复杂且具有特殊性。在正常经济时期，很难全面测试模型在预测或管理危机期间发生的极端事件和系统性崩溃方面的表现。例如，模型可能在正常市场条件下表现良好，但无法解释金融危机特有的恐慌行为、抢购和流动性突然冻结现象。

1.2.3 系统性风险的全面综合分析与研判

系统性风险的监测，是对系统性风险全流程、全链条的动态监测和预警，贯穿于风险的累积、发展以及触发后放大与传染的全过程，目的是及时有效地识别重大风险隐患。系统性风险随时间推移累积，其成因可能是金融部门在过热的实体经济部门中持有过大敞口，或是市场竞争、监管放松、激励扭曲等因素导致的过度风险承担，也可能缘于跨境风险敞口，或对批发性金融、短期融资的过度依赖。对系统性风险进行全面的综合监测，需从时间维度和结构维度，利用结构性宏观金融模型、宏观压力测试、共同违约概率等工具。

在风险积累阶段，监测重点在于评估系统性危机的可能性，强化稳健性监管，并针对潜在财务损失，增强金融机构的损失吸收能力。当风险积累到一定程度并接近爆发期时，金融体系因累积的失衡或过度风险承担而变得极其脆弱，部分金融机构的行为也更具冒险性和投机性。此时，市场价格信号失真，金融机构的激励机制严重扭曲，金融系统和市场的脆弱性愈发突出。一些外部冲击，如GDP增长下滑、财政赤字扩大、汇率或房地产价格下跌，以及具有系统性影响的金融机构倒闭，都可能引发风险。这一阶段，对系统性风险的评估，还涵盖对危机发生后其对金融系统和实体部门造成的潜在损失的评估。

危机触发后，监测重点包括风险的蔓延传播途径和范围。在多数危机中，冲击的影响超出金融系统，涉及金融机构、市场以及实体经济。监管当局应关注放大机制，以及金融机构和市场之间的相互联系，例如金融资产抛售及其相关的反馈和放大机制。金融危机的发生通常有一个或多个风险源，在金融系统或实体经济遭受意外冲击时被触发，通过多种渠道和反馈机制在金融部门以及实体经济部门之间相互影响，形成复杂的传染链和放大效应。不同的风险源和冲击传播渠道会同时出现，并借助多种反馈效应放大和传播。2008年金融危机是金融自由化和全球化发展到较高程度后爆发的危机，其风险传播机制、路径和影响出人意料。这场危机通过金融机构和市场广泛而复杂的联系，迅速蔓延至世界各地，最终通过金融与实体经济的联系和反馈机制，影响全球经济。

历次金融危机的风险源、放大和传播途径及机制各异，无固定模式，因此，对系统性风险的监测，需要依靠全面、多元的指标体系，以涵盖系统性风险的累积、发展、爆发全过程（如图5.1所示）。①

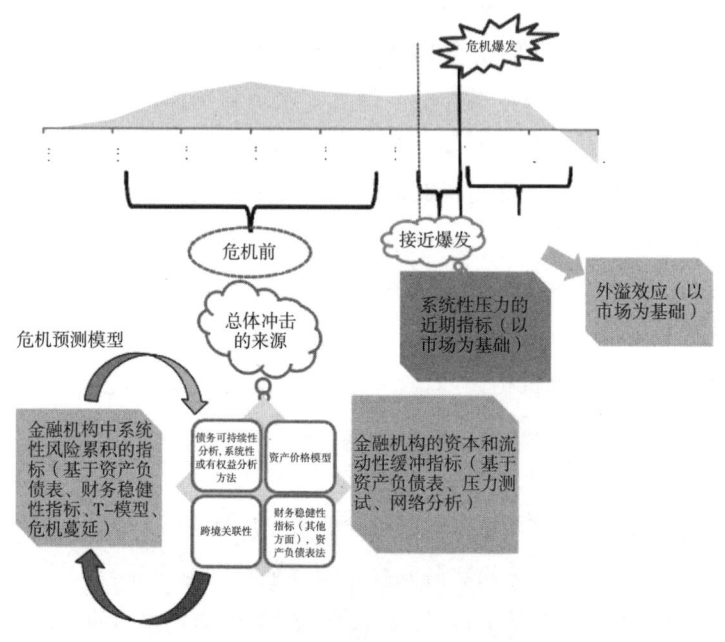

图5.1 系统性风险的累积、发展和爆发

对金融体系内部相互联系的识别与监测，促使宏观审慎监管系统性风险"减震器"作用的发挥，防止金融体系内部的相互联系危及整个金融体系的安全，这既可以借助网络分析等相互关联性评估方法，也能通过市场数据评估（如图5.2所示）。当货币市场基金等影子银行成为银行间市场的重要资金来源时，需特别关注由此引发的金融体系期限错配和流动性错配问题，以及货币市场基金挤兑可能引发的系统

---

① Blancher, N., Mitra, S., Morsy, H., Otani, A. Severo, T. and Valderrama, L. (2013). Systemic Risk Monitoring ("SysMo") Toolkit—A User Guide. International Monetary Fund Working Paper, No. 2013/168. https://www.imf.org/external/pubs/ft/wp/2013/wp13168.pdf.

性影响。

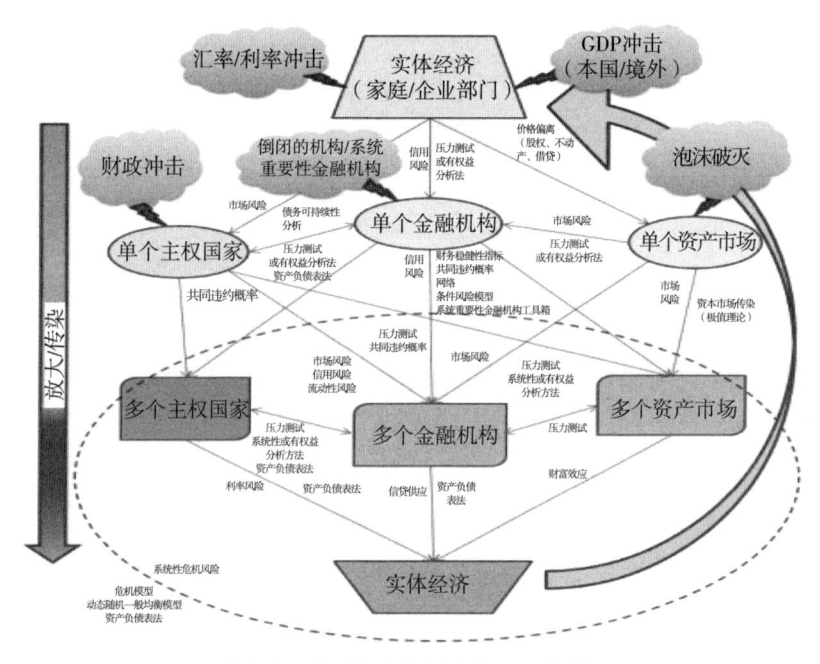

图 5.2　系统性风险识别的网络分析法

基于对系统性风险广泛性、传染性和复杂性的深入研究，图 5.1 和图 5.2 全面展示了系统性风险监测的流程。只有进行全面、综合的监测，才能为宏观审慎监管决策提供基础。

2008 年以来，国际金融组织和各国金融监管当局在系统性风险的监测指标和模型开发方面开展了大量工作，取得多方面成果。中国人民银行成立了国家级金融基础数据中心，建立了针对影子银行、资管产品、金融控股公司、系统重要性银行的统计分析制度；开发并建立了银行风险早期预警系统（REASS），该系统具有风险结构化预警、风险源分析、风险指标分析等功能。美国建立了六大类风险监测指标，每年对大型金融机构开展综合资本分析评估。其采用的指标包括：通货膨胀、政府债务和跨境融资等宏观经济风险衡量指标；估值、风险溢价及金融风险偏好等市场风险衡量指标；家庭和非金融企业信用违约等信用风险衡量指标；金融机构杠杆率等偿付能力指标；金融市场和金融机构短期融资安排等流动性风险指标；金融机构和市场之间以及国家之间压力传导的潜在脆弱性等传染性指标。欧洲央行开发了系统性压力综合指标（Composite Indicator of Systemic Stress，简写为CISS），该指标由多方面指标组成，涵盖金融系统最重要的机构和市场，包括银行、非银行中介机构，以及货币市场、股票市场和外汇市场。CISS可能同时影响多个部门的压力情景，考虑各部门之间随时间推移的相互关联性。这套指标体系对系统性风险成因的判断较为敏感，当市场参与者感受到较大不确定性并改变对未来损失、资产价值和经济活动的预期时，相关变化就可以通过系统性压力指标反映出来。欧洲系统性风险委员会（European Systemic Risk Board，简写为ESRB）构建的系统性风险指标体系——"风险仪表盘"（Risk Dashboard），包含系统性综合风险、宏观风险、信用风险、资金和流动性风险、市场风险、盈利和偿付能力风险、结构性风险、中央交易对手八大类共一百多个指标。日本金融厅综合运用各类宏观风险、金融活动、金融周期等指标体系识别和评估金融风险，通过宏观压力测试确定银行部门的风险。

第二节　宏观审慎监管的政策工具及其实施

宏观审慎监管，通过要求金融机构建立充足的损失吸收缓冲，维持其基本功能，提高应对系统性冲击的韧性。它从时间维度着手，主要通过减少资产价格与信贷之间的顺周期反馈，遏制不可持续的加杠杆行为，防止系统脆弱性随时间推移而累积。从结构维度着手，主要通过降低金融中介之间的相互联系，加强对系统重要性机构的重点监控，防范系统脆弱性的累积，缓解"大而不能倒"的问题。

2.1 宏观审慎监管的政策工具

宏观审慎监管是在对系统性风险识别与监测的基础上，针对风险的累积、发生、发展情况，从时间维度和结构维度，运用宏观审慎监管的政策工具对系统性风险的风险源及其累积、传播路径施加影响，以防范、化解系统性风险，降低其负面影响（IMF, FSB, BIS, 2016）。在第二章探讨过金融系统的顺周期性，它是金融与经济的相互增强机制，也就是正反馈机制。在经济上升和繁荣阶段，市场参与者预期乐观，容易低估风险、扩大信贷规模、增加杠杆，这进一步推动了经济增长、市场过度繁荣以及泡沫的形成。一旦经济由盛转衰、泡沫破裂，就会被悲观情绪笼罩，出现风险高估、信贷紧缩和杠杆下降的情况，经济因信贷的急剧收缩而陷入萧条。银行等金融机构广泛使用风险权重资产的计量和风险度量模型，以及按市价估值的会计制度，在一定程度上也加剧了金融体系的顺周期性。

2.1.1 顺周期性工具

在宏观审慎监管中，一项极为重要的措施就是针对金融体系的顺周期性。2010 版《巴塞尔协议Ⅲ》和《各国实施逆周期资本监管指导原则》要求各国金融监管当局结合本国银行业实际情况，构建逆周期资本监管框架，根据实际需要要求银行计提逆周期资本（BCBS, 2010a, 2010b）。《巴塞尔协议Ⅲ》提出了超额留存资本（CCoB）、全球系统重要性机构（G-SII）资本缓冲、其他系统重要性机构（O-SII）资本缓冲等。逆周期资本缓冲（The Countercyclical Capital Buffer, 简写为 CCyB）是重要的宏观审慎政策工具（第七章将详细讨论）。巴塞尔委员会指出，"CCyB 的主要目的是利用资本缓冲实现更广泛的宏观审慎目标，即保护银行业免受信贷总量过快增长的影响，因为信贷增长往往与系统性风险累积有关"。这一工具能促使银行在经济繁荣时期积累逆周期缓冲资本，提高银行成本、限制银行过度放贷，进而遏制由此引发的经济过热。在经济繁荣期过后的衰退期，通过释放逆周期缓冲资本，可有效缓解银行因信贷违约增加等因素导致的资本充足率下降问题，使银行维持稳定的信贷供给，防止信贷紧缩造成实体经济进一步衰退。国际金融组织和各监管辖区都在引入逆周期调节的宏观审慎工具，例如，2013年欧盟通过的《资本要求指令四和资本要求监管条例》[Capital Requirements Directive (CRD) IV and Capital Requirements Regulation, CRD IV/CRR]提出了系统性风险缓冲（Systemic Risk Buffer, SRB）。

巴塞尔委员会提出，以广义信贷/GDP作为判断系统性风险变化以及是否计提逆周期资本的基本指标，并以广义信贷/GDP对其长期趋势的偏离度（GAP）确定逆周期资本的计提水平。当广义信贷/GDP比率快速增长时，可提出额外0%~2.5%的资本充足率要求。在经济萧条或危机爆发后，降低或不计提相应的资本充足率要求。银行可在监管机构要求的最低水平之上，自愿建立更高的缓冲垫，在盈利增长迅速时期增加资本积累。

2020年新冠疫情发生后，为维护经济平稳运行，世界各地一方面通过货币政策等多方面政策工具救助实体经济，促进金融业向实体经济融资，另一方面采取了降低逆周期资本缓冲措施。在中国，2020年9月人民银行、银保监会发布《关于建立逆周期资本缓冲机制的通知》，明确建立逆周期资本缓冲机制，同时根据系统性金融风险评估状况和疫情防控需要，将银行业金融机构的初始逆周期资本缓冲比率设置为0。2020年12月，财政部、银保监会联合发布《关于进一步贯彻落实新金融工具相关会计准则的通知》，允许非上市银行在执行新金融工具准则的前五年，将首次执行日因采用预期信用损失法增提贷款损失准备导致的核心一级资本减少额，按照一定比例加回核心一级资本。美国为支持信贷投放和减轻金融机构负担，采取了鼓励银行释放资本缓冲，向受疫情影响的家庭和企业提供贷款；临时修改杠杆率规则并降低社区银行杠杆率要求等措施。在欧元区，多数成员经济体降低了逆周期资本缓冲要求，截至 2020 年 12 月，仅卢森堡和斯洛伐克保持正值。一些经济体还降低了系统性风险缓冲和其他系统重要性机构的附加资本要求，欧元区释放的银行核心一级资本超过 200 亿欧元，有力支持了银行吸收损失和维持信贷投放。在英国，为鼓励金融机构向家庭和企业提供信贷支持，采取了较为宽松的宏观审慎政策，主要措施包括：支持银行释放资本缓冲投放信贷；在 2021 年第四季度之前将逆周期资本缓冲比率维持在 0；暂时取消针对主要银行的年度周期性情景压力测试，推迟两年一次的探索性情景压力测试。

2.1.2 特定部门类工具

一些行业和部门的信贷规模扩张，是造成资产价格上涨的重要原因。特定部门风险工具旨在限制这些部门的信贷规模，避免风险在特定部门过度集中和累积。在对系统性风险的监测中，如果发现特定部门的债务规模、债务结构、偿债能力等发生重大变化，并有可能成为系统性风险的来源，可以采取以下措施：

一是调整特定部门贷款的风险资产权重。监管机构针对特定部门的风险状况，对于特定部门的贷款，如房地产贷款、个人消费贷款等，可提高银行计算风险权重资本时的风险权重，以增加这些部门的贷款成本，促使银行减少对这些部门的风险敞口和信贷供给。

二是规定贷款价值比率上限（Loan-to-value Caps，简写为 LTV），即按揭贷款总额与房地产等抵押资产价值的比率。该比率越低，借款人的债务负担越轻，还款能力也越强。如果该比率迅速提高，银行抵押贷款的风险就会提高。监管机构可调整比率要求，防止银行业在房地产部门过度信贷扩张，降低顺周期性。在房地产价格上涨时期，房地产价格可能存在高估，设置和调低 LTV，不仅有利于限制房地产抵押贷款的规模，也有利于抑制房价过度上涨。动态调整 LTV，可向市场传递信息，遏制价格上涨预期，抑制房地产投机，这对预防系统性风险的发生和累积有益。中国是最早使用 LTV 进行市场调控的国家之一。1998 年，中国人民银行发布《个人住房贷款管理办法》，规定个人住房贷款的首付比例不低于 30%，相关政府部门也一直在根据房地产市场状况动态调整 LTV。通过 LTV 监管，限制银行业在房地产等行业或领域的贷款投放规模，不仅能防止银行业贷款在某些行业或领域过度集中，还有利于优化贷款结构，促进经济结构调整。

三是规定债务收入比率上限（Debt-to-income Caps，简写为 DTI），即设定贷款与借款人收入的比率。借款人的收入状况和偿付能力，是影响银行贷款违约率和金融系统性风险的重要因素。该比率越低，借款人的还款能力越强，银行面临的信用风险也越低。如果该比率普遍且迅速地提高，银行业的风险也会升高。与 LTV 一样，调整 DTI，可影响信贷供给和银行业的总体风险。与 DTI 类似的指标还有债务偿付比率（Debt Service Ratio，简写为 DSR），即债务人"债务本息偿还规模/收入"（又称偿债率）。根据经济周期和实体经济债务周期的不同发展阶段，可综合运用 DTI、LTV 等工具，限制借款人的负债规模，降低债务风险并预防金融的顺周期性。

四是部门逆周期资本缓冲（Sectoral Countercyclical Capital Buffer，简写为 SCCyB）。这是《巴塞尔协议Ⅲ》引入的定向政策工具。SCCyB 是一项更具针对性的措施，为应对特定行业的风险积累，监管机构对银行提出临时性的附加资本要求。因此，SCCyB 的影响取决于部门信贷的风险权重资产（RWA），取决于银行对特定部门（如住宅房地产）的风险敞口程度。2019 年，巴塞尔委员会发布了《实施部门逆周期资本缓冲工具的指导原则》。建立 SCCyB 的目的在于，确保银行业在因部门周期性失衡以及对相关部门资产平仓而遭遇损失时，仍有足够资本维持正常经营，从而保持信贷供给平稳。监管机构需从金融稳定角度出发，对具有潜在重要性、易出现周期性失衡的部门或行业进行重点监管。监管机构要明确一套透明指标，作为部门失衡的预警指标，并根据其与金融系统全系统风险的关联程度进行调整。监管机构对SCCyB的校准，应保证在部门或行业的周期性风险显现时，能迅速释放 SCCyB，帮助银行吸收损失。当行业周期性风险未显现，但判断其消退速度较慢时，可逐步释放缓冲。

2.1.3 流动性风险类工具

传统监管理念往往更注重金融机构的资产质量，却忽略了流动性问题。2008年的金融危机凸显了与流动性风险相关的系统性风险及其外部性。危机前，整个金融行业普遍存在流动性错配和期限错配，这不仅蕴含巨大脆弱性，而且在危机触发后，金融机构为获取流动性大规模抛售资产，加速了风险的传播与蔓延。从某种程度上看，这场危机是一场因流动性风险高度累积而触发的危机。危机之后，对流动性风险的监管成为防范和降低系统性风险的重要方面。流动性风险的控制工具有基于数量限制（Quantity-based Constraints）和基于价格限制（Price-based Constraints）两类，旨在减少银行等金融机构对批发性融资、短期融资和银行间市场的过度依赖。在信贷高速扩张时期，限制短期批发性融资，有助于降低系统的脆弱性，减缓信贷增长，是逆周期工具和跨部门工具的有益补充。

控制流动性方面的工具主要有以下几类。

一是杠杆率（Leverage Ratio），即资产负债表中的总资产与权益资本的比率。《巴塞尔协议Ⅲ》引入杠杆率作为风险权重资产监管的补充性措施，旨在增强银行的风险抵御能力，强化对存款人的保护。

二是存贷比（Loan-to-deposit Ratio），即银行的贷款总额与存款总额之比。存贷比可控制贷款过度扩张，降低银行的流动性风险，维持金融体系稳定。中国曾采用存贷比控制措施，1995年《中华人民共和国商业银行法》规定"商业银行贷款余额与存款余额的比例不得超过75%",2015 年修订时删除了这一规定。

三是流动性比率。《巴塞尔协议Ⅲ》引入流动性监管工具,即流动性覆盖率和净稳定融资比率,这将在第七章详细讨论。对于流动性监管,香港金融管理局采用的指标是稳定资金要求(Stable Funding Requirement)。[①] 它要求银行持有一定比例的稳定资金,以便在市场流动性出现重大压力时可以支持银行的贷款业务。新西兰中央银行采用的指标是核心融资比率(Core Funding Ratio)[②],即年核心融资比率=(年核心融资量/全部贷款和垫款)。它要求银行主要以零售存款、长期批发资金或资本金为贷款和垫款提供资金。在市场出现动荡时,会放宽这一要求。

2.1.4 跨部门类工具

跨部门类工具关注特定时点金融机构之间风险敞口的分布和相互影响。它通过识别和防范金融机构的共同风险敞口及相互关联性,防范系统性风险的累积。同时,针对这种关联性引发的传染和外溢,建立机制阻断危机的蔓延。根据金融机构系统重要性程度以及风险类型的不同,宏观审慎可采取以下措施。

一是系统重要性机构的附加资本要求(Systemic Capital Surcharge)。这是针对"大而不能倒"问题,对系统重要性机构提出的资本附加要求,旨在提高系统重要性金融机构的损失吸收能力,降低其倒闭的可

---

① Hong Kong Monetary Authority (2014). Stable Funding Requirement ("SFR"). https://www.hkma.gov.hk/media/eng/doc/key-information/guidelines-and-circular/2014/20141128e2a5.pdf.

② Reserve Bank New Zealand (2022). Macroprudential Tools. https://www.rbnz.govt.nz/regulation-and-supervision/oversight-of-banks/standards-and-requirements-for-banks/macroprudential-policy/macroprudential-tools.

能性及倒闭后的风险外溢。《巴塞尔协议Ⅲ》对全球系统重要性机构提出了1%~2.5%的附加资本要求，且附加资本必须完全由核心一级资本满足。

二是总损失吸收能力（Total Loss Absorbing Capacity），**适用于全球系统重要性银行**。若一个全球系统重要性银行倒闭，总损失吸收能力可保证其有足够的损失吸收能力和资本重组能力，以实施有序的处置，最大限度减少对金融稳定的影响，确保关键功能的连续性，避免公共资金遭受损失。

三是金融基础设施的监管。金融基础设施与金融机构、金融市场紧密相关，其稳健性以及功能和服务提供的持续性，不仅是金融系统稳定的重要条件，也是经济社会稳定的基础。因此，金融基础设施是"关系过密而不能倒"的。2008年危机之后，为防范系统性风险，国际金融组织和各国监管当局高度重视并加强了对金融基础设施的监管。第十二章将对此进行讨论。

四是金融机构间的风险敞口及其与金融市场等的相互联系。系统性风险具有传染性、复杂性，一个重要原因是金融机构、市场、产品等方面存在非常密切的相互联系。对这种相互关联性和跨机构、市场和产品的风险进行识别与监测，并有效化解，是宏观审慎监管的重要内容。

五是系统性风险的处置机制。从发展阶段看，宏观审慎监管包括两个方面：事前预防（ex-ante prevention），即在系统性风险积累时期预防和降低风险的累积；事后的危机处置与管理，即在危机发生后有效降低危机的溢出和蔓延等负面外部效应。事后的处置，重点是防范系统性风险的负外部性。第一是防范其外溢性对实体经济产生影响。系统性风险爆发带来的不利冲击，会产生极大的外部性（Hanson et al.，2011），放大对经济的影响。其中，危机后的信贷紧缩对实体经济影响较大，银行受到危机的冲击会削减新贷款的发放，进而对投资、就业等产生影响并导致经济衰退。第二是切断关联性。金融系统与实体经济的联系，这种外部因素会使金融系统暴露于宏观经济的总体冲击之中（De Nicolo et al., 2012）。信贷和资产价格之间的内生反馈可能导致过度加杠杆和顺周期性，在资产价格逆转时，金融系统的脆弱性就可能暴露。金融机构之间的竞争和网格锁定会使贷款标准降低，资本充足率受到侵蚀，国际资本的大规模跨境流动也会加剧系统性风险的积累，导致金融体系更容易受到宏观经济波动的冲击。若金融体系过度依赖短期批发性融资，那么金融市场受到信心冲击时就可能突然失去功能。第三是早发现、早处置。第八章还将详细讨论银行监管第二支柱中的重要部分——金融机构的恢复与处置。在监督检查中，早发现、早干预、早处置，能够有效恢复金融机构的持续经营能力，保障关键业务和服务不中断。这是微观审慎监管框架的重要组成部分，既可以维护个体金融机构的稳健，也可以降低系统性金融风险发生的概率或减小其负外部性。此外，中央银行对银行的流动性救助、存款保险机制以及其他危机处置机制，都是防范危机和处置系统性风险的重要机制。

宏观审慎政策工具（参见表5.1和表5.2），需要宏观审慎监管机构根据系统性风险的发生、发展以及累积情况，选择相应一个或多个工具的组合。

表5.1 宏观审慎政策工具

类型	宏观审慎监管政策工具
顺周期性	逆周期缓冲资本
	准备金要求
	动态贷款损失准备
	信贷增速上限

（续表）

类型	宏观审慎监管政策工具
特定部门风险	部门风险权重资本要求
	贷款与价值比率
	债务与收入比率
	贷款与收入比率
	外币贷款风险权重
	外汇风险敞口限制
流动性风险	杠杆率
	存贷比上限
	流动性覆盖率
	净稳定资金比率
	贷款与稳定资金比率
跨部门风险	系统重要性金融机构附加资本要求
	系统重要性金融机构附加杠杆率要求
	系统重要性金融机构流动性要求
	金融机构间敞口限制
	差异化风险权重
	中央对手方清算机制
	保证金要求

表5.2 宏观审慎政策工具类型

	限制与借贷相关的活动和工具	限制金融业资产负债表的扩张	资本要求、拨备和附加	税收与杠杆	其他工具
扩张时期	因时而变的资本限制、杠杆率、折扣率等	因时而变的资本要求、调整会计制度和准备要求	逆周期资本要求，杠杆限制和动态的拨备要求	对资产、负债的税收的调整	对薪酬、市场约束、公司治理方面的要求

（续表）

	限制与借贷相关的活动和工具	限制金融业资产负债表的扩张	资本要求、拨备和附加	税收与杠杆	其他工具
萧条时期，抛售和信贷紧缩	调整特殊时期的坏账损失准备、折扣率	流动性限制，流动性覆盖率	逆周期资本要求，动态拨备调整	对非核心负债的税收	标准产品-OTC 产品的安全网（央行流动性、财政救助与支持）
传染、来自 SIFIs 或市场网络的传染	市场网络影响，调整资产、业务活动的限制（e.g., Volcker, Vickers）	对于机构的特殊限制，包括资产负债表两端的限制	与系统性风险相关的资本附加	通过税收调整外部性的影响	制度性的基础设施（CCPs）、危机处置（生前遗嘱），信息披露制度调整

2.2 宏观审慎监管的实施

宏观审慎监管的实施，需依据事前制定的规则。静态的、基于规则的实施机制，能保证制度的严肃性，实现对监管机构的有效监督与问责，防止监管机构滥用自由裁量权，同时防范监管机构受利益集团的影响和干扰，避免金融机构出现激励扭曲或监管套利。然而，鉴于系统性风险的动态性和复杂性，静态校准的效率或许不高，还可能扭曲金融活动，催生规避监管的动机。所以，需要引入"有指导的自由裁量权"机制，赋予宏观审慎部门一定的自由裁量权。在宏观审慎政策工具实施过程中，可依据实施情况，及时校准和调整政策工具。同时，监测系统脆弱性的传导机制和实施效果也极为关键。唯有通过对实施过程的评估与监测，才能持续优化政策工具箱并及时校准工具。例如，逆周期的宏观审慎政策会对融资成本和宏观经济产生动态影响，还可能扭曲金融机构的激励机制、引发监管套利。因此，需要建立并完善金融监管机构间的信息共享与密切合作机制。监管空白是导致监管失灵的一个重要因素。比如，CDS 等信用衍生品使金融机构的风险变得不透明，加大了监管难度。美国国际集团承担大量 CDS 风险后，成为"大而不能倒"的金融机构。这就要求及时察觉监管空白，合理调整监管机构的职责边界，消除监管空白。

自 2008 年以来，国际金融组织、各地区监管当局以及学术界在系统性风险识别和监测方面取得诸多进展，但截至目前，哪些指标可靠且有效，仍缺乏充分论证。所以，识别和监测系统性风险、设计和选择宏观审慎政策工具等工作，需在实施宏观审慎政策的过程中持续评估、补充和完善。例如，流动性工具、部门风险加权资本要求等工具的实施，有助于增强系统重要性金融机构的抗风险能力，但政策工具的效果和力度很难在事前精准评估和量化。

此外，宏观审慎行动的传导机制存在较大不确定性，需根据政策实施效果校准。使用宏观审慎工具时需权衡收益与成本，要剖析系统性风险来源和变化程度，了解现有宏观审慎政策工具的传导机制，评估宏观审慎政策产生的成本和扭曲。因为任何工具都可能引发激励扭曲或监管套利，致使边际效益降低。综合运用各种政策工具，有利于增强政策工具对当前状况的针对性，降低制度成本，更高效地实现政策预期效果。

因此，宏观审慎政策的实施是一个持续循环的过程，包括五个步骤或任务（如图 5.3 所示）

2.2.1 监测和评估系统性风险

（1）构建全面的指标体系：从金融市场、金融机构、实体经济以及宏观经济环境等多个层面，构建涵盖广泛的系统性风险识别与监测指标体系。在金融市场层面，纳入股票市场波动率、债券市场利差、外汇市场压力指数等指标，以反映金融市场的稳定性和风险程度。在

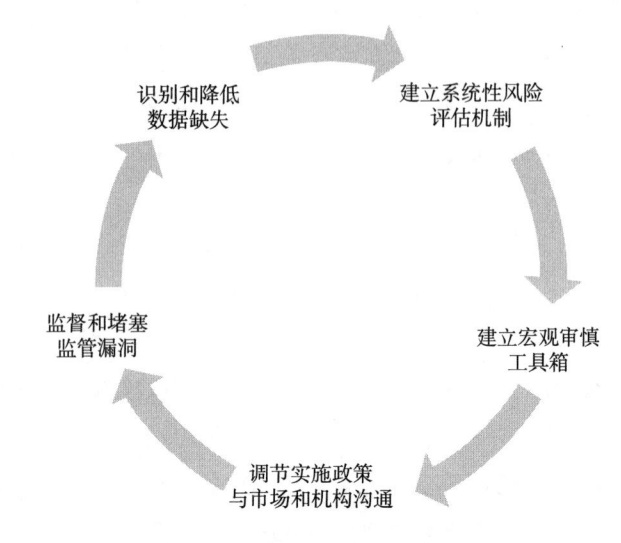

识别和降低　　　建立系统性风险
数据缺失　　　　评估机制

监督和堵塞　　　建立宏观审慎
监管漏洞　　　　工具箱

调节实施政策
与市场和机构沟通

图 5.3　宏观审慎政策的实施过程

金融机构层面，关注资本充足率、杠杆率、流动性覆盖率、大额风险敞口等指标，以衡量金融机构的稳健性和风险承受能力。在实体经济层面，选取 GDP 增长率、通货膨胀率、失业率、债务收入比等指标，以分析实体经济的运行状况及其对金融体系的影响。在宏观经济环境层面，考虑货币政策立场、财政政策扩张程度、国际资本流动规模等因素，以评估宏观经济环境对系统性风险的作用。

（2）运用多元分析模型和系统：综合运用定量和定性分析方法，借助先进的数据分析技术和工具，对系统性风险进行深入分析和评估。采用时间序列分析、面板数据模型等方法，对历史数据进行挖掘和分析，预测系统性风险的发展趋势；运用压力测试模型，模拟不同极端情景下金融体系的承受能力和风险敞口情况，评估金融体系的韧性；构建网络分析模型，刻画金融机构之间的关联关系和风险传导路径，识别系统重要性金融机构和关键风险节点；利用大数据分析技术，实时监测金融市场和经济运行的海量数据，及时捕捉潜在的风险信号。

（3）建立动态评估机制：系统性风险具有动态变化的特征，因此评估工作应定期进行，并根据经济金融形势的变化及时调整完善评估方法和指标体系。建立风险预警机制，设定风险阈值，当风险指标超过阈值时，及时发出预警信号，为后续的政策制定和风险应对提供依据。

2.2.2 选择和实施宏观审慎工具

（1）精准匹配风险状况：深入分析评估阶段识别出的系统性风险类型、来源和严重程度，根据不同的风险特征选择最为有效的宏观审慎工具。如果风险主要源于房地产市场的过热和泡沫，可采用贷款价值比、债务收入比限制等工具，抑制房地产市场的过度投机和信贷扩张。对于金融机构之间的过度关联和风险传染问题，可运用系统重要性金融机构附加资本要求、总损失吸收能力等工具，增强系统重要性金融机构的稳健性和抗风险能力。在面对信贷过快增长和杠杆率过高的情况时，实施逆周期资本缓冲、动态拨备等工具，调节金融机构的信贷投放和资本储备。

（2）制订详细实施计划：明确宏观审慎工具的实施对象、范围、时间节点和具体操作流程。对于资本充足率要求的调整，要确定适用的金融机构类型和规模，规定调整的幅度和时间安排；在实施贷款规模控制时，要制定具体的贷款额度分配方案和监管措施，确保政策的有效执行；建立政策实施的协调机制，加强不同监管部门之间的沟通与协作，避免政策冲突和监管套利。

（3）强化政策执行监督：建立健全政策执行监督机制，加强对宏观审慎工具实施过程的跟踪和检查。定期对金融机构的执行情况进行评估和考核，对违反政策规定的行为进行严肃查处；加强对市场反应的监测和分析，及时调整政策实施的力度和节奏，确保政策目标的实现。

2.2.3 校准

(1) 多维度监测与评估：建立全面的监测体系，从多个维度对宏观审慎工具的实施情况进行跟踪监测。除了关注金融机构的合规情况和风险指标变化外，还要评估政策对实体经济的影响，包括对企业融资成本、投资规模、就业水平等各个方面。运用微观数据和宏观数据相结合的方法，对政策实施效果进行定量评估。通过问卷调查、实地调研等方式，收集金融机构、企业和市场参与者的反馈意见，从定性角度分析政策的实施效果和存在问题。

(2) 成本收益分析：深入分析宏观审慎工具实施的成本和效益。成本方面，考虑政策实施对金融机构运营成本、市场交易成本的影响，以及可能导致的金融创新抑制和经济效率损失；效益方面，评估政策在降低系统性风险、维护金融稳定、促进经济可持续发展等方面所带来的收益。通过成本收益分析，确定政策实施的最佳平衡点，为政策的优化和调整提供依据。

(3) 动态校准与优化：根据监测评估和成本效益分析的结果，及时对宏观审慎工具进行校准和优化。如果发现某些工具的实施效果不理想，或者出现了新的风险情况，要果断调整工具的参数、范围或实施方式。在经济金融形势发生重大变化时，及时对宏观审慎政策框架进行全面评估和调整，确保政策的有效性和适应性。

2.2.4 填补监管空白

(1) 持续监测监管套利行为：建立专门的监管套利监测机制，密切关注金融机构和市场参与者的业务创新和交易行为，及时发现可能存在的监管套利空间。加强对金融产品和业务模式的穿透式监管，深入分析其本质特征和风险传导路径，防止金融机构通过复杂的结构设计和交易安排规避监管。加强不同监管部门之间的信息共享和协同监管，形成监管合力，消除监管空白和监管重叠。

（2）及时完善监管规则和制度：根据监测发现的监管套利问题和监管空白，迅速启动监管规则和制度的修订和完善工作。制定具有前瞻性和针对性的监管政策，填补现有监管框架中的漏洞，确保监管的全面性和有效性。加强对新兴金融业态和创新业务的研究，及时出台相应的监管政策，引导其规范发展。

（3）强化监管执法力度：加大对监管套利行为的处罚力度，提高违法违规成本。建立严格的责任追究制度，对参与监管套利的金融机构和相关责任人进行严肃处理；加强监管执法的透明度和公正性，树立监管权威，维护市场秩序。

2.2.5 弥补数据空白

（1）建立高效的数据采集机制：加强金融监管部门、统计部门、行业协会等之间的数据共享与合作，整合各方数据资源，建立统一的系统性风险监测数据库；明确数据采集的标准、范围和频率，规范数据报送流程，确保数据的准确性、完整性和及时性；运用现代信息技术手段，如大数据、云计算、区块链等，提高数据采集的效率和质量，实现数据的实时采集和动态更新。

（2）完善数据质量评估与管理体系：建立数据质量评估指标体系，对采集到的数据进行全面评估和审核，及时发现和纠正数据中的错误和异常值；加强数据质量管理，建立数据清洗、整理和存储的规范流程，确保数据的可用性和可靠性；建立数据安全保障机制，加强对数据的保护，防止数据泄露和滥用。

（3）动态优化指标体系：根据经济金融形势的变化和宏观审慎监管的需要，不断完善系统性风险识别与监测的指标体系。及时纳入新的风险指标和数据维度，以更全面、准确地反映系统性风险的状况；加强对指标体系的验证和评估，确保指标之间的逻辑关系合理，能够有效预警系统性风险。

第三节　宏观审慎监管与其他政策的关系与协调机制

货币政策、微观审慎监管和财政政策均会对金融体系的运行和稳定产生影响。因此，宏观审慎监管政策工具，不可能完全由宏观审慎当局做出决策或直接实施，中央银行等其他政府部门有自身的政策目标，政府机构的决策独立性也要求它们独立做出决策。因此，为维护金融系统的稳定以及有效处置系统性风险，就需要建立完善的政府部门间协调配合机制。

3.1　与微观审慎监管的关系以及协调

总体而言，微观审慎监管与宏观审慎监管的目标是一致的。微观审慎监管确保金融机构的个体稳健，为金融系统的稳定奠定了重要基础。然而，宏观审慎监管着眼于整个金融体系的稳定。从某种意义上说，它是从一般均衡影响的视角，而非微观审慎政策的局部均衡视角看待问题。《巴塞尔协议》从风险权重资本角度建立的银行审慎性监管制度，采用的是风险权重资产计量方法，特别是内部模型法，着重于因银行的道德风险、激励扭曲引发了较为严重的监管资本套利。其结果是资产证券化大规模兴起，银行放宽借贷标准、过度承担风险。监管视野之外的影子银行，导致了严重的监管空白，系统性风险积累到很高程度也未被监管机构察觉。2008年的金融危机表明，系统性风险会源于金融机构的集体性行为选择，仅仅依靠微观审慎监管难以防范系统性风险。

宏观审慎监管以防范金融系统的总体风险为目标，从系统性风险的广泛性、传染性和复杂性出发，从时间维度和结构维度，对系统性风险进行监测、防范和化解。其采用的逆周期资本调节、对系统重要性机构的附加资本要求等工具，需由微观审慎监管当局实施，这些工具也有利于促进银行的个体稳健。

金融机构的恢复与处置机制，既是微观审慎监管的重要组成部分，也是系统性风险爆发后防止危机传染和蔓延的重要机制。中央银行作为最后贷款人，从宏观审慎视角出发，其设立目的是对银行进行流动性救助并防范危机的外溢效应。2008年金融危机爆发后，中央银行对银行间市场的流动性救助，降低了银行和其他金融机构因流动性紧张或为满足资本充足率要求被迫抛售资产的压力。对问题银行的及时、有序关闭和处置，是危机期间维护市场信心、防止危机蔓延的重要机制。第八章将讨论处置机制，这有助于强化市场约束，降低金融机构激励扭曲和过度承担风险的动机，增强机构的稳健性。相反，对问题银行的监管宽容，不仅拖延对问题金融机构的处置，还会强化行业性的"逆向选择"和网格锁定效应，增加系统性风险的累积和负外部性。

但是，微观审慎和宏观审慎政策之间也可能存在冲突情形。在宏观经济运行平稳时期，未雨绸缪要求银行增加资本缓冲。这一时期的银行往往不良率低，不良贷款规模小，利润充裕，无论是金融机构的管理层还是股东，都认为没必要、也无意愿增加资本缓冲。此时，如果宏观审慎当局提出增加资本缓冲的要求，不一定能得到微观审慎当局的有效执行。在危机爆发时期，冲突可能更加凸显。这时，宏观审慎当局为防止信贷紧缩对经济产生负面作用，希望银行扩大信贷供给、释放缓冲、降低放贷标准；而微观审慎监管机构则可能从金融机构稳健角度出发，要求保持贷款发放标准，不放宽资本监管标准。

因此，《巴塞尔协议Ⅲ》不仅强调确保个体金融机构的安全与稳健，也强调金融系统稳定的重要性。微观审慎监管与宏观审慎政策之间，需要加强信息共享与决策沟通。系统性风险的监测与评估以及宏观审慎政策的选择，需要充分利用微观审慎监管信息。宏观审慎政策在金融机构能否得到有效执行，需要微观审慎监管当局的有力配合，以及在监督检查中及时发现执行问题。两个监管机构积极协调配合，既有利于增进政策的互补性，也有利于保证政策在传导机制上的一致性。

3.2 与货币政策的关系与协调配合

总体而言，货币当局的政策目标与宏观审慎目标是一致的。货币政策的首要目标是维护货币稳定、熨平宏观经济波动。中央银行通过公开市场操作、调整存款准备金率等政策工具，影响市场利率水平，调节信贷供给和市场流动性，与金融体系的稳定之间具有很强的互补性。宏观审慎政策对金融机构杠杆率和期限错配的约束，抑制了金融体系的顺周期性，也有利于宏观经济的平稳发展。宏观审慎监管限制金融机构间的关联程度和金融业务的复杂程度，抑制风险的累积和风险触发后的传染，既有利于促进金融机构、金融基础设施的稳健运行，也有利于货币政策的实施和传导，增强货币政策执行效果。宏观审慎政策在降低系统性风险、增强金融体系缓冲方面发挥的作用，使货币政策在应对不利金融冲击时，拥有较大的政策空间，受到较少的掣肘。

当然，货币政策与金融体系稳定之间也可能存在冲突。促进经济增长的低利率政策，可能助长信贷过度增长和资产泡沫积累，埋下金融不稳定的隐患。长期的低利率，会扭曲金融机构的激励机制，助长加杠杆、流动性错配和过度风险承担行为。这样的宏观经济环境，也会影响保险公司的决策。那些承诺收益率的险种，在利率长期处于低水平时会面临亏损。保险公司可能增加风险承担，加大在高风险投资工具上的风险敞口。低利率还会加剧资本外流，国际收支恶化和汇率波动也会影响金融稳定。如果长期实行扩张性货币政策，还会导致通货膨胀。此时，中央银行为应对通胀而提高利率，金融机构的资产负债表和经营模式会受到冲击，有可能触发系统性风险。20世纪80年代美国发生的储贷危机，一个重要诱因就是美联储为应对通货膨胀提高了利率。2022年美联储的剧烈加息，是2023年一些中小银行倒闭或面临困局的主要原因。

中央银行与宏观审慎当局的密切协调与配合，是加强政策协同性、缓解政策间冲突所必需的。宏观审慎政策工具的有效、适时且适当运用，能够更好地从源头上防范宽松货币政策对金融体系稳定性的影响，也能为中央银行的货币政策决策与实施提供更大的回旋余地。这也是很多监管辖区将宏观审慎监管职能赋予中央银行的原因之一。

当前，系统性风险的监测评估和宏观审慎政策工具的选择与实施，仍处于建立和完善过程。在货币政策决策与实施中，更需要考虑其对金融系统稳定的影响，加强与宏观审慎当局的沟通与合作。这样既能保证货币和宏观审慎政策之间的有效协调，又能维持货币政策的独立性和可信度。

宏观审慎监管与中央银行维护国际收支平衡的目标不同，国际资本流动和金融体系受汇率冲击的脆弱性相互影响。尽管如此，宏观审慎政策不应试图影响资本流动，更不宜直接控制资产价格，包括股票和债券等证券价格、利率和汇率。要素价格由一系列基本因素和投机因素驱动，不应被视为宏观审慎政策的主要目标。当存在这种脆弱性时，宏观审慎政策的着力点应是提高金融系统抵御资产价格冲击的能力，例如，防范杠杆率持续上升，以免危及借款人的偿债能力。

3.3 与财政政策的协调

财政的税收政策和支出政策具有内在稳定器的作用。财政政策在维护主权债务安全、避免主权债务风险以及防范其与金融体系之间的逆向反馈循环方面发挥着重要作用。良好的财政状况，也是降低外部冲击和意外冲击影响，保持金融机构稳健经营和金融体系稳定的重要基础。

税收制度是影响企业杠杆率的因素之一。根据MM定理，企业的融资结构不影响公司的价值，但这是在不考虑税收因素的情形下。如果考虑税收的影响，且债务的成本是税前列支的，税收政策就会影响企业和金融机构的债务水平和杠杆率，高税率会"鼓励"加杠杆并导致债务偏好。财政政策也是促进经济复苏的重要宏观经济政策。例如，2008年金融危机之后，对抵押贷款利息的税收抵免、扩大抵押贷款利息减免等政策，起到了鼓励居民购买住房、促进经济复苏的作用。但是，如果这种刺激政策在房地产价格恢复后不能及时调整，就可能成为下一轮价格上涨的推动因素，助长加杠杆和风险积累。

税收也可以作为一种宏观审慎工具。IMF曾提出征收"金融稳定贡献费"（Financial Stability Contribution）的建议。金融机构过度加杠杆，对批发性融资的过度依赖，以及风险累积导致的负外部性，会危害公共利益。根据金融机构对系统性风险的"贡献"征收金融稳定费或金融稳定税，或者根据总体风险的累积状况调整税收水平，有助于抑制杠杆和对批发性融资的依赖。宏观审慎监管当局或金融机构处置机构还可通过征税建立金融机构处置基金，类似于"事前累积的存款保险准备金"，这不仅可以增强处置机制的可信度和有效性，还可以促使金融机构将其倒闭的负外部性内在化。

当然，金融系统稳定并非财政政策的直接目标。财政政策决策时，可将财政政策的潜在宏观经济影响和对金融体系稳定的影响反馈给货币当局和金融监管当局，以增强政策协调。危机爆发时期，金融机构的处置也需要与财政部门等多个部门密切协调配合，各部门都要在各自职责范围内，积极做出响应，形成合力，防范危机的蔓延和扩散。

总之，宏观审慎政策有其既定的政策目标，要行之有效，就必须目标明确，而且不应被用于其他目的。虽然宏观审慎政策可以抑制顺周期性和促进宏观经济稳定，但它不能与供给侧政策相混淆，被用于促进特定经济部门的信贷，或与其他可能影响需求构成的结构性政策相混淆。2008年之后，中国的金融监管机构高度重视建立和完善宏观审慎监管体制和机制。2011年，人民银行通过实施差别准备金动态调整和合意贷款管理机制，促使金融机构的信贷投放与其自身的资本水平以及经济增长的合理需要相匹配，从而加强宏观审慎管理，促进货币信贷平稳增长，维护金融稳定。2016年，人民银行在差别准备金动态调整和合意贷款管理机制的基础上，建立了宏观审慎评估体系。该体系更为全面、系统，重点考虑了资本和杠杆情况、资产负债情况、流动性、定价行为、资产质量、外债风险、信贷政策执行七个方面的指标，通过综合评估，加强逆周期调节和系统性金融风险防范。宏观审慎评估体系按每季度的数据进行事后评估，同时按月进行事中、事后的监测和引导。2021年12月，在总结宏观审慎监管实践经验和充分吸收借鉴国际通行做法的基础上，人民银行发布了《宏观审慎政策指引（试行）》，建立了宏观审慎政策框架，完善了宏观审慎治理机制的思路及原则。其主要内容包括：

（1）明确宏观审慎政策框架：厘清宏观审慎政策相关概念，界定了宏观审慎政策框架、系统性金融风险、宏观审慎管理工作机制等相关定义。宏观审慎政策的目标是防范系统性金融风险，防止系统性金融风险顺周期累积以及跨机构、跨行业、跨市场和跨境传染，提高金融体系韧性和稳健性，降低金融危机发生的可能性和破坏性，促进金融体系的整体健康与稳定。

（2）建立健全系统性金融风险监测和评估框架：针对时间和结构两个维度的风险来源，重点监测宏观杠杆率，政府、企业和家庭部门的债务水平和偿还能力，具有系统重要性影响和较强风险外溢性的金融机构、金融市场、金融产品和金融基础设施等。通过建立健全系统性金融风险监测和评估机制，定期或不定期公开发布评估结果。不断完善系统性金融风险监测评估指标体系并设定阈值，适时动态调整以反映风险的发展变化。丰富风险监测方法和技术，采取热力图、系统性金融风险指数、金融压力指数、金融条件指数、宏观审慎压力测试、专项调查等多种方法和工具进行监测和评估，并积极探索运用大数据技术。

（3）宏观审慎政策的工具和使用：主要是在既有微观审慎监管要求之上提出附加要求，以提高金融体系应对顺周期波动和防范风险传染的能力。宏观审慎管理往往具有"时变"特征，即根据系统性金融风险状况动态调整，以起到逆周期调节的作用。时间维度的工具主要包括资本管理、流动性管理、资产负债管理、金融市场交易行为、跨境资本流动管理等工具；结构维度的工具主要包括特定机构附加监管规定、金融基础设施管理、跨市场金融产品管理等工具。使用宏观审慎政策工具一般包括启用、校准和调整三个环节。当潜在的系统性金融风险已触及启用宏观审慎政策工具阈值时，可适时启用应对的政策工具。政策工具启用后，要开展动态评估，综合判断是否达到预期，是否存在监管套利和未预期后果等，并及时进行校准。

（4）宏观审慎政策治理机制：宏观审慎管理职能部门，即人民银行，作为牵头部门，通过组建跨部门专项工作组等方式健全宏观审慎政策沟通机制，跟踪监测、评估系统性金融风险，并对工具的启用、校准和调整提出建议。人民银行还建立和健全了货币政策和宏观审慎政策双支柱调控框架，强化宏观审慎政策与货币政策的协调配合，促进实现价格稳定与金融稳定的"双目标"。宏观审慎政策可通过约束金融机构加杠杆以及货币、期限错配等行为，抑制金融体系的顺周期波动，通过限制金融机构间关联程度和金融业务的复杂程度，抑制风险传染，促进金融机构、金融基础设施稳健运行，这有利于货币政策的实施和传导，增强货币政策执行效果。强化宏观审慎政策与微观审慎监管的协调配合，使宏观审慎政策关注金融体系整体与微观审慎监管强化个体机构稳健性形成政策合力,共同维护金融稳定。这就需要宏观审慎机构和微观审慎机构加强合作、沟通与交流,在宏观审慎政策制定过程中综合考虑微观审慎监管环境,评估政策出台可能的溢出效应和叠加效应。在政策执行过程中,宏观审慎监管机构要会同微观监管部门定期评估政策执行效果,适时校准和调整宏观审慎政策。除此之外,还需要加强宏观审慎政策与国家发展规划、财政政策、产业政策、信贷政策等的协调配合,提高金融服务实体经济的能力。

第六章　金融监管体制

金融监管体制是指包括金融监管机构职责范围、目标设定、职能划分和协调关系在内的整体框架。它不仅是有效实现金融监管目标的基石，还是影响监管辖区内的金融发展、稳定和资源分配效率的关键经济制度。本章重点讨论金融监管体制。和其他领域的政府监管一样，金融监管体制也遵循丁伯根原则。

第一节　金融监管的目标与体制

金融监管体制通过建立监管机构，明确其职责，赋予其足够的监管工具和资源，以及监督其履行职责来实现监管目标。从广义上看，金融监管体制还包括中央银行或财政部门等具有监管职能的政府机构。金融监管体制是随金融市场和金融系统的发展而逐渐形成和发展的，受监管辖区内的政治、法律和文化等各种因素的影响。世界上没有普遍适用的最优金融监管体制（Carmichael et al., 2004；Llewellyn，1999）。

1.1　金融监管的目标与监管体制

金融监管是从信息问题、不确定性、有限理性和外部性导致的金融市场失灵出发的（Carmichael，2003），最终目标是应对市场失灵及其导致的金融消费者的福利损失和金融系统的不稳定性（Llewellyn，1999）。具体来说，金融监管的目标包括四个方面：一是维护金融机构稳健性，二是维护金融系统的稳定，三是保护金融消费者利益，四是维护金融市场的公平竞争秩序。

金融监管体制的构建要根据目标，明确相应的金融监管机构，并赋予其监管职权和监管资源；还需要明确金融监管机构之间，以及它们与中央银行和财政部门等政府机构之间的协作协调机制，共同组成一个高效协同的有机体系。

对于政府的政策工具和目标框架，第一届诺贝尔经济学奖获得者丁伯根（Jan Tinbergen）提出了丁伯根原则，即决策者应该为每个政策目标制定至少一种独立的政策工具。[①] 该原则首先强调政策工具与特定政策目标相匹配的重要性，例如，为实现价格稳定目标，中央银行可以使用货币政策工具，如调整利率。这种明确的对应有助于有效集中精力和资源。丁伯根原则其次强调政策工具的独立性，这意味着决策者在调整政策时，不会受到其他工具或目标的过度限制。这种独立性使决策者能够对每种工具进行微调，以满足其相应目标的具体需求。如果工具不独立而是与其他因素联系在一起，就很难优化使用以实现预期的结果。

遵循丁伯根原则，一是可以增强政策效力。通过为每个目标配备不同的政策工具，可以更精确地实现政策目标。由于政策工具可以调整以直接影响相关变量，因此更有可能实现预期结果。例如，与使用单一工具实现两个目标相比，使用财政政策刺激经济增长，使用货币政策控制通货膨胀，可以带来更有效的结果。

[①] Tinbergen, J. (1952). *On the Theory of Economic Policy*. Amsterdam: North Holland Publishing Company. Tinbergen principle, policymakers should have at least one independent policy instrument for each policy objective, and such an approach has real virtues.

二是决策清晰。丁伯根原则为决策过程提供了清晰度，有助于决策者了解哪种工具最适合实现哪种目标，从而减少混乱和潜在冲突。这种清晰度还使公众和市场参与者更容易理解和预测政策行动，从而带来更稳定的经济预期。

三是改善政策协调。虽然每种工具都专注于其特定目标，但该原则也隐含了不同政策领域之间协调的必要性。当同时追求多个目标时，清楚地了解每种工具的作用有助于不同政府机构或决策机构之间更好地协调。例如，中央银行和财政部可以分别协调货币政策和财政政策，以实现整体经济稳定。

根据丁伯根的建议，建立和完善监管体制的步骤如下：

第一步是明确监管目标。目标应该具体、可衡量，并与整体经济和社会目标相关。例如，目标可以包括维持价格稳定、实现充分就业、促进经济增长、确保预算平衡或改善收入分配等。金融监管目标的确定，为明确监管部门并授予其相应的监管资源奠定了基础。

第二步是为每个目标分配特定的政府机构或监管机构。目标确定后，紧接着就要依据各机构的专长和能力进行分配。例如，控制通货膨胀等货币政策目标分配给中央银行，因为央行拥有管理利率和货币供应的工具和知识。在金融监管中，很多监管辖区将宏观审慎监管职能授予中央银行，也在于中央银行稳定币值、促进经济平稳增长和充分就业等目标与维护金融体系稳定具有较强的互补性。这样可确保每个目标都有专门的机构负责实现。

第三步是确定并利用适当的政策工具。每个政府部门都需要确定可用的政策工具，并确定如何利用这些工具实现既定目标。例如，中央银行可以使用利率调整、公开市场操作和存款准备金作为货币政策工具。金融监管中的微观审慎监管机构可以设立准入制度和监督检查制度。这些工具的选择和实施应基于它们对与目标相关的经济变量的有效影响。

第四步是监控和调整。应持续监控政策体系，评估其实现既定目标的有效性。经济和社会条件会随着时间变化，因此有必要评估当前政策是否仍然适用。如果实际结果偏离了预期目标，决策者就需要进行调整。这可能包括改变政策工具的设置，必要时重新分配职责，甚至根据新的情况修改目标本身。

1998 年，澳大利亚对金融监管体制进行了重大改革，使一个监管目标对应一个监管机构，并赋予其相应的监管工具。一是建立澳大利亚审慎监管局，它承接了之前 11 家监管机构的监管职能，其中包括澳大利亚储备银行的银行监管职能，使其成为专注货币政策职能的中央银行。它还并入了保险和退休金委员会以及州政府监管部门，将此前分散的银行、保险和养老基金监管权集中起来。审慎监管局的成立，标志着澳大利亚的金融机构从机构监管转向功能监管，专注于审慎监管，以应对不同类型金融机构特有的风险。二是保留澳大利亚证券和投资委员会，继续负责监管公司和金融市场，以及养老金、保险和保证金收取等领域的消费者保护。这一场金融监管体制改革建立了"双峰"监管模式。审慎监管当局可以制定统一的审慎监管要求，将重要的金融机构纳入统一的审慎监管范围，以避免监管冲突和监管真空，提高监管效率。此外，成立于 1995 年的澳大利亚竞争与消费者委员会（Australian Competition and Consumer Commission，简写为 ACCC）作为竞争监管机构，保证市场公平竞争。根据《2010 年澳大利亚竞争和消费者法案》，它的职能是促进市场竞争，防止价格垄断、卡特尔和滥用市场支配力等反竞争行为。随着数字经济的发展，ACCC 还负责对网络平台竞争和消费者保护进行监管。ACCC 在金融监管方面的职责主要有二。一是保护金融消费者。ACCC 负责执行《2010 年澳大利亚竞争和消费者法案》及其他相关法律，以确保金融机构不从事误导或欺骗行为，例如虚假广告，并确保它们向消费者提供清晰准确的信息。ACCC 负责金融消费者教育，它可能会就银行账户、贷款或保险单等金融产品的选择提供建议，负责调查金融消费者投诉，并对违反消费者保护法的金融机构采取行动。如果发现金融机构存在不公平或欺骗性行为，ACCC可以采取措施，例如罚款、禁令或赔偿受影响的消费者。二是维护金融市场的公平竞争环境。ACCC促进金融机构之间的竞争，确保消费者拥有多种选择，并能够从更低的价格、更优质的服务和创新中获益。它监督市场上可能大幅削弱竞争的垄断行为，例如串谋、滥用市场支配力或并购。ACCC监管金融机构的行为，以确保公平交易和遵守竞争法。它可能为定价、广告和其他商业行为制定标准和准则，以防止不公平的优势，并确保所有市场参与者公平竞争。

根据《2012年金融服务法案》，英国对金融机构的监管按照目标建立了"双峰"监管模式，审慎监管局专注于审慎监管事务，例如资本要求、流动性管理和机构的整体财务健康状况。而金融行为监管局专注于确保市场公平有效和保护消费者。这将在第十三章详细讨论。

这里的另一个重要问题是，一个监管机构实施政策工具，往往会对其他监管机构的监管目标产生影响或外部性。如果对其他监管目标的影响是正面的，即促进其他公共目标的实现，那当然是最好的结果。但如果影响是负面的，甚至产生冲突，在构建监管体制时，就不仅要考虑一个监管机构的政策工具对本领域目标的作用和影响，还要考虑对其他领域公共目标的影响。也就是说，不仅要考虑监管机构与目标的对应关系，还要考虑工具之间的相互影响，并建立监管机构之间的协调配合机制。

金融监管政策工具与目标之间的关系，如图6.1所示。图中的实线是政策工具的主要影响，虚线是次要影响，次要影响既可能是正面的，也可能是负面的。[①]

[①] Schoenmaker, D. and Kremers, J. (2014). Financial Stability and Proper Business Conduct: Can Supervisory Structure Help to Achieve these Objectives?. In R. Huang and D. Schoenmaker (Eds.), *Institutional Structure of Financial Regulation: Theories and International Experiences*. London: Routledge.

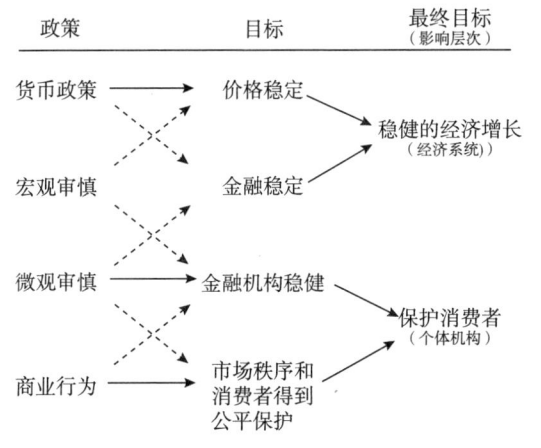

```
政策              目标            最终目标
                                （影响层次）

货币政策  ———→  价格稳定
                          ↘
                            稳健的经济增长
                          ↗ （经济系统）
宏观审慎  ———→  金融稳定


微观审慎  ———→  金融机构稳健
                          ↘
                            保护消费者
                          ↗ （个体机构）
商业行为  ———→  市场秩序和
                消费者得到
                公平保护
```

图 6.1　金融监管政策与目标的关系

在金融监管体制中，丁伯根原则强调一个监管目标对应一个监管机构，并赋予其相应的监管工具，这在理论上为监管提供了清晰的架构。然而，在实际操作中面临的情况却更为复杂。以微观审慎监管与货币政策的关系为例，微观审慎监管旨在通过运用资本充足率监管、流动性监管、资产监管以及恢复与处置等微观审慎监管工具，维护个体金融机构的稳健运营，这是金融系统稳定的基础和前提。货币政策的核心目标则是保持物价稳定并促进经济增长（Brunnermeier，2010）。正常情况下，两者在维护金融稳定与经济平稳运行的大方向上具有一致性，可视为正面的外部性，即一种政策的实施有助于促进另一种政策目标的实现。

然而，政策实施过程中也可能出现负面影响，即一种政策的实施与其他政策目标的实现形成冲突。例如，2000—2001 年美国新经济泡沫破裂，2001 年"9·11"事件后，美联储为刺激经济，连续 13 次下调联邦基金利率，从 2001 年初的 6.5% 降至 2003 年 6 月的 1%，并维持了一年多时间。低利率政策刺激了房地产市场的繁荣，房价持续上涨，金融机构为追求利润，不断扩大住房抵押贷款规模，降低贷款标准，发放了大量次级贷款，金融创新使得这些次级贷款被打包成各种金融衍生品在市场上交易，金融市场呈现出虚假的繁荣景象。在此期间（2001—2006年），美国处于"大缓和时期"，实现了经济增长与物价稳定。但这种繁荣背后隐藏着巨大的风险。当货币政策调整，美联储从2004年6月到2006年6月连续17次加息，联邦基金利率从1%提高到5.25%。这一举措在一定程度上加剧了房价下跌，引发了一系列连锁反应。房价下跌导致次级贷款借款人还款压力增大，违约率大幅上升，基于次级贷款的金融衍生品价值暴跌，金融机构资产严重缩水，最终导致泡沫破裂，金融危机爆发。这表明货币政策在实现物价稳定和经济增长目标的过程中，对微观审慎监管所追求的金融机构稳健运营目标产生了巨大的负面影响，引发了金融体系的不稳定。

此外，还有第三章讨论过的监管宽容的情形，即监管机构在某些情况下对金融机构的违规行为或潜在风险采取宽容态度，这也可能导致金融机构过度冒险，积累系统性风险，进而影响金融系统的稳定。甚至有极端观点认为，由于道德风险，中央银行对金融机构稳健性问题的任何"明确关注"，都可能会动摇金融系统的稳定。这是因为金融机构可能会因预期中央银行的救助而放松风险管理，过度承担风险（ECB，2013）。

在当前金融环境中，货币政策与金融稳定之间的关系复杂且微妙，存在诸多值得深入探讨的问题。从货币政策对金融稳定的影响来看，传统的货币政策主要聚焦于控制通货膨胀和促进经济增长。然而，实践表明，这种传统目标导向的货币政策在金融稳定方面存在一定的局限性。2008年金融危机爆发后，为稳定经济，美联储推出量化宽松。美国长期处于低利率环境，在此背景下，上市公司更倾向于通过回购股票来提升股价，很多大公司的负债率提高。这也因市场竞争导致了

"网格锁定"。[①] 2020 年 3 月,在新冠疫情冲击下,那些高杠杆的实体企业的股价大幅下滑,股票市场波动加剧。同时,货币市场基金也遭受挤兑,避险动机使投资者"逃向"高质量资产,货币市场挤兑以及高度的传染性很快将金融市场的风险外溢到实体经济,系统性风险一触即发。

针对这种不同政策工具与政策目标的相互影响,监管部门在制定政策时,需要进行全面且深入的评估。比如,当微观审慎监管目标聚焦于个体金融机构的稳健运营,而宏观审慎监管目标着眼于整个金融体系的稳定时,如果两者出现冲突,基于金融系统稳定的目标高于金融机构个体稳健的目标,通常要优先保障宏观审慎目标。但这并非绝对,需要具体情况具体分析,同时要综合考量对实体经济和金融市场的多方面影响,权衡利弊后做出科学决策。通过这样的方式,不断完善金融监管体系,更好地维护金融稳定和促进经济健康发展。

1.2 高效监管体制的标准

监管体制是关系监管有效性和效率的最重要因素。在建立和改革监管体制时,需要以最大化有效性和效率为目标,根据监管辖区的基本法律制度并按照法律规定的程序,建立或明确金融监管机构,同时赋予其相应的政策工具并合理配置监管资源。然而监管体制并非一劳永逸,还需根据市场变化,不断调整、改革和完善。

国际货币基金组织(IMF,2000)将高效监管体制的标准总结如下:

第一,清晰的政策目标。监管目标是监管机构权力分配和监管资源配置的基础,需要在法律法规中做出明确规定。明确监管政策目标的意义主要有以下三点。一是防范监管机构不受限制地扩大监管边界。

[①] Goodhart, C., Hartmann, P., Llewellyn, D., Rojas‑Suarez, L. and Weisbrod, S. (1998). *Financial Regulation: Why, How and Where Now?*. London: Routledge.

如果监管干预的范围超出所需纠正的市场失灵的限度，将导致监管失灵或市场效率的降低。二是提高监管资源的配置效率。金融监管机构在分配自身的监管资源时，以监管目标为导向，应把有限的监管资源配置到最重要的监管目标上，在监管措施的选择上更加注重监管实效。三是增强社会监督和问责。清晰明确的目标，才可能使社会和媒体更加容易和有效地监督监管机构的运作和取得的效果，从而促使监管机构对自身的决策和管理负责，防范不当的监管竞争和监管俘获。例如，对于宏观审慎监管体制，IMF（2011）指出，明确的目标、透明的决策和协调机制起着举足轻重的作用，必须明确相关监管机构的职责以及政策工具箱和协调机制。

尽管监管目标已经清晰界定，但金融市场仍在不断变化。金融创新和套利都可能导致监管空白和漏洞，或带来新的监管挑战。即使在立法时确定的监管目标和监管边界清晰、准确，随着市场变化，也需要进行评估和检查，要适应市场的实际，及时调整监管职责、政策目标和边界，以确保监管的全面性和有效性。

第二，独立性、透明度和问责机制。为保证监管目标的实现，有效防范监管套利和监管空白，杜绝监管立法和执法中的俘获等问题，就需要确立监管机构的独立性、监管的透明度和有效的问责机制。

独立性是指一个监管机构必须能够在不受到外界不当干预的情况下做出属于其职权范围内的决策，它是监管效力和效率的基础。这一方面需要监管机构有明确的目标，另一方面需要监管机构在做决策时，不受利益集团的影响和干扰，或是不被监管主体俘获。独立性还体现在当监管目标存在冲突时，监管机构可以独立选择和实施相关政策及工具。例如，当宏观审慎监管决策面临与其他目标之间的冲突时，坚持宏观优先原则，在充分考虑货币政策目标和微观监管目标的基础上，做出独立决策。

透明度，既包括立法透明，也包括监管执法透明。在制定监管法律法规的过程中，要通过会议等形式公开征求行业和社会公众意见，允许被监管机构和市场参与者充分发表意见。公开的立法过程，一方面便于被监管机构和市场及时把握政策导向，了解监管动态；另一方面，金融机构和市场也可以就即将颁布实施的监管法律法规提前做出安排，调整内部管理制度、培训相关业务人员。征求意见的过程也可以让市场提前消化政策调整的影响，防止新政策和制度的实施给市场造成过大冲击。监管执法要有透明度，建立完善的复议程序，充分保护行政相对人的权利，实现信息公开并接受市场监督，以促进监管机构决策和实施的程序正当性和正确性，维护市场公平公正，增强监管的有效性。

问责机制旨在促使监管机构切实履行法律法规和政策规定的责任，就其决策、行动和业绩向公众负责。有效的问责机制，有助于增强金融机构和金融消费者的信心，促进金融监管机构之间的合作和配合，提高金融业和整体经济的运行效率。明确的责任、权力和职责边界，是有效问责的依据。监管机构在金融监管体制规定的治理结构框架下运作，每个金融监管机构要按照规定履行职责，其行政行为要遵守法律法规，并接受监督部门的审计、监督和问责，以确保行政行为和决策符合监管目标和公共利益。问责机制的内容包括评估监管机构是否达到既定监管目标，是否有效、高效地履行监管职责，是否建立投诉处理及行政相对人的救济机制，对接到的投诉进行调查处理，及时纠正错误和不当行为并进行适当补救。

问责机制是以透明度为基础的。监管机构的运作、决策过程应尽可能地公开透明，要及时提供监管活动、监管经费支出和监管成效的信息，供公众监督。而有效的问责机制，也可以促进监管机构提高内部运作透明度和管理效率。

第三，充足的资源。监管资源是监管有效性的基础，包括以下三个方面。一是监管权和执法权。监管效率在很大程度上取决于能否快速有效地采取监管措施并进行严格执法。因此,在立法时,要明确监管机构行政执法的权力和相应的执法手段,例如,准入审核、资本充足率等数量监管要求、强制信息披露等;对问题金融机构进行处置的机构,其权力应当充分,例如,可以决定一些合同是否继续履行,对一些债权或股权"清零"。监管机构必须具备充足的执法权力,包括要求被监管者提供信息、遵守法律法规,以及采取惩戒措施,有权在必要时干预金融机构的业务或者吊销牌照。执法的有效性,还取决于及时修订法律法规的能力。在金融监管立法中,应授予监管机构制定和调整监管细则的权力和一定的自由裁量权。二是监管人才。监管人才与其他金融专业人才一样,都很稀缺。公务员的薪酬水平与金融机构存在较大差距,金融机构出于提高合规能力等考虑,也会从监管机构挖走优秀的监管人才,加之"旋转门"和寻租等问题,监管人才的流失以及如何有效激励与监督监管人员,是困扰各国监管机构的共同问题。三是监管信息。信息问题是导致市场失灵和监管失灵的重要因素,信息不对称和信息成本是影响监管决策和效率的重要因素,除了监管套利、市场创新、监管俘获等导致的信息问题,还有金融监管职责分布在不同的监管机构所带来的信息问题。由于监管机构分别负责不同领域或目标的监管,因而掌握着不同的监管信息。当监管信息分布在不同的监管机构,很容易形成信息孤岛。如果协调机制不畅、相互推诿扯皮,就会影响信息获得的全面性、及时性和有效性。例如,为了有效维护金融体系的稳定,就需要整合分析宏观经济、宏观审慎与微观审慎监管等多个方面的信息,还要结合微观审慎监管中获悉的软信息。只有建立完善的监管机构间协调机制和信息共享机制,才能缓解信息问题。

第四,监管的全面性。金融监管应依法将所有金融活动纳入监管,即监管必须全面,不应存在监管漏洞与空白,不会因监管职责界定不清或监管边界不明,导致某些金融活动、某些类型的中介机构未被纳入监管范围，或使一些金融活动逃避有效监管。全面性的一个核心要素是，监管机构应对其职责范围内的金融活动及其中介实体进行有效综合监管。金融监管体系应对市场变化和金融创新做出快速反应，确保监管框架保持最有效的覆盖状态。全面性应纳入监管问责机制的评估，防范监管机构推诿怠政。

第五，确保监管效率。监管在致力于纠正市场失灵的过程中，不可避免地会给被监管主体带来直接或间接成本，其中间接成本涵盖了因监管失灵所导致的部分。鉴于此，在构建监管体系与制度时，成本收益分析显得尤为必要。

从有效性的角度看，须对金融监管的体制和金融监管机构之间职责划分的有效性进行评估与比较。例如，在全能银行模式下，将银行和证券监管结合起来更具效率。对于这种模式，可以建立统一的监管资本要求和规则，适用于银行和非银行金融机构的证券活动，并由单一监管机构实施这些规则，从而减少激励扭曲和监管套利。法国和德国就采用这种金融监管体制，对银行和证券公司的审慎监管由同一机构负责。建立对监管机构的定期监测、报告和评估机制，持续评估监管制度的效率和效果，可为完善监管体制和制度提出建议，有助于改进和完善监管体制，提高监管效率。从成本收益比的角度进行评估，还可以确保监管机构以最具效率的方式履行职责，并坚持监管机构的职业道德标准。

1.3 金融监管体制的建立与完善

金融监管体制在金融市场与金融机构的发展中逐步形成，与金融市场和金融实践相互影响、相互促进，绝非"基于理论在白纸一张上设计的结果"。20世纪90年代以前，监管理论研究主要聚焦于界定适当的监管目标以及监管目标与监管效率的关系等问题，对监管体制的关注较少。当人们逐渐意识到监管效率受监管体制影响时，这个问题才开始受到学术界、立法部门和政府机构的重视。

1.3.1 金融监管体制的建立

全球各国金融监管体制建立的程序和制度各不相同,即便在同一监管辖区,不同金融行业的程序和制度也不完全一样。总体而言,包括以下三个阶段。

阶段一:立法

立法是通过国家法律明确金融监管机构的职责、监管对象及监管边界,并赋予其必要且相应的监管手段或执法权力。这是确保监管目标实现,保障监管机构资源充足以及具备独立性、透明度和可问责性的基础。

第一步是提出立法建议。建立科学合理的金融监管制度和体制,提出立法建议是首要且关键的环节。立法建议的来源具有多元性,金融行业基于自身实践经验和发展需求,能够敏锐洞察行业内潜在的风险与监管需求,从而提出具有针对性的立法建议。政府部门从宏观经济调控和市场秩序维护的角度出发,依据国家整体经济发展战略和金融市场稳定需求,也会积极提出立法动议。学界凭借专业的学术研究和理论探索,为立法建议提供坚实的理论支撑和前瞻性的思路。公众则从自身作为金融市场参与者的切身体验出发,表达对金融市场规范和权益保护的诉求。

当立法建议提出后,广泛且深入地征求各方意见至关重要。金融行业存在出于保护自身短期利益,通过游说立法机构,使立法朝着对自身有利但可能损害市场公平和整体利益方向发展的风险。例如,某些金融机构可能试图通过立法规避严格的风险管控要求,以便在市场中获取不正当竞争优势。为避免这种情况发生,必须构建透明、中立的立法建议程序。这一程序能够有效防止在本不该引入监管的领域,因不当立法建议而强行建立监管,进而造成监管资源的浪费和经济运行成本的无端增加。比如，在一些新兴金融创新领域，过早或过度监管可能会抑制创新活力，阻碍行业发展。同时，也不能在本该建立监管的领域，因缺乏有效的立法建议和推动而放任自流，致使监管空白出现，市场失灵问题无法得到及时纠正，像互联网金融初期，部分P2P（个人对个人）平台乱象丛生就是监管缺失的典型后果。

  第二步是立法过程。立法过程必须严格以辖区内的立法法为根本遵循，确保立法的合法性和规范性。对于建立监管机制和设立相应监管机构的立法建议，要进行多维度、深层次的充分论证。论证过程应全面考量公共利益目标和监管空白。以防范系统性金融风险为例，通过立法明确监管机构对跨市场、跨行业金融活动的监管职责，避免因监管空白而引发风险的积累和爆发。同时，要坚决防止监管重叠和过度监管的情况出现。监管重叠不仅会导致监管资源的重复投入和浪费，还可能使被监管对象面临多头管理的困境，增加合规成本。过度监管则可能束缚金融机构的正常经营和创新发展，削弱金融市场的活力和竞争力。更要杜绝为了特定利益集团的私利而设定监管，确保监管的公正性和客观性。

  立法过程中，明确监管目标是核心任务之一。清晰的监管目标能够为监管机构的行动提供明确指引，使其在履行职责时有据可依。在法律中要精准确定监管机构及其职责，避免职责不清导致的相互推诿或权力争夺现象。例如，明确规定央行在货币政策调控和系统性金融风险防范方面的职责，以及国家金融监督管理总局在金融机构审慎监管方面的职责等。

  完整、全面的立法过程，能够充分吸纳各方意见，协调不同利益群体之间的关系，为达成最大程度的社会共识奠定坚实基础，进而有利于法律的顺利实施，实现最优的实施效果，保障金融市场的稳定、健康发展。

  第三步是明确监管机构。监管立法的核心要点在于明确监管机构，这一过程存在两种可行路径：一是对现有监管机构赋予新的监管职责，充分利用已有的资源、经验和监管基础，使其在原有职能的基础上拓展业务范畴，以适应新的监管需求；二是根据实际情况设立全新的监管部门，这种方式通常适用于新兴领域或现有机构无法有效覆盖的监管空白区域。明确了监管机构后，法律应赋予监管机构充分的授权和充足的监管资源。授权应涵盖监管机构的调查权、处罚权等，使其能够有效履行监管职责。监管资源包括人力、物力和财力等方面，确保监管机构有足够的专业人才、先进的技术设备和充足的资金来开展监管工作。

在中国，反垄断领域的监管机构发展历程极具代表性。2007年，《中华人民共和国反垄断法》正式通过，这是我国维护市场公平竞争的重要法律基石。然而，在初期并没有设立专门的反垄断执法机构，而是由商务部、国家发展改革委、国家市场监督管理总局等部门在各自原有的职责范围内承担相应的反垄断执法职能。这种分散式的执法模式在一定时期内发挥了作用，但随着市场竞争的日益复杂和反垄断工作的深入开展，其弊端逐渐显现，如执法标准不统一、协调成本较高等。2018年，国务院机构改革带来重大变革，将原先分散在各部门的反垄断执法职能统一整合起来，成立了专门的反垄断执法机构——国家市场监督管理总局反垄断局。这一举措有效提升了反垄断执法的效率和专业性。2021年，为进一步强化反垄断工作，又将反垄断局升格为国家反垄断局，彰显了国家对反垄断工作的高度重视和坚决维护市场公平竞争的决心。

阶段二：监管实施

监管实施是监管体系得以有效运行的关键环节，即法定监管机构严格按照法律规定履行监管职责。监管机构作为整个监管体系的核心主体，承担着多方面的重要职责。在行业市场准入方面，监管机构扮演着"守门人"的角色，通过制定严格的准入标准和审批程序，对申请进入行业的企业进行全面审查，包括企业的资金实力、技术能力、管理水平以及合规记录等，确保只有符合条件的企业才能进入市场，从源头上保障行业的健康发展。

在日常监管过程中，监管机构运用多种监管措施，对行业内企业的经营活动进行持续监督。以商业银行为例，监管贯穿从准入到日常运营再到问题银行处置的全过程。在数量监管方面，会设定诸如资本充足率、存贷比等量化指标，要求商业银行严格遵守，以确保银行具备足够的风险抵御能力；在质量监管方面，关注银行的风险管理体系、内部控制制度以及合规经营情况等，保障银行稳健运营。同时，现场检查也是重要的监管手段之一，监管人员深入银行内部，实地查看业务操作流程、财务账目以及风险管理执行情况等，及时发现潜在问题。信息披露监管则要求银行按照规定定期向社会公众披露财务状况、经营成果以及重大事项等信息，增强市场透明度，便于投资者和社会监督。

阶段三：监管的评估与完善

建立对监管体制持续的评估与完善机制，是提升监管效率、防范监管空白和监管失灵的关键所在。以欧盟为例，其建立的"法规生命周期"（Rule's Life）规则堪称典范。在新规则制定阶段，就对规则进行全面的成本收益评估，综合考量规则实施所需的成本，如监管资源投入、企业合规成本等，以及可能带来的收益，包括市场秩序改善、消费者权益保护等，确保规则制定的合理性和可行性。在规则实施过程中，持续对监管的实施情况进行跟踪评估，及时收集各方反馈信息，根据实际情况对规则进行不断修改和完善，使其更好地适应市场变化。

对所有的政府监管都需要进行持续的评估、调整与完善。而金融监管由于存在第三章讨论过的特殊性和面临的监管失灵问题，对其评估尤其重要。

一是金融市场处于动态变化之中，多种因素交织推动着市场的演变。金融机构自身为追求竞争优势和业务拓展，不断进行金融创新，推出新的金融产品和服务模式；同时，技术的飞速发展，如金融科技的兴起，深刻改变了金融市场的运行方式和交易模式；市场需求也随着经济发展和消费者偏好的变化而不断调整。在这样复杂多变的环境下，设计一套能够完全适应各种市场环境的监管体制几乎是不可能的。因此，持续对金融监管体制进行评估和改进显得尤为必要。

二是金融市场结构在不断演进中，对金融监管体制的适应性提出严峻挑战。例如，金融控股集团的出现，打破了传统金融行业之间的界限，其业务涵盖银行、证券、保险等多个领域。这种综合性的经营模式对传统以机构监管划分监管职责和边界的体制形成了巨大冲击，容易出现监管重叠或监管空白的问题。当金融控股集团旗下不同业务属性的子公司分别面对不同的监管机构时，机构监管模式会导致金融控股集团需要应对多个监管机构的不同监管要求，增加了大量的协调成本和合规成本，降低了运营效率。为应对这些挑战，需要不断对金融监管体制进行评估和优化，探索更加科学合理的监管模式，如功能监管、协同监管等，以提高监管的适应性和有效性。

三是监管立法存在一种特殊的"乱世用重典"倾向。当金融危机爆发，市场陷入混乱，经济遭受重创，民众和企业面临巨大困境，此时出台严厉的监管法律往往容易获得公众的广泛认可和立法部门的顺利通过。这是因为在危机的冲击下，人们急切渴望恢复市场秩序，稳定经济局势，严厉的监管措施被视为解决问题的一剂猛药。例如在1929—1933年的大萧条后，美国进入了罗斯福新政时期。当时，金融市场一片狼藉，大量银行倒闭，投资者血本无归。为了挽救金融体系，罗斯福政府颁布了一系列金融监管法律，如《格拉斯-斯蒂格尔法案》，将商业银行与投资银行的业务严格分离，旨在加强对金融机构的监管，防止金融风险的过度积聚。然而，这类在危急时刻仓促出台的过度或不适当的监管措施，其负面效应并不会立刻显现。只有随着时间的推移,当市场逐渐从危机中恢复,经济运行进入相对平稳阶段,这些负面效应才会逐渐浮出水面并被人们清晰地认识到。以罗斯福新政期间颁布的监管法律为例,直到20世纪70年代,美国和欧洲国家经济形势发生变化,人们开始意识到大萧条后建立的一些监管制度在一定程度上束缚了金融创新和市场的发展活力。于是,掀起了自由化和放松监管的浪潮,一些过于严格的监管制度逐步被放松或取消。这一变革为金融全球化和自由化奠定了基础,新的金融产品如金融衍生品不断涌现,金融组织形式也日益多样化,金融创新进入了一个新时代。

监管体制并非一成不变,而是需要不断地改革与完善。设计监管体制的基本原则是依据监管目标构建一套逻辑严密的监管组织体系。然而,在实际操作中,由于受到有限理性和信息不对称等多种因素的制约,监管体制的设计很难做到尽善尽美。有限理性意味着监管者在制定政策和设计体制时,无法掌握所有的信息,也难以完全预测未来市场的变化和各种复杂情况。信息不对称则使得监管者难以全面了解被监管对象的真实经营状况和潜在风险。所以,监管体制需要在实践中不断优化,通过持续的评估和检讨来适应市场的动态变化。

2008年的全球金融危机是一次深刻的教训,它让全球主要监管辖区都深刻反思金融监管体制存在的不足与问题。在这次危机中,传统的微观审慎监管机制暴露出严重的缺陷:仅关注单个金融机构的稳健性,而忽视了整个金融体系的系统性风险。危机过后,各国达成的一个重要共识是,仅依靠微观审慎监管机制不足以防范系统性风险。因此,建立宏观审慎监管体系,以及完善宏观审慎机构与相关监管机构的协调配合机制,成为各国金融监管体制改革的重要方向。例如,许多国家成立了专门的宏观审慎管理机构,加强对金融市场整体风险的监测和调控,同时强化不同监管机构之间的信息共享和协同合作,以提高应对系统性风险的能力。

从国际经验来看，并不存在一种放之四海而皆准的、一劳永逸的最优金融监管体制。一个至关重要的问题是，高效合理的监管体制能够及时发现和化解金融风险，维护金融市场的稳定，促进金融行业的健康发展；而不合理的监管体制则可能导致监管失灵，引发金融市场的混乱。然而，需要明确的是，监管体制本身并不是决定监管有效性和效率的唯一因素。监管人员的专业素质、监管技术的先进程度、市场环境的复杂多变等都会对监管效果产生影响。所以，监管体制改革绝非"万能药"，不能期望通过单一的体制改革解决金融领域面临的所有问题。如卡迈克尔（2003）所说，适宜的监管体制可能会对提高效力和效率有所帮助，但新体制并不能保证带来更好的监管。从根本上说，更好的监管来自更强有力的法律、训练有素的工作人员和更好的执法。

1.3.2　成本收益比较分析

金融监管会带来两类成本：其一是监管的直接成本，即创建、维持、实施和修改监管机构及监管制度所需的成本，包括员工工资、行政管理费用和信息技术系统的预算，这些成本最终将由被监管实体和纳税人承担；其二是监管的间接成本，也即被监管实体因需要遵守监管要求而产生的合规成本，例如它们需要聘请专业合规人员，建立合规的部门、技术系统、信息数据库和报告制度。

引致监管成本的原因有两大方面：一是监管体制和制度不够完善，信息问题、不确定性和有限理性，不仅使监管机构难以设计出完善的监管制度，还会引发制度实施和执行中的种种问题；二是监管机构的代理问题。监管机构作为代理人，在追求自身利益的时候，也可能忽视公共利益，甚至损害公共利益，例如，监管俘获导致的社会净福利损失，也是一种监管成本。

因此，在建立新的监管制度或者改革监管体制时，就需要进行成本收益分析。一些国家从20世纪60年代开始推行这一制度。目前，已经成为很多国家监管法律法规建立过程中必须履行的程序。以美国为例，20世纪60年代美国政府设立建筑、环境等监管法规时，就要进行事前的收益成本评估。1981年，美国建立了正式的成本收益评估制度。根据12291号行政令（Executive Order 12291），所有监管都需要进行成本收益评估，只有可能产生正的净效应的监管制度，才能提交国会并获得批准。很多国家和地区也在20世纪80年代后建立了相应的制度。例如，OECD发布了《监管影响分析》（2009）、欧盟委员会发布了《影响评估指引》(2005)。澳大利亚建立了监管评估办公室（Office of Regulation Review），并按照《监管指引》（1998）对新的监管制度进行评估。

金融监管成本是影响金融市场运行和效率的重要因素之一（Gordon，2014）。金融机构、金融产品和金融市场都受到监管，监管的强度和频率又很高。过高的金融监管成本，不仅会增加金融机构的成本和降低金融市场的效率，还可能引发监管套利，导致监管失灵，这也会损害公共利益。

金融监管还存在过度监管的固有趋势。从需求方面看，金融监管与其他公共品一样，在很多消费者看来是免费的，他们往往忽视了自己是金融监管成本的最终承担者。他们很少会从成本收益的角度考虑适度监管的问题，以为监管是多多益善的。金融机构虽然是监管成本的直接承担者，但作为被监管者，它们从成本角度提出的修改监管制度或放松监管的建议，有可能被看作是在谋取行业自身利益而不容易被采纳。从供给方面看，金融监管机构与其他监管机构一样都是风险厌恶型的。监管机构作为非营利性组织，一般不会关注成本问题。虽然它们也会受到成本和预算的约束，但很少会从监管带来的监管成本的角度思考问题。在它们看来，监管的强度越高，越有助于实现监管目标，监管机构就存在过度监管的"内在激励"，甚至认为越严越好。

在金融监管的成本收益分析中，如果纳入系统性风险和金融危机的巨大负外部性，那么，金融监管总是可以获得正收益的，因为金融危机的负外部性极高，难以用金钱衡量。波斯纳和韦尔（Posner and Weyl，2013）认为，如果考虑宏观审慎监管，它无疑是能够通过成本收益评估的。这也正是 2008 年金融危机之后宏观审慎监管得到广泛实施的重要原因。

第二节　金融监管体制的类型

金融监管体制受到本国法律制度和整个监管体制等的影响，并随着金融市场和金融机构的发展逐渐调整和完善，因此，金融监管体制存在广泛的多样性（Carmichael et al.，2004）。全球各监管辖区形成了多种监管体制，很难用统一的概念、单一的维度对金融监管体制进行划分，目前普遍使用的分类有以下几种。

2.1　机构监管与功能监管

机构监管是根据金融机构的类型，分别由不同的监管机构或监管机构内部不同的部门进行分别监管的模式。功能监管则是根据金融服务的功能，对不同的功能分别实施相应的监管。

2.1.1　机构监管

机构监管是金融监管机构为实现对金融业的有效监督与管理，所构建的规则、框架以及机制体系。例如，对银行和保险公司的准入把控与持续监督，这将在后续三章深入探讨，是机构监管的重要实践领域。机构监管的核心目标是确保金融机构的稳健运营，避免金融机构倒闭引发的连锁反应和负面外部效应。审慎监管模式高度契合这一目标，因其以金融机构这一可破产的法律实体为监管对象，而功能本身不存在破产风险，所以审慎监管必须围绕金融机构展开。

机构监管的客体为金融机构，即提供金融服务的法律实体。在机构监管体制下，金融行业按照常见类别，如银行业、证券业和保险业进行划分，各行业分别由专门的监管机构负责监管，其特点是不考量金融机构所开展的实际业务内容及其性质。不同类型的金融机构，像银行与保险公司，即便业务存在差异，都统一被纳入机构监管范畴。以美国为例，不仅银行业、证券业、保险业有各自的监管机构，期货业和期货市场也设有独立的监管机构——商品期货交易委员会（Commodity Futures Trading Commission）。这种基于机构类型的监管划分，构成了金融监管的"自然结构"。机构监管依据金融行业各自的业务特点和风险特征，制定相应的监管制度，各行业均配备独立的监管机构。这些监管机构职责边界清晰明确，既承担对金融机构的审慎监管任务，也有权对金融机构的各类行为实施监管，全面覆盖金融机构运营的各个关键方面。卢埃林（Llewellyn）在1999年的一项研究发现，大约一半的被调查监管辖区采用了机构监管的体制。

机构监管体制的有效性，依赖于金融行业之间清晰明确的业务界定。这种清晰的界定就像是构建高楼大厦的稳固基石，为机构监管的顺利开展提供坚实支撑。只有当各金融行业的业务范围明确，监管机构才能依据相应规则，精准地对不同类型的金融机构进行有效监管。然而，随着金融机构业务多元化趋势的不断加强以及金融创新的持续涌现，金融机构的业务边界逐渐变得模糊不清。原本清晰的行业界限被打破，不同金融业务相互交织渗透。这使得机构监管在面对复杂多变的业务情况时，难以准确判断监管对象和适用规则，其有效性受到严重侵蚀。在美国，1933年的《格拉斯-斯蒂格尔法案》确立了商业银行与投资银行严格的分业经营和分业监管制度，有效隔离了商业银行与投资银行的风险。到了20世纪80年代，金融市场环境发生变化，银行监管机构对《格拉斯-斯蒂格尔法案》的规定采取了更为宽松的解释。这一转变允许商业银行开始涉足一些证券的承销以及保险业务，这也使分业经营制度开始出现松动，金融机构的业务多元化迈出了重要一步。1999年，《金融服务现代化法案》的颁布进一步打破了分业经营的原则。该法案允许金融机构以金融控股公司的形式，同时经营银行、证券和保险等多种金融业务，彻底改变了美国金融行业的格局，也对传统的机构监管模式提出了新的挑战。[①] 同一时期，欧洲、日本等成熟市场的金融业的混业经营和跨国经营都在迅猛推进。

金融机构的混业经营实质性打破了分业经营的监管格局，由此滋生出一系列严重问题，包括监管重叠、监管空白以及监管失灵。同一属性的业务受到不同的监管。不同类型的金融机构能够开展同一种属性的金融业务，然而却受制于不同的监管机构和监管规则。比如，对公开发行证券实施强制性信息披露制度。但在机构监管制度下，银行出售证券时，其是否遵循证券公开发行法律制度以及是否受证券法同等监管存疑。这就可能导致执法的差异。由于监管机构不同，对法律的解释和执行也大相径庭。这使得金融消费者的受保护程度因购买金融产品的机构不同而不同，同时也造成了不同类型金融机构之间的不平等竞争，破坏了市场公平性。在混业经营模式中，金融控股公司旗下涵盖银行、保险、证券等多种金融机构，甚至涉及非金融业务，集团内部成员机构间关联交易频繁。机构监管体制按持牌类型监管，难以对集团层面关联交易进行有效管控，容易引发同一资本被集团内多

---

① 美国国会关于《金融服务现代化法案》的报告指出，参众两院的法案一般都遵循功能监管的原则，即类似的活动应该由同一家监管机构监管。不同的监管机构在监管不同的活动方面具有专长，指望监管机构拥有或发展监管金融服务所有方面的专业知识，既低效又不切实际。因此，该立法旨在确保银行活动由银行监管机构监管，证券活动由证券监管机构监管，保险活动由保险监管机构监管。H. R. Rep. No. 106-434 (1999). Reprinted in K. R. Benson, K. M. Biamco, J. Hamilton, J. M. Pachkowski, R. A. Roth and A. A. Turner (1999). *Financial Services Modernization Gramm Leach Bliley Act of 1999: Law and Explanation*. Chicago: CCH Incorporated.

个法人实体重复用作资本，进而导致集团及旗下金融机构多重加杠杆和资本充足率不足，一旦关键实体出现风险，极易在集团内部传染。与此同时，大型金融机构或金融控股公司往往受到多个监管机构的监管，这虽看似全面，但实则造成了监管资源的浪费，导致监管成本大幅增加，降低了监管效率。

在金融创新不断推进的情况下，金融机构业务愈发复杂，金融系统风险也随之更加复杂。传统的机构监管体制难以跟上这种变化，无法适应新的市场结构和风险特征，从而产生监管空白和漏洞。2008年金融危机就是在这样的监管失灵下积累起了严重的系统性风险。资产证券化成为银行监管资本套利的工具，银行出售信贷资产后又以此发行资产支持证券，且自身还是重要买方并以交易账簿持有。危机爆发后，银行交易账簿的信用风险和流动性风险突然显现，监管机构毫无准备，难以应对。在危机处置机制方面，由于涉及多个监管机构和处置机构，各机构之间信息共享和协调机制不完善，难以有效配合，容易出现误判，延误了最佳处置时机，加剧了危机的影响。

2.1.2 功能监管

功能监管是一种独特的金融监管方式，它打破了以金融机构类型为依据的传统监管模式，转而根据金融产品和服务的经济功能和性质来对金融活动进行分类与监管。功能监管旨在确保对不同金融机构开展的同类金融活动实施一致的监管标准，以遏制金融机构的监管套利行为，同时也填补了因机构监管模式可能产生的监管空白。它让金融市场中的各类主体在相同的规则下公平竞争，避免了因监管差异导致的不公平现象，从而提高监管的效率和有效性。

功能监管更加聚焦于业务本身，而非提供业务的机构主体。无论金融服务由何种类型的机构提供，只要其服务性质相同，就会受到相同的监管约束。它关注金融产品的经济功能，特别是金融产品在经济体系中的作用和影响，以此为依据制定监管策略，确保金融产品的经济功能在合理、安全的框架内实现。功能监管的标准和要求相对稳定和统一，为金融机构提供了可预测的监管环境，有助于金融机构制定长期稳定的发展战略，同时也增强了市场参与者对监管规则的信任。

在金融机构业务范围狭窄且分业经营明确的时期，机构监管和功能监管之间的区别并不显著。此时，金融机构的功能相对单一，功能与机构之间呈现一种拟合协同的关系，两种监管模式在实际操作中差异不大。随着金融业混业经营趋势的日益明显，传统的机构监管模式逐渐暴露出诸多问题。正如泰勒（Taylor，1996）所说，机构监管体制的前提是银行、证券和保险之间有明确的业务分离，当这种区别越来越模糊时，机构监管体制就不再是最佳的体制，而需要考虑功能监管，或者将功能监管理念融入原来的机构监管体制，把分散在不同监管机构的职责进行重新整合，将与某一特定金融功能相关的所有业务和活动集中起来，由一个监管机构统一负责。这样的调整能够最大限度地发挥协同效应，有效消除监管空白和监管重叠现象，提升金融监管的整体效能。20世纪90年代中后期，泰勒（1995，1996）和古德哈特等人（Goodhart，1996；Goodhart et al.，1999）提出了基于监管目标和功能建立金融监管体制的建议。前文提到过1998年澳大利亚的改革方案，分别针对监管目标和功能，建立了对应的监管机构。

功能监管以功能或目标为导向，然而功能的实际提供者仍然是实体金融机构，这就决定了最终的监管落脚点依旧是金融机构本身。离开对金融机构的有效监管，功能监管所设定的目标犹如空中楼阁，难以真正达成。功能监管无法替代机构监管对金融机构稳健性的关键监管作用。一旦金融机构倒闭，其所承载的功能自然也会消失。在纯粹的功能监管模式下，如果没有专门负责审慎监管的机构，金融机构的稳健性监管很容易被忽视或掩盖。如果是纯粹的功能监管，金融机构的稳健性得不到应有的重视和保障，这可能引发一系列连锁反应，威胁金融市场的稳定。

这就需要一个综合性的监管框架,在维护金融机构稳健性的同时,也关注功能监管。当金融机构混业经营成为普遍现象时,传统单一的监管模式已无法适应复杂的金融市场环境,须考虑采取矩阵式的监管方法,综合考虑审慎性和业务功能两个重要因素,构建起机构监管与功能监管相结合的新型监管体制。在该体制中,职责分工更为明确,机构监管机构专门负责金融机构的稳健性监管,功能监管机构则聚焦于业务功能的监管,两者相互配合,共同维护金融市场秩序(见表6.1)。

表6.1 金融监管类型

	稳健性监管	功能监管
纯粹的机构监管	机构监管	机构监管
机构与功能混合监管	机构监管	功能监管

2.2 一体化监管体制与双峰监管体制

20世纪末以来,功能监管理念兴起,其重要目的之一是应对监管分散化和碎片化带来的问题。在此背景下,整合金融监管体制和结构成为普遍趋势。不同监管辖区采取了不同的监管体制,有的辖区采用高度一体化的监管体制结构,有的辖区则将审慎监管与行为监管分开,建立双峰监管体制。

2.2.1 一体化监管体制

一体化监管体制是指由一家金融监管机构负责履行所有金融监管职能。在一体化的单一监管机构内,矩阵式监管方法仍然适用。这是因为监管机构内部的各个职能部门也需要协调,就像在监管机构之间需要建立信息共享和协调机制一样。集中程度最高的一体化体制是所谓的超级混合模式，它将中央银行职能与金融监管职能整合，由一家机构行使，例如新加坡的监管体制。泰勒（1995）指出，一体化的体制可以解决多头监管造成的监管重叠、潜在的监管套利、协调不畅、官僚内讧以及透明度缺乏等问题。其优点主要有：

第一，实现规模经济。一体化体制监管具有显著的规模经济和范围经济。一体化体制将不同类型金融机构和不同领域的监管整合在一起，减少了监管机构数量，甚至由单一机构负责所有监管工作，不仅降低了多头监管的协调成本，还可以实现协同效应，避免监管空白和监管重叠等问题。稀缺的专业人员可以得到更高效的配置，尤其是宏观审慎监管、系统性危机处置等方面的人才，能在一体化体制内灵活调配，也有利于信息、IT系统和其他支持系统的共享。从金融机构的角度看，实行一体化体制，它们只需要面对一个监管机构，减少了多头监管导致的监管重叠和协调成本，合规成本得以降低。以20世纪90年代末的英国为例，一家金融控股集团可能会受到9个监管机构的监管，这9个监管机构的资料报送格式不一，仅信息报告一项就是一笔很大的开支。在一体化体制中，监管资源还可以根据市场的风险状况以及金融机构的系统重要性影响进行配置，将监管资源向系统性影响大、风险高的金融机构倾斜。例如，1997年英国成立金融服务管理局，建立了以风险为基础的监管资源配置机制，通过评估金融机构的风险状况，合理分配监管资源，提升监管效率。

马丁内斯等人（Martinez et al.，2003）对80个监管辖区的调查发现，20世纪90年代后期，很多监管辖区出于最大化规模经济效应的考虑，采取减少监管机构数量的举措，甚至建立一体化体制。其中，英国1997年的改革最为激进，它将历史形成的行业自律监管机构整合为单一监管机构——金融服务管理局，并剥离了英格兰银行的银行监管职责赋予该局。2000年前后，韩国、冰岛、丹麦、拉脱维亚、瑞典、匈牙利等监管辖区也推行类似的调整，纷纷采用一体化体制。

第二，提高监管的有效性。规则的统一性和监管的协调性得到增强。布里奥（Briault，1998）指出，一体化的监管可以对原来各个监管机构发布的原则、规则和指导意见等进行系统的梳理，或纳入新的法律法规中。同时，还可以适应一些行业、市场或客户的特殊性问题，建立相应的监管制度。提高行政执法的一致性，也有利于防范监管竞争与监管套利。有研究指出，监管套利可以出现在监管最薄弱和监督最少的金融服务和金融产品中，它也"诱导"金融机构设计新的金融工具或对现有的金融工具进行重构，以规避监管（Abrams and Taylor，2000）。这可能诱发监管机构之间的监管竞争，监管机构以降低监管标准吸引被监管者，而被监管者也会将注册地或者业务转移到监管较为宽松的辖区。一体化体制可以汇集监管信息并整合信息系统，对问题金融机构的处置和违法违规的惩戒保持一致性。这将使金融机构难以在不一致、重复、重叠甚至是监管空隙中寻找套利机会，以规避监管。同时，也就避免了监管竞争。在第三章和第四章都讨论过，金融风险很容易通过金融机构之间的联系在机构之间和市场之间转移。当金融机构通过产品创新和复杂的结构化产品转移风险时，按照行业划分监管边界的机构监管体制，就难以全面有效地监测风险的累积和转移。在危机触发后，也难以有效阻断传染路径。

对于金融控股公司的监管，无论是机构监管还是功能监管，都难以适应其复杂的内部结构和内部交易。泰勒（1996）就指出，在混业监管的金融体系中，分业监管的机构监管体制已经不是最佳的监管方式了。相对而言，综合性、一体化的监管机构，才能更全面地从金融控股公司的集团层面进行监管。这既可以保证对各类持牌机构的有效监管，又可以对各个子公司的潜在风险及其对整个集团审慎性的影响做出有效的评估和迅速的应对。

然而，一体化体制把所有监管目标集中于一个"屋檐下"，也存在不少短板。

第一，监管机制和措施的局限。一体化监管机构会使行政机构中普遍存在的官僚主义和形式主义问题愈发突出。由于缺乏同行间的竞争与相互学习，面对快速变化的金融市场和层出不穷的市场创新，其反应变得迟缓，监管手段和工具也容易走向单一化、同质化。正如泰勒指出的，一体化模式可能引发监管机构的"官僚利维坦"（Bureaucratic Leviathan）问题，这也是他提出双峰模式，而不主张将所有职能整合到一家监管机构的重要原因之一。正如科斯在研究企业边界时指出的，当规模扩张到一定程度，效率便会下降。行政机构规模过大也同样会出现"X-非效率"问题，即因内部信息传递不畅、激励机制不完善等因素，导致交易费用增加，资源配置效率降低。同时，一体化体制容易出现圣诞树效应（Christmas-tree Effect），即随着新的监管要求不断被赋予到该监管机构，使其责任日益重大，目标愈发多元。受这些问题以及历史发展因素的综合影响，全球范围内采用一体化体制的监管辖区为数不多，而且采用该体制的大多是小型经济体。

第二，监管重心与资源配置偏差。在一体化体制下，所有监管目标均由同一个监管机构执行，监管重点的确定以及监管资源的配置都由其自主决定，缺乏外部的监督与制衡。这就容易在监管重点的把控和资源配置上出现失衡，导致一些关键目标被忽视，监管资源投入不足，最终引发监管失灵。以英国为例，金融服务管理局成立的一个关键原因是20世纪90年代集合投资计划产品销售中出现的误导投资者现象。金融服务管理局成立后，自然地将监管重点放在行为监管上，从而造成对审慎监管的重视程度不够，监管资源分配不足。

第三，潜在的道德风险。一体化体制容易使金融消费者产生错觉，误以为受到监管的金融机构销售的产品都是受到存款保险或其他金融安全网保护的。例如，把存款类机构发行的理财产品当作保本保收益的"刚兑产品"，把货币市场基金当作准货币甚至是支付工具。IMF的一项研究指出：对一体化体制的所有批评中，或许最令人担忧的是，公众会误以为,受某一特定监管机构监管的金融机构的所有债权人都会得到同等程度的保护(Abrams and Taylor,2000)。

2.2.2 双峰监管体制

双峰监管体制,是将金融监管的目标分别由两个机构负责的体制。相对于一体化体制的"单峰",被称为"双峰"体制。泰勒在1995年提出了双峰体制的建议,其核心要义是功能监管,并不完全是将审慎监管与行为监管的分离。功能监管是将分散在不同的监管机构的审慎监管职能整合到一个机构,避免监管重叠、监管竞争、监管套利等问题,以应对混业经营面临的问题。古德哈特等人也提出了同样的建议(Goodhart,1996;Goodhart et al.,1999)。他们认为,金融机构的审慎监管和旨在保护金融消费者的行为监管,应由独立的金融监管机构分别负责。从功能监管角度看,澳大利亚1998年的改革是最早实施双峰体制的国家之一,即澳大利亚审慎监管局和澳大利亚证券投资委员会是分别负责审慎监管和行为监管的"双峰"。

在双峰体制下,审慎监管和行为监管分别由独立的监管机构承担,这一模式能有效规避一体化体制的部分弊端。

首先,明确的职责分工带来显著优势。两个监管机构各自聚焦特定目标,任务清晰明确。这种清晰的定位使得建立透明且高效的问责机制成为可能,从而有力保障了监管运作的效率。同时,避免了在一体化体制中可能出现的某一监管目标被忽视甚至完全弃之不顾的情况,确保每个监管领域都能得到充分重视。

其次,双峰体制能够精准适配不同监管领域的特性。审慎监管与行为监管在理念、方法以及文化层面存在显著差异。审慎监管绝非仅仅局限于资本充足率的监管,随着第二支柱的构建,它已深度融入金融机构的公司治理、风控文化以及内部管理制度等核心领域。这种深入程度与行为监管所采用的方法和技术有着本质区别。因此,由独立的两个机构分别负责，能够依据各自监管对象的特点，有针对性地构建与之相匹配的监管制度和工具，极大提升监管的精准性和有效性。

再者，双峰体制在应对金融风险方面具有突出作用。在金融创新和混业经营的大趋势下，金融中介机构之间的联系愈发紧密且复杂。一旦某个具有系统重要性影响的金融机构或者多个金融机构出现违约情况，极有可能引发整个金融网络的违约连锁反应。双峰体制高度关注金融监管的系统性影响以及金融体系的整体风险，凭借其独特的架构和职能分配，有利于建立起完整且全面的系统性风险防范机制，有效降低金融风险的传播范围和破坏力。

当然，泰勒也指出，任何监管体制都难以做到尽善尽美，必然存在一些模糊不清的灰色地带以及不合理、不合逻辑的地方。然而，相较于其他监管模式，双峰体制在实际运行中暴露出的问题相对较少。

关于"审慎峰"监管机构的设置，存在多种选择，既可以由独立的审慎监管机构承担这一职责，也可以由中央银行负责。例如，荷兰央行肩负起金融机构的审慎监管重任；英国在2012年进行金融监管改革后，"审慎峰"的监管职责回归到英格兰银行。改革后的英格兰银行成为集货币政策制定、宏观审慎管理以及微观审慎监管等重要职能于一身的"超级央行"，在英国金融监管体系中占据核心地位，对维护金融稳定发挥着关键作用。

2.3 金融监管体制中的中央银行与财政部门

政府对金融事务干预最早可以追溯到17世纪英国对保险行业的规制，专司金融监管的政府部门是在历史演进中逐渐建立或从原有政府机构中分离出来的。财政部门、中央银行是最早负责金融监管的政府机构，虽然各国的监管体制和政府机构的职责分工不同，但至今它们仍在金融监管中发挥作用，甚至是最重要的金融监管机构。

2.3.1 中央银行在金融监管体制中的角色

第四章讨论了中央银行及其监管职责。中央银行作为银行的银行，为银行提供流动性救助，承担银行监管职能。在金融危机和金融市场动荡时，其大规模流动性救助能防止危机蔓延，通过公开市场操作调节货币供给、稳定宏观经济。这些职责是宏观审慎监管体系的重要部分。不同辖区对宏观审慎监管职能机构和职权安排不同，但央行都在其中扮演着重要角色，不少辖区将宏观审慎监管职责赋予央行。这是因为央行有货币发行权，可快速实施流动性救助，且在货币政策决策实施中掌握宏观经济与金融体系信息，有监测风险的信息和人才优势（Sassoon，2009）。

前面讨论了金融监管目标之间的冲突问题。当多个目标由一个监管机构负责时，在实现监管的规模经济和范围经济的同时，目标间的冲突就值得关注。这种冲突可能体现为经济增长目标或产业政策目标，与金融宏观审慎和微观审慎之间的矛盾。中央银行维护货币稳定的职责，要求其保持较高独立性。这既体现在制定货币政策时，不受其他政策目标干扰，也体现在不被监管机构影响或俘获。当中央银行承担多项金融监管政策目标时，维持货币政策独立性便成为一项挑战。微观审慎监管同样需要保证监管机构的独立性。巴塞尔银行监管委员会发布的《有效银行监管核心原则》，着重强调要确保银行微观监管当局的独立性。例如，日本实施"安倍经济学"时，政府要求银行增加对中小企业贷款，日本金融厅将金融监管目标侧重于支持中小企业贷款，这一举措在一定程度上反映了监管目标间的冲突对监管独立性的影响。在一些新兴国家，这种情况尤其如此（ECB，2001）。它们通过所谓的政策贷款，即政府以正式或非正式方式要求扩大贷款规模，来实现经济增长目标。如此一来，金融监管机构如何在经济增长与金融稳定的目标间权衡，就成了一个亟待解决的问题。若金融机构存在内在的扩张冲动且一味追求短期业绩目标，便可能忽视风险防范，从而埋下金融机构运营不稳健，甚至导致金融系统不稳定的隐患。

当货币政策和微观审慎监管职责都赋予中央银行时，它可能会出于多种原因对问题银行进行救助，进而拖延问题的处理。这些原因包括掩盖其在微观审慎监管方面的失误，避免被问责，或是出于维护自身声誉的考虑而出现过度的监管容忍。这种行为不仅可能助长金融机构的道德风险，不利于金融机构稳健运营，还可能埋下系统性风险的种子。此外，还有观点认为，中央银行只要对金融机构的不稳健表现出明确关注，就可能引发道德风险，进而动摇金融稳定（ECB，2001）。

2.3.2 财政部门在金融监管体制中的角色

在部分监管辖区，由于历史因素，财政部门在金融监管领域占据重要地位。在一些监管辖区，财政部门直接承担金融机构的监管职责；也有很多辖区，财政部门在金融机构处置以及金融危机后的经济恢复进程中发挥主要作用。这是因为在这些情况下，往往需要动用公共资金，所以离不开财政部门的同意与参与。不过，在金融监管体制的发展历程中，财政部门的金融监管职责也在持续调整。随着独立金融监管机构的逐步建立，多数国家和地区的财政部门在金融监管中的地位有所下降。然而，2008年金融危机之后，在加强系统性风险监测与防范以及构建危机处置协调机制方面，财政部门依然是跨部门协调机制的关键组成部分。

以美国为例，在1913年美联储成立之前，美国财政部一直是联邦政府中主管金融事务的部门。1863年，《美国国家银行法》通过，货币监理署随之成立。货币监理署作为财政部内部的独立机构，其主要职责是发放国民银行牌照并监管国民银行。2008年金融危机后，尽管美国金融监管体系的碎片化问题备受关注，但监管体制并未进行重大变革，而是成立了跨部门协调机构——金融稳定委员会，由财政部长担任主席。该委员会作为联邦金融监管的协调机构，负责监测和防范系统性风险，协调非银行系统重要性金融机构的认定等宏观审慎监管事务。

日本的情况也类似，其现代政治制度和金融体系建立于明治维新之后。大藏省在明治维新时期的日本金融体系改革和经济发展中发挥了关键作用，承担着金融机构的设立与管理，相关金融政策的制定，引导银行业发展，以及对银行进行监督等职责，还参与货币政策，影响银行的贷款行为和业务活动。但大藏省的过度干预引发了一系列金融丑闻。1997年，日本颁布新的《日本银行法》，削弱了大藏省的金融监管权，限制其对金融政策的干预。同年，国会通过《金融监督厅设置法》。1998年，日本成立金融厅，大藏省的金融检查局、银行局、证券局以及对金融机构的监督职能全部移交至金融厅。2001年中央政府重组时，金融厅升级为内阁府的外部机构，开始全面、独立地负责金融监管事务。

从中央银行和财政部门在金融监管中的角色及其演变可以看出，金融监管体制受到一国政治体制、金融市场结构等多方面因素的制约，并且存在路径依赖现象，已形成的监管体制想要"推倒重来"或"另起炉灶"并不现实。世界上不存在适用于所有国家和地区的最优金融监管体制。经济学原理和监管理论虽能为金融监管体制的改革与完善提供分析框架和指导意见，但只有与本国金融体系结构、法律制度等相契合的金融监管体制，才有可能实现高效且有效的监管。即便金融监管体制不断完善，也无法彻底消除市场失灵和监管失灵的问题。

第七章　银行监管（一）

银行是最重要的金融机构之一，为居民和企业提供存款、贷款、支付等基本金融服务。稳健的银行，不仅是金融体系稳定的基础，也是保护存款人和其他客户利益的重要基础。本书将用两章讨论银行监管，其中，第七章讨论银行的准入监管和资本充足率监管，第八章讨论银行监管的第二支柱和第三支柱。银行稳健性监管的主要机制，也普遍适用于对其他金融机构的审慎性监管，因此，本书将不再讨论其他金融机构的准入监管及第二支柱和第三支柱。鉴于保险公司的资本充足率监管较为特殊，将在第九章展开讨论。

第一节　银行的准入监管

准入制度是金融机构监管的基本制度，与资本监管等共同构成完整的监管框架。银行的准入监管，即银行开展业务需要向监管当局申请营业许可，获得牌照后在批准范围内经营，无授权或牌照不得开展相关业务。银行准入监管的前提是清晰界定银行的业务活动，以此为基础建立准入和日常监管制度，确定监管机构的职责边界。即便在功能监管体系下，准入监管也不可或缺。此外，自律监管通常也包含准入制度，涵盖成员标准和程序。保险公司、证券公司等金融机构的准入制度与之类似，不再赘述。

1.1 银行的定义

银行和其他金融机构的准入监管，需要清晰界定这类金融机构的核心业务，例如，银行最核心的业务是吸收存款，保险公司以收取保费承担合同约定的偿付义务。"银行"一词源于意大利语中货币兑换商展示硬币的木凳。起初货币兑换商为客户兑换货币，后客户委托其保管金银，银行逐渐形成，核心业务为存款、贷款和汇兑，第十二章讨论支付业务时，将进一步说明银行的汇兑业务。从法律关系上看，存款人与银行是合同关系。银行因客户部分存款长期沉淀，发展出贷款业务，存款是银行核心负债和最低成本融资，资产主要是贷款。基于存款，银行发展了汇兑业务，客户可开支票委托银行划转资金。银行支付工具还有银行汇票，特点是使用灵活，适用于特定商品交易；银行本票由银行签发给收款人。汇兑、支付、信用证等是主要中间业务，部分银行还从事投资、代理销售保险等中间业务。

在几乎所有的国家和地区，银行都是受到监管的，需要持牌才能经营。巴塞尔银行监管委员会2024年发布的《有效银行监管核心原则》（以下简称《核心原则》）的原则四规定："许可的业务范围：必须明确界定已获得执照并视同银行接受监管的机构允许从事的业务范围，并控制'银行'一词在名称中的使用。"《中华人民共和国商业银行法》（以下简称《商业银行法》）也规定，设立商业银行，应当经国务院银行业监督管理机构审查批准。未经批准，任何单位和个人不得从事吸收公众存款等商业银行业务，任何单位不得在名称中使用"银行"字样。

银行的准入监管以明确定义存款和贷款业务为前提。《核心原则》要求，"法律法规对'银行'一词有明确定义，只有持照并受到监管的机构才能在其名称（包括域名）中使用'银行'一词或派生的'银行业务'等词，以避免出现任何可能误导公众的情况"，"只有持有银行执照并受到监督的机构可以吸收公众存款"。如果对"存款"和"银行"缺乏清晰的界定，就难以杜绝变相吸收公众存款等非法金融活动。在中国，非法吸收公众存款是违反刑法的。《中华人民共和国刑法》规定，非法吸收公众存款或者变相吸收公众存款，将处以有期徒刑或者拘役，并处或者单处罚金。但是，这些违法行为仍然屡禁不止，不法分子和犯罪集团以互联网金融、P2P 等形式变相吸收公众存款，给受害者造成了巨大损失。为此，《最高人民法院关于审理非法集资刑事案件具体应用法律若干问题的解释》做出了解释。[①]

1.2 银行准入监管的目的

对银行及其他金融机构实施准入监管，旨在"把好入门关"，具体来说，其目的包括以下四点。

一是保护存款人及其他金融消费者。银行存款是居民的主要储蓄工具，存款人和其他客户获得支付结算服务也需要在银行开立存款账户。居民和企业都会将其大部分的流动性资金存入银行，也就成了银行的债权人。银行的稳健性不仅直接关系到居民的储蓄安全，还影响支付等业务的持续性。这是银行与其他企业不同的重要方面，它的安全稳健运营关系到整个经济的平稳运行。对银行的准入监管，把好"入门关"，是保证其稳健性和合法合规经营的重要机制。

二是持续提供信贷和金融服务。金融机构只有稳健运行，才能持续地提供的相关的金融服务，其中支付结算服务对持续性的要求最高，

[①] 《最高人民法院关于审理非法集资刑事案件具体应用法律若干问题的解释》，"非法吸收公众存款或者变相吸收公众存款"，即（一）未经有关部门依法许可或者借用合法经营的形式吸收资金；（二）通过网络、媒体、推介会、传单、手机信息等途径向社会公开宣传；（三）承诺在一定期限内以货币、实物、股权等方式还本付息或者给付回报；（四）向社会公众即社会不特定对象吸收资金。未向社会公开宣传，在亲友或者单位内部针对特定对象吸收资金的，不属于非法吸收或者变相吸收公众存款。

而信贷的持续提供也非常重要。戴蒙德和迪布维格（1983）指出了银行的内生脆弱性。当银行面临流动性问题或遭遇挤兑时，不得不抛售资产或收回贷款，并引发连锁反应。由于银行贷款具有"关系型融资"的特点，如果银行倒闭，信息摩擦会使借款人难以持续获得银行服务。只有那些拥有良好声誉的大型公司才能在资本市场使用金融工具融资（Diamond, 1991; Bernanke and Gertler, 1995）。小公司和居民因难以从资本市场获得融资或者缺乏抵押品（Holmstrom and Tirole, 1997），它们受银行危机的影响就更大。

三是维护金融体系的效率和竞争力。公平竞争是保证市场效率最重要的机制。在公平竞争的市场中，银行要维持竞争力和盈利能力，需要为负债端的客户提供具有较高安全性、收益性和流动性的产品，从而获得持续稳定的资金来源；也需要为借款人提供期限长、成本低的信贷。这就决定了银行需要长期稳健的运营能力和高效的管理风险能力。市场竞争会促使银行通过产品和服务创新提高效率，满足客户和借款人的需求，使资源配置到高效率的企业和行业。相反，在集中度高甚至是垄断的市场上，银行可以通过压低负债端的收益率、推高贷款利率，获得垄断性收益。这不仅会损害客户和借款人的利益，也不利于有效地动员储蓄和配置资源。

银行等金融机构的准入监管构成了市场的进入障碍，只有符合特定标准的申请人才能获得经营许可，这就会影响金融业的竞争。现有的持牌机构为维护既得利益，可能会游说监管机构减少新牌照的发放或干预其他的监管决策。如果准入标准过于严格，市场中银行数量过少，更容易形成共谋，通过监管俘获，巩固其垄断地位，甚至可能影响监管政策和其他宏观经济政策。詹科夫等人（Djankov et al., 2002）对准入制度的研究发现，准入还会导致腐败和行政行为拖延等问题，不仅增加了进入壁垒，还影响了市场效率。这就需要在准入制度的制定和执行中权衡好稳定与竞争的关系，因为一个缺乏竞争和效率的金融体系，最终也难以实现保护金融消费者和维护行业健康稳定发展的目标。

四是打击非法吸收存款等违法违规金融活动。对银行实行准入制，明确业务性质范围，一方面将银行的业务活动纳入监管，打击与银行业务相关的违法违规活动；另一方面防止监管竞争与套利，避免监管推诿，及时查处非法业务。前些年，互联网金融之所以大行其道，一个重要原因是其发行人和销售渠道均为非持牌机构，没有受到监管，存在监管空白。

1.3 银行准入监管的制度安排

银行准入监管的制度安排包括准入标准和准入程序两个方面。根据《核心原则》的原则五，"发照机关有权制定银行发照标准，并拒绝一切不符合标准的申请。发照程序至少应包括评估银行及其所在集团的所有权结构和治理情况（包括董事会成员和高级管理层的资格），银行的战略和经营计划、内部控制、风险管理和预计财务状况（包括资本规模等）"。

1.3.1 准入标准

在银行等金融机构的监管立法中，要明确其准入标准、申请程序和准入监管机构，立法也可以授权监管机构制定准入标准和细则。对于不符合标准或申请材料不符合规定的申请人，准入监管机构有权拒绝申请。在对金融机构的审慎监管和持续监管中，要保证持牌机构持续满足监管要求，对出现资本严重不足等情况的机构可以进行处置，如吊销牌照、收回许可。银行的准入标准一般包括以下几个方面。

对资本的要求。充足的资本是银行及其他金融机构最重要的准入条件。以后的各节将讨论资本的作用和资本监管的主要制度。在中国，《商业银行法》对银行资本的规定是，全国性商业银行的注册资本最低限额为 10 亿元。银行不仅要在设立时有足够的资本，在开业之后，也要持续地保持资本充足，满足监管部门规定的资本充足率。巴塞尔委员会的《核心原则评估方法》第二十二条规定："银行监管者必须掌握完善的监管手段，以便在银行未能满足审慎要求（如最低资本充足率）或者存款人的安全受到威胁时及时采取纠正措施。在紧急情况下，措施包括撤销银行牌照或建议撤销其牌照。"资本也是保险公司、证券公司等设立的最重要条件，第九章将详细讨论保险公司的资本监管。

对股东的要求。股东为银行提供资本。在第八章将讨论银行及其他金融机构的公司治理。银行的股东持有银行的股份并享有相应的股东权利。如果这些股东不当地干预银行的经营，甚至通过关联交易等损害银行的利益，将导致银行出现风险。因此，在对银行等金融机构进行准入时，还要对其主要股东提出要求，包括：主要股东的资格，例如最终的控制人或受益人，以及其他可能施加重大影响的股东；所有权结构的透明度；资本情况，最低初始资本额以及初始资本来源和股东在必要时提供额外财务支持的能力，支持拟定的战略和计划的财务实力。

对人员的要求。拥有合格的管理人员和核心业务人员是银行和其他金融机构高效开展业务、有效控制风险的基础，也是依法合规经营和保护消费者利益所必需的。国际清算银行发布的《适当性与适宜性原则》（Fit and Proper Principles）指出，银行管理层的正直和胜任是实现监管目标的关键，可以确保银行以稳健和审慎的方式进行经营和管理。一套有效和全面的银行监管制度，应包括监督银行及其管理层持续满足适当性和适宜性要求，并可对不符合条件的银行及管理层采取监管措施。这对证券公司、保险公司等其他金融机构也同样适用。

这就要求银行等金融机构的董事会成员和高级管理人员应当具备相关金融业务的技能和经验，没有犯罪活动记录或其他不适合在银行担任重要职务的记录。

对制度、业务计划、场地等要求。银行要拟定战略和经营计划，要确保银行建立适当的公司治理、风险管理和内部控制体系，包括与侦查和预防金融犯罪活动有关的制度体系。

1.3.2 准入程序及审核要点

设立银行的申请人需依法律程序向准入监管机构提出申请，审核合格后可获金融行业牌照。在中国，《商业银行法》和《银行业监督管理法》规定，现由国家金融监督管理总局（简称金融监管总局）行使银行设立审批权，按法定程序核准。申请人需提交章程草案、董事及高管资格证明、验资证明、股东名册等多项材料。

银行公司章程是关键申请文件，需符合《商业银行法》和《公司法》。章程要明确股东权利义务，涵盖公司治理主要内容，如股东大会决策事项和制度、董事与董事会职责及决策规则等。董事会是公司治理的核心，下设专门委员会，建立健全监督和激励机制，对银行稳健运营意义重大，能缓解道德风险和代理问题。

对银行董事、高管和股东资格审查是准入审核重点。监管机构通过考察这些主体的财务状况、从业资格、履历、犯罪记录等，判断其是否适当、适宜。主要股东审查是准入监管的重要关注点。主要股东及有影响力主体可能利用控制便利，如通过关联交易谋取私利，将银行变成低成本融资渠道，集团公司因透明度低，问题更严重。《核心原则》规定，审核机构要识别确定主要股东及影响者的适当性，评估所有权结构、透明度、资本来源及财务支持能力。日常监管中，确保这些主体持续满足监管要求，其变更需经监管机构审核，尤其涉及大笔所有权转让、合并和收购。《核心原则》明确监管机构有权对大笔所有权转让和重大收购或投资进行审查，可行使否决权或设定审慎条件权。

第二节 资本监管的演变

资本充足率在银行监管中占据核心地位。早期，资本的界定及资本监管的制度尚不完善，随着金融市场发展和危机的警示，监管要求不断变革。到如今，资本充足率监管已成为巴塞尔委员会以及各监管辖区最为重要的银行监管机制，有力保障着银行的稳健和金融系统的稳定。

2.1 资本监管的必要性

银行从事存贷款业务，就要承担相应的经营风险，如信用风险、市场风险、操作风险等。只有当资本充足且可以吸收当期和未来的损失时，银行才是稳健的。维持资本充足率是所有经营机构自身的需要，而由于银行等金融机构的特殊性，需要外部干预促使其维持资本充足率。

2.1.1 银行缺乏保持充足资本的内在激励

MM 定理（Modigliani and Miller, 1958）指出，公司市场价值与资本结构无关。然而由于债务成本是税前列支的，企业就有了提高杠杆率、追求债务的税盾效应的激励。银行业的行业特征以及其债务融资的优势，使其在提高杠杆率、保持低资本方面存在"内在"的激励。

一是银行对存款的"青睐"。银行基本业务是吸存与放贷，主要靠存款融资，尤其是成本最低的活期存款。存款人因流动性需求愿意保有活期存款，且存款受存款保险保护，安全性高。金融安全网的保护使银行债权人通常不考量单个银行的偿付能力，这使得银行负债边际成本远低于其他金融机构和实体企业，持牌银行相当于获得金融安全网的利率"补贴"。不仅银行更偏好债务融资，其他金融机构也在一定程度上享受了这种"补贴",这既是市场失灵的表现,也是监管需重视的问题。

二是股东缺乏保持较高资本的内在激励。若银行因资不抵债破产,股东利益将受损,理论上股东应对银行杠杆加以约束,以维护银行稳健。但从股东视角,银行高杠杆能带来更高的投资收益,根据公式ROE(净资产收益率)=收益/权益资产额=ROA(总资产收益率)×杠杆水平,股东更倾向通过债务融资采用"最优杠杆水平"提升银行股价。当股东与管理层都有加杠杆的内在激励时,银行公司治理和内控机制可能失效,加杠杆和短期主义行为等问题会加剧。第二章讨论了银行管理层和股东的代理问题,他们在决策时,很难将破产、遭遇挤兑的外部性等纳入决策因素,且这种外部性也难以量化。因此,股东和管理层往往会选择对自身最优的资本,而这往往会偏离社会最优水平。

2.1.2 市场约束不足

巴克斯特等人的研究(Baxter, 1967; Stiglitz, 1969)指出,企业的融资结构是受到破产约束的,为此,企业将保持适当的资本结构。企业如果不能按期还本付息、进入破产清算程序,企业的控制权将转移到债权人,股东只享有企业清算后剩余财产的分配权。因此,过度的债务融资会增加企业的破产风险,债务融资的成本也会增加,债务融资的税收优势将被融资成本的增加所抵消(Baxter, 1967)。在有效的债券市场中,企业的融资结构也会反映到债务成本中。随着企业杠杆水平的提高,企业破产风险增大,债权人也会要求更高的利率水平,企业发行债务工具和获得银行信贷的成本都会提高。同时,在有效的股票市场中,企业的融资结构等信息能够及时、准确、充分地反映在企业的股价中(Fama, 1970)。企业的资本结构也向市场传递了企业的内部信息(Ross, 1977)。当企业杠杆水平较高时,股东面临的破产风险增加，投资者用脚投票、卖出股票，使股价下跌。另外，高负债的企业增发股份融资，成本也会上升，从而抵消了高杠杆的优势。因此，企业会在税盾效应与破产成本之间权衡，当债务融资的税收边际效益与破产的边际预期成本相等时，才是最优的资本结构（Robichek and Myers，1966）。梅耶斯等人（Myers，1984；Myers and Majluf，1984）从信息问题和交易成本的角度，提出了企业融资的啄食秩序（Pecking Order）原则。企业首先会通过经营中产生的现金流为扩大投资规模融资，即内源融资。当内源融资无法满足需求时，企业才应考虑外源融资。这时，债务融资通常优先于股权融资，因为债务融资的成本通常较低，信息成本也较低（Townsend，1979）。

根据上述企业资本结构理论，在MM定理假设的完美市场中，资本充足的银行可以发出"高质量"信号，从而获得融资优势，并在竞争中胜出；资本不足则会遭受市场惩罚，如遭受挤兑使银行流动性丧失。因此，银行会以最优的资本结构来保持其稳健经营。第二章讨论过信息和代理问题会导致市场失灵，市场约束并非完全有效。银行作为信息问题解决的中介，一方面具有信息优势（Diamond，1984），另一方面为了保持信息优势，银行会让信息高度不透明，银行面临的市场约束不足，严重偏离MM定理的假设。这种信息不对称还体现在银行内部的部门之间、银行集团的各分支机构之间、管理层与业务人员之间、内部人士与股东和债权人等外部人之间，银行与外部审计和评级机构之间，银行与监管机构之间。因此，银行的负债率远远高于非金融企业。对债务的依赖提高了银行股权的预期回报率和风险程度，使银行更容易陷入破产境地。[1]

---

[1] Money and Banking（2018）. *Understanding Bank Capital：A Primer*. https://www.moneyandbanking.com/commentary/2018/2/11/understanding-bank-capital-a-primer.

20世纪80年代并购浪潮是"管理层中心主义"的重要市场约束，控制权与经理人市场激励管理层提升绩效。从MM定理看，完全竞争市场中，债权人、股东、经理人及并购市场、同业、评级机构等多方面都会对银行形成市场制约。然而，银行是有准入监管的，其"牌照价值"和对它们的救助处置机制，使其并购重组只能在监管部门批准后才能实施，金融市场上自发的并购受到抑制。即使在收购完成后，银行的资产、负债和管理层的调整和处置也要经过监管部门的审批或干预，收购方面临很大的不确定性。与并购市场相关的经理人市场也是如此，银行高管的更换也需要得到监管部门的批准。正如施莱弗和维什尼（Shleifer and Vishny, 1997）指出的，在资本市场不够成熟和制约机制有限的地区，并购一般不能成为防范代理问题的有效机制，而控制权市场对金融机构的约束更加薄弱。银行贷款的"关系型融资"特征也使银行的信息不对称问题更加严重，潜在的收购方处于信息劣势。下一章将讨论存款保险制度，如果按照银行的资本充足率和风险状况收取差异化保费，可以在一定程度上约束银行，但这一机制同样受到信息问题的困扰。

2.1.3 金融安全网引发的道德风险

银行受到最后贷款人和存款保险制度等金融安全网的保护，这使得银行的股东、债权人和管理层等都存在一定程度的激励扭曲。银行的股东为银行提供了资本，股东的利益与银行的利益在一定程度上是一致的，股东有动力积极行使监督权和剩余控制权，促使银行有效控制风险、维持资本充足率。然而，由于银行受到金融安全网的保护，股东和管理层会更有动力通过提高杠杆水平来增加利润、最大化股东利益，进而引发道德风险。如果银行业普遍存在"网格锁定"的问题，加杠杆成为整个行业的选择，就会导致系统性风险的积累和次优均衡的形成，从而削弱资本监管的有效性。

2.1.4 银行处置中的摩擦与道德风险

在理想的无市场失灵、无信息及合同摩擦的情况下,银行濒临破产时,债权人会迅速申请破产清算,损失风险转由股东承担,且银行股东也会在资本不足、破产清算前补充资本以保安全。但补充资本会降低杠杆,影响股权收益并增加融资成本,削弱股东补充资本的意愿。此时,银行股东与债权人在利益和策略上的分歧会影响决策效率,谈判和决策摩擦易贻误处置时机。与普通企业不同,银行面临破产危机时,优质客户、员工迅速流失,融资成本飙升,即便躲过破产,声誉、竞争力等也大幅下降。更严重的是,银行越接近破产清算,道德风险越高。控股股东利用内幕消息和决策干预,通过关联交易掏空银行资产,加速资产恶化。同时,监管机构和存款保险公司在甄别问题银行时存在信息障碍,处置延迟或监管宽容,都会造成更大损失。

资本监管作为纠正市场失灵的政府干预机制,目的是使银行资本水平高于其自身的最优水平,达到社会最优水平。银行的稳健性和保持充足的吸收损失的能力,可以应对经营中面临的各类风险。监管机构通过日常监管,及时发现问题,启动恢复与处置计划,防止其继续滑向破产边缘。不仅如此,资本监管还有利于保证宏观经济政策的有效性。伯南克和格特勒(Bernanke and Gertler, 1987)阐明了银行保持稳定的信贷供给和保持自身稳健对宏观经济的重要性。中央银行通过货币政策影响银行信贷总水平,而有效的货币政策及其传导机制,依赖于银行能对货币政策调整做出灵敏反应,这一反应能力受银行资本充足率的影响。若资本充足率不足,即便实施宽松货币政策,银行信贷扩张能力也会受限。

和银行类似,保险公司对保单持有人负有偿付义务。对保险公司实施资本监管,既能保护保单持有人利益,也有助于维护保险业稳定。作为重要的机构投资者,保险公司的稳健运营和流动性状况,会对资本市场稳定产生影响。同样，证券公司的净资本监管，是保证其稳健性、保护客户利益以及持续提供金融服务的基础。第九章将讨论保险公司的资本充足率监管，这里不再赘述。

2.2 资本监管的引入与演进

银行最早诞生于文艺复兴时期的威尼斯，随着资本主义的兴起，银行在阿姆斯特丹、汉堡、伦敦等地相继成立和发展。在自由市场经济时期，银行不受监管，银行的资本水平纯粹是自身经营的决策。随着银行的准入与监管制度的建立，资本监管才逐渐建立和发展成为银行监管的核心制度。

美国联邦政府对银行的监管始于 19 世纪 60 年代。1863 年的《国民银行法案》明确了监管机构可以对国民银行的杠杆水平提出要求。首先，杠杆水平保证了银行的最低资本缓冲。杠杆水平越低，抗风险能力越强。其次，强化了股东约束。股本越高、杠杆水平越低，银行一旦倒闭，股东承担的损失也越大，股东也就更有动力监督银行经营活动。再次，杠杆水平的计算相对简单、透明，便于监管机构和市场监督。当时，杠杆水平只是简单的银行负债与股东权益的比率。例如，假设一家银行的总资产为 1 000 万元，权益资本为 200 万元，负债为 800 万元，则该银行的杠杆比率将为 4（即 800/200）。

这种简单计算的杠杆水平存在着较大的局限性，无法综合反映银行的资产负债状况，尤其是没有考虑银行的资产质量。道德风险和激励扭曲还可能导致银行通过过度发放高风险贷款和持有高风险资产，以获取高的股权收益，最终将影响银行的偿付能力（Koehn and Santomero, 1980）。

从 20 世纪 60 年代中期至 80 年代中期，银行业纷纷主张放松监管。它们认为，银行是经营风险的行业，管理风险是其专长，而且银行的资产风险可以通过分散化和多样化降低，没有必要维持很高的资本充足率（Grant，1996）。其间，金融国际化、自由化兴起，各国的监管制度不同，资本监管要求宽松的国家的银行就处于相对有利的竞争地位。例如，日本银行的资本要求较低，全球扩张受到较少的资本约束，80 年代日本银行在世界前十大银行中占据了五席。这个时期，对银行的表外业务没有资本要求，银行还可以通过表外业务实现资本监管套利、规避资本监管。这些问题在 20 世纪 80 年代的拉美债务危机中凸显出来，也促成了国际社会建立起银行监管方面的协调机制。巴塞尔委员会成立于 1974 年，旨在应对 1971 年建立的布雷顿森林体系的崩溃，1974 年石油危机等给国际货币和银行体系带来的冲击。它于 1988 年颁布了《统一资本计量和资本标准的国际协议》（International Convergence of Capital Measurement and Capital Standards）。这份被称为《巴塞尔协议Ⅰ》的文件，使国际银行业监管的合作框架发展到了一个新阶段。它是统一国际银行资本充足率监管要求的重要成果，包含了 1975 年和 1983 年的《巴塞尔协议》，确立了母国和东道国当局之间对国际银行的分行、子公司和合资企业的监管责任界定原则，以及监管当局之间的信息交流原则。《巴塞尔协议Ⅰ》还对国际银行的资本充足率、资本结构、各类资产的风险权重等作了统一规定，建立了一套完整的国际通用的、以加权方式计量表内与表外风险的资本充足率标准。《巴塞尔协议Ⅰ》提出风险加权资本要求（Risk-weighted Capital Requirements）方法，将风险调整后的资产作为分母，资本作为分子，得到资本充足率，以资本充足率作为银行资本监管的核心指标。它还将表外资产按照信用风险转换为相应的风险加权资产，纳入资本充足率的计算。

1993 年，G10 的全体成员发表声明，凡是涉及实质性跨国经营的银行，都必须满足《巴塞尔协议Ⅰ》规定的最低资本充足率要求。声明还明确了资本的定义与构成，以及风险加权资产计量方法，形成了银行资本监管的第一支柱。之后，巴塞尔委员会又通过发布补充性规定和细则，尤其是《巴塞尔协议Ⅱ》和《巴塞尔协议Ⅲ》，极大丰富和完善了对银行的审慎监管框架。特别是《巴塞尔协议Ⅱ》建立的第二支柱和第三支柱，使银行监管的框架日臻成熟，第八章将重点讨论银行等金融机构的第二支柱和第三支柱的主要制度安排。保险公司等金融机构的监管，也借鉴了《巴塞尔协议》的银行监管框架，采用三支柱的监管框架（见图7.1）。

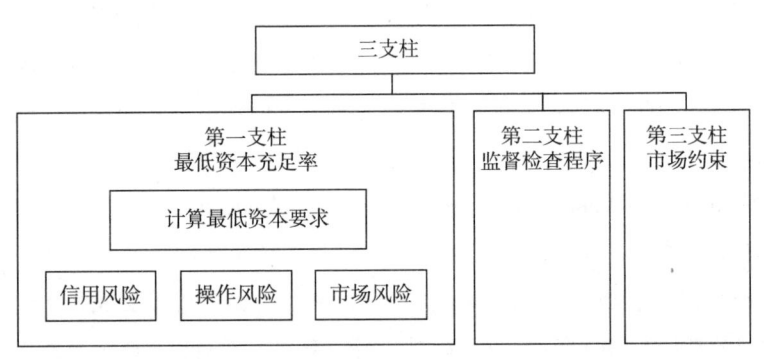

图7.1　《巴塞尔协议》的三支柱监管

《巴塞尔协议Ⅱ》于2006年正式实施，两年后全球金融危机爆发。危机后，巴塞尔委员会对监管框架进行了改革，以提高银行业吸收金融经济冲击的能力。2010年底，巴塞尔委员会发布了《巴塞尔协议Ⅲ：提高银行和银行系统韧性的全球监管框架》，它与《巴塞尔协议Ⅲ：流动性风险计量、标准和监测国际框架》一起，提出了加强全球银行资本和流动性监管、改善银行的公司治理和风险管理、增强银行的透明度和信息披露等一揽子改革措施。2016年，巴塞尔委员会又从五个方面重构了风险加权资产计量框架。2017年12月，巴塞尔委员会发布了《巴塞尔协议Ⅲ：危机后改革的最终方案》。《巴塞尔协议Ⅲ》重新构建了风险加权资产计量监管框架，完成了对资本充足率监管三个基本要素，即监管资本定义，资本、风险加权资产的计算和资本充足率监管的改革，修订了信用风险标准法、信用风险内部评级法、操作风险资本计量方法、资本底线、杠杆率监管等内容。

全球大多数国家和地区的银行和保险监管规则，都参考了巴塞尔委员会的工作及其监管规则（Basel Regulations）。在当今的全球商业和金融环境下，巴塞尔委员会与国际证监会组织、国际保险监督官协会及其他国际金融组织一起在国际金融监管协调中发挥着重要作用。

2023年11月，中国国家金融监督管理总局发布《商业银行资本管理办法》（以下简称《资本管理办法》），在2012年试行版本基础上，构建差异化资本监管体系。新的《资本管理办法》将银行按照规模和业务复杂程度划分为三个档次，从高到低分别适用不同的资本监管方案。在风险加权资产计量方面，限制内部模型使用并减少套利空间，对包括房地产风险暴露中的抵押贷款在内的多项业务，进一步细化风险权重，提高计量敏感性。同时，新的《资本管理办法》还参照国际标准，设置了72.5%的风险加权资产永久底线，明确要求运用压力测试工具开展风险管理。此外，新的《资本管理办法》还在差异化信息披露体系基础上，引入标准化披露表格，提高披露颗粒度要求（国家金融监督管理总局，2023）。

第三节　第一支柱

巴塞尔委员会确定的资本监管基本框架，主要是资本的定义与构成及风险加权资产计量两个部分。它根据银行的信用风险、市场风险和操作风险，计量表内和表外的风险加权资产，并确定最低资本要求。

3.1　银行资本的定义和构成

银行资本是银行资产与负债之间的差额，代表银行的净资产或其对投资者的股权价值。银行资本可以被视为银行清算资产时债权人可获得的保证金。银行的资本主要用于吸收银行的非预期损失（Unexpected Losses）。

3.1.1 一级资本和二级资本

《巴塞尔协议Ⅰ》对银行资本的定义包含两个部分：一级资本（Tier 1 Capital），也称核心资本（Core Capital）；二级资本（Tier 2 Copital），也称附属资本（Supplementary Capital）。《巴塞尔协议Ⅰ》确立了资本充足率监管框架，提出了8%的最低资本充足率要求，资本充足率为资本与风险加权资产之比，以此计算银行的最低资本要求。

从《巴塞尔协议Ⅰ》到《巴塞尔协议Ⅲ》，虽然资本充足率的监管框架维持不变，但对计算公式中作为分子的资本和作为分母的风险加权资产都进行了大量调整。《巴塞尔协议Ⅲ》在《巴塞尔协议Ⅱ》基础上完善了监管资本框架，提高了监管资本的质量和数量要求，扩大了资本风险覆盖范围，提高风险加权资产计量的敏感度以增强银行业的稳健性。改革还引入了杠杆率作为风险资本要求的补充，以防止银行体系过度加杠杆，并为规避模型风险和计量错误提供了额外的保护。此外还纳入了宏观审慎监管的元素。

根据巴塞尔协议的最新资本定义，监管资本的构成要素为一级资本和二级资本（BCBS, 2010）。

一级资本，是持续经营（going-concern）下吸收损失的资本，由普通股一级资本（Common Equity Tier 1，又称核心一级资本）和其他一级资本（Additional Tier 1）构成。

核心一级资本包括以下部分：银行发行的符合监管目的的普通股（或非股份制公司发行的与普通股对等的工具）；发行核心一级资本的工具所产生的股票盈余（股票溢价）；留存收益；累计其他综合收益和公开储备；由银行发表子公司发行的且由第三方持有的普通股（即少数股东权益）；核心一级资本的监管调整项。其他一级资本包括：银行发行的符合其他一级资本标准的工具；发行其他一级资本工具产生的股票盈余（股票溢价）；由银行并表子公司发行的、由第三方持有的工具，该工具应满足其他一级资本标准且未纳入一级资本；其他一级资本的监管调整项。

二级资本仅能够在银行破产清算（gone-concern）条件下吸收损失，旨在保障存款人及其他债权人的利益。它是指没有包含在一级资本中的、满足二级资本标准的工具。在银行无法持续经营的条件下，可以将二级资本转换为普通股或者减记来吸收损失。二级资本包括：银行发行的符合二级资本标准（且未纳入一级资本）的资本工具；发行二级资本的资本工具所产生的股票盈余（股票溢价）；由银行并表子公司发行的、由第三方持有的符合二级资本标准且未纳入一级资本的资本；特定贷款损失准备；计算二级资本时适用的监管调整。

《巴塞尔协议Ⅲ》列明了应从监管资本中扣除的项目，主要涉及核心一级资本，包括：商誉和其他无形资产；递延所得税资产；现金流套期储备；预期损失（Expected Losses）准备金的缺口；与资产证券化销售相关的收益；自身信用风险变化导致的金融负债公允价值变化带来的累计收益和损失；固定收益类的养老金资产及负债；持有本银行的股票（库存股票）等。

根据巴塞尔委员会发布的《基于风险的资本要求——最低资本要求的计算》，银行必须始终满足以下要求：（1）普通股一级资本必须不低于 RWA 的 4.5%；（2）一级资本必须不低于 RWA 的 6%；（3）总资本必须不低于 RWA 的 8.0%。

3.1.2 储备资本

储备资本（Capital Conservation Buffer），是银行在非压力时期建立的储备资本，用于承担可能发生的损失，是银行在最低监管资本基础上应持有的资本。除压力时期或经济状况较差等特殊时期外，银行均应满足储备资本及附加资本要求。银行持有的核心一级资本只有在满足了最低资本要求的情况下，才能将超额部分用于满足储备资本及附加资本要求。附加资本要求有利于增强银行抵御不利环境的能力，为经济复苏初期的资本重建提供机制。储备资本旨在确保银行在非压力时期建立缓冲资本用于承担可能发生的损失。这种资本要求基于简单的储备资本规则，以避免银行违反最低资本要求。

在 2008 年金融危机之前，尽管银行的盈利并非良好，经营环境也没有向好的方向转变，但很多银行仍然在增加红利分配、股份回购和薪酬支出。尽管银行降低红利分配有利于保持资本充足，但可能会被市场认为是发出了银行脆弱性的信号，这反而会削弱这家银行的竞争力并危及其稳健性。当然，这可能是因为"网格锁定"效应，受到了银行业集体行为选择的影响，因此加剧了银行的顺周期问题。2008 年危机之后，监管机构更加重视顺周期问题。巴塞尔委员会在最低资本要求的基础上，提出了储备资本及附加资本要求。

《巴塞尔协议Ⅲ》将储备资本的比例确定为风险加权资产的 2.5%。它建立在最低资本要求之上，并由核心一级资本来满足。当银行的资本水平降到该区间以内时，其利润分配将受到限制。当银行因遭受损失导致资本水平降到储备资本区间以内时，仍能够正常地开展业务。该限制仅针对银行的利润分配，与银行运营无关。当银行的资本水平下降到该区间以内时，越接近最低资本要求，利润分配就越受限制。如果银行的资本水平处于区间的上限，对其限制最小。

不同水平的核心一级资本比例对应的最低储备资本比例要求如表 7.1 所示。例如，银行的核心一级资本水平在 5.125%~5.75% 时，下一财务年度须留存 80% 的收益，即红利、股本回购和自主发放奖金的支出不能超过 20%。如果银行希望支出超过该比例限制，可以通过从私人部门筹集其期望分配的超过上述限额的资本来实现。银行应当将这种做法作为资本规划的一部分与监管部门进行沟通。

表7.1 单个银行的最低储备资本要求

单一银行最低储备资本标准	
普通股一级资本比率	最低的储备资本比率
4.5%~5.125%	100%
>5.125%~5.75%	80%
>5.75%~6.375%	60%
>6.375%~7.0%	40%
>7.0%	0%

资本监管要求由最低资本要求、储备资本、逆周期资本缓冲和系统重要性银行附加资本要求构成（见表7.2）。其中，逆周期资本缓冲是监管机构可以根据信贷增长以及其他反映系统性风险状况的指标，决定银行的逆周期资本缓冲比率。银行体系在系统性风险压力快速增长的时期，需要建立额外的资本防线。在系统性风险较小时，可降低或者免除逆周期缓冲资本要求。系统重要性是指金融机构因规模较大、结构和业务复杂度较高、与其他金融机构关联性较强，在金融体系中提供难以替代的关键服务，一旦发生重大风险事件而无法持续经营，可能对金融体系和实体经济产生不利影响。巴塞尔委员会对系统重要性银行提出了额外的附加资本要求，这既是对系统重要性机构加强监管的重要举措，也是缓解"大而不能倒"的问题。

逆周期资本缓冲和系统重要性的附加资本要求，是重要的宏观审慎监管工具，第五章对此已有讨论，本章第四节将进一步进行讨论。

表7.2 资本要求的构成 （单位：%）

	一级资本（扣减后）	一级资本	二级资本	总资本
最低资本	4.5 (2.0)	6.0 (4.0)	2.0 (4.0)	8.0 (8.0)
留存缓冲	2.5			

（续表）

	一级资本（扣减后）	一级资本	二级资本	总资本
最低资本+留存缓冲	7.0	8.5	2.0	10.5
逆周期缓冲	0~2.5			

3.1.3 杠杆率

杠杆率是一项历史较为悠久的银行资本监管指标。《巴塞尔协议Ⅰ》建立了基于风险加权资产的资本监管框架，但是，单纯依靠风险加权资产这一项指标来约束资本，容易被监管套利。因为风险加权资产只考虑了资产的信用风险。由于信息不对称以及风险评估模型存在的问题，风险加权资产的计量难以准确反映银行稳健经营真正需要维持的资本规模。《巴塞尔协议Ⅱ》允许银行通过内部模型法计量风险加权资产，意味着银行可以通过设置参数和调整内部模型，实现监管套利，这就导致了2008年金融危机前银行体系表内外杠杆的过度累积。危机爆发后，在价格融资螺旋式下降的双重作用下，银行业不得不抛售资产缩减融资，放大了资产价格下行压力，加剧了资产损失、银行资本下降和信贷收缩之间的恶性循环，也显著放大了对实体经济的负面影响。

巴塞尔委员会在《巴塞尔协议Ⅲ》中引入了杠杆率指标。杠杆率是指（一级资本－一级资本扣减项）/调整后的表内外资产余额×100%，商业银行杠杆率不得低于3%。这是一个简单、透明、独立的指标，是风险加权资本的补充指标，不考虑资产的风险状况，将所有风险敞口纳入计算范围。经过调整后，进一步降低了模型风险和计量误差。杠杆率可以限制银行体系总体的风险累积，防止金融体系去杠杆对实体经济产生严重的负外部性。总资本的计算，以一级资本的新定义为基础，资本和风险敞口的计量应保持一致，避免重复计算。

总风险敞口的计量方法主要遵循以下原则：一是全面性原则，涵盖银行所有表内和表外业务面临的各种风险，包括信用风险、市场风险、操作风险等，确保没有遗漏重要的风险敞口；二是风险敏感性，能够准确反映风险因素的变化对风险敞口的影响，例如市场价格波动、信用质量变化等，以便及时捕捉风险的动态变化；三是一致性，在不同业务部门、不同产品以及不同时间跨度上保持计量方法的一致性，确保风险敞口数据的可比性和连贯性，便于分析和决策；四是审慎性，充分考虑各种风险因素的潜在影响，采用保守的估计方法，避免低估风险敞口，以保证银行有足够的资本来应对可能出现的风险。

3.2 风险加权资产

狭义上讲，风险加权资产，是对银行的资产加以分类，再根据不同类别资产的风险性质确定不同的风险系数，以该风险系数为权重求得的资产总额。风险加权资产的计算，包括银行的表内资产和表外资产，即风险加权资产总额＝扣除减值准备后的表内资产×风险权重＋资产负债表外资产×转换系数×风险权重。《巴塞尔协议Ⅰ》提出了根据风险加权资产计算资本充足率以及相应的监管资本要求，但只涵盖了信用风险，因此，以上风险加权资产只能说是狭义的。《巴塞尔协议Ⅱ》将监管资本所涵盖的风险扩大到操作风险和市场风险，风险加权资产就是信用风险加权资产、市场风险加权资产以及操作风险加权资产的总和。《巴塞尔协议Ⅲ》延续了这一范围。

3.2.1 信用风险

信用风险是指银行面临的借款人和其他交易对手方不能履行合同义务的风险，例如，借款人不能按合同要求还本付息导致的贷款损失。信用风险是银行及金融机构面临的最重要的风险，也是《巴塞尔协议Ⅰ》重点关注的风险。

巴塞尔委员会允许银行在计算信用风险的资本要求时从两大类方法中进行选择。一是标准法（Standardized Approach），即根据在外部信用评级，按照对应的标准化权重来计量信用风险；二是内部评级法（Internal Ratings-based Approach），它允许银行自行设定评级办法并按照对应权重计量信用风险，但银行须事先经过监管部门的明确批准。

（1）标准法

《巴塞尔协议Ⅰ》框架下，各类资产的风险权重均由监管当局指定，计算过程简单透明。银行根据资产类型和风险评分，分别对应一个风险权重。风险评分是贷款人运用主体风险评级工具，对借款人的资产、负债、收入等财务状况以及历史信用状况、抵押等信息进行评估。对于企业借款人则需要考虑更加复杂的因素，对其所处行业以及宏观经济的状况、竞争优势和成长性以及经营策略、股权结构和管理层的情况等做出定性分析，对业绩和财务指标进行定量分析，概括起来就是5C，即借款人的品格（Character）、还款能力（Capacity）、资本（Capital）、抵押品（Collateral）、经营环境条件（Condition）。

（2）内部评级法

《巴塞尔协议Ⅰ》的风险权重计量采用了"一刀切"的做法。这一方面容易引发监管套利；另一方面，随着金融机构面临的风险变得更加多样化，大型银行开始建立内部模型评估信用风险以及进行风险定价。1996年，巴塞尔委员会发布了《市场风险资本补充规定》[1]，允许商业银行使用内部模型计量风险资本。1999年，巴塞尔委员会对

---

[1] Basel Committee on Banking Supervision (1996). *Overview of the Amendment to the Capital Accord to Incorporate Market Risks*（*Market Risk Amendment or MRA*）. Bank for International Settlements. https：//www.bis.org/publ/bcbs119.htm.《市场风险资本补充规定》中对市场风险内部模型主要提出了以下定量要求：置信水平采用99%的单尾置信区间；持有期为10个交易日；市场风险要素价格的历史观测期至少为一年；至少每三个月更新一次数据。

《巴塞尔协议Ⅰ》的实施情况以及不足作了进一步的检讨，经过三轮修改完善之后，于2004年6月一致通过了《巴塞尔协议Ⅱ》，并正式引入了内部评级法。对于信用风险的计量，允许银行利用自身数据估算信用风险的关键要素，使用自己的内部模型对信用风险、市场风险和操作风险进行评估，用于计量风险加权资产。

对借款人的信用风险评估，要考虑借款人的财务信息和非财务信息等影响偿还能力的因素。使用内部评级法的银行，需要建立贷款风险综合评价系统，根据风险因素在信用评估中的重要程度给予对应的权重，得出整体评级。内部评级法，可以区分不同资产的预期损失和非预期损失，后者是超出银行正常预测损失范围的损失。银行要根据一定时期内可能发生的意外损失建立资本缓冲。《巴塞尔协议Ⅱ》要求从当前收益中对已经发生的或预期发生的损失提取贷款损失准备（Loan Loss Reserves）或拨备（Provisions）。

通过内部评级法，银行可以运用自身掌握的信息对借款人的风险做出更加准确的评估，并综合考虑对冲工具以及资产组合的总体风险，根据自身稳健经营的原则和目标建立相应的资本和储备资本。但是，由于内部评级法下，银行采用的是自有信息和自身建立的方法和系统，只有具备充足的、高质量的统计数据和高质量的模型以及较高风险管理水平的银行，才能保证资本计量的准确性和资本的充足性。内部评级法还存在顺周期的问题。在经济繁荣时期，贷款评级较高、风险权重较低，这会激励银行多放贷，在经济低迷时期则会紧缩信贷。为此，《巴塞尔协议》要求，内部评级法仅适用于少数达到标准的银行。只有接受监管机构的评估并获得同意的银行，才能采用内部评级法。

但是，如果只有大银行可以运用内部评级法，而其他银行只能采用标准法，那么大银行就更容易以此实现资本的"最优"水平，也更具竞争优势。而对于内部评级法，无论是监管机构还是市场都难以对内部评级的有效性和资本充足率做出检验、比较和判断，它更大程度地依赖于银行自身的判断，也可能成为银行监管套利的工具，会引发监管失灵，这在一定程度上埋下了2008年金融危机的隐患。

(3) 风险缓释

银行可运用信用风险缓释技术（Credit Risk Mitigation Techniques），降低信用风险并减少监管资本占用。巴塞尔委员会鼓励银行运用合格信用风险缓释工具，依据风险缓释的程度减少资本占用。在标准法和内部评级法下，监管当局认可的信用风险缓释工具主要涵盖以下几种。

一是抵押，即借款人向贷款人提供的，在借款人违约时用于归还贷款本息的特定财产。在标准法下，抵押品范围相对较窄，仅包含存款、黄金，以及符合一定条件的债券、股票、可转换债券和共同基金。在内部评级法下，合格抵押品的范围还包括应收账款、商用房地产、居住用房地产及其他类别。

二是净额结算，即银行利用交易对手的存款对该交易对手方的借款进行扣减。在标准法下，只要具备完善的法律基础，能够确保净额结算协议履行的国家，无论交易对手方出现无力偿还还是破产的情况，均可实施净额结算；在任何情形下，都能确定同一交易对手方在净额结算协议下的资产和负债金额；在净头寸的基础上持续监测和控制相关的风险敞口。将负债（存款）视为抵押品，若存在币种错配的情况，则仍需进行调整。在内部评级法下，合格净额结算包括从属于有效净额结算协议的表内净额结算、从属于净额结算主协议的回购交易净额结算、从属于有效净额结算协议的场外衍生品净额结算。

三是担保，即银行借助第三方的信用担保来降低信用风险，该担保必须是直接的、明确的、无条件且不可撤销的，同时在管理程序等方面必须满足监管当局规定的最低操作要求。

四是信用衍生品。银行能够通过购买信用衍生品来降低信用风险。《巴塞尔协议Ⅱ》将信用衍生品纳入合格缓释工具范围，然而仅认可信用违约互换和总收益互换（Total Return Swap）这两种信用衍生品。

（4）资产证券化信用风险计量

银行可通过资产证券化将贷款等资产售予特殊目的载体实现"出表"，以减少监管资本占用。按照《巴塞尔协议Ⅰ》，若银行对证券化基础资产无索求权，该资产不计入风险加权资产计算。但一些银行未真实完全出售基础资产权益，得以利用资产证券化进行监管资本套利。银行投资于资产支持证券，类似标准法下"对公司的债权"，不同信用评级的资产支持证券有不同风险权重，如 AAA 级的资产支持证券资本要求较低，这促使发起银行采用风险缓释工具提升信用评级。银行在资产证券化中角色多样，可能持有剩余风险或提供担保、增信等，这些表外或有负债会使银行风险加权资产和监管资本计量出现偏差。《巴塞尔协议Ⅰ》发布时，资产证券化尚未大规模发展，到 20 世纪 90 年代，资产证券化成为银行规避资本监管的套利工具（Calomiris and Mason，2004），这就是第四章讨论的资产证券化以及影子银行的兴起。为此，《巴塞尔协议Ⅱ》做出了调整，规定银行应为资产支持证券提供"支持"，建立资本缓冲以覆盖风险敞口，披露合同及其对资本的影响。2008 年金融危机后，对资产证券化的监管成为监管改革的重点。巴塞尔委员会增加了银行参与再资产证券化（Resecuritization）过程的监管资本要求，同时细化和完善了原有的资产证券化监管框架，在《巴塞尔协议Ⅲ》中形成新的资产证券化资本监管框架。该框架包含两部分内容。

第一，界定资产证券化资本。在第四章讨论资产证券化时，谈到了其结构复杂性和基础资产多样性。确定银行持有的资产支持证券所需资本，关键在于关注经济实质而非法律形式，以此确定适用的监管框架。银行在资产证券化过程中主要有两类角色。一类是履行传统资产证券化职能。银行作为发起人，将资产出售给特殊目的载体。基础资产完成出售后，在法律层面与发起人隔离，即便发起人破产或进入清算程序，该资产也不能用于清偿发起人债务，实现资产及其风险的"真实销售"。同时，银行还可兼任基础资产管理人、资产支持证券承销商等角色。另一类是承担信用风险，包括提供增信、提供流动性、承受声誉风险等。部分银行还会提供隐性支持，即对证券化资产的支持超出合同约定。在这些业务中，银行都需承担相应信用风险，也可借助信用衍生品对冲基础资产池的信用风险。

第二，资产证券化资本计量。银行必须为持有的资产支持证券配置监管资本，涵盖为资产支持证券提供信用风险缓释、对资产支持证券的投资、自留次级档次、提供流动性便利或增信等情况。首先，依据银行在资产证券化中的角色确定风险敞口。按照银行担任的发起人、投资者、信用增级者和流动性便利提供者等职责，对应计量"资产证券化风险敞口"。在传统证券化里，发起人完成基础资产"真实销售"后便无风险敞口。作为投资者持有资产支持证券，则面临证券化风险敞口；提供增信时，证券化风险敞口为增信责任对应的风险敞口；以保证或担保形式增信，属于表外风险敞口。

为覆盖证券化风险，巴塞尔资产证券化框架要求银行对银行账簿下持有的风险敞口和再资产证券化风险敞口计提监管资本。该框架提供两种风险敞口资本计量方法：标准法和内部评级法。

标准法。若银行对资产池中基础资产的信用风险采用标准法计量所需资本，对资产证券化敞口也必须用标准法。标准法下，证券化风险敞口的监管资本要求主要依据敞口的外部评级状况确定，步骤如下：一是确定证券化和再证券化风险敞口规模；二是根据风险敞口评级确认适用的风险权重；三是将风险敞口数量与相应风险权重相乘，得出风险加权资产；四是将风险加权资产乘以8%，得到最低监管资本要求。

内部评级法。若银行获批对资产池中基础资产的信用风险采用内部评级法计量所需资本，对证券化风险敞口也必须使用内部评级法。

主要有三种方法，按不同条件依次使用：一是评级基础法（Ratings-Based Approach），将证券化或再证券化风险敞口与相应风险权重相乘得到风险加权资产，再将风险加权资产与8%相乘得出最低监管资本要求。当能获取外部评级或虽无评级但可推断出评级时，银行必须使用评级基础法。二是监管公式法（Supervisory Formula）。三是内部评估法（Internal Assessment Approach）。当无法获得外部或推断评级时，银行可使用后两种方法。

资产证券化监管框架对证券化过程中包括优先级在内的所有头寸都提出了资本要求。所有资本要求加总时，可能出现证券化风险敞口的资本要求总额高于证券化前基础资产风险敞口资本要求加总的情况，从而抑制银行的资产证券化业务。因此，该框架对使用内部评级法的银行设定监管资本要求上限，即对证券化风险敞口所持有的监管资本要求，不超过基础资产证券化之前按照信用风险内部评级法所需持有的监管资本之和。

3.2.2 操作风险

操作风险是指由于银行内部流程、人员、系统不完善、失效或失误，以及意外事件等导致损失的风险。所有金融机构都面临操作风险，涵盖第十一章将讨论的集合投资计划托管人的操作风险，以及第十二章金融基础设施的操作风险。对金融基础设施而言，操作风险一旦影响其业务连续性和稳定性，负面影响的波及范围可能极大。操作风险包含法律风险，但不包括战略和声誉风险。

近30年，操作风险才引起国际监管机构的重视。1995年英国巴林银行事件，凸显了跨国界、跨时区银行的操作风险，特别是交易员故意或违规操作引发的风险。严重时，操作风险甚至可能危及银行生存。20世纪90年代以来，金融电子化、网络化飞速发展，银行和其他金融机构对计算机和通信等技术系统的依赖程度越来越高，网络安全至关重要，金融机构的系统也成为网络攻击的重点目标。由于金融机构的业务流程和风险控制机制都内嵌于技术系统，对于业务和组织结构复杂的大型金融机构及金融基础设施，操作风险的复杂性和防范难度不断增加。操作风险很难量化，尤其是在缺乏足够数据的情况下，对操作风险的监管资本要求的计量和监管难度更大。

《巴塞尔协议Ⅱ》将《巴塞尔协议Ⅰ》的风险涵盖范围拓展至操作风险，并提出了操作风险的基本计量方法：一是基本指标法，以总收入作为衡量银行整体操作风险的基准，银行应持有的操作风险资本等于其总收入的 12.5%（alpha factor）；二是标准法，根据不同业务条线细化设置相应的操作风险指标因子（beta factor），如批发业务和零售业务的指标因子不同，分业务条线计量后再进行加总；三是高级计量法，允许符合严格监管标准的银行，依据各个业务条线及其风险特征，运用自身的风险统计数据计算资本要求，例如操作风险敞口指标、损失发生概率及相应的损失。银行将这些风险乘以固定系数，再对各业务条线的操作风险资本要求进行加总。《巴塞尔协议Ⅲ》废除了基于模型的高级计量法，以及敏感性较低的基本指标法，只保留标准法，并对原方法进行大幅修订。

监管当局鼓励银行研究和开发更精密的操作风险计量系统与方法。对于国际活跃银行以及面临重大操作风险的银行，可在基本指标法基础上，采用更复杂、更契合自身风险状况的方法。

3.2.3 市场风险

市场风险是指资产负债表内和表外头寸因市场价格变动而遭受损失的风险，包括：交易账簿中的违约风险与利率相关的工具和股票风险，以及整个银行的汇率风险和商品风险。

市场风险存在于银行的交易和非交易业务中。20 世纪 70 年代，金融市场自由化、国际化迅猛发展，利率和汇率的波动加大，衍生品市场也在迅速发展。银行不仅通过衍生品对冲市场风险，还为衍生品提供交易和做市服务。80年代以后，资产证券化兴起，很多银行在资产证券化中扮演多重角色，市场风险敞口也在增加。1996年，巴塞尔委员会发布《资本协议市场风险补充规定》，提出了市场风险的计量方法。

一是资产分类。将银行的表内外资产分为银行账簿（banking book）和交易账簿（trading book）。银行账簿用于记录银行的存贷款，如今也涵盖银行计划持有到期以获取收益的资产。其中资产按传统的历史成本法计算价值。

交易账簿用于记录银行持有的债券、资产支持证券、衍生品等金融工具。金融工具是指同时产生一个实体的金融资产与另一个实体的金融负债或权益的合同，包括基础金融工具（或现金工具）和衍生金融工具。金融资产是指现金资产、收取现金或其他金融资产的权利，或以潜在有利条件交换金融资产的合同权利或权益工具；金融负债是指交付现金或其他金融资产，或以潜在不利条件交换金融负债的合同义务。交易账簿计入以交易为目的持有的头寸，这些头寸旨在短期转售，和/或从实际或预期的短期价格变动中获利，或锁定套利利润，可能包含自营头寸、代客交易头寸和做市商头寸等。

交易账簿计入的头寸需满足交易账簿资本处理条件，即金融工具的可交易性不受限制，或者能够完全对冲。银行必须制定明确的政策和程序，在计算监管资本时，依据规定并结合自身风险管理能力和实践，确定哪些风险敞口应纳入交易账簿，哪些应排除在外。

银行应建立可靠且与其他风险管理系统相融合的估值制度和系统，按规定对交易账簿头寸进行估值，让管理层和监管者确信其能保证估值审慎可靠，并积极管理投资组合风险。估值应尽可能采用市价计价法，依据独立来源的市价对头寸估值。

尽管《巴塞尔协议Ⅱ》构建了市场风险的计量和监管资本要求，

但部分银行通过在银行账簿和交易账簿间"选择"实施监管套利。当一项资产记入银行账簿所需监管资本低于交易账簿时，银行就将其计入银行账簿，以降低监管资本要求。2008年金融危机中，许多银行等金融机构的损失发生在银行账簿。这些银行的监管套利致使资本缓冲不足，自身经营陷入困境。2009年，巴塞尔委员会引入增量风险资本要求，以防范监管套利。

2023年3月，硅谷银行爆发了严重的危机，其中一个关键诱因是其将持有的大量债券计入银行账簿。然而，自2022年起，美联储开启连续加息周期，市场利率大幅波动。债券价格与利率呈反向变动，硅谷银行账面上的债券投资价值大幅缩水，损失较大，引发银行挤兑。

二是交易账簿的资本计量。《巴塞尔协议Ⅱ》建立了市场风险标准法的完整框架。对于流动性好、有活跃二级市场交易的资产，按市价计价法计算价值。对于缺乏市场参考价格的金融资产，可以用模型法定价，即将从市场获得的数据输入模型，计算或推算出交易头寸的价值。在引入市场风险资本要求的初期，银行最常采用的是搭积木法（Building Block Approach），即根据不同金融工具分别计算利率、汇率、股票、商品和期权风险的资本要求（an Instrument-by-instrument Basis），再加总得出总资本要求。与采用内部评级法计量信用风险一样，银行采用内部评级法计量市场风险，也需要建立完善的风险管理制度和风险评价制度，包括风险管理系统、压力测试、独立的内设风险控制部门、独立的外部审计等。

第四节　流动性监管

银行业务的本质就是经营流动性和期限转换。当银行无法以合理成本及时获得充足资金用于偿债、履行支付义务及维持业务开展时，就会出现流动性风险。根据D-D模型，当银行出现流动性风险，无法满足储户提款需求时，可能引发挤兑。单家银行的风险也会与系统性风险交织传染，因此有效管理流动性风险极为必要。

4.1 流动性风险的内涵及监管演进

自中央银行制度建立以来，商业银行在中央银行缴存存款准备金，一直是应对流动性风险的重要制度安排。随着金融产品创新和金融市场全球化，市场变得越来越复杂。银行过度依赖银行间市场的融资，不仅加大了自身的流动性风险，也增加了危机的传染性和负外部性。金融机构和金融市场受到冲击时面临的流动性问题，会影响金融机构资产负债表，削弱其偿付能力，使银行变得更加脆弱（Large，2004）。最后贷款人制度允许银行以较低的成本获得流动性支持，是对银行的一种变相"流动性补贴"，这在一定程度上扭曲了银行的"激励"。

除了最后贷款人制度带来的问题外，了解银行流动性风险的影响因素以及相关监管框架也至关重要。银行流动性风险的主要影响因素包括：一是资产的流动性，即资产的变现能力；二是融资流动性，即在不影响日常经营或者财务状况的情况下，银行及时获得充足资金的能力；三是市场流动性，通常指金融市场总体的流动性状况。这三者不仅相互影响，而且还与银行自身的信用风险、市场风险、操作风险、声誉风险等相互影响，具有突发性、传染性和系统性。

2000年2月，巴塞尔委员会发布了《银行机构流动性管理的良好实践》（Sound Practices for Managing Liquidity in Banking Organizations），从流动性风险管理框架、计量和监测净融资需求、维护市场融资渠道、应急融资计划、外币流动性管理、流动性风险管理的内部控制、信息披露以及监管者的作用8个方面，为银行机构的流动性管理提供了全面且细致的指导原则和操作建议。

2008年全球金融危机凸显了流动性风险及其在危急时刻的连锁反应。危机过后，国际组织和各监管辖区都在完善流动性风险的监管规则。国际金融协会（IIF）发布报告提出流动性风险管理建议，包括持有资产多样化、健全管理制度等；交易对手方风险管理政策小组（CRMPG）提出测算最大流动性流出（MLO）的风险计量方法。2008年9月，巴塞尔委员会发布《稳健的流动性风险管理与监管原则》（Principles for Sound Liquidity Risk Management and Supervision），进一步完善了全球流动性风险管理与监管的标准，要求银行建立健全识别、计量、监测和控制流动性风险流程，并采用压力测试分析在各种假设情景下的流动性需求，对各国银行机构加强流动性管理具有重要的指导和规范作用。

流动性风险监管涵盖三方面关键内容。

（1）**定性要求**。原则1明确流动性风险管理和监管基本要求。银行需构建完善且与整体风险管理体系紧密结合的流动性风险管理框架，持有充足流动性资产储备，以满足日常及压力时期的流动性需求。即便资产状态良好的银行也可能面临流动性问题，由于流动性风险有"低频高损"的特点，在央行支持和存款保险制度下，银行可能没有足够的动力来审慎管理流动性风险。

（2）**治理要求**。原则2—4确立相关治理规则。首先要在综合考虑银行经营目标、战略导向和整体风险偏好的基础上，确定合适的流动性风险偏好。风险偏好可以采用定量和定性相结合的方式，较好体现其管理目标，并经董事会审议通过。其次要明确董事会、高级管理层的职责分工，制定流动性风险管理策略的起草和修订流程，包括具体的管理要求和方法。最后要将流动性风险纳入考核激励机制，在新产品审批中考虑流动性风险。

（3）**计量和管理**。银行流动性风险管理体系包含现金流预测、融资管理等多方面。计量和管理时要有全面视角，具备汇总风险数据的能力，识别集团内流动性转移障碍及所需时间，充分考虑不利影响。在计量方面，银行依自身特点设计现金流预测和资产负债表结构相关指标。建立有效的现金流预测框架，为流动性风险管理奠定基础。通过压力测试识别潜在的流动性冲击来源，分析其对银行各方面的影响，量化压力下风险水平，确保当前的风险敞口符合风险偏好。

在流动性风险管理方面，重点有三项内容。

(1) 流动性风险限额体系。作为日常管理和控制流动性风险的重要工具，银行应依据业务规模、性质、复杂程度和风险偏好，合理设定限额指标，并密切监控遵守情况，突破限额时按既定政策和程序处理。

(2) 流动性风险预警机制。银行依据流动性风险事件和指标，前瞻性识别潜在风险。按业务情况制定预警指标，涵盖各类风险情形。信息管理系统能计算不同维度的流动性头寸和风险指标。

(3) 融资管理和抵押品管理制度。融资管理核心是提高多元性和稳定性，按多维度设置集中度限额，专人管理市场融资渠道，维护与资金方及央行关系。抵押融资前提是有充足合格抵押品，银行要计量监测不同层面的抵押资产，区分有无变现障碍，了解资产抵押融资条件，实现抵押品多元化，考虑资产价格敏感性、抵押折扣水平和融资能力限制等。

此外，市场流动性风险（MLR）也备受关注。市场流动性风险，是指由于市场深度不足或市场动荡，企业无法轻易地按市场价格弥补或冲销头寸的风险（BCBS，2008）。比如银行出售资产时无人应价，或众多机构同时出售资产致价格暴跌。随着银行更多参与批发性金融市场，既是发行人、投资者，又是流动性提供商，市场流动性风险管理愈发重要。

4.2 流动性风险监管的定量标准

2010年，巴塞尔委员会发布了《巴塞尔协议Ⅲ：流动性风险计量、标准和监测的国际框架》（以下简称《流动性框架》），引入国际通用的两个流动性监管的定量指标,即流动性覆盖率和净稳定资金比例。2013 年、2014 年,巴塞尔委员会又先后发布《巴塞尔协议Ⅲ:流动性覆盖率和流动性风险监测工具》(BCBS,2013)和《巴塞尔协议Ⅲ:净稳定资金比例》(BCBS,2014)。流动性覆盖率和净稳定资金比例,是两个既相互独立又相互补充的定量指标,不仅有利于提高银行抵御短期流动性风险的能力,还能促使银行通过更加稳定的资金来源来支持其业务发展,增强抵御长期流动性风险的能力。

流动性覆盖率(Liquidity Coverage Ratio,简写为 LCR),即:

$$流动性覆盖率 = \frac{合格优质流动性资产}{未来 30 日现金净流出量} \times 100\%$$

该比率应保持不低于 100%。

流动性覆盖率建立在银行内部使用的传统流动性覆盖率方法基础上,以评估或有流动性事件的风险敞口。它以未来 30 个日历日的总净现金流出量作为分母,要求银行持有充足的无变现障碍的优质流动性资产(High Quality Liquid Assets,HQLA)。[①] LCR 的值不得低于 100%。银行应持续满足这一要求,并持有未设抵押的优质流动性资产,以抵御可能出现的严重流动性压力。

净稳定资金比例(Net Stable Funding Ratio,简写为 NSFR),即:

$$净稳定资金比例 = \frac{可用的稳定资金}{所需的稳定资金} \times 100\%$$

该比率应保持不低于 100%。净稳定资金比例,是用来衡量金融机构获得长期、稳定资金以应对各类资产和表外风险敞口潜在、偶然需求的能力的指标,它要求银行有充足稳定资金来源,至少满足一年内表内和表外流动性风险敞口对稳定资金的需求,以此限制金融机构对批发性融资的过度依赖,准确评估流动性风险。可用的稳定资金含监

[①] 优质流动性资产,主要包括现金、存放于中央银行的准备金主权实体和中央银行债券等,非流动性资产包括长期贷款和证券投资,需要稳定的融资为其提供资金来源。

管资本、有效剩余期在 1 年及以上的优先股与负债、部分剩余期限不足一年但较为稳定的存款，通过权益资本及负债乘以 ASF 因子加权平均总和计算。NSFR 要求银行建立适配稳定融资结构，降低对短期批发性融资依赖与期限错配，有效应对流动性风险。

第五节　与宏观审慎监管的结合和系统重要性银行的监管

微观审慎监管增强了单家金融机构的稳健性，是防范系统性风险的重要机制。《巴塞尔协议Ⅲ》注重宏观与微观审慎监管工具的重合性与互补性，建立了宏观与微观审慎相结合的监管工具。考虑到系统重要性银行对金融系统稳定具有主要影响，相关监管也相应强化。

5.1　逆周期监管政策工具

逆周期资本缓冲旨在确保银行业的资本要求考虑到银行经营所处的宏观金融环境。其主要目的是利用缓冲资本来实现更广泛的宏观审慎目标，即保护银行业免受信贷总量增长过快时期的影响。逆周期资本缓冲须由核心一级资本满足，未达标银行在利润分配等方面都会受到限制。逆周期资本缓冲包含两个部分：

一是国家逆周期资本缓冲。它是根据整个国家经济周期的波动情况来确定的资本缓冲要求。其目的是"以丰补歉"，在经济繁荣时期积累资本，以便在经济衰退时用于吸收银行体系的潜在损失，维护金融稳定。各国监管机构根据一系列宏观经济指标，如信贷增长速度、资产价格变动、债务收入比等，来评估经济是否处于过热或存在系统性风险积聚的阶段。当这些指标超过一定阈值时，监管机构就会要求银行计提国家逆周期资本缓冲。监管机构确定的国家逆周期资本缓冲比例为（0%~2.5%风险加权资产）。巴塞尔委员会按广义信贷/GDP

指标对长期趋势的偏离度确定计提要求：偏离度小于 2%不计提；偏离度为 2%~10%时，0%~2.5%线性分布；偏离度超过 10%，按 2.5%上限计提。监管当局也可提出高于 2.5%的计提要求。国际活跃银行按信用风险加权资产的地域分布计算总要求，银行据此建立总资本缓冲。

二是对特定银行的逆周期资本缓冲。它是在考虑国家整体经济周期的基础上，针对不同银行的具体风险状况而设定的逆周期资本缓冲。因为即使在相同的宏观经济环境下，不同银行由于业务模式、风险偏好、资产质量等方面的差异，面临的风险也不尽相同。监管机构可以根据银行的个体风险特征，如银行的信贷集中度、杠杆率、风险资产占比等指标，对银行进行分类或评估，要求风险较高的银行额外计提一定比例的逆周期资本缓冲，以增强其抵御风险的能力。对于国际活跃银行，要关注其在非公共部门的信贷风险敞口的地理分布，以风险敞口所在辖区要求的标准计算加权平均值。对于特定风险的风险价值（VaR）等附加要求，监管机构与银行共同制定计量方法，转化为风险权重分配到交易对手所在地理位置，确定附加资产要求。

5.2 对系统重要性银行的监管

系统重要性银行（Systemically Important Banks，简写为 SIBs），是指规模大、业务复杂程度高、相互关联性程度高及在金融体系重要性高，一旦陷入困境或倒闭，会对金融体系和实体经济造成重大破坏的银行。金融稳定理事会认为，系统重要性金融机构的政策框架主要包括三部分内容：一是系统重要性金融机构应当具有较高的损失吸收能力；二是强化对系统重要性金融机构的监管；三是建立有效处置系统重要性金融机构的政策框架。

5.2.1 系统重要性银行的认定

G20 领导人伦敦峰会要求，金融稳定理事会、巴塞尔委员会和国际保险监督官协会等国际组织，要积极开展系统重要性金融机构识别和评估方法研究，目的是加强金融体系稳定性，防范系统性风险。巴塞尔委员会负责系统重要性银行识别和评估，国际保险监督官协会负责系统重要性保险机构识别。

金融稳定理事会等提出，系统重要性应从规模、关联度和可替代性维度考量。巴塞尔委员会针对银行特点，增加全球活跃度和复杂性维度，提出全球系统重要性银行评估方法和程序。此外，巴塞尔委员会研究全球系统重要性银行（G-SIBs）识别方法，提出国内系统重要性银行（D-SIBs）评估框架。2011年11月，公布《全球系统重要性银行：评估方法和损失吸收能力要求》（Global Systemically Important Banks: Assessment Methodology and the Additional Loss Absorbency Requirement），正式提出识别和评估全球系统重要性银行方案。评估方法涵盖五大类指标：规模、关联性、可替代性、全球业务规模、复杂性。选取12个指标加权平均得出单家银行全球系统重要性分值，依分值排序。考虑定量指标局限性，巴塞尔委员会采用定量与定性结合方法，以定量为基础，结合定性判断确定全球系统重要性银行名单。① 各成员国监管当局可对入选银行名单及分组提出意见。

金融稳定理事会经与巴塞尔委员会和各国当局协商，基于2023年底的数据，以2018年7月商定的方法为基础，确定了2024年的全球系统重要性银行名单，其中包括29家全球系统重要性银行，与2023年的名单数量相同。

2011年11月，G20领导人戛纳峰会要求，金融稳定理事会和巴塞尔委员会进一步研究将全球系统重要性银行监管框架延伸至国内系统重要性银行。2012年10月，巴塞尔委员会发布《国内系统重要性银行政策框架》（A Framework for Dealing with Domestic Systemically Impor-

---

① 银行共分为五组，按照全球系统重要性由高到低分为1—5组，其中1组暂时为空。

tant Banks），提出各国制定评估方法的基本原则：（1）评估方法应反映银行破产倒闭的负外部性或潜在影响，而非概率；（2）评估银行破产倒闭对本国经济的影响；（3）在集团并表层面评估银行系统重要性；（4）考虑规模、关联度、可替代性和复杂性四类因素，依本国银行业实际设具体指标；（5）定期评估间隔不应长于全球系统重要性银行评估间隔（每年一次），确保结果反映现状；（6）公开披露评估方法概要。此外，该框架还要求，对国内系统重要性银行根据其系统重要性程度设定相应的附加资本要求。

5.2.2 系统重要性银行的资本监管要求

对于系统重要性银行的资本要求，主要有三方面改革：

一是逆周期资本附加要求。系统重要性银行附加资本要求是在《巴塞尔协议Ⅲ》最低资本监管要求基础上的额外要求，旨在增强其损失吸收能力。巴塞尔委员会发布的《全球系统重要性银行：评估方法和损失吸收能力》，规定全球系统重要性银行需遵守更高资本要求。目前，全球系统重要性银行按照分组，由低到高适用1%~2.5%要求，每组要求相差0.5%。1组银行适用3.5%的要求（目前1组暂时空缺）。

二是引入全球系统重要性银行的杠杆率缓冲要求。《巴塞尔协议Ⅲ》明确全球系统重要性银行要在一般银行杠杆率基础上，引入杠杆水平缓冲要求，且用一级资本满足，具体为风险敏感性资本要求中更高损失能力要求的50%。如某银行更高损失吸收能力要求为2%，杠杆率缓冲要求就是1%。未达杠杆率缓冲要求的银行将受资本分配限制。满足核心一级资本充足率（4.5%最低要求+2.5%储备资本+更高损失吸收能力要求）逆周期资本缓冲要求（如适用）和杠杆率（3%最低要求+杠杆率缓冲）要求的全球系统重要性银行，不受分配限制。如果全球系统重要性银行不符合杠杆率要求或杠杆率缓冲要求中的任何一项，就需要满足相应的最低资本留存比率要求。若两项要求都不符合，那么银行需满足风险敏感性资本要求和杠杆率要求中较高的最低资本留存比率要求。其中，储备资本要求为 2.5%，逆周期资本要求为 0%~2.5%。

三是总损失吸收能力（Total Loss - Absorbing Capacity，简写为 TLAC）。2013 年，巴塞尔委员会发布《全球系统重要性银行：更新的评估方法和更高的损失吸收能力要求》，2015 年 11 月，金融稳定理事会与巴塞尔委员会协商发布 TLAC 的国际标准，适用于全球系统重要性银行。该标准旨在确保全球系统重要性银行倒闭时，有足够能力吸收损失和进行资本重组，实现有序处置，维护金融稳定，保障关键功能持续，避免公共资金受损。

TLAC 有诸多规定：监管机构要为每家全球系统重要性银行确定具体的最低 TLAC 要求，该要求至少达到金融稳定理事会商定的共同最低标准，且需考虑银行恢复与处置计划、系统影响力等因素；处置后实体要保证关键功能连续，资本充足以获市场信任；全球系统重要性银行要在满足最低监管资本要求基础上，满足最低外部 TLAC 要求。此外，合格 TLAC 工具需满足不可提前赎回、剩余期限至少一年或永续等标准，部分负债如保险存款等被排除在外。内部 TLAC 用于协调跨境处置，按子集团规模和风险分配，其核心特征与外部 TLAC 类似。全球系统重要性银行还需按规定披露 TLAC 相关信息，监管机构也会对标准实施情况进行审查。

5.2.3 强化对系统重要性金融机构的监管

巴塞尔委员会认为，对系统重要性银行的监管主要有四个目标：一是减少系统重要性银行倒闭的可能性，因此要提高资本和流动性监管要求，加强监督检查等；二是减少负外部性的规模和冲击程度，通过包括限制业务范围、完善问题机构的处置框架等方式实现；三是若需政府救助，应尽可能减少公共资金和纳税人的负担；四是维护市场的公平竞争，防止系统重要性银行利用"大而不能倒"地位获得不公平利益，即通过实施附加资本要求、加强监管等措施增加其运营成本，抵消其因"大而不能倒"带来的融资成本优势。

2010年10月20日，经G20领导人首尔峰会批准，金融稳定理事会发布了《降低系统重要性金融机构道德风险的政策建议及时间表》(Reducing the Moral Hazard Posed by Systemically Important Financial Institutions)，该文件围绕限制金融机构规模、强化监管、建立有效处置机制等方面提出系列建议，旨在降低系统重要性金融机构因"大而不能倒"产生的道德风险。2010年11月，金融稳定理事会发布《系统重要性金融机构监管的强度和有效性：加强监管的建议》(Intensity and Effectiveness of SIFI Supervision-Recommendations for Enhanced Supervision)提出了32条建议。其基本原则是，根据金融机构对系统性风险的影响程度，提出差异化的监管要求，实施不同强度的监管，具体内容主要涵盖以下四大部分。一是监管当局须具备适当的授权、独立性和充足资源。二是建立行之有效的风险预警与干预机制。通过该机制，能够尽早识别风险并及时采取干预措施，从而纠正系统重要性金融机构不稳健的经营行为，将风险遏制在萌芽状态。三是持续提升监管标准，不断改进监管方法。监管标准应精准反映金融体系和金融机构的关联度与复杂性，以适应金融行业的动态发展。四是建立更严格的评估机制，对各国监管机构和系统重要性金融机构进行评估。国际组织将依据修订后的、更为严格的监管标准实施评估，以此推动各国监管机构提高监管有效性，及时发现监管流程中可能存在的问题，进而提升国际监管的整体有效性，维护全球金融市场稳定。

5.2.4 建立有效处置系统重要性金融机构的政策框架

2008年金融危机后，国际社会就提高系统重要性银行处置能力和效率达成共识。2011年，金融稳定理事会发布《金融机构有效处置机制关键要素》（Key Attributes of Effective Resolution Regimes for Financial Institutions），指出对系统重要性金融机构实施有效处置是解决"大而不能倒"问题的核心，需构建完善的处置机制，实现有序处置，减少公共资金损失。该框架细化了处置内容，完善了制度与工具。一是明确专门处置机构负责问题金融机构处置，且赋予其相应权力与工具。若多个机构涉处置职责，需清晰界定职权与责任。二是处置机构应具备充分权力，能灵活处理倒闭金融机构的人、财、物，如解聘管理人员、处置资产负债等。三是建立处置预防体系。制订恢复与处置计划，涵盖持续经营及无法正常经营时的应对方案；开展可处置性评估；完善跨境处置合作安排。处置机构依预警判断危急情形，建立跨境银行处置机制。四是建立清晰的处置启动标准。五是完善处置工具箱，建立股东和债权人按序吸收损失机制，引入自救安排（Bail-in）。这是一种通过债权核销或转股，让债权人承担损失的制度，确保不依赖财政资金处置系统重要性金融机构，维持其关键功能。实施时需与完善的处置程序结合，保障债权人平等地受到保护，防止弱化债权股权区别；六是建立处置信息共享机制，确保国内外监管及处置机构及时获取信息。

此外，《降低系统重要性金融机构道德风险的政策建议及时间表》要求金融机构调整结构与业务实践，保障恢复与处置计划有效实施。而《金融机构有效处置机制关键要素》对恢复与处置计划的要素、职责分工及审批主体作了明确规定，系统重要性银行和监管当局应据此制订符合自身特点的计划，促使问题银行平稳、有序退出，维护金融稳定。

2013年7月，金融稳定理事会发布了恢复与处置计划的各项具体实施细则①，指导各国监管当局识别关键服务功能、制订处置策略和设定启动恢复与处置计划的压力情景。第八章在讨论银行监管的第二支柱时，将讨论银行的恢复与处置计划，以及处置机构对银行处置原则等问题。

---

① Financial Stability Board（2013）. *Guidance on Developing Effective Resolution Strategies.* https：//www.fsb.org/2013/07/r_130716b/.
Financial Stability Board（2013）. *Guidance on Identification of Critical Functions and Critical Shared Services.* https：//www.fsb.org/2013/07/r_130716a/.
Financial Stability Board（2013）. *Guidance on Recovery Triggers and Stress Scenarios.* https：//www.fsb.org/2013/07/r_130716c/.

第八章　银行监管（二）

第七章讨论了资本监管，这是银行、保险公司和证券公司等金融机构监管的核心。本章将着重讨论《巴塞尔协议Ⅱ》建立的第二支柱，即监督检查，以及第三支柱，即市场约束，它们与资本监管共同构成了银行的三支柱监管框架。保险公司和证券机构等金融机构的监管也类似，将不在本书中讨论。

第一节　银行的代理问题

第二章讨论了金融机构管理层及股东的代理问题，它是引发市场失灵和影响金融机构稳健性的重要因素。从监管的角度看，由于代理问题，银行在执行第一支柱提出的资本监管要求方面缺乏内在激励，因此需要建立第二支柱和第三支柱作为补充，并需要建立和完善公司治理强化内部的监督与制衡。保险公司、证券公司等金融机构也存在类似情况，其监管也都需要结合第二支柱和第三支柱。

1.1　代理问题与公司治理的提出

1932年，美国法学家伯利和米恩斯在对众多公司进行广泛研究的基础上，于《现代公司与私有财产》中指出了现代公司普遍存在的"所有权与控制权分离"问题。1937年，科斯在《企业的性质》开启的信息经济学研究以及在此基础上发展的代理理论，表明代理人有内在的激励采取自利行为（Shleifer and Vishny，1997）。阿尔钦和德姆塞茨在《生产、信息费用与经济组织》提出通过合理配置监督权，格罗斯曼和哈特（Grossman and Hart，1986）提出通过剩余控制权的配置，缓解代理问题。公司治理由此产生，它旨在通过建立一定的监督、激励机制促使管理层的利益与股东的利益趋于一致（Shleifer and Vishny，1997）。公司股东拥有剩余控制权和剩余索取权。他们选举产生的董事所组成的董事会负责制定公司的战略，聘任管理层作为执行机构，执行战略和企业的日常经营。董事会对管理层进行监督考核激励。

20世纪90年代之后，公司治理运动兴起。1997年的亚洲金融危机凸显了公司治理不完善的问题，促成了OECD发布《公司治理原则》。该原则涵盖五个主要方面：第一，明确股东权利，且公司治理框架以保护股东权利为目的；第二，平等保护所有股东；第三，利益相关者的权利应得到法律认可和保护，鼓励公司与利益相关者积极合作，共同创造财富、就业机会并保持财务稳健；第四，信息披露与透明度；第五，董事会的责任。

1.2 银行的代理问题与第二支柱的引入

银行等金融机构是经营信息、运用杠杆、管理流动性的特殊企业，同时受到金融安全网的保护和政府部门的监管，因此来自市场、客户、债权人和股东的约束均被削弱，面临特殊的代理问题。所以，第二支柱针对代理问题，建立了全面的监督检查制度。

1.2.1 管理层的代理问题或"第I类代理问题"

现代公司因股权高度分散，存在"所有权与控制权分离"的问题，银行同样存在这类代理问题。银行和其他金融机构是信息不对称极为严重的行业，这导致它们面临的内部人控制问题更为严峻，其高风险经营行为，如高杠杆、降低信贷标准、流动性错配等，都不易被股东、董事或监管机构及时察觉。若管理层受到业绩薪酬的不当激励，过度追求短期业绩，不仅能获得更好的业绩报酬和薪酬，推高股价、赢得竞争，而且在短期内风险不易暴露。

20世纪70年代以后，共同基金等机构投资者兴起，改变了大型企业和金融机构的股权结构。当前，很多大型金融机构的前十大股东均为机构投资者。这些机构投资者具备参与公司治理和行使控制权的能力，有助于改善公司治理。然而，机构投资者也存在短期主义行为倾向，为追求自身业绩，会鼓励管理层通过加杠杆和过度风险承担来追求短期业绩。

巴塞尔银行监管框架中的第二支柱，要求银行建立内部资本充足率评估流程，明确了银行维持资本充足率的责任，且管理层对此负有直接责任。它还要求银行建立有效的风险评估程序，以确保拥有足够的资本来支撑业务经营中面临的各类风险。鉴于管理层的代理问题以及银行的特殊性，维持资本充足率并非仅仅提出质量参数要求，或者单纯关注银行资本充足率的计量结果，而是要将它融入银行的公司治理和管理架构之中，这是从文化建设到制度流程建设的全方位、全流程要求。银行的董事会、内外部审计以及监管机构的监督检查，是保障制度落实与执行的机制。也就是说，要将监管资本要求及其落实嵌入银行的公司治理、内部控制和业务流程之中（BCBS，2019）。

1.2.2 "大股东控制"或"第Ⅱ类代理问题"

若公司股权高度集中，特别是被股东控制，即使大股东仅持有公司部分现金流权，也能完全掌控公司的重大决策。这类公司面临"现金流权和控制权分离"引发的代理问题，即"第Ⅱ类代理问题"，此时代理人指的是大股东，表现为大股东追求自身利益而损害其他股东及公司的利益。在现实中，这种控制通常借助金字塔结构、交叉持股等复杂形式得以实现。复杂的控制结构使得监督和制衡过程中面临的信息不对称更为严重。对于金融集团公司或由实业企业集团控制的金融机构而言，复杂的控制结构常常成为控股股东通过关联交易从银行获取融资便利，甚至侵害银行利益的掩护。在这样的集团里，可能会用同一笔资金作为两个或两个以上法人实体的资本，或作为金融机构的监管资本，形成双重或多重杠杆，致使实际资本充足率不足。控股股东还可能通过循环资本和虚假注资来规避资本要求，进而导致监管资本不足。典型案例是中国的安邦保险集团，其实际控制人以安邦财险等公司为融资平台，凭借虚假材料骗取监管机构批准并销售投资型保险产品，又以虚假名义将部分保费转移至其个人实际控制的百余家公司，用于个人归还公司债务、投资经营、向安邦集团增资等，涉案资金高达 652 亿余元（中国法院网，2018）。安邦保险集团是金融机构第Ⅱ类代理问题的典型案例。还有包商银行，其实际控制人自 2005 年以来占款累计高达 1 500 亿元，长期无法还本付息（中国人民银行、中国银行保险监督管理委员会，2019）。

防范第Ⅱ类代理问题可通过一系列制度实现，包括：保持董事会的独立性和管理层的独立性；重大事项决策回避制度；在金融机构的持续监管中，掌握金融机构的股东及其控制结构等的详细情况；在监督检查中，关注关联交易、大额风险敞口等问题。

1.2.3 激励机制与过度冒险

20 世纪 90 年代前，主要靠市场约束缓解代理问题。在 60 年代的"管理层中心主义"时期，主要依靠产品和服务市场的竞争促使管理层尽职提效。80 年代，并购市场兴起，资本市场和经理人市场成为外部激励的约束力量。90年代后，为解决管理层与股东利益不一致的代理问题，除市场约束外，大型企业引入基于业绩的薪酬制度，如管理层持有股票、获股票期权等。基于业绩的薪酬制度虽能提高管理层改善业绩的积极性，但也会导致激励扭曲。由于信息不对称，管理层能操纵财务报表，还会过度加杠杆、过度冒险以增加短期利润，损害公司和股东的长期利益，安然公司丑闻便是例证。银行等金融机构则通过监管套利规避资本监管，资产证券化和银行间市场发展与此相关。

2008年金融危机后，OECD等经过深入研究后发现，危机前银行等金融机构激励机制扭曲、薪酬不透明，管理层短期行为和过度冒险现象严重，风险管理制度和内控机制问题突出。实行业绩薪酬制度的金融机构，风险承担水平与激励"强度"相关，强度越高，短期业绩导向和过度风险承担问题越显著，管理层也不愿建立配套风险管理和内控机制。董事会更关注业绩和管理层激励，基层员工在薪酬和晋升制度激励下重业绩轻风险，导致企业风险控制文化淡薄、机制薄弱，过度冒险倾向普遍。

董事会对风险控制的忽视，致使金融机构难以将各业务条线和分支机构纳入完整的风险管理体系。很多金融机构未建立全公司风险管理体系，或未随经营战略调整完善风险控制机制。董事会制定战略时对风险认识不足，忽视宏观经济变化和公司面临的风险。金融危机前两三年，宏观经济失衡明显，多数金融机构董事会未调整经营战略，仍盲目加杠杆，大力发展高风险的资产证券化业务，且未关注衍生品的交易对手方风险，影响风险缓释效果。

研究表明，良好的公司治理是金融机构稳健性的关键。如贝尔特拉蒂和斯图尔茨（Beltratti and Stulz, 2009）发现，金融危机前一级资本充足、以存款融资为主的大型银行，危机期间回报率更高；遵守监管资本要求、监督机制独立的银行表现更好，而更关注股价和股东收益的银行表现较差，可能因危机时补充资本压力大、融资成本高。

1.2.4 债权人的代理问题

施莱弗和维什尼（Shleifer and Vishny，1997）指出，债权人应当在公司治理中发挥作用。因为企业倒闭，债权人会遭受损失。例如，在企业濒临破产时，股东凭借其对企业的控制权，可能通过关联交易转移企业资产，高杠杆公司的情况尤其如此。银行贷款"关系型融资"的特殊性在于，银行拥有监督企业的权利，当企业存在破产风险时，银行可向法院提出破产保护申请，这是缓解代理问题的机制之一。同时，面临债务违约时，债务人会积极与债权人重新谈判贷款条款，促使公司调整策略、改进管理，避免低效的破产清算。通过这些途径，债权人得以实施对公司的剩余控制权和现金流控制权，形成对债务人的约束，防止其过度负债和出现道德风险。

然而，银行的债权人因信息不对称和金融安全网等因素，既缺乏监督动力，也缺乏信息和能力。银行属于高杠杆企业，股东与债权人之间的利益冲突和代理问题较为特殊。当银行面临流动性风险或破产风险，急于获取资金时，可能会"高息揽储"进行"自救"。此时，投资者一方面不知情，另一方面受道德风险影响，会去购买高风险银行发行的债券。即便大型机构投资者，由于金融安全网的保护，也存在这种情况。他们对金融监管机构和评级机构依赖性强，对银行债务工具的风险不敏感，进而导致市场失灵，使得银行债务类资本工具的价格难以反映其真实风险状况。2008年金融危机前，机构投资者在银行间市场大量购买金融机构发行的短期债务工具，这是系统性风险累积的重要原因之一。更典型的例子是瑞士信贷的CoCo债券被减记事件。2023年，瑞士信贷（简称瑞信）被瑞银集团收购，瑞信可转换债券（CoCo）被注销。① 这次事件也反映出持有瑞士信贷 CoCo 债券的一些大型机构投资者存在道德风险问题。他们认为监管机构会介入以防止债券被完全注销，并期待类似于以往金融危机中的救助。这种期待致使他们承担了比原本更多的风险。他们过分依赖瑞士信贷这样的全球系统重要性银行"大而不能倒"的特性，忽视或低估了 CoCo 债券的风险。当然，他们也无法掌握瑞士信贷真实财务状况以及可能导致 CoCo 债券注销的具体情况的完整信息。

1.2.5　银行风险处置中的代理问题

一般实体企业出现资不抵债时，债权人可向法院提出破产清算申请，此时控制权从股东转移至清算组或债权人，这是防范代理问题的重要机制。这也促使银行股东在资本充足率不足、面临债权人接管的情况下，及时补充资本进行自救。伯格和鲍曼（Berger and Bouwman, 2009）的研究指出，在金融危机期间，银行资本更为重要。资本充足率高的银行，不仅更易度过危机，还能提高市场份额。那些对市场反应灵敏的银行股东，会在债权人提出破产清算前率先采取行动，补充

---

① 2023 年，瑞士信贷面临运营困难和市场信心危机，瑞士政府为了防止风险在全球银行体系中蔓延，指示瑞银集团收购瑞士信贷。瑞士金融市场监管局（FINMA）认定瑞士信贷已经触发"不可持续点"（PoNV）。根据相关条款，一旦触发"不可持续点"，作为可转换债券（CoCo）的一种，附加一级（AT1）债券将被全额注销。瑞士政府提供了特别支持，包括瑞士国家银行提供的 1 000 亿瑞士法郎流动性支持以及为交易潜在损失提供的 90 亿瑞士法郎担保，直接触发了 AT1 债券的注销条款。瑞士信贷的控股公司持有 13 笔未偿还的 AT1 债券，价值总计 173 亿美元，以瑞士法郎、美元和新加坡元发行，占其总债务的 20%以上。这些债券全部被注销，导致债券持有人损失了所有本金和利息。当然这次注销也存在争议。通常情况下，在银行陷入困境时，股东首先承担损失，然后是债券持有人。然而，在瑞银集团与瑞士信贷的交易中，瑞士信贷股东获得了 30 亿瑞士法郎，而 AT1 债券持有人却一无所获。这打破了"先还债，后还股"的传统清算顺序，在市场上引发广泛争议。注销导致 AT1 债券在全球市场上的价格大幅下跌，动摇了投资者的信心，并使投资者对 AT1 债券的风险更加谨慎，要求更高的收益率。

资本、提高资本充足率。

然而，由于信息不对称和道德风险，银行股东和管理层在知悉银行资不抵债、临近关闭时，可凭借其信息优势和对银行的控制权，操纵报表、粉饰业绩、隐瞒不良贷款、少提拨备，银行还有可能出售高质量资产以增加当期收益，将"浮亏"资产保留在资产负债表中不予处理，最终将倒闭损失转嫁给债权人或处置机构。此外，在银行处于高危时期或银行资本严重不足时，发行股权融资成本高、难度大。而且，此时股东出资充实银行资本，受益的首先是债权人，股东补充资本的动力可能不足。若存在监管宽容和监管俘获现象，问题金融机构就得以继续经营。在此期间，银行股东和内部人都可能通过关联交易等手段掏空银行，道德风险和逆向选择问题会更加严重。

除此之外，银行股东与二级资本工具债权人偏好差异大，高风险银行发行债务成本高，因信息不对称，机构投资者不认购甚至提前挤兑，加剧银行危机，影响处置决策效率。实体企业破产时资产负债变化慢，银行破产危机下，优质客户、骨干员工流失，即便躲过清算也元气大伤。银行越临近破产，道德风险越严重，控股股东和管理层利用信息优势掏空资产。监管和处置机构因信息障碍，处置延迟或监管宽容，增加处置成本和难度。

第二节　第二支柱

《巴塞尔协议Ⅱ》开始引入的第二支柱，旨在强化银行风险控制的责任，要求银行建立风险控制等制度和内部资本充足率评估程序，把保持资本充足率要求内嵌到银行的公司治理和内部管理之中。第二支柱的监督检查程序（Supervisory Review Process）是巴塞尔银行监管框架的重要组成部分，它赋予了监管当局相应的监管手段。通过监督检查对银行的风险控制能力和效果进行评估，在定期检查和现场检查中，对银行的问题早发现、早处置。

2.1 第二支柱的目标

第二支柱主要针对银行风险管理中难以通过第一支柱全面覆盖的风险因素及监管需求。银行稳健运营需要持有的资本，不仅与第一支柱关注的信用风险、操作风险、市场风险以及流动性风险相关，还与银行风险管理和内部控制流程的力度与有效性紧密相连。保持充足资本或增加资本并非确保银行稳健性的必要条件，也不能被当作解决银行风险控制缺陷或问题的替代手段。2008年金融危机充分表明，银行的风险决策和管理过程与风险控制结果密切相关，对银行的稳健经营至关重要。银行的风险因素通常需要深入其内部才能进行监测和评估，监管部门在很大程度上要通过现场检查与评估来发现问题。第二支柱的主要目标如下：

一是涵盖第一支柱未覆盖的风险。作为第一支柱的补充，第二支柱使银行资本能更全面地应对各类风险。它将银行账簿的利率风险、战略风险、声誉风险、法律风险、集中度风险、合规风险等第一支柱未涉及或强调的风险，纳入确定监管资本要求的影响因素。其中，集中度风险表现为资产和融资工具过度集中，如融资、贷款、收入来源等集中度过高，像过度依赖批发性短期债务会导致流动性风险过高；以及业务对象过度集中，包括产品、业务线、国家/地区和法律实体等集中度过高，对银行的监督检查旨在防范此类风险并提出额外资本要求。此外，第一支柱未考虑的"尾部风险"无法纳入内部评级法评估，例如2008年金融危机前经济持续增长、信贷持续扩张，若内部评级法采用此前5年或10年统计数据评估信用风险，风险会被严重低估。同时，第二支柱鼓励银行开发、运用更有效的风险管理监测技术和工具，提升风险管理水平。

二是要求银行建立完善的公司治理、内控机制和风险控制机制。

银行须制定内部资本充足率评估程序，使其与自身风险状况和控制环境相适配，维持相适应的充足资本，确保资本既能覆盖所有业务风险，又能促使银行开发和运用更好的风险管理技术来监测和管理风险（BCBS，2019）。对于难以量化的风险，应针对每个风险类别，分别建立相应的风险评估、压力测试和控制方法，并运用对应的风险缓释工具加以管理。

三是监管机构建立银行的监督检查制度和处置机制。第二支柱赋予监管机构对银行的监督检查权力以及对问题银行的处置权力。监管机构需要系统地对银行的公司治理和内部评估程序展开全面评估与监督，与银行搭建常态化的对话机制，以便及时察觉潜在问题，并在发现问题后果断采取有效措施。监管机构可依据监督检查结果，以及对银行内部资本充足率评估程序和压力测试的分析情况，同时综合考虑宏观经济环境、宏观审慎监管要求等多方面因素，准确判断银行的资本充足状况，并据此合理调整监管资本要求。

2.2 监督检查

第二支柱明确了银行建立内部评估程序和保障资本充足的责任，通过监管机构的监督检查，确保银行切实履行自身责任。同时，借助监督检查确定对银行的监管资本要求，并对发现的问题予以处置。

2.2.1 监督检查的四项原则

巴塞尔委员会提出监督检查程序应遵循以下四项原则。

原则一：资本评估程序。银行须建立内部资本充足率评估程序，精准评估与当前风险状况适配的总体资本需求，同步制定维持资本水平的战略规划，以保障资本与风险状况相匹配。

原则二：监管机构的责任和措施。监管机构有责任检查和评估银行的内部资本评估程序与战略，以及银行监测和保障资本充足的能力。

监管当局应定期运用现场检查、非现场监督、监管谈话、与外部审计师沟通会议和审阅定期报告等方式，检查银行的内部资本充足率评估程序、风险敞口、资本充足率水平和资本质量，以此判定银行内部资本评估程序的有效性。若检查结果欠佳，监管机构必须采取恰当的监管措施，督促银行改进。

原则三：最低资本要求。监管当局应激励银行维持高于最低监管要求的资本水平，并且要求银行具备持有超过最低要求资本的能力。第一支柱和第二支柱资本要求中的部分缓冲资本，用于应对影响整个银行业以及单个银行面临的不确定性因素，增强银行抵御风险的能力。

原则四：尽早发现和干预资本充足率问题。监管当局应尽早察觉，采取有效的干预措施，防范银行资本水平跌破监管红线，维护金融体系的稳定运行。

2.2.2　银行的内部资本充足率评估程序

监督检查的第一项原则是对银行提出要求，即银行有责任建立一套完整的程序，用于评估自身资本是否充足，并确保维持一定的资本水平，这就是内部资本充足率评估程序（ICAAP）。ICAAP 的核心在于，要综合考量银行的风险状况、经营环境以及所处的经济周期等多方面因素，从而确定与银行实际情况相匹配的总体资本需求。在评估资本充足率状况的过程中，严格开展压力测试至关重要。通过压力测试，能够有效识别可能对银行产生不利影响的事件或者市场环境变化，进而确保银行拥有足够的资本来抵御各类潜在风险，保障银行稳健运营。

内部资本充足率评估程序，包括五个方面的要素（如图 8.1 所示）。

董事会和高级管理层的职责。董事会和高级管理层在 ICAAP 中承担关键职责，须对整个评估程序进行战略指导与监督把控。

对资本需求的评估。评估资本需求的程序包含以下关键环节：构

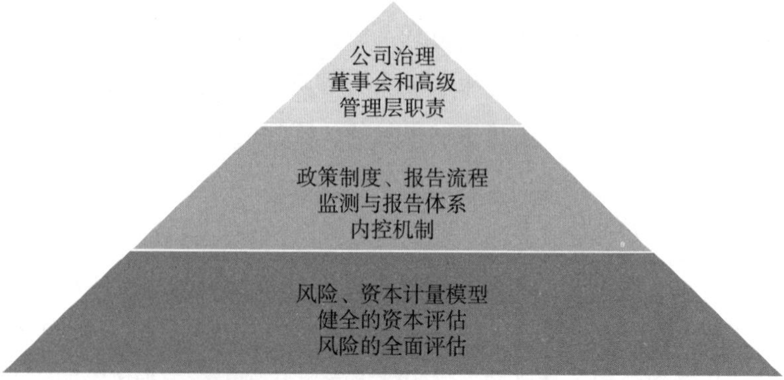

```
        公司治理
      董事会和高级
      管理层职责
    政策制度、报告流程
    监测与报告体系
      内控机制
  风险、资本计量模型
   健全的资本评估
   风险的全面评估
```

图 8.1　银行的内部资本充足率评估程序

建识别、计量和报告所有实质性风险的政策和流程，确保风险无遗漏；建立将风险水平与资本水平挂钩的程序，使资本配置能精准对应风险程度；根据银行战略重点和经营计划，设定契合风险状况的资本需求的程序，保障资本规划的科学性；完善确保风险管理过程中内部控制、检查和审计程序完整性的机制，强化内部监督。

对风险的全面评估。评估需要覆盖银行的所有风险，为此银行要搭建全面风险管理框架。该框架能确定风险偏好，识别包括第一支柱和第二支柱涵盖的各类实质性风险，同时保障数据质量和模型假设的合理性，具体而言包括以下五点。信用风险：要有效识别和计量所有信用风险敞口，将其纳入资本充足率总体分析，同时评估贷款损失准备；操作风险：开发操作风险管理框架，涵盖银行对操作风险的偏好与承受能力、风险转移方式与程度，以及识别、评估、监测和控制操作风险的相关制度；市场风险：运用风险价值（VaR）模型或标准法进行评估，并通过压力测试评估交易业务资本充足率；银行账簿利率风险：计量时考虑银行所有实质性利率风险敞口、定价和期限；流动性风险：建立有效系统进行计量、监测和控制，并依据自身及市场流动性状况评估资本充足率。

对风险的监测与报告。银行不仅要评估风险，还须监测风险，并建立向管理层、董事会及其风险控制委员会报告风险的制度。管理信息系统应及时、准确地计量和反映风险状况，助力管理层及时评估以下关键问题，并采取相应措施：重要风险水平及发展趋势对资本水平的影响，资本评估计量体系关键假设的敏感度与合理性，各类风险所需持有的资本与资本充足率目标的一致性，未来资本需求及战略规划等。搭建此系统是董事会和管理层的主要职责之一。

内部控制。银行内部控制架构是资本评估程序的核心。ICAAP 的有效控制依赖独立检查，必要时应安排内部和外部审计。检查范围包括：ICAAP 是否适配银行业务活动的性质、范围和复杂程度；能否准确识别大额风险敞口和风险集中度；ICAAP 参数的准确性与完整性；使用场景是否合理恰当；压力测试以及对各种假设与参数的分析。

2.2.3 压力测试

压力测试是银行内部风险管理的重要工具，主要作用是对可能出现的非预期负面结果发出警示，明确银行在面临大规模冲击事件时所需补充的资本数额。作为其他风险管理工具的补充，压力测试提供了独立的风险视角，对复杂的风险管理模型也具有重要的补充价值。自 2008 年金融危机后，压力测试受到了高度关注。

2009 年，巴塞尔委员会发布《稳健压力测试实践和监管原则》（Principles for Sound Stress Testing Practices and Supervision），指出压力测试的目的包括提供前瞻性风险评估，避免受历史数据的局限，促进内部和外部交流，协助建立资本和流动性规划，以及设定风险容忍度指标。压力测试结果能揭示银行存在的或潜在的风险集中问题，有利于制定风险缓释或处置预案。

压力测试以定量分析为主，通过测算银行在遭遇假设的小概率极端事件时可能产生的损失，以及这些损失对银行盈利能力和资本的影响，来评估风险。情景测试则着重分析多个风险因素同时发生假设变动或某些极端不利事件时，对银行风险敞口和风险承受能力的影响。压力测试对管理"仓库资产"（Warehouse Asset）和"通道资产"意义重大，这两类资产的风险通常只在市场压力情景下，或银行因自身特殊原因无法在市场融资时才会暴露。

压力测试是一种多方面、多用途的工具，既适用于单个银行，也适用于整个金融系统。测试方式既可以是单因素，也可以是多因素，还能模拟多种冲击类型和范围。与风险管理一样，压力测试只有在银行具备完善的公司治理和有效内部控制机制的情况下才能充分发挥作用。

监管机构要求银行定期组织压力测试并评估结果，以此发现流动性和偿付能力方面的问题，同时要求银行制订资本规划和流动性应急计划，采取适当措施解决问题。压力测试是监管机构实现早发现、早干预的重要手段，监管机构可根据银行规模和复杂性提出特殊要求。压力测试结果是监管机构决策纠正和处置措施的主要依据。在监督检查过程中，监管机构可依据压力测试结果与银行管理层直接沟通，要求银行提高资本水平，使其高于最低要求，确保银行在压力时期仍能满足资本充足率要求。此外，监管机构还能借助压力测试前瞻性地察觉银行潜在问题，及时做出纠正与处置决定。若发现流动性缺陷，可要求银行增加流动性缓冲、降低流动性风险并建立应急融资计划等。

2.2.4 监督检查程序

监督检查程序由监管机构设置，旨在全面评估 ICAAP 对银行风险的覆盖程度，保障资本充足率评估的充分性，并确保监管要求与银行的 ICAAP 在经营和业务活动中得以有效落实。监管机构在完成监督检查后，应依据银行的风险状况和控制环境，设定相匹配的资本目标。

第二支柱明确规定，银行管理层有责任确保银行拥有充足资本以应对最低要求之外风险。然而，由于代理问题，银行管理层、控股股东等可能因利益冲突和激励扭曲，偏离监管要求，甚至通过监管套利等手段规避资本监管。监督检查的关键目的之一，便是及时察觉第一支柱提出的监管资本要求未得到有效遵守的情况。

致使银行资本和偿付能力不足的因素是多方面的。从公司治理和内部管理角度看，可能存在治理结构不完善、董事会监督乏力、缺乏有效的风险偏好框架、未建立风险调整的薪酬制度等问题，进而引发风险过度承担、信贷损失、流动性错配等状况；从经营决策层面而言，银行可能在融资结构上过度依赖批发市场的短期融资，造成经营决策失误。这些问题往往会导致银行资产质量下滑、盈利能力欠佳、资本充足率降低、杠杆水平过高、风险敞口过大、风险集中度上升，以及声誉风险和流动性风险加剧等一系列不良后果。

监管机构须建立和完善监督检查程序。监管机构须依据现场检查的结果以及银行提交的数据和信息，评估银行的业务和财务状况以及风险状况；通过分析现场检查和非现场监管的结果，确定银行面临的风险和挑战；提出解决问题的措施，并与管理层进行对话；还须跟进银行采取的行动和取得的效果。

监督检查的范围，包括评估银行的管理战略、董事会的监督职能、内部审计活动、分支机构的治理、IT治理、合规和行为风险控制等（如图8.2所示）。监管机构要评估ICAAP对银行风险的覆盖程度及资本充足率评估的充分性，以确保资本水平目标全面且合理，并充分考量银行的经营环境、资本构成与银行业务的性质和规模。比如，关注银行在市场风险、操作风险、利率风险和战略风险控制方面是否存在失误，以及面对外部环境恶化，如遭受自然灾害、不可抗力冲击、高通胀环境下央行加息等情况时，是否具备有效的应对机制和措施。同时，在监督检查过程中，还须审视银行是否拥有健全的报告制度和相应系统，以及对新问题和新风险的应对能力。例如，检查银行对交易

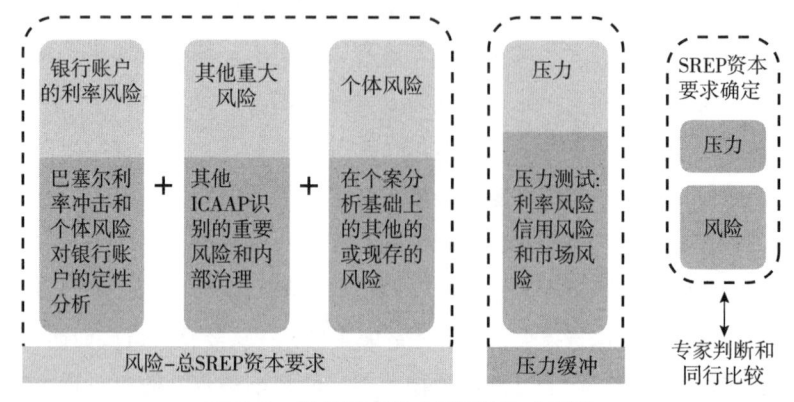

图 8.2 监督检查的主要措施和步骤①

注：监督检查评估程序（Supervisory Review and Evaluation Process），简写为 SREP。

对手方的风险控制是否有效，在与结算和清算机构或外包服务商合作时，是否存在过高的风险敞口。

　　监督检查是一个持续的过程，要对银行所有受监管的业务活动做全面的监督检查，包括：分析银行业务模式的可行性、战略的可持续性；评估银行内部治理和控制框架是否适应银行的风险状况、业务模式、规模和复杂性；评估银行遵守内部治理、风险管理和内部控制安排的要求和标准的程度；评估为降低风险而实施的风险管理和控制固有风险的效果及有效性，评估银行所承受的重大风险；评估其持有的资本数额和质量是否覆盖了各种风险、是否足以承担风险。这些评估是基于对关键指标的监测，以了解银行财务状况和风险状况的重大变化。在监督检查中，监管机构要检查银行的内部资本充足率评估程序。对评估的各个组成要素给出分值，如 1 分（低风险）到 4 分（高风

---

① Basel Committee on Banking Supervision（2019）. *Overview of Pillar 2 Supervisory Review Practices and Approaches*. Bank for International Settlements. https：//www.bis.org/bcbs/publ/d465.pdf.

险）不等，再根据评估结果决定采取相应的监管措施。

过度风险承担也是监督检查重点关注的一个问题。例如，以业绩为基础的薪酬制度导致的激励扭曲，以利润增长为导向的企业文化，都有可能引发过度冒险。这些因素综合起来会使银行的风险监控和报告存在缺陷，影响风险管理的有效性。

第一支柱基于风险加权资产确定的银行资本水平，是银行必须维持的最低监管要求水平。但是，一家银行的监管资本要求，不仅仅是第一支柱的"计算结果"。监管机构在监督检查、同行比较以及与银行高管的对话交流之后，综合考虑监督检查中对资产集中度、利率风险等风险状况的评估，对于银行风险管理制度的有效性和实施情况，风险管理技术以及风险缓释工具的使用情况等多方面因素，再结合宏观经济环境的稳定性等因素，可以提出更高的资本要求，以充分覆盖银行表内外的所有风险以及影响整体银行业的不确定风险因素，确保覆盖第一支柱未涉及的风险。

监管机构须定期综合运用现场检查、非现场监管、监管谈话、与外部审计师会谈以及审阅定期报告等多种方法，对银行的内部资本充足率评估程序和战略展开审查与评估。同时，针对银行资本评估程序、风险敞口、资本充足率水平以及资本质量进行全面检查，其中重点关注银行风险管理和内部控制的有效性。

监督检查是确保银行切实履行维持资本充足率要求的重要实施机制。作为外部监督力量，其目的在于推动银行将监管要求内化为自身的管理需求，进而建立起完善的治理架构和内控机制。不过，必须说明的是，监督检查不能也不应取代银行自身的风险管理职能，银行始终是风险管理的第一责任主体，要切实承担起自身的风险管理职责。

第九章将讨论保险公司的审慎性监管。国际保险监督官协会发布的《保险监管核心原则》，建立了保险公司的三支柱监管框架。其中第二支柱是监管机构以风险为基础对保险公司的监督检查。监管机构结合现场与非现场监管的结果，运用定性定量方法评估保险公司的业务和风险状况，范围包括业务、财务、运营、治理架构等，以确定其整体风险状况，评估其当下及未来的偿付能力。监督检查要涵盖资产负债、资本管理、保险技术应用、行为监管、企业文化、风险管理、组织架构与合规性等各个方面。监督检查的重点之一是评估企业风险管理架构，识别并量化风险，判断业务活动和内部程序是否与风险状况相匹配，并在检查中发现可能影响保险公司履行对保单持有人义务的主要问题。与银行的监督检查类似，监管机构要对保险公司偿付能力进行压力测试，并将测试结果与同行进行比较，并对问题保险公司采取监管措施。此外，还要从宏观审慎监管角度评估保险公司面临的风险，及其对保单持有人、保险业和金融稳定构成的影响。保险公司若陷入困境或无序倒闭，可能会通过分保渠道、与其他保险人和金融机构的风险敞口等渠道传播风险，影响金融稳定。

第三节　第三支柱

在《巴塞尔协议Ⅱ》框架下，最低资本要求是第一支柱的核心，监督检查作为第二支柱，通过外部监督推动银行建立和完善公司治理与风险控制机制，确保资本充足和内控有效，这两个支柱共同构成银行资本监管的基础。第三支柱是市场对银行的外部约束，虽位列第三，但无论是在正式的银行监管制度建立前还是当下，市场始终是促使银行稳健经营的首要约束力量。它与第一支柱、第二支柱相互补充，既能促使银行维持资本充足率和自身稳健，又能保障银行经营的灵活性与效率。市场约束同样是保险公司和证券公司监管的第三支柱，被纳入保险监管和证券市场监管的核心。

前面各章的讨论表明，银行的存款人、债权人、股东、董事及其他客户，在监督和制约银行时，均面临信息难题，其他金融机构也是如此。这种信息问题在银行遭遇挤兑时，可能引发连锁反应，导致更大的负外部性。强制信息披露制度能让市场真实、完整、准确地获取信息，使银行的经营状况、资本充足率和风险状况等及时反映在银行发行的股票和债券价格上，市场利率也能激励银行提高效率、保持资本充足率。《有效银行监管核心原则》明确，有效的市场约束是有效银行监管的先决条件，并将信息披露视为行政监管的必要举措。在市场约束有效的环境中，即使没有强制性信息披露制度，银行也有自愿披露的动力，因为及时准确发布银行信息，能增强市场主体信心，改善银行融资环境、降低融资成本。然而，自愿性信息披露存在问题：一是选择性披露，银行可能"报喜不报忧"，不仅可能出现遗漏或误导，还可能存在欺诈行为，部分银行因担心公开商业秘密在竞争中处于劣势而选择隐瞒信息，引发操纵与内幕交易等市场失灵现象；二是缺乏统一规范，信息披露的可理解性、可比性不强，影响市场对信息的使用，也会对市场公平竞争产生影响。第十章将更深入地讨论信息披露问题。

巴塞尔银行监管框架中的第三支柱构建了强制性信息披露制度。一方面，设定了披露标准，要求银行依据统一的会计制度和披露要求，保证信息具有一致性、可理解性与可比性，这有助于防范欺诈、误导和内幕交易；另一方面，巴塞尔委员会推行强制披露与自愿披露相结合的模式，赋予银行一定自主空间，银行可以自愿披露规定范围之外可能影响市场对其资本充足率、资产质量和盈利能力评判的信息。

1998年，巴塞尔委员会发布《增强银行透明度》报告，该研究报告提出提升银行透明度在有效银行监管中具有关键意义，主要体现在以下方面：透明度对于有效的市场纪律至关重要。通过公开银行财务状况、风险敞口和运营信息，存款人、投资者和债权人等市场参与者能够做出更明智的决策，进而激励银行更谨慎地管理风险、更高效地运营。例如，若一家银行不良贷款率较高，透明的信息披露会促使投资者要求更高回报或撤回投资，迫使银行解决该问题。同时，透明度有助于提高监管效率，方便监管机构更好地监督银行。当银行以标准化和定期的方式披露信息时，监管机构能更轻易地识别潜在风险并及时采取监管措施，预防银行部门系统性风险的累积。信息披露打破了银行资产负债、资本及相关风险的"信息黑箱"，缓解了代理问题，提升了行政监管的有效性，推动行政监管从事后监管向全过程监管转变，有助于预防风险的累积与发生，实现早干预、早处置。此外，信息披露也为社会公众和媒体的监督提供了便利，能够缓解市场失灵，促进市场公平竞争。

3.1 信息披露的原则和主要规定

《巴塞尔协议Ⅱ》确立了银行监管的第三支柱，并明确了信息披露的基本原则。在此基础上，各监管辖区的监管机构需进一步制定相应且具体的信息披露规定。这些规定对银行信息披露的内容、方式、频率等方面进行细化，以增强银行运营透明度，强化市场约束，促使银行更稳健地开展经营活动，维护金融市场的稳定。

3.1.1 信息披露的一般原则

（1）及时性。银行应及时披露信息。一旦银行财务状况、风险管理策略或业务运营出现重大变化，需立即公开相关信息。例如，若银行突发大规模贷款违约，应即刻向市场报告这一事件，以避免引发恐慌和传播错误信息。

（2）准确性和完整性。披露的信息必须准确无误，不存在重大错报或漏报。银行的各项活动，如资产负债表项目、损益表和风险敞口，都应全面涵盖。例如，报告资本充足率时，需准确计算资本和风险加权资产的所有组成部分。

（3）一致性和可比性。银行需长期采用一致的会计和报告标准。

这便于市场参与者比较银行在不同时期的业绩和风险状况，同时，使用共同标准也有助于比较不同银行的情况，促进市场评估和竞争。例如，所有银行在报告财务报表时都应遵循相同的国际会计准则（如国际财务报告准则）。

3.1.2 信息披露的内容

（1）财务状况。银行需披露资产负债表的详细信息，包括资产（如贷款、投资）、负债（存款、债务）和权益，还必须报告损益表，展示收入、支出和利润，帮助利益相关者了解银行的财务状况和业绩。

（2）风险管理。银行风险管理政策、流程和风险敞口的信息至关重要，涵盖信贷风险（不良贷款规模、信贷集中度）、市场风险（利率风险、汇率波动风险）和操作风险（因内部流程、人员和系统故障导致的损失风险）。例如，银行应披露评估和管理信贷风险的方法，如信贷评分模型和贷款损失准备金政策。

（3）治理和管理。披露银行的公司治理结构，包括董事会的组成、职责以及管理层的经营策略，有助于利益相关者了解银行的管理和监督方式。

3.1.3 信息披露的频率

（1）年度和半年度披露：通常，银行需披露年度财务报表和其他相关信息，同时，一般还需提供半年度报告以更新信息。不过，对于部分项目，可能需要更频繁地披露。

（2）特定项目的季度披露：对于国际活跃银行和大型银行，一级资本充足率、总资本充足率及其组成部分等关键指标的季度披露是强制性的。此外，若风险敞口或其他项目的信息变化迅速，也需对这些项目进行季度披露。

《巴塞尔协议Ⅱ》的银行信息披露原则强调，银行应制定经董事会批准的正式信息披露制度，并设立专门的部门负责处理和审查信息披露。同时，要求银行按照统一的会计制度和披露要求披露信息，确保信息的一致性、可理解性和可比性，防止欺诈、虚假陈述和内幕交易。此外，该协议允许银行采用强制披露与自愿披露相结合的方式，自愿披露规定内容之外，可能影响市场对银行资本充足率、资产质量和盈利能力判断的信息。

《巴塞尔协议Ⅲ》在"强化信息披露要求"和"流动性披露"等方面做出了新的规定。

（1）全面披露框架。建立更全面的披露框架，要求银行披露更广泛的信息，包括资本结构、风险敞口和风险管理流程的详细内容，让市场参与者能更全面地了解银行的财务状况和风险状况。

（2）标准化模板和披露格式。引入标准化模板和格式用于信息披露，确保不同银行信息的一致性和可比性，方便投资者和监管机构分析和比较数据。例如，银行需使用特定模板报告其资本充足率和风险加权资产。

（3）频率和及时性：提高了披露频率，银行需更频繁地披露某些关键信息，如每季度一次。对于高度波动或重要的风险指标，披露频率可能更高，以确保市场参与者能获取最新信息以及时做出决策。

流动性披露规定主要包含以下方面。

（1）流动性覆盖率（LCR）披露。银行需披露其流动性覆盖率，以便市场参与者评估银行应对流动性冲击的能力。LCR反映了银行在短期压力情景下，可迅速变现的优质流动性资产能否满足未来30天的流动性需求，该指标的披露能让市场清晰了解银行抵御短期流动性风险的能力。

（2）净稳定资金率（NSFR）披露。银行要披露稳定资金来源相对于其长期资产和业务活动的充足性信息，以此提高银行长期流动性状况的透明度。NSFR衡量的是银行一年以内可用的稳定资金与业务所需的稳定资金之比，它的披露有助于市场判断银行长期资金来源与运用是否匹配。

除了 LCR 和 NSFR，《巴塞尔协议Ⅲ》还要求银行披露流动性风险的其他方面，比如期限错配情况，即银行资产与负债在期限结构上的不匹配程度，这关系到银行在不同时间段的资金缺口风险；应急资金来源，包括银行在面临流动性危机时可动用的资金渠道，如向央行借款、同业拆借等；重大流动性风险集中的信息，例如资金过度集中于某一业务领域或某类客户群体所带来的流动性风险。对这些流动性风险因素的全面披露，有助于利益相关者更好地了解银行的流动性风险管理。

2018 年，巴塞尔委员会发布了更新后的《第三支柱信息披露要求框架》，进一步完善了银行信息披露的相关规定，强化了市场约束机制，旨在提高银行体系的稳健性和透明度。此次更新对银行在信用风险、操作风险、杠杆率和风险加权资产等多方面的披露要求都做出了调整与细化，推动银行更全面、准确地向市场披露关键信息。其主要的修改内容如下：

（1）信用风险披露。银行应披露按不同经济行业和地理区域划分的信用风险敞口明细，以及信贷组合的信用质量信息，包括按信用评级等级划分的贷款分布、不良贷款金额以及为坏账提取的准备金。

（2）操作风险披露。银行应披露已发生的操作风险损失数据，按不同风险类型和业务线分类，还应披露其操作风险管理框架，包括政策、程序以及保险等风险缓释技术的使用。

（3）杠杆率和信用估值调整风险披露。银行应披露其杠杆率的组成部分，例如风险敞口和一级资本金额；更新后的框架简化了信用估值调整（Credit Valuation Adjustment）披露要求，银行应披露其信用估值调整风险的相关信息，包括计算的方法以及这些计算所依据的关键假设。

（4）风险加权资产披露。银行应披露根据内部模型和标准化方法计算的风险加权资产。如果使用内部模型，银行应披露模型使用的主要参数和假设，例如风险参数、相关性假设和投资组合细分标准。

（5）风险管理概述。银行应对其整体风险管理政策和流程进行定性描述，包括如何识别、衡量、监控和控制各种风险。

（6）主要审慎指标。银行应披露除上述指标以外的主要审慎指标，例如流动性比率、不同压力情景下的资本充足率，以及其他相关风险指标。

（7）其他新的披露要求。对资产抵押提出了新的披露要求，包括披露已抵押以及以其他方式用作贷款或其他金融债务抵押品的资产信息。当国家监管机构提出要求时，银行应披露有关资本分配限制的信息，例如因监管要求或财务状况而对股息支付和股票回购的限制。

第四节 银行的公司治理

国际社会高度重视公司治理，它对经济和社会的可持续发展至关重要。《巴塞尔协议Ⅱ》引入第二支柱，一个重要出发点是促使银行完善公司治理，发挥董事会、股东、债权人等利益相关者的制衡作用，促进银行稳健经营与资本充足。

4.1 公司治理与银行的稳健性

有效的公司治理对银行业乃至整个经济的正常运作至关重要。银行公司治理的首要目标是在符合公众利益的基础上，持续维护利益相关者的利益。在各利益相关者中，存款人的利益对于银行的稳定运营至关重要，其他利益相关者的利益也要在公司治理中得到平衡和保障。

公司治理是银行监管第二支柱的重要组成部分。良好的公司治理一是促使银行的企业文化、业务活动和行为以安全稳健、遵纪守法为目标；二是保证风险管理系统的健全和有效，使监管机构能够依靠银行自身的风险控制机制和内部程序实现银行的稳健运营；三是缓解激励冲突。良好的公司治理能协调股东、管理层、员工和其他利益相关者的利益，确保管理层的行为符合银行及其利益相关者的最佳利益；四是强化市场约束。良好的公司治理是保证银行财务等信息准确和有效披露的基础，使包括投资者和债权人在内的市场参与者及时获得相关信息，从而增进市场约束。

2008年金融危机暴露出银行和其他金融机构在公司治理方面存在诸多问题，凸显了公司治理对于保证银行稳健运行的重要性。一方面，良好的公司治理可确保董事会和高级管理层设定适当的风险偏好，并监督风险承担活动；另一方面，有利于协调不同利益相关者的利益。危机期间，股东、管理层和其他利益相关者之间激励机制不一致引发问题，例如管理层可能为了个人利益而专注于短期利润，忽视银行的长期稳定，而良好的公司治理能协调这些利益，确保管理层行为符合银行及其利益相关者的最佳利益。银行激励机制的扭曲，会使高管和员工因短期业绩而获得奖励，从而导致过度承担风险。此外，在危机爆发前，一些银行未能准确或及时地披露信息，影响了市场参与者的监督，削弱了市场约束机制的作用。

2010年，巴塞尔委员会总结全球金融危机中银行公司治理的教训，发布了《关于加强公司治理的原则》（Principles for Enhancing Corporate Governance）。2015年9月，在G20峰会上，各国领导人及相关方共同认可了《公司治理原则》。此次修订后的治理原则，有针对性地加强了对金融机构风险管控的要求，强化董事会在风险管理中的核心地位，完善薪酬机制以避免过度激励引发的短期行为，进一步明确信息披露在风险预警和防范方面的关键作用，旨在构建更稳健、科学的公司治理体系。2015年，巴塞尔委员会又发布了《银行公司治理原则（指引）》。其主要目标包括：强化董事会的集体监督以及董事会和风险委员会在加强银行风险治理方面的关键作用。它也明确了董事会、董事会风险委员会、高级管理层和控制职能部门（包括首席风险官和内部审计）的具体职责；强调风险治理的关键要素，如风险文化、风险偏好及其与银行风险管理能力的关系；强化银行的整体制衡，确定了不同部门在应对和管理风险方面的责任，即"三道防线"中的每一道防线要发挥作用。业务线作为第一道防线，它拥有风险的"所有权"，即承认并管理其在开展活动时产生的风险。风险管理职能部门作为第二道防线的一部分，负责银行风险的识别、计量、监测和报告，并独立于第一道防线。合规职能也被视为第二道防线的一部分。内部审计职能作为第三道防线，通过基于风险的一般审计和审查，向董事会保证整体治理框架以及政策和流程的有效性。

4.2 银行公司治理的主要原则

巴塞尔委员会根据银行的特殊性，明确了银行公司治理的主要原则。

4.2.1 银行的董事会及其职责

董事会是银行公司治理的核心。银行的公司治理，需要明确银行董事会在制定银行战略中的权力和责任，以及高级管理层在执行决策和日常经营中的权力和责任。银行关于董事会、管理层，以及风险、合规、内部审计等职能部门的权力、责任、问责和制衡机制，是保证银行稳健运行和风险有效控制的基础。

董事会在制定战略规划，监督管理层，以及建立风险控制、合规、审计、薪酬和信息披露等方面负主要责任。高效的银行董事会具备以下四个特征：（1）职责清晰。着眼于制定中长期战略，聘请管理层执行战略，监督、评估并合理激励管理层。（2）沟通协作顺畅。与管理层及外部审计等机构保持良好沟通与协作。（3）专业且独立。董事具备专业技能、经验和独立性，董事会组成兼顾专业与经验，与管理层建立良好沟通合作机制。(4)有效监督激励。对管理层进行评估和监督激励，除考虑利润、股价、资产等业绩指标，还需考量银行负债情况，如债务构成和回报率。对基于业绩的股权、期权薪酬，设定延期支付或行权期，以便在银行出现重大风险或管理层失职时追回、扣回。

银行董事会必须设立专门的风险委员会，其职责包括：(1)提出风险偏好建议，监督管理层执行风险评估体系，报告银行风险变化状况，与首席风险官互动监督；(2)监督资本充足率和流动性管理战略，确保银行资本覆盖风险，业务发展战略符合风险偏好并随风险变化调整。董事会要督促银行设立独立有效的风险管理职能部门，由首席风险官领导，持续识别、监测和控制银行整体风险，保持风险管理制度和内部控制基础设施的先进性，以适应银行风险状况、外部风险环境和行业实践的变化。银行风险治理框架应包含各项政策及配套控制程序和流程，确保风险识别、汇总、缓释和监测能力与银行规模、复杂程度和风险状况相匹配。

银行董事会要督促监督管理层，将风控政策和风险偏好融入银行各部门和关键业务流程，如资产配置决策、新产品开发和薪酬制度，保障银行风控体系有效。督促建立完善内部风险信息报告和沟通机制，确保信息无偏见地汇报到董事会。对重点控制领域建立监控制度，如关注重大风险、战略和产品创新、业务复杂和跨产品风险等。在董事会层面，着重关注业务层面易被忽视的声誉风险、法律风险，对触发早期预警信号及业绩超预期的部门给予特别关注。

金融稳定理事会强调，董事会及其风险管理委员会在加强银行风险治理方面具有关键作用，参与评估和促进银行风险文化建立，设定风险偏好并通过风险偏好陈述书传达，监督管理层执行风险偏好和整体治理框架(FSB, 2013)。

4.2.2 管理层的职责

管理层由董事会提名,作为执行者,负责执行董事会拟定的企业中长期规划。对于银行来说,董事会确定的业务战略、风险偏好、风险管理战略和资本规划等,均是管理层须执行的关键内容。管理层应与董事会保持良好沟通,基于相互信任,坦诚地探讨面临的风险,而非机械地执行董事会决议。有效执行董事会制定的战略,推动全行建立良好的行为规范和价值观,是金融机构稳健发展的保障。

管理层负责构建和完善银行的内部组织架构及职能部门设置。在日常运营中,持续贯彻治理原则,并监督各职能部门和业务条线对治理原则的执行情况。同时,管理层应向董事会提供日常运营中获取的信息以及对市场和未来的判断。

管理层须将董事会确定的风险偏好、合规文化等融入日常经营,把风险控制要求嵌入日常运营的业务规程与流程,强化风险监测和有效控制,推动风控文化和价值观的有效建立与落实。管理层应维持合理的风险承担水平,对风险和异常情况保持高度敏感,及时发现问题,及时纠正错误。此外,管理层要与董事会风险管理委员会及其专门委员会保持及时、有效的沟通,保持对坏账等的适度容忍和适度风险承担,使金融机构的风控能力与业务发展,尤其是业务创新相匹配,持续提升风险管理技术和能力。

4.2.3 强化债权人的约束

在风险中立的情形下,债权人为补偿自身利益被股东等侵占,会要求更高利率,债券利率便成为一种市场信号,激励银行维持适度资本充足率,降低债务融资成本,但金融安全网的保护以及对金融监管的依赖,削弱了债权人对银行等金融机构的约束。

2008年金融危机后,债权人约束仍备受重视并得以加强。其一是

《巴塞尔协议Ⅲ》要求的附属资本或二级资本中的混合债务资本工具、长期次级债,以及全球系统重要性银行发行的"总损失吸收能力非资本债券"等工具,其持有人多为具备监督能力的机构投资者,这能有效激励债权人对银行进行约束与监督。其二是《处置中的全球系统重要性银行损失吸收和资本结构调整能力原则》规定,当银行遭受重大损失或进入处置程序时,总损失吸收能力中的混合资本工具作为债权将被减计或转换为股权,这激励其持有人密切监督银行经营与风险控制,更积极主动地参与银行公司治理,推动银行稳健经营。

4.2.4 防范利益冲突

利益冲突是各类金融机构普遍面临的问题。比如,银行利益与银行董事、管理层利益之间存在冲突,还有前文讨论过的控股股东与银行、小股东的利益冲突,以及由此引发的第Ⅱ类代理问题。

董事会的关键职责之一,是制定并监督执行防范利益冲突的政策和合规程序,以此识别和防范利益冲突。由于董事自身也可能存在利益冲突,银行须对董事任职设立严格的审查和批准程序,制定董事履职行为规范。董事有责任说明决策事项中利益冲突的部分,并建立董事表决回避制度,遇到可能影响决策客观性或履职能力的利益冲突事项,董事须回避表决。

关联交易审批程序是防范利益冲突的重要机制。银行应掌握股东、董事、高管的相关信息,清晰界定关联交易,建立审批程序和回避制度。

在控股股东控制的银行,控股股东往往控制董事会多数席位,还能直接任命管理层,导致董事会难以发挥应有的作用。关联交易极有可能成为控股股东侵害银行利益的重要方式,因此要强化独立董事的作用,组建由独立董事构成的关联交易委员会。与此同时,监管机构也要加强对这类金融机构的监督检查,从公司治理、内控机制到关联交易审批等各方面，强化对银行的监管力度。

4.2.5 监管机构对银行等金融机构公司治理的"介入"

20世纪90年代以来，公司治理虽受重视，却仍属公司内部事务，主要在公司章程中约定股东、股东大会、董事及董事会的相关权利与规则。OECD等国际组织和各国相关组织颁布的《公司治理原则》并非强制执行的行政监管措施，比如英国采用"遵守或解释"原则赋予公司更大的空间。不过，金融机构代理问题较为特殊，仅靠此类原则或自发力量，治理水平难以达到最佳。如今，监管机制更多介入银行等金融机构的公司治理，提出具体要求。第二支柱的监督检查还会评估银行公司治理的有效性，对治理有缺陷、内控和风控不力的银行，有权提高监管资本要求。

监管机构对公司治理的监管，主要包含以下几个方面：一是制定并发布金融机构公司治理指南，要求金融机构制定健全的公司治理政策与操作规范，明确董事会成员与高级管理层及银行内部的制衡、责任划分、问责和透明度等事宜。二是对金融机构公司治理开展监督检查，这是第二支柱的重要部分。监督检查程序涵盖公司治理评估，通过审查书面材料、面谈、检查、银行自我评估等现场与非现场监管方式，评估银行董事会结构是否合理、董事履职是否规范、董事会与管理层是否各司其职、董事会对管理层监督是否有效，以及银行战略目标实施监督流程是否完备，包括风险偏好、财务业绩等多方面制度。评估治理有效性，可通过评估董事会和管理层，调查银行执行情况以及监管访谈等方式。三是定期与董事会、相关人员交流，发现问题并要求改进，采取如强制调整风险偏好、要求调整人员组成等补救措施，必要时实施处罚。此外，监管机构还会依据银行同业运营、市场发展和系统性风险隐患等信息，向银行做出风险提示。

第五节　问题银行的恢复与处置

对银行的监督检查，旨在及时发现银行存在的问题，识别并有效处置问题银行。当银行丧失或可能丧失经营能力时，监管机构需及时处置，确保其关键服务和功能的持续提供，避免对金融系统及其他部门产生负面影响。

5.1　问题银行的定义与识别

巴塞尔委员会在 2015 年发布了《问题银行的识别和处置指引》（Guidelines for Identifying and Dealing with Weak Banks），对问题银行的定义、识别与处置作出了规定。

5.1.1　问题银行的定义与特点

问题银行是指流动性或偿债能力已受损，或因财务资源、风险状况、业务模式、风险管理系统与控制、治理和管理质量等方面存在问题，致使其流动性或偿付能力即将受损的银行。这一定义聚焦于对银行流动性和偿付能力的潜在或直接威胁。银行出现问题并非一蹴而就，往往是公司治理不健全、内部管理松懈、财务资源不足、业务模式或战略不可行，以及资产质量下降等长期问题积累的结果。

5.1.2　问题银行的识别

识别问题银行的方法主要包含非现场监管、现场检查和前瞻性监管等方式，并运用结构性方法从多维度综合评估银行状况。

非现场监管。依托银行报送的定期、临时财务报告及相关财务信息，建立早期预警指标体系，评估银行经营失败、财务困难或破产的可能性，同时关注媒体、评级机构及市场信号并纳入评估。

现场检查。可由监管机构自行或委托外部审计在银行现场开展检查，目的是评估银行对风险的识别、计量、监测与控制能力。一旦发现重大问题需立即行动，可在报告完成前直接采取监管措施。

综合评估。监督检查通过审查银行经营模式、治理质量、风险管理与控制功能，必要时进行压力测试，分析风险与资本覆盖程度，识别风险问题。监管机构通过检查与沟通，评估银行战略选择、经营模式的可行性与可持续性；评估公司治理关注董事会监督质量、董事独立性等；评估风险控制考察风险文化融入业务流程及部门互动效果；压力测试是评估流动性与偿付能力脆弱性的关键方法。

5.2 问题银行的干预与处置

2002年，巴塞尔委员会发布了《处理问题银行的国际监管指南》(Supervisory Guidance on Dealing with Weak Banks)。2011年，金融稳定理事会发布《金融机构有效处置机制关键要素》，对问题银行的干预和处置的基本原则、处置计划和方案等提出了相关意见和建议。

5.2.1 基本原则

有效性。监管机构应尽可能全面掌握信息，依据问题成因制定行动方案，尽可能降低成本并确保成效。

灵活性。根据问题产生的原因以及银行业务特点，灵活制定恢复与处置措施，密切跟踪进展，及时调整方案，酌情决定处置方式。

一致性。与银行充分沟通，确保恢复与处置措施能得到银行董事会、管理层以及所涉及的业务部门的充分理解，保障执行的一致性。

透明与合作。在方案形成及实施过程中，保持信息共享与及时沟通，推动干预和处置计划的有效执行。

5.2.2 应急和恢复计划

2008年金融危机暴露出许多银行恢复计划存在缺陷。具体而言，不少银行的资本和流动性恢复计划常由首席财务官制订，既未在董事会层面探讨，有时甚至连银行管理层都未曾讨论。而且恢复计划缺乏基于压力情形的规划，一旦危机来袭，补充流动性和资本的计划难以付诸实践。此外，银行在压力时期储备的抵押品不足，银行间市场发生挤兑时，通过发行股本和其他资本工具进行持续融资的计划也难以施行。

危机过后，恢复与处置计划及资本附加要求共同构成针对系统重要性金融机构监管改革的三大要素。2011年，金融稳定理事会发布《金融机构有效处置机制关键要素》。此后，银行，尤其是系统重要性银行，须制订可靠且可操作的应对非预期压力的恢复计划，确保在重大压力情景下，能够恢复财务实力或维持持续经营能力。

恢复计划应明确恢复策略、组织结构及具体措施，每年更新；若经营模式或结构发生重大变动，须持续更新。同时，银行还应制订详尽有效的流动性应急计划，并将其融入整体恢复计划，保持二者协调一致。

在监督检查过程中，监管机构需评估银行恢复计划的可靠性与可操作性。当银行濒临倒闭时，监管机构有权要求银行启动恢复计划，通过补充资本、出售资产或业务剥离部分等方式，尽快恢复资本充足率。

5.2.3 纠正行动

纠正行动是监管机构针对监督检查发现的问题，要求银行进行整改，旨在解决问题银行的缺陷，规范其业务行为。纠正行动既可以在监管机构非正式监督下，由银行自行落实，也可通过正式的监管干预，指导并引导银行实施整改。

纠正行动的目标有二：一是维护银行稳健运营，保障金融系统稳定，保护存款人利益；二是果断出手，防止问题恶化，避免银行财务困境加剧。监管机构要求银行采取纠正行动时，银行管理层必须承诺并确保行动按要求扎实推进。纠正行动须精准针对银行存在的待纠正问题，其力度和方式应与问题的严重程度和规模相匹配，同时要兼顾问题的表象与根源，具备全面性。

监管机构实施纠正行动以监督检查以及对存在问题的症状与原因的深入分析为基石。在此过程中，需明确银行当前及预期的流动性和资本状况，进而对银行应急和恢复计划的有效性展开评估。评估负债时，要核查是否已完整记录所有或有事项，记录价值是否充足，是否对所有资产负债表外项目做到充分了解与有效管控。评估流动性状况时，要剖析银行的长期现金流，以此确定资金的实际流入和流出情况。基于上述分析，明确银行脆弱性的性质与严重程度，进而制订纠正计划。若监管机构判定银行即将面临流动性短缺或破产的重大风险，不仅能够即刻启动纠正行动，还可同时启动恢复计划。

监管机构依据问题及其根源来确定纠正行动的具体措施，涵盖以下方面：

完善公司治理和风险管理制度。要求董事会培育正确的风控文化，明确恰当的风险偏好，通过强化对管理层的监督，切实完善银行的内部控制与风险管理体系。

启动纠正行动或恢复计划。包括对银行集团法律结构进行调整，剥离非核心业务；撤换董事和高级管理人员；限制董事和高级管理人员的薪酬，或者追回高管过往的业绩报酬；规定银行的重大资本支出、重大承诺、或有负债，须事先获取监管部门的批准。

补充资本。要求老股东注资或引入新投资者以充实资本；发行二级资本融资工具或进行债务展期；限制股东权利，包括暂停部分或全部股东权利的行使；禁止支付股息或其他股东提款。

接管或处置。当银行问题严重到无法通过上述措施解决时，监管机构可采取接管或处置措施，保障金融市场稳定，维护存款人和投资者的利益。

5.2.4 处置

当银行经营失败或即将失败且无恢复正常经营的可能时，可启动处置（Resolution）计划。金融稳定理事会发布的《金融机构有效处置机制关键要素》明确有效处置机制目标，即在不引发严重系统性混乱和不损害纳税人利益前提下处置问题金融机构，保护重要经济功能，让股东和无担保、无保险债权人按法定顺序吸收损失。

对于银行的处置，有六大核心要素。

第一，处置范围。处置机构的处置范围通常包含受监管金融机构。对于系统重要性金融机构，像 G-SIFIs（全球系统重要性金融机构）、D-SIFIs（国内系统重要性金融机构）及金融基础设施，要求制订完善恢复与处置计划，并在监管机构认为必要时启动相应的计划。

第二，处置机构及其职责。监管辖区须指定行政机构为处置机构，负责辖区内金融机构处置。若有多个处置机构，要明确其职责并建立协调机制。银行处置与一般企业破产清算不同，须遵循这些原则：尽量避免或减少银行关键服务中断，对系统重要性银行，维持其关键功能以防外溢效应；让股东承担经营失败损失，债权人按受偿顺序承担损失，尽可能少动用公共资金；通过商业机制解决问题，防止道德风险和激励扭曲；快速处置；维护市场公平竞争。

第三，处置机构的权力。处置机构和其他金融监管机构一样，要有独立履职的权力和资源，能依启动标准决定对金融公司启动处置程序，有权决定处置措施或方案。制订处置计划及启动实施措施时，可不受限地接触相关金融机构、关联机构和人员。处置机构还能对金融机构破产清算的法律制度做出特殊规定，在金融公司未资不抵债、权益还未耗尽前，就可以决定启动破产清算程序。

处置机构的权力是保证有序处置的重要"监管资源"之一，它不同于一般企业的清算组的权力，包括：

一是总体权力，共13项。（1）撤换对银行经营失败负有责任的董事和高级管理层等主体，可决定追回资金，包含追回其业绩薪酬。（2）指定接管人或管理人，对拟处置金融公司进行控制与管理，确保被处置金融机构能持续提供主要功能。（3）决定被处置机构关键事项，如终止、继承或转让合同，购买或出售资产，减记债务，以及采取必要行动重组或清算银行业务。（4）保障基本金融服务和职能的连续性。可要求同一集团内其他公司，向处置中的实体、继承方或收购实体持续提供基本服务；确保处置中的剩余实体，能临时性向继承方或收购实体提供相关服务；也可从无关联第三方采购必要服务。（5）超越并取代金融公司股东部分权利。例如在处置过程中，原本由股东大会决议的合并、收购、出售重大业务经营、资本重组或其他重组和处置公司业务、负债及资产等措施，可由处置机构决策。（6）向有偿付能力的第三方转让或出售资产和负债、法定权利和义务，涵盖存款等负债和股份所有权。（7）建立临时过渡机构，接管并继续运营被关闭银行的关键职能和业务。（8）搭建单独的资产管理架构，将不良贷款或难以估价的资产移交该实体管理和清算。（9）决定"自救"。（10）对当前提供职能但存续困难的实体进行资本重组，或通过渡机构等进行资本重组。（11）暂时停止行使在公司进入破产程序时或使用破产程序权力时可能触发的提前终止权。（12）实施延期偿付，暂停向无担保债权人和客户付款，暂停债权人扣押资产或以其他方式从公司收取金钱或财产的行为，同时保障符合条件的净额结算和抵押协议的执行。（13）有效关闭并有序清算被关闭公司的全部或部分业务，及时支付或转移投保的存款，迅速获取交易账簿和隔离的客户资金。

二是建立或确定过桥机构。处置机构有权设立特殊目的实体——过桥银行，由其承继被处置银行的资产和负债，并继续运行核心业务，剩余业务和资产则由处置机构处置。过桥银行是由处置机构控制的独立法人，其章程、管理层、经营战略等均须经处置机构批准。处置机构对过桥银行拥有以下权力：（1）签订法律协议，将被处置银行的资产和负债转移至过桥银行；（2）制定过桥银行持续经营被处置银行业务的条款和条件，以及适用于过桥银行的审慎性监管和其他监管要求；（3）必要时，从过桥银行转回资产和负债，安排过桥银行的出售、清盘，或出售其部分或全部的资产和负债。

三是处置中的自救及相关权力。2008年金融危机凸显了金融机构的道德风险、激励扭曲和市场约束不足等问题。为防范"大而不能倒"及道德风险，危机后的重要举措之一是建立自救机制，由股东和相关债权人先承担金融机构的经营损失。处置时，处置机构应拥有以下权力：（1）按法定顺序减记金融机构股权或其他所有权工具、无担保和无保险债权人的债权，减记程度以覆盖损失为限；（2）按法定顺序将全部或部分无担保和无保险债权人的债权转换为被处置金融公司的股权或其他所有权工具；（3）针对进入破产程序时，此前未触发条款的或有可转换或契约性自救工具的转换或减记，依照上述（1）和（2）原则处理。

四是行使处置权力。具体如下：（1）处置行动可合并或按顺序实施；（2）针对金融机构的不同业务，可采取不同的处置权力；（3）对于不重要的业务或法律实体，能立即启动清盘。

第四，抵销、净额结算、抵押及客户资产隔离。监管辖区的立法和司法部门要建立银行处置的法律框架，明确债权债务的抵销、净额结算、抵押协议以及客户资产隔离等事宜，确保在危机或金融机构解散期间这些事项可强制执行，不阻碍处置措施有效施行。

第五，保障措施。金融机构处置虽具特殊性，但"平等对待债权人和尊重债权人等级，不损害债权人利益"仍是基本原则。必要时可灵活偏离平等对待原则，但依法股权应先吸收损失，次级债全部注销前，不能让优先债务持有人受损。处置应以实现所有债权人整体利益最大化为目标，做到程序透明，关注可能产生的系统性影响。在遵循法律规定的救济措施和正当程序前提下，处置机构要有足够快速和灵活的处置权力。处置制度立法不应赋予司法行动限制执行或推翻处置机构在合法权限内善意采取措施的权力。

第六，处置资金的来源。处置资金可来源于公共资金、保险保障基金等。当需临时资金维持被处置机构基本功能，实现有序破产时，资金来源还包括从股东和无担保债权人处获取资金，必要时可扩大资金来源。提供临时资金需遵守严格条件，防范道德风险。

正常情况下，处置银行内部问题属于银行董事会和管理层的职责范畴，并非监管机构的工作。但倘若银行经营策略存在缺陷，或有违反法律法规的行为，监管机构便有权要求银行采取整改或补救措施，比如强化监管审查，限制甚至禁止业务扩张与分红，要求补充资本以及剥离部分资产或业务等。

在恢复与处置中，监管机构要关注系统性影响，重视干预和处置可能引发的外溢性影响。尤其对系统重要性银行，关注其风险通过资产负债表关联、共同风险敞口等途径对其他银行和金融市场产生的影响。中小银行处置也可能因金融市场的复杂联系产生溢出效应，如包商银行被接管后，银行间市场信用利差扩大，加大了中小银行融资和流动性压力。2008年金融危机后，监管当局要求系统重要性银行制定并完善恢复计划，融入公司治理与风险管理框架。监管机构将恢复计划评估纳入监督检查流程，结合市场与单体机构压力情景，评估其可靠性与有效性。

需要关注宏观经济因素影响银行风险与可持续经营能力。宏观审慎监管机构从时间、结构维度监测系统性风险，获取银行问题预警信号，如发现房地产市场风险时加强对相关银行监测；发现系统性风险累积显著时，考虑个体银行影响，识别潜在问题风险，或提高对系统重要性银行的资本缓冲要求。

第六节　存款保险制度

存款保险制度是一种金融保障机制，旨在为存款人在合规金融机构的存款提供保险。当参保金融机构遭遇资不抵债、破产等财务困境时，存款保险机构可以按预定限额赔付存款人，以保护个人存款人的利益，维护对银行系统的信心并稳定金融系统。1933年美国联邦存款保险公司（FDIC）成立，是全球首个存款保险机构，如今多数国家已建立该制度。各个监管辖区的存款保险制度设计存在差异，部分存款保险机构同时也是银行的主要监管机构；而另外一些存款保险机构作为处置机构，同样在银行的监管工作中发挥着关键作用。

6.1　存款保险的核心原则

2009年6月18日，巴塞尔委员会和国际存款保险协会（IADI）发布了《有效存款保险制度核心原则》（Core Principles for Effective Deposit Insurance Systems）。2014年11月，IADI发布了修订后的《有效存款保险制度核心原则》，其中的15项标准已被金融稳定理事会纳入健全金融体系的关键标准之中。

6.1.1　存款保险机构的职责及治理

从世界各国的存款保险制度来看，存款保险机构的职责存在差异。在以下四个方面的职责中，有的存款保险机构仅承担最小范围的职责，即作为"赔付箱"，有的机构职责范围涵盖审慎性监管和处置权。

总体而言，存款保险机构至少拥有第一项职责，也可能同时具备其他三项职责："赔付箱"职责；存款保险机构负责向被保险银行的存款人支付保险限额内的款项；"赔付箱+"职责。这些职能具体包括：(1) 评估和收取保费或征收其他费用；(2) 将存款转移至接管机构或银行；(3) 向受保存款人偿还款；(4) 直接从银行获取履行职责所需的及时、准确和全面的资料与信息；(5) 强制银行履行对存款保险人的法定义务；(6) 编制预算，制定政策和制度；(7) 签订合约。

除赔付职责外，还包括对被保险银行的审慎性监管，通过监督检查实现早发现、早干预、早处置。这意味着存款保险机构也充当银行的监管机构，美国的联邦存款保险公司便是典型例子，它兼具监管和处置职能，赋予存款保险机构这些职责，期望达成两个目标。一是风险最小化。通过审慎监管，强化被保险机构的风险评估与管理，借助早干预和早处置，降低被保险机构的风险。二是损失最小化。作为处置机构，在处置被保险机构时，从各类处置方案中选择成本最低的，尽可能减少存款保险机构可能承担的损失以及公共资金的动用。

存款保险机构无论职责范围宽窄，在治理上都应独立运行，管理健全透明且可被问责。同时，其高效运作需要与中央银行、微观审慎监管当局、宏观审慎监管当局和财政部门保持良好的协调与信息共享。

6.1.2 存款保险的成员

存款保险机构仅向被保险的成员银行或金融机构的存款人提供赔偿。原则上，成员应涵盖所有银行，即所有银行都需加入存款保险体系，并且所有成员都要履行对存款保险机构的义务，接受其规制。

存款保险制度须明确说明存款保险的成员及其资格条件、程序和时限，且具备透明度。新加入的成员必须符合成员条件，或者制订切实可行的整改计划并在规定期限内完成整改。存款保险体系的成员名单及变更情况应及时公布。当成员资格因银行牌照被撤销而取消时，须立即公告。

6.1.3 覆盖范围和保险限额

存款保险制度必须明确规定受保险的存款类型、覆盖范围以及保险限额水平。这些覆盖范围和限额水平需适用于所有成员银行，以此维护公平竞争和整个银行业的稳定。存款保险机构还需定期评估承保水平和范围，确保符合存款保险制度的政策目标。

确定覆盖范围和限额水平时，遵循的基本原则是充分保护绝大多数存款人，同时让一部分存款不受保护，以此防范道德风险，维持市场约束的有效性。覆盖充分与否主要取决于覆盖存款和存款人的比例，而非绝对限额。2008年金融危机表明，存款和存款人的覆盖率较低时，存款保险防范挤兑的作用就较为有限。

6.1.4 存款保险基金的融资

存款保险基金的资金筹集方式主要有两种：事前筹资（ex-ante funding mechanisms）和事后筹资（ex-post funding mechanisms）。事前筹资类似商业保险公司运作，由被保险人或投保人在事前缴纳存款保险费；事后筹资则是在被保险银行出现风险，存款保险机构向存款人垫付赔付后，再向全体被保险银行收取费用。对于事前筹资的基金，当规模达到目标规模后，可暂停收取保费。基金主要用于承保银行倒闭时为存款人提供资金，也可用于法律规定的银行处置等事务。

存款保险费率确定方式有两种：一是实行统一费率，这种方式易于理解和管理；二是根据银行风险状况收取差别费率，该方式有助于推动银行稳健经营、降低风险，进而减轻保费负担。对于事前筹资，费率确定需考虑基金的覆盖率、保险限额水平以及被保险的存款总额。实行差别费率时，还需考虑被保险银行的存款规模和风险状况。部分国家采用定量和定性相结合的方法确定银行的费率。

对于事前筹资，还需建立存款保险基金管理制度。存款保险基金的投资和管理要确保基金资产的安全性和流动性，同时制订应急资金筹措安排计划，以满足紧急情况下的流动性资金需求，保证及时、足额赔付存款人。在临时性或紧急备用资金安排上，一些国家从中央银行或财政部门获取资金支持，一些国家从市场融资，还有一些国家通过征收额外保费来解决。

存款保险机构依法享有按法定债权人等级向银行追偿的权利，并可在银行清算后向对银行倒闭负有责任的相关当事方追索。相关责任人及追索金额需依据对倒闭银行原因和责任人的调查来确定。该调查可由存款保险机构、监管机构、处置机构、刑事等调查机构单独或联合开展。完善的调查和事后追责机制，有助于加强对银行股东、董事和管理层的监管与约束，防止他们利用影响力和信贷控制权谋取不当利益。

6.2 存款保险制度面临的失灵

D-D模型阐释了银行具有内生脆弱性，这凸显了存款保险制度的必要性。中央银行通过最后贷款人制度为银行提供流动性保险，而存款保险制度则是为被保险银行的存款人提供保障。但金融安全网，包括最后贷款人和存款保险制度，都可能引发道德风险，使受保护的银行相关方放松风险控制与监督。依据白芝浩原则，中央银行只能救助流动性风险的银行，且要求提供合格抵押品并收取高额利息。

在存款保险制度设计中，防范道德风险极为关键。设置最高保险限额是一项重要举措，通过让被保险人承担部分风险，避免因全额赔偿而滋生道德风险。然而，实际案例表明这一限额制度存在问题。2007年英国北岩银行发生挤兑事件，根源在于保险限额过低，致使存款人发起挤兑；2023年硅谷银行危机与之相似，3月9日硅谷银行遭遇挤兑，次日被联邦存款保险公司接管，尽管投保存款得到了转移和保障，但25万美元的保险限额仍引致大量存款人排队挤兑，最终政府采取紧急措施保护存款人，此后签名银行等也陷入危机，其存款人同样受到联邦机构的全面保护。

这些银行危机揭示出，二支柱的监督检查以及"早发现、早干预、早处置"等机制，无法完全消除市场失灵现象，同时存款保险制度和银行监管也存在一系列难以解决的问题。（1）保险限额不合理：对于硅谷银行的大量存款人而言，25万美元的存款保险上限难以发挥作用，90%~97%的存款未被保险覆盖。只要无法提供全额保险，挤兑风险就难以消除，进而可能引发银行倒闭，产生连锁反应。（2）监管不力且迟缓：自2018年起，美联储和联邦存款保险公司便已察觉硅谷银行和签名银行存在问题，然而却未能及时采取有效执法行动。监管程序模糊、缺乏明确标准，导致关键措施难以有效落实。即便美国联邦存款保险公司积累了处置3 000多家银行类机构的经验，在硅谷银行事件中仍显得应对乏力，凸显银行监管面临的困境。（3）风险评估不足：监管过程中忽视利率风险和资产集中度等关键风险指标，再加上信息不对称，导致难以及时发现银行财务恶化等问题。（4）道德风险：部分资本充足、评级较高的银行无须缴纳保险费，这促使它们更易过度冒险，将希望寄托于政府救助。（5）保险赔付复杂：FDIC的理赔基于复杂的账户类型，投保存款与非投保存款的区分以及对各类金融产品的不同处理方式，造成操作混乱，公众理解困难。

无论是2008年全球金融危机还是硅谷银行危机，都凸显了存款保险机构面临的挑战。除了道德风险外，还包括确定适当的承保限额、如何筹资和保费的确定等问题。近年来，各监管辖区也在重新审视存款保险制度并进行改革，有关措施包括扩大承保范围，建立并加强基于风险的保费确定制度，强化存款保险机构与其他金融监管机构的合作和信息共享，改进对问题银行的预警机制以及优化处置流程。

第九章　保险监管

保险是一种典型的商业风险转移机制。它是投保人（众多机构或个人）将特定灾害事故造成的经济损失或人身伤亡等风险，以支付保费的形式转移给作为保险人的保险公司。当约定风险发生并造成损失，或按保险合同约定需履行给付义务时，保险公司需按合同约定向保单持有人或受益人履行偿付义务。保险合同约定了保险公司与投保人、被保险人、受益人之间的权利义务。由于保险合同存在信息不对称和复杂性，保险合同监管是政府监管最早介入的领域。保险监管旨在通过对保险人及保险行业内相关主体的监管，维护保险市场的有序运行，确保保险人具备良好的财务稳健性，进而切实保护投保人的合法权益等。本章重点讨论保险合同的监管，以及保险公司的偿付能力监管。

第一节　保险合同及市场行为监管

保险合同的核心是投保人与保险人就风险转移达成的合约，其中约定了各方当事人的权利与义务。风险发生的不确定性决定了保险合同的特殊性，这也是政府介入保险合同监管的重要原因。2011年10月，国际保险监督官协会（IAIS）发布《保险监管核心原则》（Insurance Core Principles），为保险行业监管提供了全球公认的原则、标准和指导框架。

1.1 保险合同的特殊性

保险合同约定了保险人与投保人及相关当事人的权利和义务。保险公司作为保险人，承诺若在约定时间内发生合同涵盖的保险事故，需向受益人支付相应给付。保险事故包括意外事故，如自然事件或人为造成的财产损失，需承担的法律责任及相关法律费用、医疗费用，也包括生命保单下被保险人的死亡，或者年金领取者达到指定年龄等情况。保险事故发生在未来，具有不确定性、不可完全预知性，即"不可描述性""不可穷尽性"，再加上人的"有限理性""认知局限"，引发保险人和投保人之间的逆向选择和道德风险，进而可能导致保险市场失灵。

保险合同的特殊性，主要体现在以下几个方面。

1.1.1 射幸性

射幸性（Aleatory）是指合同义务的履行取决于偶然事件是否发生。在典型的射幸性合同中，一方支付对价，期望在偶然事件发生时，另一方履行某种承诺。保险合同是典型的射幸性合同。例如，某保险公司向 A 承诺，若 A 的房子因雷电引发火灾而烧毁，公司将向 A 支付 20 000 元，A 则以支付保险费作为对价。在此射幸性合同中，如果 A 的房子是因煤气爆炸烧毁，保险公司将不承担赔付责任。

由于射幸性合同针对偶然事件订立，当事人存在"以小博大"的可能性。早在 18 世纪，英国就制定了防范保险合同欺诈的规定。1743 年，哈德威克勋爵（Lord Hardwicke）指出，"如果被保险人在投保或遭受损失时对保险标的没有保险利益，那么任何人都可以对他人的房屋投保，就可能存在为获取保险赔付而烧毁房屋的不良动机"。为防范保险欺诈行为以及避免对公共利益造成损害，英国先后颁布了《1746 年海上保险法》（Marine Insurance Act 1746）和《1774 年人寿保险法》

(The Life Insurance Act 1774)。两部法律均做出了"保险利益"的相关规定。保险利益，是指投保人或者被保险人对保险标的应具有法律上承认的利益。任何个人和公司在对英国船舶及其装卸物不具备利益，或者无法证明存在利益的情况下，均不得进行投保，也禁止以赌博为目的进行保险活动。若不存在保险利益，那么保险合同无效，对合同各方均不具有法律效力。这是英美法系中关于保险利益最早的规定，其核心目的在于防范保险市场中出现赌博性质的保险行为和欺诈行为，避免因利益诱惑而故意造成损失以及可能引发的不公平（Georgosouli and Goldby, 2015）。目前，保险利益原则已经成为国际保险业立法的基本原则之一。

1.1.2 附和性

附和性合同通常采用标准化合同格式，完全由谈判实力较强的一方拟定，然后提供给商品或服务的消费者。由于附和性合同并未给消费者提供实际的讨价还价机会，消费者面对此类合同，往往只有接受或放弃两种选择，几乎没有能力就更有利的条款进行协商。保险合同就属于附和性合同，其内容由保险公司预先拟定，一般不存在协商空间，投保人无权修改大部分条款。

保险合同的附和性与合同的不完全性紧密相连。保险事故的发生具有不可预见性，难以全面、详尽地描述，再加上人的有限理性以及不确定性事件相关的认知成本导致缺乏前瞻性和双曲贴现效应（Tirole, 2009）。要签订一份能够预见并描述未来面临的所有事态以及相应处理方式的合同，要么根本不可能，要么签订成本极高（Bolton and Faure-Grimaud, 2009）。即使签订了合同，在合同执行过程中，争议的解决仍可能出现问题。即便诉诸法院等第三方机制，后续执行同样可能面临困境。因此，保险合同必然是不完全的（Tirole, 1999）。

在实践中，人们并未让这些认知成本和思考成本全部沦为沉没成本，而是通过总结保险市场的实践经验，逐步形成了关于保险合同权利与义务的共有知识。随后，将这种共有知识融入逐渐格式化的保险合同里，以此降低保险合同签署与执行过程中的交易费用，减少合同摩擦。

保险合同的附和性也与保险费率确定紧密相关。风险是特定条件和时期内，事件预期与实际结果的偏差，具有不确定性，由保险人承担此风险。虽风险不确定，但依据统计原理，随机现象服从概率分布，总体风险事故的发生有规律可循且可预测，特定风险发生频率和损失率也能测算。保险公司汇集众多被保险人风险，事故发生导致的损失在所有参保的被保险人中分摊，实现风险分散，将不确定性转为确定性。保险人依据大数法则和保险合同中的风险描述来确定保险费率。定价策略是重要的竞争手段，也关系到保险公司的稳健经营。保险费率的核算具有高度的技术性和专业性，非专业机构难以判定。保险业务遵循的大数法则，也要求保险合同必须对所有的投保人保持统一化和标准化。现今适用的保险合同条款，大都是在数百年的实践中经验总结出来的，不仅保险公司，投保人等参与人对其也达成了共识，这也使保险合同日益成为标准化、格式化的制式合同。这既是公平对待投保人的要求，也是维护市场秩序和防范市场失灵的基础。

正如日本著名经济学家青木昌彦所言，制度本身可被视作一种浓缩的信息装置，它能够引导和协调个体之间具体的社会互动，降低人们合作时的不确定性，提升达成合同以及执行的效率（Aoki，2001）。

由于保险合同由保险公司单方面制定，且具有复杂性和专业性，保险人与被保险人之间存在严重的信息不对称，为防范保险合同欺诈、保护各方利益，须对保险合同实施监管，监管的主要内容包括：

一是推动合同标准化与规范理赔。保险市场建立初期，意外事件难以预测和准确描述，保险事故情形、责任界定存在不可证实性，导致保险合同执行易产生争议纠纷。不同主体对保险合同条款理解和表述差异大，争议不断。1601 年，英国就颁布了第一部海上保险法，政府开始介入保险业的监管，并明确由保险商会设仲裁庭仲裁海上保险案件（Barbour, 1929）。

保险合同履行的重要环节是理赔。当保险合同约定的意外事件发生或投保人提出理赔要求时，保险公司需要启动理赔程序并在定损后决定是否赔付和赔付的金额。由于保险合同条款的专业性和复杂性，被保险人往往难以完全理解其中的细节和规定。而保险公司的专业人员对条款的理解更为深入，这就导致在理赔时双方对保险责任、赔付范围等关键信息的掌握存在差距。同时，被保险人更清楚风险发生的原因、造成的损失，一些被保险人还可能会故意制造保险事故或夸大损失程度来骗取保险金，保险公司需要核实相关信息。完善的理赔制度有利于控制被保险人的道德风险和逆向选择。

因此，对保险合同和销售行为、理赔行为的监管十分关键。一方面要确保保险合同清晰说明保险范围与各方责任，促使销售方充分揭示条款；另一方面要求保险公司规范理赔，切实履行合同义务，以保护投保人和被保险人的利益。

二是防范保险人的滥用。保险合同的附和性让保险人存在滥用权力的可能。保险合同的复杂性，投保人难以准确地理解和比较保险条款。保险公司可能在合同中故意排除重要的或高赔付的责任，或者是以低赔付但免除了部分赔偿责任的低费率保单吸引投保人。

为规范保险行业，保障投保人权益，保险监管法规有诸多要求。如保险人在订立保险合同时，必须向投保人说明合同条款，尤其是责任免除条款，若未提示或明确说明，则该条款无效。同时，保险合同不得包含违反强制性和禁止性规定的条款。

《中华人民共和国保险法》有相关具体条文约束，包括：合同解除权自保险人知道解除事由之日起超三十日不行使则消灭，合同成立超二年的，保险人不得解除合同，发生保险事故应承担赔偿或给付保险金责任；若保险人订立合同时已知投保人未如实告知，也不得解除合同，应担责；采用格式条款订立合同，保险人要提供附格式条款的投保单，并说明合同内容，对免责条款要在相关凭证上作提示，且书面或口头明确说明，否则条款无效；免除保险人法定义务、加重投保人等责任或排除其依法享有的权利的格式条款无效。

1.1.3 补偿性和继续性

在保险市场中，投保人及保险公司均面临信息不对称问题，由此引发逆向选择和道德风险。正如马斯金和梯若尔（Maskin and Tirole, 1999）指出的，签订完全合同的障碍在于，代理人在订约之日可能拥有私人信息（逆向选择），合同履行中的信息无法被合同执行当局直接核实，这些信息可能是私人信息，即隐性知识，而且，代理人可能采取无法被核实的行动（道德风险）。这不仅会导致市场失灵，还会损害投保人或保险人的利益。

逆向选择。阿克洛夫（1970）对二手车市场的研究发现，由于信息不对称问题，买家会压低二手车价格。如此一来，优质车卖家会因定价不合理而退出市场，这一现象被阿克洛夫称为逆向选择。当市场中充斥着低质量的二手车时，市场就会出现失灵。在保险市场中，投保人比保险人拥有更多关于自身损失概率和规模的信息，存在显著的信息不对称问题，逆向选择很可能引发保险市场失灵。以医疗险为例，假设有两类投保人：低风险的 A 类投保人和高风险的 B 类投保人，A 和 B 的发病概率分别为 25% 和 75%。假设保险事故发生，保险公司需支付 1 万元的赔付。如果保险公司对两类投保人按相同费率收取保费，例如 50 元 =（25 元+75 元）/2（此处 25 元为 A 类投保人的期望损失，即 10000×25%÷100 = 25 元；75 元为 B 类投保人的期望损失，即 10000×75%÷100 = 75 元）。高风险的 B 支付的费率低于其期望损失，B 就会购买保险，而 A 会选择退出市场。最终市场上只剩下高风险的投保人，而保险公司核定的 50 元保费就无法覆盖保险承诺。结果就是，保险公司要么倒闭，要么不再出售这种医疗险。

罗斯柴尔德和斯蒂格利茨（Rothschild and Stiglitz, 1976）指出，即使少量不完全信息也会显著影响竞争市场的运作。保险市场中的信息问题会导致逆向选择，即高风险人群比低风险人群更愿意购买更多的保险。相比起集中模式（所有个人支付相同的保费），分散模式（不同风险类型支付不同的保费）面临的问题可能更突出，因为高风险个人可能会利用它。他们建议通过监管或改善信息共享的机制来帮助恢复市场效率。或者保单设计上，要考虑不同风险类型的激励因素。例如，为高风险人群提供基本共享合同和补充保险。马斯金和梯若尔（Maskin and Tirole, 1999；Maskin, 2002）则建议，可以设计一种促进真实信息显示的机制，从而可以在事后显示或筛选掉那些无法描述或验证的信息。

保险公司也在探索开发缓解逆向选择的市场化机制。比如针对不同风险的投保人，保险公司可采用差别费率进行差别定价。以之前讨论的医疗险为例，由于低风险的 A 类投保人发生风险的概率相对较低，他们更倾向于承担较高的免赔额以换取较低的费率，从而降低保险成本；而高风险的 B 类投保人由于风险发生概率高，更愿意支付较高的费率来获得较低的免赔额，以保障自身利益。因此，可设置不同的费率和免赔额，让低风险的 A 类投保人能够选择低费率、高免赔额的险种，高风险的 B 类投保人则可选择高费率、低免赔额的险种。

道德风险。逆向选择是合同达成之前，由于信息不对称导致的高风险群体更易获得保险合同的问题。而合同达成之后，因信息不对称使得一方当事人利用自身信息优势，做出损害另一方利益的行为，这种问题被称为道德风险。在合同执行过程中，若一方当事人利用私人信息采取难以验证且损害其他合同当事人利益的行动，而其他当事人及合同执行机构既无法证实这些行为对合同的影响，也无力限制或制止,这便是道德风险。

投保人购买保险后将风险损失转移给保险公司,此后投保人或被保险人可能在保险合同签订后疏于风险管理与控制,或者在风险发生时不积极降低损失。为此,保险公司可通过合同设计加以防范。

补偿性。保险人的赔付数额与被保险人的实际损失额直接相关。在财产险中体现为补偿具体财产损失,人身险则更多补偿诸如因伤残、疾病、死亡等导致的经济损失以及精神层面的抽象损失,毕竟人身损害往往难以像财产损失那样直接以具体货币数额进行量化。保险合同的补偿性旨在避免投保人或被保险人不当利用保险制度,比如通过购买保险获利或故意制造保险事故来谋取不当利益。基于这种补偿性的本质要求,进而衍生出损失补偿原则。该原则强调赔付数额与实际损失额直接相关,并非简单的赔偿数额等于实际损失额。这是因为在实际理赔过程中,可能会受到保险金额、保险责任范围、免赔额等多种因素的影响,所以赔付数额需综合多方面因素,依据保险合同约定来确定。因此,为了切实贯彻损失补偿原则,确保保险市场的公平有序,保险法律法规通常会对保险利益、保险代位权、重复保险禁止、超额保险禁止等作出规定。保险利益规定确保投保人对保险标的具有合法利害关系,防止道德风险;保险代位权防止被保险人重复获利;禁止重复保险和禁止超额保险,避免被保险人获取超过实际损失的赔偿,从不同角度保障损失补偿原则的有效施行。

继续性。保险合同是典型的继续性合同,指合同内容并非一次给付即完结,而是持续实现的合同。其法律意义主要有二:其一,适应变更原则,合同存续期间若发生显著变化,致使原合同显失公平,允许变更合同内容。中国《保险法》规定,当保险标的的危险程度显著增加或减少时,保险人需重新核定保费,在某些条件下,保险人可解除合同。其二,约定解除权情形。保险合同极为重视信任,一旦当事人有失信行为致使双方丧失互信,或存在严重道德风险倾向,允许当事人解除合同。中国《保险法》还规定了投保人的任意解除权。

1.2 保险合同的基本原则

现代保险业起源于海上保险，历经几个世纪的发展，逐步确立了保险合同的基本原则。这些原则堪称"保险秩序的基石"，是订立、执行保险合同必须遵循的基准。

1.2.1 保险利益原则

保险利益是指投保人或被保险人对保险标的具有法律承认的经济利益，体现了法律认可的利害关系。保险利益原则规定，签订和执行保险合同时，投保人或被保险人对保险标的必须有保险利益。这是保险合同成立的法律要件。一般而言，有保险利益才有资格订立保险合同，合同才能生效，它对保险合同效力意义重大，能防范赌博和道德风险。

保险利益需满足以下条件：合法利益，即投保人或被保险人对保险标的的利益要被法律认可和保护，违法或不正当手段获取的利益不算；确定的利益，要客观存在、可以实现，包含现有、预期、责任和合同利益；经济利益，利益价值能用货币衡量，否则保险赔偿无法实现。

保险利益原则的意义在于：防范道德风险，避免投保人对无利害关系标的投保，为获赔偿蓄意制造事故等；区别保险与赌博，防止保险合同沦为赌博工具，助长投机行为；以保险利益确定保险保障最高限额，方便衡量损失，投保人超实际价值投保部分无效。如我国《保险法》第五十五条规定，保险金额超过保险价值，超过的部分无效，保险人需退还相应保费。人身险因生命和身体无法估价，金额依被保险人需要和投保人支付能力确定。

判定保险利益的要素包括：保险利益来源，财产险中，所有者、经营管理者等对财产的标的拥有保险利益；人身险要求投保人与被保险人有利益关系；存在时间，财产险通常投保时要有保险利益，保险合同存续期间也需要有，否则合同失效，海上保险在保险标的发生风险时需有保险利益。如英国《1906年海上保险法》规定，保险合同生效时被保险人可不具利害关系，但标的发生损失时必须有。

1.2.2 最大诚信原则

保险合同具有复杂性、长期性和不确定性，加之信息不对称，容易引发严重的道德风险和逆向选择，这成为保险欺诈滋生的土壤。保险活动的各类参与者，包括保险人、投保人、被保险人等合同当事人，保险公司管理人员、业务人员，以及保险中介、会计师、审计师等机构和个人，都有可能实施保险欺诈。许多国家制定了打击保险欺诈的法律法规，部分国家将严重的保险欺诈列为刑事犯罪。最大诚信原则要求在订立和执行保险合同时，各方须以最大诚意履行义务，向对方如实说明影响决策的真实情况，做到互不欺骗隐瞒，恪守合同约定。否则，合同可能无效。《保险监管核心原则》的第18条、第19条和第21条为保险市场参与者提供行为指引。

为防范保险合同订立、履行及理赔中的欺诈，一方面要做好事前防范，相关当事人须尽告知义务。另一方面，保险公司和保险中介应建立良好经营操守及有效程序和控制机制，及时发现、记录并向监管机构报告保险欺诈行为。保险监管机构还须与其他监管机构以及外国监管机构密切合作，共同打击保险欺诈。

最大诚信原则的主要内容包括：

告知。涵盖保险人对投保人的告知以及投保人向保险人的告知。告知义务是合同当事人在合同缔结前后及有效期内，就重要事实向对方进行口头或书面陈述。双方都负有此义务，投保人或被保险人须告知影响保险人决定是否承保及确定费率的事实。《保险监管核心原则》

指出保险产品复杂,保险公司和中介应让客户在签约前了解权利义务。我国《保险法》规定,保险人询问时,投保人应如实告知。保险人则须告知影响投保人投保及投保条件的事实,对免责条款要作提示和明确说明,否则该条款无效。告知形式方面,保险人是主动告知合同条款内容,合同订立后说明无效。投保人告知形式有无限告知和询问告知。无限告知要求高,对投保人可能不公平,我国多采用询问告知,即保险人询问时,投保人如实告知。

保证。指保险人在签发保单或承担保险责任前,要求投保人或被保险人对某事项的作为、不作为,或事态的存在与否作出承诺或确认。这是保险合同的重要条款,是保险人承担责任的条件,其目的是控制风险。

弃权与禁止反言。告知和保证理论上适用于保险双方。但保险人控制保险合同拟订和执行,有较大的主动权和信息优势。为保障被保险人利益,各国保险法多有弃权与禁止反言规定,约束保险人及其代理人,平衡双方权利义务。弃权是指保险合同一方放弃合同中的某项权利,如解约权和抗辩权,主要约束保险人,常因保险人单方面言论或行为生效。比如,若保险人知悉投保人或被保险人违背约定义务,却有以下行为,常被视为默示弃权:投保人未按期缴费,保险人已知情仍接受逾期保费;被保险人违反防灾减损义务,保险人本可解约却接受其后续必要措施;保险事故发生时,投保人逾期通知,保险人仍接受。

《保险监管核心原则》针对打击保险欺诈作出了规定。监管机构应要求保险公司和中介机构采取有效措施阻止、预防、发现、报告和纠正保险欺诈,具体如下:(1)依法处理保险欺诈及阻碍调查行为,并给予适当制裁;(2)全面了解保险公司和中介机构面临的欺诈风险类型;(3)建立有效监管框架,监督并强制相关机构遵守反欺诈要求;(4)定期审查各方反欺诈措施的有效性,采取必要措施提升效果;(5)建立完善机制,加强与执法部门等其他主管部门的合作、协调与信息交流,共同制定和实施反欺诈政策。

1.2.3 近因原则

近因原则是确定保险赔偿责任的关键原则,用于判定风险事故与保险标的损失间的因果关系,即造成损失最有效、起决定性作用的原因。只有当近因在保险责任范围内,保险人才需履行赔付义务。近因判定关乎保险合同双方利益,既防止保险人不合理拒赔,也避免被保险人滥用权利提不合理赔偿请求。保险理赔实践中,从复杂原因里找出近因难度大,保险公司常需专业机构协助。

1.2.4 损失补偿原则

损失补偿原则指保险合同生效后,若保险标的发生合同约定责任范围内的损失,保险人依约赔偿被保险人,使其恢复至损失前状态。它包含两层含义:其一,被保险人因约定保险事故受损,才有权要求补偿;其二,补偿依据实际损失,标准是让保险标的恢复如初,且以保险金额为上限。该原则使保险合同双方权利义务客观合理,既能保证保险发挥经济补偿职能,又能防止被保险人借保险谋取额外利益。

1.3 保险合同及市场行为监管

早在17世纪,英国政府便介入保险合同和市场行为的监管,保险成为最早受政府监管的金融产品,起初监管旨在防范市场欺诈。随着市场的发展,监管内容也在改变。《保险监管核心原则》指出,监管机构须为保险公司和保险中介与客户的业务活动制定行为标准。在保险合同签订前至所有责任履行完毕期间,应及时、完整地向消费者提供相关信息,通过简便、公平的程序,有效、公平地处理赔案,还须对信息提供的内容和时间做出规定。这些信息涵盖承保风险、保险利益、客户义务、保费等保险产品信息,以及可能与客户存在的利益冲突等销售相关信息。

1.3.1 合同监管

保险合同条款，基于其性质分为以下几类，并有着不同的监管规定。

基本条款，这是保险合同当事人权利义务的基本事项，由保险人根据险种规定。监管重点在于确保条款符合行业通行标准与法律规范，保障权利义务公平合理。

法定条款，这是法律规定必须列入的内容，监管上对此有严格的要求，务必保证条款完整、准确列入合同，不得遗漏，以维护合同的合法性与规范性。

选择条款，是指保险人可以按需载入的条款。监管的关注点在于该条款是否与保险产品的定位相符，是否存在误导或损害投保人权益的内容。

附加条款，即应被保险人要求增加承保风险的条款。监管着重审查该条款的风险评估是否合理，新增内容是否清晰明确，防止引发歧义。

保证条款，也就是关于被保险人承诺应尽义务的约定。监管的目的是确保其合理性与可操作性，避免对被保险人造成过重负担。

行业条款，此条款针对专门行业而制定。监管须考量它是否契合行业特性与需求，遵循行业规范与惯例。

保险产品监管方式有事前审批的方式和"以原则为基础"的监管方式，也可两者融合。事前审批的方式要求保险产品销售前向监管机构提交建议书，获批后方可销售；"以原则为基础"的方式，则由保险公司董事会和高级管理层确保产品和销售符合监管原则，无须事前审批。对于须事前批准的产品，监管机构会审核保单限额、承保范围、免责条款、保单语言等内容和相关条款。采用"以原则为基础"的方式时，监管机构监督保险公司，中介遵守监管指引，包括评估消费者需求，全面评估产品，确保产品适配及合规销售，向中介提供产品信息，等等。

对于须监管机构批准合约条件、定价等的保险产品，批准程序要平衡保险客户利益与产品创新。面对财务能力弱、易受伤害的客户，或市场新产品、复杂产品（如汽车责任保险、健康保险）时，监管部门须审批合同条款或定价。我国《保险法》规定，关系社会公众利益、强制保险、新开发人寿保险险种的条款和费率须报批，其他险种报监管机构备案。

当涉及较大公共利益风险或因逆向选择引发市场失灵时，政府可建立强制保险（法定保险）。它由国家法令强制被保险人参加，保险关系源于法律规定，而非投保人与保险人的合同行为。法定保险具有全面性，规定对象必须参保，且费率由法律法规统一规定。

1.3.2 行为监管

对保险公司、中介机构的保单销售、理赔等行为进行监管，是维护保险市场秩序、保护消费者权益的重要机制。保险公司和中介机构与客户打交道时，须具备专业技能，审慎且勤勉地开展业务。监管机构或行业自律组织要制定保险人及中介机构的准入机制和行为规范，确保相关机构及其业务人员符合道德、诚信和执业标准，妥善处理潜在的利益冲突，以客户利益为准则。

在保险合同订立前至所有责任履行完毕前，保险公司和中介机构必须及时向消费者提供完整信息，涵盖保险风险、保费及可能存在的利益冲突等。保险人及其销售代理机构向保险中介和客户介绍产品时，要做到准确、清晰、无误导。若产品介绍由保险中介编制，保险人在使用前须核实其准确性。此外，保险人或保险中介应采取合理措施，确保客户在购买前后都能获取适当资料，在充分知情的情况下做出决策，并帮助客户了解购买产品后的权利与义务。保险公司要为保单持有人提供优质服务，直至履行完所有义务，及时披露合同有效期内的变更信息及保险产品相关信息。

保险保单常通过保险中介（如保险经纪人、保险代理人）销售，因此对中介机构及其从业人员的监管是行为监管的重要部分，主要包括：对中介机构及其从业人员进行准入和行为监管，尤其是规范行为；向客户提供完整准确的产品信息，禁止虚假宣传，误导与诱导客户投保；严格保护客户信息，杜绝信息泄露；中介机构须建立投诉处理机制，及时处理客户投诉，监管机构监督评估处理情况。保险监管机构要掌握保险中介机构的财务状况，中介机构须定期提交财务报告，以检查其财务健康和偿付能力。

在理赔方面，保险人应制定公平、透明的理赔处理及争议解决程序，及时、公平、透明地处理索赔。理赔评估程序要防范利益冲突，保险人应告知索赔人理赔程序、手续和时限，及时、公平地反馈索赔状况。理赔过程中，若索赔人与保险人就理赔金额或承保范围产生争议，应采用公正方式解决，兼顾各方合法权益。

第二节 保险公司监管制度的演变

保险业是管理风险的行业。对保险公司稳健性的监管，目的在于保护保险合同当事人的权益，确保保险公司具备偿付合同义务的能力。保险具有储蓄和保障功能，要求保险公司拥有充足的偿付能力，这是出于保护投保人利益、维护社会经济稳定的需要。保险公司的稳健性监管是一个逐步演变的过程，目前主要采取全资产负债表监管模式。

2.1 保险公司准入监管及其演进

和银行一样，准入监管是保险公司稳健性的一个重要机制。对合同的监管进而延伸到对保险费率的监管。

英国是现代保险业的发源地,也是政府最早介入金融领域的国家。18 世纪南海泡沫事件之后,英国颁布了《1720 年南海法案》(South Sea Act 1720),对保险公司的设立采取特许制,以限制投机性活动。设立保险公司须获得皇家特许状或依据议会法案组建。特许制经营降低了竞争,有助于提高保险公司的可靠性和稳健性,但也造成了保险市场的垄断。例如,特许制赋予了当时的两家保险公司——皇家交易保险公司(Royal Exchange Assurance)和伦敦保险公司(London Assurance)更大的特权。18 世纪末和 19 世纪初,英法战争期间,垄断导致保费上涨,各界要求打破垄断的呼声逐渐强烈。直到英国从重商主义转向自由市场经济,保险市场才迎来自由发展时期,尤其是寿险市场,19 世纪上半叶开办了 400 多家机构,保险覆盖范围增长了 15 倍。但是,准入放松也加剧了竞争,保险公司倒闭的数量增加,一些大型保险公司的倒闭促成了 1870 年《人寿保险公司法案》(Life Assurance Companies Act)的通过(Georgosouli and Goldby,2015)。但在该法案起草过程中,自由市场派坚持认为,保险公司倒闭恰恰证明了市场的有效性,市场约束会促使投保人谨慎行事,正如他们所说,"每个人都必须打理好自己的事务,因为他们不能安心地把自己的事务托付给别人"。该法案的立法主旨仍然是"在不影响保单持有人和股东必要审慎的基础上,提高保险市场的效率"。直到 20 世纪初,英国政府虽然在社会保障方面的作用逐渐增强,但主要秉持"(信息)公开自由"(Freedom with Publicity)的理念以及"最小干预,最大支持"的监管原则。第二次世界大战结束后,1946 年《保险公司法》发布,将监管范围延伸到保险公司的准入、资产负债、再保险和会计制度。该法要求保险公司维持最低实收资本,持续具备承担保险责任的财务支付能力。这一要求在 1982 年的《保险公司修正法》中进一步得到强化(Rawlings,2015)。

其他国家的情况也类似,对保险公司的准入监管已成为国际保险业的通行做法。《保险监管核心原则》原则四"执照"规定,"有意从事保险活动的法律实体必须先获得许可,才能在辖区内开展业务"。与银行及其他金融机构的准入制度一样,准入监管旨在评估保险公司是否能够持续履行对保单持有人的义务。

在建立准入监管的同时,还需建立退出机制。与银行的恢复与处置机制类似,IAIS《保险监管核心原则》规定,"法律明确规定保险公司解散和退出市场的程序""法定优先保护保单持有者的利益,并以保单持有者利益所受影响最小化为目标""法律明确规定负责处理保险公司破产的机构",以及"法律对保险公司何时不再能继续经营保险业务作出规定"。

2.2 保险费率监管

保险费是投保人获取保险人约定责任赔偿(或给付)而交付的费用,也是保险人承担保险责任所收取的费用。在自由竞争市场,保险公司如同其他经营性机构,依市场供求和自身成本,运用精算等方法确定保费。保费过低,保险公司收入难抵风险成本,影响偿付能力甚至导致倒闭;保费过高,公司在竞争中处于劣势也可能倒闭。理论上,在充分竞争且信息完全的市场中,政府无须价格管制,但市场失灵使费率监管成为保险监管的重要方面。保费核算合理是保险公司财务稳健的基础,下面以美国为例讨论保险费率监管。

19世纪初,美国部分州建立了保险公司准入制度,目的之一是保护本州保险市场,限制外州公司进入,当时保险公司可自由设立、自行定价,市场竞争激烈加大了破产风险。19世纪纽约、芝加哥、波士顿等地发生火灾,全美75%的火灾保险公司破产,部分公司倒闭还引发金融恐慌,促使政府对保险公司费率等进行监管。1859年,纽约州成立州保险监督委员会,随后各州纷纷效仿,建立保险公司准入和产品监管制度。对保险产品注册监管,包括审核合同条款以及保险费率等。

保险费由纯保费与附加保费构成。纯保费主要用于保险事故发生后对被保险人的赔偿和给付。保险公司确定保险费时，需考虑保险金额、保险期限和成本这三个因素，且保险费与它们均呈现正相关关系，即保险金额越大、保险期限越长，保险费率越高，投保人应缴纳的保险费也就越多。保险公司通过对过去损失和费用的统计，预测未来可能的损失和费用，以此确定纯保险费和纯费率。其中，纯费率由保险额损失率和稳定系数组成。附加费是保险费的次要组成部分，涵盖了保险公司的管理费用、手续费等支出以及合理的保险利润，其计算以保险公司的营业费用为基础。附加费率的计算公式为：附加费率＝（保险业务经营的各项费用＋适当的利润）/纯保险收入总额。

保险费率的确定遵循以下原则：

充分原则。保险费收入应足以支付保险金的赔付、合理的营业费用、税收以及公司的预期利润，这是保障保险公司偿付能力的基础。只有确保保费充足，保险公司才能在面对各类风险时，有足够的资金履行赔付责任。

公平合理原则。保费收入必须与预期的支出相匹配，被保险人所承担的保费应与其获得的保险权利相一致。同时，保费应与保险的种类、保险期限、保险金额、被保险人的年龄、性别等因素相适应。保险费率应尽可能合理，避免因保险费率过高使保险人获取超额利润。

促进防灾防损原则。对损失少或无损失的被保险人实行优惠费率，对高风险的被保险人实行高费率或续保加费等机制。这样能激励被保险人积极增强防灾防损意识，降低保险事故发生的概率，进而降低保险费率，又有利于防范投保人和被保险人的道德风险。

费率监管饱受业界批评。一方面，它使保险公司难以依据市场供求变化、风险水平等因素迅速调整价格。例如，面对新兴风险不断变化的情况，若调整保险费率的审批流程烦琐，保险公司可能无法及时合理定价产品，进而影响其应对市场动态的能力。另一方面，费率监管限制了保险产品创新。因定价灵活性受限，保险公司开发新产品或改进现有产品的动力不足，导致保险市场产品缺乏多样性，难以满足客户日益多样化的需求。此外，保险公司为获得监管机构对保险费用或价格的批准，不得不花费大量时间、资源准备或提交相关材料，这增加了合规成本。

20世纪80年代和90年代，在全球金融市场自由化和国际化的背景下，保险公司监管改革不断推进。许多国家放宽了严格的费率监管要求。以美国为例，从主要采用事先审批方法转向更灵活的费率制定机制。如弹性费率法，仅在费率大幅调整（如从10%调至25%）时须事先审批；备案并使用法，类似事先审批法，保险公司备案后可立即使用新费率，若15至60天未收到否定意见则视为获批，但监管机构仍保留否决不合理费率的权力。这些机制让保险公司在制定和调整保险费率时，能依据市场条件和风险评估拥有更大自主权。同时，各国监管机构鼓励保险公司创新产品以满足市场多样化需求，简化新产品审批流程，使公司能更快推出新保险产品，如可变年金和巨灾债券。

这一时期重要的监管制度变化是向全资产负债表和偿付能力监管的转变，欧盟等逐步引入了这一制度。尽管如此，直至目前，费率监管依旧是一些国家保险监管的关键组成部分。《保险监管核心原则》也明确"监管机构须检查保险公司评估所承保风险和维持足够数量保费的情况""监管机构能够检查保险公司制订费率的方法，确保其建立在合理假设的基础上，以保证保险公司能够履行其承诺"。

2.3 向偿付能力监管的转变

保险公司以经营风险为业务，承担着被保险人转移而来的未来损失赔偿与给付责任。理论上，若保险公司保险费率厘定合理、投资策略稳健且宏观环境稳定，通常不会出现偿付能力问题。然而在实际情况中，由于风险发生的不确定性、损失程度的波动性，以及费率厘定过程中测算假设的局限性和统计误差，实际损失率与期望值难以完全契合。一旦偏离程度过大，保险公司就会面临偿付能力不足的风险。保险公司的偿付能力风险并非单纯各险种风险的简单累加。即便单个险种的费率核算精准合理，各类风险之间相互影响，仍可能对偿付能力产生作用。此外，保险公司的资产组合、操作风险以及再保险安排等诸多因素综合起来，共同决定着公司的整体偿付能力。

2.3.1　欧盟的偿付能力监管体系

1946年，英国颁布《保险公司法》，在该法中引入了保险公司偿付能力监管的概念。20世纪60年代，学界通过对保险公司经营数据开展实证分析与理论研究，提出了影响保险公司偿付能力的主要因素。例如，保险资金的投资回报率（Hammond et al.，1978），保险公司的资产结构和承保因素（Brockett et al.，1994），杠杆率与保险公司的监管（Kahane，1979），保险公司业务杠杆率（Zhang and Nielson，2015），等等。学者们通过统一的模型体系对各类偿付能力资本要求的计算方法进行对比分析，归纳出偿付能力资本要求的一般性特征。

20世纪80年代是欧盟保险市场一体化进程加快的时期。英国的偿付能力监管理念开始引入欧盟。1991年，欧盟颁布《关于保险企业年度会计报表和合并会计报表的第91/674/EEC号指令》，提出了"技术准备金"概念，要求技术准备金必须使企业能够偿还所有可以合理预见的保险合同的负债。此后，欧盟建立了"欧Ⅰ"偿付能力体系，提出了最低保证金和法定偿付能力两方面监管要求。欧Ⅰ建立的是偿付能力监管要求与业务规模挂钩的模式，但其最主要的缺陷是偿付能力监管要求与风险的关联度较弱。2000年，欧盟开始借鉴巴塞尔委员会的银行三支柱监管框架，设计构建欧盟第二代偿付能力监管体系（简称欧Ⅱ），强化对各类风险的计量和资本要求，并增加了对风险管理能力的定性自评估（Rae et al.，2018）。2009年11月，欧洲议会和欧洲理事会发布了《关于开展保险和再保险业务的第2009/138/EC号指令》，规定了保险和再保险业务的一般原则。2014年10月，欧盟委员会发布第2015/35号委托条例，对欧洲议会和欧盟理事会的第2009/138/EC号指令进行了补充。欧盟的《偿付能力Ⅱ》（SolvencyⅡ）自2016年起实施，是针对保险企业的统一审慎监管框架，替代了以往寿险、非寿险、再保险领域分散的规则。它涵盖资本要求、风险管理和监督规则三大支柱，要求保险公司依据风险状况持有资本，建立透明的治理体系，定期开展风险与偿付能力评估，还要接受监管审查并公开披露信息。2021年欧盟委员会提出对其修正案，2023年12月欧洲议会和理事会就此达成政治协议。

欧Ⅱ的三支柱监管框架与巴塞尔协议的三支柱监管框架基本一致。欧Ⅱ采用基于风险的方法，通过定量和定性措施评估保险和再保险公司的整体偿付能力。其监管的三支柱结构，形成连贯方法，助力了解和管理整个行业的风险。第一支柱设定定量要求，以风险为基础进行偿付能力计量，明确资产与负债估值规则以及资本要求。第二支柱设定定性要求，包含企业治理、风险管理以及自我风险和偿付能力评估（Own Risk and Solvency Assessment，简写为ORSA）。这一支柱督促保险公司遵循行业谨慎稳健经营的基本规范开展业务，有效管理和控制风险。第二支柱聚焦保险公司内部管理，涵盖公司治理、风险管理、内部控制、风险与偿付能力自评要求、内部审计及精算等制度。同时，第二支柱明确了监管机构对保险公司的监督检查制度，以确保保险公司偿付能力充足和制度的有效性。监管机构须审查保险公司的公司治理、内部管控、准备金评估、资本要求以及内部模型等情况。若发现公司内部模型使用不当或未达监管要求，监管机构将要求保险公司采取追加资本等措施。第三支柱设定信息披露要求，通过市场约束强化对保险公司的监督与约束。保险公司须及时向监管机构上报并公开披露经营状况、财务报告、面临的各类风险情况以及偿付能力充足性。

2.3.2 中国的偿付能力监管制度演进

1977年我国恢复国内保险业，至2000年，保险监管以行政管理和市场行为监管等传统手段为主。1985年，首部保险监管法规《保险企业管理暂行条例》颁布，提出最低偿付能力等概念，但未明确未到期责任准备金提取方法。1995年，我国第一部《保险法》颁布，延续了关于偿付能力的表述。1998年中国保监会成立，提出"市场行为监管和偿付能力监管并重"，引入偿付能力监管标准。参考欧Ⅰ规则和美国风险资本额（Risk-based Capital，简写为RBC）监管标准，分别规定长期人身险业务最低偿付能力标准和保险机构实际偿付能力计算方法。

2001年，保监会发布第一部偿付能力监管文件，因保险业资本不足未正式实施。2003年，大型保险公司资本充实，保监会修订并发布相关规定，"偿一代"正式实施，我国保险业进入偿付能力监管时期。原保监会建立报送机制与编报规则，完善报告体系，出台规范性文件完善市场退出和资本补充规则，构建五个维度的偿付能力监管体系。2008年，保监会发布规定，引入偿付能力充足率指标，强化资本约束，明确偿付能力评估等要求，要求构建动态监测体系，标志着"偿一代"成型。

2012年，保监会发布建设规划，推动建立以风险为导向、三支柱结合的新体系。2015年颁布《保险公司偿付能力监管规则（Ⅱ）》（也称"偿二代一期"），明确三支柱框架。第一支柱是定量监管，防范保险、市场、信用三大类可量化风险，包含最低资本要求、实际资本评估标准、资本分级、动态偿付能力测试和监管措施。

第二支柱是定性监管要求，基于第一支柱，防范操作、战略、声誉和流动性等难以量化的风险。具体包括：一是风险综合评级，监管部门结合第一支柱定量评价与第二支柱定性评价，全面评估保险公司偿付能力水平；二是风险管理要求与评估，监管部门对保险公司风险管理提出要求并进行评估，据此计量控制风险最低资本；三是监管检查和分析，对保险公司偿付能力进行现场和非现场检查分析；四是监管措施，针对不满足定性监管要求的公司，监管机构采取干预措施。

第三支柱为市场约束机制，借助公开信息披露、提升透明度等，发挥市场监督作用，防范常规监管难防的风险，涵盖加强保险公司偿付能力信息公开披露，监管部门与市场相关方建立持续双向沟通机制，规范引导评级机构以在偿付能力风险防范中发挥更大作用。

2021年12月，银保监会发布《保险公司偿付能力监管规则（Ⅱ）》（即"中国规则Ⅱ"，也称"偿二代二期"），2022年第一季度全面实施，目的是提升监管的科学性、有效性和全面性，防范保险业风险，保护消费者利益。在2015年规则基础上，"中国规则Ⅱ"新增市场和信用风险穿透计量、资本规划等规定。如严格资本认定标准，优化预期未来盈余计入资本方式，按保单剩余期限分别计入核心或附属资本，强化核心偿付能力充足率与净资产关联；做实"全面穿透"原则，完善最低资本计量；明确资本规划监管标准，要求保险公司每年滚动编制未来三年资本规划并运用于各环节。

"中国规则Ⅱ"采用的是监管评估模式，即由监管部门定期进行的保险公司偿付能力风险管理要求与评估（Solvency Aligned Risk Management Requirements and Assessment）。它还运用风险综合评级（Integrated Risk Rating）对难以资本化的风险进行评价，并结合偿付能力充足率指标，评价保险公司的整体偿付能力风险。"中国规则Ⅱ"的三个支柱通过定量、定性和市场约束机制分别防范能够资本化的风险以及难以资本化的风险，发挥市场约束力量强化第一支柱和第二支柱效果。三个支柱相互配合、相互补充，形成了完整的风险识别、分类和防控体系。

2.3.3 其他监管辖区的监管转变

美国尽管在过去较为注重费率监管,但从20世纪90年代也开始对寿险公司和财产险公司实行风险资本监管要求,即将保险公司的资本要求与风险紧密挂钩。美国的保险公司风险资本监管制度,借鉴了巴塞尔委员会对银行资本充足率监管的框架。根据保险公司面临的不同风险,分别规定相应的风险资本额。全美保险监督官协会(NAIC)还建立了财务分析部(Financial Analysis Division),负责对具有全国重要性的保险机构进行偿付能力分析,同时建立了一套完整的法定会计准则(Statutory Accounting Principles,简写为SAP),对各项资产主要采用成本法进行计量。RBC体系通过对不同资产、保费、费用、准备金等项目赋予不同的风险因子,进而计算出最低资本额。监管机构对保险公司资本充足率进行实时监测,将偿付能力资本要求与各类风险紧密关联,并依据保险公司的实际资本状况,采取早期干预等监管措施。

美国的州保险监管当局,根据保险公司的RBC结果,设置了5个级别的"行动":第一是不行动级,当风险资本比例超过200%时适用;第二是公司行动级,风险资本比率为150%~200%,此时公司须在45天内向监管当局提交解释报告和行动计划,通过补充资本金或降低相关风险来应对;第三是监管行动级,风险资本比率为100%~150%,保险公司须提交改善状况的行动计划,监管机构也会对其进行检查;第四是授权控制级,风险资本比率为70%~100%,保险公司将置于当局控制之下,不过公司仍拥有一定的自由决定权;第五是强制控制级,风险资本比率低于70%,保险公司将处于严格控制之下。

1995年,日本修订了《保险业法》并制定了详细的监管标准,首次引入了偿付能力的概念。2019年5月,金融服务局成立了研究小组,研究制定"基于经济价值"(economic value-based)的新偿付能力制度。研究小组于 2020 年发布《基于经济价值的偿付能力制度研究小组报告》，建议在 2025 年 4 月实施新制度。澳大利亚的偿付能力标准是根据《1995 年人寿保险法》制定的，属于人寿保险公司财务报告制度的重要组成部分。该法对人寿保险公司的法定资金规定了两级资本要求，每一级都考虑了不同情况下的资本要求。2023 年又发布了《人寿保险（审慎标准）》（2023 年第 1 号）[Life Insurance (prudential standard) determination No. 1 of 2023]，取代了 2012 年的版本。

2.4 国际保险监管协调

与《巴塞尔协议》发布前的国际银行监管协调状况类似，在 2008 年金融危机之前，国际保险业没有统一的偿付能力监管标准。跨国保险集团在全球开展保险业务时，由于规则不统一，在偿付能力报表编制方面存在诸多问题。这不仅增加了运营成本，还降低了市场的可比性和透明度，不利于有效监测行业整体风险状况。监管套利和监管空白现象也削弱了监管效率。美国国际集团成为 2008 年危机的风暴中心，纽约联储不得不对其实施救助，这一事件凸显了全球保险监管协调的紧迫性和重要性。国际保险监督官协会作为全球保险监管组织，专门成立了资本、偿付能力和实地测试工作组，负责制定偿付能力监管规则。

首先是《保险监管核心原则》（ICP）。该原则借鉴了巴塞尔委员会银行监管的三支柱框架，构建了定量监管、定性监管和市场约束三个支柱的监管框架。ICP 成为全球公认的保险监管基本标准，在统一监管理念和监管要求，促进全球保险监管一致性以及推动跨境保险业务运营和监管协作等方面发挥了关键作用。许多监管辖区在制定和修订地方保险法规时，均参考 ICP，并将其作为完善监管体系、提升监管效率的重要依据。ICP 还为保险公司的业务运营提供了详细指导，涵盖承保、理赔和销售行为等环节，旨在切实保护投保人的合法权益，维护保险市场秩序。此外，ICP 规范了监管流程，要求监管机构对保险公司定期开展审查和压力测试，以保障保险市场的安全与稳健运行。

其次是对全球系统重要性保险机构（Global Systemically Important Insurers，简写为 G-SIIs），国际保险监督官协会提出了更高的资本要求，包括基础资本要求（Basic Capital Requirement）和更高的损失吸收能力（Higher Loss Absorbency）要求。

再次是针对国际活跃保险集团（Internationally Active Insurance Groups，简写为 IAIG），国际保险监督官协会制定了以风险为基础的保险资本标准（Insurance Capital Standard），旨在更科学地评估和管理这类集团的风险状况，强化对其资本监管。

第三节 偿付能力监管

偿付能力监管要求保险公司的准备金足以支付可预见和部分不可预见的赔付和费用。监管机构在评估偿付能力时采用总资产负债表法，以确认资产、负债、监管资本要求和资本资源之间的相互依赖性，并要求适当识别风险。在国际保险监督官协会《保险监管核心原则》中，原则 17 对资本充足率的规定是，"监管者制定资本充足率要求，以保证保险公司具备足够的偿付能力，能够吸收不可预见的重大损失，并进行一定程度的监管干预"。

3.1 偿付能力的定义

从监管角度看，保险公司的偿付能力监管与银行的资本充足率监管本质相同，都是为了增强损失吸收能力，降低保险公司或银行倒闭时对客户（保单持有人或储户）造成的损失。

保险公司与银行在业务性质上不同，面临的主要风险也不同。保险公司最主要的负债是承保风险或给付义务发生时向被保险人或受益人赔付的义务，保险公司持有的资产是履行偿付义务的保证。偿付能力额度（Solvency Margin，简写为 SM），用简单的公式表达就是资产（A）与负债（L）的差额，即：SM＝A－L，它必须是实际可用的偿付能力额度（Available Solvency Margin）。彭提凯南（Pentikainen，1967）从两个角度解释了偿付能力的概念，即从保险公司管理的角度看，它是公司正常经营和存续所必需的保障；从监管的角度看，它是保单持有人利益的保障。

在确定监管资本要求时，监管机构需要全面考虑保险公司在不同经营情况下的需求，既要着眼于持续经营状态，也要兼顾停业或清算状态。保险公司自我风险和偿付能力评估，一般从持续经营的角度进行考量。资本充足率的考量，还需从宏观经济角度出发。保险公司保持足够且适当的资本，有助于提升保险行业以及整个金融体系的安全性与稳健性。

同时，监管资本要求必须适度。过高的资本要求会导致保险成本增加，使保单价值超出其对持有人的经济价值，进而影响保险公司和行业的竞争能力。而且，过高的监管资本要求还可能引发激励扭曲和监管套利。这就意味着，对偿付能力的要求，需要在维持对保单持有人的偿付义务和控制成本之间寻求平衡。

3.2 估值

偿付能力估值是指对监管财务报表中资产和负债的估值，它是偿付能力评估的基础。估值需评估保险公司当前及未来的财务状况，确保其在所有保单义务到期时能履行义务。评估保险公司偿付能力使用监管财务报表，包括监管资产负债表和监管资本要求，还可借助压力和情景测试，保险人自我风险和偿付能力评估等信息。估值基于准确确认负债和资产。保险公司资产与负债的确认、终止确认和计量，与普通企业财务报告原则不同。保险合同的确认是技术储备金估值的重要部分,资产负债的确认与终止确认必须准确,才能适当确认风险,约束日期和合同生效日期是确认的关键点,原则上约束日期是经济义务产生的日期,保险合同负债仅在义务解除、取消或到期时才能终止确认。资产和负债估值应遵循一致性原则,适用于保险公司资产与负债(包括超过负债的资产)、所有保险人及各时间段,以保证可比性。保险公司整体财务状况评估,需基于资产和负债的一致性计量,清晰的风险识别,对风险及其对资产负债表项目潜在影响的一致性计量。资产负债估值差异,可能源于时间、金额和固有的不确定性导致的现金流变化,而非方法或假设不同。资产和负债估值要以可靠、有助于决策和透明的方式进行,不受评估者情绪影响,纳入现金流风险和资金时间价值考量。市场一致性价值评估可用于资产和负债的经济评估,采用市场中保持估值持续性的原则、方法、参数,或同行的估值模型、假设、技术等数据。这是一种基于风险的偿付能力计量方法,监管机构和保险公司需保持相关信息的评估原则、方法一致。偿付能力监管制度应建立在适当公开披露和附加监管报告基础上,保险公司需提供资产和负债的估值方法等信息。在评估方法上,欧Ⅱ对资产负债评估采用市场一致性原则,按公允价值进行;美国 RBC 根据法定会计准则对各项资产主要以成本法计量;保险资本标准同时使用基于市场价值调整的评估方法(MAV)和会计准则调整(GAAP+)方法;"中国规则Ⅱ"采用 GAAP+方法,以监管认可的企业会计准则编制的财务报告为基础,根据偿付能力监管目的调整资产、负债评估标准,除部分项目外,均以会计账面价值作为认可价值。

3.3 技术准备金

技术准备金(Technical Provision)是保险公司的负债,代表着保险人履行对保单持有人和其他受益人的保险义务的经济价值,这些义务贯穿保单组合的整个生命周期。

技术准备金的估值。技术准备金的估值比当前预测多出一个超出当前估计值的边际（Margin over the Current Estimate，简写为 MOCE）。由于保险人的保单义务在金额和时间上存在不确定性，履行这些义务相关现金流的现值有多种不同概率的可能值。将这些现值进行概率加权平均得到的预期现值（Expected Present Value）或统计均值（Statistical Mean），也就是"履行保险义务成本的当前估计值"，简称"当前估计值"（Current Estimate）。确定当前估计值时，通常会运用精算和统计技术，如确定、分析和模拟技术。

技术准备金经济价值与成本估算。保险人除需支付履行保险义务的相关现金流，还得承担现金流中固有不确定性的成本，比如持有资本，或者采用对冲、再保险等方式缓释风险，同时要维持一定流动性以履行到期义务。所以，从原则上看，技术准备金的经济价值应高于目前对履行保险义务的成本估算，以此涵盖不确定性，进而完成对技术准备金的计量。

技术准备金与偿付能力评估。技术准备金估值服务于偿付能力评估，是其中最重要的部分，包含适用于偿付能力的风险边际。而资本监管要求是偿付能力评估的另一关键部分，其要求高于技术准备金，属于更高层次的风险准备金。这两部分资本要求共同作用，使保险公司既能充分满足偿付义务，又能达到审慎性监管要求。

技术准备金的计量。技术准备金的计量范围应涵盖所有保险合同义务、相关管理费用、选择权、分红型保单的分红义务以及税收等。一旦技术准备金估值不准确或被低估，保险公司的偿付能力就可能不足；若保险责任被低估，公司真实财务状况就会被掩盖，导致管理层的资本决策失误，造成资本与负债不匹配，严重时甚至可能导致公司倒闭。

"当前预测"是技术准备金估值的核心基础，需采用"无偏的当前假设"。这一假设反映了履行保险责任涉及的所有现金流，体现保险合同的商业实质和经济现实。它基于相关、可靠的经验以及对未来的合理判断，每次评估都要重新审视，确保数据和假设契合当前的实际情况。保单应作为一个整体考量，包含未来保费。为准确估计偿付能力，必须明确保险合同界限，比如保单持有人是否拥有单方面终止保单的权利或选择权，保险公司是否能单方面取消或改写保单，还是由双方共同决定。只有明确了保险合同边界，才能精准确定"当前预测"相关的现金流，它包括应收保费、保单项下应赔付额、分红险分配等其他保单现金流，以及管理保单的未来费用。

技术准备金与风险。技术准备金需要反映整个保单期限内履行保险义务时面临的未来现金流的不确定性，保险公司保障履行保险责任的现金流也应涵盖这些不确定性。在确定技术准备金时，要合理区分与保单责任相关的风险和保险人相关操作的风险。保单组合的特殊风险是保单责任所固有的，计量技术准备金时必须计入。技术准备金主要反映保险责任的固有风险，而其他风险则体现在资本监管要求中，二者相互配合，共同保障保险公司的稳健运营。

保险公司的资本是维护偿付能力的必要储备。技术准备金构成监管资本的最低额度要求，MOCE可视为保险公司应对保单责任须持有的一种准备。当环境或技术改变致使不确定性降低时，MOCE可相应减少，进而释放一定额度的技术准备金，监管资本要求也可随之调整。

为确保技术准备金的一致性与可靠性，监管机构应考虑分别计量当前预测和MOCE。保险公司则须披露并解释因基础数据和假设变化导致的当前预测和MOCE的变动。技术准备金估值须考虑货币的时间价值，监管机构要结合保险责任的性质、结构、期限等经济因素以及基础资产的收益，确定适宜的技术准备金。保险公司提取技术准备金必须充分、可靠、客观且具有可比性。

在确定MOCE和资本要求时，可遵循以下调整方法：对于具有相同风险调整的保险责任，MOCE 应一致；现金流信息越少、风险影响越大、发生概率低但程度恶劣、合同期限越长以及概率分布越宽的风险，MOCE 越高；若新管理技术降低了不确定性，MOCE 可相应降低。

技术准备金是保险公司最主要的负债，但在偿付能力监管中，还须涵盖技术准备金尚未包含的其他负债，并相应提取充分准备金。保险公司可依据自身资本水平，选择自留风险、分保或运用其他风险转移手段降低和分散风险。再保险安排应与公司业务规模和性质相适配，通过此类风险转移工具为公司提供与资本及承保风险相匹配的风险保障，在偿付能力监管中须充分全面考虑这些工具的运用。

3.4 投资

保险公司的资产是满足技术准备金和资本监管要求的关键保障，其收益和质量与保险公司能否履行对保单持有人的义务紧密相关。保险公司的资金运用和投资组合存在多种风险，如集中度风险、信用风险、市场风险、流动性风险、清算风险等，这些风险可能影响保险公司的准备金及偿付能力。因此，监管机构必须对保险公司的投资活动提出要求，以保障其偿付能力。

投资时，保险公司需兼顾安全性与收益性，在地域、行业、流动性等方面实现广泛分散。例如，过度集中投资于关联人的商业地产，可能导致难以履行保险责任。为应对集中度风险，应设定对单一主体投资的最高比例限制。

在资本充足率和偿付能力监管中，资产与负债的匹配至关重要。须将投资的到期情况与通过精算建模测算的预期向保单持有人支付的金额相匹配，尤其要高度重视币种、现金流在时间和数量上不能有效匹配的风险。对于如汽车保险索赔和大多数健康保险保单这类近期即将发生的负债，保险公司应通过投资组合中的短期债券和票据等工具提供保障。

相较于技术准备金的计量，保险公司资产的评估相对容易。风险控制的重点和难点在于：投资到期时的资产总额能否与保单的偿付义务匹配，投资组合的收益能否达到计算保费时预设的收益，以及投资组合中产品发行人能否履行义务。这就要求及时对保险合同的索赔、保险给付的规模和频率进行精算，同时对保单的终止、失效、提前退保、撤销等可能性进行估算。

投资策略是在不同期限和风险的资产间进行科学配置，包括在地域、市场、行业、币种、不同流动性的资产以及衍生品上的合理布局。资产在保险公司融资时可充当抵押品。因此，资产的风险组合状况、资产与负债的匹配程度以及风险管理制度，都是影响偿付能力的重要因素，也是监管机构需要综合考量并加强监管的要点。

与银行类似，保险公司的风险管理体系必须涵盖所有与投资活动相关联、可能影响准备金和偿付能力的风险，包括市场风险、信用风险、流动性风险及其他风险。为确保投资遵循董事会确定的投资方针和风险控制要求，并符合监管规定，保险公司需要建立有效的内控机制。合理审慎的投资政策应全面识别、计量、报告和控制主要风险，以及这些风险对保险公司准备金和偿付能力的影响，同时保持资产组合的流动性。资产必须得到恰当、客观的估值。若某些资产类别中固有的风险过大，无法满足资本监管要求，监管机构可考虑采取限制或调整措施，如数量限制、设定合格资产标准或采用"谨慎性过滤"（Prudential Filter）等。

保险公司须保持投资的流动性，有效管理和防范流动性风险，以便及时履行保险责任。一般而言，保险公司资产负债期限较长，特别是经营长期保险业务的寿险公司，负债长期化，相应投资组合也多为长期。购买保险主要出于风险管理而非流动性需求，保险合同通常持有至到期，迫不得已提前提现或退保成本较高，被保险人的紧急流动性需求多从银行存款获取，加之保险公司负债多为"黏性"负债，如寿险有持续保费定期流入，与银行存款不同（存款人常因临时性流动性需求提取存款），所以保险公司流动性风险相对较低。

然而，这并不意味着保险公司不会面临流动性风险。保险合同约定了偿付义务，但保险风险发生及偿付责任履行具有不确定性。当实体经济衰退，或保险、金融行业陷入困境时，保险公司大部分保险责任无法免除，此时保单持有人更易遭受损失，无力续交保费或选择退保，保险公司资产也会面临贬值或流动性不足，导致流动性风险增加。

因此，保持投资流动性是保险公司投资组合必须考量的因素。同时，保险合同可预设，在极端情况下，保险人及其接管人拥有暂停履行偿付义务的合同权利或法定权力，通过暂停退保或提前提现，应对紧急的流动性需求。

3.5 资本充足率与偿付能力要求

与银行资本的基本功能相同，保险公司资本的功能也是吸收损失，这是保险公司经济功能所必需的。作为经营风险转移的商业企业，保险公司收取保费并承诺未来的偿付义务，需在评估承保责任风险的基础上，确定合理充足的保费费率。若风险估计不足、定价失误或遭遇其他经营失误与风险，都可能导致保险公司产生损失，这就需要充足的资本吸收这些未预见的损失。此外，资本还要吸收诸如偏离风险（Deviation Risk）、误差风险（Error Risk）、估值风险（Valuation Risk）、再保险风险（Reinsurance Risk）、操作风险（Operational Risk）和巨灾风险（Catastrophic Loss）等其他损失。

偿付能力体系采用总资产负债表法，关注认可资产（Recognized Asset）、负债、监管资本要求和资本金之间的相互依赖性。保险公司的整体财务状况应基于对资产和负债的一致性计量，以及对风险和资产负债表所有组成部分潜在影响的明确识别与一致性计量。总资产负债表法还要求适当、充分地确认相关重大风险对保险公司整体财务状况的影响。

监管机构将监管资本要求设定在一定水平，以确保保险公司在遭遇逆境时仍能继续履行对保单持有人的到期义务。监管机构可依据保险公司的偿付能力水平和干预的紧急程度，确定不同的干预偿付能力控制水平，且偿付能力控制级别应与保险公司和/或监管机构可采取的纠正措施保持一致。监管机构设定的控制水平，应在保险公司出现困难的早期阶段实施干预，同时需根据纠正措施的性质，审查控制水平的合理性。监管机构的风险容忍度，会对偿付能力控制水平的设定及触发的干预行动产生影响。

3.5.1 监管资本要求

监管资本要求的结构，是评估法律实体资本充足率时进行监管干预的触发点，其具体组成如下（见图9.1）：

规定资本要求（Prescribed Capital Requirement，简写为PCR），指在规定时间范围内，保险公司的资产须超过技术准备金和其他负债一定水平。当保险公司自有资本超过PCR时，便有能力吸收规定期限内不利事件造成的损失，且期限结束时技术准备金仍能得到保障。若保险公司资本资源高于此水平，监管机构不会实施监管干预；若低于此水平，监管机构会要求保险公司采取行动，比如将资本恢复到要求水平或降低所承担的风险。

最低资本要求（Minimum Capital Requirement，简写为MCR），这是对保险公司资本充足率的最低限度要求。一旦保险公司资本低于该标准，监管机构可认定其无法有效运营，进而采取最强硬的监管干预行动，如停止保险人业务，撤销保险人牌照，规定保险人停止经营新业务并结束其投资组合，将投资组合转移至其他保险人，安排额外再保险或采取其他特定行动。应注意的是，保险监管中的最低资本与会计上的无偿付能力概念不同，即便保险公司资本资源低于最低偿付能力，也可能仍有足够能力履行对现有保单持有人的到期债务。因此，MCR 也可作为 PCR 下限的基础。

额外偿付能力控制水平。监管资本要求还可以是介于 PCR 与 MCR 水平之间的额外偿付能力控制水平。这些额外控制水平由监管机构确定，并明确与之对应的干预行动。它们可以是非正式要求，监管机构可根据具体情况决定采取的措施。

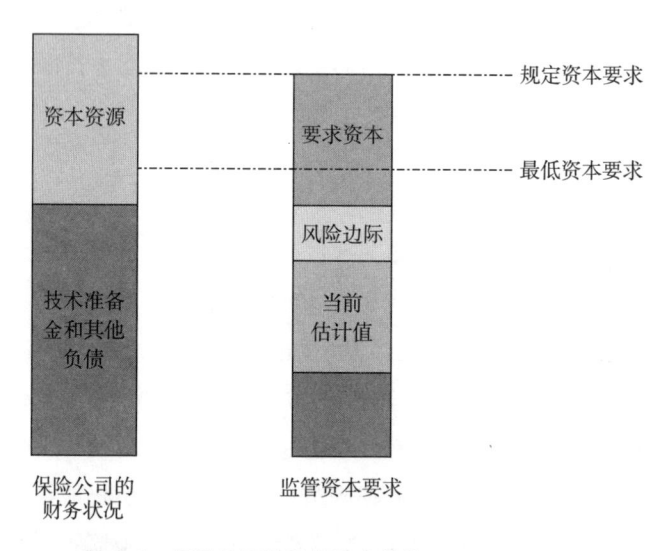

图 9.1 保险公司的监管资本结构

3.5.2 资本资源

准确界定保险公司的资本，并将其资本资源分为不同类型或等级，是对保险公司偿付能力监管的重要前提。保险公司的资本要求有两个目标：一是在持续经营或暂停经营时吸收损失，降低破产风险；二是在破产或清算时，减少保单持有人的损失。普通股可以实现以上两个目标，而附属资本只有在破产时才能保护保单持有人的利益。能实现上述两个目标的资本被称为持续经营资本；仅在破产时用于降低保单持有人损失的资本，被称为解散资本或破产清算资本。监管机构在确定资本时需要采取以下步骤：首先对基于偿付能力目的的资产和负债进行估值，再将可获得的资本资源与监管资本要求进行比较。可获得的资本资源总体上是资产超过负债的部分，确定时需综合考虑可融资性、可交易性以及质量参数。对于监管资本要求，需要考虑资产超过负债的长期潜在负面影响。在此基础上，确定符合资本要求的最终资本及其价值。监管机构确定资本资源是否满足监管资本要求及价值时，需考虑资本项目的质量和适合性，且方法要与偿付能力评估的总资产负债法相一致。保险公司可以对超出监管资本要求的资本作出规划，用于长期业务发展需要，或者实现目标信用评级。偿付能力监管所要求的资本，是指出于偿付能力目的而确认和评估的资产与负债之间的差额。因此，对它的确定还需要考虑其他一些因素，例如，在考虑某些技术准备金之外的负债是否可以视为资本资源时，以永续次级债为例，其在会计处理上是负债，在偿付能力评估时可以被视为资本。它可以作为一种缓冲，在破产时降低保单持有人和优先股持有人的损失。无形资产、未来的收入、税收抵免等，通常情况下不能视为资产。监管机构要根据资本资源子项的从属性（即资本对保单持有人权益的从属关系）、可获得性（在需要时能否及时获取）、持久性（资本存续的稳定程度）、是否存在强制偿债要求等，确定资本资源的质量以及是否满足监管资本要求。在持续经营和清算情况下都可以完全承担损失的资本资源，允许用于满足不同级别的监管要求。监管机构也可以做出调整，在触发控制级别的监管干预等特殊情况下，允许由低质量的资本资源满足原来更高质量要求的监管资本要求。

通常情况下，资本质量按照将资本资源划分为不同等级并对各级别设定限制的方法确定。最高质量资本是在持续经营和清算时完全可随时获得、用于承担保险公司损失的永久资本；中等质量资本是在持续经营时可承担一定程度损失并从属于保单持有人权利的资本；最低质量资本只有在破产时才承担损失。监管机构需根据保险公司的业务性质及其对偿付能力的要求和相互影响，相应设定各类资本的比例。

保险公司保持充足、适当的资本资源，不仅能提升自身经营的稳健性。从宏观审慎角度而言，更是维护保险行业和金融体系安全性与稳健性的重要基础。但是，监管资本要求并非越严越好，过高的资本要求对保险公司也是一种监管成本，保险公司可能通过收取更高的保费转嫁给投保人，或者以监管套利规避资本监管。因此，为了预防监管套利、监管俘获等问题，监管机构对监管资本要求的调整，应当在透明的框架下进行，而且在性质、规模和复杂程度上都与目标相适应。这种调整只有在少数情形下才能够进行。当然，以标准法确定的监管资本要求，不能适应每家保险公司的具体情况。这就需要监管机构在确定时留有一定的灵活性，例如，某家保险公司因缺乏可靠经验而难以设定合适的技术准备金时，监管机构就有必要设定较高的资本要求。再例如，对于采用内部模型法的保险公司，如果模型无法全面捕捉风险，也可以提高监管资本要求。在确定监管资本要求时，对于再保险的准备金，需考虑风险转移失败的可能性，再保险对手方的安全性，以及衍生品等其他风险缓释工具的运用情况。

3.6 资本监管与宏观审慎监管

2008年全球金融危机之后，各国监管当局同样关注保险业的系统性风险问题，并建立起系统性风险的评估和应对体系。保险业的系统性风险与银行业类似。它是指保险业全部或部分受损，导致金融服务中断的风险，这种风险有可能对实体经济产生严重的负面影响。宏观审慎监管，不仅要关注保险业自身，还需考量非保险法律实体和活动可能对保险法律实体、保险集团以及更广泛金融体系造成的重大风险。

对于保险业的宏观审慎监管，一方面，要识别并在必要时处理个别保险公司和保险行业易受冲击的风险，即内向风险，它可能影响保险业的保险和金融市场发展；另一方面，要识别并在必要时处理个别保险公司或整个保险行业系统性风险的积累，即外向风险，它是指个别保险公司或保险行业可能对金融体系和实体经济造成的风险。宏观审慎监管旨在最大程度降低因个别保险公司的困境、违约或共同行为，导致对金融体系和实体经济产生或扩大外部效应的概率与影响范围。

对保险公司和保险业的宏观审慎监管，包括识别、监测、评估保险业的整体脆弱性和共同风险，以及金融体系和实体经济受到的冲击被放大并传播的风险。保险公司的规模、复杂性、缺乏替代性和相互关联性，以及保险业面临的共同风险敞口或集体性行为，在保险公司倒闭或陷入困境时易产生系统性影响，使保险业陷入困境。监管机构应制定相关流程和程序，以便分析可能对更广泛的金融体系造成外部影响和对保险行业产生不利影响的保险行业趋势。这些趋势包括经济条件和技术的变化，以及环境、社会和治理方面的发展。这些评估过程和程序还应考虑到，保险公司风险敞口的变化可能会对宏观审慎风险产生影响。监管机构要评估保险公司及保险业的潜在系统重要性，在评估时，需考虑保险公司承保的保单种类、业务活动、衍生品交易和对短期融资的依赖，以及与其他金融机构的联系等因素，并以总资产负债表法为基础。

监管机构要根据监测和评估结果，结合保险公司及保险业对金融系统的潜在重要性，从宏观审慎的角度采取措施，通过降低风险敞口、充实偿付能力等降低系统性影响。相关的具体措施包括：对保险公司设定监管资本要求，改善风险管理和流程；采取预防或纠正措施；实施恢复与处置计划等。

监管资本要求也存在"顺周期"问题。特别是在经济衰退时，资产价格下跌可能触发监管干预。保险公司就要卖出股票，转而持有低风险的金融产品，以满足监管资本要求。正如第四章讨论过的，当实体企业和金融机构越来越依赖银行间市场融资时，作为重要机构投资者的保险资金抛售股票，会冲击金融体系稳定和股市及实体经济融资。

如果保险公司的偿付能力不足，又不能及时补充资本，就会影响其承保业务。保险业务的供给不足也会对实体经济带来负面影响。这就需要监管机构建立以原则为基础的监管干预机制，针对市场环境的变化，对于没有达到规定资本要求的保险公司，不采取过于严格的干预措施，避免不利的宏观经济影响。在这种情况下，可以给保险公司留出更长的时间以恢复偿付能力，允许监管资本有一定的校准余量，在保险公司稳健性与宏观审慎监管目标之间取得平衡。

3.7 第二支柱与第三支柱

保持充足的资本和偿付能力，既是保险公司的内在需求，也是在竞争激烈的市场环境下维持稳健经营的外在要求。资本不足、偿付能力欠佳的保险公司，会流失客户与未来保费收入，进而陷入经营困境。然而，和银行一样，信息问题、保单持有人搭便车等情况，都可能引发市场失灵，因此对保险公司资本和偿付能力的监管十分必要。监管机构除了依据第一支柱对资本充足率和偿付能力提出要求外，还需对保险公司的公司治理和内控机制，尤其是风险管理体系进行监督检查，这涵盖自我风险和偿付能力评估、风险管理制度以及财务状况。监管机构会依据评估的结果，了解公司的风险敞口和偿付能力。

保险监管借鉴了《巴塞尔协议Ⅱ》确立的三支柱监管框架。维持充足的资本资源是保险公司自身的责任和需求，保险公司应当通过制定和保持良好的风险管理框架支持和巩固自身资本，以达到监管资本要求。同时，保险公司需维持与自身业务风险、业务模式、业务规模相适配的资本，在全公司或集团内建立使风险承担与资本管理政策、措施和程序相一致的机制。

保险公司的三支柱监管框架，以第一支柱的定量规定为核心，即对资本充足率和偿付能力的量化要求。第二支柱注重定性要求和监督检查，包括对保险公司的公司治理、内控机制、风险管理体系等进行监督，是对第一支柱的必要补充。第三支柱是市场约束，通过信息披露等方式，借助市场力量促使保险公司合规经营，形成全面的监督和约束机制。

保险公司、银行及所有金融机构都需要不断健全和完善公司治理。保险公司要强化公司治理，通过建立股东大会、董事会和管理层的权力分配的监督制衡机制，培育适宜的风险文化，形成合理的风险偏好，并建立与此相适应的风险管理制度，确保保险公司对业务进行健全、审慎的管理，切实保护保单持有人的利益。对管理层职责的界定以及监督激励机制的构建，需要在保持有效激励的同时，防范过度承担风险。

保险公司要建立完善的风险管理体系。依据《保险监管核心原则》的原则16，以偿付能力为目的的企业风险管理，要求保险公司构建一套战略、制度和流程，持续且综合地识别、衡量、报告及管理风险，实现风险管理、战略规划、资本充足率和财务效率的总体协调。其目的在于提升保险公司对风险状况和偿付能力状况的洞察力，推动风险文化建设，增强盈利稳定性、持续性和长期生存能力。保险业在长期经营中已建立较为成熟的风险管理技术和防范手段，大型保险公司还建立了内部模型和复杂的风险标准体系，将风险识别转化为风险管理和资本需求计量，并针对自身风险性质、规模和复杂程度，建立相应的风险管理制度，培育风险文化。

与银行相同，保险公司需要建立内部偿付能力评估程序，即自身风险和偿付能力评价，从持续经营和业务暂停与清算两个角度进行测算。保险公司要持续、全面、有效地开展风险管理，将单一风险和总体风险控制在可承受范围内。自我风险和偿付能力评估需持续开展，时间跨度要长于资本监管的常规周期，使公司资本与业务性质、规模、复杂程度相适配，与新产品开发和业务规划相契合。还要通过反向压力测试了解经营可能失败的情形，对可能出现的极端情况制定预案和补救措施。

保险公司作为管理和经营风险的企业，必须建立涵盖风险识别、评估、计量、监测、控制、缓释的内部治理框架及相关制度和程序。风险管理框架要能有效识别风险，并根据风险的性质、规模和复杂性制订长期业务规划和应急计划。保险公司建立的内部治理框架及相关制度和程序，与银行等其他金融机构资产端的投资及相关风险的管理制度类似，针对信用风险、市场风险、操作风险等，都要有相应的管理制度和程序。

此外，保险公司的风险管理政策与其他金融机构的不同之处，主要体现在承保风险政策上。它涉及承保程序、价格设定、索赔偿付等环节，从时点、数量和费用等维度对保险合同的风险进行控制与管理。保险公司需确定自身的风险容忍度，即公司愿意且能够承受的风险水平，并通过风险管理政策和程序进行设定，将其融入日常经营活动。同时，公司还要确定自留额，借助再保险、衍生品等风险缓释工具转移和管理风险，确保再保险与公司的资本、承保责任、经营战略相匹配。公司的险种等产品设计、定价应与投资政策相互配合。

保险公司要建立清晰的资产负债管理政策（Asset-liability Management Policy）。它并非简单地将资产与负债相匹配，而是有效地管理不匹配。要在充分了解负债与资产的关系，考虑表外的风险以及那些转移出去的风险又回到保险公司等可能性的基础上，通过合理配置资产、优化负债结构等方式，使资产负债管理的性质、职责和范围与产品开发、定价和投资相适应。

保险监管的第二支柱，与银行业类似，是监管机构通过非现场监测和现场检查，对保险公司的业务进行监督，评估其财务状况、业务行为、公司治理框架和整体风险状况。监督检查是一个动态的过程，一旦发现问题，监管机构即可进行干预。监管机构通过评估保险公司的财务状况，包括评估技术准备金、所需资本以及可用资本，对其资本充足率状况做出判断，进而决定采取不同级别的监管行动，或者由保险公司和监管机构采取对应的纠正和处置措施，做到早发现、早干预、早处置。

保险公司监管的第三支柱是市场约束，即通过公开披露信息，增强市场以及客户、投资者对保险公司的约束。它要求保险公司及时、全面、充分地披露信息，使保单持有人和市场参与者了解其业务活动、业绩和财务状况，以及面临的风险和管理方式。监管机构可根据保险公司的性质、规模和复杂程度，提出具体的披露要求。公司的信息披露要充分说明编制方式，至少应每年披露适当的具体定量和定性信息，包括公司概况、治理与内控、财务状况及面临的风险等，并说明所运用的会计方法和假设。

信息披露要重点披露以下信息：主要假设变动敏感性的定量分析，明确主要假设的类别、变动范围以及对关键指标的影响程度；技术准备金的定量分析，应涵盖准备金的计算方法、各类准备金的规模及占比；技术准备金的确定与充足性，说明确定依据及如何评估其充足性；当前预测和超出当前预测的额度，分别阐述当前预测的方法和数据来源，以及计算逻辑和意义。财务状况的披露应包括适当、具体的资本充足率，投资的金融工具的详细定量和定性信息、财务业绩、技术业绩、盈利来源分析、投资业绩等。中国规则Ⅱ、欧Ⅱ和美国RBC均对信息公开披露提出要求，披露内容包括偿付能力评估及公司管理等相关信息。比较而言，中国规则Ⅱ要求披露的信息更加全面，保险公司除了要披露偿付能力充足率等指标，还应披露主要财务指标、风险综合评级、风险管理状况、监管部门对公司采取的监管措施等信息。

第十章　证券市场监管

证券市场作为证券发行与交易的专门场所，在金融领域扮演着核心角色。依据国际证监会组织发布的《证券监管目标与原则》，证券市场监管的目标主要涵盖三个方面：保护投资者的合法权益，维护市场公平、公正、公开，以及降低系统性风险。本章重点讨论以信息披露制度为核心的证券公开发行监管，对证券交易所的监管，以及监管执法。

第一节　信息与证券市场监管

证券市场监管与银行和保险监管存在差异，它以信息披露为核心要点，聚焦于行为监管。在本节内容中，将主要针对股票公开发行和交易的监管展开探讨。股票作为公司发行的一种权利凭证，投资者往往依据公司的财务信息、经营状况等诸多因素做出投资决策。因此，信息能否做到真实、准确、完整、及时且公平地披露，不仅是证券市场得以有效运行的根本基础，更是切实保护投资者利益的关键机制。

1.1　从瓦尔拉斯一般均衡到有效市场假说

由法国经济学家瓦尔拉斯开创的一般均衡理论为市场运行提供了一个理想模型，而有效市场假说则在此基础上，进一步探讨了证券市场中信息与资产价格的关系。第一章从福利经济学第一定理出发，讨论了市场失灵和监管失灵。福利经济学第一定理阐述了在完全竞争市场条件下，市场机制能够实现资源的帕累托最优配置。1954年，阿罗与德布鲁在《竞争性市场中均衡的存在》中给出了一般均衡存在的数学证明。在一般均衡状态下，存在一组特定价格，能够同步决定所有商品和服务的价格与数量，使所有市场实现供求均衡。在瓦尔拉斯的理论体系中，"tâtonnement"（试错）过程至关重要，他的灵感大概源于当时巴黎证券交易所（Paris Bourse）的做市商机制。巴黎证券交易所做市商发现和确定股票交易价格的过程就是一个不断试错的过程。做市商要对其做市的股票持续不断地试探并调整价格，才能逐步探寻出使市场出清的均衡价格。做市商持续地报出买入价和卖出价及其数量，市场参与者会依据做市商的报价，相应地调整自身的报价以及买卖数量，做市商再根据这些反馈信息调整自身报价。经过多次迭代，价格最终会收敛至均衡价格。在交易过程中，一旦出现影响某公司盈利前景的消息，比如矿业公司发现新矿藏或者面临罢工等情形，做市商会迅速对证券价格进行调整，以反映这些新信息。

在瓦尔拉斯市场中，做市商需要广泛收集并深入分析大量信息，同时结合投资者的订单流信息来确定报价，而这一过程实际上就是在向市场传播相关信息。当前，全球的股票交易所和衍生品交易所大多采用连续竞价交易方式，这种交易方式使市场近乎成为一个完全竞争市场。在这个市场中，市场参与者交易的是同质的金融产品，投资者数量众多且分布分散，他们均为价格的接受者，能够平等地获取市场报价信息，这与一般均衡的条件较为接近。同时，交易所需要实时发布做市商的买卖报价、投资者报出的买卖订单价格和数量，以及成交量和成交价格等信息。这些信息的及时传播，切实保障了市场的透明度和有效性，一方面让市场参与者能够基于充分的信息做出理性决策，另一方面也使价格能够及时反映与该金融产品相关的信息。

20世纪60年代中期，美国经济学家尤金·法马提出的有效市场假说，就是一个关于股票价格反映股票信息的理论。在充分竞争的有效市场中，股票的内在价值会反映到即期价格中。[①] 根据有效市场理论，在能充分及时揭示市场订单与报单信息的市场中，异质性的参与主体依据自身经验、风险偏好、预期收益、对未来的判断及市场实时信息进行决策，并根据环境变化灵活调整或模仿交易策略。这种交互促使市场在参与者不断调整决策的过程中，动态生成新的出清价格。即便参与者最初对价格的判断是随机的，经过有限次策略迭代，也会逐步达成相对一致的判断，再经过动态博弈，趋近于市场出清价格的自然形成状态。

在大量异质性参与者做出独立决策以及对价格变化做出灵活反应的基础上形成的市场出清价格均衡，是一个复杂且具有自适应能力的系统。市场中的各类信息，如同哈耶克提出的"社会知识"，在"看不见的手"的引导下，市场实现资源的有效配置。尽管每个参与者掌握的信息与能力有限，但这些信息足以支撑参与者做出合理决策，这便是有效市场的自动协调机制。在有效市场中，所有与证券相关的信息都反映在价格中，"挖掘信息"以预测价格获利几乎是不可能的，只有价格变动能够迅速体现新信息，才符合有效市场的定义，也就是说有效市场的关键在于对新信息的灵敏反应。这是因为，试图寻找"定价错误"的股票以获利的投资者，会投入资源挖掘信息，然而一旦投资者发现了可获利的信息，市场价格就会因他的决策调整而改变，

[①] Fama, E. F. (1970). Efficient Capital Markets: A Review of Theory and Empirical Work. *The Journal of Finance*, 25 (2), 383-417.
Fama, E. F. (1991). Efficient Capital Markets: II. *The Journal of Finance*, 46 (5), 1575-1617.
Fama, E. F. (1998). Market Efficiency, Long-term Returns, and Behavioral Finance. *Journal of Financial Economics*, 49 (3), 283-306.

投资者之间的竞争促使信息快速反映在证券价格上，使得发现和利用"定价错误"变得愈发困难。而且多数投资者挖掘信息与实施策略存在成本，因此通过挖掘信息获得超额回报的可能性较低。即便拥有内幕信息者，在有效市场中也无法系统性地扭曲价格。

然而，现实中市场并非总是有效。信息不对称、交易费用以及欺诈操纵等因素会导致市场失灵。依据市场有效程度，大致可分为以下三类。（1）弱有效市场。证券当前价格仅含历史信息，投资者无法靠分析历史价格走势获取超额收益，技术分析失效。（2）半强有效市场。股票当前价格反映所有公开信息，包括过去价格、公司财务报告、临时披露宏观经济等信息，投资者利用公开信息做基本面分析也难以获超额利润。（3）强有效市场。当前价格涵盖所有公开与未公开信息，任何人都无法系统性地获取超额利益，内幕信息也无用。

市场透明度与有效性相互依存。有效运行的证券市场要求信息能迅速且无成本地为所有参与者获取。完善的信息披露制度需保证信息真实、准确、完整，且参与者能及时、充分、公平获取。市场参与者基于充分信息做出并实施决策，是价格发现机制有效发挥的基础。

1.2 信息问题与强制信息披露制度

信息是有效市场的基础，无论是在证券发行时，还是在证券交易时。如果证券市场的信息问题较为严重，就会出现阿克洛夫所说的"柠檬市场"问题。这在高风险的创业型企业的投资中尤其突出。我们假设，这些企业中有一半的商业模式有望成功（"好模式"），另一半则可能失败（"坏模式"）。因信息不对称，这使投资者难以区分两种模式，只能按平均估值报价，这就可能导致"好模式"被低估，最终可能退出市场，陷入"柠檬市场"困境。对二级市场也是如此，如果证券交易中充斥着欺诈、操纵和内幕交易，投资者会失去信心而离场，最终也是"柠檬市场"的结局。这也是证券执法的重要目的，即维护市场透明度和秩序。

解决信息问题常常面临集体行动阻碍。银行能解决信息不对称，原因在于其独自掌握信息并能与企业建立关系型融资。但证券市场投资者分散，信息处理能力有限且成本高，中小股东存在搭便车问题。公司管理层和主要股东凭借信息优势，可能通过关联交易、内幕交易损害中小投资者利益，中小股东事后维权成本也很高。

19世纪末，证券市场兴起时，便借助市场化的机制来缓解信息不对称、增强投资者的信心。企业发行证券时，会聘请信誉良好的投资银行做中介。投资银行出于自身利益和信誉考虑，对企业开展尽职调查，在正式发行前通过路演与投资者沟通，协商确定发行价格。投资银行采用包销（承担销售风险，向发行人提供足额资金，起到信用背书作用）或代销（按实际销售情况结算，在一定程度上增强信用）的形式。为保证信息质量，还会邀请会计师、律师等中介机构参与，这些中介机构成为市场"看门人"。这套市场自发形成的证券公开发行制度，一直沿用至今。

此外，市场主体有发布消息的内在激励。持续发布信息能增加市场透明度，缓解信息问题。一方面，信息透明提升证券流动性，投资者能获取更多准确信息，更准确地判断证券价值，增强交易意愿，维持股价合理估值；另一方面，良好的信息披露可以维护发行人市场形象和声誉，让投资者更有信心，为发行人持续融资和降低融资成本奠定基础。

即便如此，依靠市场自发的机制还是难以缓解信息不对称问题。如果信息发布是基于自愿而且没有明确标准，发行人易因自身利益进行选择性披露。如有些企业为吸引投资，只展示利好财务数据，隐瞒潜在风险；出于信息成本考量，他们还会降低披露的全面性、及时性与准确性，比如拖延发布重要信息，或模糊关键数据，导致投资者难以及时获取准确信息做决策，市场公平公正和透明度难以保障。投资银行开展尽职调查虽顾及自身声誉，但受信息不对称和代理问题影响，存在市场约束不足与失灵现象。二级市场中，部分有资金和信息优势者操纵证券成交价格与成交量，利用谎骗交易诱使其他投资者高买低卖，获取暴利。1929年股市大崩溃后，美国国会调查发现市场操纵和内幕交易泛滥，严重损害市场秩序和公众投资者利益。

早在18世纪，政府就关注证券市场的信息监管。1720年南海泡沫事件后，英国颁布了《泡沫法案》，禁止证券欺诈发行。《1844年合股公司法》要求公司招股说明书注册，建立强制信息披露原则。《1890年董事责任法》和《1900年公司法》对招股说明书信息提出更具体的要求，明确董事、发起人对不实披露担责。1911年美国堪萨斯州发布"蓝天法"（Blue Sky Laws）防止欺诈性证券销售，其他州效仿，部分州还立法反证券发行欺诈，建立证券交易商注册制度，完善监管体系。

1929年股市大崩溃冲击了美国经济，各界呼吁联邦政府监管证券市场。罗斯福就职后启动立法，美国联邦贸易委员会（FTC）主席休斯敦·汤普森起草的证券法草案提出"实质监管"，因监管机构难以准确判断证券实质价值且可能过度干预市场而遭批评。最终，《1933年证券法》借鉴了《英国公司法》，建立以强制信息披露为核心的制度并获国会通过，强调发行人全面、准确、及时披露信息。

如今，证券公开发行的强制信息披露制度已经在全球范围内被广泛采用。根据国际证监会组织发布的《证券监管目标与原则》，对证券的公开发行，要求发行人充分、及时和准确地披露对投资者决策有重大影响的财务和非财务信息（原则16）；发行人要使投资者得到公平和公正的对待（原则17）；发行人在编制财务报表时，使用高质量的、国际认可的会计准则（原则18）。

第二节 证券的定义与证券公开发行的监管

2.1 证券的定义

从广义的定义看,证券是一种权利凭证,涵盖银行存单、保单、股票、债券、衍生品等金融工具。对金融业务和活动的监管,以对证券的清晰界定为基础。清晰界定证券,不仅是将所有金融活动依法纳入监管的基础,也是明确金融监管机构的监管边界和监管客体,防止监管套利、监管空白、监管重叠,提高监管效率和效力的基础。

狭义的证券,通常包括股票、债券等金融工具。金融市场处于持续演进与创新的过程中,即便立法时,证券定义是周延、准确的,然而,发行人通过所谓的"金融创新",发明新的"术语",或者对证券持有人的权利做出新的界定,都容易造成监管空白。所以,这就要求证券法律的整体框架能够适应市场的变化,适时做出新的定义或者司法解释,以确保监管的有效性和全面性。

2.1.1 美国的证券定义及拓展

美国是最早以联邦立法确定证券定义的监管辖区之一,并且还通过最高法院的判例、美国证监会的决定等,不断对证券的定义进行调整和完善,因此美国的证券定义颇具有代表性。

美国《1933年证券法》第2(a)(1)款对"证券"的定义为:"任何的票据、股票、国库券、债券、无抵押债券、债务凭证、盈利分享协议下的权益证书或参与证书、担保信托证、筹建经济组织证或认购证、可转让股权、投资合同、委托投票证书、证券存托证明、油矿、气矿或其他矿藏开采权未分配部分的权益;任何证券、存款证明或者组合证券和指数证券（包括根据价格而计算出来的利益）的卖空期权、买空期权、买空卖空期权、选择权或者特权；任何在全国证券交易所交易的有关外币的卖空期权、买空期权、买空卖空期权、选择权或者特权；或者总的来说，任何被普遍认为是证券的利益或工具，或者是对上述证券的任何利益的参与证明、临时性证明、收据、担保或认购权。"证券的公开发行需要向美国证监会注册。

《1933年证券法》的证券定义，采用了列举与概括相结合的方式。该条款在列举了股票、债券等各类证券之后，对证券进行概括，即"总的来说，任何被普遍认为是证券的利益或工具，或者是对上述证券的任何利益的参与证明、临时性证明、收据、担保或认购权"。

美国的证券定义通过最高法院的判决和美国证监会的规章修订不断调整，以涵盖新的证券品种。最重要的判例是美国证监会诉豪威尔公司（The SEC v. W. J. Howey Co., 328 U.S. 293, 1946）一案。[①] 在这一判例中，面对实践中的投资合同是否是证券法定义的证券这一难题，最高法院认为，判断是否是证券，不仅限于正式的股票证书，而且要按照"实质重于形式"的原则。土地买家接受豪威尔合同的理由，是希望豪威尔公司对橘园的经营管理能给他们带来利润。

豪威尔判例为监管机构和实务界界定投资合同提供了"测试（Test）标准"，美国最高法院根据《1933年证券法》对"投资合同"一词进行了定义。法院确立了以下标准，以确定一项交易是否符合投

---

① 豪威尔是一家注册于佛罗里达的柑橘种植和销售公司。为筹集资金，它向个人买家出售土地，并签订了基于这些土地进行柑橘种植与销售的合同。作为土地买家，将依据柑橘种植与销售参与利润分配。美国证监会对豪威尔提起诉讼，指控其销售了未经注册的证券，违反了《1933年证券法》的相关规定。豪威尔辩称自己没有销售证券，而只是销售土地，这一观点获得了地区法院和第五巡回上诉法院的认可。美国证监会认为地区法院和第五巡回上诉法院的判决有误，进而向美国最高法院提起诉讼。最终，最高法院认定豪威尔公司销售的是投资合同。

资合同的条件，从而属于《1933年证券法》的监管范围：（1）货币投资：必须进行货币或其他对价的投资；（2）共同企业：投资必须用于共同企业，投资者的财富与其他投资者的财富汇集在一起；（3）预期利润：投资者必须对利润有合理的预期；（4）源自他人的努力：对利润的预期必须主要源自发起人或第三方的努力，而非投资者自身的努力。

最高法院强调，检验的重点是交易的经济实质而非形式。关键问题是该计划是否涉及对共同企业的投资，而利润预期仅来自他人的努力。"豪威尔测试"对投资合同的界定，进一步明晰了证券的定义，也为界定金融创新中涌现的新金融产品提供了基础。例如，在虚拟资产兴起之后，对于"虚拟货币"如何界定以及向公众发行是否属于证券法规定的证券公开发行问题，美国证监会援引豪威尔测试，对"首次货币发行"（Initial Coin Offering）做出了阐释，这将在第十二章讨论。

2.1.2 中国的证券定义

新中国的证券市场，起源于20世纪80年代初的国债发行以及80年代中期国有企业改革进程中的股票发行。关于证券的定义，《中华人民共和国证券法》（以下简称《中国证券法》）对股票、债券及相关证券产品进行了规定。此外，在国务院条例、金融机构的部门规章以及行业协会发布的自律规则中也有所涉及。这些证券的发行监管分别由不同部门负责。

1981年，国务院发布《中华人民共和国国库券条例》[①]，这是改革开放后出台的第一部证券法规，不过其中并未对国库券和国债做出明

---

① 1992年3月18日中华人民共和国国务院令第95号发布了修订过的《中华人民共和国国库券条例》。

确定义。1987年，国务院发布《企业债券管理暂行条例》[①]，"企业债券是企业依照法定程序发行、约定在一定期限内还本付息的有价证券"。此后，中国人民银行、中国证监会、国家发展改革委等发布了多个关于企业发行债务类金融工具的部门规章，债务类工具包括短期融资券、中期票据、非金融企业债券融资工具、公司债券等。这些工具在银行间市场和交易所市场向机构或个人投资者发行，分别由中国人民银行、中国银行间市场交易商协会、中国证监会、国家发展改革委等负责审批或注册。在2023年的金融监管体制改革中，国家发展改革委的企业债券发行审批监管权力划归中国证监会。

20世纪80年代，企业发行股票由地方政府批准。1992年，国务院证券委员会和中国证监会成立，股票发行统一由中国证监会负责。1993年国务院发布《股票发行与交易管理暂行条例》，规定本条例适用于具有股票性质、功能的证券，但未阐明股票的性质和功能。1998年，全国人大常委会通过《中国证券法》，列举的《中国证券法》所规范的证券类型为"在中国境内，股票、公司债券和国务院依法认定的其他证券"。2005年《中国证券法》首次修订，补充"政府债券、证券投资基金份额的上市交易，适用本法"。2019年《中国证券法》第二次修订时增加"存托凭证"，并新增第三款，授权国务院依照证券法的原则，制定"资产支持证券、资产管理产品发行、交易的管理办法"，其中资产管理产品属于第十一章将要讨论的"集合投资计划"。

[①] 2005年，中国人民银行发布《短期融资券管理办法》，短期融资券是指企业依照本办法规定的条件和程序在银行间债券市场发行和交易并约定在一定期限内还本付息的有价证券。2007年，中国证监会发布《公司债券发行试点办法》，公司债券是指公司依照法定程序发行、约定在一年以上期限内还本付息的有价证券。2008年，中国人民银行发布《银行间债券市场非金融企业债务融资工具管理办法》，非金融企业债务融资工具是指具有法人资格的非金融企业在银行间债券市场发行的、约定在一定期限内还本付息的有价证券。

第十章　证券市场监管

2.2 证券公开发行的监管制度

证券发行是发行人向投资者出售证券，既可以是向一般投资者的公开发行，也可以是向特定投资者的私募发行。目前，全球对证券发行的基本监管制度是，公开发行的证券需要在发行前向证券监管机构注册。这里主要讨论美国《1933年证券法》所确立的证券公开发行监管制度。

2.2.1 美国的证券公开发行注册制度

在证券公开发行前，发行人需要在证券监管机构进行注册。对于证券公开发行的监管制度，在《1933年证券法》立法过程中曾引发激烈争论。部分人士建议监管机构进行"实质审查"，而另一部分则主张实行"强制信息披露"，让投资者依据信息披露自行做出决策并承担风险。最终，《1933年证券法》确立了以信息披露为核心的公开发行监管制度，因此该法也被称作"证券真实法"（Truth in Securities Law）。

强制信息披露主要有两个目的：其一，提高股票市场的透明度，让投资者获取公开发售证券的财务及其他关键信息，以便对是否购买证券进行判断和决策；其二，禁止证券销售过程中的欺诈、误导、虚假陈述以及其他不法行为，发行人及证券承销商等中介机构需对披露文件的真实性负责。美国证监会对投资者利益的保护还体现在证券执法方面，若发行的信息披露存在不完整、不真实、不准确的情况，致使投资者遭受损失，投资者有权向发行人提出赔偿要求，同时，美国证监会和司法部门也可对发行人及相关责任人予以处罚，并责令其向投资者进行赔偿。

在美国，发行人若拟公开发行证券，需依据《1933年证券法》向美国证监会提交注册声明（Registration Statement）。首次公开发行股票采用的注册声明类型是S-1注册声明表（即S-1表），它涵盖招股说明书和其他信息两部分内容。①

注册文件需在承销商协助下，由发行人按规定程序和格式向美国证监会提供注册声明、招股说明书草案等。② 招股说明书是核心发行与注册文件，提交后即可公开，投资者可在 EDGAR 系统查看。③

提交注册说明书后，证监会的工作人员依据《1933 年证券法》和《1934 年证券交易法》，审查文件是否符合 S-1 表格及《S-K 法规》披露要求，包括会计准则和法规披露要求。审查财务报表时，关注相关内容，重点留意与法规冲突、陈述有缺陷的信息，还会针对性地提问让发行人说明。但工作人员不审核证券质量，也不判定其是否适合投资。信息披露文件的完整性和准确性由发行人和中介负责，若有欺诈等问题，由其承担相应的法律责任。

工作人员将审查问题反馈给发行人，如市场热点、运营盈利等问题，仅要求详尽披露说明，并不影响注册。发行人会修改补充材料，工作人员依答复可能再提问，反复几轮直至注册声明生效。通常 30 个工作日内完成注册，终止或生效后 20 个工作日内，美国证监会在 ED-GAR 系统公布意见函和公司答复。

证券公开发行的注册监管制度，总体遵循市场经济的交易自由原则。发行人需向公众投资者真实、准确、完整地披露信息，并与承销商对招股说明书等注册文件的真实性负责。承销商协同会计师、律师等中介机构，在尽职调查基础上，给出专业意见与判断。发行人提交

---

① 第一部分是招股说明书，即法定发行或"销售"文件。在招股说明书中，证券"发行人"必须详细描述自身业务运营、财务状况、经营成果、风险因素以及管理层说明等重要事实，同时还必须附上经审计的财务报表。招股说明书需提交给拟购买证券的投资者以及收到购买要约的投资者。第二部分是发行人无须向投资者提供，但必须向美国证监会提交的其他信息，例如重要合同副本、管理层签名以及其他声明等。
② 在证券注册声明中要说明公司经营范围、出售证券的类型（是否是普通股，还有权利不同于普通股的其他证券）、管理层信息、经独立外部审计师审计的年度财务报表等。
③ EDGAR，即电子化数据收集、分析及检索系统。

的注册文件须由具备承销商资格的投资银行签字，同时，发行人的董事、高管、财务负责人，以及承销商、审计师、律师等均要在注册文件上签字。所有在注册文件上签字的法人和自然人，对注册文件的真实性承担连带责任。注册文件由专家撰写或经专家认证，这是保证注册文件真实性的重要机制。在证券市场监管制度建立前，这些主体作为证券市场的"看门人"，是证券市场建立与发展的基础。证券在交易所上市交易后，投资银行等中介机构、证券分析师以及公共媒体，持续关注、分析并解释发行人披露的信息，评估公司价值，还与机构投资者一同积极参与发行人的公司治理。证券市场的公平、公正、公开及有效运行，是各类投资者、中介机构、媒体，以及交易所自律监管、行政监管与执法共同作用的结果。

2.2.2 美国的注册豁免证券和交易豁免证券

根据《1933年证券法》对证券的定义，银行票据和保险保单也属于证券法定义的证券，该法对部分公开发行证券实行豁免注册。"（注册）豁免证券"（Exempted Securities），是指公开发行无须注册的证券，涵盖政府债券、短期商业票据、银行发行的证券、非营利机构发行的证券、受州监管的保险公司销售的保单等。另外存在一类豁免交易证券，这类证券发行需要注册，不过需披露的信息少很多，包含非营利性证券、金融机构证券、公用事业证券、联邦或外国政府发行的证券等。豁免证券的规定，是因其接受银行、保险监管机构的监管，以避免监管重叠。①

---

① 根据《1933年证券法》，"证券"的定义非常广泛，包括各种金融工具，如银行票据和保险单。然而，并非所有根据该法案定义的证券都受证券交易委员会监管。具体而言，该法案规定某些类型的证券（包括银行票据和保险单）可免于注册要求。这些豁免在《1933年证券法》第3（a）（2）条和第3（a）（8）条中进行了说明。这意味着，虽然根据定义，银行票据和保险单被视为证券，但它们不受SEC监管，监管方式与股票和债券等其他证券不同。这些豁免背后的理由是为了避免对某些已经受其他监管框架约束的金融工具进行过度监管。例如，保险单受州保险委员会监管，银行票据受银行当局监管。

即便这些豁免证券无须向美国证监会注册，但依旧受美国证券法反欺诈条款约束，美国证监会可依据《1933年证券法》第17条对发行人提起诉讼。另外，根据《1934年证券交易法》第10b-5条，所有的证券买卖都面临潜在的反欺诈责任，包括《1933年证券法》规定的豁免注册证券。除政府债券外，其他认定为"公开发行"证券的购买人，均可针对虚假陈述寻求司法救济。

《1933年证券法》还做出了"交易豁免"（Transaction Exemption）的规定，涵盖州内发行（Intrastate Offerings）、小额发行、众筹（Crowdfunding）和私募发行等豁免发行注册的证券类型。小额发行指融资额在500万美元以下，按照美国证监会《监管规则D 504条款》（Regulation D, rule 504）规定进行的发行。私募发行是依据《1933年证券法》第4（2）条豁免的"发行人不涉及任何公开发行"实施的发行，若投资者具备足够经验和信息以保护自己，这种发行就属于私募豁免，无须向美国证监会注册。私募豁免有两种形式：一是法定豁免，即《1933年证券法》第4（a）（2）豁免了发行人的披露和注册要求[①]；二是安全港规则，当发行人向成熟投资

[①] 第4（a）（2）条豁免。《1933年证券法》第4（a）（2）条规定，"发行人不涉及任何公开发行的交易"免于注册。这项豁免有时被称为私募豁免，要获得这项豁免资格，证券购买者必须具备以下条件：在金融和商业事务方面有足够的知识和经验，可被视为"成熟投资者"，即能够评估投资的风险和特点，或者能够承担投资的经济风险；能够获取根据《1933年证券法》注册发行的招股说明书中通常提供的信息类型，例如，包括上述S-1表格第一部分所要求的类似信息；以及同意将证券用于长期投资，但不打算向公众发行证券，除非根据《1933年证券法》中有关转售证券的适用规则（即第144条规则）进行转售。第4（a）（2）条发售不允许进行一般募集或广告宣传。如果一家公司向哪怕一个不符合第4（a）（2）条规定的必要条件的人发售证券，整个发售都可能违反《1933年证券法》。

第十章　证券市场监管

人①等发行时，根据 D 条款（Regulation D）第 506 规则②，可以豁免信息披露的要求。私募发行豁免注册的目的在于降低发行成本和相关的披露成本。在美国，超过三分之二的债券是私人发行的。第四章讨论的银行间市场发行的证券大多属于此类型。

对于私募发行的证券，存在转售受限的情况，即转售受限证券（Resales of Restricted Securities）。此类证券不可自由交易，只能依据发行人提交的有效转售注册声明，或根据《1933 年证券法》144 条规则提供的豁免进行转让。需满足的条件如下：若发行人是《1934 年证券交易法》规定的报告公司（Reporting Company），且持续保持最新报告状态，证券持有人需在出售前至少持有 6 个月并支付证券的全部收购价格；若发行人不是报告公司或未保持最新报告状态，则要求在出售前至少 1 年支付证券的全部收购价格，并且满足某些其他转售要求。

---

① 根据《1933 年证券法》第 501（a）条规定，"经认可的投资者"（Recogniged Investor）包括前两年每年收入超过 20 万美元（或与配偶合计超过 30 万美元），并合理预期本年度收入也将超过 20 万美元，单独或与配偶合计净资产超过 100 万美元（不包括个人主要住所的价值）的任何个人；某些实体，如银行、保险公司、注册的投资公司、商业发展公司或小型商业投资公司；合伙企业、公司和非营利组织，这些实体一般要求资产超过 500 万美元，或其权益所有者均为"经认可的投资者"；以及任何总资产超过 500 万美元的信托，其成立目的并非专门购买标的证券，但其购买行为由成熟人士指导。
② 第 506 规则。《1933 年证券法》第 506（b）条，允许公司在满足第 506（b）条某些要求的情况下，通过非公开发行筹集规模不受限制的资金。其规定包括：禁止使用一般募集或广告来推销证券；允许向不受数量限制的"经认可的投资者"出售证券；向潜在购买者的提问做出专业的回答；要求收到"受限"证券的投资者说明，在没有注册豁免或没有根据《1933 年证券法》注册此类证券的情况下，不得出售证券。另外，如果公司在私募发行文件中列出了《1933 年证券法》规定的注册声明中所需的包括经审计的财务报表在内的主要信息，则可根据第 506（b）条向最多 35 名非"经认可的投资者"进行发行。美国证监会要求公司在根据第 506 条进行首次销售后 15 天内提交 D 表，披露有关发行、销售的证券和管理层的相关信息。根据第 506（c）条规定，如果符合《D 法规》的所有其他要求，在以下情况下，公司可以进行广泛募集并对发行进行一般宣传，但仍被视为进行了第 4（a）(2）条规定的私募发行：（1）发行中的投资者均为"经认可的投资者"，（2）公司已采取合理措施核实其投资者是否为"经认可的投资者"。

144条规则还规定，在出售证券前须向美国证监会提交备案，可能会根据证券持有人是否为发行人的"关联公司"，对一次可出售的证券数量和出售方式加以限制。

2008年金融危机后，旨在促进中小企业发展的JOBS法案（The Jumpstart Our Business Startups Act）出台，其中有两项重要措施：一是简化和降低"成长型公司"（Emerging Growth Company）的IPO要求和标准①，减轻披露负担；二是提高私人公司作为报告公司的门槛，使报告公司的数量减少了。②

众筹是指公司通过小额发行筹集资金的行为。依据JOBS法案中关于众筹的规定，公司在12个月内通过发行证券募集100万美元以下资金时，无须进行注册。若公司无法自行完成众筹，就必须聘请在美国证监会或美国金融业监管局（Financial Industry Regulatory Authority，简写为FINRA）注册的证券经纪商来完成。这些中介机构必须遵循一系列规定，其中包括依据投资者净资产限制投资金额。

---

① JOBS法案对成长型公司的定义是，在最近一个财政年度的总收入不超过10亿美元的公司。公司可以保持EGC资格，直到满足下面任何一个条件时，视为成长型公司资格的丧失：(1) 公司年收入超过10亿美元后的第一个财政年度；(2) 公司实施IPO五周年后的第一个财政年度；(3) 公司在之前三年发行了超过10亿美元的非可转债；(4) 公司符合大型加速申报公司标准的公司，即在过去的一年中公开发行的股权价值的变动幅度超过7亿美元。

② 2015年3月，为落实JOBS法案第401条，美国证监会修订了"A条款"，设立两个发行层级：第1级适用于12个月内发行金额不超过2 000万美元的产品。相较于第2级，第1级产品的信息披露要求更少，且无持续报告要求；第2级适用于12个月内发行金额不超过5 000万美元的产品，发行人需持续向美国证监会提交年度报告、半年度报告和临时报告。若公司发行金额不超过2 000万美元的产品，可自行选择第1级或第2级。按照"A条款"发行的证券，可采用一般招揽和广告方式面向所有公众公开发售，不论发行对象是否为"经认可的投资者"。不过，在第2级发行中，对非"经认可的投资者"的投资金额设有一定限制。在售后市场转售时，"A条款"发行中出售的证券不被视为"受限证券"，这意味着购买者无须像持有受限证券那样，必须持有证券一段时间后方可转售。

2.2.3 中国的证券公开发行监管制度

中国的股票发行在20世纪80年代后期国有企业改革进程中逐步建立。1992年10月，国务院证券委和中国证监会成立，建立起全国统一的证券公开发行监管制度。1993年，国务院发布《股票发行与交易管理暂行条例》，确立了核准制的基本原则，规定了较为严格的发行人条件，涵盖符合国家产业政策、发起人认购金额和比例、近三年连续盈利等。[①]

1998年底《中国证券法》发布，再次明确公开发行股票实行"核准制"，发行人须向中国证监会提交申请文件，且申请文件不得含有虚假记载、误导性陈述或重大遗漏。证券公司等中介机构要对公开发行募集文件的真实性、准确性、完整性进行核查。2000年3月，中国证监会发布《股票发行核准程序》，规定了股票公开发行核准制的要点和审核程序。2003年，证监会发布《证券发行上市保荐制度暂行办法》，对股票发行实行保荐制，即由证券公司作为保荐人对发行人发行证券进行推荐和辅导并承担相应的责任。[②]

核准制规定了公开发行证券的发行人的盈利等财务指标。例如，2006年证监会发布的《首次公开发行股票并上市管理办法》规定发行

[①] 《股票发行与交易管理暂行条例》确定的股票公开发行审批程序如下：第一步，会计师等专业机构对发行人资信等进行审定和评估，并出具专业意见；第二步，发行人向地方政府或主管部门提出申请，由其做出审批决定；第三步，报证监会复审。彼时的股票发行监管制度具有很强的转轨经济特征，证监会不仅要审核发行人是否达到《股票条例》和证监会部门规章规定的财务指标等条件，还会对发行规模、价格、时间等进行干预。

[②] 《证券发行上市保荐制度暂行办法》规定由证券公司作为保荐人对发行人发行证券进行推荐和辅导，核实公司发行文件中所载资料是否真实、准确、完整。保荐人还需协助发行人建立严格的信息披露制度，并在公司上市后的规定时间内，继续协助发行人建立规范的公司治理结构，履行信息披露义务，保荐人对上市公司的信息披露负有连带责任。

人须达到的条件包括：最近3个会计年度净利润均为正数且累计超过人民币3 000万元、经营活动产生的现金流量净额累计超过人民币5 000万元或营业收入累计超过人民币3亿元。20世纪末至21世纪初是中国互联网经济兴起和发展的时期。然而，由于核准制规定的股票公开发行财务标准较高，加之国家产业政策规定，互联网等高新技术企业和新商业模式企业难以进入境内市场，致使大量公司赴海外上市。为提升资本市场的包容性，为更多高新技术企业提供资本市场服务，建立创业板的提议被提出。2009年，经过近10年筹备，创业板在深圳证券交易所设立，对公开发行股票的发行条件做出一定调整，为一批中小型创新企业的公开发行并上市提供了新的渠道。

2019年7月，上海证券交易所设立科创板，开启注册制试点；同年12月，全国人大常委会审议通过新修订的《中国证券法》，明确在股票发行中全面推行注册制。历经近四年试点，2023年2月，中国证监会发布《首次公开发行股票注册管理办法》及配套规则，上海、深圳证券交易所发布相关业务规则，股票发行注册制正式全面施行。

中国的股票公开发行注册制具备以下特点。其一，以信息披露为核心。依据《首次公开发行股票注册管理办法》，股票公开发行中，信息的真实、准确、完整披露是关键。证监会部门规章不再规定公司发行的财务指标等条件，改由交易所在上市条件中予以规定。其二，注册程序分为两步，即先经交易所审核，再向证监会申请注册。这两步程序在交易所和证监会之间"各有侧重、相互衔接"。交易所承担"发行上市审核主体责任"，全面审核企业是否符合发行条件、上市条件和信息披露要求。证监会依据交易所的审核意见，依法决定是否同意注册。其三，行政监管与自律监管相结合。证监会作为证券市场的监督管理职能部门，统筹协调并监督考核交易所的发行审核工作，督促交易所完善上市委员会、并购重组委员会的组成及业务规则。

2.2.4 小型公司的"豁免注册"制度

2005年修改《中国证券法》时,在股票的公开发行规定中增加了一款,即"向不特定对象发行证券,另一种情形是向累计超过二百人的特定对象发行证券"。2006年5月,国务院办公厅发布《国务院办公厅关于严厉打击非法发行股票和非法经营证券业务有关问题的通知》(国办发〔2006〕99号),明确了"非公开发行"的概念,即"向特定对象发行股票后股东累计不超过200人"。[①] 2006年,"中关村科技园区非上市股份有限公司进入证券公司代办股份转让系统进行股份报价转让试点"(简称"中关村试点")开始运行,开启了中国非上市公司股份转让制度的探索。

2013年,在"中关村试点"基础上,"全国中小企业股份转让系统"(简称"股转系统")建立。《国务院关于全国中小企业股份转让系统有关问题的决定》规定,在股转系统的挂牌公司,股东人数可以超过200人。股东人数未超过200人的股份公司申请在全国股份转让系统挂牌,证监会豁免核准。挂牌公司向特定对象发行证券,且发行后证券持有人累计不超过200人的,证监会豁免核准。依法需要核准的行政许可事项,证监会应当建立简便、快捷、高效的行政许可方式,简化审核流程,提高审核效率,无须再提交证监会发行审核委员会审核。

2023年全面注册制实施之后,"股转系统"也同步实行注册制。对于股东人数未超过200人的股份公司申请在全国股转系统挂牌,或

[①] 根据《国务院办公厅关于严厉打击非法发行股票和非法经营证券业务有关问题的通知》,"非公开发行股票及其股权转让,不得采用广告、公告、广播、电话、传真、信函、推介会、说明会、网络、短信、公开劝诱等公开方式或变相公开方式向社会公众发行"。该通知严禁任何公司股东自行或委托他人以公开方式向社会公众转让股票。向特定对象转让股票,未依法报经证监会核准的,转让后,公司股东累计不得超过200人。

者全国股转系统挂牌公司定向发行股票后股东人数不超过200人的情况，股转系统审核通过后，证监会豁免注册。

第三节　信息披露制度

信息披露制度涵盖首次公开发行的信息披露与持续信息披露，在此一并探讨。全面、及时、准确的信息披露，不仅对投资决策意义重大，还与投资者保护以及构建公平、高效和透明市场的目标直接相关。

3.1　美国的信息披露制度

公开发行注册生效后，发行人必须遵循《1933年证券法》和《1934年证券交易法》的规定，履行持续信息披露义务。投资者依据披露的信息，能够了解公司的历史、财务业绩以及未来预测情况。这些义务和责任主要包括：一是发行人负有披露所有重要信息的责任。根据《1934年证券交易法》第12b-20条规定，公司除向美国证监会提供报告或其他声明中明确要求的信息外，还必须涵盖任何必要的额外重要信息，确保所提供的声明在当时情况下不会产生误导。① 二是不得有虚假和误导性陈述。《1934年证券交易法》第18条规定，在向

---

① 这些披露文件主要有：一是S-1表。S-1表是公司首次上市时必须向投资者发布的初始注册表。S-1表的披露内容包括：募集资金用途、发行股票的数量、公司的商业模式、竞争情况、发行价格和风险因素。二是10-K表。10-K表是提供公司的综合信息摘要和年度财务报告，包括公司的历史、股权结构、组织结构、经审计的财务报表及其他相关信息，公司必须在财政年度结束后90天内提交，主要包括几个部分。第Ⅰ部分，公司业务以及风险因素；第Ⅱ部分，对前五年的财务数据进行比较，使投资者可以根据历史数据，分析未来趋势。第Ⅲ部分，是董事、高管、高管薪酬、公司治理有关的重要信息披露，管理层和重要股东的实际所有权、关联交易、董事的独立性以及会计师费用和服务。第Ⅳ部分，是第Ⅱ部分所涉及的财务报表、附表等。三是10-Q表。10-Q表是10-K表的简化版，是公司管理层对公司财务报表的分析。四是8-K表。8-K表披露对股东、投资者和美国证监会来说重要的临时性事项。

美国证监会提交的文件中作出虚假或误导性陈述的,都要承担责任,但须遵守适用的抗辩条款。三是禁止证券销售中的欺诈。《1934年证券交易法》第10（b）条和第10b-5条,禁止与证券的购买或销售有关的欺诈和欺骗行为,以及不真实的陈述或重大事实的遗漏。这些规定适用于发行人及其子公司向公众发布的任何信息,包括新闻稿、定期报告和临时报告。四是公司高管对报告和财务报表的认证。在披露文件上签字的高管,要为任何不真实的重要事实陈述或重要遗漏承担个人责任。五是控制人的责任。《1934年证券交易法》第20条和《1933年证券法》第15条规定,负有信息披露义务的控制人等义务人,也有可能要对违反法律法规的行为承担连带责任。

美国《1934年证券交易法》在《1933年证券法》确立信息披露监管制度的基础上,将公开发行的信息披露制度扩大到公开交易的证券,以确保证券交易市场公平、公正、公开。这两部证券法明确了需要履行信息披露义务的公司,即"报告公司"有两类:一类是根据《1933年证券法》注册并公开发行的公司;另一类是在全国性证券交易场所交易的公司。报告公司要按照美国证监会的规定,定期提交规定的报告和信息。

尽管证券公开发行的强制信息披露制度已建立近100年,仍有学者批评政府在证券公开发行中的介入。他们认为,股票作为融资合同,只要法律明确股东对侵害自身利益的公司高管层、承销商、审计师和分析师的诉讼权利,信息披露的真实、准确、完整可通过市场机制实现,无须政府介入。在充分竞争的市场中,发行人和承销商及其他中介机构受市场与声誉效应约束,无须政府干预。若发行人未切实履行信息披露义务,投资者和中介机构会"用脚投票",导致股价下跌,价格约束会促使发行人履行义务。因此,在无市场失灵情况下,强制性信息披露制度并非必要。然而,如1929年股市崩溃后美国国会调查发现,市场充斥欺诈、虚假及误导性陈述。

目前，绝大多数观点仍认为政府有介入必要。行政监管在促使信息准确、真实、完整披露方面，具有成本与强制性优势，相较于私人实施机制，更能保障市场秩序与投资者利益。当然，强制信息披露虽属干预程度较低的监管制度，但政府干预仍可能产生负面作用。例如，注册过程中监管机构对信息披露的审查，若被投资者视为对发行人的背书，可能弱化市场约束。安然事件之后，2002年美国国会通过《萨班斯-奥克斯利法案》，建立了负责上市公司审计师监管的公众公司会计监督委员会（Public Company Accounting Oversight Board），该委员会至少每三年要对为报告公司提供服务的审计师事务所进行现场审查，进一步强化了对信息披露的监管，并强化了上市公司的治理和相关人员及机构的职责。

国际证监会组织制定的《证券监管目标与原则》中的原则10明确要求：发行人需全面、准确、及时地披露财务业绩以及其他对投资者决策具有重要影响的信息，持续向投资者提供能够使其做出明智投资决策的信息。2002年，国际证监会组织发布《技术委员会声明——上市实体持续披露和重大发展报告的原则》，进一步阐释了持续信息披露的原则与要求。

3.2 中国的信息披露制度

中国对上市公司的信息披露要求与国际通行制度基本一致。上市公司应真实、准确、完整、及时地披露定期报告和临时报告，披露的财务报告须经合格的会计师事务所审计。2023年2月，中国证监会发布《首次公开发行股票注册管理办法》，对信息披露做出详细规定。

一是发行人的信息披露义务。申请首次公开发行股票并上市，应当按规则编制并披露招股说明书，确保相关信息真实、准确、完整，不存在虚假记载、误导性陈述或者重大遗漏。凡是对投资者进行价值判断和投资决策所必需的信息，发行人均应充分披露。发行人以及控股股东、实际控制人及其董事、监事、高级管理人员等均需在信息披露文件上签字，对招股说明书的真实性负责。此外，保荐人及其保荐代表人、律师、注册会计师、资产评估人员、资信评级人员等也要在招股说明书上签字、盖章，并承担相应的法律责任。

二是内容与格式。信息披露应按照证监会的披露准则和交易所规定的披露规则编制和发布。

三是披露内容。发行人应当充分披露业务模式、公司治理、发展战略、经营政策、会计政策、财务状况分析，以及可能对公司经营业绩、核心竞争力、业务稳定性及未来发展产生重大影响的各种风险因素。披露内容还涵盖：募集资金的投向和使用管理制度，募集资金对发行人主营业务发展的贡献、对未来经营战略的影响，公开发行股份前已发行股份的锁定期安排，发行人控股股东和实际控制人及其亲属所持股份，自发行人股票上市之日起36个月内不得转让的锁定安排。

四是持续信息披露。发行人需按照规定的内容和时间要求，披露公司的年报、半年报和季度报告。

第四节 证券交易所的监管

公开发行的证券，大多在受监管的证券交易所上市交易。证券交易所作为证券交易的组织者，不仅为证券交易提供设施，还是自律组织，对证券的发行人、证券交易商及市场参与者进行监管。国际证监会组织制定的《证券监管目标与原则》明确了自律组织的原则。政府的监管应适当利用自律组织，授权自律组织对各自领域进行直接监督，使监管的程度与市场的规模和复杂性相适应。自律组织应接受监管机构的监督，在行使权力和授权责任时遵守公平和保密标准。

4.1 证券交易所

证券交易所是为证券的集中交易提供服务和设施的特殊金融机构。

在政府介入证券市场监管之前的一百多年时间里，证券交易所对证券发行人和进场交易的证券商进行自律管理，为证券交易提供了规范的场所和规则，促进了证券市场的有序运行，在证券市场的发育、发展中具有重要作用。美国《1934年证券交易法》建立了对全国性证券交易所的监管制度，明确了证券交易所作为自律监管组织的地位。这一监管制度也是目前全球证券交易所监管的基本制度。

4.1.1 证券交易所的建立与演进

14世纪，威尼斯的货币兑换商和信贷机构就开始发行债务工具筹资，与之相伴，证券交易市场也开始萌芽。16世纪，比利时有了专门从事债券等交易的证券交易所，但当时还没有真正意义上的股票和股票的场内交易。17世纪，荷兰东印度公司成立，它是最早发行股票的现代公司，世界上第一家股票交易所——阿姆斯特丹证券交易所也在荷兰建立。

1792年，证券交易商（会员）通过签署《梧桐树协议》成立了纽约证券交易所。根据《梧桐树协议》形成的交易所，是具有自律组织属性的机构，它要求纽约证券交易所的会员和上市公司必须遵守交易所的规则。在《1933年证券法》颁布之前，美国的证券发行在各州注册和接受监管，并在本地的交易所上市和交易。1934年，美国通过了《1934年证券交易法》，明确了全国性交易所的定义[1]，明确了全国性交易所的自律监管机构的属性，建立了对全国性交易所的监管制度。[2]第四章讨论的银行间市场，是银行等金融机构和机构投资者的交易场

---

[1] 见《1934年证券交易法》Section 3（a）（1），Rule 3b-16。
[2] 根据《1934年证券交易法》，全国性证券交易所需要向美国证监会注册，并符合《1934年证券交易法》所规定的资本金、场地与设施、管理制度等要求，还需要具备有效履行自律监管职责以及有效可靠办理结算和交割的条件与设施。该证券交易法也保留了交易所和美国全国证券交易商协会的自律监管职能，在法律中明确了交易所的自律监管组织的地位，要求交易所督促和保证会员、上市公司遵守相关规则，维持证券交易的公平公正，防范欺诈和操纵等行为。

所，公开发行的股票一般都在证券交易所交易。在股票交易所进行的交易被称为场内交易；其他的交易场所被称为场外市场，其监管程度和方式与证券交易所市场都不同。

20世纪60年代，通信和计算机技术快速发展，推动了股票交易结算的电子化，不仅提高了市场效率，还降低了交易系统的建设成本，交易市场的进入壁垒大幅削减，另类交易场所悄然兴起。1967年，美国第一个电子通信网络（Electronic Communication Network，简写为ECN）建立，它是通过现代通信技术连接投资者并促成交易达成的通信系统。另类交易系统可为市场参与者，尤其是机构投资者，提供交易所之外的流动性，便于他们寻找交易对手，进行大宗股票交易。另类交易系统的交易订单不会出现在交易所的订单簿上，订单因而不被"暴露"。若这些大额订单出现在交易所订单簿上，可能会对市场造成影响或干扰。20世纪70年代之后，机构投资者兴起并成为市场最重要的参与者，它们掌握的资金量大、对流动性和交易方式有更高要求，且具有较强谈判能力，是促进场外交易场所兴起的主要推动力量。20世纪80年代，限价电子订单簿的自动交易系统开始建立和普及。20世纪90年代，Island、Archipelago等电子交易系统向散户投资者开放。

1975年，美国国会通过了《1975年证券交易法修正案》，对市场产生了深远影响。该修正案明确提出了另类交易系统（Alternative Trading System，简写为ATS）的概念[1]，并在此基础上提出了全国市场系统（National Market System，简写为NMS）的构想。NMS由全国性

---

[1] 另类交易系统区别于《1934年证券交易法》所定义的全国性交易所，它在证券交易商的自律组织——美国全国证券交易商协会（后改为金融业监管局）注册并接受自律监管机构的监管。根据全国市场系统法的定义，ECN和ATS是自动撮合的电子交易系统，ECN向美国证监会注册成为证券经纪商并按照ATS监管。机构投资者和证券交易商直接与ECN交易，而个人投资者则通过证券交易商交易。ECN通过要求其做市商遵守美国证监会的报价规则，将其最佳的买卖报价传送到在全国证券交易所或者向全市场发布。https://www.sec.gov/divisions/marketreg/mrecn.shtm。

交易所、另类交易系统以及证券交易商的内部撮合系统组成。这三类交易市场称为交易场所（Trading Venue），都要遵守 NMS 的相关规则。对于这三类交易场所，监管制度是不同的，交易所仍然在美国证监会注册并接受其监管，后两类交易场所在 1975 年之后由美国全国证券交易商协会（NASD）进行自律监管。

  另类交易场所的兴起，极大地改变了美国股票市场的结构。根据 2013 年美国证监会在《股票市场结构的概念发布》中的数据，2010 年，纽约交易所的上市公司的股票交易约 20% 左右在纽约交易所达成，80% 左右在其他交易场所完成，股票交易呈现碎片化问题。到 2021 年底，美国共有 24 家全国性交易所①，48 家在金融业监管局注册的另类交易系统和几十家证券交易商的内部撮合系统。美国股票市场宏观结构出现了严重的碎片化，在这样的市场中，证券交易商要在几十家交易场所发布的信息中搜寻、计算最佳执行的场所并将订单路由至该交易场所。不仅如此，场外交易市场的透明度参差不齐，例如，不披露

---

① BOX Exchange LLC (formerly BOX Options Exchange LLC); Cboe BYX Exchange, Inc. (formerly Bats BYX Exchange, Inc.; BATS Y-Exchange, Inc.); Cboe BZX Exchange, Inc. (formerly Bats BZX Exchange, Inc.; BATS Exchange, Inc.); Cboe C2 Exchange, Inc.; Cboe EDGA Exchange, Inc. (formerly Bats EDGA Exchange, Inc.; EDGA Exchange, Inc.); Cboe EDGX Exchange, Inc. (formerly Bats EDGX Exchange, Inc.; EDGX Exchange, Inc.); Cboe Exchange, Inc.; Investors Exchange LLC; Long-Term Stock Exchange, Inc.; MEMX, LLC; Miami International Securities Exchange; MIAX Emerald, LLC; MIAX PEARL, LLC; Nasdaq BX, Inc. (formerly NASDAQ OMX BX, Inc.; Boston Stock Exchange); Nasdaq GEMX, LLC (formerly ISE Gemini); Nasdaq ISE, LLC (formerly International Securities Exchange, LLC); Nasdaq MRX, LLC (formerly ISE Mercury); Nasdaq PHLX LLC (formerly NASDAQ OMX PHLX, LLC; Philadelphia Stock Exchange); The Nasdaq Stock Market; New York Stock Exchange LLC; NYSE Arca, Inc.; NYSE Chicago, Inc. (formerly Chicago Stock Exchange); NYSE American LLC (formerly NYSE MKT LLC, NYSE Amex, NYSE Alternet US, and the American Stock Exchange); NYSE National, Inc. (formerly National Stock Exchange, Inc.). www.sec.gov/fast-answers/divisionsmarketregmrexchangesshtml.html; https://www.finra.org/filing-reporting/otc-transparency/ats-equity-firms。

交易前信息的暗池（Dark Pool）市场，其透明度就显著较低。碎片化带来了一系列的问题，它不仅影响市场透明度、效率和交易成本，也给订单的最佳执行以及交易行为的监管与执法带来了极大的挑战。碎片化问题，不仅在美国的股票市场存在，在欧盟的证券市场同样存在。21 世纪以来，欧盟各成员国的另类交易场所也在兴起，被称为多边交易设施（Multilateral Trading Facility，简写为 MTF）。

4.1.2 中国的证券交易所

1990 年，上海、深圳两个证券交易所经当时的金融监管部门——中国人民银行批准正式建立，标志着中国资本市场的正式建立。

1990 年至 1996 年，沪深交易所接受当地政府管理。这一时期，除了上海、深圳，各地政府也批准建立了多个地方股票或证券交易市场，资本市场结构呈现交易所与场外交易市场并存的局面，经证监会核准公开发行的股票在沪深交易所上市交易；其他证券，包括国债、企业债以及企业自行发行的股票等，则在场外市场交易，如股权交易所（中心）、证券交易中心和证券交易自动报价系统等。这些交易场所名称不一、业务规则不健全，有的还开展股权类证券的场外非法交易活动，违反了《中华人民共和国公司法》《股票发行与交易管理暂行条例》和国务院的有关规定，扰乱了证券市场的正常秩序，隐藏着很大的金融风险。鉴于这些场外交易场所存在的诸多问题，1997 年，全国金融会议决定清理这些场外交易场所。1998 年 3 月，《国务院办公厅转发证监会关于清理整顿场外非法股票交易方案的通知》出台，由证监会组织对各类证券交易中心和报价系统的清理。这次清理整顿关闭了股票的场外交易，有效打击了非法股票发行和交易活动，也彻底改变了股票交易市场的宏观结构，形成了上海、深圳两家证券交易所的格局。

1996 年，沪深交易所的监管权划归证监会，实现了对证券交易所的集中统一监管。证券交易所的设立、主要业务规则的制定和修改、上市新交易品种、交易所高管人员的任命，都由中国证监会负责。1998年，《中华人民共和国证券法》（简称《中国证券法》）发布并实施。该法规定，"经依法核准的上市交易的股票、公司债券及其他证券，应当在证券交易所挂牌交易"，场外交易是被禁止的。《中国证券法》还对证券交易所的交易方式作出了规定，"证券在证券交易所挂牌交易，应当采用公开的集中竞价交易方式。证券交易的集中竞价应当实行价格优先、时间优先的原则"。

2000年，为促进科技型企业的融资，筹备创业板，监管部门对沪深两所的定位进行了区分，上交所主要服务蓝筹股企业，深交所重点服务科技新兴企业。为此，自2000年9月开始，深交所的主板市场停止了新股上市。2002年提出相关建议后，经过一系列筹备工作，深交所"建立中小板块，分步推进创业板建设"的建议获得国务院同意，2004年5月在深交所设立"中小企业板块"，重启了新股发行与上市。"中小企业板块"将符合主板发行上市条件但规模相对较小的企业，集中到深交所上市，上市和交易制度基本维持主板的规定。从此，上交所与深交所首次形成了较为明确的功能区分，即大型蓝筹股企业在上交所上市，而规模较小的企业在深交所的中小企业板块上市。

2009年10月，深交所正式启动创业板市场，证监会也在同年3月份发布了《首次公开发行股票并在创业板上市管理暂行办法》。创业板不仅有单独的审核"通道"和发行审核委员会，还明确了两套低于主板市场的公开发行和上市的财务指标。创业板的建立，形成了深交所内部主板（中小板块）和创业板两个市场的格局，直到2021年深圳交易所中小企业板与主板合并。

2018年11月，中国证监会宣布在上交所设立科创板并试点注册制。2019年7月，科创板正式开市。科创板建立了五套发行和上市的标准，为大量新兴科创型企业，尤其是未盈利企业提供了上市渠道。

2020年，创业板注册制实施，也调整了创业板的上市标准。

2013年，在"平移"中关村试点的制度和既有挂牌公司基础上，全国中小企业股份转让系统（简称股转系统）建立。2020年，股转系统设立了为小型公司公开发行提供交易服务的精选层。2021年9月，精选层平移建立北京证券交易所，它以"更早、更小、更新"的企业为服务对象，形成了中国沪、深、北三个交易所以及交易所内部分层的中国资本市场宏观结构。

4.2 证券交易所与其他自律组织

证券交易所最早是由证券交易商组建的证券交易组织。为了维护自身和行业的声誉，交易所要对会员和上市公司进行自律监管，成为维护市场秩序和防范市场失灵的重要力量。无论是在证券市场，还是在其他金融市场，自律组织都是维护市场秩序的重要力量，是行政监管的重要补充，证券交易所也不例外。

4.2.1 证券交易所及其他自律组织

为了规范证券交易活动，1792年，纽约证券交易所成立时签订了《梧桐树协议》，建立了会员制的组织形式和对会员的自律监管制度。美国《1934年证券交易法》保留和明确了证券交易所和美国全国证券交易商协会自律组织的地位，交易所负有督促和保证会员、上市公司遵守相关规则，维护证券交易的公平、公开、公正，防范欺诈和操纵等行为的职责。

与政府机构的行政监管相比，自律监管具有以下五个优势：（1）更加激励兼容。出于维护行业自身利益，业界会主动规范市场行为，能较好地平衡收益与成本，避免不必要的监管成本，也可降低监管套利。（2）及时性和有效性。自律组织对市场变化感知敏锐，能及时梳理行业业务模式，制定和实施自律规则，可灵活、迅速地应对市场变化，弥补行政监管的滞后性。(3) 实施机制更灵活。自律监管基于合同、规则而非国家立法,在对市场参与者的进入管理、业务规则制定等方面更具灵活性,还能协调成员间的交易、结算争议或进行仲裁。(4) 适应市场创新的需要。自律组织能为市场创新营造宽松有弹性的环境,如美国全国证券交易商协会规制下发展起来的另类交易市场及纳斯达克市场,推动了美国高新技术和新经济的发展。(5) 推广行业合规文化,降低监管成本。自律组织与行业机构等关系密切,可在法律和行政规定外提出执业道德标准,促进行业自律,保护消费者利益,有利于在行业内建立和普及合规文化。

《中国证券法》规定,证券业协会是证券业的自律性组织,是社会团体法人。证券公司应当加入证券业协会。证券业协会的职责包括:教育和组织会员及其从业人员遵守证券法律、行政法规;依法维护会员的合法权益;制定和实施证券行业自律规则,监督、检查会员及其从业人员行为,对违反法律法规、自律规则或者协会章程的,给予纪律处分或者实施其他自律管理措施;对会员之间、会员与客户之间发生的证券业务纠纷进行调解。

4.2.2 证券交易所的自律监管职能

证券交易所为证券交易提供场地设施并制定规则,是证券交易行为监管的"第一道防线",也是规范上市公司信息披露的一支重要力量。维护证券交易的公平、公正、公开,一直是证券交易所重要的自律监管职责。证券交易所的监管主要包括三点。其一是对上市公司的监管。公开发行的证券在证券交易所上市,发行人要与交易所签订上市协议,并承诺遵守交易所的上市规则。这既包含法律法规对上市公司及其信息披露义务人的信息披露要求,还包括对上市公司的公司治理更高的要求。其二是对交易行为的监管。交易所要建立实时交易监控系统,及时发现、制止操纵、内幕交易等违法交易行为。即使政府的行政监管制度建立后，防范交易中的违法行为，仍然要依靠交易所的实时交易监控。其三是对会员，即参与交易的证券交易商的行为监管。

《中国证券法》规定，证券交易所履行自律管理职能，应当遵守社会公共利益优先原则，维护市场的公平、有序、透明。对交易行为进行实时监控是法律赋予交易所的自律监管职能之一。《中国证券法》规定，证券交易所对证券交易实行实时监控，并按照中国证监会的要求，对异常的交易情况提出报告。交易所在对交易活动进行实时监控的过程中，如果发现异常交易，就可以启动自律监管程序或报告监管机构启动调查。《中国证券法》还规定，证券交易所应当加强对证券交易的风险监测，对出现重大异常交易情况的，可以按照业务规则采取限制交易、强制停牌等处置措施。为切实履行交易行为监管职能，交易所还制定了异常交易实时监控细则，对于虚假申报、拉抬打压股价等异常交易行为，结合申报数量、交易规模、价格波动等因素进行定性与定量分析，以认定投资者异常交易行为。

在美国，自20世纪90年代末起，交易所的公司化浪潮兴起，许多交易所从非盈利的会员制转变为公司制并上市。交易所完成公司制改造、以盈利为经营目标后，可能面临盈利目标与自律监管职能履行的冲突问题。2006年，纽约证券交易所完成公司制改制并上市，纳斯达克也注册为全国性交易所并上市。为防范利益冲突，美国对自律组织进行了调整，将交易所监控交易的自律监管职能剥离，移交给新成立的金融业监管局。作为行业自律组织，金融业监管局负责证券交易商和另类交易平台的监管，并接受美国证监会监管。《萨班斯-奥克斯利法案》和《多德-弗兰克法案》在公司财务审计、高管薪酬披露等方面，削弱了交易所对上市公司治理的自律监管职责。

目前，全球主要交易所虽已改制为非会员制组织形式，对于直接进入交易所交易的证券交易商和其他机构，仍设有"进入"资格要求并实施行为管理。这与第十二章将讨论的"交易后"服务机构，即清算和结算机构的"进入"资格管理，共同构成保证市场交易和结算持续运行的制度基础。

在金融自由化和全球化浪潮下，证券及衍生品的二级市场监管面临更大挑战。市场操纵可跨市场进行，例如，操纵者操纵股票价格，进而通过该股票期权、期货等衍生品随之产生的价格波动获利。因此，需要建立跨市场的交易监控机制和联合执法机制，监管机构、证券和衍生品交易所要实现信息充分共享，以保证执法的有效性。

4.3 对证券交易所的监管

证券交易所是证券交易的组织者。作为一种商业组织，它与银行和保险公司一样，都面临信用风险、操作风险、法律风险等。对交易所进行监管，除了保证其财务稳健和运行可靠，更重要的是确保其有效履行自律监管职责，有效维护证券交易市场的秩序。国际证监会组织《证券监管目标与原则》第九类"二级市场及其他市场原则"要求，设立交易系统（包括证券交易所）须获得监管部门授权并接受其监督。

4.3.1 准入监管

与其他金融机构一样，交易所的设立或注册也有严格的准入制度。申请人需达到资本、人员、场所和设施等各方面的要求，以保证交易所可以稳定持续地提供交易服务。与其他金融机构不同，对于交易所的监管，监管机构更要关注交易市场的公平、公正、公开，对交易所基本的业务规则的审批和实施情况的监管，是交易所准入和持续监管的重点。如果交易所提供结算、登记等交易后服务，还要建立相应的风险管理制度和风险准备制度等，这将在第十二章讨论。

4.3.2 业务规则和上市品种的监管

业务规则的监管。交易所中需要监管机构批准并监督执行情况的制度主要包括三个方面。一是交易规则，通常需要规定直接参与交易的会员的交易权限、交易时间、交易达成的一般规则、投资者委托和申报的规范等内容。交易所的连续交易主要有报价驱动和订单驱动两种成交机制。交易规则要明确订单执行原则和处理程序，这是保证对市场参与者公平对待的最主要制度。这些规则和程序均需要向市场参与者清楚说明并披露，必须保证所有的订单得到公平的执行。作为交易所会员的证券经纪商，需要遵守客户优先原则和最佳执行原则（Best Execution），禁止抢跑道、抢帽子等不正当行为。二是会员规则。传统上，证券交易所是会员制组织，只有会员才能进入交易所交易，这就要求会员遵守自律规则。随着交易所的公司化和自动化交易普及，非会员也可以直接参与交易所的交易，交易所的自律监管也就需要涵盖所有直接参与者。对于交易所参与者的监管，包括直接进场交易的会员资格及行为规范，特别是证券经纪商，它们代理客户进场交易，不仅需要对证券经纪商的行为进行监管，而且还要求证券经纪商对其客户的行为进行监督。三是上市规则。公司公开发行证券后，这些证券要在交易所上市交易。交易所要与公司签订上市协议，并要求上市公司遵守上市规则。上市规则规定了公司上市的条件和上市后需要遵守的规则以及应履行的义务。

为了保证市场交易的公平公开和市场秩序，交易所在提出设立申请时，不仅与其他金融机构一样，需要有充足的资本、合格的人员和可靠的设施，更需要有完备的业务规则体系。不仅如此，交易所成立后，其主要业务规则的修改，也要报监管机构批准。交易所的所有业务规则和细则，都要向市场参与者予以说明和披露，且公平地适用于所有参与者。

证监会对交易所的日常监管主要是检查业务规则的执行情况。在证券监管法律法规和证监会的部门规章修改之后，交易所需要相应修改其业务规则。例如，2002年，为应对一系列财务丑闻，加强上市公司监管，美国颁布了《萨班斯-奥克斯利法案》。为此，纽交所和纳斯达克都需要按照该法修改上市规则。

上市品种的监管。交易所的上市品种需要注册或批准。上市品种的设计原则和交易规则是确保市场具备公平、有序、高效、透明特质以及良好流动性的重要因素。在交易所交易的产品，要求市场参与者按时交付资金或证券，或保有足额的抵押品，同时产品本身应包含结算和交收等安排，这将在第十二章讨论。而对交易产品适当的附带条款和条件要求，有利于降低产品被市场滥用、操纵的可能性。因此，拟在交易所上市交易的新产品，应向监管机构报告并获得批准。中国证监会对交易所上市的新交易品种进行审核，要求产品设计的原则及交易条件能够确保市场公平有效透明。

4.3.3 发布信息的监管

如前文讨论，信息在瓦尔拉斯市场中的重要作用，市场出清价格是市场参与者博弈的结果，参与者依据成交价格、成交量及订单信息等实时行情调整交易策略，这是市场持续形成价格的基础。因此，交易所及时发布实时行情信息，以保证市场效率和透明度。市场透明度可由交易信息（包括交易前信息和交易后信息）实时公开的程度来衡量。在公开透明的市场上，操纵或其他不公平交易行为也能得到较为有效的抑制。监管机构要求交易所建立并切实执行交易信息发布制度，保证市场参与者都能公平获取交易信息。

对于报单驱动（order-driven）的交易系统，交易所通常会发布与交易前透明度相关的订单信息，包括：（1）订单价格，即市场参与者愿意买入或卖出证券的价格；（2）订单数量，即订单所涉及证券的股数或单位，表明投资者打算进行的交易数量；（3）订单类型，如市价单、限价单、止损单等，交易所会披露订单类型；（4）下单时间，即订单提交至交易所的确切时间。

对于报价驱动（quote-driven）的交易，发布信息包括：（1）买入和卖出报价，即做市商提供愿意买入和卖出证券的价格；（2）报价数量，即做市商愿意以报价买入或卖出的证券数量；（3）做市商身份，即交易所可能披露提供报价的做市商身份；（4）报价更新频率，即关于报价更新频率的信息。有些市场实时更新报价，有些则稍有延迟，影响交易者获取最新定价信息的速度。

目前，全球很多重要的交易所，其信息服务收入已占总收入的相当比例，它们向市场参与者提供不同等级的信息产品，这些产品在信息内容和更新时间上存在差别。而获取信息的差别待遇会导致投资者在交易机会和决策方面产生差异，进而使交易公平性受到侵蚀，这是信息监管面临的新挑战。

4.3.4　对交易所履行自律监管职责的监管

自律组织在维护市场秩序和保护投资者利益方面发挥着重要作用，监管机构也对交易所以及其他行业自律组织履行自律监管职责的情况进行监督。在建立自律组织和授权其履行监管职能时，立法或监管机构要对自律组织履行自律监管职责的能力和保障机制进行考察。监管机构要持续监管自律组织履行自律监管职能的情况，从其履职之初就开始监管，以保证其行使职权合法合规，符合公众利益，也督促自律组织及其成员和相关人员遵守法律、法规和规则。

自律组织应以公平和一致的方式对待所有成员和成员资格的申请者，要制定保证公共目标实现的制度和标准。这些制度和标准要提交给监管机构审查或批准。自律组织应有效执行自律规则，并对违规行为实施适当的制裁。在自律组织因权力不足或利益冲突无法实现自律监管目标时，监管机构应接手自律组织相应的事项。监管机构需要从对自律组织的监管和其提供的信息中及早发现问题并做出处理。

自律组织在履行职责时同样面临利益冲突，不仅可能影响职责履行，还可能损害公众利益。这就要求自律组织建立防范利益冲突的机制。自律组织的工作人员也是受监管的对象，他们在监管和实施自律惩戒措施时，既要防范利益冲突和公平执行规则，也要防范监管俘获。自律组织在履行职责时，可能会知悉行业机构的信息或商业机密，它们同样负有保密义务。

自律监管作为政府监管的补充，需要弥合监管空白。因此，为加强对自律组织的监督，应增强自律组织和监管机构之间的合作与协调，避免重复监管。

《中国证券法》规定，证券交易所履行自律管理职能，应当遵守社会公共利益优先原则，维护市场的公平、有序、透明。对于违反业务规则的证券交易商、上市公司和投资者，由证券交易所给予纪律处分或者采取其他自律管理措施。

4.3.5 对交易所的现场检查

与其他金融机构一样，监管机构也要对交易所进行现场检查。现场检查重点关注四个方面的问题。（1）合规性。核查交易、上市等规则是否符合法律法规及监管要求，执行是否严格统一；关注交易活动是否有序，有无异常交易、操纵或内幕交易；审查上市公司管理，含上市申请审核与信息披露监管。（2）风险管理。评估风险管理体系，涵盖市场、信用和操作风险，查看风险预警与应急措施是否健全。（3）信息披露。保证交易所对市场、交易及上市公司信息披露及时、准确、完整，维护市场透明度与投资者权益。（4）内部控制与治理。查看内部控制体系和治理结构，确保职责明确、制衡有效，管理决策科学民主。

现场检查的主要内容和程序，以美国证监会（SEC）对证券交易所的现场检查为例，主要包括以下内容。

一是文件审查。这是 SEC 对证券交易所监管的重要环节，涵盖：（1）交易规则相关：查阅交易规则手册，确保其符合联邦证券法和 SEC 法规，包含订单下达、执行和价格确定规则，保障公平透明；检查修订记录，看交易所通知市场参与者程序是否合规，变更是否符合监管要求；审查指导性文件，保证其与规则一致，无歧义漏洞。（2）会员管理：审核会员申请记录，查看交易所审查程序是否恰当，会员是否满足财务、运营和道德标准；审查会员行为管理规则和纪律处分记录，确保规则统一执行，违规处理得当；检查会员报告义务相关文件，核实信息准确性与及时性，以及交易所监督是否到位。（3）交易数据：分析交易执行记录，排查异常交易模式和潜在市场操纵；审查订单簿，查看是否存在订单失衡、前期交易等违规行为；检查清算和结算记录，保障证券和资金顺利转移，识别结算风险。（4）财务状况：审查财务报表，评估交易所财务健康和稳定性，检查会计实务；审查费用结构，保证费用合理、披露恰当，查看收入报告有无异常；核查外部审计报告，验证财务信息准确性，查看审计结果处理情况。（5）内控与风险：检查内部控制手册，了解资产保护、数据完整性保障和防欺诈政策；审查风险管理文件，评估风险管理框架有效性；查看业务连续性和灾难恢复计划，确保在突发干扰时能快速恢复运营。

二是访谈。SEC 现场检查时的访谈，步骤和要点如下。（1）准备阶段：明确目的和范围，确定调查交易所运营中与潜在违规行为、风险管理有效性、决策过程等相关的方面和人员；研究相关信息，SEC 审查员查阅交易数据、财务报表等各类与交易所相关的文件，全面了解运营情况，明确关键问题与关注领域；选择受访者，从高级管理人员、交易大厅经理、合规官和系统管理员等合适人员中挑选。（2）开场介绍：访谈开始，SEC 检查员介绍自身及访谈目的，说明重要性和法律依据，获取受访者配合。（3）有序提问：以结构化方式提问，涵盖业务流程、风险管理、内控、决策机制及合规性等，如交易暂停、市场操纵处理、利益冲突管理等，力求精准深入。（4）追问澄清：针对不明确或不完整回答，审查员追问细节，要求提供具体示例或案例研究。（5）记录信息：仔细倾听并详细记录，经同意可使用录音设备，保证信息准确全面。（6）保持公正：保持客观中立，避免诱导性、偏见性问题，平等对待受访者，让其充分表达。（7）后续工作：访谈结束后，总结分析信息，与前期数据文件对比，排查不一致和潜在问题。必要时进一步核实、交叉引用或约谈他人，确认信息准确性。将访谈过程和结果记录在详细报告中，含问题、回答、分析及结论。

三是系统检查。SEC主要从以下方面展开。（1）交易系统：查看订单传递，确保订单能及时、准确地被传至相应场所或做市商；评估执行速度和准确性，保证交易按时按正确价格完成；检查断路器和其他风险控制机制的有效性，防范极端波动和系统故障。（2）风险管理系统：核查保证金要求，确保投资者抵押品充足以降低违约风险；审查市场风险评估模型与方法，监控市场波动等风险；评估流动性风险管理措施，保障市场有足够流动性。（3）监控系统：关注交易所对异常交易模式的监控能力，如识别内幕交易等；检查订单簿监控情况，分析订单流，排查异常下单和撤单行为。（4）规则与报告：确认交易所遵守监管报告要求，按时提交准确的交易活动等报告；评估规则执行情况，确保上市公司和参与者遵守各项监管义务；审查上市标准和程序，保证符合条件公司上市且标准合规；检查披露和报告的准确性与及时性，提供透明、全面信息。（5）网络安全与数据保护：审查网络安全措施，如防火墙等，评估抵御网络威胁能力；检查敏感数据管理，包括访问控制、备份恢复及数据保留政策。（6）事故响应计划：查看交易所针对网络事故和数据泄露的事故响应计划，确保包含通知、止损和恢复运营等程序。

第五节　证券执法

证券监管执法的目的在于预防和惩治欺诈、操纵市场、内幕交易等违法违规行为，维护证券市场的公平、高效与透明，切实保护投资者的合法权益。证券监管机构制定并执行适用于包括证券交易所、证券交易商等在内的所有市场参与者的行为规范，通过对证券市场违法违规行为展开调查、实施处罚，对潜在违法者形成威慑。本节讨论证券执法重点针对的欺诈、操纵市场、内幕交易三类违反证券法律法规的行为。

5.1　证券执法及主要的惩戒措施

IOSCO《证券监管目标与原则》的原则11强调，监管机构应当具备全面执法的权力。应赋予证券监管机构全面的调查和执法权力，包括获取数据、信息等监管和调查权力，确保权力得到遵守的命令下达权，暂停证券交易等行动权力，以及达成可强制执行和解及接受具有约束力承诺的权力，且这些执法权力不应损害私人诉讼权。

追究违法违规行为责任，可通过证券监管机构的证券执法、司法机关的刑事追诉和证券民事诉讼等方式进行。证券执法的主要措施有：惩戒罚、资格罚/行为罚、财产罚，目标在于威慑潜在违法者，告诫和教育市场参与者守法，同时体现预见性、救济性和预防违法的功能。

各国证券监管机构积极打击违法行为。中国证监会依据《中国证券法》拥有调查取证、限制交易、行政处罚、责令改正、监管谈话、冻结查封、市场禁入等权力。美国证券交易委员会依据《1933年证券法》和《1934年证券交易法》拥有广泛的执法权，可进行调查与执法、民事诉讼、行政诉讼。同时，各国证券监管机构借助大数据分析、人工智能和自动化监控系统等先进技术手段，对市场交易行为进行实时监控，构建"穿透式"线索筛查体系，精准识别异常交易行为。除此之外，还设立举报奖励制度，如美国在《多德-弗兰克法案》中允许举报人对罚金"分成"，最高可获罚款金额10%的奖励，《中国证券法》第176条也规定对查实的实名举报线索给予举报人奖励。

在监控层面，各大交易所的实时检查系统如同证券市场的"智能卫士"。这些系统运用复杂算法，每秒能够处理海量交易数据，实时捕捉价格、交易量等关键指标的异常波动。例如，交易所可以建立算法模型，对每一笔交易进行毫秒级分析，一旦发现交易价格短时间内异常跳涨或交易量突然暴增等情况，便立即发出预警信号。同时，机器学习技术深度应用于交易数据分析，通过对历史数据的深度学习，建立起复杂的交易行为模式库，精准识别诸如洗售操纵、拉抬打压等常见的操纵规律。此外，现货、期货等不同市场机构之间的跨市场监控协作日益紧密，它们通过建立统一的数据共享平台和联合监控机制，有效识别跨市场的协调操纵方案。例如，不法分子企图在现货市场大量买入股票，同时在期货市场反向操作以操纵市场获利，跨市场监控体系可以及时发现并阻止这类行为。

一旦监察系统捕捉到可疑线索，监管机构迅速启动全面深入的调查程序。数据收集分析团队运用专业的数据挖掘工具，对海量交易数据深度剖析，梳理出与可疑线索相关的交易链条和关键节点，为后续调查提供有力的数据支撑。同时，现场检查小组奔赴相关机构和交易场所，与主要市场参与者面对面访谈，获取第一手资料，从交易执行细节、人员沟通情况等方面寻找违规证据。此外，监管机构积极与其他金融监管部门、司法机关以及国际监管组织广泛合作，共享情报信息。监管机构通过建立定期的信息交流会议和联合执法行动机制，有效整合各方资源，共同打击跨境、跨领域的证券市场违规行为，形成全方位、无死角的监管合力。

《中国证券法》赋予投资者通过民事诉讼获得赔偿的权利，建立起证券执法与投资者之间的直接联系，这不仅增强了投资者对证券市场的信心，也促使市场主体加强对发行人及其他主体违法行为的监督，积极向执法部门举报和提供线索。投资者可通过诉讼机制获得救济。美国的集团诉讼机制为众多分散的投资者提供了集中维权的有效途径。当证券市场出现违法行为损害众多投资者利益时，只要一位或几位投资者符合一定条件，就可代表全体投资受害者提起诉讼。在诉讼过程中，律师事务所通常采用风险代理模式，即胜诉并获得赔偿后才收取一定比例的费用，这大大降低了投资者的维权成本。而且，一旦诉讼成功，赔偿金额将按一定规则分配给全体投资受害者，有效加大违法者的违法成本。在中国，证券纠纷代表人诉讼机制同样发挥着重要作用。它分为普通代表人诉讼和特别代表人诉讼。普通代表人诉讼由投资者推选代表人进行诉讼，特别代表人诉讼则是在投资者保护机构的支持下，由其作为诉讼代表人参与诉讼。这种机制充分发挥投资者保护机构的专业优势和组织协调能力，高效整合投资者诉求，推动诉讼进程，切实维护投资者的合法权益。为更加及时地发现违法行为，提高监管和执法效率，监管者采用经济手段，激励市场主体和投资者积极提供相关线索。

随着证券市场的国际化发展，跨境证券交易日益频繁，然而这也带来了诸多执法难题。由于跨境证券交易涉及多个国家的法律和监管机构，适用法律以及执法主体的确定往往并不清晰。以涉及跨国公司的证券欺诈案件为例，其中可能牵扯多个国家的投资者、证券发行地以及多个国际交易所，情况错综复杂。而且，不同国家在法律体系、证券法规、信息披露要求以及反洗钱规定等方面存在显著差异，这无疑进一步加剧了跨境执法的复杂性。

为有效应对这些挑战，国际证券监管机构积极通过多边和双边协议强化合作，具体措施如下：多边谅解备忘录（MMoU）。2002年，国际证监会组织制定了多边谅解备忘录，为各监管辖区证券监管机构之间的信息共享协议提供了标准化模板，有力推动了监管信息在国际间的顺畅交流；双边协议，主要监管辖区的监管当局都签订双边协议，促进执法合作。中国证监会积极与几十个监管辖区的监管机构签订双边谅解备忘录，增强双方在跨境执法过程中的沟通与协作，促进了跨境执法合作的深入开展；互助条约（MLATs）允许各国在跨境调查中向外国请求获取证据，为跨境调查提供了关键的证据支持，解决了跨境调查中证据收集的难题。

5.2 反欺诈执法

欺诈行为严重威胁资本市场的稳定性与公平性。近年来，数字资产、网络交易和人工智能领域的欺诈活动呈上升趋势，这已成为部分监管辖区反欺诈执法工作面临的新课题。

根据《1933年证券法》，违反该法的欺诈行为包括：（1）未注册或未披露：未进行适当注册就发行或出售证券，除非符合豁免条件；（2）欺诈性虚假陈述：提供与证券销售相关的虚假或误导性信息；（3）遗漏重要事实：未披露可能影响投资者决策的重要事实。《1934年证券交易法》所禁止的欺诈行为包括第10（b）条是全面禁止欺诈的条款①，第15（c）（1）条规定了证券交易中可能涉及的欺骗或操纵行为，尤其是与经纪交易商出售证券相关的行为。如虚假陈述或遗漏：在证券交易相关活动里，故意提供虚假信息，或者隐瞒对投资者

---

① 根据《1934年证券交易法》第10（b）（5）条的规定，主要的违规行为包括：（1）欺诈行为：使用任何手段、计划或技巧欺骗投资者，从事任何欺诈或欺骗行为，或对任何证券买卖相关人士有所遗漏。（2）虚假陈述和遗漏：对重要事实进行虚假陈述，或遗漏重要事实，以避免陈述产生误导。（3）内幕交易：利用职务或关系获得的非公开重要信息（MNPI）进行证券交易。（4）市场操纵：从事人为影响证券价格或交易量的行为，例如虚假销售、匹配订单或集中操作。散布虚假谣言或使用操纵手段影响市场价格。（5）滥用保密信息：将非业务场合获得的保密信息用于交易目的，这属于挪用理论的范畴。

决策有重大影响的事实；不当使用客户资金或证券：经纪交易商未经客户合法授权，擅自挪用、不合理使用客户委托的资金或证券；操纵交易行为：通过洗售、对敲等不正当手段，人为制造证券交易活跃假象，影响证券价格或交易量，扰乱正常市场秩序。① 该条款针对场外交易（OTC）市场和经纪交易商欺诈、操纵行为作出规定，旨在保护投资者免受监管相对宽松的场外交易市场中欺骗行为的侵害，维护场外交易市场的健康有序发展。

美国《1933 年证券法》第 11 条和第 12 条对投资者保护意义重大。第 11 条针对注册声明，对发行人、承销商等准备或签署者规定严格责任，投资者因其中不实陈述或遗漏受损起诉，无须证明故意或依赖，可追回购买价与诉讼时证券价值差额。第 12（a）（2）条针对招股说明书或口头沟通，投资者能证明不知情且陈述或遗漏具实质性可起诉，低价售卖证券时可撤销交易或获赔偿。这两条在适用范围、责任要求、被告范围上有别，为投资者提供法律追索权。

《中国证券法》以及世界各国的证券市场法律法规均设有反欺诈规定。所有证券交易都要遵循该规定，即在证券的注册、发行文件以及持续信息披露过程中，不得存在虚假陈述、重大遗漏和误导性表述。

---

① 这些活动主要包括以下六点。(1) 虚假陈述或遗漏：在证券销售中，做出虚假陈述或遗漏重要事实，从而误导投资者。如经纪交易商可能声称某证券有抵押品支持，而实际上并非如此，或者未能披露与某项投资相关的重大风险。(2) 不当使用客户资金或证券：从事涉及不当使用客户资金或证券的活动，例如未经适当授权的抵押（将客户证券作为贷款抵押品）。(3) 操纵交易行为：从事旨在操纵证券价格或交易量的交易活动，例如虚假销售（买卖证券以制造活跃交易假象，但不改变所有权）或匹配订单（通过安排交易来操纵价格）。(4) 未保存准确记录：未保存证券交易的准确记录，而保存准确记录是确保交易透明度和防止欺诈行为所必需的。(5) 不当收费安排：向客户收取过高或未披露的费用，特别是在共同基金或投资咨询合同中。(6) 违反 15（c）流程：这包括共同基金董事会未能履行更新投资咨询合同或批准费用安排的流程，而董事会必须确保投资者获得准确、完整的信息。如在续签投资咨询合同或批准费用安排时未遵循适当程序，这可能导致利益冲突或投资者资金管理不善。

发行人应对所发售证券或发售文件中的虚假或误导性陈述承担责任。政府机构借助刑事、民事和行政诉讼程序来执行证券法。投资者和市场主体同样可依据证券法对相关责任人提起诉讼。《中华人民共和国刑法》第一百六十条规定了"欺诈发行股票、债券罪"，即在招股说明书、认股书、公司、企业债券募集办法等发行文件中隐瞒重要事实或者编造重大虚假内容，发行股票或者公司、企业债券、存托凭证或者国务院依法认定的其他证券，数额巨大、后果严重或者有其他严重情节的，将依法追究刑事责任。

5.3 反操纵

市场操纵是指操纵人利用资金、信息等优势，通过不正当手段操纵或影响市场价格、成交量，或使用其他欺诈手段，诱导投资者高买低卖，谋取利益或者转嫁风险的行为。操纵价格、成交量会扰乱市场信号，影响市场的公平公正，干扰市场价格机制发挥作用，进而影响市场效率、扭曲资源配置，导致不当的财富分配效应。它对市场信心会产生影响，降低投资意愿，阻碍市场的发育和发展，并可能导致"柠檬市场"。操纵股价与欺诈存在联系。为了达到操纵股价的目的，操作者可能通过发布虚假信息（包括上市公司的信息）以及操纵成交量和成交价格来诱骗其他投资者获利。因此，在反欺诈法规中也包含一些与反操纵相关的内容。

证券市场中，操纵价格与交易量的手段花样翻新。比如常见的连续交易、对敲等主要操作手段，影响市场正常运行。伴随新技术应用，操纵者规避侦查能力不断提升，他们利用复杂算法、新型交易平台等隐藏踪迹，这给反操纵工作带来巨大挑战。监管部门需紧跟变化，创新监管方式，维护市场公平与秩序。

操纵价格与交易量的主要手段有：（1）拉高出货（Pump and Dump）和打压买入（Poop and Scoop），操纵者在社交媒体等各类信息发布渠道散布虚假或误导性信息，人为抬高（打压）股价。一旦股价飙升（下降），他们就会以人为抬高（拉低）的价格出售（买入）股票，获取不正当收益。（2）洗售（Wash Trading），操纵者同时买卖同一证券，以制造虚假交易量吸引其他投资者。（3）谎骗交易（Spoofing），操纵者无成交意图地发送虚假订单，人为制造供求假象，从而影响股价，尤其是利用高频交易算法向市场输入大量订单，然后迅速撤回。（4）抢先交易（Front-running），操纵者利用提前获知的尚未执行的订单信息，抢先进行交易，从由此产生的价格变动中获利。（5）垄断，这与其他垄断行为对价格的控制类似，操纵者通过在证券或商品市场中积累足够大的仓位，从而得以控制其价格和成交量。（6）跨市场操纵，操纵者在某一市场（例如商品市场）进行交易，并利用相关市场（例如期货市场）来影响基础资产的价格。

20世纪30年代，美国国会对1929年股市崩盘进行了调查，股票市场中充斥的操纵和内幕交易是促成证券立法和证券执法制度建立的主要原因。《1934年证券交易法》第9（a）（2）条规定，禁止通过一系列交易行为，造成实际或明显的活跃交易，或影响证券价格，以诱使他人购买或出售该证券。第10（b）条明确禁止违反美国证监会规则的行为，在证券交易中使用"任何操纵性、欺骗性手段或阴谋"。

《中国证券法》禁止任何人以下列手段操纵证券市场，影响或者意图影响证券交易价格或者证券交易量：（一）单独或者通过合谋，集中资金优势、持股优势或者利用信息优势联合或者连续买卖；（二）与他人串通，以事先约定的时间、价格和方式相互进行证券交易；（三）在自己实际控制的账户之间进行证券交易；（四）不以成交为目的，频繁或者大量申报并撤销申报；（五）利用虚假或者不确定的重大信息，诱导投资者进行证券交易；（六）对证券、发行人公开作出评价、预测或者投资建议，并进行反向证券交易；（七）利用在其他相关市场的活动操纵证券市场；（八）操纵证券市场的其他手段。

操纵证券市场行为给投资者造成损失的，应当依法承担赔偿责任。《中华人民共和国刑法》明确规定了操纵证券、期货市场罪的相关行为。在最高人民法院《关于办理操纵证券、期货市场刑事案件适用法律若干问题的解释》中还对操纵的行为进行了更详细的列举。①

5.4 反内幕交易

证券信息是投资者决策的基础，也是一种获取利益的要素。内幕信息是公司尚未公开发布的、但会对公司的股价产生重要影响的信息。

内幕交易是指内幕人士或其他获取内幕信息的人员以获取利益或减少损失为目的，自己或建议他人利用该信息进行证券交易的行为。内幕消息交易人利用内幕消息，在"利好（利空）信息发布前"先于其他投资者买入（卖出），可以获得超额利润（规避损失）。内幕交易人的交易以其他投资者的损失为代价，导致不当财富分配效应、市场信心丧失，降低市场效率。

世界上对内幕交易的最早定义可追溯到美国的《1934年证券交易法》，该法首次明确禁止利用重大非公开信息进行内幕交易，以防止公司高管、董事和重要股东（持有公司10%以上股权的股东）利用其获取此类信息的特权谋取私利。该法第10（b）条和第10（b）-5条禁止在证券买卖中使用任何"欺诈手段、计划或技巧"。此外，该法案第

---

① 最高人民法院《关于办理操纵证券、期货市场刑事案件适用法律若干问题的解释》中对刑法第182条做出了司法解释，指出了"以其他方法"操纵的情形，包括：利用虚假或者不确定的重大信息；通过对证券及其发行人、上市公司、期货交易标的公开作出评价、预测或者投资建议；通过策划、实施资产收购或者重组、投资新业务、股权转让、上市公司收购等虚假重大事项；通过控制发行人、上市公司信息的生成或者控制信息披露的内容、时点、节奏；不以成交为目的，频繁申报、撤单或者大额申报、撤单等行为，误导投资者作出投资决策，影响证券交易价格或者证券交易量。

16（b）条专门针对内幕人士在六个月内通过短线交易获取的利润。①

这些规定为现代内幕交易法奠定了基础，并确立了美国证监会的执法权。

反内幕交易执法中，要确认内幕交易，通常需要具备以下要素。（1）重大非公开信息，该信息必须足以影响投资者的决策，且尚未公开披露；（2）违反职责，该信息必须是通过违反信托职责或信任关系而获得的。这样，反内幕交易的规定，不仅适用于公司高管、董事和主要股东，也适用于任何利用重大非公开信息进行交易的人，包括消息来源（从内部人士处获得信息的人）甚至家庭成员。（3）使用信息，内幕交易者必须使用重大非公开信息进行交易。（4）个人利益，内幕交易者必须从交易中获得了个人利益或者规避了损失。需要注意的是，如果符合监管要求和披露规则，内幕交易可能是合法的，例如在美国，公司内部人士买卖自己公司的证券并向监管机构报告交易情况。美国《1934年证券交易法》禁止内部交易的规定较为宽泛。第10（b）条规定，"任何人通过使用州际商业或邮政的任何手段或工具，直接或间接"在购买（出售）注册或未注册证券时使用（采用）"任何操纵性、欺骗性手段或阴谋"，违反美国证券交易委员会的规则和规定，均属违法。

《中国证券法》规定，禁止证券交易内幕信息的知情人和非法获取内幕信息的人利用内幕信息从事证券交易活动。《中国证券法》对证券交易内幕信息的知情人作出了界定，包括：发行人及其董监高（上市公司董事、监事和高级管理人员），持有公司5%以上股份的股东和实际控制人及其董监高，在公司收购和业务往来获取内幕信息的

---

① 该法第16（b）条中明确提到了内幕交易，允许股票发行人收回内幕交易者的短线交易利润，即在六个月内买入和卖出股票所赚取的利润。该条款仅适用于拥有公司10%以上股票的高管、董事或股东，而且仅限于他们买卖公司股票的情况。第16（c）条还禁止内部人卖空本公司的股票。

人员及其关联人士，因职务和工作可以获取内幕信息的证券从业人员、证券监督人员等。《中国证券法》还界定了内幕信息，即涉及发行人的经营、财务或者对该发行人证券的市场价格有重大影响的尚未公开的信息。内幕信息的知情人，在内幕信息公开前，不得买卖该公司的证券或者泄露该信息，或者建议他人买卖该证券。内幕交易行为给投资者造成损失的，应当依法承担赔偿责任。《中华人民共和国刑法》对内幕交易犯罪及其处罚作出了规定。对于内幕交易行为的认定有两个要件，一是知悉证券内幕信息。公司的董事、管理层以及其他内部人员，也称"内部知情人"，是内幕消息知情人。公司的审计师、内部的管理人或其他渠道获得内幕消息的外部人士，也可能是内幕信息知情人，即"外部知情人"。内幕交易人也可能通过非法渠道获取了内幕信息，或者在内幕信息公开前与内幕人士（知晓该内幕信息的人）联络、接触、获得内幕消息。二是利用内幕消息参与了与内幕信息高度吻合的证券交易活动。内幕交易是内幕消息知情人利用内幕信息进行的交易。他们利用内幕交易获取利益或者规避损失，例如，公司对其他公司即将发起要约收购，内幕消息知情人就可能从交易被收购的股票中获利。

第十一章　集合投资计划的监管

集合投资计划（Collective Investment Schemes，简写为 CIS）是一类机构投资者。① CIS 通过发行份额将投资者分散的资金汇集起来，由独立的资产管理机构管理。2017 年，国际证监会组织发布的《证券监管目标与原则》，确定了对 CIS 的监管原则，包括两大方面：一是 CIS 的法律架构和治理结构；二是对公开募集的 CIS 进行行为监管，包括 CIS 的注册与监管，对 CIS 的管理人和托管人监管。

第一节　集合投资计划及其治理

集合投资计划，由于资产的专业管理，必然存在"所有权与控制权的分离"，也就必然存在委托代理问题，而且往往更为严重。因此，CIS 的投资者利益保护就尤为重要，这需要通过完善的法律结构和健全的 CIS 治理来实现。

1.1　集合投资计划的定义

由于世界各国法律、税收等制度存在差异，CIS 的组织形式或法

---

① 世界各国的 CIS，法律形式和名称都不同。国际证监会组织的监管原则中，统一使用了集合投资计划的名称，本章也将采用"集合投资计划"的名称。

律形式各不相同，相应地，对 CIS 相关当事人的权利义务界定，以及由此形成的治理结构也有所不同。

广义上，CIS 是以发行 CIS 份额的形式向投资者募集资金，并将资金交由专业管理机构管理的一种制度安排。资产管理人依据法律和监管规定，通过 CIS 向公众投资者出售"证券"、募集资金，持有该证券的投资者享有 CIS 份额对应的相应权利。

2005 年，OECD 在《集合投资计划治理白皮书》中对 CIS 的定义为："一类机构投资者，通过该机构投资者，个体将资金汇集在一起，聘请专业投资者进行管理。每个投资者享有该集合资产管理投资净收益相应份额的所有权。"[①] 2008 年，OECD《外国直接投资基准》中，引入了"集合投资机构"（Collective Investment Institution，简写为 CII）的概念。这是因为集合投资计划因法律制度、投资标的等不同，名称不一，例如有集合投资载体（Collective Investment Vehicle）、集合投资活动（Collective Investment Undertaking）、投资基金（Investment Fund）等。这些集合投资计划无论采用的是契约、信托、公司还是合伙型的法律形式，投资标的是金融资产还是非金融资产，都具有两方面的属性，即集合性和专业性，指将分散的资金集合起来以实现投资组合的多元化，将资产委托给专业的管理人管理。只要具备这两个属性的产品，就属于集合投资计划。第十章讨论证券定义时曾指出，以列举和概括相结合的定义，才能使相同属性的金融产品和金融活动都纳入监管。引入"集合投资机构"更利于将不同名称和法律结构的产品的共同属性概括出来，以对相同属性的金融产品实行相同的监管制度，有

---

① Organisation for Economic Co-operation and Development (2005). *White Paper on Governance of Collective Investment Schemes (CIS)*. http://www.oecd.org/finance/financial-markets/34572343.pdf. 该白皮书旨在为 OECD 国家的政策制定者和 CIS 的业者建立有效的 CIS 治理、完善 CIS 监管提供建议。市场参与者和政府部门可以按照白皮书对本国的实践和监管进行分析评估并改进 CIS 的治理。

效防范监管套利和监管竞争，这是保证监管效率和监管效力的重要基础。

1.2 中国的证券投资基金和资管产品

在中国，具有集合投资计划属性的金融产品，分别由《中华人民共和国证券投资基金法》（简称《中国证券投资基金法》），中国人民银行、银保监会、证监会和国家外汇管理局联合发布的《关于规范金融机构资产管理业务的指导意见》（以下简称《资管新规》），以及相关监管机构发布的部门规章作出规定，被统称为资管产品。

中国的集合投资计划在20世纪90年代初证券市场发展的初期开始萌芽。1997年11月，国务院证券委员会颁布了《证券投资基金管理暂行办法》，受中国证监会统一监管的证券投资基金开始正式进入市场。1998年3月，两只封闭式证券投资基金"基金开元"和"基金金泰"发行，标志着证券投资基金的正式面市。2003年，《中国证券投资基金法》获全国人民代表大会常务委员会通过。按照《中国证券投资基金法》，在证监会注册的基金管理公司可以发起设立证券投资基金，公开发行的证券投资基金要在证监会注册，并由具有基金托管资格的银行托管。

《中国证券投资基金法》没有直接定义"证券投资基金"，在总则中规定"基金管理人、基金托管人和基金份额持有人的权利、义务，依照本法在基金合同中约定。基金管理人、基金托管人依照本法和基金合同的约定，履行受托职责"，通过公开募集方式设立的基金（即公开募集基金）的基金份额持有人按其所持基金份额享受收益和承担风险。

2002年后，中国的商业银行、信托公司、证券公司、保险公司等金融机构也开始向投资者发行资产管理产品，这些产品名称各异，法律形式和监管制度也不尽相同。例如，银行发行的集合投资计划为

"理财计划";信托公司发行的为"信托计划";证券公司或其资管子公司、期货公司或其资管子公司、保险资产管理机构、公募基金公司或其子公司发行的为"资产管理计划";还有一类是不在金融监管机构注册,由投资管理机构(私募管理机构)向合格投资者发行的"私募基金"。

这些产品由其管理机构发行,起始认购金额为1万元、5万元、100万元不等。最初,大多数资管产品投资于债权类金融产品,例如在证券交易所、银行间市场发行和交易的债券以及银行存单,还有信托贷款、委托贷款等非标准化的债务工具。一些产品也投资于非上市公司的股权、房地产和大宗商品等。由于缺乏统一监管,这些资管产品存在业务发展不规范、多层嵌套、刚性兑付、规避金融监管和宏观调控等问题。

2018年,为规范金融机构的资产管理业务,对同类型的资产管理产品实行统一的监管标准,防止产品过于复杂,加剧风险跨行业、跨市场、跨区域传递,中国人民银行等四部门发布了《资管新规》。《资管新规》对"资产管理业务"进行了界定,即"银行、信托、证券、基金、期货、保险资产管理机构、金融资产投资公司等金融机构接受投资者委托,对受托的投资者财产进行投资和管理的金融服务"。资产管理产品"包括但不限于人民币或外币形式的银行非保本理财产品,资金信托,证券公司、证券公司子公司、基金管理公司、基金管理子公司、期货公司、期货公司子公司、保险资产管理机构、金融资产投资公司发行的资产管理产品等"。对于资管产品的监管在"分业经营,分业监管"的框架下进行。2018年,中国银行保险监督管理委员会成立,形成"一行两会"的监管格局,银保监会和证监会分别对所监管的金融机构的资产管理业务,以及这些金融机构发起设立的资管产品的备案或注册进行监管。2023年,国家金融监督管理总局成立,对资管产品的监管格局暂无重大变化。

1.3 税收安排对集合投资计划法律形式的影响

从集合投资计划的定义看，CIS 是将投资者分散资金汇集在一起的实体，其法律实体的组织结构与治理结构是影响投资者利益保护的关键制度安排。根据国际证监会组织发布的《证券监管目标与原则》，监管制度应解决 CIS 的法律形式和结构问题，以便投资者能够评估自身利益和权利，同时实现汇集投资者资金的实体与其他实体资产的隔离。CIS 所采取的法律形式和结构与其面临的违约或违规风险相关联，CIS 需要向投资者披露自身法律形式、结构及面临的风险。CIS 的监管制度必须确保通过法律法规、行为规则或 CIS 法律文件中的强制性约定，来防范投资者面临的这些风险。

世界各国的 CIS 采用不同的法律形式，这既受该国法律制度和监管制度影响，也受税收制度影响。CIS 是独立于其份额持有人、资产管理人和托管人的法律实体，其权益归全体份额持有人享有。若 CIS 作为法律实体需缴纳所得税，且其份额持有人同时要将从 CIS 投资获得的收益再缴纳所得税，那么 CIS 的投资者将面临双重征税问题。所以，CIS 在选择法律形式时需考虑税收问题。

1868 年，全球第一只 CIS 在英国诞生，即海外及殖民地政府信托（the Foreign and Colonial Government Trust）。它采取了信托的法律形式，即以信托作为集合投资计划的法律载体，公开向社会公众发售信托份额，并分散投资于风险相对较高的高收益外国证券。作为衡平法下的法律形式[①]，信托能保证信托财产的独立性，且不存在双重征税问题（Moffat, Bean and Dewar, 2005）。

19 世纪 90 年代初，CIS 传入美国。1893 年，第一只封闭式

---

① 衡平法，是英国自 14 世纪末开始与普通法平行发展的，适用于民事案件的一种法律。

CIS——波士顿个人财产信托（Boston Personal Property Trust）以信托法律形式在马萨诸塞州注册。1924年，全球第一只开放式基金——马萨诸塞投资者信托（Massachusetts Investors Trust）建立。这些最初的CIS都采用了信托的法律形式。1913年，美国宪法修正案生效，其中的第16条规定，联邦政府将自然人和公司法人都作为应税主体，并开征所得税。1924年，美国最高法院作出判决，开展积极经营活动的信托也应和公司一样缴纳所得税，以信托作为法律形式的CIS受到很大影响。1936年，美国国会通过《1936年税收法》（Revenue Act of 1936），赋予被动管理的共同投资公司（Mutual Investment Company）一定的特殊税收待遇。1940年，国会通过《1940年投资公司法》（Investment Company Act of 1940，以下简称《投资公司法》），对以公司形式设立的CIS做出了特殊的税收安排。根据该法，投资公司是发行股份并将集合起来的资金从事以投资和交易证券为主要业务的发行人。投资公司只要将每年90%的净投资收入分配给股东，则其分配的收入就可从公司应纳税收入中扣除。《投资公司法》的这一规定明确了投资公司的"税收中性"地位，该法进一步规定，如要享有这样的税收待遇，则投资公司需要在美国证监会注册并成为受监管的投资公司（Regulated Investment Companies，简写为RIC）。RIC虽名为受监管的投资公司，但其法律形式可以是公司、信托或合伙等。RIC要获得特殊税收待遇，需在美国证监会注册并遵守收入分配规定。相应地，RIC需要在公司治理、披露、管理运作方面遵守《投资公司法》和美国证监会的规定，并接受美国证监会的日常监管。

《中国证券投资基金法》没有明确界定证券投资基金的法律形式，但在整部法律中均采用"基金合同"的表述，由此可以理解为中国的证券投资基金以"契约"作为法律形式。财政部、国家税务总局《关于证券投资基金税收问题的通知》对证券投资基金的所得税做出如下规定：1. 对基金从证券市场中取得的收入，包括买卖股票、债券的差价收入，股票的股息、红利收入，债券的利息收入及其他收入，暂不征收企业所得税。2. 对个人投资者买卖基金单位获得的差价收入，在对个人买卖股票的差价收入未恢复征收个人所得税以前，暂不征收个人所得税；对企业投资者买卖基金单位获得的差价收入，应并入企业的应纳税所得额，征收企业所得税。

1.4 集合投资计划的法律形式与治理结构

CIS 作为法律实体开展集合性投资活动，涉及多个法律主体和多重法律关系。法律形式决定了 CIS 相关当事人的法律关系，是治理结构的基础。目前，全球 CIS 的法律形式有四种：一是"信托型 CIS"，即依据信托法设立；二是"公司型 CIS"，即依据公司法设立；三是"契约型 CIS"，即依据合同法设立；四是"合伙型 CIS"，即依据合伙制度设立。由于合伙型 CIS 并不多，因此这里主要讨论前三种法律形式的 CIS。

一是信托型集合投资计划。信托是"一种特殊的法律关系"，起源于英国。信托制度的法定所有权和受益所有权分离，是信托的独特之处。受托人（Trustee）拥有信托财产的法定所有权，而受益人则拥有信托财产的衡平法权利，即信托资产的所有权。[1] 按照信托法律制度，一个人（即委托人）将资产转移给另一个自然人或一家公司（即受托人），受托人即拥有了信托资产的法定所有权。受托人要按照委托人所设定的目的管理受托财产，即为了信托合同约定的受益人的利益

---

[1] 衡平法作为一种独立的法律体系，以补充普通法的不足而发展起来。信托制度出现在十字军东征时期。骑士们参加十字军东征，会将自己的财产交给受托人保管。财产会转到受托人名下，在骑士归来之前由受托人保管，其收益供委托人指定的家人等享用。委托人被称为"Feoffor"，接受土地的法定财产转让和管理委托的人为"Feoffee to Use"（受托人），管理土地等资产的收益则由"Cestui que Use"（受益人）使用。参见 Bray, J.（2011）. *A Student's Guide to Equity and Trust*. Cambridge：Cambridge University Press。

管理受托财产，受益人拥有财产的受益所有权。第一只信托投资基金——海外及殖民地政府信托就采取了信托的法律形式。

目前，世界上仍然有一些国家的 CIS 采用信托法律形式。其主要原因是，信托制度实现了受托财产的独立性，而且信托不是法律实体，也就不是纳税主体，可以实现税收中性。2001 年，《中华人民共和国信托法》颁布实施，明确信托"是指委托人基于对受托人的信任，将其财产权委托给受托人，由受托人按委托人的意愿以自己的名义，为受益人的利益或者特定目的，进行管理或者处分的行为"。中国的一些资产管理产品也采用信托的法律形式。

英国的单位信托（Unit Trust）是典型的信托型 CIS，法律结构如图 11.1 所示。单位信托是由受托人与管理人之间签订的信托契约，由管理人根据信托契约条款对单位信托的资产进行管理。投资者是信托财产的实益拥有人（Beneficial Owners），投资者以其持有的单位信托份额，享有相应的权益。

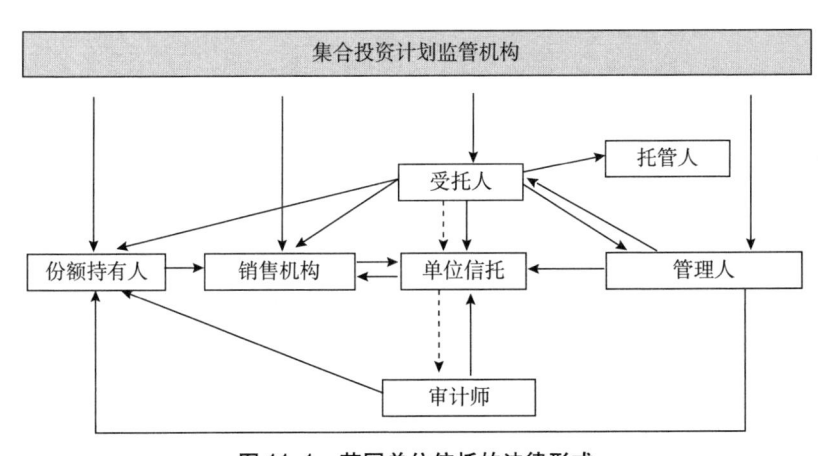

图 11.1 英国单位信托的法律形式

二是公司型集合投资计划。公司作为法人，是纳税主体。以公司作为 CIS 的法律形式就面临双重征税问题。如前面讨论到美国《1940

年投资公司法》，根据该法，在美国证监会注册的受监管的投资公司向投资者分配的收益将从应纳税所得额中扣除，从而使公司型 CIS 成为税收中性的投资管道。公司型 CIS 作为独立的公司法人，通过发行股份汇集投资者的资金，份额持有人就是公司的股东，享有股东权利。它按照《投资公司法》和公司章程，组成由独立董事占大多数的董事会，聘请投资顾问（Investment Adviser）管理资产，并监督其运营（如图 11.2 所示）。

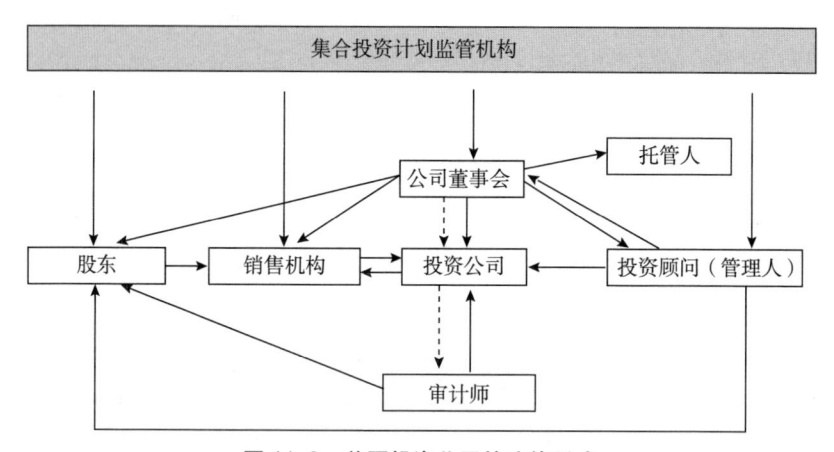

图 11.2 美国投资公司的法律形式

三是契约型集合投资计划。在一些国家，由于法律或税收制度的原因，信托型或公司型 CIS 面临一定障碍，投资者或相关机构于是选取契约型 CIS 的法律形式，该形式在合同法的框架下建立。CIS 的法律法规以及 CIS 契约，确定了投资者与管理人及相关当事人的权利义务关系。《中国证券投资基金法》第三条规定，"基金管理人、基金托管人和基金份额持有人的权利、义务，依照本法在基金合同中约定。基金管理人、基金托管人依照本法和基金合同的约定，履行受托职责"。同时，为了保证基金财产的独立性，还规定"基金财产独立于基金管理人、基金托管人的固有财产。基金管理人、基金托管人不得将基金财产归入其固有财产。基金管理人、基金托管人因基金财产的管理、运用或者其他情形而取得的财产和收益,归入基金财产"(如图 11.3 所示)。

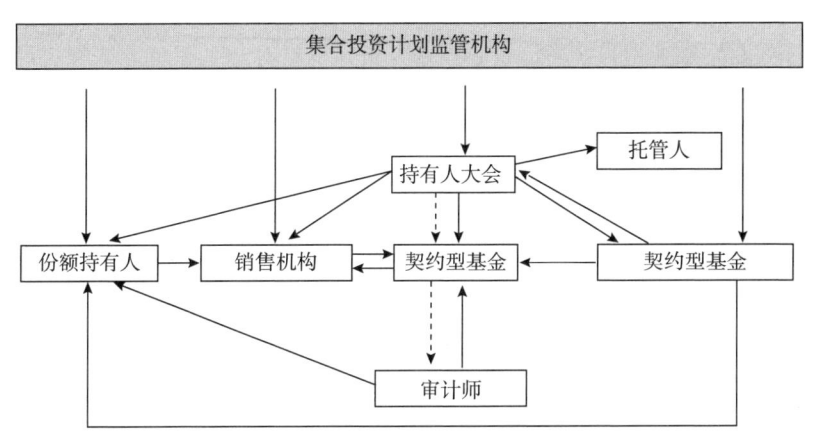

```
                    集合投资计划监管机构
                              │
                    ┌─────────┼─────────┐
                    ↓         ↓         ↓
              ┌──持有人大会──────→ 托管人
              │    ↑  ↑
              ↓    │  │
    份额持有人→销售机构  契约型基金──────→ 契约型基金
         ↑                │
         │                ↓
         └──────────── 审计师
```

图 11.3　中国证券投资基金的法律形式

在德国,开放式零售基金、可转让证券集合投资计划(UCITS)和房地产信托投资(REITs)等另类投资基金,也主要采用契约(Sondervermögen)的法律形式。德国的契约型基金,通过管理人和投资者之间的合同协议建立。它不具有独立的法人资格,而是被视为资产池,在法律上与管理人的资产分开。

1.5　集合投资计划面临的特殊代理问题

在第八章讨论公司治理问题时,讨论过所有权与控制权分离的现代公司面临的代理问题,公司治理旨在保护股东和公司利益、强化对管理层的监督约束和激励。比较而言,CIS 面临的代理问题更加复杂。与公司相比,CIS 代理问题的特殊性主要有两个方面。

一是资产管理人是集合投资计划的"中央签约人"。科斯在《企业的性质》一文中创造性地提出,企业的性质是它作为市场配置资源的替代，在企业内部由企业家配置资源。杰森和梅克林（1976）指出，企业是它与各种生产要素所有者之间签署的一系列契约的连接点（nexus），企业家是"中央签约人"。企业是由企业家决定以什么方式获得企业经营所需要的各种要素，如以股权还是债权融资，以固定薪酬还是附加业绩报酬聘请核心技术人员，以自有还是租赁方式取得经营所需的不动产。在获得要素之后，在日常经营中，则由企业家的"行政命令"决定如何安排和使用资本、人力资源和不动产等要素。在股权高度分散、"所有权与控制权分离"的现代企业，企业的经营由职业经理人控制，股东难以有效监督和制衡管理层。在管理层控制下的公司，就可能偏离股东和公司利益最大化的目标，即出现代理问题。为此公司需要建立完善的公司治理。公司的董事会由股东大会选举产生。董事向全体股东负有信义义务，要制定公司的中长期战略并聘请管理层执行董事会制定的战略规划，还要监督和考核管理层。对于不称职或者没有有效执行董事会战略的高管层，董事会可以解聘。

与现代其他公司不同，所有的CIS无论采用何种法律形式，其"中央签约人"并非CIS本身，而是资产管理人，管理人是独立于CIS的公司法人。信托型和契约型CIS不是独立的法律实体，自身并没有组织机构或内部管理人员。即便是美国的公司型CIS，也没有经营实体。CIS的发起和法律文件的起草、运作、会计核算、估值和信息披露完全由管理人负责。在发起设立时，管理人向监管机构注册CIS，在其提交的招募说明书等注册文件中，需要明确拟任的管理人、托管人以及其他中介服务机构，如律师、审计师等，CIS的托管人、审计师、销售机构等的聘任都由管理人事前决定。如果是公司型的CIS要组建董事会，拟任的董事由管理人提名。在CIS正式运作之后，尽管CIS的董事会要对管理人进行监督和考核，定期决定是否续聘管理人，但CIS的董事会组成等都由管理人控制，这使CIS在聘任和解聘管理人等方面没有实质性控制权。CIS即使有持有人、股东大会、董事会等内部组织机构，也因 CIS 只是集合投资的"管道"，这些内部组织总体而言是"虚设"的，基本不能形成对管理人的有效监督与制衡。

二是"市场约束"不足。市场约束是缓解现代公司代理问题的重要机制。如前所述，在早期，要素市场及产品和服务市场是促使管理层提高管理绩效的外部约束机制。20 世纪 70—80 年代并购浪潮兴起后，并购市场成为激励、约束高管层的重要机制。在资本市场上，公司的股价会反映公司业绩。如果业绩不佳，股东"用脚投票"致使公司股价下跌，管理层可能因公司被并购而失去工作。此外，敌意收购也会成为对管理层提高绩效的外部约束。20 世纪 90 年代之后，机构投资者掀起了公司治理浪潮，它们在股东大会对重大事项决策中"用手投票"，积极行使权利，成为制衡管理层的重要力量。

与公司不同，公开募集的 CIS 一般没有机构投资者，CIS 的投资者更加分散，难以"用手投票"制约管理人。由于 CIS 是不实际从事经营活动的法律实体，几乎不存在 CIS 的"并购"，相应的市场化制约机制就不可能存在。对于业绩不佳的 CIS，市场化的约束机制只剩下了投资者可以通过卖出或赎回机制"用脚投票"。CIS 的信息披露，就在于增加市场透明度和强化投资者"用脚投票"的约束。

1.6 集合投资计划的治理结构

为防范和解决 CIS 在委托代理方面的特殊问题，除了可以通过法律法规明确 CIS 以及管理人、托管人的法律关系和权利义务，确保 CIS 的财产独立性，还要建立和完善 CIS 的治理结构（即 CIS 治理），形成对管理人的监督和制衡。CIS 治理是指一套关于 CIS 组织和运作的制度框架，目的是保护持有人的利益。与公司治理的目标相同，有效的 CIS 治理对一国的经济绩效和金融市场的稳定都有积极影响。通过 CIS 治理，能有效激励管理人提高业绩并切实履行信义义务，有利于增进对投资者利益的保护。CIS 治理框架的要点在于：保证 CIS 资产的独立性；通过有效的监督与制衡，确保 CIS 的资产免受管理人等的错误行为或疏忽导致的损失；通过充分、及时的信息披露，提高透明度，强化市场约束。

CIS 投资者的利益得到保护、绩效得以提高，又可以进一步发挥 CIS 动员储蓄和促进经济社会发展的作用。作为全球最重要的机构投资者，CIS 已成为大型上市公司最主要的股东。CIS 在其持有股份的公司中有效地行使股东权利，对促进全球公司治理目标的实现具有重要作用。一些国家也在建立促使 CIS 管理人积极履行 CIS 股东义务的制度和机制。

1.6.1 保证 CIS 资产的独立性和建立资产托管制度

CIS 作为"集合投资"的"管道"，它既无内部常设机构又无实际运营职能，其保管财产的职能委托给了独立于管理人的托管机构。

托管人的主要职责是保管 CIS 的资产。"托管"（custody）一词，没有统一的定义，各国的托管人的法律地位和职责也不完全相同。广义上的"托管"，负有安全保管和记录 CIS 资产、确保资产的安全和法律完整性的职责。国际证监会组织的监管原则要求"监管体系应对集合投资计划的法律形式和结构以及客户资产的隔离与保护作出规定"。在原则 11 中提出"客户资产保护"的要求。监管机构应认识到，建立有效机制保护客户资产免受损失和投资公司破产风险的影响，有利于保护投资者和增强对金融市场的信心。客户资产包括在 CIS 中代表投资者持有或控制的资金、证券和头寸，在交易衍生工具的情况下，还包括其（应计）收益。监管机构应在其管辖范围内执行最能实现客户资产保护总体目标的机制，同时考虑到其破产和投资服务法律、法规和惯例，以及市场效率和投资者保护的需要。监管机构应审查其管辖范围内的安排是否充分，以确保在结算过程中客户证券不与属于投资公司的证券混在一起。世界各国的普遍做法是，公开发行的 CIS

都要求建立独立托管制度。国际证监会组织于 2015 年发布的《集合投资计划资产托管标准》要求，托管人是独立于 CIS、管理人的法律实体，由该实体受托保管 CIS 的资产。信托型、公司型和契约型 CIS 中，都要建立独立托管人制度。CIS 的资产存放于托管人，并独立于管理人、托管人或者其他当事人的固有财产。

托管在不同的监管辖区包含不同的义务，这取决于 CIS 的法律形式和托管人的法定职责界定，包括确保 CIS 资产在安全的制度安排下得到维护和隔离，不被可以接触资产的人挪用，或由代理人对资产进行适当管理和保管，以防丢失或损坏。在托管人的账簿和记录中，CIS 拥有的资产在任何时候都应易于识别且属于 CIS。托管适用于所有可以托管的资产，包括实物资产和所有权契约等文件，或者以簿记形式登记在 CIS 于托管机构开立的账户上的有价证券等。在有的监管辖区，托管人负有一定的监控和监督职责。例如，欧盟法律要求托管人监督责任主体遵守 CIS 监管法规规定的义务。根据《中国证券投资基金法》，证券投资基金的"基金财产独立于基金管理人、基金托管人的固有财产。基金管理人、基金托管人不得将基金财产归入其固有财产"。"基金财产的债务由基金财产本身承担，基金份额持有人以其出资为限对基金财产的债务承担责任。"基金管理人、基金托管人被清算时，"基金财产不属于其清算财产"。"基金财产的债权，不得与基金管理人、基金托管人固有财产的债务相抵销；不同基金财产的债权债务，不得相互抵销。"

在美国，在证监会注册的投资顾问，必须按"托管规则"（Custody Rule）托管其客户的资金或证券，以防止投资顾问的盗窃或挪用。托管人直接或间接持有并有权利处置投资顾问客户账户上的资金或证券及其他资产。根据"托管规则"，投资顾问有保护客户资产的义务，除某些特殊情形外，投资顾问要通过聘请"合格托管人"（Qualified Custodians）切实履行该项义务，合格托管人可以是银行、注册经纪交易商等机构。

托管人可以将客户资产存放在以该客户名义开立的单独账户中，也可以存放在以投资顾问的名义开立但仅存放客户资产且投资顾问仅作为客户代理人或受托人的账户中。投资顾问需要向客户详细说明其资产的持有方式，定期发送账户信息和对账单。如果托管人与投资顾问有关联关系，则投资顾问必须保证托管人能够有效保护客户财产，并提交独立会计师出具的意见，该投资顾问和托管人还要接受监管机构的年度突击检查。

在中国，按照《中国证券投资基金法》规定，托管人除了保管基金资产，还负有一定的监督管理人的职责，包括：对基金财务会计报告出具意见；复核、审查基金管理人计算的基金资产净值和基金份额申购、赎回价格；托管人还可以召集基金份额持有人大会。托管人要按照规定监督基金管理人的投资运作。如果托管人发现管理人的投资指令违反法律、行政法规和其他有关规定，或者违反基金合同约定，应当拒绝执行，立即通知基金管理人，并及时向监管机构报告。

《关于规范金融机构资产管理业务的指导意见》对资管产品的规定包括："资产管理业务是金融机构的表外业务，金融机构开展资产管理业务时不得承诺保本保收益。出现兑付困难时，金融机构不得以任何形式垫资兑付。金融机构不得在表内开展资产管理业务。"金融机构应当做到每只资产管理产品的资金单独管理、单独建账、单独核算。

1.6.2 建立持有人的权利与"治理实体"

CIS通过一系列的"契约"实现了对资产的"集合"以及对资产的专业管理。持有人作为CIS财产的最终所有人，享有"剩余索取权"和"剩余控制权"。根据国际证监会组织的调查，很多国家和地区都将"治理实体"作为CIS重要的内部治理安排。在经合组织发布的

《CIS 治理白皮书》中，特别强调了 CIS 是"治理实体"并明确了它的职责。[①] 通常的安排是，CIS 的董事会和受托人作为一个独立的实体，负有监督管理人和保护持有人利益的信义义务。

在美国，CIS 以公司型为主，其治理结构与公司大致相同。投资公司的"治理枢纽"是董事会，即 CIS 的"治理实体"。根据美国《投资公司法》规定，投资公司的董事会中，独立董事应占大多数，负责监督管理人的运作。如评估、聘任及更换管理人和托管人、审计师等。对管理人等因违反法规给投资者造成损失等情形，董事会可以通过法律途径起诉管理人，获得救济和赔偿。

对于契约型 CIS，它的"治理枢纽"通常是"持有人大会"（参见图 11.3）。《中国证券投资基金法》明确规定了持有人的权利和持有人大会的职权。持有人的权利包括：分享财产收益，参与清算财产的分配，转让或赎回份额，要求召开持有人大会并行使表决权，对管理人等损害其合法权益的行为提起诉讼等。持有人大会的职权包括：决定基金扩募或者延长合同期限，决定修改基金合同的重要内容或者提前终止基金合同，决定更换基金管理人或基金托管人以及调整其报酬标准等。

第二节 公募集合投资计划的监管

目前全球的通行做法是公开发行的 CIS 都受到监管机构的监管，其主要的监管制度包括发行前要向监管机构注册、持续披露信息、监管 CIS 估值等。

[①] 国际证监会组织第五工作委员会的调查中发现，第五委员会成员的监管区域内，由独立"治理实体"负责审查与监督是内部治理的最主要形式，参见 IOSCO（2006），《集合投资计划治理的考查》，Examination of Governance for Collective Investment Schemes（Final Report）。

2.1 公开发行集合投资计划的注册与信息披露

CIS 向公众投资者发行股份或者份额以募集资金，也属于证券的公开发行，发行前要在监管机构注册。CIS 注册文件应全面准确地说明其重要的内容，以使投资者可以找到他们需要的产品、了解产品的收益和风险特征，在充分了解产品特征的前提下，根据自身需求做出理性决策。

《中国证券投资基金法》规定，公开募集基金应当在中国证监会注册。未经注册，不得公开或者变相公开募集基金。注册由拟任基金管理人提出，并提交申请报告、基金合同草案、托管协议草案、招募说明书草案等注册文件。与公开发行证券一样，基金招募说明书是最重要的文件，其重要内容包括：基金管理人和托管人的基本情况，以及报酬和有关费用的提取、支付方式与比例、基金投资的具体方式和投资比例，如混合型基金投资股票和债券的比例等。根据《资管新规》，面向不特定社会公众公开发行的公募产品，其公开发行的认定标准依照《中华人民共和国证券法》执行，产品的管理人要"办理产品登记备案或者注册手续"。

在美国，投资公司的股份发行和交易受《1933 年证券法》和《1934 年证券交易法》约束。《1940 年投资公司法》3（c）（1）和 3（c）（7）款使用的"公开发售"（Public Offering）与《1933 年证券法》4（2）中"公开发售"的含义是相同的[1]。投资公司的发起人，即投资顾问需要向美国证监会注册。与公开发行的注册一样，管理人要在发行前向证监会提交招股说明书和附加信息声明（Statement of

---

[1] Securities and Exchange Commission. *Investment Company Registration and Regulation Package*. https：//www.sec.gov/investment/fast - answers/divisionsinvestmentinvcoreg121504 htm.html.

Additional Information）等注册文件。注册文件要向投资者详细说明投资政策，如投资的主要标的及其投资比例、投资分散的政策等。美国证监会采取"基于风险的方法"（Risk-Based Approach）审核管理人提交的注册文件，主要关注那些新型而复杂的产品的注册，特别是影响投资者购买决策的信息，如有关投资策略、投资风险、管理人的收费以及由集合投资计划负担的费用、估值和业绩的披露等。如果证监会认为申请符合《1940年投资公司法》规定，符合公共利益和对投资者利益的保护，就可以通过注册。向证监会注册要按规定填报不同的注册表格，共同基金（Mutual Fund）向美国证监会注册时填Form N-1A，封闭式基金（Closed-end Fund）注册时填报 Form N-2。此外，具有"集合投资计划"属性的产品的发行和监管也都由美国证监会负责。例如，可变寿险产品（Variable Life Insurance Products），也称万能险，虽然是州保险监管当局监管的保险产品，但是，这类产品的保费中有一部分归入独立账户进行"集合投资"，因此也要在美国证监会注册。根据法律形式不同，独立账户分别填报不同的表格，注册为投资公司的注册时填报 N-3 表格（Form N-3），注册为 UIT（单位投资信托）的注册时填报 N-4 表格（Form N-4），注册为 UIT 的可变寿险保单注册时填报 N-6 表格（Form N-6）。

与公开发行股票的公司一样，CIS 需要发布年报、半年报和季度报告。各国的监管机构都制定了集合投资计划的信息披露制度，确保向投资者充分、准确、及时地披露信息，为投资者提供投资决策所需的所有信息，确保投资者获得信息的公平性以及不存在误导。CIS 的管理人负责编制和发布相关信息，CIS 的审计师或托管人要对信息披露材料进行审计或复核。监管机构要对信息披露以及 CIS 销售中发布的信息等进行持续监管。投资公司必须定期向证监会和公司股东提交报告，必须根据《1940年投资公司法》规则 30e-1 在报告期结束后的十天内向股东提交年报或半年报，也就是 N-CSR 表格（Form N-CSR），必须在每个财政年度结束后的 120 天内提交注册声明的年度更新。

CIS 应在招募章程和注册文件中，准确描述投资目标、类型、行业以及资产组合的各种比例限制等投资政策和投资限制。这是投资者判断投资收益与风险做出选择的最重要的信息。在运作管理中，管理人要严格遵守投资政策和投资限制。同时，在进行信息披露时，要披露投资组合的主要信息，使市场可以监督管理人的投资运作，便于对产品的业绩进行评估和比较。同时，托管人和审计师也要对管理人遵守投资政策的情况进行监督。

2.2 集合投资计划的估值

无论法律形式如何，CIS 都被当作独立的"法人实体"进行会计核算，并编制独立的资产负债表。对于 CIS 资产进行及时准确估值和计算单位资产净值（Net Asset Value，简写为 NAV），是保护持有人利益的最重要机制，也是促进市场竞争、强化市场约束的基础。国际证监会组织的《证券监管目标与原则》原则 11 明确提出，监管应力求确保对 CIS 的所有财产进行公平、准确的估值，并正确计算 CIS 的资产净值。在可靠、公平的估值基础上，评估 CIS 的业绩表现。

2.2.1 估值原则

2013 年，国际证监会组织发布《集合投资计划估值原则》，为估值提出了以下原则要求：

第一，要明确估值的责任主体。一般而言，CIS 的管理人负责 CIS 的估值。在中国，证券投资基金的估值由管理人负责，由托管人复核。

第二，建立健全估值管理制度、方法和程序。CIS 的份额在每个交易日都是可以交易（封闭式基金）或按照单位资产净值申购或赎回（开放式基金）的，因此需要 CIS 在每个交易日发布单位资产净值。CIS 分散投资于证券市场的各种投资工具，如股票、债券等，它的总资产和净资产随这些证券的价格波动而不断变动，每个交易日都要计算和发布单位资产净值，以此计算开放式基金的申购份额数量或赎回的金额，以及为在交易所上市的封闭式 CIS 提供定价基准。其主要方法为：一是核算 CIS 的总资产。CIS 的总资产是指基金拥有的所有资产（包括股票、债券、银行存款和其他有价证券等）按照公允价格计算的资产总额。对于有可靠市场价格的资产，尽可能采用市场价格估值。如对于在证券交易所交易的证券，其交易频繁且市场价格随时可用又可靠，可以选择估值时点的市场价格。对于场外衍生工具等没有可靠、及时市场价格的资产，则需要根据估值原则和制度，明确其估值方法。

二是核算 CIS 的总负债。总负债是指基金运作及融资时所形成的负债，包括应付的各项费用、应付资金利息等。CIS 的管理人和托管人，都按 CIS 的总资产规模收取一定比例的管理费和托管费，这些费用在每个工作日根据当日的 CIS 资产净值计提并扣除。以证券投资基金的管理费为例，如果基金契约约定管理费按基金资产净值的 1% 年费率计提，则每日应计提的基金管理费 = 前一日的基金资产净值 × 1% 年管理费率 ÷ 当年天数。

三是计算单位资产净值。单位资产净值是 CIS 的每份基金份额所对应的资产净值，它是份额持有人在基金估值时点所拥有的权益，计算公式为：单位资产净值 = 资产净值 / 已发行基金份额数量。

开放式基金可以按照单位资产净值在每个交易日申购或赎回 CIS（将在第三节详细讨论）。开放式基金的申购赎回，以单位资产净值为基础。申购是投资者在交易日申购一定金额的基金份额，他所购得的基金份额数量以申购金额 / 当日单位资产净值计算，也称"金额申购"。赎回是投资者提交赎回的份额数量，按照单位资产净值 × 赎回份额数量计算赎回的总金额，也称"份额赎回"。因此，估值的准确性直接关系到投资者的利益和所有投资者的公平待遇。

如果 CIS 的估值错误，投资者就会受到不公平对待。如果 T 日的估值高于公允价值，申购的投资者就会多付申购款。相应的，赎回的投资者就可以多获得赎回款。如果 T 日大量投资者赎回，就会导致 T 日之后继续持有的投资者的利益受到损害。这可能引发知情投资者利用估值差套利，还有可能出现第三节将要讨论的货币市场基金挤兑问题。

第三，其他原则。为了保证估值准确，公平对待投资者，首先要建立健全的制度。估值责任主体要制定全面、成文的估值政策和程序，以保证估值的准确；在制度中明确不同类型资产的估值方法；为了防范估值中的利益冲突，责任主体还要建立相应的政策和程序。其次要完善披露制度。向投资者披露 CIS 估值制度和估值，公布每个交易日的单位资产净值、定期发布财务报告、公布投资组合，增强市场透明度；说明 CIS 申购或赎回的估值及金额计算方式。再次，明确估值错误的处理方法。制定发现、预防和纠正估值错误的程序和方法，对于给投资者造成重大损失的估值错误，由责任人予以赔偿。

第三节　开放式集合投资计划的流动性管理

开放式集合投资计划（Open-ended Collective Investment Scheme），又称开放式基金，是每个交易日可以按照单位资产净值申购和赎回份额的集合投资计划，这种特性使其具有良好的流动性，因而广受欢迎。然而，这种流动性的保障机制，也使得开放式基金的流动性管理尤为重要。

3.1　开放式基金的赎回机制

开放式基金区别于封闭式基金的核心在于，投资者能够以单位资产净值直接申购和赎回份额。而封闭式基金类似于公司，公司股东不能退股，只能转让股份，封闭式集合投资计划的持有人同样只能转让份额来获取流动性。世界上第一只开放式基金是 1924 年 3 月设立的马萨诸塞投资者信托基金（Massachusetts Investors Trust）。在美国，开放式基金被称为共同基金，良好的流动性使其成为全球最主要的集合投资计划形式。

由于开放式基金的赎回机制赋予了投资者随时赎回份额的权利，这就要求基金管理人必须重视流动性管理，以应对可能出现的大规模赎回情况。

在美国，《1940 年投资公司法》允许投资公司发行可赎回的股票（Redeemable Stock），并确定了按单位资产净值计算赎回金额的方法。① 第 22（e）节规定，开放式基金的股东（以下简称"持有人"）可以在每个交易日按照基金的单位资产净值申购和赎回基金份额。投资公司发行可赎回证券，投资者赎回基金份额时，按当前单位净资产值获得等值现金，即赎回款。对于开放式基金的赎回，IOSCO 发布的《证券监管目标与原则》原则 11 要求，监管开放式基金的法律或规则应允许投资者根据约定赎回基金份额，并应确保暂停赎回权能够保护投资者利益。例如，监管机构通常会规定基金管理人在暂停赎回时，需遵循严格的审批程序和信息披露要求，及时向投资者说明暂停原因、预计恢复时间等，以保障投资者的知情权和利益。

开放式基金持有的资产是证券交易所或银行间市场交易的股票、

---

① 《1940 年投资公司法》第 22（e）节规定，公司可以发行可赎回证券，即股东向发行人提交基金份额，则可获得发行人以当前净资产（current net assets）大致比例的等值现金。参见 Frankel, T.（1998）. *Investment Management Regulation*. Durham：Carolina Academic Press。根据 MMF 的会计制度，投资者申购 MMF 份额的资金计入股东权益。在美国对于可以赎回股份的会计处理是不同的，如 SPAC（special-purpose acquisition company）公司向一般投资者发行的 A 类股份，一般都约定在规定条件下投资者可以赎回，则在会计处理上，这类投资者的认购款可能被视为 SPAC 的债务，因为在投资者赎回时，公司有义务按约定条件支付款项。Deloitte（2020）. https：//www2.deloitte.com/content/dam/Deloitte/us/Documents/audit/us-accounting-and-sec-reporting-considerations-for-SPAC-Transactions.pdf.

债券等金融产品。在证券市场正常的情况下，开放式基金可以出售流动性资产满足持有人的赎回需要。类似于银行，开放式基金也需要持有充足的流动性资产，以满足持有人的赎回需要。同样，如遇大额赎回，开放式基金将面临流动性问题。2008年危机中凸显的货币市场基金挤兑和随之而来的流动性冲击，让国际组织和各国监管机构高度重视开放式基金，尤其是货币市场基金的流动性问题。

3.2 货币市场基金及其内生脆弱性

货币市场基金（Money Market Fund，简写为MMF）是一类特殊的开放式基金，于20世纪70年代初在美国兴起。《1940年投资公司法》第2a-7条规定，货币市场基金分散持有短期、低风险和高流动性证券组合。1983年，在美国证监会颁布的《开放式投资公司（货币市场基金）份额价值计算法案》中规定，货币市场基金采用摊余成本法估值（Amortized Cost Method of Valuation）和固定面额法（Penny-Rounding Method of Pricing），即1美元面值申购和赎回。这就使货币市场基金具有与其他开放式基金不同的特征，主要有：

一是采用摊余成本法估值。摊余成本法是指按基金证券组合的购入成本估值核算并根据溢价的摊销或折价进行调整的资产净值估值方法。它通常将每个交易日的收益以"红股"的方式分配，持有人每日"自动"收到红股，即反映为持有人持有的基金份额增加。根据"固定面额法"，计算申购、赎回和回购的每股价格时，即将它的资产净值四舍五入至最接近的百分之一。这些方法使它能够保持恒定的1美元面值，除非其利用现有市场价格计算的当前单位资产净值与每股摊余成本价格的偏差超过1%的一半，即份额的实际值低于1美元面值，通常称为"破净"。

二是被视为"准货币"资产。货币市场基金具有面额固定和每个交易日可按面额申购赎回的特点，这使市场普遍形成了它"价格稳定"的预期,被认为是安全性高、流动性好的金融产品,而被广泛运用于现金管理。20世纪70年代初的美国,银行存款受到Q条款对利率的管制,存款利率被限制在较低水平,存款人获得的利息较少,而银行吸收存款还要缴存存款准备金,货币市场基金就成为监管套利工具,成为活期存款的替代物,不仅可以签发支票,还可以获得高于存款的收益。正如在第四章讨论的,货币市场基金以其高收益和良好的流动性,成为个人投资者、大型企业、金融机构以及各类机构投资者的流动性管理和准货币工具,它汇聚了规模庞大的资金,成为银行间市场最重要的"买方"。充足的资金供给和买方需求,既推动了银行间市场的发展,也促进了通过增信、分层机制供给的高质量资产支持证券的发行。货币市场基金就成为银行间市场的重要枢纽,投资者把它当作每日可以"自动"存取现金的账户而向其供给流动性。

货币市场基金被当作准货币类资产,甚至是"私人发行的支付工具"。到21世纪初,货币市场基金发展成庞大的影子银行系统,也成为2008年危机爆发后传染和蔓延的主要机制。在中国,货币市场基金和类似的资管产品,也广受投资者欢迎。一些货币市场基金还被用作重要的电商平台的准支付工具。国际上,投资者将它作为准货币看待以及对其是零风险金融工具的认知,直到2008年9月雷曼倒闭触发的货币市场基金挤兑事件才被打破。

三是货币市场基金的内生脆弱性。尽管货币市场基金受到严格监管,一般投资于期限短、信用风险低的货币市场工具,其流动性风险、信用风险和价差风险等也低于其他的开放式基金,但风险始终是存在的。

如果一只货币市场基金持有的证券违约或买卖证券导致了大额的价差损失,它的单位资产净值就会低于1美元。如果此时MMF仍然按照1美元的面值赎回,就可能触发MMF挤兑。典型案例就是2008年9月一只名为"储备主要基金"(Reserve Primary Fund,简称RPF基金)

的挤兑事件。9月15日，雷曼兄弟公司破产，RPF基金因持有雷曼兄弟发行的约7.85亿美元商业票据违约，这些票据占其总资产的1.2%，导致单位资产净值跌破1美元面值。那些对资产净值波动非常敏感的投资者"先发制人"，发起了对RPF基金的巨额赎回。

在2008年金融危机之前，为了追逐高收益，很多货币市场基金都持有存在违约风险较高的高风险证券。投资者对高风险证券的违约担忧，是触发挤兑的重要原因。在RPF基金遭到巨额赎回后，该基金不得不抛售资产以获得流动性满足赎回需要，引发了银行间市场相关资产的价格暴跌。持有同类资产的其他货币市场基金也因信息传染等遭遇挤兑。危机之后的一周时间里，美国货币市场基金的赎回总量超过了3 000亿美元，总资产规模下降了14%。在挤兑潮中，货币市场基金也不得不大量抛售商业票据等货币市场工具，银行间市场因抛售引发的资产价格下跌螺旋，还触发了金融机构的融资困境螺旋。价格螺旋与融资螺旋相互交织，市场的流动性迅速枯竭。

D-D模型阐释了银行的内生脆弱性。存款人与银行是债权债务关系，银行有按照"先到先提"的原则满足存款人提款要求的义务。如遇挤兑，银行因抛售流动性较差的资产遭受损失，极有可能陷入破产困境。除此之外，由于信息不对称，存款人无法判断银行的偿付能力，"先发制人"是存款人的占优策略，这就使银行具有内生的脆弱性。货币市场基金在法律结构上与银行活期存款不同，但是投资者可以按面值赎回，这使它具有与银行相似的脆弱性。如果货币市场基金"破净"，即其实际单位资产净值小于1美元，而此时，投资者还按1美元赎回，投资者就有很强的动机大额赎回，抢先赎回份额的投资者就不会遭受损失，而损失都将由剩余的投资者承担。因此，抢先赎回就成为占优策略。正如国际货币基金组织的报告（IMF，2015）指出的：在面临净值波动等情况下，一些了解或获得市场价格信息的投资者会以极快的速度赎回，赎回速度远远高于其他长期稳定持有份额的投资者，并触发其他投资者跟风赎回。

货币市场基金还存在结构性的流动性错配，即开放式基金向投资者提供的赎回条款与它为满足赎回要求变现所持资产所需时间之间的差异。如果结构性的流动性错配较为严重，它就需要出售更多的资产以满足赎回。货币市场基金持有的资产在大规模抛售时也可能遭遇价差损失，就会加剧其单位资产净值与1美元面值的偏离，并引发新的挤兑。在货币市场流动性受到冲击的情况下，它面临的压力冲击更大。冲击放大会通过不同渠道发生：流动性冲击可能是投资者的"先发制人"引发，这些先行赎回的投资者并不承担赎回的全部成本，这些成本会留给继续持有的投资者。"先发制人"的投资者可能不会预料到大额赎回给货币市场基金带来的额外成本或困难。在其遭遇挤兑以及为了满足这些大额赎回而抛售资产，会导致相关资产价格剧烈波动。这种动态性又会在压力时期影响银行间市场，包括企业和其他机构在市场的发行和再融资。其影响的规模和程度，取决于开放式基金在特定市场中资产持有的集中度和规模等因素（FSB，2023）。

3.3 开放式基金的流动性监管

2008年9月货币市场基金的大规模挤兑及其引发的银行间市场挤兑和市场功能丧失，成为系统性风险蔓延和外溢并影响实体经济的重要传导环节。其他的开放式基金同样面临流动性风险。开放式基金设有每个交易日赎回机制，其资产组合具有相对长期性且面临信用风险，这使其存在流动性转换和期限转换问题。开放式基金的单位资产净值随市场利率、发行人的经营状况等变化波动，投资者自身的流动性需求也存在随机性，大规模赎回较难预测。危机之后，对包括MMF在内的开放式基金的流动性风险监管，受到了全球的高度重视。

2008年金融危机之前，管理人对开放式基金的流动性风险管理存在诸多不足，主要原因有三。一是流动性风险管理的"激励不足"。

由于开放式基金的管理人最关注业绩和规模（这是由其收费模式决定的），管理人对投资者的赎回动机和行为，以及市场流动性等问题，几乎是不关心的。管理人既不进行开放式基金的流动性风险管理和压力测试，也没有建立应对流动性风险的预案。二是信息严重不对称。对于资产组合的流动性风险，管理人既不向监管机构报告，也不披露给市场和投资者，市场和投资者也不关注。三是流动性应对机制不健全。在一些国家，开放式基金在遭遇大额赎回时，可以向银行贷款，也可以宣布暂停赎回。但是，暂停赎回对管理人的声誉有较大负面影响，历史上管理人很少采用。遭遇大额赎回时，管理人大都通过出售资产组合中流动性较好的资产获得流动性。与银行遭遇挤兑时会抛售资产一样，在紧急情况下抛售流动性好的资产，会使剩余的资产组合的流动性更差，剩余投资者的利益会受到损害，也会加剧投资者的"先发制人"倾向。

2018年，国际证监会组织发布了《集合投资计划流动性风险管理的建议》。要求管理人制定有效的流动性风险管理制度和程序，设定与CIS赎回义务相称的合理流动性阈值，确定相应的投资战略和资产组合限制。管理人要向投资者披露流动性风险及其流动性风险管理程序；要将流动性管理纳入投资管理的整个框架中，定期评估流动性风险管理的制度和程序、投资组合所持资产的流动性。管理人应制订流动性管理应急计划并定期测试，以确保在必要时可使用合适的流动性管理工具（Liquidity Management Tools）。

对于货币市场基金，世界各国也采取了相应的改革措施。一是强化货币市场基金的资产监管，对于实行固定面值的货币市场基金，在监管上更加严格地限制其资产组合的信用风险和久期，以降低违约和流动性风险。二是设定流动性资产持有比例，规定在比例低于阈值时可以暂停赎回或者征收流动性费（美国实施这项改革后又取消了该门槛规定）。三是对一些货币市场基金实行浮动估值。如美国，除投资于联邦政府证券的 MMF 和零售的 MMF，禁止其他 MMF 使用摊余成本法估值，要求采取浮动净值法，即使用市场价格对其资产组合进行估值，并使用基点四舍五入法为其资产定价，以计算申购、赎回和回购的金额。欧盟的改革也与此类似，只允许"公共债务单位净值固定 MMF"（简称 CNAV MMF）使用摊余成本法估值。

尽管 2008 年之后采取了上述改革措施，但 2020 年 3 月，在新冠疫情冲击下再次发生了大规模的货币市场基金挤兑。美国政府对之进行了救助，货币市场基金的流动性风险监管再次成为焦点。2023 年 7 月，美国证券交易委员会通过对《1940 年投资公司法》关于货币市场基金的修正案，提高了最低流动性要求，以便在出现快速赎回时提供更充裕的流动性缓冲。修正案还删除了之前引入的"门槛"制度，即允许货币市场基金触发"门槛"时暂时或中止赎回的条款。新的监管制度规定，货币市场基金在每周流动资产低于一定阈值时，应征收流动性费用，目的是降低投资者在市场紧张时期的挤兑风险。

2023 年，金融稳定理事会发布了《关于开放式基金流动性错配的建议》。鉴于开放式基金可能产生的系统性影响，该文件指出，开放式基金应当评估流动性状况，使之与金融稳定风险的影响相称。监管机构应关注开放式基金的流动资金风险披露，监督流动资金管理工具的供应和使用情况，并评估其对金融稳定的影响。

为减少开放式基金的重大结构性流动性错配，监管机构应制定相应的管理要求或指导意见，确保开放式基金的投资策略及资产的流动性与赎回条款和条件保持一致。通过流动性风险管理、增加基金资产的流动性和/或减少开放式基金向投资者提供的流动性（如降低赎回频率和/或延长通知及结算期）来减少结构性流动性错配。这些事前措施可降低结构性流动性错配带来的脆弱性，从而降低"过度"赎回/"过度"资产出售的可能性。开放式基金还应通过以下措施和工具，减少结构性流动性错配放大和传导带来的冲击。一是使用反稀释/基于价格（Anti-dilution/Price-based）的流动性管理工具。运作方式是向赎回投资者施加流动性成本，实行摆动定价或征收反稀释征税，从而减少因潜在的先发制人倾向所触发的赎回，减少开放式基金的过度资产销售，增强其抗风险能力。如果投资者预期到会使用这些工具，在投资决策中就会考虑流动性成本。二是使用以数量为基础（Quantity-based）的流动性管理工具，包括暂停和赎回"门槛"。以数量为基础的流动性管理工具可以限制赎回投资者可获得的流动性数量。这类工具通常在市场受压的情况下启动，以增加应对赎回的能力；当然，也可能反过来引发危机时期投资者的超额赎回。即便如此，以数量为基础的流动性管理工具仍可发挥作用。例如，在市场流动性非常有限或无法获得定价信息的情况下，反稀释的操作特别具有挑战性。因此，以数量为基础的流动性管理工具是对反稀释方法的补充。三是在市场紧张的情况下，可以采用其他流动性管理措施，包括实物赎回和侧袋规则（Side Pocket）。当开放式基金有借贷渠道的时候，借贷也可以应对赎回。然而，使用借贷机制满足赎回需求，会使处于压力之下的开放式基金加杠杆。一旦赎回没有得到有效降低，可能会加剧流动性紧张状况。如果借贷机制由银行或其他金融机构提供，也会增加开放式基金与其他金融机构的相互关联性，并使流动性风险向更广泛的金融体系蔓延。

监管机构还要求开放式基金进行压力测试，以反映出开放式基金和其他投资者的集体抛售对金融市场和金融体系复原力的影响。压力测试还有助于强化开放式基金的流动性风险管理，降低风险。

第四节 对集合投资计划管理人和托管人的监管

1997年，国际证监会组织发布了《集合投资计划运行机构监管原则》，为保证对CIS的全面监督，需对CIS的运营机构进行监督，以促进运营机构提高管理绩效,维护公平公正。监管措施主要有审核运营机构的注册、检查和惩戒涉嫌违法违规的行为。

因法律形式不同,CIS 涉及的运营机构人员也不同,主要有资产管理人、受托人、托管人、保管人、外部审计员、独立董事等。在不同的法律形式下,赋予运营机构的责任不同,监管上也有不同的安排。这里重点讨论对 CIS 的资产管理人(管理人)和托管人的监管制度。由于管理人自身并不承担 CIS 的投资风险,对于运营机构的监管重点是行为监管。运营机构虽然也有准入制度,但重点是其管理制度和人员状况。

4.1 对 CIS 资产管理人的行为监管

投资者与 CIS 运营机构之间的利益冲突和代理问题是监管机构关注的焦点。监管的目的在于确保利益冲突降到最低,并妥善披露利益冲突,以使运营机构对自身利益的追求不至于损害投资者的利益。监管的重要方面有:

第一,规范投资和交易行为。主要包括:及时和最佳地执行(Timely and Best Execution),管理人要保证交易可以得到及时和最佳的执行,这与证券公司执行客户订单的监管原则相同,监管机构应要求管理人制定完备的订单执行规则和程序,并对执行情况进行检查;及时与公平地分配(Timely and Fair Allocation),管理人管理多个投资组合,在执行订单时要公平对待所有组合。在订单执行后,要公平地分配给各个投资组合。这也需要制定完备的管理制度,对特殊情况的分配做出说明;监管管理人的交易、佣金、软佣金、关联交易等行为;管理人和其他运营机构要建立完善的公司治理、内部控制、合规和风险控制机制。

第二,防范利益冲突。在第八章讨论银行监管中的公司治理时,曾指出公司高管层可能利用关联交易获得不当利益或者向关联人输送利益。同理，管理人和基金经理也可能利用关联交易侵害 CIS 及其投资者的利益，如 CIS 以高价（低价）向关联公司购入（出售）资产。CIS 资产的估值错误也可能是隐蔽地向关联公司及其管理人输送利益。CIS 管理人可以通过高估 CIS 资产的价值，夸大业绩，吸引更多的投资者申购并赚取更多的管理费。CIS 的管理人还需要制定内部管理制度，确保基金经理等雇员不以自己的账户或管理人自身的账户介入可能与 CIS 产生利益冲突的交易。例如，管理人和基金经理要保存和报告自有账户的交易记录，基金经理不得用自有账户交易 CIS 即将要购买或出售的证券等。在中国，这一监管要求更加严格，基金管理公司及其所有雇员不得从事股票交易。

第三，投资政策。CIS 监管原则要求在招募文件中披露其投资政策，包括投资目标和风险控制目标，如混合型 CIS 的份额和固定收益产品的投资比例限制，股票型 CIS 的行业、地域分布、风险状况等。CIS 的投资政策对投资者的购买决策至关重要，投资者据此选择适合自身偏好的 CIS。CIS 的基金经理则需要严格遵守投资政策和投资限制。在中国，管理人的投资执行受到托管银行监督，对于不符合投资政策的投资，如超过 10% 比例限制的投资，托管人可以拒绝执行。

第四，规范收费与支出。对管理人的监管要保证 CIS 的费用和支出符合契约和监管法规。要确保仅按公平交易原则和商业条款确定的费率水平，向投资者收取合同约定的费用。CIS 章程中要约定由 CIS 承担的费用，如管理费、托管费、交易佣金等，以及收费的计算方法和标准。CIS 的会计制度要保证费用的准确核算、准确计提与支付。要防止管理人通过"过度交易"向证券交易商支付过高的交易佣金。

4.2 对集合投资计划行使股权的监管

20 世纪 70 年代，养老金等机构投资者就开始在公司治理中发挥作用。当时，美国劳工部提出，养老金持有大量公司的股权，切实行使股东权利是促使这些公司提高经营绩效的重要力量。养老金的管理人负有履行养老金所持股权的股东权利的信义义务，对于养老金投资的公司，如果这些公司的决策可能影响养老金的投资价值，就要积极行使投票权等股东权利。美国劳工部还敦促养老金计划制定书面的投票准则，养老金管理人要在必要时监督或影响所投公司的管理层的行为，以保护养老金受益人的利益。20世纪90年代以来，以美国加州公共部门雇员退休计划为代表的机构投资者，掀起了"机构股东积极主义"运动（Institutional Shareholder Activism）。OECD《公司治理原则》第二章"股东权利和主要所有权职能"提出，"应促进包括机构投资者在内的所有股东行使所有权"。

从保护CIS受益人利益出发，CIS等机构投资者应积极参与所投公司的公司治理，以实现受益人利益最大化。CIS和养老金等机构投资者都是集合投资的"载体"或"管道"。在大多数国家，行使所投公司的股东权利是CIS的管理人和养老金计划发起人的职责。德国CIS法规明确要求，投资经理要以投资者的最佳利益行事，管理人履行职责的方式包括出席股东大会、行使投票权、参加股东权利保护协会和提起法律诉讼等。在中国，《中国证券投资基金法》规定由基金管理公司行使其所管理的基金的股东权利。

尽管法律法规规定了股东权利行使主体的职责，但是，管理人与公司高管层一样，都存在代理问题，会影响其职责的履行，主要因素有以下三点。一是激励不足。从提高投资业绩的角度，管理人有参与所投资公司的公司治理的内在激励。但是，CIS受分散化投资政策的约束，持有一家公司的股份一般不会太多，作为少数股权持有者影响公司日常管理和治理的效果有限。同时，管理人参与公司治理也是要付出成本的，参加股东大会、对股东大会决议事项做尽职调查、聘请投票顾问等，既花费成本又耗费精力。出于成本考虑，他们参与公司治理的动力可能不足。尤其是采用指数化投资、量化投资、高频交易等投资策略的 CIS，其投资决策并不关注所投公司的基本面，这些 CIS 的管理人对参与公司治理更加"冷淡"，没有积极性参与公司治理。二是代理链更长。CIS 的管理人是受托管理 CIS 资产的代理人，它们作为股东利益的代表人参与公司治理，这就形成了更长的代理链。在实践中，有的机构投资者还采取外包方式进行资产管理，或者以基金的基金（Fund of Fund）方式投资，更加拉长了投资链和代理链。一些管理人也将参与公司治理、行使投票权等事项外包给专业咨询公司，也会拉长代理链。这些情况都使得从最终受益人到被投资公司之间，存在多个代理机构和多种委托代理关系，CIS 管理人参与所投公司的公司治理的激励更加弱化。三是利益冲突问题。由于信息问题和利益不完全一致，CIS 管理人在行使 CIS 所持股份的股东权利或以其他方式参与公司治理时，也面临利益冲突。管理人可能出于自身利益或者为了取悦所投公司的高管层，而不是基于 CIS 的利益行使权利。例如，管理人为获取一家公司养老金的管理合同，可能通过持有该公司股权并对其高管层施加影响。

对管理人履行 CIS 所持股份的股东权利的监督制度设计，主要基于以下三点。一是界定股东权利履行的责任主体；二是制定履行职责的行为规范，督促责任主体制定履行职责的制度和程序。《公司治理原则》第三章提出，公司治理框架应在整个投资链中提供健全的激励机制，以受托人身份行事的机构投资者应披露其参与公司治理的制度和投票政策，包括决定使用投票权的程序。在政府部门和自律组织的倡导下，许多养老金计划都发布了代理投票指南，如美国最大的公共退休系统加州公务员退休系统，加拿大最大的养老金计划之一安大略市政雇员退休系统。为应对加长的投资链和代理链，《公司治理原则》提出，"公司治理框架应为投资链条中的每个环节提供强有力的激励措施"，以保证各个代理人有效履行职责。三是加强信息披露和市场约束。《公司治理原则》规定，"以受托人身份履行职责的机构投资者应披露其投资方面的公司治理和投票政策，包括其决定使用投票权的程序"，"以受托人身份履行职责的机构投资者应披露他们是如何管理可能影响其关键所有权行使中面临的重大利益冲突的"，以及"公司治理框架应要求代理顾问、分析师、经纪人、评级机构和其他提供与投资者决策有关的分析或建议的人员披露，并尽量减少可能损害其分析或建议公正性的利益冲突"。

4.3 对 CIS 资产托管人的监管

托管制度是确保 CIS 的资产独立性和投资者权利的特殊制度安排。因托管人承担的职责不同，CIS 的资产托管面临的风险也不同。

4.3.1 托管人的特殊风险

除了其他金融机构都会面临的法律、声誉和合规等风险外，作为托管人的特殊风险还有：

一是资产未能有效隔离的风险。如果托管人保管的 CIS 资产与托管人以及其他实体的资产，如托管人的资产或托管人其他客户的资产，未能有效隔离，一旦保管人滥用或破产，CIS 资产的所有权就会受到质疑，将给区分资产所有权造成困难，甚至损失。

二是操作风险。CIS 资产的托管人大都由商业银行担任，银行日常业务中的操作风险均可能出现在托管业务中。这些风险是由于程序、人员和系统的不完善或失灵，或由于外部事件冲击导致。这些风险对 CIS 的资产，对托管人自身的资产和声誉均可能造成损失。

CIS 托管人可能面临的常见操作风险有二。（1）欺诈或盗窃风险，如托管人的雇员以欺诈方式从 CIS 账户中盗取资产，第三方以欺诈方式从托管人处提取财产。（2）信息和技术风险。所有的机构都面临信息和技术风险，对托管人而言，可能导致错误地计算资产价值、利息、股息和税款等。

三是记录保存不当。CIS 资产的分离取决于托管人保存适当的账簿和记录。如果托管人未能保存或保留关于 CIS 投资的适当和充分记录，则 CIS 资产的所有权可能会丧失或认定错误。当内部程序、用于记录资产和客户信息的信息技术系统发生事故，就会导致这类风险。

四是利益冲突。托管人是全体 CIS 投资者的代理人，代理问题难以避免。如果托管人未能有效监测、识别、处理和防范利益冲突，则 CIS 资产的安全性和完整性可能会受到威胁。

4.3.2　对资产托管以及对托管人的监管

为保证托管制度的有效性，监管涉及以下五个方面。

一是建立健全托管制度。CIS 的法律法规应对 CIS 的托管安排作出规定，确保 CIS 资产的完整性和独立性。每个 CIS 都要指定单一的托管人，以确定由谁最终负责保管 CIS 的资产。CIS 资产应与下列资产分开：CIS 相关运作机构及实体的资产、整个托管链中的托管人/次级托管人的资产、托管人在整个保管链中的其他 CIS 和其他客户的资产。

二是托管业务的独立性。一般原则是，CIS 的托管人应在职能上独立于其责任主体。无论责任主体和托管人是否为关联方，托管活动必须由独立于参与投资或交易决策的人员和部门负责。应建立制度和控制措施，确保履行托管职能的部门和人员在职能上独立于其他部门和人员。对于潜在的利益冲突，托管人要建立有效的制度和机制识别、管理和监督。

三是指定和持续聘用托管人的标准。CIS 及其责任主体在指定托管人时，应遵循适当的谨慎水平和勤勉标准，维持合乎标准的执业水准，要考虑成本和服务的提供、托管人的财务稳健性、管理能力、管理利益冲突的机制、合规制度、防范操作风险的制度和机制，以及在托管业务中断或停止情况下的应急安排。

四是托管人的过失责任。在托管协议中，应明确托管人的责任，并包含有关托管人失职责任的条款。例如，可以直接在监管制度中规定托管人违反协议条款的过失责任，也可以通过托管协议中的强制性条款加以规定。

五是对托管业务和托管人的持续监督。监管机构应持续监督托管人，并确保托管人持续的适宜性。持续监管使托管人对托管业务以及自身面临的实际或潜在风险有清晰的认识，并采取切实的措施防范风险。如果托管人陷入财务困境或遇到严重的管理或经营困难，监管机构应及时启动应急计划，将资产转移到新的托管人，并及时披露相关信息。在监管制度中，应包括保证以上制度有效实施的监督机制。

第十二章　货币及金融基础设施的监管

金融基础设施（Financial Market Infrastructure，简写为 FMI）是由众多市场参与者组成的为支付、结算等提供服务的多边系统。高效稳定运行的金融基础设施是一国乃至全球经济和社会平稳高效运行的重要基础。国际社会一直致力于建设和完善相关监管体系，以维护金融基础设施的安全与稳健。本章将从货币和支付系统的起源及演变开始，在第二节着重讨论金融基础设施的监管原则，最后阐述加密资产以及央行数字货币的发展情况。

第一节　货币与支付体系

支付系统是一套建立在参与者之间转移资金的工具、程序和规则基础上的系统，既包括系统的参与者，也包括为支付系统的运行提供制度、技术设施和服务的法律实体。广义的支付系统，既包括银行、支付服务提供商等中介机构，它们为客户开设账户并处理交易，还包括现金、支票等支付工具和移动支付应用程序。从货币和支付体系的发展历程看，早期的物物交换催生了货币的诞生，而随着经济的发展，支付系统也在不断演变和创新，以适应日益增长的交易需求。

1.1 从实物货币到"纸币"和"商业银行货币"

货币是一个难以定义的概念，具有社会学和经济学的多重维度。广义的货币与支付服务紧密相关。作为交易媒介和支付工具，货币经历了漫长的演变，从最早的贝壳等实物货币，发展为贵金属、"标准化"的实物货币。商业银行建立后，以银行存款或商业银行债务为基础的"商业银行货币"，一直是主要的支付工具。

人类最早以物物交换进行交易。例如，一个农民有两斤小麦，想换一双鞋，他必须找到一个正好需要小麦的鞋匠，且鞋匠同意以农民提议的交换比例交易。物物交换需在"需求双重巧合"的情况下才能实现，效率相当低。货币产生后，达成交易无须以需求的双重巧合为前提。货币的产生极大地促进了交易达成和规模扩大，农民可以用货币向任意一个鞋匠买鞋，鞋匠也可以用卖鞋获得的货币买他想要的任何东西。在金属货币未"标准化"之前，需要把一种金属货币兑换为另一种金属货币，于是出现了货币兑换商，他们为商人提供货币兑换服务，并计算各种金属货币之间的交换价格，形成货币汇率。当时，货币兑换商会把自己可兑换的金属货币放在木凳上展示，"银行"（bank）就来源于意大利语木凳（banca）一词。

货币兑换商经营货币兑换，需要保险库和保险箱存放金属货币，现代银行制度从货币兑换商提供的货币存放服务开始萌芽。商人们把自己的金属货币寄存在货币兑换商的保险库中，银行向商人出具存款凭证，即银行票据。银行存款人可随时提取存放在银行的货币资金，也可用存款凭证支付货款，从而衍生出银行汇票，这就是现代意义上的纸币。银行汇票是一份要求"银行见票付款"的法律文件，银行应持票人的要求，交付实物货币，同时"减记"商人的存款数额。持票人可将银行汇票用于贸易结算，无须转移金银。银行提供的这种中介服务逐渐发展起支付业务和支付体系，人们也更愿意将货币存储在银行。银行存款中有一部分沉淀下来，可供银行长期使用，并成为发放贷款的资金来源。17世纪末18世纪初，经营存款、贷款和支付业务的现代银行诞生。银行签发的银行票据（Bank Note）成为新型的交易媒介。到19世纪中期，银行票据，包括支票，已是商业活动中最主要的支付工具。

1.2　商业银行作为支付中介

现代银行体系建立后，交易双方越来越多地通过在银行开立的账户进行支付。以银行为中介的支付关系如图12.1所示。这种支付方式区别于现金支付，其支付媒介是"商业银行货币"，即存款人对商业银行的债权。支付过程体现为交易双方对银行债权的增减变化，银行通过分别减记付款人的银行存款余额、增记收款人的银行存款余额来实现支付。

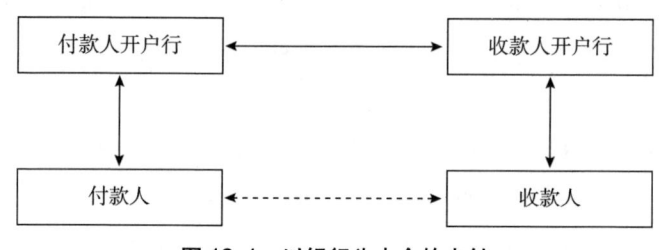

图 12.1　以银行为中介的支付

交易双方达成交易并通过银行办理资金交付，媒介是付款人在银行的存款或"资金"（fund），而非"现金"（cash）。付款人向开户行发出付款指令，开户行减记付款人账户的存款数额后，向收款人开户行支付款项。收款人开户行收到款项，增记收款人存款账户的存款数额。

在专业的清算和结算机构建立前，商业银行之间的资金往来通过相互开立账户实现。银行A在银行B开立"存放同业"账户，又称

"往账账户"（Nostro Account），并在账户中存入资金，该笔金额计入银行 A 资产负债表的资产端；银行 B 则对应在"来账账户"（Vostro Account）记录银行 A "同业存放"，该笔资金记入银行 B 资产负债表的负债端。银行 A 称为往账行，银行 B 称为来账行。往账行有权使用和支配往账账户里的资金，来账行按照往账行的支付指令处理，提供相应支付服务，还可按双方协议为往账行提供透支。同理，银行 B 也能在银行 A 开立往账账户，并为银行 A 提供相应支付服务。[①]

在此以一张在甲地银行 A 提交、以乙地银行 B 为付款人的支票为例进行说明。甲地的银行 A 在银行 B 设有一个往账账户，银行 B 在银行 A 设有一个来账账户。通常，双方都会开立此类账户。如图 12.2 所示，乙地的收款人能够收到甲地付款人的支付款项。

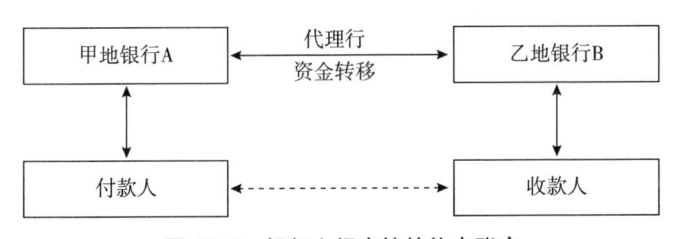

图 12.2　银行之间直接的往来账户

如果付款人与收款人的开户行没有直接的业务往来，则通过双方开户行的共同代理行完成支付，如图 12.3 所示：

尽管从本质上看，当今世界以银行为中介的支付方式是相同的，均为"付款人开户行→收款人开户行"的"一次性"支付。但在现实中，这一支付过程却可能需要经过多家银行或金融机构，甚至是多个监管辖区的金融机构之间的合作才能完成。通过支付中介进行的支付活动或者"债务循环"，其正常运转需要一系列法律、制度和操作规

---

① nostro 和 vostro 基本上是指一家银行与另一家银行持有的账户。nostro 和 vostro，是意大利语"我们的"和"你们的"。

第十二章　货币及金融基础设施的监管　　447

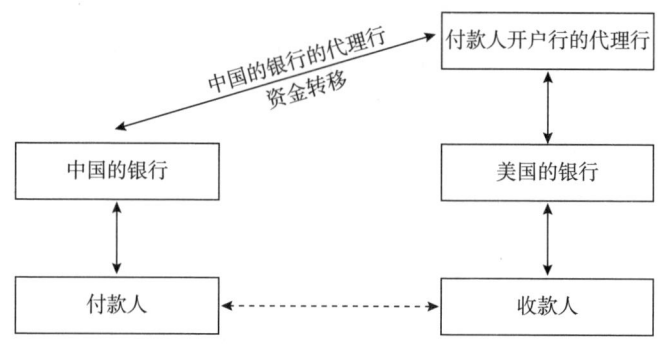

图 12.3　通过代理行的往来账户

程的支持。不同的监管和法律制度适用于不同的支付基础设施,例如信用卡被盗刷导致损失的分配机制。这使得支付和金融基础设施的监管协调至关重要,它不仅是基础设施顺利运行的基础,也是保护金融机构及其客户权益的基础,更是全球金融经济平稳运行的保障。

1.3　电子支付与移动支付

在电子支付兴起之前,个人支付主要依赖信用卡。持卡人在商户消费支付时,通过验证信用卡签名,确认持卡人是信用卡所有者且在金融机构开立了有效账户。付款人签字后,商户即可完成商品交付或提供服务。使用信用卡支付,商户作为收款人无须也不能查询付款人的账户资金情况。当时的支付系统无法直接访问银行客户的账户信息,银行和收款商家需承担付款人或其开户行无法付款的风险。

随着电子和通信技术发展,芯片卡及读取设备问世,收银终端得以查询银行卡账户余额。收银终端、自动售货机等终端无须持续与发卡银行连接。收银终端在接受每笔付款前无须与发卡行联系,而是记录该笔交易,芯片卡同时也记录持卡人完成的交易。收银终端的这些记录会定期由发卡行记账、核对,发卡行据此完成对持卡人账户交易明细和余额的记录。芯片卡由此实现离线支付授权,让支付人和收款人能更高效地完成支付。

芯片卡与传统信用卡的相同之处在于，整个支付体系仍以银行账户体系为基础，由发卡行维护客户账户。尽管发卡行不一定实时与支付终端进行结算、对账，但开户行的定期维护能确保依据芯片卡记录持续更新账户余额。账户余额更新越频繁，结算风险越低。随着技术的发展，目前通过计算机或手机终端设备进行的支付已实现实时交付，极大提升了交易效率与安全性。

随着移动通信技术的发展，移动支付应运而生。移动终端成为具有支付功能的多功能设备，用户可直接通过手机终端办理支付及其他银行业务。移动支付主要有两种类型：一种是客户用手机连接传统的银行账户，如支票账户、信用卡或借记卡等，并通过移动终端发出支付等指令；另一种是移动通信公司扮演银行角色，允许客户使用其移动账户存取资金。

无论是传统的支票支付，还是如今的信用卡、芯片卡支付、移动支付，其实质都是收付双方同意通过第三方改变其债权债务关系，进而实现资金或财富的转移，这一过程也被称为"债务循环"。支付体系的运行建立在一系列协议基础之上，其关系流程可简化为：付款人→付款人开户行→收款人开户行→收款人。电子支付和移动支付的本质依旧是基于银行账户的支付，依靠商业银行的负债循环来实现。与传统支付不同的是，电子支付和移动支付借助现代通信和网络平台，将原来的"纸质"合同和支付指令转变为电子文本和电子指令。

银行账户持有人可在第三方支付机构开通账户，并授权其通过该账户与银行账户建立关联，借助第三方支付机构完成支付。第三方支付是以银行之外的机构作为支付中介。这些第三方机构通过与银行签约的方式，提供与银行支付结算系统的接口及通道服务，实现资金转移和网上支付结算服务。2003年10月，中国阿里巴巴旗下的淘宝网推出"支付宝"，作为交易第三方，以担保方式完成网上交易的支付结算。在第三方支付机构开通的账户，需连接银行账户持有人指定的银行账户。账户持有人在第三方支付机构完成的交易，或希望通过第三方支付机构完成的支付，可由第三方支付机构将支付指令发送至银行，由银行完成账户上的资金划转。随着网络电商发展，支付宝、微信支付和 PayPal 等第三方支付迅速兴起，成为零售支付的最主要形式。

以支付宝为例，第三方支付在自身体系内创建客户虚拟账户，同时连接多家银行，并在每家银行内设立支付宝账户，其背后真实的资金账户依旧是开立在银行的银行账户。因支付宝账户本质为虚拟账户，所以可能在不经过银行的情况下，在虚拟账户之间进行资金划转。这在一定程度上影响开户行对账户的监控以及对客户数据的全面掌握。于是，作为非银行支付机构网络支付清算平台的网联清算有限公司（以下简称网联）应运而生，它充当银行与第三方支付机构之间的桥梁，使商业银行和中央银行能够监测交易明细和资金流向。网联也被称作"网络版银联"，其作用与银联类似，是一个线上支付统一清算平台。不同之处在于，网联的主要作用是一端连接第三方支付机构，另一端对接银行，并为所有接入的第三方支付企业提供统一标准服务。网联成立后，第三方支付机构与银行原有的直连被切断，网络支付交易全部通过网联模式转接清算。

支付宝和微信支付的兴起，堪称中国支付领域的"跨越"式发展。这种发展越过了成熟市场国家借助支票实现个人支付的阶段，极大地便利了广泛地域范围内的交易与支付，促使"无现金社会"在极短时间内得以实现。

1.4 中央银行与法偿货币

在中央银行成立前的百年间，商业银行货币是普遍使用的支付工具。中央银行制度建立后，其发行的中央银行货币（Central Bank's Money）成为一国的法偿货币（Legal Tender）。所谓法偿货币，即由国家法律明确规定，可用于清偿公共或私人债务、履行金融义务的手段，涵盖纳税、履行合同义务、缴纳罚款或支付损害赔偿等方面。债权人在法律上有义务接受法偿货币来偿还债务。法偿货币基于自身法律定义以及国家强制力作为法定支付工具的保障，故而也成为最重要的价值尺度和价值贮藏手段。

在封闭经济体中，中央银行发行的货币最终分为两大类：一是国内居民与企业持有的现金，即流通中的现金；二是银行等存款类金融机构持有的现金，称作"库存现金"。

中央银行制度建立后，商业银行需在中央银行开设账户，并按规定在中央银行持有法定准备金。商业银行之间的结算通过该账户实现，使用它们在中央银行的存款作为支付工具。如此，中央银行制度建立后，新增了一类支付工具，即商业银行在中央银行的存款。

公众持有和使用的流通中的纸币、硬币，以及银行和其他金融机构在中央银行持有的储备货币，构成一个经济体的货币基础。无论是中央银行发行的现钞，还是商业银行在中央银行的存款，均为中央银行的负债。中央银行的重要职能是发行货币和维护币值稳定。基础货币指社会公众持有的现金及银行体系准备金（包含法定存款准备金和超额准备金）的总和，它是整个银行体系内存款扩张、货币创造的基础，其数额大小对货币供应总量具有决定性影响。

在绝大多数国家受监管的金融机构所组成的支付体系中，法偿货币是唯一的计价和最终结算的支付工具。支票、信用卡、银行存款或债务等商业银行货币并非法偿货币，一张纸、一张塑料卡、一条电子信息并不必然能转化为货币。它们之所以能成为货币，是基于人们的信任，所以在人们的交易网络中才可被使用，并在交换中受到认可。因此，建立和维护信任成为货币和支付监管的关键问题（Singh，2005）。第三节将要讨论的加密资产，它之所以被一些人持有和交易并作为支付工具，是因为这些群体对加密技术、区块链技术及其价值具有共同的认知和信念。它尽管没有政府背书，仍发展成为当今世界一种广受关注的资产类别，并当作了被支付工具。

金融监管的一项重要职能，是维护支付体系的稳健并支持支付服务的发展（Choi et al.，2007）。银行是支付体系中最重要的中介机构。对银行监管的一个重要目的在于确保支付业务稳定且持续地开展，这同样以银行的稳健性为保障，还需要建立完善的支付与结算法律制度以及可靠的技术系统。

对于银行支付业务的主要监管措施包括：（1）许可制度，从事支付业务必须取得相关许可。例如，在美国，银行应取得相应的许可，并遵守货币监理署的规定。在中国，银行必须获得中国人民银行颁发的支付业务许可证。（2）资本要求，要求银行保持充足的资本，以确保其能够承受支付服务中的风险。（3）运营规定，对银行的支付服务流程有明确的规定。例如，监管规定对资金结算的时限以及电子支付指令的格式和内容进行监管，以确保支付的准确性和及时性。（4）消费者保护，银行必须以透明的方式披露信息，保护客户信息安全，并建立投诉处理机制。在欧盟，《支付服务指令2》（Payment Services Directive 2，简写为PSD2）强调保护消费者数据和访问支付账户的权利。

1.5 反洗钱

洗钱是将犯罪或恐怖主义资助资金伪装成合法来源的非法行为，而反洗钱则是政府联合各方力量打击犯罪的系统工程。自20世纪80年代起，国际社会为打击贩毒、恐怖主义等犯罪活动，积极构建反洗钱国际合作体系，反洗钱也逐渐成为金融监管的一项主要内容。2001年"9·11"事件后，反洗钱与打击恐怖主义融资更是成为全球关注的焦点。金融机构作为支付体系中最重要的组成部分，通过双边协议为客户提供支付服务，它们也是反洗钱的重点领域。金融机构要将相关业务融入反洗钱总体框架，这既满足整体反洗钱工作的要求，也是自身控制风险的必要举措。金融监管机构相应地制定反洗钱法规与指南，并监督金融机构严格执行。金融机构有义务履行法律规定的反洗钱职责，并且要将这一职责贯穿于从开户到支付的全过程管理之中。

第一，客户尽职调查（Customer Due Diligence，简写为CDD）和了解你的客户（Know Your Client，简写为KYC）。KYC是金融行业的基础性制度。金融机构在与客户建立业务关系，尤其是开户时，需全方位了解客户。银行、证券公司等依据相关法规收集、分析客户信息，核实资金来源合法性，判断可疑交易。如银行开户，除常规身份登记，还交叉验证客户身份，询问职业等信息，对存疑客户深入调查。在KYC基础上，特定情形下金融机构借助"客户尽职调查"把控洗钱风险。执行"客户尽职调查"时，金融机构用身份证件等核实客户身份，追溯资金流向明确受益所有人，业务存续期持续审查交易，发现异常立即调查并报告。

KYC不仅可以助力反洗钱，从金融机构运营看，还能依客户风险匹配金融产品与服务，控制风险；在宏观层面，它是行为监管和保护金融消费者的重要支撑，有利于营造良好金融市场环境。

第二，可疑活动报告（Suspicious Activity Report，简写为SAR）。在传统现金支付方式下，收款人无须查验付款人身份和资金来源的合法性。而基于银行账户的支付体系不同，金融机构能在操作账户收付时，查验资金情况，监测可疑交易和反洗钱线索。金融机构一旦发现涉嫌洗钱或资助恐怖主义的交易活动，必须向相关机构报告，这对执法部门打击非法金融活动至关重要。

第三，反洗钱的风险评估和管理。风险评估和管理是有效反洗钱计划的重要组成部分。金融机构和国家都需全面评估风险，以识别预防洗钱风险，确定风险水平，制定实施反洗钱政策。

金融机构风险评估包括：基于客户，考量异常行为等因素；基于产品和服务，评估易被用于洗钱的产品，如加密货币业务；基于地域，考虑监管法律等因素；基于业务，检查企业客户和业务运营风险。

制定有效的反洗钱风险评估流程，应包括如下主要内容：识别固有风险并分类；实施风险控制，如建立客户身份验证机制、加强员工培训；跟踪审查残余风险，及时调整措施。对于高风险客户，要强化尽职调查（Enhanced Due Diligence，简写为EDD）和持续监控。金融机构借助自动化系统监控客户交易，标记异常。新技术发展让金融机构识别风险更高效，但也面临数据获取难、平衡不同风险评估类型难等问题，需通过加强与第三方合作、建立科学评估指标体系等策略予以应对。

反洗钱是在全球合作共同构建的法律框架下进行的，其中《联合国维也纳公约》是关键组成部分，该公约从多维度界定、惩处洗钱及相关犯罪，是各国制定国内反洗钱法规的重要参照。1989年成立的金融行动特别工作组（FATF）负责设计并推广打击金融犯罪政策标准，定期更新建议，审查成员国政策程序，推动反洗钱法规的认可与执行。2021年，金融行动特别工作组发布《打击洗钱和恐怖主义及扩散融资国际标准》，内容包括禁止金融机构开立匿名或假名账户，将洗钱刑事定罪，推动建立金融情报机构（FIU），对金融机构提出客户尽职调查（CDD）和可疑活动报告（SAR）要求，为全球反洗钱工作提供有力指导。

国际货币基金组织在反洗钱中也扮演重要角色：通过金融部门评估规划（FSAP）定期评估成员国金融体系的稳健性和反洗钱、反恐融资措施落实情况，发布报告供成员国参考；监管成员国对国际标准的遵守情况，尤其在反恐融资防范方面发挥关键作用；与各国政府和金融机构协作，保障国际金融体系稳定。

除此之外，国际反洗钱合作机制还包括：金融情报机构合作，金融情报机构作为反洗钱国际合作核心机构，各国金融情报机构建立了信息共享机制，加强可疑交易信息收集分析；联合国全球反洗钱计划

（GPAML），由联合国毒品和犯罪办公室（UNODC）主导，通过提供立法和战略建议完善各国反洗钱法律框架，与IMF等合作避免技术援助重复，维护信息网络和数据库，提供信息支持。

第二节 金融基础设施的监管

金融基础设施，除了支付系统，还有中央对手方、中央证券存管机构、证券结算系统和交易存储库五类法律实体。对金融基础设施的监管，保证其稳健运行和持续提供服务，是金融监管的重要方面。

2.1 金融基础设施的类型

金融基础设施是由众多市场参与者组成的多边系统。它既指由参与者共同组成的体系，如支付系统；也指为执行集中的多边支付、清算、结算或登记等功能的法律实体，如中央对手方、中央证券存管机构。这里讨论对提供金融基础设施服务的法律实体的监管。

第一，支付系统（Payment System）。支付系统可以定义为一套机构、工具、程序、规则和技术基础设施，用于促进各方之间的资金转移，以完成金融交易。它包括从最初发起支付到最终结算的整个过程。支付系统的功能为使付款人将资金转移给收款人，从而实现商品和服务的交换。前文讨论了广义支付体系中的银行和支付工具，它们是金融机构与其客户之间的双边支付及其相应的系统，不纳入金融基础设施的监管范畴。这里讨论的纳入金融基础设施监管的支付系统，是为银行等的支付服务提供相应服务的法律实体，它既提供计算机网络、服务器、支付网关和加密技术等硬件和软件系统，也提供相关管理和业务规范。

支付系统可以分为零售支付系统和大额支付系统（Large-value Payment System）。在中国，支付系统有大额支付系统、小额批量支付系统（Bulk Electronic Payment System），以及银行卡支付系统、同业清算系统、电子票据清算系统和为证券交易所的交易提供中央对手方和结算的系统。

在美国，大额支付系统主要有：Fedwire，它是由美联储运营的实时全额支付系统，在美联储开户的机构可以参与该系统；清算所银行同业支付系统（Clearing House Interbank Payment Systems，简写为CHIPS），其参与者是接受美国州或联邦监管机构监管的机构；零售支付系统，包括 ACH（如 FedACH 和 EPN）、支票清算（如 Fed、SVP-Co、Viewpoint）、信用卡（如 VISA）和借记卡系统（Debit Card Systems）。

第二，中央对手方（Central Counter Party）。中央对手方是指介入到一个或多个金融市场中的交易对手之间，通过约务更替（Novation），成为所有卖方的买方或者所有买方的卖方，即共同对手方，它对其与所有交易对手方之间的债权债务进行轧差、计算净额。

中央对手方是在金融市场发展中自然形成的。第一个现代意义上的中央对手方是1882年在法国成立的 Caisse de Liquidation des Affaires en Marchandises。它负责咖啡期货交易所合约的清算，并首次引入约务更替方式，即将交易双方的法律义务，转变为每一个买方和每一个卖方分别与中央对手方的债权债务关系。中央对手方作为"所有卖方的买方"或"所有买方的卖方"，将交易双方之间的支付关系转变为它们分别与中央对手方的支付义务，以此清偿买卖双方的初始债务。如图12.4所示，原来银行之间通过各自的往来银行完成的支付，转变为通过中央对手方完成。中央对手方还确保在某一个或一些清算参与机构违约时，提供履行合同义务的明确保证。

中央对手方建立后，银行或金融机构作为清算结算机构的参与人，在清算机构开立账户，参与人之间通过其在中央对手方开立的账户完成结算。在中央对手方体制下，清算时点，中央对手方对参与人的收

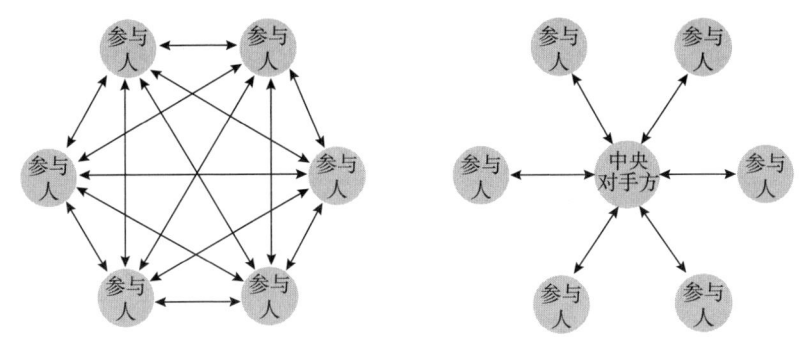

图 12.4 中央对手方支付示意图

支进行轧差，也就是抵消多个结算参与人之间的债务，计算出各个参与人与中央对手方之间的双边净头寸。到了交收时点，参与人与中央对手方完成交付。由于所有市场参与人的头寸都通过中央对手方清算和交割，它成为星形网络中的中心节点，在支付体系中占据重要地位。

中央对手方主要通过多边净额结算来降低风险敞口，还借助参与人提交的抵押品和保证金弥补剩余的风险敞口，以此降低参与人的对手方风险。不过，中央对手方同样面临参与人不能履约的风险。所以，建立完善的参与人风险管理制度和违约处理机制，维持充足的损失吸收能力，对保持中央对手方自身的稳健运营至关重要。

中央对手方在支付体系中扮演着不可或缺的角色，是一国重要的金融基础设施。从运营主体看，中央对手方既可以由商业机构担任，也能够由政府机构或国有企业充当。值得一提的是，中央银行制度建立后，中央银行作为最后贷款人，要求商业银行在中央银行开立账户并缴纳存款准备金，进而利用商业银行在中央银行开立的账户办理结算，与中央对手方在支付体系中的作用相互关联又各有侧重。

随着交易规模的扩大和银行数量的增加，如果交易双方按本章前面讨论的方式，即按图 12.1、图 12.2 或图 12.4 左边的方式，通过其开户银行的相互往来账户完成支付，意味着支付数量和双边支付金额

第十二章 货币及金融基础设施的监管   457

将极为庞大。这种支付方式不仅效率低下，风险也很高。支付双方都面临对手方以及开户银行的信用风险。在信息不透明且支付网络极其复杂的情况下，若一个或多个市场主体违约或出现操作失误，就可能引发连锁反应，导致系统性风险。

于是，一些专门的清算机构就在市场演进中自发地出现了。它们作为银行的共同对手方，承担中央对手方的职能。1853 年，美国 62 家银行组建的纽约清算所成为美国最重要的清算机构。1913 年美联储成立，《联邦储备法案》规定，美联储有改进支票清算的职责，特别是不同区域银行之间的清算。1914 年，美联储组建了清算系统 Fedwire，为成员银行提供清算服务。目前，Fedwire 的参与人包括联邦储备银行、地区联储、国库和其他政府代理机构，以及银行等金融机构。这些参与人通过在联储银行开立的账户参与支付和结算。1970 年，纽约清算所协会（New York Clearing House Association）在纽约清算所基础上组建了银行同业支付系统。它的成立打破了美联储在支付体系中的垄断地位，并成为全球最大的私营支付清算系统之一。目前，CHIPS 和 Fedwire 共同构成了以美元计价的大额交易支付网络。

中华人民共和国成立后至 20 世纪 70 年代末，中国人民银行一直是全国唯一的银行，为政府、企业和居民提供所有的金融服务。由于人民银行的"所有客户"都在该行开立账户，所以人民银行也是清算结算服务的提供者（见图 12.5）。1984 年，中国对金融和银行体制进行重大改革，剥离了中国人民银行的商业银行职能，使之成为中央银行。作为银行的银行，所有商业银行都在中国人民银行开立准备金账户，商业银行之间的支付和结算均通过它们在中国人民银行开立的准备金账户进行。中国人民银行的支付系统一直是中国最重要的金融基础设施。

目前，中国的中央对手方还有：上海清算所，为银行间市场的交易提供清算服务；中国证券登记结算公司，为三家证券交易所的证券

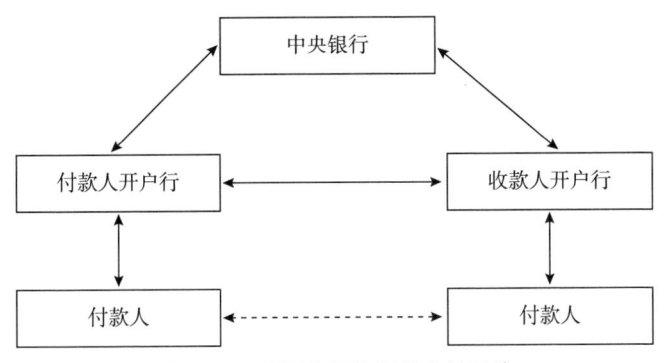

图 12.5　中国人民银行的支付系统

交易提供清算服务；中国商品和金融期货交易所，自己办理清算和结算业务，它既是交易场所也是清算和结算机构。美国的主要中央对手方还包括：国家证券清算公司、固定收益清算公司、芝加哥商品交易清算所、ICE 清算信用所、期权清算公司。它们为证券、衍生品等的交易提供中央结算服务。

第三，中央证券存管机构（Central Securities Depositories）。中央证券存管机构是保管实物或电子形式证券的法律实体。它是法律认可的证券所有权登记机关，提供证券账户开立、中央证券保管以及其他资产保管等服务。它需保证证券登记的完整性和准确性，确保登记记录不会被销毁、篡改。此外，中央证券存管机构还为证券发行人提供"公司行为"等管理服务，例如分红等，它要保证证券发行的公正和可靠，维护持有人权利。

在中国，中央证券存管机构为中央国债登记结算公司和中国证券登记结算公司。在美国，中央证券存管机构主要是存管信托公司（Depository Trust Company）。

第四，证券结算系统（Securities Settlement Systems）。结算是指交易完成后，交易涉及的证券和款项的所有权转移。证券结算系统是指按照多边协议或规则，通过账簿系统办理结算和交付的系统，它可以为交易或非交易办理证券过户业务。目前，证券交易的结算大都采用"货银对付"（Delivery versus Payment）方式，即只有在支付发生时才交付证券。证券结算系统还提供确认交易和发送交收指令等相关服务。

在组织上，中央证券存管机构和证券结算系统可以由一家法律实体提供。例如，中国证券登记结算公司既是中央对手方和中央证券存管机构，也是证券结算机构。

第五，交易存储库（Trade Repositories）。交易存储库是收集、存储交易数据的机构，为一个或多个交易场所提供服务，旨在提高运营效率、增进市场透明度、降低数据存储的成本和风险，进而为监管机构提供信息和数据支持。在美国，知名的交易存储库有 DTCC Data Repository (U.S.) LLC、ICE Trade Vault 以及 CME Swap Data Repository 等。我国目前尚未建立关于交易存储库的法律框架和监管规则，尚未特设机构。中国外汇交易中心和中证机构间报价系统股份有限公司可作为交易存储库被看待。目前金融各垂直细分行业交易数据存储较为完整，如支付清算（银联、网联）、征信、反洗钱、登记结算、交易场所等。数据收集和存储比较完整，已具备建立交易存储库的前提条件。

2.2 金融基础设施的风险

金融基础设施是由众多机构和参与者组成的复杂多边系统，处理的交易和结算数量、金额极为庞大。金融基础设施对支付等业务进行集中管理，使参与者能够更有效地管理和减少风险。然而，这种业务活动集中模式，本身也在聚集风险。由于它和市场参与者之间存在多边、复杂的业务关系和相互依存关系，使得金融基础设施面临的问题比其他金融机构更为特殊与复杂。其主要风险包括：

一是系统性风险。金融基础设施与金融市场和金融机构有着广泛的相互联系。这种相互依存性在一定程度上有助于提高金融中介机构业务活动的安全性和效率。但是，一旦金融基础设施不能持续、稳定地提供服务，就会影响所有市场参与者，导致所有参与者的支付、清算、结算都会受到干扰，进而引发金融机构的流动性风险、信用风险、法律风险，甚至可能致使金融机构倒闭。正是因为金融基础设施与金融机构和市场存在这种密切而广泛的联系，所以它成为"关系过密而不能倒"的、具有系统重要性影响的机构。

金融基础设施自身也面临来自金融机构或金融体系风险的冲击。倘若基础设施的一个或多个参与者无法按预期履行义务，便可能致使金融基础设施无法履行它对其他市场参与者的到期义务，进而引发连锁反应，对更广泛的市场参与者造成影响。

前文各章已讨论过流动性风险，当金融基础设施不能履行其对市场参与者的到期义务时，就会引发市场参与者的流动性风险。若其中一些机构因此不得不抛售资产、平仓、延迟或者撤销支付，便可能引发新的抛售行为或者处置抵押品的情况。

在市场压力时期，金融基础设施作为市场运行的枢纽，极易引发传染效应，加重并放大系统性风险。这不仅会加深危机程度，还可能导致金融体系进一步混乱，破坏公众对金融基础设施安全性、稳健性和可靠性的信心，并通过信心传染机制外溢至更大范围。

金融市场基础设施及其与金融机构和金融体系的相互依赖关系，使它们成为重要的系统性风险源头。这种相互依赖关系增加了服务中断后快速且广泛地跨市场扩散的可能性。若金融基础设施自身的支付、清算、结算和记录过程依赖于一个或多个金融基础设施的功能，那么一个金融基础设施的中断会立即导致其他金融基础设施中断。在五大类金融基础设施中，支付系统、中央对手方和证券结算体系受系统性风险的影响最大。相应地，如果它们出现问题，对金融体系乃至实体经济的影响都可能是系统性的。

二是法律风险。五大类金融基础设施均面临法律风险。与银行等金融机构不同，金融基础设施面临的法律风险具有显著的特殊性，主要源于法律或法规适用上的不确定性，进而可能导致损失。例如，中央对手方的交易对手方若处于不同监管辖区，由于适用的法律各异，就可能致使合同"非法"或无法执行。再如，因法律程序的影响，支付可能会延迟，追回金融资产或冻结头寸存在时滞，这会引发流动性风险、信用风险等。此类风险在跨境交易中表现得尤为突出。若对这类风险管理或处置不当，极有可能引发系统性风险。这也是金融基础设施监管以及国际金融监管协调机制重点关注的方面。

三是信用风险。金融市场基础设施及其参与者均面临信用风险，即交易对手方无法在到期时或未来完全履行其义务的风险，该风险包括重置成本风险（Replacement-cost Risk）和本金风险。重置成本风险是指与对手方交易未结算的待实现收益遭受损失的风险，此风险按当前市场价格替换原始交易成本进行计量。本金风险则是指交易对手损失交易所涉全部价值的风险，例如，已向金融资产的买方不可撤销地交付资产，却未收到付款。金融基础设施的信用风险可能源自其参与者，也可能来自其结算银行、托管人或其他金融基础设施。

在五大类金融基础设施中，支付系统、中央对手方和证券结算系统这三类设施不仅信用风险具有特殊性，而且因它们为金融体系、实体经济和居民提供关键性的金融服务，在维护金融体系稳定中占据重要地位，所以它所面临的信用风险成为监管机构主要关注的问题。

四是流动性风险。金融基础设施与参与者联系广泛，在清算、结算过程中，若一个或多个参与者或其他机构无法履行到期义务，金融基础设施就会面临流动性风险。作为市场基础设施，金融基础设施与众多市场机构相互依存，其流动性风险极易引发较大的连锁反应。在市场流动性紧张时期，流动性风险很容易传导至金融基础设施，而后者也可能成为风险源放大、传染流动性风险的枢纽。因此，对金融基础设施而言，流动性风险管理及其监管框架至关重要。

金融基础设施对参与者和结算银行等按期履行义务要求极高，一且金融基础设施缺乏充足的财务资源来履行对其他参与者的支付义务，流动性风险波及的范围将会很广。

金融基础设施与其参与者均可能面临流动性风险，即虽然对手方未来可能有能力偿付债务，但在预定时间内没有足够资金履行义务。流动性风险可体现为资产卖方无法收到到期付款，致使卖方不得不借入资金或变现资产以履行自身到期付款义务；也可表现为资产买方无法在到期时收到需交割的资产，导致买方可能不得不借入资产以完成交割义务。

第七章讨论了流动性风险及其可能引发的系统性问题。金融基础设施及其参与者在结算日都可能遭遇流动性风险，且这种风险具有高度传染性。特别是在市场功能无法持续正常发挥、流动性不足或资产价格剧烈波动时期，参与者普遍承受流动性压力，若仅通过抛售资产来履行到期债务，就可能触发市场流动性螺旋与融资流动性螺旋的双螺旋交互影响，进而引发整个市场的偿付能力危机。

金融基础设施的流动性风险不仅源于其参与者，还可能来自结算银行、托管银行、市场中的流动性提供者以及其他金融基础设施。当这些机构无法按预期履行义务时，流动性风险便会被触发。五大类金融基础设施中的支付系统、中央对手方和证券结算系统面临的流动性风险最为突出，也使对它们的监管中，流动性风险的管理与防范成为重中之重。

五是其他风险。与其他金融机构一样，金融基础设施也面临操作风险、一般商业风险、托管风险和投资风险等。操作风险是指由于信息系统故障、内部流程缺陷、人为失误、管理不当或外部事件干扰等因素，导致金融基础设施提供的服务减少、质量恶化甚至瘫痪的风险。对于依赖庞大技术系统和广泛网络来提供支付和结算等服务的金融基础设施而言，网络安全和技术系统的稳健可靠是防范操作风险的关键环节，而金融基础设施与参与者之间的技术接口及规范等，则是确保操作风险得到有效控制的基础环节。

　　金融基础设施还面临一般商业风险，即与金融基础设施作为商业企业的管理和运营相关的风险，但不包括与参与者或其他实体违约有关的风险。托管风险是指因托管人的破产、疏忽、欺诈、管理不善或记录保存不当等原因，致使金融基础设施遭受损失的风险。投资风险是指金融基础设施在对自身或参与者的资源进行投资时所面临的损失风险。这些风险与银行等金融机构的相关风险具有一定共性，其风险控制机制和监管机制在此不再赘述。

2.3 金融基础设施监管的基本原则

　　对支付系统等金融基础设施的监管，一直是各国和国际组织关注的重要问题。2001年，支付结算委员会发布了《系统重要性支付系统的核心原则》（以下简称《核心原则》）明确了具有系统重要性支付系统的安全、高效设计和运行的10项原则。[①] 在这《核心原则》之后，2001年支付结算委员会和国际证监会组织联合发布了《证券结算系统建议》。2004年，在《证券结算系统建议》的基础上，支付结算委员会和国际证监会组织发布了《中央对手方建议》。2010年，支付结算委员会和国际证监会组织全面梳理了现有的三套金融基础设施标准，即《核心原则》《证券结算系统建议》和《中央对手方建议》，以加强对核心金融基础设施和市场的监管。2012年，支付结算委员会和国际证监会组织发布了《金融市场基础设施原则》。金融市场基础设施监管的目标是降低系统性风险、增加市场透明度和促进金融稳定，而持续稳健运行和持续提供服务最为关键。与对其他金融机构监管类

---

① 支付结算委员会（The Committee on Payment and Settlement Systems，简写为CPSS），是一个由G10国家中央银行组成的委员会，负责监督支付、结算和清算系统，以促进高效的支付与清算系统和建立强大的市场基础设施。CPSS于2014年更名并重组，成为支付与市场基础设施委员会（CPMI）。

似，对基础设施的监管也来自两个方面，即准入制度和持续监管制度。金融基础设施的法律实体要建立完善的公司治理和全面的风险管理框架，建立完备的恢复与处置机制。每一类金融基础设施都要纳入监管并有明确的监管机构。这里重点讨论与其他金融机构监管不同的方面。

2.3.1 法律基础

法律基础对金融基础设施至关重要，主要体现在以下三个方面。

一是确保业务可执行。支付系统等金融基础设施交易繁多、关系复杂，明确法律基础能保障规则、程序和合同的可执行性，让参与者的权利义务受到保护，在参与者违约时，能执行违约程序，如冻结资产、清算抵押品来结算交易。

二是减少不确定性和风险。它为各方提供法律确定性，明确金融基础设施运营商、参与者及其客户的权利义务，避免纠纷，利于金融基础设施管理风险。如明确结算最终性（Settlement Finality），能降低非最终结算等风险，促进金融系统稳定。

三是增强市场信心。市场信心关乎金融体系稳定，强有力的法律基础增强参与者信任，比如证券交易市场中，投资者因法律保护证券所有权记录更愿交易，这会吸引更多参与者，增加流动性。健全法律基础能降低系统性故障风险，反之，若运营缺乏法律基础，故障易引发多米诺骨牌效应，破坏金融体系稳定。

《金融市场基础设施原则》的原则一规定："金融市场基础设施在所在监管辖区开展的每项活动的实质方面，都应有充分、清晰、透明且可执行的法律基础。"辖区应为每个实质方面提供高度确定性。金融市场基础设施应制定清晰、易懂且与相关法律法规一致的规则、程序和合约，并以清晰易懂的方式向有关当局、参与者以及参与者的客户阐明其活动的法律基础。金融基础设施制定的规则、程序和合约应能在辖区内执行，依据这些规则和程序采取的行动应具有高度确定性，不会被宣布无效、撤销或被迫中止。对于在多个管辖区开展业务的金融基础设施，应识别并化解各管辖区之间潜在法律冲突所产生的风险。

法律框架涵盖管理财产、合同、破产、公司、证券、银行、担保权益、债务等内容的一般性法律法规。针对金融基础设施活动制定的法律法规，包括：金融基础设施的授权与管理，监管与监督，金融工具的权益，结算最终性，轧差，证券的无纸化和固定化，货银对付、款对款支付或交付对交付安排，抵押品安排（包括保证金制度），违约程序，以及金融基础设施的处置等方面。

法律基础应清晰界定金融基础设施、设施的参与者以及相关参与者客户所涉金融工具（现金、证券或者由金融基础设施直接或间接持有的托管资产）的权利和权益。法律基础应充分保护金融基础设施持有的客户资产以及金融基础设施持有的参与者客户的资产，避免因相关方破产或其他相关风险影响金融基础设施的运行。与金融基础设施运行有关的规则、程序和合约应在所有相关司法管辖区内具有强制执行力，特别是法律基础应支持金融基础设施的参与者遵守规则与程序。在处理违约或破产情况时，参与者转移和抛售直接或间接参与者资产或头寸的行为更是如此。金融基础设施应高度确定其在上述规则与程序下采取的行动不会被废止、撤销或被迫中断。模糊的可执行程序会延误或阻碍金融基础设施履行其对非违约参与者的义务，甚至可能增加其潜在损失。即便参与者违约或对参与者启动破产诉讼，破产法也应支持风险隔离，以及保留和使用前期付给金融基础设施的抵押品和现金。

如果金融基础设施实行轧差安排，其执行力应具有健全和透明的法律基础。一般来说，轧差安排抵消了两个或多个参与者之间的债务，从而减少了结算一批交易所须的支付或交割的笔数和金额。轧差安排需要取得法律的明确认可和支持，并在金融基础设施和违约参与者破产时具有强制执行力。约务更替、公开报价和其他使金融基础设施成为中央对手方的法律手段应当建立在健全的法律基础上，从而为市场参与者提供中央对手方法律上的确定性，使中央对手方能支持这类交易。通过约务更替，买卖双方之间的原始合同终止，并生成两份新合同，一份是中央对手方与买方的合约，另一份是中央对手方与卖方的合约。中央对手方由此承担原合约当事人彼此之间的合约义务。在公开报价系统中，中央对手方作为市场参与者的交易对手参与到公开报价中，当参与者执行交易时，中央对手方便介入其中。如果所有预设的条件得到满足，买方和卖方之间将不再存在合约关系。

对于支付与结算基础设施，一个关键性的法律基础必须明确，即结算最终性。结算最终性是指金融基础设施或其参与者根据相关合约条款对资产和金融工具的转让或债务的清偿是不可撤销的、无条件的。根据金融基础设施的规则和程序，其受理结算的支付、转账指令或其他债务，应该在预定的生效日进行具有最终性的结算。生效日是指支付、转账指令或其他债务到期可被接收相关资金和证券的参与者使用的日期。把最终结算延至下一个工作日，会对金融基础设施的参与者和利害人造成信用压力和流动性压力，还可能成为潜在的系统性风险来源，所以在生效日日终完成具有最终性的结算非常重要。为此，金融基础设施应具备清晰的法律基础，界定金融基础设施中结算最终性的发生时点。金融基础设施应该至迟于生效日日终提供清晰和确定的最终结算。如果有必要或更好，金融基础设施应该在日间或者实时提供最终结算，以减少结算风险。其未结算的支付、转账指令或者其他债务，均不得被参与者撤销。

2.3.2 信用风险和流动性风险的控制与管理

金融基础设施的信用风险和流动性风险，一方面来自其"对手方"，即支付和结算系统的参与者；另一方面来自支付、结算过程。金融基础设施面临的风险取决于支付和结算模式的设计、规则以及法律框架等因素。在一些支付和结算模式中，金融基础设施往往为参与者提供日内或隔夜的融资或融券服务。如果风险控制不力，参与者的风险会导致金融基础设施无法按时履行义务，进而影响其他参与者，产生连锁反应。若参与者不能按时履行义务，则金融基础设施需要垫付资金。例如，在延期净额结算系统（Deferred Net Settlement System）中，金融基础设施往往承担担保交收责任。这就要求金融基础设施有效计量、监控和管理其参与者的信用风险和流动性风险，以及支付、清算和结算过程中面临的信用风险和流动性风险。

首先是信用风险的管理。信用风险的控制和防范需要两个条件：一是金融基础设施要保持足够的财务资源，以充分覆盖对每个参与者的信用敞口以及总的风险敞口；二是建立完备的抵押品和保证金机制，这对中央对手方等金融基础设施的对手方信用风险和流动性风险管理尤为重要，也是监管机制关注的重点。

关于抵押品的管理。金融基础设施为防范信用风险，一般都会要求参与者提供一定的抵押品，以保护它自身及其参与者在参与者违约时免遭潜在损失。抵押品还可以激励参与者有效管理其对金融基础设施或其他参与者构成的风险。金融基础设施也需要有效地管理抵押品，设定合理的垫头（haircut，又译估值折扣），以应对抵押品的价值波动风险，从而以高置信度确保在极端但可能的市场条件下，抵押品的变现价值仍将大于或等于抵押品所担保的债务。此外，金融基础设施应有能力在需要时迅速处置抵押品。金融基础设施的抵押品管理制度包括：确定并定期调整可以接受的抵押品类型，通常是信用等级高、流动性好的金融资产或货币；设定合适的抵押品垫头；建立审慎的抵押品估值制度和逐日盯市制度；开展定期的压力测试，根据市场状况适时调整垫头，这有助于降低顺周期问题；建立抵押品集中度管理制度，避免抵押品的过度集中，防止影响抵押品的处置。风险管理应识别并化解可能导致错向风险的信用暴露，定期评审其组合。

关于保证金。保证金是以货币、证券或其他金融工具存放的抵押品，用以确保运行并在参与者违约时化解其所清算的所有产品的信用暴露。保证金制度是金融基础设施最为关键的风险管理工具，中央对手方可以通过保证金制度管理参与者的风险敞口。金融基础设施要在充分评估风险的基础上，建立有效的保证金管理制度和系统。保证金水平的确定要建立在可靠、及时的信息基础上，通过可靠的估值模型测算，使之足以覆盖参与者的潜在风险敞口。测算内容包括价格波动和相关性、非线性价格特性、悬崖违约风险、市场流动性、可能的变卖程序、价格与头寸的相关性等。基于风险的初始保证金模型和参数得出的保证金，要足以覆盖交易对手从发生违约到完成终止结算期间的未来潜在信用风险敞口。初始保证金应满足估计的未来暴露分布的99%以上单尾置信水平。组合保证金，即将两种或以上产品的保证金需求合并计算的方法，需要评审并测试产品间保证金的抵消情况。两个或多个基础设施之间也可以采用交叉保证金安排，它们之间可以达成协议将共同的参与者在各个基础设施的头寸和保证金作为共同组合统一考虑。保证金制度应确保其所设定的保证金水平与产品、投资组合以及所服务市场的风险和特性相匹配，还应当考虑原生工具的复杂性和及时、高质量的定价数据的可获得性。基础设施要通过严格的每日后向测试和至少每月进行的敏感性分析，监测保证金的总体覆盖情况。

关于头寸管理制度。由于价格或头寸以及二者共同的变化，可能面临其参与者的暴露迅速变化的风险。通过对每个参与者的头寸余额进行"盯市"，以确定对参与者的当前暴露。在制度允许和法律支持的范围内，应将收益和损失轧差，并尽可能缩短结算收益和损失的频率。这种结算应该包括每日（必要时，日间）向头寸减少的参与者收取变动保证金，也可以向头寸增加的参与者退还保证金。金融基础设施应有权力和操作能力对参与者执行计划内和计划外的日间保证金追加和支付要求。

其次是流动性风险的控制与管理。如果金融基础设施向参与者提供日内融资，即便融资完全有抵押，也可能面临因参与者违约产生流动性压力。若不能在短时间内将违约参与者的抵押品快速变现，金融基础设施就没有足够现金履行对其他参与者的所有付款义务，进而导致结算失败。在面临流动性不足时，金融基础设施需要依靠自有流动性资产以及预先安排的其他流动性资源来弥补资金缺口并完成结算。

因此，金融基础设施应保持充足的流动性资源，确保即便在参与者及其关联公司违约的情况下，也能保证当日日内或多日结算的付款义务得以履行。金融基础设施要建立管理参与者、结算银行、代理银行、托管银行、流动性提供者等主体流动性风险的框架，运用分析工具和模型持续及时地识别、衡量、监控结算和资金流情况。

金融基础设施应通过严格的压力测试定期测试流动性资源的充足性。压力测试的情景要充分考虑金融基础设施的制度设计和运营情况，对于结算银行、往来代理银行、托管银行等对金融基础设施构成重大流动性风险的实体，在适当情况下测试情景要涵盖多个到期日。

金融基础设施应制定明确的规则和程序，使其自身能够在参与者之间出现任何个体或总体违约后，按时履行当日或多日的付款义务。在某些极端情况下，金融基础设施或其参与者的流动性资源仍可能不足以履行付款义务。对于这些特殊情形，金融基础设施应制定明确的规则和程序，解决不可预见但可能出现的流动性短缺问题，并应避免解除、撤销或延迟当日结算付款义务。这些规则和程序还应表明金融基础设施在压力事件期间补充其可能使用的流动性资源的流程，以便继续以安全和稳健的方式运作。

金融基础设施应清晰地认识和识别自身流动性风险的来源，并每日评估当前以及潜在的未来流动性需求。金融基础设施应具备有效的操作和分析工具，以便持续及时地识别、度量、监测其结算和资金流状况。支付系统和证券结算系统应确保持有充足的流动性资源，从而在各种可能的压力情景下，以高置信度实现当日、日间及多日支付债务的结算。中央对手方同样应持有足够的各币种流动性资源，用以结算与证券相关支付要求的变动保证金，并在各种潜在压力情景下以高置信度按时结算其债务。

为满足最低流动性资源要求，金融基础设施应按每种货币计算合格流动性资源，包括存放在中央银行和信誉良好的商业银行的现金、已承诺的信贷额度、已承诺的外汇掉期和已承诺的回购、托管的优质抵押品以及可随时变现的投资。对于这些流动性资源，金融基础设施应制定使用这些资源的制度和预案，以满足极端情况下的流动性需求。金融基础设施的流动性规划不能仅依赖紧急央行融资。即便金融基础设施能够获得中央银行的常规性融资，也需维持充足的合格抵押品，且不能因此降低对流动性风险管理的标准以及通过市场获取流动性的能力。若金融基础设施无法获得常规性的中央银行融资，也应持有中央银行通常接受的抵押品，将其作为压力情况下的流动性储备，在需要时能够及时变现，或者可作为合格抵押品获取融资。

在某些极端情况下，金融基础设施或其参与者的流动性资源可能不足以履行金融基础设施的付款义务，以及金融基础设施内参与者相互之间的付款义务。例如，金融基础设施持有的流动性资产无法在当日变现，或者变现周期比预期更长。当金融基础设施的单个或多个参与者违约等极端情况发生时，应制定明确的规则和程序，以便在条件允许时，能够当天、隔日或多日结算付款，以此应对流动性问题。这些规则和程序应解决不可预见且可能出现的流动性短缺问题，并应致力于避免解除、撤销或延迟当日结算付款义务。

同时，这些规则和程序还应明确表明金融基础设施在压力事件期间补充可能使用的流动性资源的流程。若金融基础设施向其参与者分配可能发生流动性缺口，必须有明确和透明的分配规则与程序。这些程序可能涉及金融基础设施与其参与者之间的资金安排，包括根据清晰透明的公式在参与者之间共同分配缺口，或采用流动性配给方式。任何分配规则或程序都必须与参与者进行全面讨论，并清晰地传达给参与者，同时要与参与者各自的监管流动性风险管理要求保持一致。

2.3.3 结算风险

支付系统、中央对手方和证券结算系统面临的另一个重要风险是结算风险，即结算未能按照预期进行的风险。无论交易结算发生在金融基础设施自身的账簿上，还是发生在另一个金融基础设施的账簿上，又抑或发生在中央银行或商业银行等外部机构的账簿上，金融基础设施都面临这种风险。防范结算风险的原则包括：结算最终性；货币结算（Money Settlement），实物交割（Physical Delivery）。

本章的法律基础一节已讨论了结算最终性。金融基础设施必须认可它与系统参与者之间、参与者之间付款、转账指令或其他债务清偿的最终性。结算最终性的关键要素主要有三。（1）金融基础设施的规则和程序应明确规定最终结算的具体时点。（2）应在起息日结束前完成最终结算，最佳情况是在日内或实时完成，以此降低结算风险。大额支付系统或证券结算系统应考虑在结算日采用实时全额结算（RTGS）或多批次处理方式。（3）金融基础设施应明确在规定时点之后，参与者未结算的支付、转账指示或其他义务，均不得撤销。

结算主要通过两种形式实现。一是货币结算。在可行的情况下，金融基础设施应使用中央银行货币进行结算；若不使用中央银行货币，金融基础设施则应最小化并严格控制因使用商业银行货币所产生的信用风险和流动性风险。二是实物交割。金融基础设施应明确规定有关实物形式的工具或商品的交割义务，并对与实物交割相关的风险进行识别、监测和管理。

2.3.4 参与者管理及其违约的规则与程序

建立参与者准入制度以及针对参与者违约的规定和程序等，是保障金融基础设施稳健运行的最重要的制度安排。第十章讨论了证券交易所作为自律组织对参与者的自律管理。从参与者管理的角度来看，金融基础设施具备自律组织的一些属性。即便金融基础设施并非法律确定的自律组织，也会通过类似的制度安排，对参与者的资格和业务作出规定。

一是准入制度。准入制度指的是获准使用金融基础设施服务的权利，准入对象涵盖参与者、交易平台等其他市场基础设施，以及撮合系统等相关服务提供者。金融基础设施需通过设定与风险相关的合理参与要求，控制参与者可能带来的风险。金融基础设施应确保参与者以及与其相连接的金融基础设施具备必要的营运能力、金融资源、法定权利和专业风险管理能力；同时，保障参与者能够公平、公开地获得服务。金融基础设施应建立与风险相关的合理要求，要求参与者满足规定的运行要求、财务要求和法律要求，并及时履行其义务。这些要求的制定，应当合理且契合金融基础设施的特定风险控制需求，能够保证客观公正地对待参与者，不得存在歧视或导致竞争扭曲。金融基础设施还需通过风险管理控制、风险分摊安排以及其他运行安排，来管理与参与者之间相关的风险，并且使这些制度安排对竞争产生的影响或限制尽可能小。金融基础设施应持续监测参与者的情况，以确保其持续符合这些要求。若金融基础设施认为某一参与者带来的风险增加，则有权采用限制措施或其他风险控制手段。金融基础设施要有明确且公开披露的程序，以便对违反规定或不再满足要求的参与者实施暂停业务或取消其参与者资格的处罚。

二是分级参与安排及其风险控制。准入制度可能致使一些机构无法直接使用金融基础设施提供的服务，它们只能借助金融基础设施的直接参与者获取相关服务，即间接使用金融基础设施的服务，由此便产生了分级参与安排。分级参与安排中的这种依赖关系，使得参与者及金融基础设施不可避免地面临间接参与者带来的信用风险、流动性风险和运行风险。若间接参与者未能履行其对直接参与者的义务，不仅会影响直接参与者履行自身义务，还可能对金融基础设施造成影响。若管理不善，还会危及金融基础设施的稳健性以及服务的持续供应。倘若间接参与者的合同义务以及在违约时对这些交易的处理方式存在不确定性，金融基础设施还会面临法律风险或运行风险。

金融基础设施应当识别、监测并管理由分级安排引发的风险。应在规则、程序和协议中明确允许收集间接参与者的基本信息，以此识别和管理因分级参与安排而产生的实质性风险，深入了解和掌握直接参与者与间接参与者之间可能对金融基础设施产生实质影响的依赖关系及其影响程度。因此，对于业务占比较大的间接参与者，金融基础设施同样需重点关注，并采取必要的风险控制举措。同时，针对这种相互依赖关系可能导致的信用风险和流动性风险，金融基础设施要通过与直接参与者签订的协议，规定信用额度或头寸额度，并强化直接参与者有效管理其与间接参与者之间风险的责任。金融基础设施还需定期评估分级参与安排的风险，并适时调整相应的风险控制机制。

三是违约管理。 针对参与者违约进行管理的制度和程序，有助于金融基础设施有效应对由此衍生的信用风险、流动性风险等，保障持续稳定运行并维持稳健状态。违约管理制度的目的还在于：在极端但有可能出现的市场条件下，确保结算能够及时完成；将金融基础设施和非违约参与者的损失降至最低；控制对市场的破坏程度；为金融基础设施在需要时获取流动性便利提供清晰的框架；以审慎且有序的方式管理和轧平违约参与者的头寸，并处置抵押品。

金融基础设施的规则和程序应当清晰阐明参与者违约的构成要件，涵盖参与者在财务和运行方面的违约情形。其关键内容包含：宣布违约时，金融基础设施能够采取的措施；哪些措施是自动实施，哪些需要酌情裁量；明确极端情况下的处置办法；管理不同处理阶段的交易；对自营交易、客户交易和账户的处理方式；采取措施的可能先后顺序；非违约参与者在内的各方所承担的作用、义务和责任；其他可采用的用于限制违约影响的机制。

金融基础设施的违约规则和程序，应确保在参与者违约的时点之前、当时以及之后，都能及时采取措施，控制损失和流动性压力，并明确不同情形下不同类型资源使用的先后顺序。金融基础设施应制定清晰、可行的计划，明确在违约发生后的适当时间内补充资源，以保障其能够持续安全稳定运行。

在出现违约事件时，金融基础设施应当向公众披露其违约规则和程序的关键要点，包括：可能采取措施的具体情形；有权采取上述措施的主体；可以采取措施的范围，包括对自有头寸和客户头寸、资金及其他资产的处理方式；解决金融基础设施对非违约参与者债务问题的机制等。

第三节 加密资产与中央银行数字货币

近年来，随着区块链技术的出现，加密资产（Crypto Asset）对传统货币和支付方式发起了挑战。2008年10月31日，中本聪发表了论文《比特币：一种点对点的电子现金系统》。随后，在2009年1月3日，他发布了一种点对点的去中心化的数字货币——比特币。自此，加密资产正式进入人们的视野，并对全球的货币、支付以及金融市场的交易活动产生了重大影响，同时也给监管带来了重大挑战。不过，以法偿货币为核心的货币支付体系，至今仍是现代支付体系的基础与核心。

3.1 加密资产及其特点

从最早的比特币到泰达币（USDT）等稳定币，曾经有不同的术语描述这种新兴的资产或货币，如数字货币（Digital Currency）、虚拟货币（Virtual Currency）、加密资产可兑换虚拟货币等。这里统称"加密资产"，其英文词语有两层含义：

第一层是加密，即"crypto"，其原意为"藏匿"或"秘密"。体现的是加密技术的匿名性和保密性，记录谁拥有加密资产及其数量以及用户之间转移、支付的技术都围绕这一点。加密资产基于区块链技术。区块链是一种分布式账本，由多个节点共同维护，数据以区块的形式按时间顺序相连，采用密码学技术保证数据的不可篡改和安全性。以比特币为例，交易信息被打包成区块，通过矿工的算力竞争（即工作量证明机制）来验证和添加到区块链上，从而确保交易的真实性和账本的一致性。

第二层是"asset"，体现的是资产概念。加密资产与前面讲到的现金或其他资产不同，它以电子方式存在，通过点对点的技术系统实现转移。加密资产的持有人不依靠传统的方式持有资产，而是通过区块链技术提供分布式账本持有，这样它们控制资产、实现支付都不依赖传统的方式。在信任这个系统的安全性和匿名性的人们构成的生态中，不仅有加密资产的持有者，还包括开发者、矿工（对于采用工作量证明机制的加密资产）、加密资产交易平台、各类服务提供商（如钱包服务提供商）等。开发者不断完善加密资产的技术和功能，矿工保障区块链网络的安全运行，交易平台提供资产交易的场所，钱包服务提供商帮助用户安全存储和管理加密资产，各个角色相互协作，共同推动了加密资产的发展和运行。

加密资产作为一种由"私人机构"发行的支付工具或证券，具有匿名性和虚拟性。它既不同于依赖国家强制力的传统支付工具和证券，也不同于"商业银行货币"。商业银行货币是受存款保险保护的"信用货币",且受到严格监管。对加密资产而言,只要用户接受,就可在这些用户组成的社区中使用和交易。其发行机构甚至可以是虚拟组织。这种虚拟组织并非法律实体,所发行的加密资产既不与真实资产挂钩,也不依靠发行人的信用发行。以比特币为例,比特币是"矿工"在"挖矿"过程中获得的挖矿奖励。

作为数字化的价值代表,加密资产以数字化方式发行和交易,还被一些人当作交易媒介或价值贮藏手段,并且发展出了智能合约,能够自动执行发行和交易等功能。

加密资产也可由法律实体发行。发行人会将发行筹集的资金用于数字平台、软件等项目的开发和运营。投资者持有这类资产,期望获得投资收益,或者获取访问数字平台、使用软件等其他权利。加密资产的发行、交易、转换等环节,不通过传统金融中介机构和交易场所,而是借助区块链上的分布式账本实现。目前,也有部分加密资产在加密资产交易所等交易场所进行交易和转换,这些交易所的职能涵盖加密资产与法定货币或其他加密资产的交易与转换,以及加密资产的衍生品交易。

自比特币诞生后,加密资产的发行、交易及应用呈爆发态势,全球已有几千万甚至过亿人持有并参与交易。加密资产兴起的一个重要原因在于其匿名性与保密性。此外,互联网和数字技术的发展为其提供了技术基础,在全球经济不稳定时期,部分投资者将加密资产视为避险资产,早期投资者在该领域获得的高额回报,也吸引了更多人参与。

3.2 加密资产带来的监管挑战及监管应对

加密资产具有交易便捷性的特点,传统金融交易往往受到时间、地域和中间机构的限制,而加密资产交易通过区块链网络,几乎可以实现实时到账，且不受国界限制。此外，加密资产还具有高度的波动性，其价格受市场供需、投资者情绪、宏观经济政策等多种因素影响，价格波动幅度较大，这也给投资者带来了较高的风险和收益机会。各监管辖区的中央银行或政府在监管加密资产时面临多个重大挑战，也取得了一定的进展。

3.2.1 对加密资产属性的界定和监管的法律适用

对加密资产属性的界定，体现在各类名称及其演变过程中。比特币作为首个发行的加密资产，在属性认知方面，早期似乎倾向于被定义为"币"或"货币"，因此那时它常被称作数字货币或加密货币。以美国对加密资产的界定及相关变化为例，就能看出这一领域面临的挑战。

2017年，美国证券交易委员会对部分加密资产的发行性质做出了明确界定。在美国证监会发布的一份关于加密资产"去中心化自治组织"（Decentralized Autonomous Organization，简写为DAO）的调查报告中，美国证监会援引"豪威尔测试"（具体内容详见第十章）指出，Slock.it及其创始人搭建并运营了一个网站，对DAO代币（DAO Token）展开详细介绍与推广营销，该代币由此被认定为证券。究其原因，DAO的投资者依赖Slock.it、其联合创始人以及DAO的策划者对DAO进行运营管理并创造利润，这与豪威尔测试的要求完全契合，所以从本质上看，DAO属于一类投资合同（SEC，2017）。这份报告着重强调，出于融资目的而发行的数字资产，即便借助区块链或分布式账本技术进行发行，同样必须遵循与传统投资一致的证券法规。这表明此类发行活动要么进行注册，要么符合豁免条件。向普通公众开展的首次代币发行（Initial Coin Offering，简写为ICO，即区块链项目通过售卖虚拟代币来筹集资金的一种方式）必须严格遵守美国联邦《证券法》。在未经注册或未获得注册豁免的情况下，任何相关销售行为均属非法。倘若发行人声明此次发行免于注册，那么只能向合格投资者发行。此外，为这些证券交易提供服务的平台，必须注册成为国家证券交易所，或者获得相应豁免资格。

近期，美国在加密资产领域的监管态势呈现出一定的变化。2020年12月，美国证监会对瑞波币的开发公司（Ripple Labs）及其高管提起诉讼（SEC，2020）。美国证监会指控Ripple Labs通过出售其原生代币XRP，以未注册证券发行的方式筹集了超过13亿美元资金。依据豪威尔测试，XRP应被归类为证券。2024年8月8日，托雷斯法官对该案下达最终判决，判定瑞波币的开发公司在机构销售XRP的过程中违反联邦《证券法》，处以1.25亿美元的民事处罚，并永久禁止Ripple Labs进一步违反《证券法》，尤其是第5条关于证券注册的规定。这一案件的裁决结果对加密资产行业产生了重要影响。一方面，它明确了特定加密资产在法律层面的属性界定标准；另一方面，从行业发展角度看，为加密资产ICO的监管环境带来了一些积极变化。此前，监管的不确定性使得加密资产相关企业在考虑ICO时有所顾虑，而此次判决在一定程度上厘清了监管边界，使得像BitGo等公司开始认真考虑ICO事宜。同时，美国证监会废除了对数字资产施加严格会计要求的《员工会计公告》（简称SAB），这一举措进一步表明监管方式正朝着更为灵活和宽松的方向转变。

此外，在2024年，比特币和以太坊的交易型开放式指数基金（简称ETF）已获得美国证监会的批准。这一批准不仅为投资者提供了更为便捷的投资加密资产的渠道，也从侧面反映了美国对加密资产的监管态度在逐渐调整，在风险可控的前提下，可以适度放宽对加密资产相关金融产品的准入。

3.2.2 价格波动大与"稳定币"

支付工具需价格稳定或有内在价值以获信任，而加密资产多由虚拟或私人机构发行，例如，比特币价格波动剧烈，2020年3月不到5 000美元，2024年4月涨至70 000美元左右，日内波动幅度超10%也属常见。为解决加密资产价格波动大的问题，稳定币应运而生。2015年，美国私人部门推出泰达币，此后全球稳定币发行活跃，如Meta曾计划推出天秤币以提供跨境支付服务，却因合规等问题失败。

稳定币价值稳定机制有三：（1）法定货币支持的稳定币，以法定货币、贵金属或商品为储备，由独立保管人保管并定期审计，如稳定币与美元1∶1挂钩；（2）以加密货币支持的稳定币，因抵押资产价格波动大，发行需更高比例"超额"准备，如发行100万美元的此类稳定币，可能需200万美元加密资产抵押；（3）算法稳定币，靠算法控制供给维持价格稳定，部分也持有储备资产，其与央行发行法偿货币方式类似，但法偿货币靠国家强制力保证支付地位。

然而，稳定币的稳定机制并不能"确保稳定"。2022年5月11日，算法稳定币TerraUSD（UST）暴跌超60%，相挂钩的LUNA币价格暴跌80%以上，还波及其他稳定币，凸显加密资产市场动荡、信心易失和高波动性。若未来加密资产与传统金融联系更紧密，风险可能更具系统性。

2022年7月，国际清算银行的支付和市场基础设施委员会与国际证监会组织发布稳定币安排最终指导文件，确认《金融市场基础设施原则》适用于系统重要的稳定币安排，强调其应遵循国际支付等系统标准。关键内容包括"相同风险，相同监管"原则，以及系统重要性认定标准，即执行转移功能且被当局认定为系统重要的稳定币安排，需遵循《金融市场基础设施原则》。支付和市场基础设施委员会与国际证监会组织还将继续研究相关监管等问题并同其他机构协调。

2023年以来，稳定币市场在2022年UST崩盘冲击后逐渐恢复并快速增长，2024年底总市值近2 000亿美元，USDT和USDC占全球稳定币市场份额90%左右①，美元稳定币在加密资产市场占主导，供给占比超95%，主要在以太坊区块链发行。目前，仅有巴哈马、日本、瑞士等少数国家颁布稳定币法律或法规，美国和英国等主要经济体尚未制定最终稳定币立法。

3.2.3 其他监管挑战与问题

加密资产除了存在与传统金融产品的风险（例如市场风险和流动性风险），还有其他的风险（例如信用风险），部分加密资产发行人可能是虚拟组织，不是法人实体，发行人和其他服务提供商没有透明的治理结构和明确的责任，或分散在多个参与者中，且不受监管。如一些项目方可能存在资金挪用、虚假承诺回报等情况，若发生信用风险导致持有人利益受损，投资者难以通过法律途径获得救济和赔偿。例如，操作风险，加密资产交易平台的技术故障、人为操作失误等。再例如，交易平台可能因系统漏洞导致交易中断、数据泄露等问题，影响投资者正常交易。

加密资产采用假名（Pseudonym或Pseudomymity）和匿名化技术，难以进行身份认证，这不仅使保护投资者利益、维护市场公平和金融稳定面临重大挑战，在反洗钱方面冲击更大。例如，一些犯罪分子利用加密资产的匿名性进行非法资金转移，将黑钱混入加密资产交易中，再通过复杂的交易流程洗白。

另外，加密资产价格可能"归零"，导致冻结或者破产等机制无法进行，使执法面临难题。传统金融监管通过准入、持续监管、强制信息披露等要求防范金融机构倒闭和行为滥用风险，同时通过存款保险等金融安全网保护投资者利益，但这些机制对于虚拟组织和加密资产都无法实施。而且，加密资产的跨境性质使风险很容易跨境传染，

---

① USDC，全称为USD Coin，是一种与美元挂钩的稳定币。

现有的跨境监管机制难以应对。面临如此巨大的监管挑战，"一禁了之"不是办法。允许探索和实验才能推动创新与技术进步，而创新就要容许失败。这就需要在鼓励创新、保护投资者利益和打击犯罪之间做出权衡。

2023 年，金融稳定委员会发布了加密资产活动的国际监管框架，旨在促进监管和监督方法的全面性与国际一致性。该框架基于"相同活动、相同风险、相同监管"（same activity, same risk, same regulation）的原则，确保加密资产活动和所谓的稳定币受到与其风险相称的一致性和全面性监管，监管政策需要是高水平的和具有灵活性的，并保持技术中性（Technology Neutral），从而支持技术变革带来的负责任创新。该框架包含两套独立建议。（1）加密资产活动和市场的监管、监督高级别建议，为建立技术中立的监管框架提供全球基础，重点关注底层活动和风险，强调跨境合作、治理、风险管理、数据收集与报告、信息披露，以及应对加密资产生态系统内外部联系和相互依赖带来的金融稳定性风险。（2）全球稳定币安排的监管、监督修订版高级别建议，旨在促进全球稳定币安排在各国的一致性和有效性监管，以应对国内和国际层面的潜在金融稳定性风险。它还特别强调以下三个方面：充分保护客户资产，管理利益冲突相关风险，加强跨境合作。

3.3　央行数字货币

随着私人数字货币的兴起，人们开始持有加密资产并以加密资产作为交易媒介，加密资产的发行、交易以及衍生品交易在全球呈现爆发式增长，这对反洗钱和反恐怖融资、消费者数据保护、网络安全等方面带来重大挑战。特别是稳定币推出之后，私人部门的稳定币，甚至可能威胁本国法定货币的地位。因此，很多国家的中央银行开始探索新技术条件下的支付工具。

法定的央行数字货币（简称 CBDC）是由中央银行发行并采用数

字加密技术实现的货币形态。与实物形式的货币相比，CBDC 是技术形态的变化，其法偿货币的法律属性和价值内涵没有变化。从某些角度看，CBDC 与某些稳定币有类似之处，但本质上是不同的。CBDC 由中央银行发行和运营，作为数字化的法偿货币，由国家强制力保证其作为支付手段和计价工具的职能，CBDC 的币值是稳定的。

CBDC 作为数字化的支付工具，具有三大优势。一是提高支付效率。通过数字技术，金融服务提供商可以节约物理基础设施支出，还能使那些没有银行账户的人们获得金融服务，从而提高金融服务和支付系统的可及性和包容性。CBDC 采用分布式账本技术，可以实现实时全额结算。二是在保护隐私与身份认证之间取得平衡。CBDC 不同于私人发行的支付工具，可以兼具隐私保护和必要的身份认证功能，它所具有的可追踪性和可编程性，可以为有效打击洗钱和恐怖融资建立必要的身份验证。三是增加中央银行货币政策执行上的灵活性和有效性，完善货币政策的传导机制和逆周期调节机制。例如，运用区块链技术，可以采用"时点条件触发"（Time Contingent）的货币生效设计，货币只有在商业银行发放贷款时才生效，从而减少了货币政策传导时滞，避免空转。

根据 BIS 2024 年发布的《2023 年央行数字货币与加密货币调查报告》，全球探索央行数字货币的央行比例一直在上升，其中 94% 的央行从事与央行数字货币相关的工作，预计到 2030 年可能发行多达 15 种央行数字货币。许多大型经济体的央行，如欧洲央行（负责数字欧元项目）和英格兰银行（负责数字英镑项目），都在投入大量资源探索零售型央行数字货币。此外，一些国家已经采取了实际行动。例如，巴哈马、尼日利亚和牙买加的三个 CBDC（即巴哈马 Sand Dollar、尼日利亚 e-Naira、牙买加 Jam-Dex）已正式发行。

这些央行数字货币计划，旨在发挥 CBDC 在数字经济中独特的价值，实现和支持公共政策目标，同时又不干扰央行维护货币和金融稳定的使命。CBDC 可以促进：与现金和私人货币共存；以创新提高支付系统的效率；提高金融包容性，特别是在金融体系不发达的国家；通过双边或多边互联在一定程度上维护全球金融秩序的稳定。CBDC 也可能用于解决一些中期问题，例如维护货币主权、增强对国内货币和支付的信任，以及确保数字时代公共和私人货币的互操作性。

这篇报告也指出了央行数字货币对宏观经济等的影响。一是对货币政策的影响。CBDC 的发行和采用可能会导致其他货币形式（如现金和银行存款）被替代。这可能会影响货币乘数和货币政策的传导机制。CBDC 可能会改变银行系统储备余额的构成。如果公众将存款转移到 CBDC，银行的储备可能会受到影响，进而影响短期利率和央行实施货币政策操作的能力。二是对金融稳定性的影响。人们担心，CBDC 的广泛使用可能会导致资金从银行向中央银行的大幅转移，削弱传统银行模式，并可能影响金融体系的稳定性。三是技术等安全性问题。CBDC 的实施需要可靠、安全的技术基础设施。黑客可能通过恶意软件入侵 CBDC 系统，篡改交易记录、窃取资金。如 2016 年，The DAO 的智能合约漏洞被黑客利用，导致价值约 6 000 万美元的以太币被盗。对于 CBDC 系统而言，类似的技术漏洞可能导致用户资产受损，引发公众对 CBDC 的信任危机，进而影响金融稳定。四是对跨境支付的影响。如果设计合理，并考虑到访问、通信、货币兑换、合规性和结算等因素，CBDC 有可能克服跨境支付摩擦，降低成本，提高跨境交易的速度和透明度。在跨境支付中使用 CBDC 可能会影响汇率和资本流动。它可能会改变国际资本流动的模式，并对汇率稳定产生影响。此外，由于跨境支付涉及多个国家的监管和技术标准，需要各国加强国际合作，建立统一的规则和标准。例如，国际清算银行可以发挥协调作用，组织各国央行共同制定关于 CBDC 跨境支付的监管框架和技术规范，促进不同国家 CBDC 系统的互联互通。五是对经济结构的影响。CBDC 的普及可能推动金融科技产业的发展，吸引更多的人才和资本进入该领域，促进相关产业的创新和升级。同时，传统金融机构可能需要进行业务转型和技术升级，以适应新的竞争环境。这可能导致金融行业的格局发生变化，小型金融机构可能因技术和资金限制在竞争中处于劣势。

2014年，中国人民银行着手研究数字货币，2017年末开展数字人民币/电子支付体系（DC/EP）研发。DC/EP采用双层运营体系，央行先将其兑换给指定运营机构，运营机构缴纳100%准备金后再兑换给用户。它是法定货币，以国家信用为依托，具备法偿性，属于零售型央行数字货币，不计息且无兑换流通服务费，采取中心化管理与双层运营，不与商业银行竞争且能避免超额发行。DC/EP优势突出：支付便利，可离线、点对点支付与即时结算；安全且可控匿名，实名钱包可挂失，还能助力反洗钱；具备可扩展性，能加载智能合约用于创新业务；支持多终端，可追溯性强。

2019年底，DC/EP在多地开启试点，2022年底试点范围扩大，用户能通过支付宝、微信支付小程序使用。2021年参与发起多边央行数字货币桥研究项目，2022年完成真实交易试点测试。数字人民币的试点范围不断扩大，已覆盖零售支付、交通出行、工资支付、投资理财、电子商务和跨境支付等多个领域。截至2024年6月末，数字人民币的累计交易金额已超过7万亿元人民币。

当前，加密技术、加密资产及其应用，尚处在持续探索阶段。加密技术和加密资产在安全性、合规性以及反洗钱领域都带来了众多挑战。国际货币基金组织、金融稳定理事会等国际组织，以及各国监管机构都在高度关注该技术及其应用的发展动态。由于加密领域变化迅速，也促使监管政策不断调整，既推动创新，又有效防范风险和维护市场秩序。

第十三章　英国金融监管体制及其演变

英国是工业革命及现代金融的重要发源地。其银行、保险、证券等金融行业在自发状态下逐步发展形成，金融机构和市场的规制一直信奉"自律监管"原则，主要依靠市场自身力量维护市场秩序。20世纪80年代以后，基于法律的正式监管逐渐增加，并形成了行政监管与自律监管相结合的监管体制。1997年，英国金融监管体制进行了一次较大改革，然而，这次改革存在的一些不足是2008年全球金融危机中英国金融业遭受较大冲击的重要原因。2012年，英国对金融监管体制又进行了大幅度调整。

第一节　自律监管为主的体制形成

金融业作为一种服务业，与实业并无大的区别。现代金融业兴起于复兴时期的威尼斯。17世纪，英国银行业开始从金银保管业务发展起来。在自由资本主义时期，政府并不直接介入金融业务，英格兰银行演变为最后贷款人之后，以"非正式"方式干预银行业务，发挥自律监管作用。同时，行业协会也在规范行业发展方面发挥重要作用。

1.1　英格兰银行演变为最后贷款人

英格兰银行成立于1694年，其主要目的是为英国政府筹集资金，用于在低地国家与法国作战。彼时，它还是一家私人股份制银行，其公共职能主要是通过发行银行券（bank note）为政府筹集资金，并非现代意义上的中央银行。英格兰银行演变为英国法偿货币的发行人经历了很长时间。1725年，英格兰银行开始发行固定面额的纸币，如20英镑纸币。《1844年银行特许经营法》（The Bank Charter Act of 1844）将英格兰银行确立为英格兰和威尔士唯一的货币发行机构，正式确立了它在货币体系中的核心地位。

1847年英国爆发的股市崩盘导致投资者信心丧失，并对金融体系产生了多米诺骨牌效应，金融危机加速了英格兰银行向现代中央银行的转变，成为最后贷款人。19世纪中叶，英国实行金本位制，由于大规模进口和资本外流等因素，英国出现了黄金储备短缺。英格兰银行欲收紧信贷以保护其黄金储备，但都导致货币供应减少和利率上升。随着利率上升和经济形势恶化，许多银行面临困境。特别是小型银行，处境尤为艰难。一系列银行倒闭导致公众丧失信心，储户纷纷从银行提取资金，造成银行挤兑。危机还导致了严重的信贷紧缩，银行不愿向企业和个人贷款，使实体经济遭受冲击，引发了公众对政府的强烈诉求。

危机后期，英格兰银行开始提供紧急流动性，向有偿债能力的银行更自由地放贷，以防止系统性崩溃。英格兰银行后来采纳了白芝浩提出的解决方案，即以高贴现率提供贷款，从而重建黄金储备。危机过后，英国各界开始检讨1847年的危机，并重新评估英格兰银行的流动性提供机制政策。1866年的伦敦金融城危机，进一步强化了英格兰银行的最后贷款人职责。它以1866年5月10日伦敦的欧沃伦格尼银行的倒闭为标志。这是一家贴现公司，专门从事汇票贴现业务，是货币市场的重要参与者。它在1866年前过度扩张，存在严重的流动性错配，也埋下了危机的根源。1866年5月，欧沃伦格尼银行无力偿还债务，危机爆发并引发了伦敦金融城货币市场的恐慌。

危机过后，银行对贷款变得极为谨慎，导致信贷紧缩，实体经济受到影响。英格兰银行最初面临两难境地。一方面，市场急需流动性；另一方面，无原则的救助会加剧道德风险。然而，随着恐慌情绪加剧，系统性崩溃的风险日益逼近，英格兰银行不得不介入市场提供紧急流动性，向有偿债能力但流动性不足的机构提供贷款。这场危机还促使人们重新评估英格兰银行作为最后贷款人的角色，并进一步确立了英格兰银行的中央银行地位。

1.2 英格兰银行早期俱乐部式的自律监管

在19世纪直至1946年英格兰银行国有化之前，英国施行的是一种非正式的自律监管模式，主要借助道德劝诫以及与银行界的协作达到监管目的。彼时，英格兰银行履行关键的协助职能的发挥，便是对大型银行展开劝导。举例来说，当面临控制通货膨胀、需要收紧货币供应时，英格兰银行会通过非正式会议、通信等途径，说服大型银行削减贷款发放量。其高管会与大型银行的董事、经理展开会面，一同深入探讨经济形势，强调协调行动的紧迫性与必要性。

在银行挤兑和市场恐慌频繁爆发的时期，英格兰银行凭借其作为最后贷款人的特殊地位和维护金融稳定的良好声誉，成功说服大型银行在危机中保持冷静，鼓励它们以短期贷款、授予信用额度等形式，向面临困境的小型银行等金融机构伸出援手，以此防范系统性崩溃的风险。

英格兰银行与大型银行之间构建了一种类似俱乐部式的紧密关联。大型银行作为金融体系的核心参与者，与英格兰银行有着基本共识和共同利益诉求。双方围绕利率设定、货币供应等关键议题展开频繁协商与协调，沟通方式有时会借助非正式渠道，遵循一些不成文的默契规则。一旦大型银行违反这些规则，便可能面临声誉受损的风险，甚至被排除在英格兰银行提供的优惠政策和支持体系的名单之外。不仅如此，英格兰银行还大力推动银行实践的标准化，这些规则涵盖会计方法、贷款标准以及信息披露要求等多个方面，力求提升银行业的透明度和诚信水平，进而增强公众对银行系统的信任，促进银行间的良性竞争。

1.3 英格兰银行行政监管的加强

第二次世界大战以后，英国推行了大规模的国有化。1946年，英国也对英格兰银行实施了国有化，它的职能和责任随之发生显著变化。一是货币政策职能强化。英格兰银行更直接地实施货币政策，与政府经济计划紧密协调，借助利率调整、公开市场操作等影响货币供应和经济活动，实现物价稳定、促进就业与经济增长。二是促进经济发展。在战后经济规划和重建中，英格兰银行更积极地与政府合作，向关键部门分配资源，保障基础设施、工业、社会福利项目资金，推动经济复苏与长期发展。三是参与财政管理。英格兰银行和财政部合作管理公共财政，更多参与政府债务管理，发行、偿还政府债券并提供借款策略建议，维护政府财政的稳定和可持续。四是金融监管职能，监督银行等金融机构，制定审慎标准并定期检查，防范金融危机，保护储户和投资者。

在银行监管方面，英格兰银行主要有五项职能：一是准入监管。评估申请人的财务状况和新设机构的资本情况、业务计划、管理团队能力，以及银行董事和高级管理人员的资格，确保银行的管理水平。二是对银行进行审慎性监管。建立银行资本要求，如针对存在大量风险贷款的银行，要求其持有足够的资本以吸收可能的风险，降低破产风险。三是内控与合规监管。监督银行内控有效性，发现不足可要求改进；监督银行遵循反洗钱、消费者权益保护等法规，对违规处罚进行纠正；要求银行准确、及时、完整地披露信息，增强市场透明度。四是数据收集分析。收集银行财务和运营数据，分析评估银行业经营状况，依据趋势制定监管政策，如限制银行对过热行业的敞口。五是充当最后贷款人。在银行资金面临短缺，无法从其他渠道融资时，英格兰银行提供紧急贷款，防止银行挤兑，维护银行系统稳定，维持市场信心。

1.4　证券业的自律监管

在伦敦证券交易所成立之前，投资者通过经纪人交易这些公司发行的股票，但交易方式并不统一。这个时候，一些富裕的商人和金融家在伦敦乔纳森咖啡馆（Jonathan's Coffee House）有一些非正式的聚会，交换有关贸易和投资的信息。随着时间的推移，这些聚会逐渐发展成为正式的组织，并于1698年成立了伦敦证券交易所，为买卖公司股票提供了一个集中的交易场所。

伦敦证券交易所是一个会员制组织，从17世纪开始履行自律监管职能，主要机制如下：

一是准入要求。交易所制定了严格的准会员声誉、品格、财务诚信及资金方面的准入标准。准会员必须具有良好的声誉和品格，需提供证明其财务诚信的参考资料和证据，证明自己在其他金融交易中无欺诈或不道德的商业行为。同时，申请人必须证明自己有足够的资金从事股票交易活动，以确保在市场低迷或交易失误时能够弥补潜在损失，履行对客户和其他会员的义务。

二是行为准则。会员必须遵守公平交易和保密规则。公平交易要求会员以最优价格为客户执行交易，不得"抢跑"；保密规则要求会员对客户信息和交易策略保密，这对于防止内幕交易和保护与经纪人共享敏感财务信息的客户的利益至关重要。

三是纪律处分。如果会员违反了交易所的规定，交易所有权处以罚款，罚款数额可能巨大，旨在对违反规则的行为起到威慑作用。例如，若发现会员参与市场操纵活动，如人为制造特定股票的需求或供应，可能会被处以巨额罚款。在更严重的不当行为案例中，交易所可以暂停或驱逐会员。暂停意味着会员在特定时期内被禁止交易，而驱逐则是一种更永久的措施。采取这些行动是为了维护交易所的完整性，保护其他会员和公众投资者的利益。

伦敦证券交易所还要维护市场秩序，对交易行为进行监控。交易所要求会员准确记录所有交易，这些记录用于监控交易活动，确保交易符合规则。例如，交易所可以审查记录，检查是否存在异常交易模式，会员是否过度投机从而对市场稳定构成风险。交易所监控股票价格和交易量，若某只股票价格突然出现异常涨跌并伴有异常交易量，交易所将调查会员是否参与抬价抛售等操纵市场活动。

伦敦证券交易所的自律监管职能经历了一个演变过程。进入20世纪，特别是1929年股市崩盘后，英国政府先后制定了多项法律法规，如1939年颁布的《防止诈骗（投资）法》、1944年颁布的《投资业务管理法》及其战后修订版等，加强对证券行业的管理，对证券市场的监管力度不断加大。

1968年，伦敦证券交易所成立收购和兼并委员会，负责监管兼并和收购。1978年，证券和投资委员会（Securities and Investment Board）成立，负责监管证券行业，进一步强化了自律监管框架。

第二节　监管体制向正式监管过渡

英国加入欧共体后，其监管体制与欧共体监管体制开启逐步融合进程，行政监管也在不断强化。金融自由化和全球化浪潮中，金融市场出现的新问题，也促使英国推动金融监管体制改革，以更好地应对新挑战。

2.1 加入欧共体后的监管体制改革

1973年，英国正式加入欧洲经济共同体（简称欧共体，它是欧盟的前身）。1977年12月，欧共体理事会通过了第一部银行监管法规——《银行协调指令》（Banking Coordination Directive）。该指令旨在确立欧共体从事存贷款业务金融机构的准入规则，并倡导建立统一的审慎性监管标准。作为欧共体成员国，英国有必要依据统一要求，构建本国的银行监管法律制度。

直到20世纪70年代末，英国银行监管体系主要依靠行业内的非正式监管和自律，缺乏全面统一的法律框架。随着银行业的发展，竞争加剧、业务范围扩大、复杂程度提高，对建立更正规、更有效的法律体系监管银行和金融机构的需求日益增加。随着金融全球化和金融业务的多元化，银行、证券和保险行业日益融合，为了完善监管政策，降低监管成本，英国需要建立更加全面和协调的监管体系。在这一背景下，1979年，英国颁布《银行法》，正式建立基于法律的银行监管体制，明确了英格兰银行在银行监管方面的职责，将其作为最后贷款人的相关监管角色"自然延伸"，使其转变为银行的行政监管机构。

《1979年银行法》构建了两层银行监管制度，将从事银行业务的金融机构划分为两类：一类是"认定银行"（Recognized Bank），这类银行的监管，基本延续了以往非法定的监督模式，既没有严格的资本和流动性监管要求，也没有建立信息报告制度；另一类是"持牌存款机构"（Licensed Deposit Taker），它们不仅负有向英格兰银行报告信息的义务，还须满足严格的资本和流动性监管要求。

随着英格兰银行逐步向"正式"监管机构转型，其行政监管属性愈发明确，拥有以法定方式执行规则和政策的权力，商业银行必须严格执行其指令和规则。然而，在新制度建立之初，由于长期受自律监管文化的熏陶，银行业对这种严格基于法律和规则的监管模式产生了强烈的抵触情绪。有人甚至将新监管体制的建立形容为"官僚入侵",指责其存在监管重叠和过度监管的问题。

1984年,约翰逊·马泰银行(Johnson Matthey Bankers)因管理不善面临倒闭。为避免对银行业信心造成冲击,英格兰银行对其实施了救助。但该事件还是暴露出英国银行监管存在的漏洞,使英格兰银行遭受诸多批评。

1987年,英国在修订《银行法》时,取消了两层银行制,对所有银行实行更为严格的准入制度。在审慎性监管方面,要求银行的资本规模与业务、风险相匹配,必须建立大额风险敞口和风险控制系统,并建立充足的坏账准备。该法赋予英格兰银行监督检查银行的权力(此前这一职能由银行的审计师事务所行使),还设立了银行监管委员会,专门监督英格兰银行履行银行监管职责的情况。若英格兰银行不采纳该委员会的建议,就必须告知财政部部长。

《1979年银行法》和《1987年银行法》,使英国的银行监管转向了更加正式化和行政化的方向,有多方面的原因。除了前面讲到的1973—1975年和1984年的两次银行危机凸显了自律监管的弱点外,还有其他方面的原因:(1)旨在防范危机和加强金融系统的稳定性。这一时期,各界对银行监管标准化和强化的关注度日益提高。一是国际银行监管合作机制的建立。成立于1975年的巴塞尔银行监管委员会旨在为国际银行业制定统一的监管标准。英国需要将其监管框架与国际最佳实践接轨,以确保英国银行业在全球市场的竞争力和稳定性。二是金融自由化和全球化迅猛发展。20世纪80年代,新的金融工具和服务不断涌现,银行也从事着更多元化、风险更高的业务。银行业务范围扩大、汇率和利率风险增加,新的金融活动也使业务更加复杂,风险增大,自律监管已不足以应对这些发展带来的潜在风险,因此有必要进行更正式、更全面的监管,以确保银行体系的稳定性和健全性。《1987年银行法》正式赋予英格兰银行审慎监管的职责,以应对20世纪七八十年代英国银行业的变化。(2) 旨在通过建立更健全的银行监管框架，确保存款的安全性和银行的稳健性，以提高银行业务的透明度和问责制，加强对消费者的保护。

2.2 1986年的"金融大爆炸"

1983年，伦敦证券交易所因卷入上届政府时期公平贸易局提起的反托拉斯案件，引发了各届对其佣金规则，做市商和经纪商的独立性，限制外国机构进入等问题的批评。1986年，在保守党政府大力推动经济私有化和自由化的背景下，英国迎来了至关重要的金融改革——"金融大爆炸"。

"金融大爆炸"改革旨在增强伦敦作为国际金融中心的竞争力。对伦敦证券交易所进行的改革，主要包括以下四点。(1) 取消固定佣金：废除股票经纪人固定佣金制度。改革前，其按固定费率收服务费，限制价格竞争。改革后，经纪人可以在佣金上展开竞争，从而使交易成本大幅降低，投资者能以更实惠的价格交易证券，交易量也因成本壁垒降低而提升。(2) 解除证券交易商限制：此前，伦敦证券交易所的交易商分为做市商和经纪商，二者区分严格。改革后，交易商可同时兼任两项职能，从而提高了市场流动性。(3) 引入电子交易：伦敦证券交易所建立了先进电子交易系统，取代大部分传统场内交易，实现实时价格发布和订单处理，提升了市场透明度和交易速度，方便了国际投资者远程交易，英国市场的国际吸引力大大提高。(4) 放宽所有权规定：取消并放宽证券交易商所有权规定，允许国内外银行收购证券交易商。这使大量国际投资银行涌入，不仅加剧了竞争，还间接带动其他国家放宽金融机构的服务范围。此外，金融业打破分业经营传统，开启混业经营模式，经营银行、证券、保险等多种金融业务的金融集团逐步形成。这次改革推动了大型金融机构规模扩大、竞争力提升，伦敦证券交易所上市公司股票交易量和市值大幅增加，伦敦在债券、商品期货和货币市场的重要领导地位得以巩固。

英国"金融大爆炸"改革对银行业及其监管影响显著。证券交易与银行业务传统壁垒被打破,行业逐渐融合,银行更容易涉足证券业务,如不少商业银行收购证券交易商。这使得监管框架需适应新的金融集团,监管机构要建立全面监督综合风险的方法。银行证券业务风险增加,风险性质改变,除传统信贷风险外,市场风险管理愈发重要。银行涌入证券市场加剧竞争,引发银行业整合浪潮,监管机构需应对规模更大、更复杂的金融机构,加强反垄断法规和审慎监管,维持稳定竞争环境。

1986年,英国颁布了《金融服务法案》,对金融业监管体制进行改革,提出新的消费者保护监管制度框架。此次改革,总体坚持英国金融业一贯的自律监管传统,按金融行业划分自律组织的监管领域。其中,证券业协会负责监管证券公司,其前身为伦敦证券交易所会员监管部;期货经纪商和交易商协会(Association of Futures Brokers and Dealers)负责对期货交易所交易商的监管;投资管理监管机构(Investment Management Regulatory Organisation)负责资产管理机构监管;寿险和单位信托监管机构(Life Assurance and Unit Trust Regulatory Organisation)与金融中介管理机构和经纪商监管机构(Financial Intermediaries Managers Brokers Regulatory Association)负责其他金融顾问和金融产品销售机构的监管。该法新设证券和投资委员会,该委员会并非政府部门,主要承担自律监管组织的"监督者"角色,接受英国贸工部监督。证券和投资委员会通过监督自律监管机构,确保其监管标准符合《金融服务法案》规定的最低要求。

2.3 1997年的一体化监管体制建立

1986年的监管体制改革将原来的行业自律规则整合到以行政法规为基础的监管体系中。然而,分业监管的体制与金融机构的混业经营状况不相适应，监管重叠和监管空白的问题严重，尤其是混业的金融集团一经成立，便发现自身被困在新监管体制的复杂网络里。以一家从事银行、证券、保险和资产管理业务的金融集团为例，它需要接受七个不同监管机构的监管，复杂而不统一的监管要求使金融集团无所适从。

这一时期，英国发生了多起银行倒闭事件，例如，1984年的约翰逊·马泰银行、1991年的国际商业信用银行（Bank of Commerce and Credit International）和1995年的巴林银行。[1][2] 虽然当时英格兰银行已经被赋予了银行审慎性监管的行政职责，但它仍然维持传统的俱乐部式监管体制。

20世纪90年代初期，养老金等金融产品销售领域多次爆发丑闻。部分理财顾问频繁诱导人们将职业养老金转入个人养老金计划。然而，个人养老金计划往往并不符合养老金持有人的实际利益需求，致使众多投资者遭受损失。财务顾问的收入主要依靠佣金，财务顾问与养老金持有人之间有着显著的利益冲突，普通投资者对个人养老金计划的长期影响极度缺乏清晰、准确的信息，极易受财务顾问的不当引导，这最终导致上万名养老金持有人利益受损，最终拿到的养老金收入远低于原本留在职业养老金计划中的水平。

此外，养老金抵押贷款也存在相关丑闻。保险公司在销售投资连结保险时，承诺保险期满会用投资连结保险的收益偿还抵押贷款。但由于金融机构对投资回报过度乐观的预估，许多投资连结保险的实际

---

[1] HM Stationery Office（1992）. *Inquiry into the Supervision of the Bank of Credit and Commerce International*. https：//assets.publishing.service.gov.uk/media/5a7c6dbbe5274a5590059cd3/0198.pdf.

[2] HM Stationery Office（1995）. *Report of the Board of Banking Supervision Inquiry into the Circumstances of the Collapse of Barings*. https：//assets.publishing.service.gov.uk/media/5a7ca783ed915d6969f46688/0673.pdf.

表现远低于预期。不仅如此，销售这些抵押贷款所采用的销售策略，更是让问题雪上加霜。最终，购房人陷入不得不四处寻找额外资金偿还抵押贷款的艰难困境，进而引发民众的广泛抱怨，纷纷提出赔偿要求。

这些丑闻暴露出1986年"金融大爆炸"改革的弊端，虽然证券和投资委员会负责总体协调，但是各自律组织仍各自为政，规则不统一，导致监管套利现象频发，一些金融机构有机可乘，扰乱市场秩序。这也动摇了民众对相关金融产品和金融机构的信任根基。

1997年，英国改革了金融监管体制，将原来的9个自律监管机构整合为一体化的金融监管当局——金融服务局。金融服务局承接了自律监管机构、英格兰银行对银行的监管权以及财政部对保险公司的监管等职能，把对银行、投资和保险业务的监管合并到一个屋檐下。金融服务局既负责金融机构的审慎性监管，又负责行为监管。英格兰银行的金融机构审慎性监管职能被剥离并移交给金融服务局，此后英格兰银行专司中央银行职能。新的金融监管体制是由金融服务局、英格兰银行和财政部共同组成的金融监管的三方体系。

金融服务局的主要职能主要有五个方面：一是金融机构的监管。金融服务局负责监管各类金融机构，包括银行、保险公司、投资公司和从事抵押贷款业务的中介机构。二是市场行为监管。监管并规范金融市场行为，确保公平、透明和诚信。例如，对证券交易所的交易活动进行实时监控，一旦发现异常交易行为，立即展开调查并采取相应措施，以此防止内幕交易和市场操纵等市场滥用行为。三是消费者保护。金融服务局确保金融机构具备适当的运营能力和健全的财务结构，以保障投资者利益；开展投资者教育工作，帮助他们正确理解投资风险；及时处理消费者投诉，深入调查问题，并采取必要措施解决问题，切实保护消费者权利。四是监管政策制定和实施。根据良好监管的原则制定和执行金融服务行业的规则和条例，旨在维护金融体系的稳定和健全。如依据金融市场的波动情况，适时调整资本充足率等监管指标，以适应市场变化。五是预防金融犯罪。通过实施严格的反洗钱和反恐怖主义融资法规以及开展调查，打击金融犯罪，包括欺诈、洗钱和恐怖主义融资。

金融服务局增强了英国当局对全球化的应对能力。20世纪90年代，金融市场日益全球化，金融服务局积极参与国际金融监管合作，与其他国家监管机构交流经验，推动跨境监管协调，使得英国金融机构在拓展国际业务时，能更顺畅地应对不同国家的监管要求。金融服务局的成立旨在帮助英国金融机构在全球舞台上更有效地竞争，它能够提供一个符合国际标准的监管框架，使英国金融公司能够扩大其国际业务，同时仍然受到本国监管机构的适当监管。

《2000年金融服务和市场法》（Financial Services and Markets Act 2000）颁布，取代了《1987年银行法》和《1986年金融服务法案》等一系列法规，建立了英国银行业、保险业和投资业的监管框架。该法规定，金融服务局成为主要监管机构，接管英格兰银行、房屋建筑协会委员会和财政部的金融监管职能。英格兰银行仍保留了对英国金融体系系统性风险的监管权。在新的金融监管体系下，财政部也承担着重要职责，包括：建立金融监管的总体结构及相关立法；参加与欧盟的金融监管指令的谈判；向议会通报和说明管理金融体系中的严重问题，以及解决措施和建议。财政部一般不介入金融服务局与英格兰银行的日常事务，只有在特殊情况下才采取行动，例如遭遇金融危机等可能导致广泛的金融和经济影响、需要支持金融机构或市场的运行、需要调整金融法规以及需要向议会报告问题等情形。英国还建立了由这三家机构的代表组成的金融稳定常务委员会（Standing Committee on Financial Stability），作为三方机构的协调和信息交流机制。由财政部部长担任主席，常务委员会设立小组，协调三方机构对金融业的处置和危机管理等事项。

第三节 2012年的金融监管体制改革

2008年9月,全球金融危机爆发,对英国金融市场和金融机构造成了较大的冲击。1997年建立的单一型金融监管体制问题也集中暴露,促使英国系统改革了金融监管体制。

3.1 银行业危机

2007年9月的北岩银行危机是2007—2008年全球金融危机期间的重大事件。北岩银行是英国第五大抵押贷款机构。危机之前,它采取激进经营策略,大量依靠短期批发市场资金支撑贷款业务扩张。2006年,其贷款总额增长33%,多为住宅抵押贷款,其中40%是再抵押贷款。负债方面,大量融资来自短期债务,零售存款仅占资本和负债的20%,远低于同行。2005—2006年还大量发行资产支持证券等,将流动性差的抵押贷款转化为可交易证券筹资,凭借资产证券化业务模式实现快速增长。

2007年美国次贷危机爆发,金融机构风险规避意识增强,银行同业拆借市场陷入困境。高度依赖批发性市场融资的北岩银行资金筹集陷入困境。8月,全球对证券化抵押贷款需求下降,北岩银行难以偿还贷款。2007年9月,它发布盈利预警,储户信心受挫。9月14日,北岩银行获英格兰银行流动性支持,却触发了储户的恐慌挤兑,几天内被提取超30亿英镑,占总存款的12%,严重干扰其正常运营,从而冲击了英国金融体系的稳定,危机还引发了对其他金融机构的信任危机。英格兰银行的救助,未能平复金融市场波动、储户信心严重动摇,挤兑仍在继续。

北岩银行危机,清晰暴露出英国银行监管体系与存款保险制度的多重缺陷:流动性监管存在严重缺陷,北岩银行高度依赖短期融资支撑抵押贷款业务，英国缺乏量化的流动性监管指标，未能及时发现和遏制北岩银行的流动性风险。对银行的业务模式也存在监管不力的问题，北岩银行激进的抵押贷款和证券化活动未被密切监控，监管机构对银行在相关业务中的风险敞口监测和防范不足，对复杂证券化交易影响银行偿付和流动性的情况缺乏深入评估。银行贷款快速增长，监管框架没能限制高风险贷款扩张，也没要求银行建立足够缓冲资本。1997 年建立了三个监管机构的协调机制，但在北岩银行危机处置时，金融服务局、英格兰银行和财政部之间仍缺乏明确的协调机制，沟通合作不畅，信息共享不充分，导致无法及时有效地应对危机。

存款保险制度的问题主要是缺乏立即恢复信任的措施。英国危机前的存款保险计划保障不全面、不及时，保险金额有限，沟通不足，储户信心难稳，不足以防范系统性风险。危机前的存款保险，重点在保护个人储户，但缺乏应对大型机构倒闭引发系统性问题的工具，北岩银行危机蔓延，引发对监管和保险机制稳定性的质疑，以及对道德风险和激励结构问题的关注。存款保险制度可能让高风险业务银行更加大胆，低估风险，因此有必要重新权衡保护存款人和激励银行审慎管理风险的关系。

2008 年 9 月美国次贷危机引发全球金融动荡，也波及多家英国银行。2008 年 9 月，布拉德福德-宾利银行（Bradford & Bingley Bank）被国有化，分支机构被西班牙桑坦德银行收购。同月，英国最大的抵押信贷银行苏格兰哈里法克斯银行（HBOS）因在住房和抵押贷款市场敞口更大和过度依赖短期资金，在市场流动性紧缩、住房市场下行时陷入困境，被劳埃德银行收购。劳埃德银行此前过度扩张房贷业务，与 HBOS 合并后，背负大量不良资产，加之金融危机加剧，面临巨额亏损，资产价值减记，资本基础受损。英国政府注资约 170 亿英镑优先股救助劳埃德银行，旨在提升其资本充足率。

另一个比较严重的危机是苏格兰皇家银行（RBS）。危机前，苏格兰皇家银行积极扩张，2007年以高杠杆收购荷兰银行，增加了在美次级抵押贷款及复杂金融工具的风险。它持有大量抵押贷款支持证券等产品，美次贷市场崩溃致资产价值暴跌，2008年苏格兰皇家银行报告巨额亏损，资产减记，资本基础受损，面临流动性危机，股价暴跌。英国政府不得不出手拯救，于2008年10月注资200亿英镑，购买普通股股权，提高资本充足率，恢复市场信心。英国政府还推出资产保护计划，约为3 250亿英镑风险资产保险，由苏格兰皇家银行支付费用，限制潜在损失。政府还促使其重组业务，出售非核心资产，如海外业务与非核心子公司，同时监控贷款，确保为企业和消费者提供信贷。苏格兰皇家银行遵守高管薪酬条件，裁员并缩减规模。

2008年全球金融危机冲击了英国金融系统，引发严重信贷紧缩。众多金融机构因大量投资抵押贷款支持证券，在房价下跌、贷款违约增加时，资产价值暴跌。多家银行因抵押贷款账面价值恶化陷入困境。银行间市场融资活动锐减，拆借利率上升，部分银行接受政府救助，进而收紧对消费者的贷款标准，个人贷款变难，汽车、家居装修等行业受到冲击。中小企业更是深受重创，制造业中小企业资金链断裂，大量倒闭，工人失业。

英镑在危机中也大幅贬值，对美元汇率从2007年2美元左右降至2009年初的1.4美元左右。英国银行业"有毒资产"敞口大，投资者转向安全资产，加之英格兰银行降息和量化宽松、政府财政支出与发债等政策，影响了英镑供求。英镑贬值虽能提升出口竞争力，但进口成本增加，企业利润受到挤压。其储备货币地位受到影响，国际投资者减持英镑资产，英国在国际金融市场筹资难度和成本上升，相比之下，危机后欧元区和美国经济前景更显稳定。

3.2 危机之后对金融监管体制的检讨

危机过后，英国各界全面检讨反思金融监管体制与金融体系，开展了大量改革研究工作。

金融服务局对2008年金融危机暴露出的问题进行了全面检讨，发现自身存在诸多问题。一是风险管理监督不力。金融服务局未能完全掌握复杂金融工具风险，对证券化产品等内部运作及连锁反应理解不深。如苏格兰皇家银行危机前大量持有相关复杂金融工具，致其危机时资产暴跌、亏损巨大，最终接受政府救助，凸显了金融服务局对银行风险缺乏有效的识别和控制机制。同时，金融服务局对金融机构杠杆水平和流动资产监控不严，低估了杠杆与流动性风险，众多银行在危机时受到的冲击很大、流动性不足。二是忽视宏观审慎监管。金融服务局工作重点过度倾向金融机构个体稳健，对金融体系整体稳定性关注不足。危机前未有效抑制行业过度冒险，未考虑金融机构集体行为对系统稳定的影响，也未实施有效反周期监管措施。经济上升期，未要求银行预留更多资本防范风险。三是监管协调与信息共享不足。金融服务局与英格兰银行的协调存在问题，处理金融稳定问题时，沟通渠道与方法不明确，在银行陷入困境时，各监管机构职责不清。国际协调方面也不足，面对全球性金融危机，在信息共享与统一监管标准上不够积极。四是监管资源配置不当。金融服务局的成立很大程度上源于公众对金融产品销售不当行为的不满。成立后，过度强调行为监管，导致资源配置失衡，忽视系统性风险防范。金融服务局侧重于客户公平等行为监管，却对银行过度依赖短期融资、资本充足率低等风险关注不足，未重视金融机构相互关联引发的系统性风险，危机爆发时应对乏力。时任金融服务局主席特纳指出，在行为监管与审慎性监管的权衡上，实际做法偏向了前者。金融服务局对北岩银行事件的报告也指出，"评估机构风险的一些工作基础（尤其是与审慎监管相关的一些核心要素，如流动性），已经被挤出了"。

危机后英格兰银行也进行了检讨。在货币政策方面，英格兰银行认识到传统货币政策工具主要围绕利率调整，存在局限性。危机期间利率接近零，不得不实施非常规货币政策，如量化宽松。量化宽松通过在公开市场购买债券向市场注入流动性，在刺激经济的同时，也带来了通货膨胀预期上升、资产价格泡沫等风险。在系统性风险监管方面，暴露出危机前过度关注单个银行稳定性，对可能导致系统性风险的因素监管不力等问题。危机后英格兰银行开发基于网络分析理论的复杂模型，收集分析金融机构资产负债、交易数据构建网络图谱，评估风险传导路径；引入宏观审慎工具，如逆周期资本缓冲，要求银行在经济上行时多留资本，还加强了对房地产市场的监管。

3.3 2012 年的金融监管体制改革

2008 年金融危机重创英国金融体系，伦敦的全球金融中心地位进一步衰退，国内民众呼吁监管改革以解决金融问题，重拾信心。各界达成全面改革金融监管体系的共识，旨在增强稳定性，重点加强审慎监管、保护消费者和促进竞争。

2010 年英国政府发布改革咨询草案，2011 年推出详细方案并发布含有《2012 年金融服务法草案》的白皮书。2012 年，英国议会通过了《2012 年金融服务法案》，对金融监管体制的改革主要有：

第一，建立双峰体制。将原来金融服务局的一体化体制改革为双峰体制，即审慎监管与行为监管分别由不同监管机构负责。2013 年 4 月 1 日，新成立的金融行为监管局（Financial Conduct Authority）正式开始运作，负责对金融机构和金融市场的行为监管，承接原来金融服务局的行为监管职责和公平交易办公室（Office of Fair Trading）负责的消费金融监管。同时，设立审慎监管局。原来金融服务局的重要金融机构的审慎监管职责划归审慎监管局，它是负责英格兰银行的附属机构。

第二，强化英格兰银行的金融监管职责。英格兰银行依旧履行中央银行职能，设立独立的货币政策委员会，负责货币政策相关事务。

2013 年，英格兰银行设立金融政策委员会（Financial Policy Committee），负责宏观审慎监管相关事务，同时对结算系统和支付系统等金融市场基础设施进行监管。自此，英格兰银行成为集货币政策、宏观审慎监管和微观审慎监管于一体的监管机构。改革后，通过金融政策委员会的有效运作，对系统性金融风险的监测和防范能力显著增强，例如在 2016 年英国脱欧公投引发金融市场波动时，英格兰银行及时采取宏观审慎措施稳定市场。

第三，调整完善金融监管协调机制。一是建立了审慎监管局与金融行为监管局信息共享系统。自 2013 年起，它们共享金融机构监管的信息，及时交换重要议题的信息。它们还调整金融机构的报告事项、内容与格式，降低金融机构负担。信息共享系统建立后，金融机构向监管部门提交报告的时间和成本均有所下降，效率提升约 30%。二是明确了否决权，即对于金融行为监管局拟采取的行政处罚措施，当审慎监管局认为可能影响金融系统稳定，或导致某家金融机构倒闭并对金融系统造成不利冲击时，有权要求金融行为监管局不执行。例如，2015 年，金融行为监管局对某家金融机构违法违规行为的罚款，可能危及其稳健经营，并可能影响市场稳定时，审慎监管局行使了否决权。三是建立了跨部门协调机制，英格兰银行、金融政策委员会、审慎监管局、金融行为监管局的理事会中有一些共同成员，以增强不同决策机构之间的交流，增强对金融市场总体状况、各方监管动态和监管措施相互影响等方面的沟通，以及监管措施的协调配合。通过这种方式，在 2018 年处理一起金融市场操纵案件时，各监管机构协同合作查处了违法违规行为。

第十四章 美国金融监管体制及其演变

美国拥有全球规模最大、结构最复杂的金融市场与金融体系。自独立以来，美国主要依靠州政府对金融机构实施监管，逐渐演变为州监管与联邦监管并存的两层监管架构，同时还形成了多个联邦机构共同监管银行等储蓄类金融机构的制度。近一百年来，全球两次重大金融危机，即1929年股市崩溃引发的大萧条以及2008年的全球金融危机，其"发源地"都在美国。这两次危机后，美国对金融监管体制的检讨、反思以及改革，也都值得全球深入研究和借鉴。

第一节 银行监管体制的形成与演进

1776年，美国宣布独立。美国建国之初的13个州为英属殖民地，它们联合起来组成了联邦制国家。作为一个先有州后建立联邦的国家，州政府和联邦政府在职能上有明确的分工，联邦政府负责国防、外交等职能，州政府则负责建立各州境内的法律和秩序，包括金融监管。随着时间推移，联邦在金融监管中的职能越来越大，并形成了至今仍然坚持的州监管与联邦监管并存的格局。

1.1 州对银行等金融机构的监管

美国独立前，一些殖民地就建立银行注册制度。例如，马萨诸塞州土地银行在政府授权下成立。当时纸币发行以适当的抵押为基础，例如，以州政府发行的债券担保。殖民地法院依据英国普通法原则维护金融稳定。立法机构可颁发银行特许证，规定经营条件，设定利率上限，还可以控制货币发行。不过，殖民地货币价值波动大，常因过度发行和缺乏实物支持而致民众信心不足。殖民地政府还监管贸易相关银行业务，对进出口商品征关税影响资金流动，银行提供贸易融资需遵守相关规定，如提供担保或抵押。

美国独立后，州政府在银行监管中依然起关键作用。有专门机构或官员，通过多种机制监管州立银行和保险公司。州监管当局要审查申请人的资格、公司章程、资本等情况，设定银行的最低要求和资本资产比率。在利率监管方面，限制最高利率防止高利贷。同时，州银行监管部门定期进行现场检查，违规予以处罚。19世纪，各州成立监管机构，加强对银行的合规检查，明确资本和准备金要求。1863年，国民银行体系建立后，财政部下属货币监理署负责国民银行的监管。1913年美联储成立，此后联邦政府在银行监管中的作用更加重要，州政府需与联邦法规协同，监管的一致性也在增强。

进入20世纪，金融体系更加复杂，促使州法规与联邦标准趋于一致，如资本充足率采用更符合《巴塞尔协议》的标准，并建立监管协作机制。同时，银行监管更重视消费者保护，通过公平借贷等法律，防止歧视性贷款，保障消费者权益。随着电子银行和ATM等技术的发展，州政府调整法规，制定金融科技公司准入标准，要求银行保障电子交易安全，定期检查金融科技公司，确保其合规运营。在数据安全和隐私保护方面，银行监管要求金融科技公司采取严格的数据加密措施，防止客户信息泄露。同时，规定数据的存储、使用和传输必须遵循严格的隐私政策，确保客户数据的合法合规使用，违规将面临严厉处罚。

1.2 联邦政府机构对银行等储蓄类金融机构的监管

美国联邦政府成立后，曾建立过具有一定中央银行属性的机构。1791年，美国国会特许建立了美国第一银行，处理联邦政府的财政等事务。1811年，第一银行的特许牌照到期，重新授权的法案未获通过。1816年，通过了第二银行的特许经营权，1836年美国第二银行牌照到期，之后就没有建立类似的联邦银行。[1]

南北战争的爆发促成了《1863年国民银行法案》的出台和国民银行体系的建立。[2] 根据该法建立的货币监理署，是联邦政府第一个金融监管机构。货币监理署作为财政部内的一个独立机构，负责发放国民银行牌照和监管国民银行。1864年，国民银行制度正式建立，从此形成了国民银行与州银行并存的双重银行制度，以及对银行的州监管与联邦监管并存的格局。

1913年，美联储成立。美联储的成员银行要接受美联储的监管，国民银行必须成为其成员，州银行可申请加入并受其监管，于是形成了对银行的双头监管格局。

20世纪初到30年代前，联邦政府在金融领域的监管不断拓展。1916年通过《联邦农场贷款法案》，建立监管局监督相关的银行；1922年出台《谷物期货法案》，成立机构监管商品期货交易；1932年颁布《联邦住房贷款银行法案》，创建机构监督住房贷款银行。

---

[1] 1828年，反对美国第二银行的安德鲁·杰克逊当选美国总统。1834年，众议院投票反对重新授权该银行，并确认联邦的存款应保留在州银行。约翰·昆西·亚当斯（John Quincy Adams）在一份关于美国第二银行的报告中指出，"为善的力量就是为恶的力量，即使在无所不能的人手中"，反映出当时人们对联邦政府权力的警惕。这反映了对监管的认知分歧，南部和西部的多数州基本上反对建立中央银行、统一法定货币和全国统一的金融监管体制，而北方的州则更加主张联邦政府介入金融事务。

[2] 国民银行（National Bank），是指依据美国联邦法律注册成立并领取营业执照的商业银行。

1929年股市崩盘引发经济危机，银行体系濒临崩溃。1933年，罗斯福上任第三天发布"银行休假令"，并通过《紧急银行救济法案》，明确联邦政府在危机时的职权。在罗斯福新政期间，出台了一系列金融法律，奠定了美国现代金融体系和监管体制格局，《1933年银行法案》分离商业银行与投资银行，放开国民银行在州内设分支机构的限制，建立存款保险制度。《1935年银行法案》调整了银行的投资范围、股东投票规则和公司治理规则。在大萧条背景下，一定程度上影响了银行投资、资本补充和经济复苏进程（Richardson、Komai and Gou, 2013）。为加速经济复苏，相关的规定被废除了。随后成立的美国联邦存款保险公司，负责对被保险银行和其他机构的监管和处置，形成了联邦政府机构中的货币监理署、美联储与联邦存款保险公司的三头监管格局。该法案还强化了对银行的监管。为防范银行董事和管理层的代理问题，禁止他们从银行贷款，禁止银行董事和管理层以股票和债券作为抵押获得贷款。著名的"Q条款"即出自该法，它禁止向活期存款支付利息，以降低商业银行的融资成本，鼓励储户将资金存入储蓄存款账户和购买存单，为商业银行提供稳定的资金来源。

20世纪80年代，美国发生了严重的储贷危机。国会通过《1989年改革、恢复和执行法案》（Financial Insitutions Reform, Recovery, and Enforcement Act of 1989），以恢复对储贷机构的信心，成立了隶属于财政部的储蓄监督办公室（Office of Thrift Supervision），提高了对储贷机构的监管要求，加大了对金融机构违法违规的董事、管理人员、股东、律师、会计师的处罚力度。根据《1989年改革、恢复和执行法案》，在联邦存款保险公司下设立了处置信托公司（Resolution Trust Corporation），以处置倒闭的储贷机构。

1994年，美国国会通过了《里格尔-尼尔州际银行和分支机构效率法案》（Riegle-Neal Interstate Banking and Branching Efficiency Act）。该法案放宽了银行跨州设立分支机构和附属机构的权限，加速了20世纪 80 年代中期以来的银行合并趋势。

1.3 美联储的建立及监管职责

1907 年，一场始于华尔街的金融危机波及全美。危机过后，由参议员尼尔森·奥尔德里奇（Nelson Aldrich）主持的委员会，对危机的成因和处置进行了调研。奥尔德里奇在考察欧洲国家的中央银行制度后，提出了《奥尔德里奇计划》，主张建立联邦的中央银行。1912 年，威尔逊当选总统，在他的支持下，以《奥尔德里奇计划》为蓝本的《联邦储备法案》于 1913 年获得国会通过。为保证中央银行的独立性，美联储制定货币政策时不受包括总统在内的任何行政部门的干预，但接受国会监督。根据《联邦储备法案》，美联储的政策目标是维护金融系统稳定，监督金融机构和相关活动，提高支付清算系统稳定性和高效性，推动消费者保护工作和社区发展等。

美联储不仅履行最后贷款人职责，还负有监管成员银行的职能。所有的国民银行须成为美联储的成员，州银行也可以成为成员。美联储对成员银行的准备金、资金运用等进行监管，其监管标准高于州银行监管当局的要求。

20 世纪 70 年代以后，金融全球化和自由化兴起，它与新自由主义潮流一起，成为推动金融监管体系变革的重要力量。混业经营和金融产品创新模糊了金融机构的业务界限，而美国仍然实行分业经营和分业监管体制。分业经营和分业监管形成了复杂、碎片化的监管格局，也导致了逐底竞争和监管空白，助长了金融机构的监管套利，影响了监管的效力和效率，还在一定程度上影响了美国金融机构的竞争力。改革金融监管体制，降低监管成本，提高市场效率的呼声越来越高。1987 年，美联储同意花旗、J. P. 摩根等商业银行成立非银行的子公司从事商业票据、资产支持证券等的承销业务。1999 年出台的《格雷姆-里奇-比利雷法案》，即《现代金融法案》，废除了《银行法》

（Banking Act）和《1956年银行控股公司法》（Bank Holding Company Act of 1956）设定的限制，消除了商业银行、投资银行和保险之间的分业经营障碍，并允许组建金融控股公司从事原来分业的三个金融行业的业务。《现代金融法案》相应调整了金融监管体制，美联储的监管范围扩大到了金融控股公司，美国证券交易委员会、美国商品期货交易委员会和州保险监管机构仍然对其监管范围的机构进行准入和审慎性监管，金融控股公司控制的投资银行和保险公司的监管仍然由其原来的监管机构负责。

第二节　证券市场和期货市场的监管

与银行监管一样，美国建国之前，由各殖民地对证券发行和交易以及证券交易商进行监管。各州发布的证券监管法规，即"蓝天法"是当时的主要监管制度。1929年的股票大崩溃和20世纪30年代联邦在金融监管事务中的进一步渗透，逐步建立起联邦监管为主的证券监管体制，并一直延续至今。

2.1　证券市场监管体制

1911年，堪萨斯州颁发了第一部州证券法，随后很多州都发布了旨在保护投资者、防止欺诈的法律，统称为"蓝天法"。各州发布的法律各不相同，总体要求是发行人需要注册并提供财务等相关信息，并由投资者基于信息做出投资决策。蓝天法明确了发行人的义务，允许监管当局和投资者对发行人的欺诈等提起诉讼。蓝天法虽然规定了发行人应在招募说明书中披露信息的义务，但并没有规定发行人公平销售证券的义务，只需向潜在的投资者提供信息即可，对信息的要求不严格、不规范，执法也不严格。蓝天法也难以规范跨州的证券销售活动。这些问题在1929年的股市大崩溃中集中暴露出来，证券市场中普遍存在的欺诈、操纵和内幕交易，严重损害了投资者利益和公众对市场的信心，建立联邦监管法律和监管机构成为普遍共识。

20世纪30年代的罗斯福新政是奠定美国证券市场监管体制的重要时期。这一时期颁布和实施的法律有：《1933年证券法》，在证券市场监管方面具有里程碑意义，所确立的强制信息披露制度、公开发行证券的发行人需要向监管机构注册并披露信息规则，成为全球公开发行证券监管制度的滥觞；《1934年证券交易法》，建立了联邦证券市场监管机构——美国证监会，还建立了针对全国性证券交易所、证券交易商和交易行为的监管制度；1933年《格拉斯-斯蒂格尔法案》，将商业银行与投资银行分离，规定商业银行不得开展证券承销和经纪业务。

在20世纪30年代美国的联邦证券监管法案颁布和监管机构建立之后，各州对证券市场的监管以及蓝天法仍然保留下来，各州的监管当局负责在本州开展业务的经纪商、投资顾问的执业牌照管理。1956年《统一证券法案》规范了各州蓝天法的制定与修订，要求蓝天法必须遵循《统一证券法案》的模式，重复的部分需要遵从联邦法律。

20世纪30年代的变革虽然建立了联邦与州并行的行政监管体系，但是，证券市场的自律监管传统仍然保留了下来。首先是明确了证券交易所的自律监管定位和职责。在《1934年证券交易法》中，明确了全国性证券交易所的自律监管职责，交易所制定的上市规则、交易规则和会员规则等业务规则，旨在规范上市公司、证券交易商和投资者的行为，维护公平公正公开。其次是证券交易商的自律组织。根据《1938年马洛尼法案》（Maloney Act of 1938）对《1934年证券交易法》的修改，于1939年成立了美国全国证券交易商协会（NASD），该协会在证券交易商的自律监管中发挥着重要作用。1971年，美国证监会敦促美国全国证券交易商协会推动实现未在交易所上市的证券的交易自动化。这一年，纳斯达克建立了一批数据中心（即NASDAQ Data Centers），成为电子化的交易场所，即纳斯达克市场（National Association of Securities Dealers Automated Quotations，简写为 NASDAQ）。它将报价数据引入更广泛的市场。在当时的场内交易市场，投资者只能看到历史成交数据，而纳斯达克的做市商可以通过该系统以电子方式实时更新报价，让投资者可以平等、同步获得信息，这种证券信息处理器（Securities Information Processor）在现在所有市场参与者看来是理所当然的，而在20世纪70年代初才首次出现。纳斯达克从一开始就是没有交易大厅的电子交易，以计算机系统将相互竞争的做市商连接起来。做市商之间的竞争促进了市场价格发现机制的有效发挥和效率提高（Mackintosh，2021）。

美国全国证券交易商协会，既是纳斯达克的运行主体，又是市场的自律监管机构。直到2007年，金融业监管局（FINRA）成立。它作为独立的非政府组织，由美国全国证券交易商协会与纽约证券交易所的会员监管、执法和仲裁业务合并而成。合并的目的是消除重叠或多余的监管，降低合规成本和复杂性。FINRA的主要职责是负责制定和执行美国注册经纪商和自营商的自律管理制度，保护投资大众免受欺诈和不良行为的侵害。它受美国证监会监督，并执行证监会的监管规则。金融业监管局拥有执法权，可以对违反相关法律法规的机构和个人做出处罚。金融业监管局还负责管理市场的中央登记存管机构（Central Registration Depository），存储所有证券交易商和证券代表的证券交易记录，以及对市场交易纠纷的仲裁，该仲裁类似于法院的司法程序，但成本更低，其仲裁为最终裁决。

20世纪60年代以来，随着通信和计算机技术的发展，证券交易出现了新的交易方式，ECN（电子通信网络）等另类交易场所开始建立和发展，它与投资银行建立的撮合其客户之间交易的交易系统一起，组成了美国的场外交易市场。为推动市场整合，美国国会于1975年通过了《证券法修正案》，敦促证监会建立全国性市场和清算系统，以提高证券市场的竞争力、流动性、效率和稳定性。证监会通过建立跨市场交易系统（Intermarket Trading System，简写为ITS）将区域性交易市场和投资银行的交易系统连接起来。1981年，证监会要求ITS和全国证券交易商协会的计算机辅助撮合系统（CAES）连接。证监会支持的系统建设还包括综合交易报告系统（Consolidated Transaction Reporting System），提供纽约证券交易所、美国交易所和区域性交易所的实时交易报告、实时报价系统（Composite Quotation System）、综合报价系统的报价信息。尽管如此，市场的宏观结构并没有发生实质性的变化，建立全国性市场的努力并不成功。1975年还有一项重要改革是取消了交易所的固定佣金制度。

20世纪90年代，公司治理浪潮在全球兴起。虽然各国都在制定公司治理的原则，但政府并不直接介入公司治理，而是主要依靠市场自身的力量或自律组织实施公司治理的原则。美国是全球最早的行政和司法介入公司治理的国家，起因是2001年的安然事件。2001年，美国最大的能源公司之一——安然公司财务造假，导致公众投资者和安然公司的养老金等都遭受了很大损失。2002年，美国国会通过《萨班斯-奥克斯利法案》，也称《2002年公众公司会计改革和投资者保护法案》（Public Company Accounting Reform and Investor Protection Act of 2002）。该法案旨在强化上市公司的董事和管理层及财务总监对信息披露的真实准确的法律责任，要求公司从公司治理、内控机制等方面建立相应的制度保障体系。对于严重的财务欺诈行为，相关责任人可能被处以监禁等刑事处罚。该法案还强化了审计师对上市公司的监督，建立了上市公司会计监督委员会，负责上市公司的审计师的注册、执业标准制定和监督检查。

2.2 期货市场的监管

1936年，美国国会通过《商品交易法案》，要求商品期货和期权必须在有组织的交易所交易，由农业部组建谷物期货管理局（Grain Futures Administration）监管期货交易所。1974年，国会修改了《商品交易法案》，建立了商品期货交易委员会，取代谷物期货管理局的监管职能。商品期货交易委员会的主要职责包括监管商品期货、期权市场，保护市场参与者，打击诈骗、市场操纵和不正当经营等活动，保障市场的开放竞争和财务稳健。

在政府监管之外，自律组织也在期货市场秩序维护和投资者保护方面发挥着重要作用。期货交易所是最重要的自律组织，它根据商品期货交易委员会的监管原则，制定市场规则并对市场和参与主体的行为进行自律监管，保证市场依法运行、公平公正，保护市场参与主体的利益。根据《商品交易法案》，1981年，经美国商品期货交易委员会批准，期货业协会（Registered Futures Association）成立，其宗旨是保证衍生品市场的公平公正和保护投资者。

针对美国证监会和美国商品期货交易委员会对金融衍生品的监管职责边界不够清晰的问题，2000年《商品期货现代化法案》（Commodity Futures Modernization Act）对此进行了明确。它对《商品交易法案》、《1933年证券法》、《1934年证券交易法》和《沙德-约翰逊管辖协议》（Shad-Johnson Jurisdictional Accord）的规定进行了调整，为美国证监会和商品期货交易委员会对个股期货交易的共同监督做了规定，也明确了《商品交易法案》不适用于包括信用和股权掉期等协议以及混合票据和银行通常提供的其他产品。但是，该法案并没有明确美国证监会和美国商品期货交易委员会对场外市场衍生品的监管职责。场外衍生品市场发展迅速，在监管上是一个空白，这是2008年金融危机的一个重要原因。危机之后，全球高度重视场外衍生品的监管，《多德-弗兰克法案》提出了场外衍生品的清算制度改革措施，以增强市场透明度、降低对手方风险。

第三节 保险市场监管

在美国，对保险业的监管是由州监管当局负责。1945年，美国最高法院要求保险业遵守反垄断法在内的联邦法律。为此，国会通过了至今仍然有效的《麦卡伦-弗格森法案》（McCarran-Ferguson Act），明确了联邦法律不能超越州保险监管法律，除非联邦法律特别指出适用于保险业。该法还指出，只要州建立了自己的适用于保险业的反垄断法，该州的保险业就不受联邦反垄断法的管辖。尽管1999年的《金融服务现代化法案》允许金融控股公司控制保险公司，但仍然重申了《麦卡伦-弗格森法案》确立的州作为保险公司最主要监管机构的原则。

保险业由州监管，如果保险集团跨州经营或者保险产品跨州销售，就涉及多头监管、重复监管带来的问题。全美保险监督官协会协调建立和发布了统一的监管规则，并鼓励州监管当局采用。

各州对保险业的监管包括：（1）保费费率，要求保费足以覆盖成本和履行给付义务，但不宜收取高额保费、获取超额利润，保费费率的确定要基于精算，并禁止歧视性的定价；（2）保险销售，建立保险中介的准入制度，规范保单销售行为，防范欺诈和损害投保人的利益；（3）反保险欺诈，防止被保险人索赔中的欺诈行为，禁止保险公司和销售中介的不当行为。一些保险欺诈行为还将受到刑事处罚；保险公司、保单持有人及相关当事人都要遵守州合同法，保险公司要忠实地履行合同义务。

2008年之后的金融监管体制改革，基本维持了原有的保险监管体制。只是根据《多德-弗兰克法案》，在财政部设立了联邦保险办公室（Federal Insurance Office）。该办公室的职权非常有限，没有直接监管保险公司和保险市场的权力，其主要职责是收集所有保险公司及其主要关联机构的信息,跟踪市场发展趋势,监管协调,以及参与保险监管国际协调等相关活动。

第四节　2008年金融危机之后的金融监管体制改革

2008年金融危机是继1929年金融危机之后,全球和美国经历的最大规模的金融危机,可谓百年一遇。之后,美国各界对危机进行了深刻、全面的反思,对金融监管体制进行了改革。

4.1　危机之后的检讨

美国的金融监管体制在长期演进中形成了联邦与州两个监管层级。在联邦层面又有多个金融监管机构,在混业经营和金融创新的时代背景下,监管空白与监管重叠的问题并存,导致了监管套利等监管失灵的问题。

改革金融监管体制的建议在危机爆发前已被提出。2008年3月,美国财政部发布了《现代化金融监管架构蓝图》(Blueprint for a Modernized Financial Regulatory Structure,以下简称《蓝图》),提出了从基础架构上对金融监管体制进行全面改革的建议。《蓝图》基于宏观审慎、微观审慎和行为监管三个金融监管政策目标,建立"三峰"监管框架。宏观审慎峰由美联储负责,美联储在货币政策和最后贷款人职责基础上增加系统性风险监管职能;微观审慎峰由货币监理署负责,整合了其他联邦机构承担的审慎监管的职责;行为监管峰由美国证监会和美国商品期货交易委员会合并组建;还计划组建联邦的保险监督机构。

2008年危机之后,金融监管体制的改革提上议事日程。2009年1月,奥巴马就任总统后,督促加快提出金融监管体制改革方案。6月,财政部发布《金融监管改革白皮书》(以下简称《白皮书》),放弃了

《蓝图》从根本上重塑监管体系的构想，改革重点是强化对系统重要性机构的监管，通过扩大、增强现有监管机构的职能，改进监管机制和方法，消除监管空白和监管重叠。《白皮书》提出了五个方面的改革目标：促进金融机构监管的有效性，建立全面的金融市场监管体制，保护金融消费者，改进金融危机应对机制，推动提高国际监管标准和增进国际监管合作。

2010 年，美国国会通过《多德-弗兰克法案》。《多德-弗兰克法案》采纳了财政部《白皮书》提出的渐进式改革策略，而不是《蓝图》的根本性改革策略，维持了 20 世纪 30 年代以来确立的金融监管体系。《多德-弗兰克法案》的重点是强化美联储在宏观审慎监管和防范系统性风险方面的职责，赋予其对系统重要性金融机构的监管职责，并增设了金融消费者保护局（Bureau of Consumer Financial Protection）。《多德-弗兰克法案》基本上维持了机构监管的格局，没有触及碎片化、多层次的金融监管体系，只减少了 1 家联邦监管机构，即储蓄监督办公室，将其职能移交给了货币监理署，使之成为银行和储蓄机构的联邦监管机构（Murphy，2015）。

4.2 金融稳定监管委员会的建立与宏观审慎监管的加强

《多德-弗兰克法案》最重要的改革就是建立了跨部门的协调机构，即金融稳定监管委员会，增强了美联储的宏观审慎监管职能。

金融稳定监管委员会作为联邦金融监管的协调机构，其主席由财政部部长担任，成员包括美联储、货币监理署、证监会等金融监管机构或相关政府部门的负责人，主要职责是：监测和预防系统性风险，负责对非银行系统重要性金融机构的认定，协调各类金融机构的审慎性标准，提出强化微观审慎监管方面的建议，协调金融监管重大事项，禁止可能影响金融系统稳定的业务活动。

金融稳定监管委员会还负责收集汇总金融监管数据，促进监管机构之间以及跨境的监管信息共享；开展金融监管相关研究，向金融监管机构提出建议，就重大国内和国际监管问题向国会提供咨询意见。为此，金融稳定监管委员会下设金融研究办公室，以弥补金融监管机构及政府部门在监测、应对金融危机上的信息不足等问题，它可以汇总各方面的经济和金融监管数据，监测系统性风险并建立预警机制。[①]

如前所述，《多德-弗兰克法案》增强了美联储在宏观审慎监管和系统性风险防范的职责。除了原来的对金融控股公司和支付系统等金融基础设施进行监管外，还增加了对金融稳定监管委员会认定的非银行系统重要性机构的监管。法律还赋予美联储检查和执法的权力，如果金融机构的主监管机构没有执行美联储的监管建议，美联储可以直接采取监管措施。经三分之二的金融稳定监管委员会成员同意，美联储有权解散或关闭可能危害金融稳定的具有系统重要性的金融机构。

《多德-弗兰克法案》明确了危急情况下的金融稳定机制。它修改了美联储和联邦存款保险公司在危急情况下的权力，赋予它们新的职能，即协调和整合市场流动性救助，防范可能带来的道德风险和利益冲突，降低危机处置成本。美联储的主要职责是，救助具有系统性影响的危机，而不是向单一机构或公司提供信贷支持。经与财政部协商，美联储制定救助方案，确保可以向市场提供必要的流动性，同时保证及时启动和有序终止。如果提供紧急信贷支持，金融机构需要提供充足的抵押品。美联储需要在规定期限内披露救助的相关信息，美国政府问责局可以对救助计划的实施进行审计。《多德-弗兰克法案》还限制了联邦存款保险公司向金融机构提供救助的权力，它只对存在系统性风险隐患并置于接管之下或将关闭的金融机构进行救助。《多德-弗

---

① 金融稳定监管委员会与20世纪80年代建立的总统金融市场工作委员会（President's Working Group on Financial Markets），有相近的职能，即保证金融市场的公平、效率、秩序、竞争力，提高投资者信心，提出监管改革建议。

兰克法案》规定，在经济严重困难时期，联邦存款保险公司可以为有偿付能力的存款类机构提供担保。它在与财政部协商之后，制定提供担保的政策和程序，以及担保的条件和条款。建立担保计划需要美联储和联邦存款保险公司认为存在流动性事件①，如不采取行动将对金融稳定或经济运行产生严重的不利影响。担保计划需要国会通过，并批准担保的最高额度。

4.3 增强联邦存款保险公司及其职责

对联邦存款保险公司而言，它面临的不是一场危机，而是两场相互关联、相互重叠的危机。首先，2008 年金融危机威胁到传统银行体系内外的各类大型金融机构，进而危及金融体系本身。其次，银行业危机从 2008 年开始一直持续到 2013 年，同时出现问题和倒闭的被保险机构数量迅速增加。两场危机使联邦存款保险公司不得不同时面对多重挑战。应对金融危机的基本问题是需要遏制系统性风险并恢复金融稳定。联邦存款保险公司利用紧急授权，采取了前所未有的行动，以应对银行监管、存款保险基金管理和破产银行处置等方面的挑战。

2008 年 9 月 25 日，联邦存款保险公司宣布了"临时流动性担保计划"，为金融机构及其附属机构发行的 6 000 多亿美元债务提供担保。从 2008 年到 2013 年，500 多家银行倒闭，存款保险基金（DIF）损失约 730 亿美元。其中，2008 年 6 月印地麦克（IndyMac）银行倒闭，联邦存款保险公司损失约 120 亿美元，为史上最惨重的损失。2008 年 9 月华盛顿互惠银行倒闭，再创联邦存款保险公司的最大损失。这 500 多家倒闭的银行大多数都是社区银行，它们往往位于美国次贷危机和

---

① 流动性事件是指：（1）金融市场参与者在没有非正常的高折扣率的情况下，面临出售金融资产的压力；在没有提高非正常的高额保证金的情况下，难以通过提供抵押品融资；（2）金融市场参与者，获得无担保信贷的能力异常或显著降低。

经济衰退导致房地产问题较为严重的地区。问题银行的数量在 2011 年初达到顶峰，接近 900 家，占联邦存款保险公司受保机构总数的近 12%。

根据《联邦存款保险法案》的规定，对造成 5 000 万美元以上损失的倒闭银行进行重大损失审查。审计结果表明银行治理，包括银行贷款承销和信贷管理的质量、风险限额及其内部控制，在确定银行的风险状况及其欺诈或内部人员滥用职权的可能性方面有较大的影响。这些审查强调了现场检查在评估银行内部风险管理以及在必要时要求采取纠正措施方面的重要性。为此，联邦存款保险公司加强了审计能力建设，培训人员并加强信息技术和系统建设，加大了对风险管理不够健全的银行的监督，将接受强化监督的期限从 3 年延长至 7 年。针对银行控股公司结构复杂的特殊问题，采取措施使银行与其附属机构保持隔离。联邦存款保险公司可以要求金融控股公司中的银行向联邦存款保险公司偿付关联银行倒闭的部分或全部成本。2009 年，联邦存款保险公司董事会通过了一项政策声明（即 SOP），对危机期间有兴趣购买或投资倒闭银行的私募基金进行指导。

联邦存款保险公司将"问题银行"的审查评级认定为 4 级或 5 级，对这两个最低评级的银行进行重点关注。从 2008 年 1 月 1 日至 2017 年 3 月 31 日，有 1 783 家机构曾一度被认定为问题机构。到这一时期结束时，523 家已倒闭，112 家仍处于问题状态，294 家在未获得联邦存款保险公司援助的情况下与其他机构合并，854 家不再是问题银行。

与此同时，存款保险公司对这场危机进行了总结。危机前，银行过度追逐盈利增长导致了风险的严重累积。在银行盈利连年破纪录之后，很多机构还在追求更高的利润，因此需要承担更高的风险。危机也表明，关键的财务指标，如业绩快速增长、风险较高的贷款类别集中、资金来源不稳定，都可以作为银行风险的指标。危机进一步说明银行风险管理的重要性，以及监管机构对银行的内部管理和风险评估的重要性，而现场检查才能为银行监管机构提供足够的信息，以评估金融机构的安全性和稳健性，以及其风险管理措施的充分性和有效性。

《多德-弗兰克法案》也强化了联邦存款保险公司的监管职权，赋予它在监管银行与其非银行附属公司交易方面的职责，它可以否决美联储关于免除个别银行对此类交易的具体禁令和限制。联邦存款保险公司成为大型金融机构的有序清算机构（Orderly Liquidation Authority），它取代了常规性的公司破产程序，联邦政府可以关闭陷入困境并有系统性影响的金融机构，而不是用纳税人的钱去拯救"大而不能倒"的金融机构。

根据《多德-弗兰克法案》，在金融机构不能偿还到期债务而其违约可能导致对金融体系的较大负面影响时，财政部可以指定联邦存款保险公司作为金融机构的接管机构。它拥有与其他接管机构的董事会相同的权利，可以运营或者关闭金融机构。作为有序清算机构，联邦存款保险公司可以决定金融机构的资产或者债务的处置方式，可以转移至第三方机构或者联邦存款保险公司设立的过桥机构，也可以决定哪些债权人可以优先获得支付，哪些合同可以不执行。为此，联邦存款保险公司建立了复杂金融机构办公室（Office of Complex Financial Institutions），负责对金融集团的监管和危机处置。

2011年，联邦存款保险公司建立了新的处置机制，发布了金融机构内部处置计划，或称生前遗嘱。所有系统重要性机构都要建立生前遗嘱，以便在发生重大危机时迅速启动处置计划。金融控股公司和非银行的系统重要性机构，每年都需要向美联储和联邦存款保险公司提交生前遗嘱。

2023年，联邦存款保险公司又遇到了一次新型银行危机，即3月的硅谷银行及其他几家中小银行的挤兑事件。3月9日，硅谷银行遭遇挤兑。未受到存款保险保护的存款人开始大规模提取存款，导致外流资金总额超过了400亿美元。硅谷银行向监管机构报告，预计3月10

日白天还将有超过 1 000 亿美元的资金流出，而银行已经没有足够的现金或抵押品应对快速的资金外流。加州金融保护与创新部（DFPI）于 3 月 10 日上午宣布关闭了硅谷银行，并指定联邦存款保险公司为接管人。为保护存款人利益和防止风险蔓延，联邦存款保险公司将硅谷银行的所有存款和大部分资产转移到硅谷过桥银行，这是一家由联邦存款保险公司运营的提供全面服务的银行。硅谷过桥银行的 17 家分行于 3 月 27 日以第一公民银行与信托公司（以下简称公民银行）的名义开业，硅谷银行的存款人自动成为公民银行的存款人。公民银行以 165 亿美元的折扣价购买了硅谷银行约 720 亿美元的资产，约 900 亿美元的证券和其他资产将继续由联邦存款保险公司接管处置。联邦存款保险公司还获得了公民银行普通股的股权增值权。

在硅谷银行危机之后，又有几家银行遭遇了挤兑危机。

签名银行，这是一家有一定规模的地区性银行，曾被誉为"华尔街的宠儿"，截至 2022 年底，资产规模为 2 130 亿美元，在美国最大银行中排名第 14 位。它在硅谷银行倒闭的几天后也遭遇了挤兑，岌岌可危。虽然美国有 11 家银行向它注资 300 亿美元，但它仍然遭受了储户和投资者的挤兑，损失了 1 020 亿美元的存款。2023 年 4 月 28 日，美国联邦存款保险公司接管该银行，最终被摩根大通接管。

美国第一共和银行（First Republic Bank）受美联储紧缩货币政策的影响，以及商业地产贬值、成本上升、利润增长困难等因素的影响，从 2022 年以来一直在裁员并退出抵押贷款业务。在自救尝试失败后，它被宾夕法尼亚州的银行部门接管，后来由联邦存款保险公司出售给富尔顿银行。

2023 年，美国硅谷银行和其他几家中型银行相继倒闭，给金融业带来了巨大冲击。在这些银行危机之后，联邦存款保险公司和美联储对银行挤兑进行了全面调查，也提出了一些改革存款保险制度的方案，但尚未实施。

4.4 行为监管

在 2010 年之前，美国没有专门从事消费金融监管的机构，美联储、货币监理署和联邦存款保险公司都有保护金融消费者的职责，但都限于其权力范围内的特定金融机构或金融产品。在实践中，金融监管机构往往更加重视审慎性监管，消费者保护被放到了次一级的目标上，尤其是在保护消费者目标与审慎性目标发生冲突时。

2008 年金融危机之前，就有建立专门金融消费者保护机构的建议。《多德-弗兰克法案》明确了建立"金融消费者保护局"，由其承担原来由各个联邦监管机构承担的金融消费者保护职责，但不包括证监会和商品期货交易委员会以及州保险监管当局的监管职责。金融消费者保护局具有对金融服务行业广泛的跨部门规则制定、监督和执法权力，可以对不公平行为、欺诈或滥用等行为采取行政处罚措施。

金融消费者保护局是美联储一个独立的行政机构，局长由总统在征得参议院的意见后任命。美联储在未经局长同意前，不得干预金融消费者保护局的事务，包括检查或执法行动。金融消费者保护局的职责是管理、执行联邦的消费者金融法律法规，包括《多德-弗兰克法案》第十章的规定，以及根据第十章移交给金融消费者保护局的原来由美联储、货币监理署等履行的职责。[①]

---

① 根据联邦消费者金融法，对于资产在 100 亿美元以上的银行，将制定专门的规则进行监管。规模较小的银行，并不免受其规制。一部分非银行机构的从业人员，称为涵盖人员（covered persons），即从事销售或从事"消费者金融产品或服务"的人员，也将受到该局的规制和监管。根据《多德-弗兰克法案》，消费者金融产品或服务是指主要为个人、家庭或住户提供的金融产品和服务，包括存款、信贷、证券等金融产品的销售或经纪业务，房地产评估和买卖的交付、支付，金融数据的收集和处理，支票、担保、保险业务等。

第五节　对 2020 年新冠疫情触发的金融市场动荡的应对

2020 年 1 月，新冠疫情暴发。在疫情对实体经济和社会的冲击尚未完全体现时，金融市场在 2 月底就有了反应。3 月初，受到疫情冲击和石油减产新协议破裂等多重因素影响的金融市场出现了大幅动荡，全球股票指数大幅下跌，道琼斯和标普指数分别从最高点下跌了 38%和 34%，美国股票市场四次熔断，芝加哥期权交易所恐慌指数（VIX）从平均的 15 点涨到了 83 点。与 2008 年的金融危机不同，由疫情引发的金融市场动荡是因为实体经济受到了疫情冲击，金融机构也相应地受到冲击。得益于 2008 年之后对银行等金融机构审慎性监管的加强，金融业的资本和流动性相对充裕，抵御冲击的能力较强。

在总统宣布新冠疫情后，根据 2013 年发布的《银行机构及其借款人和客户受到主要灾害和紧急情况影响下的监管措施》[1]，在遭遇自然灾害等影响金融机构有效服务借款人和客户时，可以灵活地运用各种手段，促进金融机构持续服务实体经济。在危机时期，美联储除了正常的政策和与金融机构的沟通渠道外，还可以启动"应急沟通系统"（Emergency Communications System），使银行等金融机构及时收到监管机构的重要信息，以便金融系统合作应对灾难。3 月 13 日美联储发出了《SR 20-4/CA 20-3：受到新冠疫情影响金融机构的监管措施》，立

---

[1] Board of Governors of the Federal Reserve System (2013, March 29). *SR 13-6 / CA 13-3: Supervisory Practices Regarding Banking Organizations and Their Borrowers and Other Customers Affected by a Major Disaster or Emergency*. https://www.federalreserve.gov/supervisionreg/srletters/sr1306.htm. 该通知还适用于所有的州银行、银行控股公司、储贷机构、外国银行的美国分支机构、包括总资产在 100 亿美元以下的机构。该办法将在美国总统宣布遭遇灾害时启动实施。

即启动灾害应对措施。

2020年3月，美国国会通过《新冠病毒援助、救济和经济安全法案》（Coronavirus Aid, Relief, and Economic Security Act），推出了规模为2万亿美元的刺激计划，以稳定金融市场、防止恐慌性抛售的蔓延和支持实体经济及维护宏观经济稳定。财政部、美联储也迅速推出了一系列救助措施，主要有①：

一是鼓励金融机构以信贷支持实体经济，尤其是小企业和居民消费。3月，美联储、联邦存款保险公司、全国信用社管理局（National Credit Union Administration）和货币监理署，发布了《提供负责任小额贷款的跨部门贷款原则》（Interagency Lending Principles for Offering Responsible Small-Dollar Loans），鼓励其监管的机构向消费者和小企业发放小额贷款，以应对疫情对居民收入下降和收支不平衡等方面的影响。

美联储多次发布通知，促进小企业信贷，包括：支持小企业局的"工资保护计划"（Paycheck Protection Program）；暂时调整对银行类机构的杠杆率要求，促进其扩大信贷规模；调整银行类机构的流动性覆盖率；支持银行类机构参与美联储的"货币市场基金救助计划"和支票保护计划；调整"沃尔克规则"的限制，允许银行投资对冲基金和私募基金；修改了合格留存收益（Eligible Retained Income）的要求，以限制银行的资本分配；与消费者相关的行动，美联储、联邦存款保险公司、货币监理署发布了《〈社区再投资法案〉经常问题答复》（CRA FAQs），就金融机构如何适应社区的金融需求作出答复。

2008年金融危机之后，监管机构提高了对银行机构的资本充足率和流动性覆盖率要求，以使银行在经济面临负面冲击时可以有回旋余

---

① Board of Governors of the Federal Reserve System. *Supervisory and Regulatory Actions in Response to COVID-19*. https：//www.federalreserve.gov/supervisory-regulatory-action-response-covid-19.htm.

地。当时，大型银行类机构的普通股本达1.3万亿美元、高质量流动性资产（HQLA）达2.9万亿美元（FED, FDIC, OCC, 2020）。2020年3月17日，美联储、联邦存款保险和货币监理署发出通知，鼓励银行类机构利用其资本和流动性缓冲应对疫情影响，但仍然要求银行要维护自身稳健。

根据《新冠病毒援助、救济和经济安全法案》，允许金融机构将特定贷款划分为"问题债务重组"（Troubled Debt Restructuring, 简写为TDR），以减轻对借款人的影响，保证经营的持续性和稳健性。为此，联邦监管机构在与州监管机构协商后，发布了跨部门要求，鼓励金融机构建设性地与受到疫情影响的借款人合作，支持房地产贷款人，对贷款调整提供附加信息。①

二是降低联邦基金利率和实行量化宽松措施。美联储于2020年3月3日和15日分别将联邦基金利率降低了50个基点和100个基点，重回零利率。在此期间，市场担心美联储的工具箱可能存在后续政策不足而加剧了市场恐慌，股市出现三次熔断。15日，美联储再次重启大规模资产购买计划，包括5 000亿美元的国债和2 000亿美元的机构抵押贷款支持证券，并将联储持有到期的机构债务和机构抵押贷款支持证券本金重新投资于资产支持证券。23日，美联储推出无上限量化宽

---

① Board of Governors of the Federal Reserve System, Federal Deposit Insurance Corporation, National Credit Union Administration, Office of the Comptroller of the Currency & Consumer Financial Protection Bureau (2020, April 7). *Agencies Issue Revised Interagency Statement on Loan Modifications by Financial Institutions Working with Customers affected by the Coronavirus*. https://www.federalreserve.gov/newsevents/pressreleases/bcreg20200407a.htm; Consumer Financial Protection Bureau, Board of Governors of the Federal Reserve System, Federal Deposit Insurance Corporation, National Credit Union Administration, Office of the Comptroller of the Currency & Conference of State Bank Supervisors (2020, April 3). *Federal Agencies Encourage Mortgage Servicers to Work with Struggling Homeowners affected by COVID-19*. https://www.federalreserve.gov/newsevents/pressreleases/bcreg20200403a.htm.

松政策，按需购买美国国债和资产支持证券，并将购买的范围扩大至商业抵押贷款支持证券。26日，美联储决定将银行存款准备金率降为零，鼓励银行发放贷款支持实体经济。

4月9日，美联储出台第五轮应对措施，重点是支持实体经济，同时继续加大对流动性的支持力度，维护金融市场稳定。美联储宣布提供2.3万亿美元的贷款以支持实体经济，主要包括四条。(1)"薪资保障计划流动性便利"（Paycheck Protection Program Liquidity Facility），规模约为3 500亿美元。薪资保障计划是以保证企业继续雇用员工而为小企业提供的贷款，该计划通过向参与薪资保护计划的金融机构提供流动性便利，支持小企业融资。(2)"主街贷款计划"（Main Street Lending Program）提供不超过6 000亿美元的贷款。为确保信贷流向中小企业，该计划主要面向在新冠疫情前财务状况良好且雇员在1万人以内或营收小于25亿美元的中小企业。银行发放的主街贷款，自己保留5%，将剩余的95%贷款出售给主街贷款计划。(3)扩大一级市场公司信贷便利、二级市场公司信贷便利和定期资产支持证券贷款便利的额度至8 500亿美元。(4)"市政债流动性便利"（Municipal Liquidity Facility），购买州和地方政府的上限为5 000亿美元的负债。

三是市场流动性救助。美联储吸取了2008年金融危机的教训，为避免货币市场基金等非银行金融部门的流动性问题演化成系统性风险，加大了对市场的流动性注入。3月17日，启用了一级交易商信贷便利，为一级交易商提供隔夜和期限最长达90天的融资。还启用了为商业票据提供流动性支持的商业票据融资便利，商业票据融资便利通过特殊目的载体为美国商业票据发行人提供流动性支持，支持实体经济融资。

3月18日，面对货币市场基金挤兑导致的流动性问题，美联储启用了货币市场基金流动性便利，向投资于货币市场基金的金融机构提供贷款，MMLF由财政部提供100亿美元担保。

美联储还创设了新的流动性便利工具，出台总规模为3 000亿美元的新融资计划,支持雇主、消费者和企业。和此前的方案类似,美国财政部为这一计划提供了 300 亿美元的资本金。新融资计划包括三个融资便利,前两个主要用于支持大型企业,用于新发行债券、贷款的"一级市场企业信贷便利"和为未偿还公司债券提供流动性的"二级市场企业信贷便利",这两项便利主要面向投资级公司及其债券;第三个便利为"定期资产抵押证券贷款工具",以推动信贷流向消费者和企业。定期资产支持证券贷款便利的基础资产为学生贷款、汽车贷款、信用卡贷款、由小型企业管理局担保的贷款。

美联储还出台了对国际美元流动性的支持政策,与加拿大、英国、日本、欧元区、瑞士等地的中央银行一起,通过美元互换协议提供国际流动性,美元互换协议的定价下降 25 个基点,新的互换利率为美元隔夜指数掉期利率加 25 个基点,各央行在各自区域内提供美元的最长期限由 7 天增至 84 天。在 3 月底至 4 月初,尽管金融市场基本恢复平稳,但疫情对实体经济的冲击远未结束。美联储还向无法直接获得美元互换额度的货币当局创设临时"外国和国际货币当局回购机制"(Foreign and International Monetary Authorities Repo Facility)。

四是财政性救助措施。《新冠病毒援助、救济和经济安全法案》是第二次世界大战以来美国最大规模的经济刺激法案,目的主要是支持实体经济和维持居民消费。[①] 财政部门出台了一系列对于所有企业适用的税收抵免和延期纳税的救助措施,包括推迟社保税缴纳、员工社保税留置、企业营业亏损抵免和利息抵扣等。对大中企业的救助,分为联邦财政直接贷款和为美联储提供资本金由美联储发放贷款两部分,美联储的救助用于受疫情冲击严重的企业以及未被小企业贷款计

---

① 对年收入在 7.5 万美元以下的居民发放 1 200 美元现金;对年收入在 7.5 万美元以上的居民逐级递减发放;对年收入在 9.9 万美元以上的居民不发放。每个家庭中的每个孩子获得 500 美元现金。对所有失业者提供失业救济,在州失业救济金的基础上,为每人每周额外发放 600 美元。

划覆盖的企业贷款。对于小企业,《新冠病毒援助、救济和经济安全法案》中有 3 500 亿美元的援助资金提供给了小企业管理局,用于薪资保障计划,向符合条件的小企业提供贷款。《薪资保障计划和医疗保健增强法案》将薪资保障计划的贷款规模增加了 3 213 亿美元。此外,还提供了为企业债务纾困的 170 亿美元,并预留了 100 亿美元的灾害援助赠款补贴,帮助覆盖更多企业的短期运营成本。

5 月,美联储和联邦存款保险公司宣布延期两项即将到期的处置计划,包括对巴克莱银行、瑞士信贷、德意志银行和瑞银集团解决前期检查中发现问题的处置计划;纳入第 Ⅱ 类和第 Ⅲ 类的 8 家全球系统重要性国内外银行的处置计划。

限制银行的分红和股份回购。受疫情和之后金融市场动荡的影响,23 家大型银行的损失超过了 4 700 亿美元,其中 1 600 亿美元是商业不动产和公司贷款的损失,其资本充足率下降了 10.6%(FED,2021)。为应对危机,美联储宣布了对银行控股公司的分红和股份回购的暂时性、附加限制。2021 年 3 月,满足压力测试的银行才予以解除。

2020 年美国实施的一系列大规模的经济救助和援助政策,有力地保证了经济和就业的稳定。然而,它们也对经济产生了一些负面影响,最为突出的就是大规模量化宽松政策导致的通货膨胀问题。从 2021 年 4 月开始,美国的通胀水平开始迅速上升。2021 年 12 月,美国 CPI 同比上涨 7%,核心 CPI 同比上涨 5.5%,增速创 1991 年 2 月以来新高。2022 年 6 月,CPI 达到 40 年来的最高值 9.1%,随后在 7 月小幅回落至 8.5%。2024 年 4 月,美国 CPI 同比增长 3.4%,环比增长 0.3%。高通胀严重影响了居民生活,约 45% 的美国人表示物价上涨影响了其日常生活,尤其是低收入家庭。

为应对通货膨胀问题,美联储采取多项措施,包括:提高利率,连续加息,将联邦基金利率的目标区间从 0%~0.25% 上调至 5.25%~5.5%;缩表,实施量化紧缩政策,允许其持有的部分债券到期而不进行本金再投资；前瞻性指导，此举旨在影响市场预期，使公众能够预期通胀水平将恢复正常，从而有助于稳定通胀预期，避免通胀预期上升导致实际通胀率上升。

尽管美联储调整了货币政策，但在平衡通货膨胀和保持美国经济稳定发展方面，它仍然面临重大挑战。一是通胀持续。尽管美联储努力提高利率并收紧货币政策，但通货膨胀仍表现出一定的黏性。供应链中断最初因新冠疫情而加剧，这一问题仍然在相关领域持续。工资上涨仍然是一个令人担忧的问题。由于工人要求提高工资以跟上生活成本的上涨，企业可能会以提价的形式将增加的劳动力成本转嫁给消费者，从而进一步加剧通货膨胀。二是金融稳定的风险。大幅加息给金融体系带来了压力。利率上升导致债券和其他固定收益证券的价值下降，给持有这些资产的金融机构和投资者带来了损失。典型的案例就是前面讨论过的硅谷银行等挤兑事件。紧缩货币政策也会增加信贷紧缩的风险，因为银行在放贷时变得更加谨慎，这可能会减缓商业投资和经济增长。三是全球经济不确定性。美国经济与全球经济高度关联，其主要贸易伙伴的经济增长放缓可能会对美国出口产生负面影响，加之地缘政治紧张局势对全球供应链和金融市场的影响，使得不仅影响美国的通货膨胀，而且对全球主要资源的供给稳定构成挑战。四是财政与货币政策的协调。大规模经济救助导致巨额财政赤字，使财政的可持续性面临重大挑战，同时也给美联储货币政策的实施带来困难，二者难以有效协同。

第十五章　中国金融监管体制及其演变

中国的金融市场和金融机构，是在改革开放进程中逐步发展起来的。金融监管体制的建立与演进路径与成熟市场国家存在差异。当前，中央金融委员会作为党中央的决策议事协调机构负责金融监管的顶层设计和统筹协调，在国务院所属部门中，构建起由中国人民银行、国家金融监督管理总局、中国证券监督管理委员会共同组成的监管体系。这一体系在维持金融机构稳健运营，保障金融系统稳定，维护市场的公平、公正、公开原则，以及保护金融消费者合法权益等方面发挥着关键作用。

第一节　计划经济时期的大一统银行体系

在计划经济时期，整个经济运行模式与市场经济有着显著区别。按照马克思主义经典理论，如在《哥达纲领批判》等著作中所阐述的观点，货币是要消亡的。马克思认为，当社会生产力高度发展，产品达到了极大丰富，实现各尽所能、各取所需的共产主义高级阶段时，消费品在劳动者之间的分配将通过一种凭证来进行，并且"这些凭证不是货币。它们是不流通的"。劳动者凭借这种凭证，可从社会消费品中获取与自身劳动时间相符数量的产品。马克思关于社会主义这一特定社会发展阶段的这种构想，对计划经济时期的经济理念和实践产生了重要影响。在计划经济时期，苏联等社会主义国家虽然都发行"货币"，将它作为计量劳动者劳动量以及企业进行经济核算的单位，但这种货币同戏票一样，并非真正意义上的货币，仅仅是一种用以表明社会成员在共同产品中所占份额的"凭证"，并且"它们是不流通的"。[①]

基于对"货币"本质属性的这种认识，计划经济时期的"金融体系"采取中央银行与商业银行合一的单一银行体制。银行只是作为国家财政的出纳机构存在，货币只是作为计价算账工具，即"消极货币"存在。对于生产活动所需的原材料和中间品，也是通过计划分配实物量。货币是"配合"实物分配的，"钱随物资走"，只是被动地发挥作用。因此，使用货币或现金的场景并不多，并且受到严格的限制和控制。当时，只允许企业与银行发生信用关系，企业相互之间发生的信用关系和商业信用被严格禁止，银行信贷仅限于"非定额流动资金贷款"（即流动资金的非常年占用部分）。企业利润要上缴财政，固定资产投资的资金也由财政拨付，企业尽管开立有银行账户，但资金余额有限，且用途受到严格限制。当时，居民的收入不高，只有少量居民有积蓄和存款。除此之外，企业和居民都不得涉足任何其他金融活动（吴敬琏，2016），除了存款，居民基本不持有其他金融资产。按照列宁当年的设想，银行应承担起全社会总会计的功能，但在实践中，财政部门才扮演着类似会计的角色，银行实际上仅发挥出纳的职能。

---

① 马克思说："在社会公有的生产中，货币资本不再存在了。社会把劳动力和生产资料分配给不同的生产部门。生产者也许会得到纸的凭证，以此从社会的消费品储备中，取走一个与他们的劳动时间相当的量。这些凭证不是货币。它们是不流通的。"参见卡尔·马克思.1975.资本论（第二卷）（中共中央马克思 恩格斯 列宁 斯大林著作编译局 译）[M].北京：人民出版社，第397页。按照马克思的理论，所谓凭证是"不流通的"，是指它不像货币那样，在交易中"不断地离开起点""从一个商品所有者手里转到另一个商品所有者手里"，而是作为领物凭证，在每一次交易后都重新回到发出这些领物凭证的国家银行。参见卡尔·马克思.1975.资本论（第一卷）（中共中央马克思 恩格斯 列宁 斯大林著作编译局 译）[M].北京：人民出版社，第134页。

邓小平在改革开放之初就明确指出，"现在的银行只是算账，当会计，并没有真正起银行的作用"。① 计划经济体制依靠国家计划来配置资源，缺乏市场机制，在这种情况下，也就难以形成真正意义上的银行和金融体系。因此，在计划经济时期，中国人民银行是集中央银行、商业银行以及其他政府职能于一体的政府职能部门。

中国人民银行的历史可追溯至第二次国内革命战争时期。1931年11月7日，在江西瑞金召开的"中华苏维埃第一次代表大会"通过决议，成立"中华苏维埃共和国国家银行"，并发行货币。从土地革命时期到抗日战争时期，一直到中华人民共和国成立前夕，人民政权覆盖的区域被分割成彼此不相连接的部分，当时称作根据地或者解放区。各根据地建立了相对独立、分散管理的银行，并在本根据地内各自发行仅在区域内流通的货币。

1948年12月1日，中华人民共和国成立前夕，在合并华北银行、北海银行、西北农民银行的基础上，中国人民银行于河北省石家庄宣告成立。当天，华北人民政府发布布告，规定中国人民银行发行的人民币在华北、华东、西北三区统一流通，所有公私款项收付及一切交易均以人民币为本位货币。1949年2月，中国人民银行由石家庄市迁至北平。1949年9月，中国人民政治协商会议通过《中华人民共和国中央人民政府组织法》，将中国人民银行纳入中央人民政府政务院的直属单位序列，接受财政经济委员会指导，赋予其国家银行职能，承担发行国家货币、经理国家金库、管理国家金融、稳定金融市场、支持经济恢复和国家重建的任务。1950年3月，政务院发布《关于统一国家财政经济工作的决定》，指定中国人民银行为国家现金调度的总机构，国家银行增设分支机构代理国库，外汇牌价与外汇调度由中国人

---

① 中共中央文献研究室.2007.邓小平年谱1975—1997（上）[M].北京：中央文献出版社，第565页.

民银行统一管理。

从 1949 年新中国成立到 1952 年的新民主主义时期，中国实行多种所有制并存的体制，因而保留了一定数量的民营银行。进入社会主义改造阶段后，一方面，随着集中计划体制的建立，与之相适应地形成了集中统一的综合信贷计划管理体制。全国的信贷资金，无论是资金来源还是资金运用，均由中国人民银行总行统一掌控，实行"统存统贷"的管理办法。另一方面，参照苏联的银行模式对银行业进行改造，全国的公私合营银行均并入当地的中国人民银行储蓄部。1956 年底，对农业、手工业和资本主义工商业的社会主义改造基本完成，中国建立起单一的公有制体系，确立了国有部门在国民经济中的主导地位，并建立了与之相对应的"大一统"银行体系。

随着公有制和计划经济体制的确立，一切资源配置均以行政指令为核心。为防止消极货币转变为积极货币，确保货币依循实物分配的路径，政府采取了严格的控制措施：现金管理极为严格，信用范围受到更严格限制，银行信贷计划完全被纳入国家计划。当时，基本建设资金由财政拨款，流动资金被划分为两类：一类是定额流动资金，另一类是非定额流动资金，只有非定额流动资金通过银行信贷解决。如图 15.1 所示，国家计划委员会制订生产和分配计划，企业生产什么、如何生产、产品怎样分配皆由计划决定。企业的固定资产投资和定额流动资金由财政拨付，非定额流动资金由中国人民银行信贷提供，利润上缴财政。当时的中国银行只办理海外业务，中国人民建设银行相当于财政部的基建财务司。因此，整个经济体系中不存在商业信用，企业之间、企业与个人之间不能发生信用关系，也不存在真正的货币和金融市场。

1962 年 6 月 13 日，中共中央、国务院发布《关于改变中国人民银行在国家组织中地位的通知》，明确中国人民银行既是国家管理金融的行政机关，也是国家办理信用业务的经济组织，并授权人民银行在全

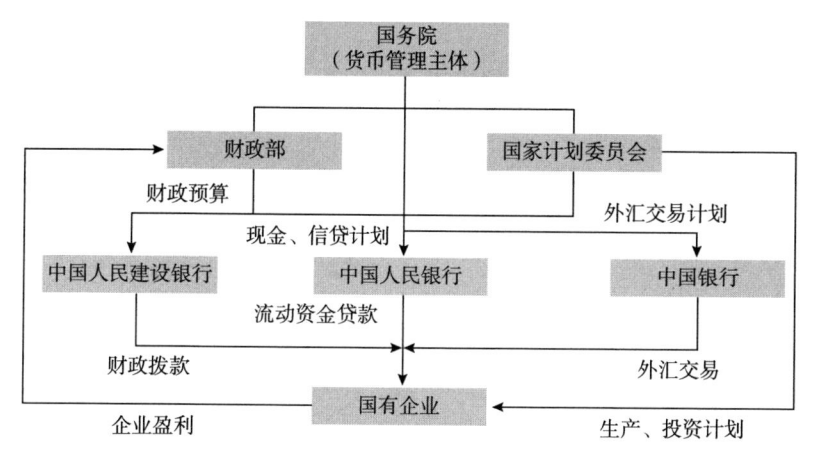

图 15.1　计划经济时期的资金分配

国履行现金管理、信贷管理和信贷监督的职能。该通知还规定，中国人民银行总行由当时的国务院直属机构调整为国务院所属部委。在此之后直至 1978 年的十多年间，中国人民银行的职能进一步被削弱，甚至一度与财政部合署办公。

第二节　中央银行体制和一体化金融监管体制的建立

1978 年，中国开启改革开放进程。农村包产到户和乡镇企业的兴起，以及国有企业以放权让利为核心的改革，共同催生了市场经济的萌芽与发展，也促使中国的金融业和金融市场开始起步。20 世纪 80 年代之后，城乡居民收入增加，企业在放权让利后可自由支配的资金也大幅上升，银行储蓄存款大幅增长，信贷能力也随之增强。企业自筹资金和银行贷款逐渐取代原有的财政拨款，成为企业投资和扩大经营规模的重要资金来源。这一时期，中国的金融机构开始恢复与建立，金融体系和金融市场逐步发展，金融监管以及中央银行独立性问题随之提上议事日程。

首先是"专业银行"的恢复与发展。其一，恢复中国农业银行。从 1951 年以中国农业合作银行为名建立到 1979 年初，中国农业银行经历了三次合并与恢复。1979 年 2 月，国务院决定正式恢复中国农业银行。其二，中国人民建设银行开始办理商业银行业务。建设银行成立于 1954 年，在计划经济体制下，它是办理基本建设投资拨款和监督基建的专业银行，虽名为银行，实则为财政部的基建财务司。1979 年 8 月 28 日，国务院批准将中国人民建设银行由隶属财政部的专业银行，升格为国务院直属单位，由国家建委、财政部代管，以财政部为主。此后，建设银行开始办理商业银行的存贷款业务。其三，中国银行开始办理国内业务。1949 年，中华人民共和国政府接管中国银行。1950 年，中国银行归中国人民银行总行领导。1953 年，中央人民政府政务院公布的《中国银行条例》明确中国银行为特许的外汇专业银行。1979 年，经国务院批准，中国银行从中国人民银行中分设出来，直属国务院领导，同时行使国家外汇管理总局职能，负责统一经营和集中管理全国外汇业务。1983 年 9 月，中国银行与国家外汇管理总局分设，各司其职，中国银行成为外汇外贸专业银行。其四，成立中国工商银行。1983 年 9 月，国务院决定成立中国工商银行，承担原本由中国人民银行办理的信贷和储蓄业务。至此，工农中建"四大专业银行"的格局形成。

其次是信托业的恢复与发展。1979 年，中国银行总行设立信托咨询部。同年 10 月，中国国际信托投资公司成立，这是中国信托业恢复后成立的第一家信托公司。1980 年 6 月，国务院下达文件，要求"银行要试办各种信托业务，融通资金，推动联合"；同年 9 月，中国人民银行发布《关于积极开办信托业务的通知》，随后各专业银行及其分行纷纷设立信托公司，各省市、各部门也相继组建信托投资公司，信托业务呈现遍地开花之势。

随着金融机构的多元化和金融业务的多样化，加强金融业的统一管理和综合协调成为必要。1979 年，消费膨胀与投资膨胀引发财政和外汇赤字，进而导致通货膨胀，这使得建立专司货币稳定职能的政府机构成为迫切需求。1982年7月，国务院批转中国人民银行的报告，强调"中国人民银行是我国的中央银行，是国务院领导下统一管理全国金融的国家机关"，由此开启了建立独立的中央银行和金融监管体制的工作。1983年9月，国务院决定，将商业银行的业务从中国人民银行剥离出来，中国人民银行专门行使中央银行的职能。

1984年之后，中国的金融体系发生了结构性的变化。中国人民银行作为中央银行和金融监管机构，不再从事商业银行业务。尽管明确了人民银行的中央银行职能，但是它仍然沿用计划体制下直接控制信贷总额的方式调控信贷和货币供给。中国人民银行的金融监管机构司履行金融监管职能，负责对银行、证券、保险、信托等金融机构的准入和业务监管。

1993年11月，中共十四届三中全会通过了《关于建立社会主义市场经济体制若干问题的决定》，明确中国人民银行作为中国的中央银行，在国务院领导下独立执行货币政策。中国人民银行要组建货币政策委员会，及时调整货币和信贷政策，其基本职能要从主要依靠信贷规模管理，转变为运用存款准备金率、中央银行贷款利率和公开市场业务等手段，调控货币供应量，保持币值稳定，监管各类金融机构，维护金融秩序。

1993年12月，国务院发布《关于金融体制改革的决定》，对中国的金融体系和监管体系进行了全方位改革，显著增强了中国人民银行的独立性。此次改革切断了中央银行与财政赤字的直接联系，明确禁止财政向中央银行透支，同时建立起符合国际惯例的中央银行财务制度。在金融监管职责方面，明确了中国人民银行对金融机构和金融市场的监管职责，涵盖金融机构的准入审批、审慎监管以及业务监管等各个环节，使得中国人民银行成为集中央银行职能和金融监管职能于一体的政府机构。

这次改革有力地推动了中国金融市场和金融机构的发展。国家开发银行、中国进出口银行和中国农业发展银行三家政策性银行相继成立，承接了四大国有"专业银行"剥离的政策性业务，促使四大行向国有商业银行转变。自此，四大行不再受专业领域、行业以及地域的限制，能够相互竞争，进而促进了效率提升和服务改进。与此同时，信托公司、证券公司、保险公司等金融机构的数量大幅增加，为企业和居民提供的金融服务日益丰富多样。这些金融机构的准入以及持续监管工作均由中国人民银行负责。

改革同步推进了金融机构的商业化转型。按照党的十四届三中全会提出的要求，国有企业要建立现代企业制度，构建产权明晰、权责明确、政企分开、管理科学的公司组织结构和治理架构，专业银行等金融机构纷纷改变原有的性质，转型为市场竞争主体，并依据现代企业制度进行运营管理。

与此同时，金融监管的立法工作也全面展开。1995年3月，《中华人民共和国中国人民银行法》获得通过，明确规定中国人民银行的主要职责包括：依法制定和执行货币政策；审批、监督管理金融机构；监督管理金融市场；发布有关金融监督管理和业务的命令和规章；维护支付、清算系统的正常运行；等等。这意味着金融监管的四个目标以及中央银行职能均赋予了中国人民银行，"超级混合监管体制"得以确立。1995年，《中华人民共和国商业银行法》《中华人民共和国保险法》《中华人民共和国票据法》等金融法规相继发布实施，有力地推动了中国金融机构经营和监管的法治化进程。

第三节　金融监管机构的分立和"机构监管"体制的建立

随着证券市场的发展，证券市场监管体制逐渐建立和完善，保险业和银行业的监管也从人民银行独立出来，以机构监管为主的银行、证券、保险分业经营以及分业监管的金融监管体制建立起来。

3.1 证券市场的发展与证券市场监管体制的建立

计划经济时期，传统金融体系几乎没有金融市场，企业的资金需求由计划分配和以财政拨付为主满足，少量的流动性资金需求通过人民银行的贷款解决。在很长时间里，中国都是"既无外债，又无内债"的状况，证券市场没有存在的必要。

1981年4月，有建议提出中国人民银行分行可以拆放多余的资金，以调剂业内资金余缺。中国货币市场从1984年同业拆借市场出现开始，逐步发展为银行间市场。20世纪70年代末期，中国出现了较大的财政赤字；1981年7月，财政部重新发行国债，证券市场开始恢复。当时的国债发行采取向居民和企业摊派的方式，期限长而且不可转让。1982年，一些企业开始向企业职工或社会发行债券筹集资金，企业债开始出现。1985年，实行紧缩的货币政策控制严重的通货膨胀。一些银行、信托公司开始发行金融债筹集资金。此后，金融债成为银行的一种常规性融资工具。20世纪80年代初，发行的国库券不得转让，企业和居民有资金需求就只能在黑市上出售。1986年，沈阳市信托投资公司开办窗口交易、代客买卖债券，这成为最早的证券交易活动和最早的证券经营机构。1988年，国家先后批准了7个城市开展个人持有国债的柜台转让业务，并在当年年底将范围拓展至全国，国债柜台交易成为最早的证券交易市场的雏形。

同一时期，国有企业改革也在稳步推进。一些企业开始尝试通过发行"股票"进行融资，但此时的"股票"并非严格意义上的股票。1984年7月，北京天桥百货公司由国营企业改制为股份制公司，通过向社会公开发行股票募集资金。然而，天桥公司发行的股票设有期限，定期3年，具备债券的部分属性。同年11月，上海飞乐音响股份有限公司经中国人民银行上海分行批准正式成立，采用公开募股的方式发行1万股股票，成功募集资金50万元。这只股票不存在存续期限，可被视作第一只真正意义上的股票。

1986年9月，中国工商银行上海市信托投资公司静安证券业务部开设了股票交易柜台，为当时已发行的飞乐音响公司和延中实业公司等股票开展柜台挂牌交易，这一举措标志着股票二级市场的雏形初步显现。

1987年，经中国人民银行批准，新中国成立后的第一家证券公司深圳特区证券公司成立。当年5月，深圳发展银行首次向社会公开发行股票，成为深圳市场的第一只股票。1988年7月，中国首家股份制证券公司——上海万国证券公司成立。

1990年11月，上海证券交易所经中国人民银行正式批准设立，这是新中国成立以来的第一家证券交易所。1991年12月，经国务院授权、中国人民银行批准，深圳证券交易所成立。两家证券交易所的成立，标志着新中国证券市场正式开启。在这一时期，证券市场的管理工作分别由中国人民银行和地方政府共同负责。中国人民银行作为金融监管机构，承担对证券公司、证券交易场所等的监管职责，而股票发行则由地方政府进行管理。上海证券交易所、深圳证券交易所虽由中国人民银行批准设立，但在管理和运行上仍由地方政府主导。由于监管体制尚未统一，中国人民银行的各地分行也有权发布证券市场监管的法规政策。这种政出多门的状况致使市场秩序难以得到有效维护。

尽管20世纪80年代就有企业发行股票，1990年两家证券交易所成立，但是，股份制的发展方向尤其是资本市场"姓资姓社"等重大问题一直悬而未决，成为制约市场发展的最主要因素。1992年，邓小平在南方谈话中指出："证券、股市，这些东西究竟好不好，有没有危险，是不是资本主义独有的东西，社会主义能不能用？允许看，但要坚决地试。"[1]

---

[1] 中共中央文献研究室.1993.邓小平文选（第三卷）[M].北京：人民出版社，第373页.

这对资本市场的发展起到了重要的促进作用。

随着证券交易所的成立，公开发行股票的规模持续扩大。然而，由于缺乏统一的规则和制度，市场中充斥着欺诈、操纵等违法违规行为，对市场秩序和投资者信心造成了严重影响。1992年8月10日，百万人涌入深圳争购1992年的新股认购抽签表，由此引发了震惊全国的"8·10事件"。为强化证券市场监管，国务院决定设立专门的证券市场监管机构。

1992年10月，国务院证券委员会（简称国务院证券委）正式成立，开始对全国证券市场实施统一的宏观管理，其职责包括制定证券市场发展的重大政策以及拟定相关管理法规。与此同时，中国证券监督管理委员会，即中国证监会宣告成立，作为国务院证券委的执行部门，负责具体对证券市场进行监督管理，这一举措标志着全国统一的证券市场监管框架初步建立。

1993年4月，国务院发布《股票发行与交易管理暂行条例》；同年7月，国务院证券委发布《证券交易所管理暂行办法》；同年8月，国务院发布《企业债券管理条例》。1993年11月，国务院决定将期货市场的试点工作交由国务院证券委负责，中国证监会具体执行。至此，由国务院证券委和中国证监会共同构成的全国统一的证券公开发行和交易监管体制得以形成。但在当时，中国人民银行依然是证券公司等证券经营机构的监管机构。1994年7月，国务院证券委作出决定，由中国证监会协同中国人民银行共同审批、监管证券经营机构。

1995年2月23日，上海国债市场出现异常剧烈震荡，史称"327风波"[1]，这一事件推动了证券市场监管体制的进一步整合。同年5月17日，中国证监会发出《关于暂停国债期货交易试点的紧急通知》。1997年8月，国务院决定将上海、深圳证券交易所划归中国证监会监

---

[1] 327是一个国债的产品。

管，地方政府自此不再参与证券市场监管工作。

1997年，东南亚金融危机爆发。同年11月，首次全国金融工作会议召开，会议决定对金融业实行分业监管，并于1998年启动金融监管体制改革。中国证券市场监管体制也随之做出调整。1998年，国务院证券委撤销，其职能并入中国证监会。原来由中国人民银行承担的证券公司、投资基金等监管职能被剥离并移交给中国证监会。至此，中国证监会成为统一监管中国证券期货市场的专门机构，并在全国设立了派出机构。

1997年11月，中国证监会发布《证券投资基金管理暂行办法》，正式开启证券投资基金试点工作。1998年12月，《中华人民共和国证券法》获得通过，并于1999年7月1日起正式施行，奠定了中国证券市场基本的法律制度，进一步明确了中国证监会监管证券市场的职能。2003年10月，《中国证券投资基金法》赋予中国证监会监管证券投资基金、基金管理公司和托管银行的职能。2015年，《中国证券投资基金法》修订，赋予中国证监会对私募基金的监管职能。

进入新世纪，早期国有企业改制中实行的股票发行制度对资本市场健康发展的影响愈发凸显。其中，"股权分置"问题尤为突出。在国有企业改制和发行股票时，受所有制问题限制，只有向社会公众发行的股份可在证券交易所上市交易，而企业的国家股、法人股只能通过协议转让。同一上市公司发行的同一类股票出现同股不同价的情况，由此引发了一系列问题。2005年，国家下定决心推动股权分置改革，通过国家股等向社会公众股支付对价的方式，使国家股、法人股得以在证券交易所上市交易。

2018年，国务院对金融监管体制进行改革，中国证监会的职能基本保持不变。2022年4月，《中华人民共和国期货和衍生品法》获得通过，明确衍生品市场由国务院期货监督管理机构或者国务院授权的部门按照职能分工实施监督管理。

3.2 保险业的监管体制

中国保险业监管体制历经了三个阶段：

第一阶段为改革开放之前。早在 1805 年，英国商人于广州设立广州保险公司（又名"广州保险社"），该公司后来被怡和洋行收购并更名为"广东保险公司"。这不仅是外商在中国开设的第一家保险机构，也是近代中国出现的第一家保险公司。第一次世界大战后，民族保险业步入发展阶段，然而，1937 年全面抗战开始，民族保险业遭受沉重打击，直至抗战胜利后才有所恢复。1949 年新中国成立，随即对保险市场展开整顿，并创立了中国人民保险公司。此阶段，保险业由国家统一经营，监管职权在人民银行与财政部之间交替。新中国成立初期，依据政务院批准的《中国人民银行试行组织条例》，保险业归中国人民银行主管与领导。受苏联模式影响，1952 年 6 月，保险业划归财政部领导，成为国家财政体系中一个独立核算的组成部分。

1958 年，"人民公社"运动和"大跃进"运动兴起，极"左"路线盛行，致使保险在国民经济中的地位和作用被认为"可有可无"。除涉外保险业务外，国内保险业务全部停办。1959 年，中国人民保险公司再次划归人民银行领导，在行政上成为人民银行国外业务管理局下设的保险处。当时，保险业作为政府履行风险补偿职能的部门，无论是划归人民银行还是财政部领导，均采用行政手段进行管理。

第二阶段为保险业务恢复及人民银行监管时期。1979 年 4 月，国务院批准的《中国人民银行分行行长会议纪要》中决定"逐步恢复国内保险业务"。同年 11 月，人民银行召开全国保险工作会议，决定自 1980 年起恢复停办 20 余年的国内保险业务，同时大力拓展涉外保险业务。为此，新设太平洋保险和平安保险两家保险公司，保险业务持续拓展，保险市场渐趋活跃。20 世纪 90 年代初，保险业开启对外资开放进程。1992 年，美国友邦保险有限公司上海分公司成立。

这一时期，保险业与其他金融行业均接受中国人民银行的集中统一监管。1985年，国务院颁布《保险企业管理暂行条例》，明确中国人民银行为国家保险管理机关。1995年，《中华人民共和国保险法》颁布施行，保险业监管在法治化、规范化道路上迈出关键步伐。1995年7月，中国人民银行设立保险司，专门负责中资保险公司的监管；外资保险的监管由外资金融机构管理司负责，保险业的稽查工作由稽核监督局负责。人民银行先后颁布《保险管理暂行规定》《保险代理人管理规定（试行）》《保险经纪人管理规定（试行）》等一系列配套规定，进一步完善了保险监管制度。

第三阶段是分业监管机制建立。1997年，分业经营与分业监管的原则得以确立。1998年11月，中国保险监督管理委员会正式成立，专司保险监管职能，保险业监管进入独立监管新阶段。

从1998年到2018年保监会与银行监管分立的20年间，正是中国市场经济改革与金融业蓬勃发展的时期，保险公司的数量、保险品种、保费收入等取得长足发展，促使保险监管不断改进。在不断探索实践并参照国际经验的基础上，确立了以市场为导向的监管理念，偿付能力、监督检查、市场约束三支柱监管框架初步形成，对保险公司实施全方位、全流程、立体化监管。特别是在偿付能力监管方面，2012年保监会正式启动了第二代偿付能力监管制度体系建设工程，于2016年正式实施，有效提升了保险业抵御风险的能力。现代保险监管框架基本建立。

3.3 银行业的监管体制

改革开放推动了银行业的迅猛发展，对银行业金融机构的监管历程历经了两个阶段。

第一阶段是由中央银行履行银行监管职能。1986年，国务院颁布《银行管理暂行条例》，明确了中国人民银行作为银行业监管机构的法律地位。依据该条例，一批商业银行相继组建成立，其中包括1986年7月成立的第一家全国性的国有股份制商业银行——交通银行，1987年成立的中信实业银行、招商银行、深圳发展银行，1988年成立的兴业银行、广东发展银行，1992年成立的中国光大银行、上海浦东发展银行、华夏银行。中国工商银行、中国农业银行、中国银行、中国建设银行这四大国有商业银行与股份制商业银行，共同构成了中国商业银行业的主体。

1995年，《中华人民共和国商业银行法》颁布施行，为商业银行监管奠定了坚实的法律基础。20世纪90年代，国有企业长期亏损致使银行信贷资产质量恶化，给商业银行带来了极大的风险隐患。1997年的东南亚金融危机，使国有企业和银行业再次遭受冲击。1998年8月，国家决定以发行特别国债的方式筹集资金，向四大国有商业银行注资2 700亿元，以补充其资本金。同时，将四大商业银行及国家开发银行近1.4万亿元的不良资产剥离，成立了华融、东方、信达、长城四家金融资产管理公司，专门处置这些资产。这次大规模的注资和资产重组，在一定程度上缓解了商业银行的危机。然而，商业银行股权结构不合理、公司治理不健全、内部管理薄弱等问题并未得到根本解决，经营不善、风险累积、坏账增加的态势也未得到有效遏制。国家于2004年、2005年进行了第二次和第三次不良资产剥离。在剥离坏账的同时，对国有商业银行进行了结构性改组与改革，引进战略投资者、完善股权结构、健全公司治理以及内部风险控制和管理体系，主要银行在A股市场和境外公开发行股票并成功上市。

第二阶段是由中国银监会专司银行业监管职能。2002年2月，第二次全国金融工作会议决定，成立中国银行业监督管理委员会以监管银行业，中国人民银行不再履行金融机构监管职责，转而成为专司货币政策和维护金融稳定的中央银行。2003年3月，依据《关于深化行政管理体制和机构改革的意见》和《国务院机构改革方案》，将中国人民银行对银行、金融资产管理公司、信托投资公司及其他存款类金融机构的监管职能分离出来,并与中央金融工作委员会的相关职能进行整合,中国银监会正式挂牌成立,行使对银行业金融机构及其业务活动的监督管理职责。2003年12月,全国人大通过《中华人民共和国银行业监督管理法》,明确了银监会的职责,确定了四个监管目标和六条监管标准,确立了"管法人、管风险、管内控、提高透明度"的监管理念。至此,"一行三会"的金融监管格局得以确立,其中银监会负责银行业监管,证监会负责证券与期货市场及其中介机构的监管,保监会负责保险公司及其中介机构的监管。

银监会成立后,积极借鉴国际经验,并紧密结合中国经济发展需要与金融行业实际环境,逐步搭建起具有中国特色的银行业监管框架。

第一,着力建立以资本充足率监管为基石的银行业审慎监管框架。银监会相继发布了《商业银行资本充足率管理办法》《商业银行市场风险管理指引》《商业银行风险监管核心指标(试行)》《商业银行操作风险管理指引》等一系列监管规则,清晰界定了资本充足率、资产质量、信用风险、市场风险等审慎监管指标,为银行业的稳健运营提供了明确的量化标准与规范指引。

第二,精心构建商业银行的业务规范体系。银监会颁布了《商业银行与内部人和股东关联交易管理办法》《商业银行授信工作尽职指引》《商业银行内部控制评价试行办法》《股份制商业银行董事会尽职指引(试行)》《国有商业银行公司治理及相关监管指引》《商业银行合规风险管理指引》《商业银行内部控制指引》等诸多监管规章,对银行公司治理、内部控制、合规风险管理等关键业务环节进行全面规范,确保商业银行的各项业务在合规、有序的轨道上运行。

2008年全球金融危机爆发,银监会顺应国际金融监管新要求,发布《中国银监会关于印发第一批新资本协议实施监管指引的通知》《中国银监会关于中国银行业实施新监管标准的指导意见》《商业银行杠杆率管理办法》等文件，并推进中国版《巴塞尔协议Ⅲ》落地，对商业银行依据系统重要性差异，实施了不同的资本充足率要求，先后出台关于杠杆率、拨备覆盖率、流动性等新监管指标的管理办法，搭建起多维度的风险监测分析框架及工具。

金融监管总局成立之后，于2023年11月1日发布《商业银行资本管理办法》，并于2024年1月1日起正式施行。该办法参考《巴塞尔协议Ⅲ》的信用风险加权资产计量规则，在模型和权重等方面结合中国实际情况作出调整，构建了差异化资本监管体系，按照银行规模和业务复杂程度分为三个档次，以匹配不同的资本监管方案，既提升资本计量的风险敏感性，又降低中小银行的合规成本。

国家金融监督管理总局近期发布的关于商业银行监管的重要规章制度还有《金融机构合规管理办法》，它明确了合规管理架构、合规文化培育、董事会及高级管理人员的职责、首席合规官及合规官的设置与职责、合规管理部门的职责与分工等事项。规定金融机构应当在机构总部设立首席合规官，明确首席合规官及合规官的参会权、知情权、调查权、询问权、预警提示权等履职保障，并对金融机构及其董事、高级管理人员、首席合规官及合规官等未能有效实施合规管理的违法违规行为予以严肃追责。根据《商业银行金融资产风险分类办法》，对于贷款风险，要结合违约行为、资产减值以及逾期时间三个要素综合评估和判断，使每一笔贷款资产的质量、风险分类的质量更贴合于风险实质，与国际接轨，尤其是贴近巴塞尔委员会第403号文件的标准。

第四节　金融监管体制的进一步改革与完善

进入21世纪，银行、信托、证券、保险、期货等行业的发展与创新持续推进。特别是资产管理业务大规模兴起，成为所有金融机构都大力发展的业务领域。此外，金融机构、非金融机构在原本的业务领域之外投资、参股金融机构，形成了金融控股集团，分业监管的体制已无法适应新的市场状况。在国家改革行政管理体制的总体战略中，金融监管体制的改革与完善也在稳步推进。

4.1 金融机构监管体制问题开始凸显

资产管理产品大规模兴起。改革开放以来，居民收入大幅增长，居民储蓄从单一的银行存款逐渐走向多元化，债券、股票和资产管理产品成为居民投资的重要金融产品类型。自1997年证券投资基金出现，到21世纪初银行理财业务、保险公司的投资连结保险、券商资管产品等相继推出，居民持有的资管产品规模迅速扩大，品种日益丰富多样。与此同时，银行受到资本充足率、存贷比等监管指标限制，通过"表外"理财进行监管套利的动机也较为强烈。银行理财不仅将居民的储蓄通过理财产品汇集起来投资到债券等标准化产品，还投资到信托、券商、基金子公司管理的资管产品，并借助这些资管产品将资金投向贷款等非标准化产品以及房地产等国家产业政策限制的领域。2013年以后，商业银行、信托公司、基金子公司、证券资管公司、私募基金公司的资产管理业务进入群雄逐鹿的"大资管"时代。从2012年至2016年，资产管理规模从不足30万亿元增长到近120万亿元，其中，银行理财产品存续余额达29.05万亿元。

在分业监管体制下，对资管业务的监管仍按照发起人的属性进行，尽管资管产品具有相同的性质和属性，但监管规则却各不相同。例如，在风险资本的扣减方面，信托公司是1‰~3‰，券商是万分之五左右，基金子公司此前无风险资本计提的要求。监管机构不同、监管规则不统一，不仅导致监管套利问题较为严重，还为多层嵌套、刚性兑付、规避宏观调控和产业政策等行为提供了便利，各种通道类业务盛行，业务不规范、客户保护不力等问题日益突出。

金融市场结构发生转变。自20世纪80年代初实行"拨改贷"以来，银行贷款逐渐成为企业最主要的融资渠道。2005年后，债券、股票等开始成为企业，尤其是大中型企业的重要融资渠道，新增贷款占社会融资总额的比例呈下降趋势。企业融资的多元化也使中国的金融结构出现新的变化，中国人民银行开始发布"社会融资规模"指标以反映实体经济的融资结构。社会融资规模是指"一定时期内（每月、每季或每年）实体经济从金融体系获得的全部资金总额，它既包含增量指标，也包含存量指标"。与M2相比，社会融资规模可以更直接地反映金融与实体经济之间的关系，因为它对金融体系内部的资金往来做了扣除，而M2除了包含企业和个人的存款外，还包括非存款类金融机构在存款类金融机构的存款。同时，社会融资规模还能提供行业结构、地域结构、融资结构等信息（见图15.2）。

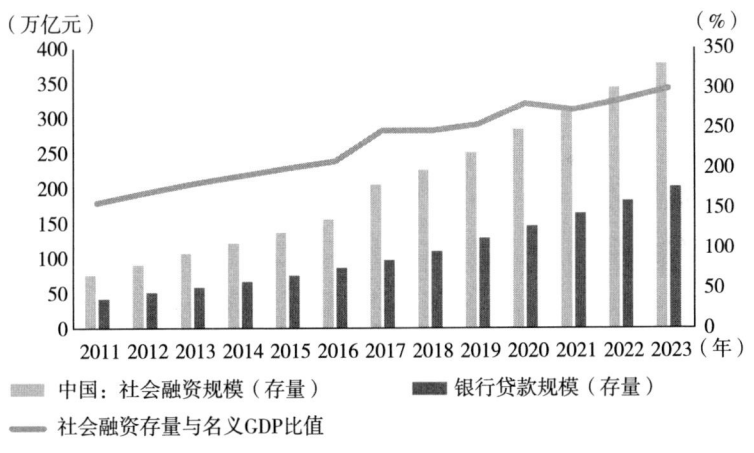

图15.2 中国社会融资规模及结构

资料来源：中国人民银行、国家金融监督管理总局、国家统计局、WIND。

金融结构的变化既是金融改革与金融深化的结果，也是银行表外业务、理财产品发展等因素共同作用的结果。在此过程中，利率市场化同步推进。截至2015年前后，贷款利率已完全放开，而金融市场上的其他利率，如债券、拆借和票据的利率，在此之前就已全面放开。在此期间，监管套利、监管空白等问题日益凸显，银行的资产负债表也发生了显著变化。

在负债端，存款出现分流，部分流向理财产品；在资产端，为规避贷款额度、存贷比限制，信贷之外的资产规模扩张迅速，还有一部分资金流向了政府希望压缩的城投、房地产、过剩产能等领域。中小银行在与大型银行的竞争中天然处于劣势，一些银行以同业负债支撑同业资产，导致信用链条拉长、期限错配严重，风险问题愈发突出。

2014年5月，"一行三会"和国家外汇管理局联合印发《关于规范金融机构同业业务的通知》，旨在规范同业业务。2014年，银监会发布《商业银行理财业务监督管理办法（征求意见稿）》。2011年，银监会发布《商业银行表外业务风险管理指引》，第一次明确商业银行表外业务的定义与分类；2016年，为适应表外业务发展，银监会发布《商业银行表外业务风险管理指引（修订征求意见稿）》。

互联网金融导致了监管盲区。 2015年前后，互联网金融勃然兴起。非持牌机构或小贷公司等地方金融组织，通过互联网销售金融产品，从事消费贷、现金贷等贷款业务。严格意义上，非金融机构不能从事信贷等金融业务。① 然而，对于这些所谓的金融创新，在分业监

---

① 根据《商业银行法》第十一条规定：未经国务院银行业监督管理机构批准，任何单位和个人不得从事吸收公众存款等商业银行业务。但是，很多互联网金融的发起人，实际上是从事直接或间接归集资金，甚至进行自融或变相的自融活动，在本质上属于吸收公众存款。根据最高人民法院在2010年颁布的《关于审理非法集资刑事案件具体应用法律若干问题的解释》第一条的规定，在形式要件的层面，将非法性、公开性、利诱性和社会性确立为非法吸收公众存款罪成立的四个特性。最高人民检察院在第十七批指导性案例杨卫国等人非法吸收公众存款案（检例第64号）中明确："单位或个人假借开展网络借贷信息中介业务之名，未经依法批准，归集不特定公众的资金设立资金池，控制、支配资金池中的资金，并承诺还本付息的，构成非法吸收公众存款罪。"这就意味着，向一般社会公众吸收存款是商业银行专属金融业务，任何单位和个人未经批准不得实施。

管体制下，究竟属于哪个金融监管机构的职责难以厘清。监管空白致使市场缺乏规范与监管，违法违规事件难以及时得到制止和处置。诸如 e 租宝、泛亚有色金属交易所等恶性事件在社会上持续发酵，极大地损害了普通金融消费者的权益，对经济和社会稳定造成了较大负面影响。最终，这些违法经营活动由公安机关进行处置与惩治，最高人民法院和最高人民检察院依据《刑法》中的非法集资罪等罪名，对违法犯罪的企业和个人予以处罚，凸显出金融监管的法律法规以及监管体制，在应对金融创新或借金融创新之名开展的非法金融活动方面存在不足。

2016 年，国务院明确互联网金融的监管部门后，银监会发布《网络借贷信息中介机构业务活动管理暂行办法》《P2P 网络借贷风险专项整治工作实施方案》等文件，国务院办公厅发布《国务院办公厅关于印发互联网金融风险专项整治工作实施方案的通知》，针对 P2P 网络借贷、股权众筹、非法第三方支付等开展专项整治，市场环境得以净化。

金融控股集团形成。中国法律层面并不禁止非金融企业控股金融机构。部分国有和民营的非金融企业掌控着众多金融机构，比如央企中的招商局集团、民营的明天系等。中信集团、光大集团和平安集团等金融集团公司同样控制着大量非金融企业。这类金融业与实业混业的集团公司，借助交叉持股、金字塔结构，构建起复杂的内部控制结构。

一些金融集团公司复杂的控制结构导致严重的信息不透明、"隧道效应"和"内部人控制"等问题。这些集团公司内部成员企业之间，以及它们与所控制的金融机构之间的投资、信贷和其他业务往来频繁，关联交易规模庞大，引发相互输送利益、规避税收等监管难题。

这些集团控制的银行等金融机构，在资本充足率、资产集中度、关联交易、股东行为和公司治理等方面的监管极易失效，给金融监管的有效性带来巨大挑战。尤其是少数民营控制的集团，利用监管空白和监管标准的差异，通过虚假注资、循环注资等方式多重加杠杆，借助空壳公司持股金融机构，构造特殊目的载体融资或发行结构化产品融资。此外，由于金融机构长期存在公司治理不健全、内控机制不完善的情况，部分控股股东还通过关联交易"掏空"金融机构，导致局部金融风险严重累积，监管机构不得不对明天系、安邦系控制的金融机构进行接管和处置。这些问题充分暴露了分业监管体制的弊端，这一监管体制无法对金融机构复杂的股权架构实施有效的穿透式监管。

监管套利与监管竞争。分业监管体制已无法适应中国金融市场的新发展与新变化。尤其是上述五个方面的新问题及其相互影响，致使监管套利现象泛滥，金融市场乱象丛生。此外，中国作为转轨的新兴经济体，在体制机制方面存在深层次问题：计划体制下形成的"铁路警察、各管一段""各人自扫门前雪"的模式，导致监管割据与监管漏洞，对风险的累积、扩散和蔓延，一些监管者往往视而不见、听之任之。例如互联网金融监管问题，在新技术条件下，"谁的孩子谁抱走"的区域监管格局已难以适应。风险的隐蔽性与传染性使得监管协调机制愈发重要。

分业监管体制造成的市场分割，不仅影响资源配置效率，还易滋生寻租行为。中国金融监管机构身负发展与监管双重职责，在此情况下，监管宽容、监管竞争、监管俘获等问题交织难辨，并且在市场准入、监管标准等方面，存在"逐底竞争"现象，导致市场秩序与消费者利益难以得到切实维护。

4.2　金融监管体制的整合与改革

分业监管体制与混业经营之间的矛盾，以及按行政区划监管地方金融组织与金融市场跨行业、跨区域特性之间的矛盾，使得改革金融监管体制、完善金融监管协调机制、强化宏观审慎监管，以及加强行为监管与审慎监管之间的协调，成为新时期金融监管体制改革的重点。

2017年7月全国金融工作会议提出：要加强金融监管协调，补齐监管短板，设立国务院金融稳定发展委员会，强化人民银行宏观审慎管理和系统性风险防范职责，落实金融监管部门监管职责并强化监管问责，健全风险监测预警和早期干预机制，加强金融基础设施的统筹监管与互联互通，推进金融业综合统计及监管信息共享；地方政府要在坚持金融管理主要是中央事权的前提下，按照中央统一规则强化属地风险处置责任。

2017年11月，国务院金融稳定发展委员会（以下简称金稳委）成立，由分管金融的国务院副总理担任主任，成员单位包括中国人民银行、中国银行保险监督管理委员会、中国证券监督管理委员会、国家外汇管理局、中央财经委员会办公室、国家发展改革委和财政部，协作单位涵盖中央纪委、中组部、中宣部、中央网络安全和信息化委员会办公室、公安部、司法部、最高人民法院。金稳委办公室设在中国人民银行，由中国人民银行行长兼任办公室主任。作为国务院统筹协调金融稳定和改革发展重大问题的议事协调机构，其宗旨是强化人民银行宏观审慎管理和系统性风险防范职责，强化金融监管部门监管职责，确保金融安全与稳定发展。金稳委的主要职责包括：落实重大金融工作的决策部署；审议金融业改革发展重大规划；统筹金融改革发展与监管；协调货币政策和金融监管相关事项；协调金融政策与相关财政政策、产业政策等；研究系统性金融风险防范处置和维护金融稳定重大政策，协调指导金融管理部门和地方政府的金融监管工作以及履职问责等。

2018年3月，《国务院机构改革方案》获全国人大审议通过，对金融监管体制做出重大调整：不再保留中国银行业监督管理委员会、中国保险监督管理委员会，转而组建中国银行保险监督管理委员会（以下简称银保监会），统一负责银行业和保险业的监管工作；同时，将拟订银行业、保险业重要法律法规草案和审慎监管基本制度的职责划入中国人民银行，使监管部门能够专注于监管执行。改革后，中国人民银行金融监管统筹协调职责得以强化，负责统筹金融业发展规划，统筹金融业立法工作，实施宏观审慎监管，以及对金融控股公司进行监管，以维护金融体系的稳定。

2018年的改革构建了"一行两会"的金融监管格局。中国新的金融监管体制由此形成。在新的金融监管格局下，金稳委发挥统一协调作用，"一行两会"各负其责。金稳委作为统筹协调金融稳定和金融监管的议事协调机构，中央银行和金融监管机构分别负责相关领域的监管。中国人民银行承担维护货币稳定和金融系统稳定的职责，从维护金融系统稳定的角度出发，实施逆周期调节，对跨行业、跨市场的金融活动等进行监管。中国人民银行在履行中央银行职能的同时，负责宏观审慎监管以及对金融控股公司的监管；银保监会负责银行业与保险业等金融行业机构的监管；证监会负责证券市场的监管。银保监会和证监会负责各自领域的微观审慎监管和行为监管。

在金稳委的协调下，宏观审慎政策和微观审慎监管的协调配合不断加强，货币政策、宏观审慎评估体系与监管政策之间的协调配合得到强化，金融风险识别与监测的信息沟通与交流也得以强化。在宏观审慎政策制定过程中，充分综合考虑微观审慎监管环境，并广泛征求微观监管部门意见，全面评估政策出台可能产生的溢出效应和叠加效应。在政策执行过程中，与微观监管部门协同合作，定期评估政策执行效果，适时校准和调整宏观审慎政策。至此，金融监管体制逐步从单纯的机构监管向机构监管与功能监管相结合的体制转变。

4.3 宏观审慎监管的引入与强化

2008年的全球金融危机凸显了宏观审慎监管的重要性，中国加强了宏观审慎监管体制建设。2010年，中国人民银行引入差别存款准备金动态调整机制，以保持金融机构的信贷增速与经济增长的合理需要相适应，与金融机构自身的资本水平相适应，并于2016年将其升级为宏观审慎评估体系。该体系吸取了2008年金融危机的教训，目标在于熨平经济周期，同时应对金融的顺周期性。它将信贷投放与金融机构资本水平及经济增长相联系，从而促进货币信贷平稳适度增长。中国人民银行发布了《宏观审慎政策指引（试行）》，进一步明确了宏观审慎政策的总体目标是防范系统性金融风险，维护金融体系稳定，促进金融体系的整体健康与效率，保障经济的平稳运行。

危机后强化的宏观审慎监管体制包含以下几个方面：

第一，系统性风险的监测评估。这涵盖了对金融机构个体风险、金融市场风险、金融体系与实体经济关联风险等多维度的监测指标和方法。政策工具箱中，除了传统的货币政策工具调整，还包括对金融机构资本充足率要求的动态调整、流动性管理工具创新等。政策传导机制方面，详细阐述了如何通过对金融机构行为的引导，将宏观审慎政策意图传导至整个金融体系和实体经济。2020年9月，中国人民银行会同银保监会正式建立中国银行业金融机构逆周期资本缓冲机制。鉴于2020年新冠疫情对实体经济的冲击，缓冲资本比率设定为0。

第二，有序推进系统重要性金融机构监管。2018年11月，中国人民银行联合监管部门发布了《关于完善系统重要性金融机构监管的指导意见》，确立了中国系统重要性金融机构监测、监管和风险处置的总体制度框架。2020年，中国人民银行会同银保监会制定了《系统重要性银行评估办法》，明确了系统重要性银行的评估方法、评估范围、评估流程，从规模、关联度、可替代性和复杂性四个维度确立了系统重要性银行的评估指标体系。2021年发布了《系统重要性银行附加监管规定（试行）》，从附加资本、杠杆率、大额风险敞口、公司治理、恢复与处置计划、信息披露和数据报送等方面对系统重要性银行提出监管要求。2021年12月1日，中国人民银行和银保监会发布《全球系统重要性银行总损失吸收能力管理办法》，建立了全球系统重要性银行总损失吸收能力比率、构成、监督检查、信息披露等监管制度。

第三，对金融基础设施的统筹监管。2020年2月，中国人民银行等六部门联合印发《统筹监管金融基础设施工作方案》，明确将金融资产登记托管系统、清算结算系统、交易设施、交易报告库、重要支付系统、基础征信系统等六类设施及其运营机构纳入统筹监管范围，统一监管标准，健全准入管理，优化设施布局，完善治理机制。近年来，监管部门持续推动金融基础设施标准化工作。例如，发布相关标准规范，对金融资产登记托管、清算结算等各类金融基础设施的业务流程、数据格式、安全保障等方面进行细致规定，提升金融基础设施的规范化水平，促进不同设施间的互联互通与协同运作。这些做法强化了对基础设施的风险管理要求，要求金融基础设施运营机构建立健全全面风险管理体系，包括强化对信用风险、流动性风险、操作风险等各类风险的监测、评估与防控机制，并制定应急预案，以应对可能出现的风险事件，保障金融基础设施的稳健运行。随着金融全球化的推进，金融基础设施跨境业务逐渐增多。监管部门积极参与国际规则制定，加强与境外监管机构的交流与合作，在跨境支付、跨境证券交易清算等领域，建立跨境监管协调机制，共同防范跨境金融风险。

第四，强化对金融控股公司的监管，2020年9月，中国人民银行发布《金融控股公司监督管理试行办法》，由中国人民银行对金融控股公司进行审批和监管。中国人民银行按照规定对多家金融控股公司进行了审批，对已获批的金融控股公司，持续开展常态化监管，定期检查其资本充足率、风险管理、关联交易等情况，确保其合规运营。同时督促金融控股公司不断完善内部治理结构，加强风险管理体系建设。金融控股公司还需要按照规定加强信息披露，向社会公众和监管机构及时、准确地披露公司治理、财务状况、风险状况等重要信息，以增强市场透明度。

4.4 中央金融委与"一行一局一会"监管格局的建立

2023年3月，国务院机构改革再次对金融监管体制进行了调整。

《党和国家机构改革方案》共有 13 项改革措施，其中 6 项为金融监管体制改革。按照新的改革方案，在组建中央金融委员会的同时，对现行金融监管体制进行了改革，建立了"一行一局一会"的新监管格局。

（1）组建中央金融委员会

2023 年 3 月，中共中央、国务院印发《党和国家机构改革方案》，决定成立中央金融委员会（简称中央金融委），同时不再保留国务院金融稳定发展委员会及其办事机构，并将国务院金融稳定发展委员会办公室职责划入中央金融委员会办公室。中央金融委员会主任由国务院总理担任。

成立中央金融委，旨在加强党中央对金融工作的集中统一领导。坚持以人民为中心的价值取向，坚持把金融服务实体经济作为根本宗旨，坚持把防控风险作为金融工作的永恒主题，坚持在市场化法治化轨道上推进金融创新发展，持续深化金融供给侧结构性改革，统筹金融开放与安全，秉持稳中求进的工作总基调。

中央金融委着重强调，"深刻认识中国特色金融发展之路的最本质特征是党的领导"。具体而言，其一，要旗帜鲜明讲政治，牢牢把握金融事业发展的正确方向；其二，坚持并加强党对金融工作的全面领导，切实提升金融治理效能；其三，勇于自我革命，将金融系统全面从严治党推向深入。

金融应以高质量发展为首要任务，为经济社会发展提供高质量服务。当前，金融领域矛盾与问题相互交织、相互影响，部分问题较为突出，经济金融风险隐患依然较多，金融乱象与腐败问题屡禁不止，金融服务实体经济的质量和效率有待提高，金融监管和治理能力有待提升。因此，"必须坚持目标导向与问题导向相结合，加快转变发展方式，以金融自身高质量发展服务经济社会高质量发展"。以新发展理念引领金融领域的全方位变革，以稳妥有效的风险防控守护金融安全，以严密有力的监管保障金融稳定发展，以优质高效的服务夯实金融发展基础，以系统协同的改革构建现代金融体系，以更高水平的开放增强金融发展动力，以严格公正的法治维护金融市场秩序，以中国特色金融文化匡正行业风气。

为有效防范金融风险，必须时刻保持警觉，切实防范"黑天鹅""灰犀牛"事件以及蝴蝶效应引发的风险。各相关方需协同合作，金融管理部门、宏观调控部门、行业主管部门、司法机关、纪检监察机关应各司其职；要加强金融领域重要法律法规的立改废释工作，加快补齐新兴领域的制度短板，充分运用司法解释、部门规章、规范性文件等填补制度空白，加大金融法治执行力度，严厉惩处各类违法违规行为。

（2）组建国家金融监督管理总局

在银保监会基础上，组建国家金融监督管理总局（即金融监管总局）。2018年，银监会和保监会合并为银保监会，承担了对中国最主要的金融机构的监管。这次改革将中国人民银行承担的金融控股公司监管职责、中国人民银行和中国证监会承担的金融消费者保护职责，均划入金融监管总局。即除了证券公司、基金管理公司和期货公司等证券期货经营机构的监管职责仍然由证监会履行外，其他所有金融机构的监管都由金融监管总局负责。这个调整仍然坚持机构监管为主，与行为监管、功能监管相结合，以适应中国金融市场和金融体系的结构性变化。

（3）在统一债券市场监管方面迈出步伐

中国的债券及固定收益产品市场是在改革开放和金融市场的逐步恢复中建立起来的。首先是国债。1981年，国债开始发行，一直由财政部负责，交易分别在银行间市场和交易所进行，二级市场由人民银行和证监会负责监管。其次是企业债务类工具。它是公司法人发行的债务类工具。在中国改革开放过程中逐渐形成了多种类型的债务工具，并由不同监管机构监管。在20世纪80年代，全民所有制企业发行债券[①]，

---

① 1988年出台《全民所有制工业企业法》，全民所有制企业即后来的国有企业。

即企业债,由国家计划委员会(国家发展和改革委员会的前身)审批,并一直延续到 2023 年。此次改革将企业债的监管职责划归中国证监会,在债券市场统一监管方面迈出了一步(见表 15.1)。

表 15.1 债券市场监管职能分工

监管类别	被监管对象		监管机构
发行监管	国债、地方政府债券		财政部
	中央银行债:央行票据		人民银行
	金融债	政策性银行债	人民银行
		特种金融债	
		非银行金融机构债	
		商业银行债	人民银行、监管总局
		保险公司债券	人民银行、监管总局
		证券公司债券	证监会
	非金融机构债	企业债	证监会
		中期票据	人民银行暨银行间交易商协会
		短期融资券	
		超短期融资券	
		资产支持证券	人民银行、监管总局、证监会
		公司债券	证监会
		可转换债券	
交易场所监管	交易所市场		证监会
	银行间市场		人民银行
	商业银行柜台市场		人民银行、监管总局
清算、结算和托管机构监管	中国证券登记结算有限责任公司(简称中国结算)		证监会
	中央国债登记结算有限责任公司(简称中央结算公司)		人民银行、财政部、监管总局
	银行间市场清算所股份有限公司(简称上海清算所)		人民银行

但是，公司法人发行的债务工具的监管，仍然由"一行一局一会"分别负责。中国证监会负责监管企业债、上市公司发行的公司债券和可转债，以及在交易所交易的债券；人民银行所属的银行间市场交易商协会负责监管非金融企业发行的短期融资券和中期票据等金融工具；金融机构发行的债务工具，按照机构监管进行监管。商业银行债、政策性银行的政策性金融债由人民银行监管。根据2020年6月5日发布的《在银行间债券市场或到境外发行金融债券审批事项服务指南》，开发性金融机构和政策性银行、商业银行、企业集团财务公司、金融租赁公司、汽车金融公司和消费金融公司、保险公司等金融机构发行此类债券，发行审批制度是银保监会先受理同意后，由中国人民银行核准；证券公司发行的债券等由证监会根据相关规定进行监管。这些债务工具的发行与交易监管、信息披露监管、清算结算和托管监管、市场参与主体的行为监管、评级和增信机构等相关服务机构的监管等，由相应的监管部门监管。此外，还有地方政府专项债等其他债券品种，由相关部门按照各自职责进行管理和监管。

（4）进一步明确了中央和地方的金融监管职责分工

改革开放以来，中国的金融监管事权主要集中在中央，具体由中央银行和各金融监管机构承担。在中央金融监管机构所监管的银行、证券、保险业持牌金融机构之外，还存在一些从事金融活动的地方金融组织，涵盖小额贷款公司、融资担保公司、区域性股权市场、典当行、融资租赁公司、商业保理公司、地方资产管理公司、投资公司等。截至2023年，全国有小额贷款公司8 000多家、融资性担保公司约9 000家、典当行8 000多家、区域性股权市场40家、融资租赁公司和商业保理公司各6 000多家、地方资产管理公司50多家、各类交易所300多家，投资公司数量则更为庞大。

这些地方金融组织在推动地方金融发展、促进区域经济增长等方面发挥了一定的积极作用。然而，地方金融监管机构在监管能力、组织架构以及人员配备等方面均存在不足，既缺乏专业的监管知识技能，又缺少必要的监管手段，导致监管效率低下。特别是互联网金融、影子银行等，常常利用地方金融组织的"有限金融牌照"，开展大规模、覆盖全国范围的金融活动，由此形成了较大的风险隐患，一些地方金融风险事件频发，侵害金融消费者权益的问题也较为突出。例如，泛亚有色金属交易所的非法经营活动致使20多万户投资者430亿元资金无法兑付，涉及全国几乎所有省份。

针对小贷公司等地方准金融机构带来的全新监管挑战，2018年的改革初步确立了中央垂直监管与地方属地监管并行的双层金融监管模式。省级地方金融监督管理局从挂靠其他委办局升格为省政府直属机构，并加挂金融工作办公室牌子。各省（区、市）建立金融委办公室地方协调机制，以此加强中央和地方在金融监管、风险处置、信息共享以及消费者权益保护等方面的协作。

2023年改革针对地方金融监管部门存在监管手段匮乏、专业人才短缺等问题，强化了金融管理中央事权，构建起以中央金融管理部门地方派出机构为主的地方金融监管体制。与此同时，压实了地方金融监管主体责任，明确地方政府设立的金融监管机构专门履行监管职责。

（5）优化金融监管资源配置

计划经济时期，中国人民银行兼具金融管理职能与商业银行职能，其机构网点遍布全国城乡。1983年，国家决定将人民银行的商业银行职能分离，将其商业银行业务及基层分支机构剥离，组建了中国工商银行，人民银行仅保留省分行以及市、县支行。依据《中国人民银行法》，作为中央银行，中国人民银行的主要职责为制定与执行货币政策，防范并化解金融风险，维护金融稳定。这些职能主要由人民银行总行履行。分行的职责涵盖贯彻执行中央银行货币信贷政策，监督管理金融市场，开展省内的金融统计与分析，负责货币发行与经理国库及反洗钱等工作。然而，市县支行的职责较为有限，主要集中于国库管理、人民币投放回笼、个人征信查询等方面。随着技术的发展，诸多业务和监管事项逐渐无须前往网点办理，县支行的职能日益萎缩。此次机构改革，中国人民银行不再保留县（市）支行，相关职能上收至中国人民银行地（市）支行。

银保监会的派出机构，指的是银保监会派驻各省（自治区、直辖市）和计划单列市的监管局、派驻地市（州、盟）的监管分局以及设在县（市、区、旗）的监管组。在银保监会基础上组建金融监管总局后，其监管对象除了银保监会原有的监管对象外，还新增了金融控股公司等金融机构。具体监管内容包括对金融机构及其有关人员实施行政许可，对金融机构的公司治理、风险管理、内部控制、资本充足、偿付能力、资产质量、业务活动、信息披露、信息科技、第三方合作等方面实施监督管理。金融监管总局的派出机构承担着对众多金融机构和金融活动的日常监管工作，包括对非法集资可疑资金的监测，对非法设立金融机构及非法金融活动的监管，金融消费者投诉处理等。

本次改革着重解决金融系统队伍管理的统一性与规范性问题，将中国人民银行、国家金融监督管理总局、中国证券监督管理委员会、国家外汇管理局及其分支机构、派出机构的工作人员，纳入国家公务员统一规范管理体系，统一使用行政编制，执行国家公务员工资待遇标准。

（6）完善国有金融机构的股权管理和健全公司治理

20世纪90年代末，国家以外汇入股充实国有商业银行等金融机构的资本。2003年，中央汇金投资有限责任公司（简称"中央汇金"）成立，作为经国务院批准组建的国有独资投资控股公司，代表国家行使对重点金融企业的出资人权利和义务。2007年，组建中国投资有限责任公司（简称"中投公司"），负责国家外汇资金投资，中央汇金成为中投公司的子公司，继续行使国有金融机构的出资人权利和义务。

进入21世纪，中央企业和地方国企组建或参股众多金融机构。同时，金融监管机构也组建了一定数量的市场经营类机构，存在既履行出资人职责又履行监管职责的情况，进而出现角色冲突、监管失灵等问题。2018年6月，中共中央、国务院印发《关于完善国有金融资本管理的指导意见》，从顶层设计入手，理顺国有金融资本管理体制机制，建立统一的国有金融资本出资人制度。

2023年的改革，要求剥离中央金融管理部门管理的市场经营类机构，将相关国有金融资产划入国有金融资本受托管理机构，由其根据国务院授权统一履行出资人职责。出资人履行机构按照现代公司治理要求，委派股东董事参与公司重大经营决策，督促公司建立并完善风险控制与合规机制，对公司经营活动进行监督，切实维护出资人权益，促进国有金融机构持续健康发展。金融监管部门则专司监管职能，公平对待所有金融机构，维护公平公正的市场秩序。

截至2025年2月，财政部已将其持有的中国信达资产管理股份有限公司（简称中信达）等四家金融机构的股权无偿划转至中央汇金，划转完成后，中央汇金成为其控股股东。证监会管理的中国证券金融股份有限公司，相关股东将所持66.7%的股权划转至中央汇金公司。信达证券股份有限公司的控股股东——中国信达的股权也划转至中央汇金公司，其实际控制人由财政部变更为中央汇金公司。

中国的金融体系和金融监管体制，是在波澜壮阔的改革开放历程中逐步发展起来的。金融体系从最初大一统的银行业，逐渐发展成为由银行业、保险业、证券业以及相关金融行业和多层次金融市场构成的有机整体，有力地支持了中国经济的腾飞。与金融体系的发展相适应，中央银行与金融监管机构分工协作的全方位金融监管体制也逐步建立。

改革开放之初，中国就加入了国际货币基金组织、世界银行等国际金融组织，并开放了银行业等金融行业的外资准入，中国金融市场的国际化稳步推进。随着2001年中国加入世界贸易组织，金融国际化程度也在显著提高，金融监管与国际监管体制也日益接轨。从银行业资本充足率要求，到证券市场信息披露制度的规范，再到保险业偿付能力监管体系的构建等，在考虑中国金融业的特殊性和发展阶段的基础上，充分借鉴了国际经验，符合国际标准。

中国金融的市场化、法治化和国际化还在继续推进，随着金融市场的不断发展与创新，中国金融监管体制也将与时俱进，持续调整和完善，以更好地适应经济和社会发展的需求。

参考文献

ABRAMS R K, TAYLOR M. Issues in the unification of financial sector supervision [R]. IMF Working Paper No. 2000/213 [R/OL]. (2000-12-01) [2023-10-23]. https://www.imf.org/external/pubs/ft/wp/2000/wp00213.pdf.

ACEMOGLU D, ZILIBOTTI F. Was prometheus unbound by chance? Risk, diversification, and growth [J]. Journal of political economy, 1997, 105 (4): 709-751.

ACEMOGLU D. Thoughts on inequality in financial crisis [C]. Presentation at the American Economic Association meetings, Cambridge, MA, United States, 2011-01-07.

ACHARYA V, SCHNABL P. How banks played the leverage "game" [J]. Financial markets, institutions and instruments, 2009, 18: 144-145.

ADRIAN T, BRUNNERMEIER M K. CoVaR. Federal Reserve Bank of new york staff report, No. 348 [R/OL]. (2008-09-05) [2023-10-20]. https://www.newyorkfed.org/medialibrary/media/research/staff_reports/sr348.pdf.

AGHION P, ANGELETOS G-M, BANERJEE A, MANOVA K. Volatility and growth: credit constraints and the composition of investment [J]. Journal of monetary economics, 2010, 57 (3): 246-265.

AKERLOF G A. The market for "lemons": Quality uncertainty and the market mechanism [J]. The quarterly journal of economics, 1970, 84 (3): 488-500.

ALCHIAN A A, DEMSETZ H. Production, information costs, and economic organization [J]. The American economic review, 1972, 62 (5): 777-795.

ALLEN F, GALE D. Financial contagion [J]. Journal of political economy, 2000, 108 (1): 1-33.

ALLEN F, GALE D. Financial intermediaries and markets [J]. Econometrica, 2004, 72 (4): 1023-1061.

ALLEN F, GALE D. Financial markets, intermediaries, and intertemporal smoothing [J]. Journal of political economy, 1997, 105 (3): 523-546.

AMYX J A. Japan's financial crisis [M]. Princeton: Princeton University Press, 2004.

AOKI M. Towards a comparative institutional analysis [M]. Cambridge: MIT Press, 2001.

ARINAMINPATHY N, KAPADIA S, MAY R M. Size and complexity in model financial systems [J]. Proceedings of the national academy of sciences, 2012, 109 (45): 18338-18343.

ARROW K J, DEBREU G. Existence of an equilibrium for a competitive economy [J]. Econometrica, 1954, 22 (3): 265-290.

ARROW K J. Essays in the theory of risk bearing [M]. Chicago: Markham Publishing Company, 1971.

BAGEHOT W. Lombard Street: A description of the money market [M]. London: Henry S. King & Co, 1873.

BANK FOR INTERNATIONAL SETTLEMENTS. Fit and proper principles [R/OL]. (1999) [2023-10-20]. https://www.bis.org/publ/bcbs47c4.pdf.

BARBOUR V. Marine risk and insurance in the seventeenth century [J]. Journal of economic and business history, 1929, 1 (4): 561-595.

BARTH J, CAPRIO G, LEVINE R. Rethinking bank regulation: Till angels govern [M]. New York: Cambridge University Press, 2006.

BARTH J. The great savings and loan debacle [M]. Washington: AEI Press, 1991.

Basel Committee on Banking Supervision. Basel III: A global regulatory framework for more resilient banks and banking systems [EB/OL]. (2010-12) [2023-10-20]. https://www.bis.org/publ/bcbs189_dec2010.htm.

Basel Committee on Banking Supervision. Basel Ⅲ: Net stable funding ratio [R/OL]. (2014-10-31) [2023-10-20]. https://www.bis.org/publ/bcbs238.htm.

Basel Committee on Banking Supervision. Basel Ⅲ: The liquidity coverage ratio and liquidity risk monitoring tools [R/OL]. (2013-01-07) [2023-10-20]. https://www.bis.org/publ/bcbs238.htm.

Basel Committee on Banking Supervision. Consultative document: Revisions to the Basel Ⅱ market risk framework [R/OL]. (2009-02) [2023-10-20]. https://www.bis.org/publ/bcbs158.htm.

Basel Committee on Banking Supervision. Global systemically important banks: Assessment methodology and the additional loss absorbency requirement [R/OL]. (2011-11-04) [2023-10-20]. https://www.bis.org/publ/bcbs255.htm.

Basel Committee on Banking Supervision. Global systemically important banks: Updated assessment methodology and the higher loss absorbency requirement [R/OL]. (2013-07-03) [2023-10-20]. https://www.bis.org/publ/bcbs255.htm.

Basel Committee on Banking Supervision. Guidance for national authorities operating the countercyclical capital buffer [EB/OL]. (2010-12) [2023-10-20]. https://www.bis.org/publ/bcbs187.htm.

Basel Committee on Banking Supervision. Guidelines for identifying and dealing with weak banks [EB/OL]. (2015-07-16) [2023-10-20]. https://www.bis.org/bcbs/publ/d330.pdf.

Basel Committee on Banking Supervision. Guiding principles for the operationalisation of a sectoral countercyclical capital buffer [EB/OL]. (2019-10) [2023-10-20]. https://www.bis.org/bcbs/publ/d487.htm.

Basel Committee on Banking Supervision. International convergence of capital measurement and capital standards [R/OL]. (2006-06-30) [2023-10-20]. https://www.bis.org/publ/bcbs128.pdf.

Basel Committee on Banking Supervision. Overview of Pillar 2 supervisory review practices and approaches [EB/OL]. (2019-07-21) [2023-10-20]. https://www.bis.org/bcbs/publ/d465.pdf.

Basel Committee on Banking Supervision. Principles for corporate governance of banks (guidance) [EB/OL]. (2015-07-08) [2023-10-20]. https://www.bis.org/bcbs/publ/d328.pdf.

Basel Committee on Banking Supervision. Principles for sound liquidity risk management and supervision (draft for consultation) [R/OL]. (2008-09-25) [2023-10-20]. https://www.bis.org/publ/bcbs144.htm.

Basel Committee on Banking Supervision. Principles for sound stress testing practices and supervision [EB/OL]. (2009-05-20) [2023-10-20]. https://www.bis.org/publ/bcbs155.pdf.

Basel Committee on Banking Supervision. Risk-based capital requirements: Calculation of minimum risk-based capital requirements [R/OL]. (2020-11-26) [2023-10-20]. https://www.bis.org/basel_framework/chapter/RBC/20.htm?tldate=20241216&inforce=20220101.

Basel Committee on Banking Supervision. Sound practices for managing liquidity in banking organizations [R/OL]. (2000-02-01) [2023-10-20]. https://www.bis.org/publ/bcbs69.pdf.

Basel Committee on Banking Supervision. Supervisory guidance on dealing with weak banks [EB/OL]. (2002-03) [2023-10-20]. https://www.bis.org/publ/bcbs88.pdf.

Basel Committee on Banking Supervision. The Basel III: International framework for liquidity risk measurement, standards and monitoring [R/OL]. (2010-12-16) [2023-10-20]. https://www.bis.org/publ/bcbs188.pdf.

BAXTER N D. Leverage, risk of ruin and the cost of capital [J]. The journal of finance, 1967, 22 (3): 395-403.

BECK T, DEGRYSE H, KNEER C. Is more finance better? Disentangling intermediation and size effects of financial systems [J]. Journal of financial stability, 2014, 10: 50-64.

BECK T, LEVINE R, LOAYZA N. Finance and the sources of growth [J]. Journal of financial economics, 2000, 58 (1): 261-300.

BELTRATTI A, STULZ R M. Why did some banks perform better during the credit crisis? A cross-country study of the impact of governance and regulation. NBER

Working Paper No. 15180 [R/OL]. (2009-07) [2023-10-20]. https://www.nber.org/system/files/working_papers/w15180/w15180.pdf.

BENSTON G J, KAUFMAN G G. Risk and solvency regulation of depository institution: Past policies and current options: Staff Memoranda No. 88-1 [R]. Chicago: Federal Reserve Bank of Chicago, 1988.

BERGER A N, BOUWMAN C H S. Bank capital, survival, and performance around financial crises [EB/OL]. (2009-08) [2023-10-20]. https://web.mit.edu/cbouwman/www/downloads/BergerBouwmanBankCapPerfFinCrises.pdf.

BERLE A A, MEAN G C. The modern corporation and private property [M]. New York: Harcourt, Brace & World, Inc., 1932.

BERNANKE B S, GERTLER M. Banking and macroeconomic equilibrium [M]//BARNETT W A, SINGLETON K. New approaches to monetary economics. New York: Cambridge University Press, 1987: 89-111.

BERNANKE B S, GERTLER M. Inside the black box: The credit channel of monetary policy transmission [J]. The journal of economic perspectives, 1995, 9 (4): 27-48.

BERNANKE B S. Nonmonetary effects of the financial crisis in the propagation of the Great Depression [J]. The American economic review, 1983, 73 (3): 257-276.

BERNANKE B S. The macroeconomics of the Great Depression: a comparative approach [J]. Journal of money, credit, and banking, 1995, 27 (1): 1-28.

BERNANKE B, GERTLER M, GILCHRIST S. The financial accelerator and the flight to quality [J]. Review of economics and statistics, 1996, 78 (1): 1-15.

BERNANKE B, GERTLER M. Agency costs, collateral, and business fluctuations [R]. NBER Working Papers No.2015, 1986. https://www.nber.org/papers/w2015.

BERNANKE B, GERTLER M. Agency costs, net worth, and business fluctuations [J]. American economic review, 1989, 79 (1): 14-31.

BESTER H. The role of collateral in credit markets with imperfect information [J]. European economic review, 1987, 31 (4): 887-899.

BHAGWATI J N. Directly unproductive, profit-seeking (DUP) activities [J].

Journal of political economy, 1982, 90 (5): 988-1002.

BHAGWATI J, SRINIVASAN T N. The welfare consequences of directly-unproductive profit-seeking (DUP) lobbying activities: Price versus quantity distortions [J]. Journal of international economics, 1982, 13: 33-44.

BLACK F, MILLER M H, POSNER R A. An approach to the regulation of bank holding companies [J]. The journal of business, 1978, 51 (3): 379-412.

Board of Governors of the Federal Reserve System, Federal Deposit Insurance Corporation, Office of the Comptroller of the Currency. Statement on the use of capital and liquidity buffers [EB/OL]. (2020-03-17) [2023-10-20]. https://www.federalreserve.gov/newsevents/pressreleases/files/bcreg20200317a1.pdf.

Board of Governors of the Federal Reserve System, Federal Deposit Insurance Corporation. Agencies extend two resolution plan deadlines [EB/OL]. (2020-05-06) [2023-10-20]. https://www.federalreserve.gov/newsevents/pressreleases/bcreg20200506a.htm.

Board of Governors of the Federal Reserve System. Federal Reserve Board announces establishment of a Primary Dealer Credit Facility (PDCF) to support the credit needs of households and businesses [EB/OL]. (2020-03-17) [2023-10-20]. https://www.federalreserve.gov/newsevents/pressreleases/monetary20200317b.

Board of Governors of the Federal Reserve System. Federal Reserve Board announces establishment of a Commercial Paper Funding Facility (CPFF) to support the flow of credit to households and businesses [EB/OL]. (2020-03-17) [2023-10-20]. https://www.federalreserve.gov/newsevents/pressreleases/monetary20200317a.htm.

Board of Governors of the Federal Reserve System. Federal Reserve Board releases results of annual bank stress tests, which show that large banks continue to have strong capital levels and could continue lending to households and businesses during a severe recession [EB/OL]. (2021-06-24) [2023-10-20]. https://www.federalreserve.gov/newsevents/pressreleases/bcreg20210624a.htm.

BOLTON P, FAURE-GRIMAUD A. Satisficing contracts. NBER Working Paper No. 14654 [R/OL]. (2009-01-09) [2023-10-20]. http://www.nber.org/papers/w14654.

BONIFACIO V, MARQUES L B, BUDINA N, et al. Distributional effects of monetary policy. International Monetary Fund Working Paper: No. 2021/201 [R]. International Monetary Fund, 2021. (2021-07-30) [2023-10-30] https://www.imf.org/en/Publications/WP/Issues/2021/07/30/Distributional-Effects-of-Monetary-Policy-461841.

BRIAULT C. A single regulator for the UK financial services industry [J]. Financialstability review, 1998 (5): 19-27. https://www.bankofengland.co.uk/-/media/boe/files/financial-stability-report/1998/autumn-1998.pdf.

BROCKETT P L, COOPER W W, GOLDEN L L, PITAKTONG U. A Neural Network Method for Obtaining an Early Warning of Insurer Insolvency [J]. The journal of risk and insurance, 1994, 61 (3): 402-424.

BROWN C O, DINÇ I S. Too many to fail? Evidence of regulatory forbearance when the banking sector is weak [J]. The review of financial studies, 2011, 24 (4): 1378-1405.

BRUNNERMEIER M K. Optimizing the currency area [C] //The great financial crisis: Lessons for financial stability and monetary policy. Germany, 2010: 14-22. https://markus.scholar.princeton.edu/sites/g/files/toruqf2651/files/ecb_papademous_colloquium_2010_0.pdf.

BUCHANAN J M. Social choice, democracy, and free markets [J]. Journal of political economy, 1954, 62 (2): 114-143.

CALOMIRIS C W, KAHN C M. The role of demandable debt in structuring optimal banking arrangements [J]. The American economic review, 1991, 81 (3): 497-513.

CALOMIRIS C W, MASON J R. Credit card securitization and regulatory arbitrage [J]. Journal of financial services research, 2004, 26 (1): 5-27.

CARMICHAEL J, FLEMING A, LLEWELLYN D T. Aligning financial supervisory structures with country needs [M]. Washington: World Bank Institute, 2004. [2023-10-20]. https://documents1.worldbank.org/curated/en/320131468763789686/pdf/302580PAPER0All inancial0supervisory.pdf.

CARMICHAEL J, FLEMING A, LLEWELLYN D T. Aligning financial supervisory structures with country needs [M]. Washington: World Bank Institute, 2004 [2023-10-20]. https://documents1.worldbank.org/curated/en/320131468763789686/pdf/302580PAPER0Al1inancial0supervisory.pdf.

CARMICHAEL J. Australia's approach to regulatory reform [M] //CARMICHAEL J, FLEMING A, LLEWELLYN D T. Aligning financial supervisory structures with country needs. Washington: World Bank Institute, 2003: 93-112. https://documents1.worldbank.org/curated/en/320131468763789686/pdf/302580PAPER0A l1inancial0supervisory.pdf.

CARY W L. Federalism and corporate law: Reflections upon Delaware [J]. The Yale law journal, 1974, 83 (4): 663-668.

CHARI A, JAIN L, KULKARNI N. The unintended consequences of regulatory forbearance [R]. Working Paper No. 2019-03, 2019. https://indianeconomy.columbia.edu/sites/default/files/content/201903-Chari%20et%20al-Bank%20Reg.pdf.

CHOI S H, Collins D, Ure J, Lovelock P. Mobile payments in Asia Pacific [EB/OL]. KPMG, 2007 [2023-10-20]. https://www.neowave.com.my/sellmore/wp-content/uploads/2008/01/mobile-payments-asiapacific-kpmg.pdf.

COASE R H. The nature of the firm [J]. Economica, 1937, 4 (16): 386-405.

COASE R H. The problem of social cost [J]. The journal of law & economics, 1960, 3: 1-44.

Committee on Payment and Settlement System, Technical Committee of the International Organization of Securities Commissions. Recommendations for securities settlement systems [EB/OL]. (2001-11) [2023-10-20]. https://www.bis.org/cpmi/publ/d46.htm.

Committee on Payment and Settlement System, Technical Committee of the International Organization of Securities Commissions. Principles for financial market infrastructures [EB/OL]. (2012-04-16) [2023-10-20]. https://www.bis.org/cpmi/info_pfmi.htm.

Committee on Payment and Settlement System. The core principles for systemically important payment systems, CPSIPS [EB/OL]. (2001-01-19) [2023-10-20]. https://www.bis.org/cpmi/publ/d43.htm.

COOPER M. Complexity theory after the financial crisis [J]. Journal of cultural economy, 2011, 4 (4): 371-385.

DANIELSSON J, SHIN H S, ZIGRAND J P. Endogenous and systematic risk [M] //HAUBRICH J G, LO A W. Quantifyingsystemic risk. Chicago: University of Chicago Press, 2013: 73-94.

DIAMOND D W, DYBVIG P H. Bank runs, deposit insurance, and liquidity [J]. Journal of political economy, 1983, 91 (3): 401-419.

DIAMOND D W, RAJAN R G. Liquidity risk, liquidity creation, and financial fragility: A theory of banking [J]. Journal of political economy, 1999, 109 (2): 287-327.

DIAMOND D W. Financial intermediation and delegated monitoring [J]. The review of economic Studies, 1984, 51 (3): 393-414.

DIAMOND D W. Monitoring and reputation: The choice between bank loans and directly placed debt [J]. Journal of political economy, 1991, 99 (4): 689-721.

DIAMOND D W. Reputation acquisition in debt markets [J]. Journal of political economy, 1989, 97 (4): 828-862.

DJANKOV S, LA PORTA R, LOPEZ-DE-SILANES F, SHLEIFER A. The regulation of entry [J]. The quarterly journal of economics, 2002, 117 (1): 1-37.

DONAHOO K K, SHAFFER S. Capital requirements and the securitization decision [J]. Quarterly review of economics and business, 1991, 31 (4): 12-23.

DOTHAN U, WILLIAMS J. Banks, bankruptcy and public regulations [J]. Journal of banking and finance, 1980, 4 (1): 65-87.

DOWD K. Competition and finance: A reinterpretation of financial and monetary economics [M]. London: Macmillan, 1996.

DOWD K. The case for financial laissez-faire [J]. The economic journal, 1996, 106 (436): 679-687.

EDLIN A S, STIGLITZ J E. Discouraging rivals: managerial rent-seeking and economic inefficiencies [J]. The American economic review, 1995, 85 (5): 1301-1312.

European Union. Capital requirements directive (CRD) IV and capital requirements regulation (CRR) [EB/OL]. (2013) [2023-10-20]. https://www.europex.org/eulegislation/crd-iv-and-crr/.

European Central Bank. The role of central banks in prudential supervision [EB/OL]. (2013-03-25) [2023-10-20]. http://www.ecb.int/pub/pdf/other/prudentialsupcbrole_en.pdf.

European Commission. Impact assessment guidelines [EB/OL]. SEC (2005) 791, (2005-07-15) [2023-10-25]. https://ec.europa.eu/transparency/documents-register/detail?ref=SEC (2005) 791.

FAMA E F, JENSEN M C. Separation of ownership and control [J]. The journal of law & economics, 1983, 26 (2): 301-325.

FAMA E F. Efficient capital markets: a review of theory and empirical work [J]. The journal of finance, 1970, 25 (2): 383-417.

FAMA E F. The behavior of stock-market prices [J]. The journal of business, 1965, 38 (1): 34-105.

Federal Reserve Act. Section 11 [EB/OL]. (1913-12-23) [2023-10-20]. https://www.federalreserve.gov/aboutthefed/section11.htm.

Financial Crisis Inquiry Commission. The financial crisis inquiry report. Final Report of the National Commission on the Causes of the Financial and Economic Crisis in the United States [R/OL]. (2011-02-25) [2023-08-31]. https://www.govinfo.gov/content/pkg/GPO-FCIC/pdf/GPO-FCIC.pdf.

Financial Service Authority Internal Audit Division. The supervision of Northern Rock: A lessons learned review [R/OL]. (2008-03) [2023-10-20]. https://www.fca.org.uk/publication/corporate/fsa-nr-report.pdf.

Financial Stability Board (FSB). FSB global regulatory framework for cryptoasset activities [R/OL]. (2023-7-17) [2023-10-20]. https://www.fsb.org/uploads/P170723-1.pdf.

Financial Stability Board. FSB report on market fragmentation [R/OL]. (2019-07-04) [2023-10-30]. https://www.fsb.org/wp-content/uploads/P040619-2.pdf.

Financial Stability Board. Intensity and effectiveness of SIFI supervision: Recommendations for enhanced supervision [R/OL]. (2010-11-01) [2023-10-20]. https: //www. fsb. org/wp-content/uploads/r_101101. pdf.

Financial Stability Board. Key attributes of effective resolution regimes for financial institutions [R/OL]. (2011-11-04) [2023-10-20]. https: //www. fsb. org/wp-content/uploads/r_141015. pdf.

Financial Stability Board. Principles for an effective risk appetite framework [EB/OL]. (2013-11-18) [2023-10-20]. https: //www. fsb. org/wp-content/uploads/r_131118. pdf.

Financial Stability Board. Reducing the moral hazard posed by systemically important financial institutions: FSB recommendations and time lines [R/OL]. (2010-11-11) [2023-10-20]. https: //www. fsb. org/wp-content/uploads/r_101111a. pdf.

Financial Stability Board. Revised policy recommendations to address structural vulnerabilities from liquidity mismatch in open-ended funds [R/OL]. (2023-12-20) [2024-10-20]. https: //www. fsb. org/wp-content/uploads/P201223-1. pdf.

FISHER I. The debt-deflation theory of great depressions [J]. Econometrica, 1933, 1 (4): 337-357.

FLEISCHER V. Regulatory arbitrage [R/OL]. University of Colorado Law Legal Studies Research Paper No. 10-11. (2010-01-26) [2023-10-30]. https: //papers. ssrn. com/sol3/papers. cfm? abstract_id=1567212.

FOSTEL A, GEANAKOPLOS J. Leverage cycles and the anxious economy [J]. The American economic review, 2008, 98 (4): 1211-1244.

GALE D, HELLWIG M. Incentive-compatible debt contracts: the one-period problem [J]. Review of economic studies, 1985, 52 (4): 647-663.

GEANAKOPLOS J. Leverage cycle theory of economic crises and booms [R]. New Haven: Cowles Foundation for Research in Economics, Yale University, 2023.

GEORGOSOULI A, GOLDBY M (Eds.). Systemic risk and the future of insurance regulation [M]. 1st ed. London: Informa Law from Routledge, 2015: 9-10.

GEORGOSOULI A, GOLDBY M (Eds.). Systemic risk and the future of insurance regulation [M]. 1st ed. London: Informa Law from Routledge, 2015: 8, 12-15.

GILSON R J. Value creation by business lawyers: Legal skills and asset pricing [J]. The Yale law journal, 1984, 94 (2): 239-313.

GOLDSMITH R W. Financial structure and development [M]. New Haven and London: Yale University Press, 1969.

GOLDSTEIN I, ZENG Y. SVB: US regulators have generated "a moral hazard". The Banker [EB/OL]. (2023-03-24) [2023-10-30]. https://www.thebanker.com/content/0ffa2847-e671-5d7b-b337-6928ae36fd97.

GOODHART C A, HARTMANN P, LLEWELLYN D T, ROJAS-SUAREZ M, WEISBROD S. Financial regulation: why, how and where now? [M]. London: Routledge, 1999.

GOODHART C A. Some regulatory concerns [J]. Swiss journal of economics and statistics, 1996, 132: 613-636.

GOODHART C, et al. Financial regulation: Why how and where now? [M]. New York: Routledge, 1998.

GORDON J N. The empty call for benefit-cost analysis in financial regulation [J]. The Journal of legal studies, 2014, 43 (S2): S351-S378.

Governmnet Accountability Office. Financial regulation: Complex and fragmented structure could be streamlined to improve effectiveness, GAO-16-175 [R/OL]. (2016-02-25) [2023-10-20]. https://www.gao.gov/products/gao-16-175.

GRANT J. Too big to fail: Walter Wriston and Citibank [J]. Harvard Business Review, 1996 (4). [2023-10-20]. https://hbr.org/1996/07/too-big-to-fail-walter-wriston-and-citibank.

GREENSPAN A. Saying sorry. Financial Times [EB/OL]. (2008-10-24) [2023-11-30]. https://www.ft.com/content/23809b6c-a1fb-11dd-a32f-000077b07658.

GREENWOOD J, SMITH B D. Financial markets in development, and the development of financial markets [J]. Journal of economic dynamics and control, 1997, 21 (1): 145-181.

GROPP R, ONGENA S, ROCHOLL J, Saadi V. The cleansing effect of banking crises [J]. Economic inquiry, 2021, 60 (3): 1186-1213.

GROSSMAN S J, HART O D, MOORE J. The costs and benefits of ownership: a theory of vertical and lateral integration [J]. Journal of political economy, 1986, 94 (4): 691-719.

GROSSMAN S, HART O. Corporate financial structure andmanagerial incentives [M] //MCCALL J. The economics of information and uncertainty. Chicago: University of Chicago Press, 1982.

HALDANE A G, MAY R M. Systemic risk in banking ecosystems [J]. Nature, 2011, 469 (7330): 351-355.

HAMMOND J D, SHAPIRO A P, SHILLING N. Regulation of Insurer Solidity through Capital and Surplus Requirements [R]. University Park: Pennsylvania State University, Department of Insurance, 1978.

HANSON S G, KASHYAP A K, STEIN J C. A macroprudential approach to financial regulation [J]. The Journal of economic perspectives, 2011, 25 (1): 3-28.

HARDIN G. The tragedy of the commons [J]. Science, 1968, 162 (3859): 1243-1248.

HART O, SHLEIFER A, VISHNY R W. The proper scope of government: theory and an application to prisons [J]. The quarterly journal of economics, 1997, 112 (4): 1127-1161.

HICKS J. A theory of economic history [M]. Oxford: Clarendon Press, 1969.

HOLMSTROM B, TIROLE J. Financial intermediation, loanable funds, and the real sector [J]. The quarterly journal of economics, 1997, 112 (3): 663-691.

HOSHI T, KASHYAP A K. Corporate financing and governance in Japan [M]. Cambridge: MIT Press, 2001.

HURWICZ L. The design of mechanisms for resource allocation [J]. The American economic review, 1973, 63 (2): 1-30.

International Monetary Fund (IMF). Central bank digital currency: progress and further considerations [R/OL]. (2024-11-08) [2025-01-20]. https://www.imf.org/en/Publications/Policy-Papers/Issues/2024/11/08/Central-Bank-Digital-Currency-Progress-And-Further-Considerations-557194.

International Monetary Fund. Distributional Effects of Monetary Policy [R/

OL], Working paper 21/201, 2021. (2021-07-30) [2024-02-20]. https://www.imf.org/en/Publications/WP/Issues/2021/07/30/Distributional-Effects-of-Monetary-Policy-461841.

International Monetary Fund, Financial Stability Board, Bank For International Settelments. IMF-FSB-BIS elements of effective macroprudential policies: Lessons from international experience [R/OL]. (2016-08-31) [2023-10-20]. https://www.imf.org/external/np/g20/pdf/2016/083116.pdf.

International Monetary Fund. The asset management industry and financial stability: Global Financial Stability Report: Navigating Monetary Policy Challenges and Managing Risk [R/OL]. (2015-04-10) [2023-10-20]. https://www.imf.org/External/Pubs/FT/GFSR/2015/01/pdf/c3.pdf.

International Organization of Securities Commissions. Objectives and principles of securities regulation [EB/OL]. (2017-01-01) [2023-10-01]. https://www.iosco.org/library/pubdocs/pdf/IOSCOPD561.pdf.

International Organization of Securities Commissions. Principles for the valuation of collective investment schemes [EB/OL]. (2013-07-10) [2023-10-20]. https://www.iosco.org/library/pubdocs/pdf/IOSCOPD413.pdf.

International Organization of Securities Commissions. Recommendations for liquidity risk management for collective investment schemes [EB/OL]. (2018-02-01) [2023-10-20]. https://www.iosco.org/library/pubdocs/pdf/IOSCOPD590.pdf.

International Organization of Securities Commissions. Standards for the custody of collective investment schemes' assets [EB/OL]. (2015-11-10) [2023-10-20]. https://www.iosco.org/library/pubdocs/pdf/IOSCOPD512.pdf.

JAYARATNE J, STRAHAN P E. The finance-growth nexus: Evidence from bank branch deregulation [J]. The quarterly journal of economics, 1996, 111 (3): 639-670.

JENSEN M C, MECKLING W H. Theory of the firm: Managerial behavior, agency costs and ownership structure [J]. Journal of financial economics, 1976, 3 (4): 305-360.

JENSEN M C. Agency costs of free cash flow, corporate finance, and takeovers

[J]. The American economic review, 1986, 76 (2): 323-329.

JOHNSON S, KWAK J. 13 bankers: The Wall Street takeover and the next financial meltdown [M]. Reprint edition. New York: Vintage, 2011.

JORDAN W A. Producer protection, prior market structure and the effects of government regulation [J]. The Journal of Law and Economics, 1972, 15 (1): 151-176.

JUURIKKALA O. The behavioral paradox: Why investor irrationality calls for lighter and simpler financial regulation [J]. Fordham Journal of Corporate & Financial Law, 2012, 18 (1): 33-93.

KAHANE Y. Solidity, Leverage and the Regulation of Insurance Companies [J]. The Genevapapers on risk and insurance - issues and practice, 1979, 4 (4): 3-19.

KAHNEMAN D, TVERSKY A. Prospect theory: an analysis of decision under risk [J]. Econometrica, 1979, 47 (2): 263-291.

KANE E J. The S&L insurance mess: How did it happen? [M]. Washington: Urban Institute, 1989.

KAREKEN J H, WALLACE N. Deposit insurance and bank regulation: a partial-equilibrium exposition [J]. The journal of business, 1978, 51 (3): 413-438.

KHANDANI A E, LO A W. What happened to the quants in August 2007? [J]. Journal of investment management, 2007, 5 (4): 5-54.

KHANDANI A E, LO A W. What happened to the quants in August 2007? Evidence from factors and transactions data [J]. Journal of financial markets, 2011, 14 (1): 1-46.

KINDLEBERGER C P, ALIBER R Z. Anatomy of a typical crisis [M] // Manias, panics and crashes: A history of financial crises. London: Palgrave Macmillan UK, 2005: 21-32.

KINDLEBERGER C P. Manias panics and crashes: a history of financial crises [M]. New York: Basic Books, 1978.

KING R G, LEVINE R. Finance and growth: schumpeter might be right [J]. The quarterly journal of economics, 1993, 108 (3): 717-737.

KIYOTAKI N, MOORE J. Credit cycles [J]. Journal of political economy,

1997, 105 (2): 211-248.

KOEHN M, SANTOMERO A M. Regulation of bank capital and portfolio risk [J]. The journal of finance, 1980, 35 (5): 1235-1244.

KROSZNER R S, STRAHAN P E. Regulatory incentives and the thrift crisis: dividends, mutual-to-stock conversions, and financial distress [J]. Journal of finance, 1996, 51: 1285-1319.

KRUEGER A. The political economy of the rent-seeking society [J]. American economic review, 1974, 64 (3): 291-303.

LAEVEN L, LEVINE R. Bank governance, regulation and risk taking [J]. Journal of financial economics, 2009, 93 (2): 259-275.

LAEVEN L, MAJNONI G. Loan loss provisioning and economic slowdowns: too much, too late? [J]. Journal of financial intermediation, 2003, 12 (2): 178-197.

LARGE A. Why we should worry about liquidity. Financial Times [N/OL]. (2004-11-11) [2023-10-20].

LAROSIÈRE J. Report of the high-level group on financial supervision in the EU [R]. Brussels: European Union, 2009.

LEE C M C, SHLEIFER A, THALER R H. Investor sentiment and the closed-end fund puzzle [J]. The journal of finance, 1991, 46 (1): 75-109.

LELAND H E, PYLE D H. Informational asymmetries, financial structure, and financial intermediation [J]. The Journal of Finance, 1977, 32 (2): 371-387.

LEVINE R. Financial development and economic growth: Views and agenda [J]. Journal of economic literature, 1997, 35 (2): 688-726.

LLEWELLYN D T. Introduction: The institutional structure of regulatory agencies [M] //COURTIS N. How countries supervise their banks, insurers and securities markets. London: Central Bank Publications, 1999.

LLEWELLYN D T. The economic rationale of financial regulation. FSA Occasional Paper No. 1 [R]. London: Financial Services Authority, 1999.

LOWN C, MORGAN D P. The credit cycle and the business cycle: new findings using the loan officer opinion survey [J]. Journal of money, credit and banking, 2006, 38 (6): 1575-1597.

LOWN C, MORGAN D, ROHATGI S. Listening to loan officers: The impact of commercial credit standards on lending and output [J]. Economic policy review, 2000, 6: 1-16.

LUCAS R E. On the mechanics of economic development [J]. Journal of monetary economics, 1988, 22 (1): 3-42.

LUSARDI A. Financial literacy: An essential tool for informed consumer choice? [R]. NBER Working Paper, No. 14084, 2008. https://www.nber.org/papers/w14084.

LYNCH v DALZELL (1729) 4 Bro PC 431.

LYONS A. Key considerations for effective evaluation of economic and financial education programs [C]. The 4th Seminar on Economic and Financial Education in Mexico, Mexico City, Mexico, September 10, 2010.

MACKINTOSH P. Nasdaq: 50 years of market innovation [EB/OL]. (2021-02-11) [2023-10-20]. https://www.nasdaq.com/articles/nasdaq%3A-50-years-of-market-innovation-2021-02-11.

MARTINEZ J L, ROSE T A. International survey of integrated financial sector supervision. World Bank Policy Research Working Paper No. 3096 [R/OL]. (2003-07) [2023-10-20]. https://documents1.worldbank.org/curated/ar/492291468739526245/pdf/multi0page.pdf.

MASKIN E, TIROLE J. Unforeseen contingencies and incomplete contracts [J]. The review of economic studies, 1999, 66 (1): 83-114.

MASKIN E. On indescribable contingencies and incomplete contracts [J]. European economic review, 2002, 46 (4-5): 725-733.

MAY R M, ARINAMINPATHY N. Systemic risk: The dynamics of model banking systems [J]. Journal of the Royal Society Interface, 2010, 7 (46): 823-838.

MAYEDA A. IMF calls Volcker rule hard to enforce and threat to liquidity. Bloomberg News [EB/OL]. (2017-04-20) [2023-11-28]. https://www.bloomberg.com/news/articles/2017-04-20/imf-calls-volcker-rule-hard-to-enforce-and-threat-to-liquidity.

MERTON R C. On the pricing of corporate debt: The risk structure of interest rates [J]. The Journal of finance, 1974, 29 (2): 449-470.

MERTON R C. The financial system and economic performance [J]. Journal of financial services Research, 1990, 4 (4): 263-300.

MINSKY H P. Can "it" happen again? Essays on instability and finance [M]. New York: M. E. Sharpe Inc, 1982.

MINSKY H P. Stabilising an unstable economy [M]. New Haven: Yale University Press, 1986.

MINSKY H P. The financial instability hypothesis. The Levy Economics Institute Working Paper Collection, No. 74 [R/OL]. (1992-05-01) [2023-10-30]. https://www.econstor.eu/bitstream/10419/186760/1/wp074.pdf.

MODIGLIANI F, MILLER M H. The cost of capital, corporation finance and the theory of investment [J]. The American economic review, 1958, 48 (3): 261-297.

MOFFAT G, BEAN G, DEWAR J. Trusts law text and materials [M]. Cambridge: CambridgeUniversity Press, 2005.

Monetary and Capital Markets Department. Macroprudential policy: An organizing framework. International Monetary Fund [R/OL]. (2011-03-14) [2023-10-20]. https://www.imf.org/external/np/pp/eng/2011/031411.pdf.

MURPHY E V. Who regulates whom and how? An overview of U. S. financial regulatory policy for banking and securities markets, Report R44918 [R/OL]. Congressional Research Service. (2015) [2023-10-20]. https://crsreports.congress.gov/product/pdf/R/R44918.

MYERS S C, MAJLUF N C. Corporate financing and investment decisions when firms have information that investors do not have [J]. Journal of financial economics, 1984, 13 (2): 187-221.

MYERS S C, RAJAN R G. The paradox of liquidity [J]. The quarterly journal of economics, 1998, 113 (3): 733-771.

MYERS S C. The capital structure puzzle [J]. The Journal of finance, 1984, 39 (3): 575-592.

NICOLÒ G D, LUCCHETTA M. Systemic real and financial risks: measurement, forecasting, and stress testing [R]. International Monetary Fund Working Paper, No. 12/58, (2012-02) [2023-10-30]. https://www.imf.org/external/pubs/ft/wp/2012/wp1258.pdf.

Office of Regulation Review in Productivity Commission. A guide to regulation [EB/OL]. (1998-12) [2023-10-20]. https://www.pc.gov.au/research/supporting/regulation-guide/reguide2.pdf.

OLSON M. Public goods and the theory of groups [M]. Cambridge: Harvard University Press, 1965.

Organisation for Economic Co-operation and Development. Benchmark definition of foreign direct investment, annex 8 collective investment institutions [EB/OL]. (2008) [2023-10-20]. https://www.oecd.org/industry/inv/investmentstatisticsandanalysis/40193734.pdf.

Organization for Economic Co-operation and Development. Cost-benefit analysis and the environment: Recent developments [EB/OL]. (2006) [2020-08-22]. www.oecd.org/greengrowth/tools-evaluation/36190261.pdf.

Organization for Economic Co-operation and Development. Regulatory impact analysis [EB/OL]. (2009) [2023-10-20]. https://read.oecd-ilibrary.org/governance/regulatory-impact-analysis_9789264067110-en#page4.

PASQUARIELLO P. Imperfect competition, information heterogeneity, and financial contagion [J]. Review of financial studies, 2007, 20 (2): 391-426.

PENTIKÄINEN T. On the Solvency of Insurance Companies [J]. ASTIN Bulletin: The journal of the International Actuarial Association, 1967, 4 (3): 236-247.

POSNER E A, WEYL E G. Benefit-cost analysis for financial regulation [J]. The American economic review, 2013, 103: 393-397.

RAE R A, BARRETT A, BROOKS D, CHOTAI M A, PELKIEWICZ A J, WANG C. A review of Solvency II: has it met its objectives? [J]. British actuarial journal, 2018, 23: 1-72.

RAJAN R G, ZINGALES L. Financial dependence and growth [J]. The American economic review, 1998, 88 (3): 559-586.

RAJAN R G. Insiders and outsiders: the choice between informed and arm's-length debt [J]. The Journal of finance, 1992, 47 (4): 1367-1400.

RAJAN R G. Why bank credit policies fluctuate: a theory and some evidence [J]. The quarterly journal of economics, 1994, 109 (2): 399-441.

RAWLINGS P. Whatcan history tell us about insurance regulation? [M] // GEORGOSOULI A, GOLDBY M, eds. Systemic Risk and the Future of Insurance Regulation. London: Informa Law from Routledge, 2015: 7-22.

RICHARDSON G, KOMAI A, GOU M. Banking Act of 1935 [EB/OL]. (2013-11-22) [2023-10-20]. https://www.federalreservehistory.org/essays/banking-act-of-1935.

ROBICHEK A A, MYERS S C. Problems in the theory of optimal capital structure [J]. The journal of financial and quantitative analysis, 1966, 1 (2): 1-35.

ROSS S A. The determination of financial structure: The incentive-signalling approach [J]. The bell journal of economics, 1977, 8 (1): 23-40.

ROTHSCHILD M, STIGLITZ J. Equilibrium in competitive insurance markets: An essay on the economics of imperfect information [J]. The quarterly journal of economics, 1976, 90 (4): 629-649.

SADLERS' COMPANY v BADCOCK (1743) 1 Wils KB 10.

SASSOON J. Britain deserves better financial regulation. Financial Times [N/OL]. (2009-03-08) [2023-10-20]. www.ft.com/intl/cms/s/0/3decd86c-0c13-11de-b87d-0000779fd2ac.html#axzz2TSV3T3uD.

Securities Act Amendments of 1975, Public Law 94-29, 89 STAT. 97 [A/OL]. (1975-06-04) [2023-10-20]. https://www.sechistorical.org/collection/papers/1970/1975_0604_1975Amendments.pdf.

Securities and Exchange Commission. Report of investigation pursuant to section 21 (a) of the Securities Exchange Act of 1934: The DAO. Release No. 81207 [R/OL]. (2017-07-25) [2023-10-20]. https://www.sec.gov/files/litigation/investreport/34-81207.pdf.

Securities and Exchange Commission. SEC charges Ripple and two executives with conducting $1.3 billion unregistered securities offering [EB/OL]. (2020-12-23) [2023-10-20]. https://www.sec.gov/newsroom/press-releases/2020-338. (SEC, 2007).

SHLEIFER A, VISHNY R W. A survey of corporate governance [J]. The journal of finance, 1997, 52 (2): 737-783.

SHLEIFER A, VISHNY R W. The grabbing hand [M]. Cambridge: Harvard University Press, 1998.

SHLEIFER A, VISHNY R W. Unstable banking [J]. Journal of financial economics, 2010, 97 (3): 306-318.

SIMON H A. Models of man [M]. New York: John Wiley, 1957.

SINGH S. Designing for money across borders [EB/OL]. RMIT University/ Smart InternetTechnology Cooperative Research Centre. (2005) [2023-10-20]. https://www.researchgate.net/publication/228940345_Designing_for_money_across_borders.

SPENCE M. Job market signaling [J]. The quarterly journal of economics, 1973, 87 (3): 355-374.

STIGLER G J, FRIEDLAND C. What can regulators regulate? The case of electricity [J]. The journal of law and economics, 1962, 5: 1-16.

STIGLER G. The theory of economic regulation [J]. Bell Journal of Economics and Management Science, 1971, 2 (1): 3-21.

STIGLITZ J E, WEISS A. Credit rationing in markets with imperfect information [J]. The American economic review, 1981, 71 (3): 393-410.

STIGLITZ J E. A re-examination of the Modigliani-Miller theorem [J]. The American economic review, 1969, 59 (5): 784-793.

STIGLITZ J E. Contagion, liberalization, and the optimal structure of globalization [J]. Journal of globalization and development, 2010, 1 (2): 1-47.

STIGLITZ J E. GovernmentFailure vs. Market Failure: Principles of regulation [MOL]. //BALLEISEN E J, MOSS D A. Government and Markets: Toward a New Theory of Regulation. Cambridge Press, 2009: 13-51. https://www.cambridge.org/core/books/abs/government-and-markets/government-failure-vs-market-failure-principles-of-regulation/D66D50EFD53E5823A8CBE2C48B8085D1.

STIGLITZ J E. Regulation and failure [M] // MOSS D, CISTERNINO J. New perspectives on regulation. Cambridge: The Tobin Project, 2009: 11-23.

STIGLITZ J E. The theory of screening, education, and the distribution of income [J]. The American economic review, 1975, 65 (3): 283-300.

TAYLOR J B. Getting off track: How government actions andinterventions caused, prolonged, and worsened the financial crisis [M]. Hoover Institution Press Publication, 2009.

TAYLOR M. Peak practice: How to reform the UK's regulatory system [M]. London: Centre for Study of Financial Innovation, 1996.

TAYLOR M. Twinpeaks: A regulatory structure for the new century [M]. London: Centre for Study of Financial Innovation, 1995.

Technical Committee of the International Organization of Securities Commissions. Principles for the supervision of operators of collective investment schemes [EB/OL]. (1997-09) [2023-10-20]. https://www.iosco.org/library/pubdocs/pdf/IOSCOPD69.pdf.

THALER R H. Mental accounting matters [J]. Journal of behavioral decision making, 1999, 12 (3): 183-206.

THALER R, BENARTZI S. Save more tomorrow: Using behavioral economics to increase employee saving [J]. Journal of political economy, 2004, 112 (S1): S164-S187.

THALER R. Mental accounting and consumer choice [J]. Marketing science, 1985, 4 (3): 199-214.

THALER R. Toward a positive theory of consumer choice [J]. Journal of economic behavior and organization, 1980, 1 (1): 39-60.

THOMPSON G. Sources of financial sociability [J]. Journal of cultural economy, 2011, 4 (4): 405-421.

THORNTON H. An enquiry into the nature and effects of the paper credit of Great Britain [M]. London: J. Hatchard, 1802.

TIROLE J. Cognition and incomplete contracts [J]. The American economic review, 2009, 99 (1): 265-294.

TIROLE J. Incomplete contracts: Where do we stand? [J]. Econometrica, 1999, 67 (4): 741-781.

TOWNSEND R M. Optimal contracts and competitive markets with costly state verification [J]. Journal of economic theory, 1979, 21 (2): 265-293.

TULLOCK G. The welfare costs of tariffs, monopolies, and theft [J]. Westerneconomic journal, 1967, 5 (3): 224-232.

U. S. Government Accountability Office. Financial regulation: complex and fragmented structure could be streamlined to improve effectiveness: GAO-16-175 [R/OL]. (2016-02-25) [2023-10-30]. https://www.gao.gov/products/gao-16-175.

U. S. Securities and Exchange Commission. Securities Exchange Act Release No. 34-61358 (Concept Release). 75 FR 3594 [A/OL]. (2010-01-21) [2023-10-30]. https://www.sec.gov/files/rules/concept/2010/34-61358.pdf.

US Department of the Treasury. Blueprint for a modernized financial regulatory structure [R/OL]. (2008-03-31) [2023-10-20]. https://home.treasury.gov/system/files/136/archive-documents/Blueprint.pdf.

US Department of the Treasury. Financial regulatory reform: A new foundation: Rebuilding financial supervision and regulation [R/OL]. (2009) [2023-10-20]. http://link.library.in.gov/portal/Financial-regulatory-reform-a-new-foundation/h8GZiQZkXRA/.

WALHOF P. Regulatory arbitrage: between the art of exploiting loopholes and the spirit of innovation [EB/OL]. (2007) [2023-10-30]. https://www.researchgate.net/publication/312917272_Regulatory_arbitrage_between_the_art_of_exploiting_loopholes_and_the_spirit_of_innovation.

WALRAS L. Elements of Pure Economics [M]. London: George Allen and Unwin Ltd, 1954.

WHITE L J. The S&L debacle: Public policy lessons for bank and thrift regulation [M]. New York: Oxford University Press, 1991.

WILLIAMSON O E. The economics of organization: the transaction cost approach [J]. American journal of sociology, 1981, 87 (3): 548-577.

ZHANG L, NIELSON N. Solvency Analysis and Prediction in Property-Casualty Insurance: Incorporating Economic and Market Predictors [J]. The journal of risk and insurance, 2015, 82（1）: 97-124.

沃尔特·白芝浩. 伦巴第街——货币市场记述［M］. 沈国华 译. 上海: 上海财经大学出版社, 2008.

卡尔·马克思. 资本论（第二卷）［M］. 中共中央马克思 恩格斯 列宁 斯大林著作编译局 译. 北京: 人民出版社, 1975.

邓小平. 邓小平年谱 1975-1997（上）［M］. 北京: 中央文献出版社, 2007.

国家金融监督管理总局. 国家金融监督管理总局就《商业银行资本管理办法》答记者问［A/OL］.（2023-11-01）［2023-11-30］https://www.cbirc.gov.cn/cn/view/pages/ItemDetail.html?docId=1134332&itemId=915&generaltype=0.

吴敬琏. 当代中国经济改革教程［M］. 上海: 上海远东出版社, 2016.

亚当·斯密. 国富论［M］. 郭大力, 王亚南 译. 北京: 商务印书馆, 2015.

中国银监会. 银监会依法查处浦发银行成都分行违规发放贷款案件［EB/OL］.（2018-1-19）［2024-5-16］. http://www.cbirc.gov.cn/cn/view/pages/ItemDetail.html?docId=169055&itemId=915&generaltype=0.

中国法院网. 没收 105 亿! 吴小晖一审被判 18 年［EB/OL］.（2018-05-10）［2023-10-30］https://www.chinacourt.org/article/detail/2018/05/id/3298997.shtml.

中国人民银行 中国银行保险监督管理委员会. 关于接管包商银行股份有限公司的公告［EB/OL］.（2019-05-27）［2023-10-30］https://www.gov.cn/xinwen/2019-05/27/content_5395040.htm.

周学东. 中小银行金融风险主要源于公司治理失灵——从接管包商银行看中小银行公司治理的关键［J］. 中国金融, 2020, 15: 19-21.

支付清算体系委员会/国际清算银行, 国际证监会组织技术委员会. 金融市场基础设施原则［R］. 中国人民银行结算司 译. 北京: 中国金融出版社, 2013.

常见金融监管机构名称对照表

机构英文全称	机构英文简称	机构中文全称	机构中文简称
Association of Futures Brokers and Dealers	AFBD	英国期货经纪商和交易商协会	
Australian Competition and Consumer Commission	ACCC	澳大利亚竞争与消费者委员会	
Australian Prudential Regulation Authority	APRA	澳大利亚审慎监管局	
Australian Securities and Investment Commission	ASIC	澳大利亚证券和投资委员会	
Bank for International Settlements	BIS	国际清算银行	
Bank of England	BOE	英格兰银行	
Basel Committee on Banking Supervision	BCBS	巴塞尔银行监管委员会	巴塞尔委员会
Committee on Payment and Settlement Systems	CPSS	支付结算委员会	
Committee on Payments and Market Infrastructures	CPMI	支付与市场基础设施委员会	
Commodity Futures Trading Commission	CFTC	美国商品期货交易委员会	
De Nederlandsche Bank	DNB	荷兰中央银行	荷兰央行
Department of Financial Protection and Innovation	DFPI	加州金融保护与创新部	
European Banking Authority	EBA	欧洲银行管理局	
Federal Deposit Insurance Corporation	FDIC	美国联邦存款保险公司	
Federal Home Loan Mortgage Association	FHLMA	美国联邦住房贷款抵押贷款协会	

（续表）

机构英文全称	机构英文简称	机构中文全称	机构中文简称
Federal Insurance Office	FIO	美国联邦保险办公室	
Federal National Mortgage Association	FNMA	美国联邦国民抵押贷款协会	
Federal Open Market Committee	FOMC	美国联邦公开市场委员会	
Federal Reserve System	FED	美国联邦储备系统	美联储
Federal Trade Commission	FTC	美国联邦贸易委员会	
Financial Action Task Force on Money Laundering	FATF	金融行动特别工作组（洗钱方面）	
Financial Conduct Authority	FCA	英国金融行为监管局	
Financial Intermediaries Managers Brokers Regulatory Association	FIMBRA	金融中介管理机构和经纪商监管机构	
Financial Policy Committee of BOE	FPC	英格兰银行金融政策委员会	
Financial Service Authority	FSA	英国金融服务管理局	
Financial Services Agency	FSA	日本金融厅	
Financial Stability Board	FSB	金融稳定理事会	
Financial Stability Oversight Council	FSOC	金融稳定监管委员会	
First Bank of the United States	FBUS	美国第一银行	
Government Accountability Office	GAO	美国政府问责局	
Grain Futures Administration	GFA	美国谷物期货管理局	
Hong Kong Monetary Authority	HKMA	香港金融管理局	香港金管局
Institute of International Finance	IIF	国际金融协会	

（续表）

机构英文全称	机构英文简称	机构中文全称	机构中文简称
International Association of Deposit Insurers	IADI	国际存款保险协会	
International Association of Insurance Supervisors	IAIS	国际保险监督官协会	
International Association of Insurance Supervisors	IAIS	国际保险监督官协会	
International Monetary Fund	IMF	国际货币基金组织	
International Organization of Securities Commissions	IOSCO	国际证监会组织	
Investment Management Regulatory Organisation	IMRO	英国投资管理监管机构	
Life Assurance and Unit Trust Regulatory Organisation	LAUTRO	英国寿险和单位信托监管机构	
London Stock Exchange	LSE	伦敦证券交易所	伦交所
National Credit Union Administration	NCUA	美国全国信用社管理局	
National Association of Insurance Commissioners	NAIC	全美保险监督官协会	
National Association of Securities Dealers	NASD	美国全国证券交易商协会（全美交易商协会）	
National Association of Securities Dealers Automated Quotation	NASDAQ	美国纳斯达克	
National Mortgage Association	NMA	美国国家抵押贷款协会（美国政府国民抵押贷款协会）	
New York Clearing House Association	NYCHA	纽约清算所协会	
New York Stock Exchange	NYSE	纽约证券交易所	

（续表）

机构英文全称	机构英文简称	机构中文全称	机构中文简称
Office of Complex Financial Institutions of FDIC	OCFI	复杂金融机构办公室	
Office of Regulation Review	ORR	澳大利亚监管评估办公室	
Office of the Comptroller of the Currency	OCC	美国货币监理署	
Office of Thrift Supervision	OTS	美国储蓄监督办公室	
Organization for Economic Co-operation and Development	OECD	经济合作发展组织	经合组织
Paris Bourse	PB	巴黎证券交易所	
Prudential Regulation Authority	PRA	英国审慎监管局	
Public Company Accounting Oversight Board	PCAOB	公众公司会计监督委员会	
Reconstruction Finance Corporation	RFC	重建金融公司	
Registered Futures Association	RFA	美国期货业协会	
Reserve Bank of Australia	RBA	澳大利亚储备银行	
Reserve Bank of New Zealand	RBNZ	新西兰中央银行（新西兰储备银行）	
Resolution Trust Corporation	RTC	美国处置信托公司	
Second Bank of the United States	SBUS	美国第二银行	
Securities and Investment Board	SIB	英国证券和投资委员会	
Standing Committee on Financial Stability	SCFC	英国金融稳定常务委员会	

（续表）

机构英文全称	机构英文简称	机构中文全称	机构中文简称
The Bureau of Consumer Financial Protection	BCFP	美国金融消费者保护局	
The European Central Bank	ECB	欧洲中央银行	欧洲央行
The Financial Industry Regulatory Authority	FINRA	美国金融业监管局	
U. S. Department of The Treasury		美国财政部	
United Nations Office on Drugs and Crime	UNODC	联合国毒品和犯罪办公室	
United States Securities and Exchange Commission	SEC	美国证券交易委员会	美国证监会
World Bank	WB	世界银行	

后记

2017年，我在哈佛大学访问研究期间，便开始着手筹备在清华大学开设"金融监管"研究生基础理论课程，本书的创作也拉开帷幕。八年时光，数易其稿，如今书稿付梓，满是欣慰与感慨。

我首先要将感恩献给父母。在"知识越多越反动"的特殊年代，是他们用坚定的信念为我筑起求知的港湾。他们在我心底播撒的种子，点燃我探索世界的热忱，让我始终保持孜孜不倦的学习热情，走向学术的殿堂。

我们这一代人是幸运的。1994年，我进入中国人民银行外资金融机构监管司工作，恰逢中国恢复关贸总协定缔约国地位及加入世界贸易组织的关键时期。那是一段充满挑战的岁月，既要深入钻研国际贸易组织、金融监管组织的规则体系，又需起草外资金融机构准入与监管的法规制度。从国际金融实务操作，到建立适合中国国情的监管制度，每一步都离不开持续学习与探索。此后，我调入中国证监会，参与了多层次资本市场的建设与监管工作。二十余载的监管生涯中，我有幸涉足银行、证券、保险、集合投资计划、交易场所、金融基础设施等多个领域，不仅参与了监管制度设计，还参与了日常监管工作。在处置金融风险与市场异常波动的过程中，我对市场失灵与监管失灵的表现、成因及深远影响有了更为深刻且直观的认识。2002—2016年，在担任国际证监会组织（IOSCO）新兴市场委员会和技术委员会委员期间，我与国际同行共同制定国际金融标准，携手应对全球金融危机冲击。这极大地拓宽了我的国际视野，也进一步深化了我对国际监管规则如何影响全球金融市场及各辖区监管实践的理解。

漫漫的求学与职业生涯中，诸多师长的关怀与教诲令我受益终生。我特别要感谢两位导师：一位是吴敬琏老师。自2001年起，他便对我悉心指导，不仅引领我深入学习和研究经济学理论，剖析中国经济体制改革脉络，还鼓励我突破学科边界，将研究视角延伸至法学、政治学、社会学和历史等领域，为金融监管的跨学科研究奠定坚实基础。另一位是哈佛大学的豪尔·斯科特教授。我与他的合作从2017年就开始了，我们共同举办了多次中美金融监管研讨会，并于2021年在清华联袂讲授"金融监管"课程。作为本书的重要作者，他与我共同拟定详细的写作提纲，尽管未全程参与执笔，但八年来始终不遗余力地提供专业建议，为本书注入深厚的学术底蕴与丰富的跨国比较视角。

在本书写作过程中，我得到了多方的宝贵支持与帮助。现任监管官员、课堂上的学生、朝夕相处的同事，在资料收集、观点探讨、文稿校对等方面全方位协助。中信出版集团的吴素萍老师凭借深厚的出版功底与专业眼光，从整体架构规划到章节细节打磨，都提出了极具建设性的修改意见，为本书的最终成稿倾注大量心血。

最后，感谢我的家人，尤其是丈夫和女儿。繁重的教学科研工作，让我常常无暇顾及家务，错过许多相伴的温馨时刻。你们纯粹而深沉的爱，是最珍贵的，值得我用一生去珍惜和守护。